Louis GILLE - Alphonse OOMS
Paul DELANDSHEERE

Cinquante Mois d'Occupation Allemande

I

1914=1915

BRUXELLES
Librairie Albert DEWIT
53, Rue Royale, 53

1919

6ᵉ *mille*

Louis GILLE - Alphonse OOMS
Paul DELANDSHEERE

Cinquante Mois d'Occupation Allemande

I

1914=1915

BRUXELLES
Librairie Albert DEWIT
53, Rue Royale, 53

1919

Au Lecteur,

Trois journalistes belges ont noté, au jour le jour, les convulsions de leur pays sous l'étreinte allemande. Ils ont surtout écouté battre le cœur — Bruxelles — d'où partaient les mots d'ordre et où refluait, aux heures des grandes émotions, le sang de toutes les provinces. Presque tous les événements importants dont la Belgique occupée fut le théâtre se répercutèrent dans la vie de la capitale et, souvent, se reflétèrent dans sa physionomie. Cette physionomie, les auteurs se sont efforcés de la saisir dans toute sa mobilité.

Ils ont rédigé leurs notes chacun à sa manière, comme s'il était seul, et ils ont tenu à leur garder, dans l'œuvre commune où elles se sont juxtaposées, cette allure personnelle, estimant qu'elles en resteraient plus vivantes. Ils ont tenu aussi à ne rien changer, après coup, au ton dans lequel ces notes ont été écrites: ce ton, c'est le diapason du sentiment public à chacune des époques du drame. Le lecteur qui les a vécues comme nous y retrouvera ses illusions, ses misères et sa fierté, ses colères, ses déceptions et son indéfectible espérance.

Le récit embrasse toute la période qui s'étend du jour où les armées allemandes sont entrées dans Bruxelles au jour où elles en sont sorties; c'est la période pendant laquelle la censure ennemie a étouffé ici la vérité, celle par conséquent dont l'historique servira de trait d'union entre les deux dates qui marquèrent dans notre pays la mort de la presse indépendante et sa résurrection.

Ces pages sont présentées comme une œuvre de bonne foi. Les faits sont rapportés tels que les auteurs les ont vus ou tels qu'ils ont été racontés par des personnes à même de les bien connaître. Chaque fois que la chose a été possible, l'exactitude de l'information a été vérifiée. Si cependant une erreur apparaît en quelque endroit, on voudra bien tenir compte des difficultés inhérentes à une tâche qu'il a fallu remplir clandestinement, au milieu d'espions et de policiers ennemis, sans les moyens habituels d'enquête. Les auteurs accueilleront comme une marque d'intérêt toute rectification autorisée; ils ne manqueront pas d'en tenir pratiquement compte si la faveur du public leur en fournit le moyen en leur permettant de rééditer ce travail (1).

Dans la préface d'un livre où sont reproduites les lettres d'un témoin de la Révolution française, Taine dit : « Il est utile de voir les choses comme elles se passent, au jour le jour, d'après un témoin sincère. C'est ainsi que nous les aurions vues si nous avions vécu alors, et c'est en lisant de pareils témoignages que, véritablement, nous nous transportons dans le passé. »

En rassemblant les éléments de la présente contribution à l'histoire de la domination allemande dans notre patrie, nous n'avons eu d'autre prétention que d'être ce « témoin sincère » dont parle Taine.

                                                 LES AUTEURS.

Bruxelles, novembre 1918.

---

(1) Cette réédition a eu lieu dès la fin de décembre 1918. C'est le texte qu'on va lire.

Pour réparer les quelques erreurs qui leur ont été signalées, les auteurs n'ont dû apporter au texte original que de légères modifications de détail, à peine perceptibles.

1914

Du 20 au 31 août.

20 août : La dernière nuit. — Les gardes civiques. — Les départs aux gares. — L'envahisseur est là! — Le bourgmestre Max va au-devant de l'ennemi. — Les conférences. — Le protocole. — Le défilé. — Premières affiches relatives à l'arrivée de l'ennemi. — Un coup de feu malencontreux. — Bruxelles sans journaux. — **21** : Le réveil des troupes au boulevard. — Que de soldats! — L'état d'esprit de la population. — La question des drapeaux aux façades. — A l'hôtel de ville. — **22** : Une proclamation aux habitants des provinces occupées. — Les Allemands au Ministère de la guerre et à la Banque nationale. — **23** : Premier dimanche de l'occupation. — Un tour en ville. — Menace ignorée du public. — L'attitude de la Hollande. — Racontars. — **25** : La réglementation des réquisitions. — Incidents divers. — Une panique : les Français sont là! — **26** : A propos de la rupture d'un fil télégraphique. — Les Allemands et les télégraphistes belges. — **27** : Un cortège de la Terreur. — L'arrivée d'incendiés et d'expulsés de Louvain. — **29** : Conflit à propos des réquisitions. — M. Max, grand bourgmestre et grand patriote. — Premières mesures en vue du ravitaillement de la population. — Une recommandation des chefs des paroisses. — **30** : L'envahisseur s'installe dans les ministères. — Où l'on retrouve de vieilles connaissances. — Un démenti de M. Max au gouverneur allemand de Liège. — Les paiements en monnaie allemande. — Sommation du bourgmestre à des officiers de l'ennemi. — **31** : Défense d'infliger des démentis à une autorité allemande. — Premières restrictions à la liberté de circulation. — Comment on s'évade de Bruxelles.

JEUDI 20 AOUT

L'ennemi est entré aujourd'hui dans la capitale. J'écris ces lignes à la fin du jour; je ferai effort sur moi-même, sur le tumulte de mes sentiments et de mes impressions pour noter méthodiquement, avec précision, presque sèchement, les principaux détails d'un événement si mémorable, ce que j'en ai vu et entendu.

20 août 1914.

Hier soir, Bruxelles s'est endormi sur la foi d'un communiqué long et énigmatique du ministère de la guerre affirmant que la situation continuait d'être excellente, mais laissant entendre que l'armée belge, désormais partie d'un système de forces articulées, devait régler ses mouvements d'après l'intérêt stratégique de l'ensemble, sans se préoccuper des intérêts locaux de telle ou telle ville à couvrir.

D'autre part, le matin, l'avis suivant de M. le Bourgmestre Max avait été apposé sur les murs de Bruxelles et aussitôt copié et affiché également par les bourgmestres des autres communes de l'agglomération :

ARMES A FEU.

Les lois de la guerre interdisent à la population civile de prendre part aux hostilités et, toute dérogation à cette règle pouvant entraîner des représailles, beaucoup de mes concitoyens ont exprimé le désir de se débarrasser des armes à feu qu'ils possèdent.

Ces armes peuvent être déposées dans les commissariats de police, où il en sera donné récépissé.

Elles seront mises en sûreté à l'arsenal central d'Anvers et seront restituées à leurs propriétaires après la fin des hostilités.

Bruxelles, le 18 août 1914.

Cette invitation indirecte n'était guère de nature à rassurer la population.

Ceux qui, depuis le 15 août, avaient pu compléter leurs impressions personnelles par des récits de réfugiés et tirer quelques inductions des rares données stratégiques échappées aux rigueurs de la censure avaient pu deviner ce que signifiait le langage sybillin du dernier communiqué militaire : l'imminence de l'occupation de Bruxelles par les Allemands.

Les autres, moins attentifs ou moins perspicaces, n'y entendirent rien, et ils formaient l'immense majorité de la population. Bruxelles a donc continué de dormir en paix, ses drapeaux tricolores toujours fièrement arborés, alors que les autorités siégeant encore ici et laissées à elles-mêmes se trouvaient déjà en pleine alarme.

Ceci a été vrai surtout pour le haut commandement

de la garde civique. Vingt mille gardes civiques étaient répartis à la périphérie de l'agglomération, prêts à faire le coup de feu sous la protection des jolies tranchées et barricades établies depuis quelques jours au bout des grandes voies d'accès de la capitale. Nous les avions tous visitées, depuis un jour ou deux, ces tranchées et barricades et, il faut bien le dire, elles avaient paru à beaucoup plutôt des joujoux que des auxiliaires d'une résistance effective.

Tard dans la soirée, le commandement supérieur de la garde civique a tout à coup fait combler ces tranchées et démolir ces barricades : l'ennemi aurait pu en tirer prétexte pour traiter en place forte et bombarder la capitale, que l'on ne songeait plus à défendre. Et, dès lors que l'on ne pensait plus à une résistance, la présence de la garde civique n'était plus, elle aussi, qu'un danger. Vers 11 heures du soir, on licencia le second ban; les gardes du premier ban étaient dare-dare, sans avoir eu le temps de rentrer chez eux, la plupart sans avoir pu avertir leurs familles, entassés dans des trains qui devaient les conduire ils ne savaient et nous ne savons encore où. Ceux du second ban furent invités à se débarrasser de leurs armes dans le plus bref délai; leurs chefs firent déposer beaucoup de fusils et sabres tout de suite, sur place même; mais nombre de gardes partirent avec leurs armes et allèrent les jeter à l'eau, au pont du canal, aux étangs d'Ixelles, aux étangs du quartier Nord-Est. De braves bourgeois qui les voyaient, ignorant les ordres donnés, se scandalisaient et accusaient les gardes de lâcheté, de désertion.

Ce matin, beaucoup d'habitants apprennent, surtout par les gardes rentrés chez eux, ce qui s'est passé la nuit et commencent à se douter de ce qui va suivre. Au reste, à 7 heures du matin, la gare du Nord est avisée de Schaerbeek qu'on signale l'apparition de troupes allemandes; on s'occupe de faire transporter les fonds et valeurs des caisses de la Banque Nationale par train spécial à Gand; on met toutes les locomotives du dépôt Bruxelles-Nord sous pression et en ordre de marche pour les diriger ensuite par groupes vers les lignes de Forest, principalement vers Courtrai.

A partir de 8 heures, les familles affluent à la gare

en quête de trains qui les emporteront loin de la ville sur le point d'être envahie. Les trains sont pris d'assaut; c'est un sauve-qui-peut.

Même spectacle à la gare du Midi, où les fuyards s'entassent dans un train qui doit les emmener vers Tournai. Hélas! le train ne dépasse pas Forest, où l'on fait descendre les voyageurs : ils doivent rentrer en ville chargés de bagages. Les communications au delà de Forest sont déjà coupées...

Il n'est guère plus de 8 heures non plus quand se répand la nouvelle que le personnel des services télégraphiques a quitté les bureaux après avoir mis ses appareils hors d'usage.

Au même moment, M. Max adresse aux Bruxellois, par voie d'affiche, ces exhortations et conseils, où la sagesse s'unit à la fierté patriotique :

CONCITOYENS,

Malgré la résistance héroïque de nos troupes secondées par les armées alliées, il est à craindre que l'ennemi n'envahisse Bruxelles.

Si pareille éventualité se réalise, j'espère pouvoir compter sur le calme et le sang-froid de la population. Que l'on se garde de tout affolement, de toute panique.

Les autorités communales ne déserteront pas leur poste. Elles continueront à remplir leurs fonctions avec la fermeté que vous êtes en droit d'attendre d'elles en des circonstances aussi graves.

J'ai à peine besoin de rappeler à mes concitoyens les devoirs de tous envers le pays.

Les lois de la guerre interdisent à l'ennemi de forcer la population à donner des renseignements sur l'armée nationale et sur ses moyens de défense.

Les habitants de Bruxelles doivent savoir qu'ils sont en droit de refuser de faire connaître quoi que ce soit à ce sujet à l'envahisseur. Ce refus leur est imposé dans l'intérêt de la patrie.

Qu'aucun de vous n'accepte de servir de guide à l'ennemi.

Que chacun se tienne en garde contre les espions et les agents étrangers qui chercheraient à recueillir des renseignements ou à provoquer des manifestations dans un sens quelconque.

L'ennemi ne peut légitimement porter atteinte ni à l'honneur des familles, ni à la vie des citoyens, ni à la propriété privée, ni aux convictions religieuses ou philosophiques, ni au libre exercice des cultes.

Que tout abus commis par l'envahisseur me soit immédiatement dénoncé. Aussi longtemps que je serai en vie et en liberté, je protègerai de toutes mes forces les droits et la dignité de mes concitoyens.

Je prie les habitants de faciliter ma tâche en s'abstenant de tout acte d'hostilité, de tout usage d'armes et de toute intervention dans les combats ou rencontres.

Concitoyens,

Quoi qu'il arrive, écoutez la voix de votre Bourgmestre et maintenez-lui votre confiance. Il ne la trahira pas.

Vive la Belgique libre et indépendante!

Vive Bruxelles!

Le 19 août 1914.

Adolphe MAX.

Il est un peu plus de 9 heures, quand, avec la rapidité de l'éclair, d'un bout de la ville à l'autre, se répète le cri : « Les Allemands arrivent! Ils sont là! »

— Où cela? Par où viennent-ils?

— Par la chaussée de Louvain.

Nulle trace d'affolement, de panique; pas un magasin ne ferme; l'émotion est grande; mais, en dépit de l'affreuse incertitude du lendemain qui pèse sur tant d'âmes, on demeure, unanimement de sang-froid, décidé à supporter l'inévitable avec une constance et un patriotisme indéfectibles. Beaucoup aussi sont avant tout... curieux, curieux d'assister à l'extraordinaire spectacle militaire qui va se dérouler, de voir de leurs propres yeux ces fameuses troupes dont les journaux leur parlent depuis trois semaines, dont nous avons l'imagination hantée sans les avoir jamais aperçues. Il se mêle à cette curiosité — quoi de plus humain? — le secret plaisir d'amour-propre de participer, spectateur chétif, à un événement méritant incontestablement la qualification, souvent galvaudée, d'historique.

Et l'on court vers la chaussée de Louvain.

En passant devant la caserne de la place Dailly, j'apprends que M. le Bourgmestre Max, MM. les Echevins Steens et Jacqmain, M. le Secrétaire communal Vauthier, qui sont allés, en auto, au devant des troupes allemandes, se trouvent en conférence, dans une salle de la caserne, avec « des généraux allemands », dit-on.

20 août 1914.

L'avant-garde des envahisseurs est arrêtée un peu plus loin, à la hauteur du cimetière de Saint-Josse. Elle se compose de cavaliers coiffés du bonnet de hussard et armés de la lance. A distance, elle se présente, sous le rayonnement de l'ardent soleil d'août, comme une grosse masse grisâtre, au-dessus de laquelle palpitent de petites flammes blanc et noir. La tenue de cette troupe, — c'est ce que frappe tout d'abord, — est uniformément grise; une toile enveloppe le bonnet; tout ornement qui pourrait briller, toute teinte un peu voyante sont exclus de l'équipement. La poussière qui recouvre hommes et chevaux achève d'harmoniser ce tableau militaire en grisaille. A certains détails de l'uniforme des cavaliers, surtout à l'insigne (une tête de mort qu'on entrevoit sur le devant de l'un ou l'autre bonnet moins bien voilé), on reconnaît ces hussards au nom sinistre, ces « hussards de la mort » qui nous sont si souvent apparus depuis trois semaines dans les récits des correspondants de guerre.

La plupart de ces hommes sont très solides; leurs montures, superbes. Si la tenue est totalement dépourvue de ce coloris, de ce clinquant, de ces plumes et panaches qui donnaient naguère tant de pittoresque et d'éclat au spectacle d'une troupe en marche, elle semble fort pratique; l'équipement est extrêmement soigné, révèle dans le détail toutes sortes d'ingéniosités. L'uniforme des officiers ne se différencie pas, au premier coup d'œil, de celui des soldats. Tous les officiers portent en bandoulière, dans des gaines de mica, une carte routière, copie de la carte de l'état-major belge!

Les badauds s'intéressent à tous ces détails, se les montrent, les discutent, laissent même parfois échapper des exclamations admiratives. Certains s'enhardissent à entrer en contact avec des cavaliers descendus de cheval, répondent à des questions de ceux-ci, leur en posent; pour tout dire, il y a, çà et là, autour des soldats ennemis, un empressement que j'eusse mieux aimé ne pas voir. Des filles d'Eve — d'Eve la curieuse — se font remarquer dans cet empressement. Des soldats, des officiers sortent parfois du rang, entrent dans un magasin, un café.

Cependant les représentants de la ville confèrent, en

la caserne des carabiniers, avec le capitaine Kriegsheim, représentant le général von Buelow, commandant le 4ᵉ corps d'armée allemand. J'ai appris dans la soirée les principales circonstances de cette négociation :

Le général von Buelow a envoyé, hier soir déjà, à l'administration communale l'ordre suivant :

19 août 1914.

AUX AUTORITES DE LA VILLE DE BRUXELLES.

Le 20 août, les troupes allemandes en avançant vers la France entreront dans la ville de Bruxelles. A multiples reprises, les habitants ont attaqué en des lieux ouverts nos soldats d'une façon traitre et défiant le droit des gens. Je mets donc très sérieusement en garde la population de Bruxelles contre un renouvellement de pareils méfaits odieux.

Si en dépit de la présente admonition dictée par le sentiment d'humanité, nos troupes rencontraient de la résistance de la part des bourgeois, ou même si l'on leur manifestait une hostilité quelconque, j'agirais sans miséricorde pour protéger la sécurité des troupes qui me sont confiées, et je mettrais la ville de Bruxelles à ras du sol. La responsabilité de cette mesure retomberait alors sur les autorités de votre ville.

Pour me garantir la bonne conduite de la population, le bourgmestre de Bruxelles, le Conseil communal et cent notables de votre ville devront se présenter demain, à 10 heures du matin, à l'issue orientale de Bruxelles, à un endroit que le parlementaire désignera.

Ces messieurs seront provisoirement retenus à la disposition de mon commandement.

Le général commandant en chef,
(s.) von BUELOW.

C'est alors que M. Max donna l'ordre de faire retirer la garde civique, de combler les retranchements et de supprimer les barricades à la périphérie.

Ce matin, il se rend, à l'heure fixée par le général von Buelow, au devant des troupes ennemies. Le secrétaire communal, M. Vauthier, qui l'accompagne avec deux échevins, porte le drapeau des parlementaires, improvisé au moyen d'un linge blanc trouvé à l'hôtel de ville. Quand l'auto qui transporte le bourgmestre et ses trois compagnons arrive chaussée de Louvain, à une centaine de mètres des troupes allemandes arrêtées, un officier supérieur s'approche et dit :

— Was wunschen Sie? (« Que désirez-vous ? »)

— Je ne comprends pas l'allemand, répond M. Max.

20 août 1914.

L'officier répète en français sa question. M. Max répond :

— Je suis le bourgmestre de Bruxelles, et je désire télégraphier à S. M. l'Empereur pour lui demander de ne pas faire traverser la capitale par les troupes; il a été l'hôte de la ville et il doit avoir conservé de sa visite un souvenir tel que j'espère qu'il ne repoussera pas cette demande ».

L'officier supérieur déclare devoir en référer au général en chef. Il est convenu qu'il rejoindra le bourgmestre dans une demi-heure, à la caserne de la place Dailly.

Arrive une automobile amenant un capitaine allemand et M. Vanderkelen, échevin et sénateur de Louvain. M. Vanderkelen est otage à Louvain depuis hier et a été requis par le commandant du 4ᵉ corps d'armée de présenter au bourgmestre de Bruxelles le capitaine Kriegsheim, chargé de faire connaître les conditions du passage et du séjour des troupes allemandes dans Bruxelles. L'entretien dure jusqu'à midi et demi. Pour en dresser le protocole, on va chercher dans le voisinage « tout ce qu'il faut pour écrire ».

Le procès-verbal suivant est rédigé :

L'an 1914, le 20 août, dans la matinée, des troupes allemandes se dirigeant vers Bruxelles, le Bourgmestre de la ville, M. Adolphe Max, s'est porté au-devant d'elles en parlementaire sous l'égide du drapeau blanc et accompagné de MM. les échevins Steens et Jacqmain et Maurice Vauthier, secrétaire communal.

Ces messieurs se sont rencontrés avec M. le capitaine Kriegsheim, représentant le général commandant le 4ᵉ corps d'armée.

Le Bourgmestre a demandé aux troupes allemandes de renoncer à pénétrer sur le territoire de la ville. Il a prié le commandant des dites troupes de l'autoriser à télégraphier en ce sens à S. M. l'empereur d'Allemagne.

Le capitaine Kriegsheim, ayant pris note de cette requête, a reçu le texte de la dépêche qui lui a été remise par M. le Bourgmestre. Le capitaine a ensuite fait connaître qu'au nom du général dont il était mandataire, il requérait les communes de l'agglomération bruxelloise de fournir pour l'entretien des troupes allemandes se disposant à traverser Bruxelles ou à y séjourner : les 20 et 21 août à 7 heures du soir, 18,000 kgs de pain; 10,000 kgs de viande fraîche; 6,000 kgs de riz ou de légumes (fèves, etc.); 100 kgs de riz (pouvant être remplacés par 500 kgs de pommes de terre); 600 kgs de café brûlé; 100 kgs de sel; 10,000 kgs de sucre; 72,000 kgs d'avoine; 600 kgs de cacao.

Ces prestations sont à remettre à la gare de l'Allée Verte.

M. le capitaine Kriegsheim a requis, également en sa dite qualité, pour l'entretien des troupes allemandes, les prestations ci-après, à fournir dans chacun des locaux suivants : gare de l'Allée Verte, gare de Tour-et-Taxis, abattoirs de Cureghem :

Le 21 août : 30,000 kgs de pain, 5,000 kgs de viande fumée, 17,000 kgs de bétail vivant, 10,000 kgs de riz ou de légumes (fèves, etc.), 1,400 kgs de café, 1,700 kgs de sel, 120,000 kgs d'avoine, 170 kgs de thé, 1,700 kgs de sucre, 700 kgs de cacao, 10,000 litres de vin.

Le 22 août : 20,000 kgs de pain et 20,000 kgs de farine; les mêmes quantités que les jours précédents pour les autres denrées.

Le 23 août : 30,000 kgs de farine; les mêmes quantités que les jours précédents pour les autres denrées.

Le requérant a déclaré que si les vivres mentionnés ci-dessus n'étaient pas fournis en nature, la ville de Bruxelles et les communes de l'agglomération seraient tenues d'en payer la double valeur sur la base du prix du marché.

Le capitaine Kriegsheim a requis d'autre part la ville de Bruxelles et les communes de l'agglomération de payer à titre de contribution de guerre, dans les trois jours, une somme de 50 millions de francs en or, argent ou billets de banque, la province de Brabant ayant à payer pour le surplus, à titre de contribution de guerre, une somme de 450 millions de francs, somme pouvant être payée en traites au plus tard le 1er septembre 1914.

Le Bourgmestre de Bruxelles, protestant contre la violence qui lui était faite, a déclaré ne céder qu'à la contrainte.

Le capitaine Kriegsheim, en sa dite qualité, ayant prié le Collège des bourgmestre et échevins de rester en fonctions, M. le Bourgmestre a déclaré que les autorités feraient ce qui dépendrait d'elles en vue de garantir la sécurité des troupes allemandes traversant Bruxelles ou y séjournant. Il a fait connaître son intention de siéger en permanence à l'hôtel de ville pour veiller à la bonne marche des affaires.

M. le capitaine Kriegsheim a communiqué qu'il avait reçu mandat de retenir provisoirement à la disposition du commandant allemand, pour garantir la bonne conduite de la population bruxelloise, le Bourgmestre de Bruxelles, le Conseil communal et cent notables de la ville. Après un échange de vues à ce sujet, il a spontanément renoncé à cette exigence, sous réserve de ratification de son mandat.

Le même jour, à 2 heures de relevée, les représentants de la ville de Bruxelles se sont rencontrés avec M. le général commandant le 4ᵉ corps d'armée allemand, lequel leur a fait connaître qu'il ratifiait les réquisitions et déclarations faites en son nom par M. le capitaine Kriegsheim.

Après qu'il eût pris acte des protestations des représentants de la ville de Bruxelles, il a donné ordre à ses troupes de traverser la ville en suivant un itinéraire annoncé, une garnison devant être maintenue dans la ville pendant le temps nécessaire au passage des troupes.

Fait en double à Bruxelles le 20 août 1914.

(s.) Kriegsheim,
Capitaine d'état-major du 4ᵉ corps d'armée.

A midi et demi, les représentants de la ville quittent la caserne pour aller déjeuner; M. Vanderkelen les accompagne. Le capitaine Kriegsheim se rend auprès de son chef pour l'informer du résultat de l'entretien.

A 2 heures, M. Max et ses compagnons retournent à la caserne de la place Dailly; ils attendent sous le porche.

A la même heure, ordre de se remettre en marche est donné aux troupes, dont la première colonne est arrêtée, depuis le matin, un peu au delà. Le général von Jakowsky s'avance en tête, avec le général von Arnim et son état-major. Les généraux s'approchent du groupe des édiles en saluant. Le général von Jakowsky tend la main à M. Max, qui lui fait cette réponse :

— Je regrette, Monsieur le général, de ne pouvoir, en ces douloureuses circonstances, mettre ma main dans la vôtre, car je ne puis oublier que ma patrie souffre cruellement et j'espère que vous me comprendrez. »

Le général laisse sa main tendue un moment, puis dit :

— Je comprends cela, Monsieur le bourgmestre. »

Il salue, puis réquisitionne cinq autos pour lui et son état-major; ces autos roulent bientôt à courte distance derrière celle des édiles, qui se rendent à l'hôtel de ville par l'avenue de la Brabançonne et la rue de la Loi. Une escorte de quinze cents hommes suit les autos allemandes.

Le principal défilé devant avoir lieu sur le territoire de Saint-Josse-ten-Noode, M. Frick, bourgmestre, est à son poste. Il a fait afficher hier soir sur les murs de sa commune, cet appel :

CONCITOYENS,

Malgré la résistance héroïque de nos soldats, l'armée allemande entrera peut-être sur le territoire de notre commune.

Ne vous laissez pas abattre par la crainte ou le désespoir; conservez votre foi dans l'avenir de la Patrie.

Gardez-vous de tout acte d'hostilité à l'égard de l'armée allemande : il serait inutile à la défense nationale et pourrait provoquer des représailles.

Vos magistrats communaux demeurent parmi vous, prêts à vous défendre et à assurer l'ordre et la sécurité publiques. Aidez-les dans leur tâche difficile, en conservant une attitude calme et digne.

M. Frick s'est posté au milieu de la chaussée de Louvain. En voyant approcher l'ennemi, il crie à ses concitoyens : « Rentrez chez vous! Fermez vos fenêtres et descendez vos volets! »

* * *

Cependant, les troupes, qui se sont ébranlées à 2 heures, continuent à descendre la chaussée de Louvain et s'engouffrent dans la ligne des boulevards pour monter vers le plateau de Koekelberg. Derrière la cavalerie vient l'infanterie; et l'on voit se profiler au loin, derrière celle-ci, l'artillerie et le train, et je ne sais quoi encore de massif et de luisant. Tambours, fifres et fanfares. Les hommes chantent, avec de belles voix et beaucoup d'unisson, la « Wacht am Rhein » et d'autres hymnes patriotiques; quand passent des troupes de l'infanterie, le martellement scandé des bottes sur le pavé fait à ce chant un accompagnement sourd et brutal.

Les officiers lancent des ordres à coups de sifflet ou les hurlent de leur voix gutturale. De lourdes autos d'état-major passent, ronflant et cornant, en bordure du défilé. Toutes les résonnances et le fracas qui enveloppent ce cortège ajoutent à l'impression de puissance terrifiante que cause l'énorme mécanique de guerre mise en branle sous nos yeux. Car c'est bien à cela, à une formidable mécanique, admirablement, terriblement agencée, que tout le monde pense en voyant s'avancer d'un mouvement si automatique la masse grise de ces troupes avec leur hérissement d'armes et d'engins belliqueux. Les badauds qui avaient rêvé de quelque cavalcade militaire riche, colorée, brillante, empanachée, ressemblant à un cortège de fête, sont déçus. A mesure que la curiosité se satisfait, elle s'efface pour ne plus laisser place, dans l'âme des spectateurs, qu'à de la tristesse et de la colère patriotiques. On saisit l'expression de ces sentiments dans les conversations, sur les physionomies, dans les gestes. Quel moment d'émotion douloureuse et indignée que celui où nous apercevons dans les rangs de l'envahisseur, qui les emmène prisonniers, trois soldats belges et quelques paysans, ces derniers les mains liées! Trait cruel, odieux et lâche de la part de l'ennemi, que cette exhibition offensante et pénible à la fois pour nous et pour ces malheureux!

On se demande maintenant si l'irritation contenue du public ne va pas faire explosion; heureusement aucun incident ne se produit; on le doit surtout à la vigilance et au tact avec lesquels la police locale veille au bon ordre.

La belle ordonnance de l'ensemble n'empêche pas de laisser voir les troupes d'infanterie épuisées par la marche; des hommes, la chemise ouverte sur la poitrine, ploient sous le sac; dès qu'un arrêt se produit, des soldats s'affalent, s'étendent sur le sol, dans la poussière, par rangs, par compagnies, pour goûter ne fut-ce qu'une minute de repos. Et alors, tout de suite, la pitié remonte au cœur des bonnes gens de chez nous. Cette pitié, jointe sans doute souvent à d'autres sentiments moins désintéressés, comme peut-être le désir lâche de s'assurer la bienveillance de la soldatesque ennemie, se manifeste çà et là par des prévenances déplorables : des femmes de la populace vont au devant des envahisseurs pour leur distribuer des cigarettes, des fruits, des tartines, du chocolat, des boissons; ces amabilités s'accompagnent parfois d'une obséquiosité révoltante.

La Grand'Place est occupée à 2 h. 1/2 par l'escorte de l'état-major. Les soldats installent leurs cuisines de campagne et font leur popotte à l'endroit où d'habitude le marché aux fleurs jette ses notes vives et répand ses parfums. Le drapeau allemand est — hélas! — bientôt arboré à l'aile gauche de la façade de l'hôtel de ville;

mais grâce à l'énergique insistance de M. Max, le drapeau belge et le drapeau vert et rouge de Bruxelles sont maintenus à la tour; au sommet de la flèche flotte le drapeau de la Croix-Rouge (une ambulance belge a été aménagée dans l'hôtel de ville).

Vers 4 heures, un « taube » plane au-dessus de la Grand'Place; à un moment, une flamme bleuâtre en descend. Surprise effrayée parmi le public : la vision de notre forum municipal bombardé passe avec la rapidité de l'éclair devant bien des yeux, — première impression irraisonnée, car il ne s'agit que d'un signal lumineux donné par l'avion; cette impression accroît encore les angoisses : nous sommes bien à la merci de l'ennemi.

La place Rogier a été évacuée. L'armée envahissante, montant vers le plateau de Koekelberg, passe toujours, en flots intarissables. Mais le spectacle a déjà changé d'allure. La mise en scène des premiers tableaux a été réglée avec soin pour que le défilé impose dès l'abord. En se prolongeant, il perd de son bon ordre et de son air impressionnant.

Il défile maintenant pêle-mêle, et allant cahin-caha, des canons, des fantassins, de la cavalerie, des cuisines de campagne, des mitrailleuses, des projecteurs, du matériel de pontonniers, du matériel de télégraphie sans fil, des voitures d'ambulance et un énorme charroi de fortune : camions de commerce portant sur leurs bâches des noms de firmes et de localités allemandes et belges, chars-à-bancs, voitures de déménagement, calèches, victorias, tonneaux, chariots à betteraves, coupés, etc. Sur beaucoup de ces véhicules on aperçoit cette inscription à la craie: «Nach Paris!» Dans cet ensemble hétéroclite sont cahotées des choses non moins disparates : du foin, de vieilles chaises, des animaux de ferme, des paniers à vin, les pièces d'un mobilier de cuisine, des lapins, des poules, des pigeons, que sais-je encore? A côté trottinent, tenus en laisse ou attachés par une corde à un véhicule, encore des bêtes, des chiens, beaucoup de chiens et de toute espèce, beaucoup de chevaux, un âne, — on attend le chameau et l'éléphant de la caravane, car maintenant l'impression d'une belle armée régulière en marche et celle de la formidable machine guerrière dont j'ai parlé s'effacent

20 août 1914.

complètement et l'on songe plutôt au passage d'une tribu de nomades pillards qui auraient fait une fabuleuse razzia dans le pays traversé.

* * *

Vers la fin de l'après-midi, l'envahisseur fait officiellement part, dans une affiche en langues française et allemande, de son arrivée dans nos murs :

PROCLAMATION.

Des troupes allemandes traverseront Bruxelles aujourd'hui et les jours suivants et sont forcées par les circonstances de réclamer à la Ville les prestations de logement, de nourriture et de fournitures. Toutes ces prestations seront réglées régulièrement par l'intermédiaire des autorités communales.

Je m'attends à ce que la population se conforme sans résistance à cette nécessité de guerre et spécialement à ce qu'aucune agression n'ait lieu contre la sûreté des troupes et à ce que les prestations exigées soient promptement fournies.

En pareil cas, je donne toute garantie pour la conservation de la ville et pour la sécurité des habitants.

Si, cependant, ainsi qu'il est malheureusement arrivé ailleurs, il se produisait des agressions contre les troupes, des tirs contre les soldats, des incendies ou des explosions de tout genre, je me verrais contraint de prendre les mesures les plus sévères.

Le général commandant le 4e corps d'armée,
Sixt von Arnim.

De son côté, M. Max fait placarder une proclamation et un avis. La proclamation dit :

Concitoyens,

L'éventualité que les événements d'hier faisaient prévoir va se réaliser. Des troupes allemandes traverseront Bruxelles. Une partie d'entre elles prendra ses cantonnements dans la capitale.

Le commandant de ces troupes m'a donné l'assurance qu'aucune atteinte ne sera portée aux personnes ni aux propriétés.

Les administrateurs communaux resteront en fonctions. Nul ne doit songer à se faire personnellement justice. Les griefs qui seraient à formuler devront être adressés à l'autorité communale, qui en poursuivra le redressement.

Je fais un nouvel appel au calme de la population.

L'avis porte :

Le Bourgmestre,

Voulant prévenir tout désordre dans les voies publiques comprises dans l'itinéraire à suivre par les troupes allemandes traversant Bruxelles,

Arrête :

Art. 1. — Les cafés, restaurants et débits de boissons seront fermés de 9 heures du soir à 6 heures du matin : chaussée de Louvain, boulevard Bisschoffsheim, boulevard du Jardin-Botanique, boulevard d'Anvers et dans les voies publiques adjacentes.

Art. 2. — Les infractions à cette disposition seront punies des peines de police, sans préjudice aux mesures administratives à intervenir éventuellement à charge des contrevenants.

Le présent arrêté, exécutoire dès ce jour, sera soumis à l'approbation du Conseil communal lors de sa prochaine réunion.

En même temps, M. Max fait savoir aux fonctionnaires et employés communaux que si des soldats ou officiers allemands leur donnent des ordres, ils doivent répondre qu'ils ne peuvent faire qu'une chose : transmettre ces ordres au bourgmestre. A peine arrivés, les militaires allemands ont essayé de traiter des agents de l'autorité communale comme si ceux-ci étaient à leur service.

A 8 heures du soir, le défilé dure toujours. Le fleuve humain charriant fusils, lances et canons ne coule pas seulement par les boulevards qui montent au plateau de Koekelberg; ses flots se pressent maintenant dans tous les boulevards et les grand'routes de la périphérie. Toutes les casernes sont occupées; Koekelberg, Meysse, Uccle sont envahis; officiers et soldats logent chez l'habitant ou à la belle étoile.

A 9 heures, un coup de feu retentit place Rogier. Immédiatement les soldats qui encombrent la place mettent baïonnette au canon et s'apprêtent à charger les curieux. D'autres, braquant leurs fusils, mettent en joue la foule massée sur les trottoirs. Alors se précipite un officier qui explique avec fièvre à d'autres Allemands que c'est son revolver qui est cause de tout cet émoi, que son arme s'est déchargée à son insu au moment où il la déposait avec son ceinturon sur une table, à la terrasse d'un café. Grâce à son intervention, il n'y a pas de drame. Mais combien nos existences tiennent maintenant à un fil, chacun s'en rend compte, car déjà, parmi la troupe couraient les mots «Zivilisten-tireurs», et l'on sait de quelles atrocités ils sont l'avant-coureur.

Il n'y a pas de journaux pour raconter les épisodes de cette journée : tous se sont abstenus de paraître, ont fermé leurs portes, spontanément, sans ordre ni suggestion de qui que ce soit, sans accord préalable, sentant unanimement que tel est le devoir. Pour paraître, il faudrait l'autorisation de l'envahisseur, il faudrait accepter ses conditions, sa censure, ne plus imprimer que ce qu'il juge conforme à ses intérêts, bref mettre l'arme de la presse à sa disposition. Mieux vaut enterrer l'arme que la livrer à l'ennemi.

VENDREDI 21 AOUT

En me levant ce matin, je suis allé à mes fenêtres. La grande voie publique où j'habite offrait un tableau bien extraordinaire. Si on en eut fait une peinture, ce titre eut pu lui convenir : Réveil d'un régiment au boulevard.

Tout le régiment était aligné en désordre, le long de l'allée des piétons, mais aligné... par terre, les hommes étendus à même le sol poussiéreux, sommeillant, débraillés, la tête sur le sac, ou s'étirant dans un réveil lourd. Autour des soldats couchés, d'autres, debout, remettent de l'ordre dans leurs vêtements ou partent en quête d'approvisionnements dans les magasins et cafés du quartier; quelques-uns vont chercher une chaise, un baquet d'eau au cabaret du coin, et, devant ce lavabo improvisé, se livrent, demi-nus, à de réconfortantes ablutions; plus loin, un soldat prend un bain de pied dans un seau d'eau devant un demi-cercle de badauds... O mon boulevard! qui eut dit, il y a trois semaines, que tu verrais, entre tes élégantes rangées d'arbres, cette scène de camp, et composée par des soldats ennemis?

Mais voici des officiers. Ordres hurlés, coups de sifflet, alignement rapide du régiment au milieu du boulevard. Il part, fifres et tambours en tête, les hommes chantant leurs hymnes de guerre avec des voix dont l'élan victorieux fait mal à nos cœurs.

Le fleuve d'hommes armés coule ainsi tout le long du jour par les grandes voies. Que de soldats, que de soldats, que de soldats! Combien sont-ils? Combien de centaines de mille? C'est à donner le vertige!

L'impression de malaise croît: L'ennemi ne fera-t-il que passer, comme le laisse supposer la première proclamation allemande? Ou installera-t-il ici le siège du gouvernement conquérant? On s'accroche à la première hypothèse : pourquoi ces hommes resteraient-ils longtemps à Bruxelles? ils n'ont qu'y faire; c'est vers la France qu'ils doivent nécessairement descendre. Et on potine et on discute; d'ailleurs, beaucoup de gens chôment déjà, errent, se sentent désorbités. Tel craint le pire, et il n'a peut-être pas tort; tel autre, dont l'optimisme ne désarme pas, explique que tout se passera en douceur. Mais il y a de la fièvre. On sait déjà que des horreurs ont marqué le passage de ces troupes en d'autres endroits. Dans des villas de la banlieue, des soldats ont volé, brisé, accumulé les ordures, manifestant un goût particulier pour les farces stercorales, vidant les caves à vins, se servant des draperies pour nettoyer leurs bottes, remplissant les lits de déjections.

Des habitants qui ont causé avec des soldats au repos rapportent que leurs notions géographiques sur le pays qu'ils traversent sont souvent beaucoup plus vagues et plus erronées qu'on ne devrait l'attendre de la part de soldats d'un peuple réputé si instruit. Où allez-vous? « Nach Paris! » est presque toujours la réponse. Un soldat arrêté dans l'une des grandes avenues conduisant à Bruxelles demande si ce sont là les Champs-Elysées.

M. Max vient de faire placarder cette affiche :

LE DRAPEAU NATIONAL.

J'apprends que dans certains quartiers de la ville, des gens prétendant agir au nom de l'administration communale ont été de porte en porte inviter les habitants à retirer le drapeau national de la façade de leur demeure.

Je tiens à faire connaître que l'administration communale n'a donné à personne un mandat aussi peu compatible avec les sentiments patriotiques dont elle est animée.

Ce qui est certain, c'est qu'en maints endroits, sur le passage des troupes allemandes, des officiers ont fait enlever le drapeau belge. Et aujourd'hui beaucoup d'habitants hésitent, ne savent s'ils peuvent laisser le drapeau tricolore aux façades. L'affiche de M. Max les fixe : ils le laisseront. Plus d'un Bruxellois qui avait prudemment rentré le drapeau le réarbore depuis l'affiche. M. Max est l'homme qui rallie dans le désarroi.

L'honorable bourgmestre ne quitte pas l'hôtel de ville. Le général Sixt von Arnim s'y est installé, dès hier. L'état-major voulait y loger aussi. On lui a fait comprendre que les locaux ne se prêtent pas à cet usage. Le général s'est contenté de faire dresser huit lits dans la salle gothique. Un bureau pour les Allemands est aménagé sur le palier de l'escalier d'honneur. Le secrétaire communal s'est établi dans l'anti-chambre du cabinet du bourgmestre. Celui-ci conserve son cabinet de travail. Et l'on a placé dans la salle du collège un lit où il a dormi cette nuit, où il dormira les nuits suivantes : M. Max veut être prêt à intervenir à tout moment.

SAMEDI 22 AOUT

Une nouvelle proclamation de l'autorité allemande. Elle n'est pas destinée spécialement à la population de Bruxelles; elle s'adresse « aux habitants des provinces occupées ». Le signataire a retroussé ses moustaches et fait cliqueter son grand sabre pour nous parler :

AUX HABITANTS DES PROVINCES OCCUPEES,

Les pouvoirs exécutif et administratif dans les provinces occupées passent aujourd'hui entre les mains des chefs supérieurs des troupes allemandes.

J'avertis la population de se tenir tranquille et de continuer à ses occupations civiles. Nous ne faisons pas la guerre aux habitants paisibles, mais seulement à l'armée. Si la population obéit, on ne lui fera pas de mal.

La propriété des communes et des particuliers sera respectée et les vivres et matériaux nécessaires à l'armée d'occupation seront exigés avec égard et seront payés.

D'autre part, la résistance et la désobéissance seront punies avec extrême sévérité.

Toutes les armes, toutes les munitions, tous les explosifs doivent être remis aux troupes allemandes au moment de leur arrivée.

Les habitants des maisons où l'on trouverait des armes, des munitions, des explosifs, auront à craindre d'*être fusillés et de voir leurs maisons brûlées.*

Quiconque résistera à main armée *sera fusillé:*
Quiconque s'opposera aux troupes allemandes,
Quiconque attentera à leurs blessés,
Quiconque sera trouvé l'arme à la main,
    sera fusillé de même.

        Le général commandant le 3ᵉ corps **d'armée,**
                von Lochow,
              Général d'infanterie.

                ★ ★ ★

Les Allemands ont pris possession du ministère de la guerre. Ils n'ont pas perdu leur temps. C'est du côté de la rue de Louvain qu'ils opèrent, observés discrètement par les passants. Dans les autres départements ministériels, rien encore. Les fonctionnaires sont restés à leur poste; ils attendent les événements.

Des huissiers du ministère de la guerre racontent que des soldats procèdent dans les bureaux à des recherches minutieuses. Toutes les portes fermées sont fracturées. Les Allemands font main-basse sur des armes, s'emparent de tous les dossiers qu'ils trouvent dans les tiroirs ou les cartonniers.

Dans l'hôtel ministériel situé à l'angle de la rue de la Loi et de la rue Royale, où habitait M. le Ministre Van de Vyvere, les recherches se poursuivent jusque dans les appartements privés. Les soldats emportent les vêtements du ministre et le contenu des armoires. Ils enlèvent aussi les objets trouvés dans la loge du concierge, lequel, voyant arriver les Allemands, s'est enfui dans le parc, où il assiste de loin à cette prise de possession...

Les officiers sont accompagnés, dans la visite des bureaux, par l'ouvrier électricien (un Allemand) qui a placé naguère les canalisations électriques et qui connaît à merveille la disposition des locaux! Nous étions environnés d'espions ou de graine d'espions; la graine ne demandait qu'à lever sous un arrosage approprié. Presque tous ces Teutons déjà acquis ou prêts à servir comme espions avaient disparu de la capitale dans les premiers jours de la guerre, lors de l'exode des familles allemandes. Ils sont revenus derrière les troupes envahissantes. Et les voici tout de suite à l'œuvre parmi leurs anciens voisins, amis et clients.

* * *

L'un des premiers soucis des Allemands est de mettre la main sur l'encaisse de l'Etat belge. Un officier et deux hommes se présentent, avec un fourgon, pour enlever cette encaisse, à la Banque Nationale. M. Van der Rest, vice-gouverneur, fait à l'officier, avec tous les ménagements possibles, la décevante communication... qu'il n'y a rien à prendre : l'Etat étant le débiteur de la Banque, l'encaisse se réduit à zéro. M. Van der Rest appuie son affirmation de pièces probantes. L'officier s'en va avec ses acolytes et son fourgon...

DIMANCHE 23 AOUT

Premier dimanche de l'occupation. Il fait très beau, de même que tous les jours précédents. Ah! le merveilleux été! Comme il fait regretter la villégiature manquée à tant de familles qui se préparaient, la semaine dernière encore, à partir pour la campagne ou la mer! On flâne beaucoup. On n'ose guère sortir de l'agglomération. On va voir un peu partout, dans la ville, ce qui se passe.

Les Allemands ont placé des canons devant le Palais de la Nation, devant le Cinquantenaire, devant le Palais de Justice, sur le terre-plein, toujours militairement gardé, de la place Rogier; ici on ne peut circuler que sur les trottoirs, à l'exclusion du trottoir longeant le Palace-Hôtel, accaparé par Messieurs les officiers. Les canons ainsi braqués n'effrayent personne; au contraire, le populo y voit la preuve que « les Allemands ont la frousse ».

Des soldats qui ont un brassard aux couleurs allemandes et un collier de cuivre portant, gravé, le mot « polizei », font maintenant, baïonnette au canon, un service de police dans les rues, pour le compte de l'envahisseur. Leur collier de cuivre ressemble tout à fait à celui que, dans les débits bruxellois, on met aux bouteilles de spiritueux avec, dessus, le nom de la liqueur; les gamins ont vite fait de les baptiser : on les appelle des « Rhum-Cognac ». Ces « polizei » ne sont pas les plus dangereux; les plus mauvais sont les agents en bourgeois, qui, déjà, dit-on, pullulent.

Les gares sont remplies de troupes qui y campent. Rue du Progrès et rue de Brabant, les passants longent la gare du Nord en se bouchant le nez : il s'en échappe des relents d'écurie.

Le drapeau ennemi est hissé au Palais de la Nation et aux immeubles ministériels rue de la Loi. Ceux-ci ont tous maintenant été envahis, au moins partiellement.

La rue de la Loi est barrée devant les ministères; les trams ne peuvent plus rouler à cet endroit. Barrées aussi les rues derrière les hôtels ministériels. Et fermé notre beau vieux parc, vénérable témoin de notre première guerre de l'indépendance : à ses portes se dressent aujourd'hui des guérites striées de noir, blanc et rouge, et veillent des casques à pointe. L'envahisseur y gare en ce moment de pesants véhicules qui souillent et écrasent le vert émeraude des pelouses.

Les promeneurs jettent un regard triste sur ces nouveautés. Puis ils s'arrêtent devant deux nouveaux avis de M. Max.

Le premier prie la population de ne plus former des rassemblements autour des cantonnements et sur le passage des troupes. La précaution est bonne, car le danger de représailles barbares en cas d'actes d'hostilité de la part du public est très menaçant; on en peut juger par cette communication du général-commandant, adressée aux édiles et ignorée encore du public :

Le 22 août 1914.

AUX AUTORITES COMMUNALES DE BRUXELLES,

Les habitants de la ville d'Andenne, après avoir protesté de leurs intentions pacifiques, ont fait une surprise traître sur nos troupes. C'est avec mon consentement que le général en chef a fait brûler toute la localité et que cent personnes environ ont été fusillées. Je porte ce fait à la connaissance de la ville pour que les Bruxellois se représentent le sort dont ils sont menacés s'ils prenaient pareille attitude.

Ensuite il a été trouvé dans un magasin d'armes de Huy

des projectiles dum-dum. Au cas que cela arriverait, on demanderait rigoureusement compte chaque fois des personnes en question.

Le général commandant en chef,
(s.) von Buelow.

L'autre avis de M. Max est ainsi conçu :

La Légation Royale des Pays-Bas à Bruxelles me prie de porter à la connaissance de mes concitoyens la communication ci-dessous reproduite :

Bruxelles, le 22 août 1914.
Le Bourgmestre,
Adolphe MAX.

LEGATION ROYALE
DES PAYS-BAS
  à Bruxelles

« Les bruits que des troupes d'une des parties belligérantes auraient traversé le territoire néerlandais sont démentis de la manière la plus formelle.

« Aucun soldat, de quelque pays belligérant qu'il puisse être, n'a franchi le territoire néerlandais sans être immédiatement désarmé et interné.

« Bruxelles, le 22 août 1914. »

Le bruit ainsi officiellement démenti est fort répandu dans Bruxelles et, naturellement, fait grommeler contre nos voisins du Nord. Dans tout malheur public, il faut un bouc émissaire : les Hollandais risquent de se voir endosser ce rôle dans le cas présent. On a vu parmi le charroi des troupes allemandes des véhicules portant, comme indications d'origine et de propriété, les noms de localités et de négociants ou industriels hollandais; mais il se peut que ces véhicules aient été pris par l'envahisseur quand ils se trouvaient en cours de route sur territoire belge. Des gens qui ont dû héberger des officiers allemands rapportent également des propos d'où il faudrait conclure que ces officiers auraient passé par Maestricht. Mais ces officiers ne se sont-ils pas trompés?

Il faut se méfier de ce qui se raconte. Après trois semaines de fièvre et d'éditions spéciales, nous voici, depuis trois jours, sans nouvelles précises, sans journaux. Il nous vient encore quelques feuilles de la Belgique non occupée, même de l'étranger, mais par voie secrète, donc lente; peu d'exemplaires et qui coûtent cher. Toute personne qui arrive du dehors est avidemment interrogée. Mais combien de gens qui ne savent ni bien voir, ni bien entendre, ni exactement rapporter, dans l'état de surexcitation, presque d'hallucination, où ils vivent maintenant! Les histoires les plus abracadabrantes rencontrent des auditeurs crédules. Un joli exemple c'est cette explication de la mort du pape, connue ici le jour même de l'arrivée des Allemands : Pie X avait, par haine de la France blocarde, prêté au kaiser cinq milliards (oui, cinq milliards!) pour faire la guerre; quand il vit que cet argent servait d'abord à accabler déloyalement et lâchement la « cléricale » Belgique et que la guerre était, d'ailleurs, engagée par son impérial débiteur de façon à la faire mal tourner et à ruiner le kaiser pour le plus grand malheur de ses créanciers, le pauvre pape fut pris d'un tel désespoir qu'il... se suicida! Ces énormités sont racontées très sérieusement par des personnes qui ont l'air parfaitement sincères. Et elles trouvent d'autres niais pour les croire!

MARDI 25 AOUT

L'un des maux les plus pénibles dérivant de l'occupation militaire ce sont les réquisitions de vivres et approvisionnements par l'ennemi. Une multitude de gens se voient dépouillés brusquement de leurs biens, de leurs marchandises, de leurs chevaux et attelages, de leurs provisions, de leurs produits, contre remise de bons de guerre, mais parfois sans aucune espèce de titre d'indemnité. On comprend quelles difficultés et quel trouble apporte dans l'organisation régulière du service des subsistances l'incertitude résultant de l'arbitraire de ces réquisitions. Pour y parer, le bourgmestre de Bruxelles a négocié une convention dont il nous fait part en ces termes :

J'ai l'honneur de porter à la connaissance de la population qu'en vertu d'une convention que j'ai conclue le 24 août courant avec le Gouvernement allemand, représenté par M. le général-major von Jarotzky et M. le conseiller aulique Grabowsky, il a été stipulé que pendant un délai de huit jours, il ne serait plus fait par l'autorité militaire allemande, de réquisition de vivres et approvisionnements, soit à charge de la ville de Bruxelles et des communes de l'agglomération bruxelloise, soit à charge de leurs habitants.

Les fournitures en vivres et approvisionnements, ne devront donc être faites, jusqu'à l'expiration de ce délai, que contre paiement au comptant.

M. Grabowsky était, avant la guerre et depuis longtemps, chancelier de la légation allemande à Bruxelles.

C'est probablement la première fois qu'on voit un bourgmestre traiter personnellement et directement avec un gouvernement étranger. Les circonstances ont conféré, en fait, à M. Max une sorte de pouvoir dictatorial, et, sous la pression des circonstances, il s'est produit entre toutes les communes de l'agglomération bruxelloise une sorte de fusion administrative accidentelle, qui, en tout autre temps, eut soulevé mille objections et oppositions.

La convention s'explique par cette double circonstance : les premières réquisitions à charge de la ville ont été énormes; elles ont même excédé les besoins des troupes d'occupation à Bruxelles; à tel point qu'on a laissé, faute d'emploi, pourrir des vivres en la gare de l'Allée-Verte. M. Max, en s'engageant à payer immédiatement un premier acompte sur la contribution de guerre, a tenté d'obtenir : 1° une diminution du montant de cette imposition; 2° une interruption dans les réquisitions. Celles-ci ont cessé dès hier. C'est heureux; si elles avaient continué, la capitale eut bientôt manqué de vivres.

Le protocole de la négociation entre MM. Max, von Jarotzky et Grabowsky est daté du 24 août :

— Comme suit à l'acte du 20 août 1914, arrêté par le capitaine Kriegsheim et le bourgmestre de la ville, ont eu lieu des pourparlers aujourd'hui entre le général-major von Jarotzky, gouverneur de Bruxelles et le bourgmestre, au sujet des cinquante millions exigés.

Le bourgmestre a déclaré qu'il n'est pas en état, malgré la meilleure volonté, de procurer la somme totale. Par contre, il s'engage à payer en déduction, tout de suite, la somme de *un million et demi* et, dans le délai de huit jours, d'autres sommes s'élevant ensemble à *dix-huit millions et demi*.

Il a ajouté qu'il considérait comme une impossibilité de fournir la somme de *cinquante millions* et il a sollicité la diminution du montant.

Le gouverneur a déclaré qu'il n'avait pas de mandat à cet effet, mais il a promis d'introduire auprès du commandant supérieur de l'armée une motion en rapport avec la situation, aussitôt que les *vingt millions* visés ci-dessus seraient payés. Le bourgmestre a acquiescé à cette solution.

Le bourgmestre a, en outre, fait remarquer que c'était tant au nom de Bruxelles que des quinze communes-faubourgs qu'il agissait concernant l'indemnité de guerre réclamée, mais qu'il ne pouvait être responsable des désordres ou des actes d'hostilité s'il s'en produisait en dehors du territoire de la ville, les faubourgs n'étant pas soumis légalement à son autorité. Le gouverneur a donné sa parole que chaque commune serait rendue responsable de tous désordres qui se produiraient chez elles.

Le gouverneur a ajouté, sur la demande du bourgmestre, que pendant le délai de huit jours, il ne sera plus fait par l'autorité allemande, de réquisitions en vivres ou approvisionnements, soit à charge de la ville et des faubourgs, soit à charge de leurs habitants, et ce afin de préserver la population de la famine.

Autre affiche, que les pauvres gens lisent avec soulagement : le bruit avait couru de l'interruption du service des secours hospitaliers; l'administration des Hospices dément de façon formelle.

Grâce à ces avis, les inquiétudes du public commençaient à se dissiper; une certaine sécurité se répandait à la suite de l'heureux aplanissement des difficultés; brusquement, cet après-midi, la ville est replongée dans l'alarme la plus vive. Depuis deux jours, en même temps que la nouvelle que les troupes belges se retirent sur Anvers pour servir de couverture aux troupes françaises et anglaises, circulent les bruits les plus fantaisistes au sujet de la présence de troupes françaises dans les environs de la capitale. Ces bruits prennent soudain une certaine apparence de vraisemblance par suite de l'arrivée en ville de campagnards affolés annonçant que, du côté de Berchem-Sainte-Agathe, donc aux portes de Bruxelles, les soldats allemands arrêtent tous les civils, quel que soit leur rang social et les obligent, sous les menaces les plus graves, à creuser des tranchées. Des Bruxellois voulant se rendre sur les lieux pour vérifier le fait en sont si vivement dissuadés par le personnel

25 août 1914.

des Tramways Economiques qu'ils renoncent à leur projet. Toutes les rumeurs nées de là, grossissant à mesure qu'elles se répandent, finissent par causer une véritable panique.

A 6 heures du soir, la nouvelle se propage sur les boulevards du centre que les Français sont là et qu'on va se battre dans les rues. Aussitôt les promeneurs s'enfuient dans toutes les directions, à la fois pour annoncer la grande nouvelle et pour ne pas s'exposer au feu des combattants. Les agents de la police communale, convaincus, eux aussi, de la réalité de l'événement, conseillent aux habitants de rentrer en hâte. Les trams sont pris d'assaut. Les gens qui n'y trouvent pas place se sauvent à pied, entraînant avec eux ceux qui descendaient en ville et qui, surpris par la nouvelle ahurissante, s'empressent de rebrousser chemin.

En quelques minutes, le centre de la ville est vidé de passants, à la grande stupeur des « polizei », qui, ne comprenant rien à ce qui se passe, s'empressent de prévenir la « Kommandantur ». La nouvelle a si bien trouvé crédit que la Société des Tramways Economiques n'hésite pas à ordonner à son personnel de rentrer au dépôt et de cesser tout service. A ceux qui manifestent de l'incrédulité, certains fuyards crient qu'ils ont « vu » les Français. Une grosse flamande, violemment émue, appuie cette affirmation d'un renseignement complémentaire : « Zij schieten, mijnheer! Zij schieten! » (Ils tirent, monsieur, ils tirent!)

Et pourtant — j'ai fait tout de suite ma petite enquête, avec des moyens d'information sûrs, — il n'y a pas l'ombre d'un soldat français aux environs de Bruxelles, ni même — hélas! — au delà. Cette panique est un curieux échantillon de cette auto-suggestion collective dont le docteur Lebon parle dans sa « Psychologie des foules ».

Une chose est vraie cependant : les Allemands ont, à Berchem-Sainte-Agathe et ailleurs, obligé les habitants et les passants à travailler à des tranchées; beaucoup d'hommes ainsi réquisitionnés ont trouvé moyen de s'enfuir vers Bruxelles pour échapper à la corvée, qui les révoltait.

La fausse nouvelle, partie du cœur de la ville, a

gagné si rapidement les faubourgs qu'elle y a même devancé les fuyards! Là, on ne se croit pas sous la menace d'une bataille des rues, qui se déroulera dans le centre, on ne songe qu'au triomphe certain : « Vite, le drapeau! Remettons-le aux façades! Les alliés seront vainqueurs lorsqu'ils passeront ici! Apprêtons-nous à les fêter! »

Douce et naïve illusion...

MERCREDI 26 AOUT

Au milieu de l'émotion qui reste de l'alarme d'hier tombe la déplaisante nouvelle de la chute de Namur. Le gouvernement allemand prend soin de nous annoncer chaque matin ses succès par le moyen d'une affiche allemande-flamande-française, le français étant, comme bien on pense, relégué au dernier rang. Une affiche de M. Max ajoute encore à l'émotion générale :

AVIS TRES IMPORTANT.

Un fil télégraphique placé par l'Autorité allemande a été brisé au boulevard du Nord.

Attribuant ce fait à un acte de malveillance, l'Autorité militaire a immédiatement suspendu, pour un temps indéterminé, le service public des téléphones.

Il en résulte un grand préjudice pour bon nombre d'habitants.

Pour le cas où d'autres dégradations seraient commises au réseau télégraphique allemand, des représailles beaucoup plus graves sont annoncées. Ces représailles seraient exercées à charge des quartiers de la ville où les faits auraient été constatés.

J'invite donc les habitants des quartiers où ces réseaux ont été établis à se concerter *pour, en assurer eux-mêmes et spontanément, tant la nuit que le jour une surveillance permanente,* en se mettant d'accord à cet égard avec la police régulière ou la police bourgeoise et ouvrière.

J'exhorte encore mes concitoyens à la patience et je répète les appels que j'ai déjà plusieurs fois adressés à leur dévouement civique.

Je ne demanderai rien à la population bruxelloise qui puisse porter atteinte à sa fierté. Mais je la supplie de m'aider à préserver notre chère et belle cité contre l'œuvre de destruction qui pourrait la menacer et à laquelle nous avons échappé jusqu'ici.

Fait à l'hôtel de ville de Bruxelles, le 25 août 1914.

Le Bourgmestre,
Adolphe Max.

26 août 1914.

Le public est frappé du ton d'adjuration urgente de cet avis. Il ne connaît pas l'effroyable menace, officiellement formulée par le général von Buelow, de faire subir à la capitale le sort d'Andenne (1). Mais il devine que M. Max doit savoir la ville exposée à un danger direct bien terrible pour adresser des instances si pressantes à ses concitoyens. En réalité, les autorités allemandes ont été induites en de graves appréhensions quant aux dispositions intimes de la population, que certains rapports de ses agents représentent comme très hostile et sur le point de se soulever; un moment même l'idée du bombardement de certains quartiers a été agitée. L'intervention de quelques hautes personnalités, notamment de M. Brand Whitlock, ministre des Etats-Unis à Bruxelles, a conjuré le péril. Mais il peut renaître au moindre incident.

* * *

A propos de fil télégraphique, l'embarras des Allemands est grand devant l'état de savante désorganisation où le personnel belge des télégraphes a mis son matériel et son réseau.

Deux soldats sont chargés d'amener au bureau central M. Roosen, directeur-général.

— Montrez-nous le point d'arrivée du câble de Londres!

— Allez à La Panne, répond M. Roosen, c'est là qu'il se trouve et qu'il est toujours bien gardé par l'armée belge.

— Donnez-nous la liste des ouvriers du service télégraphique de Bruxelles!

— Tout cela a été détruit par ordre de l'administration belge (M. Roosen juge inutile d'ajouter que les doubles sont déposés en lieu sûr).

La colère teutonne est grande, car toute la signalisation a été embrouillée avant l'abandon des bureaux par le personnel belge, et seuls des techniciens de ce personnel pourraient la rétablir. En fin de compte, les Allemands parviennent à connaître les noms de deux contre-maîtres habitant Schaerbeek; ils courent à l'état civil

---

(1) Voir **23 août**.

de cette commune; mais déjà M. Roosen a averti l'administration communale de Schaerbeek, qui répond à l'ennemi avec une naïveté déconcertante :

— Un incendie, dont vous pouvez encore voir les traces, a détruit une partie de nos registres d'état civil, ceux entre autres qui contenaient les adresses que vous cherchez...

Les Allemands ont fini par trouver le renseignement; mais quand ils sont arrivés au domicile des contremaîtres désirés, ceux-ci, prévenus également, étaient partis pour Anvers.

De guerre lasse, le gouvernement-général a renoncé à l'espoir de remettre en service la nomenclature et la signalisation du service télégraphique belge : il devra se donner la peine d'établir le sien.

JEUDI 27 AOUT

Le bruit du jour : les Etats-Unis auraient envoyé un ultimatum à l'Allemagne pour la sommer d'évacuer la Belgique dans les quarante-huit heures. Si c'était vrai?... Des cœurs battent de joie. Des gens vont se promener ou font, dans leurs courses, un détour vers la rue de Trèves pour voir si le drapeau étoilé est toujours arboré à l'hôtel de la légation américaine; ils ne réfléchissent même pas à ceci, qu'un ultimatum n'est pas encore la guerre. Naturellement, le drapeau est toujours à sa place. Des personnes s'enhardissent même à entrer dans la Légation et à s'informer. Il y en a qui trouvent moyen de se faire recevoir!

Le bruit continue à courir toute la journée, et il fera le principal objet des conversations dans les groupes de causeurs qui se forment maintenant, tout le long du jour, sur la voie publique; il donnera lieu à de profonds échanges de vues dans les réunions que beaucoup de Bruxellois ont pris l'habitude de tenir, à heure fixe, entre camarades sûrs, dans un café de leur choix. Le Bruxellois qui s'y rend vous dit, moitié sérieux, moitié narquois : « Je vais à mon état-major ». Les anciens militaires, les hommes qui ont de vagues relations avec la diplomatie, ne fut-ce que comme amis du concierge d'une légation, sont fort recherchés dans ces réunions.

Il faut pardonner beaucoup au public qui, au milieu d'événements comme ceux-ci, est privé de journaux, privé de tous moyens d'information. L'autorité allemande continue bien à coller chaque jour, sur les murs, un bulletin de « nouvelles officielles de la guerre ». Mais il annonce, avec une régularité imperturbable, uniquement des victoires allemandes, et personne ne « gobe » ce « bulletin de menteurs », comme l'appelle le petit peuple.

* * *

Vers la fin du jour, des émotions nouvelles font tressaillir Bruxelles. Louvain en feu et plein de massacres, déverse sur la capitale le flot de ses réfugiés et de ses expulsés. Ils font des récits si horribles que beaucoup les prennent pour d'incroyables fous. Est-ce bien vrai tout ce qu'ils racontent? Des centaines de maisons en flammes, la moitié d'une ville détruite de sang-froid? C'est impossible! Ces pauvres gens sont sans doute victimes d'une nouvelle hallucination collective.

Mais voici de nouveaux témoins, et en si grand nombre et si sérieux que l'on ne peut plus douter. Le drame, du reste, emplit maintenant nos rues, faisant dérouler sous les yeux d'une foule glacée d'effroi une succession de tableaux atroces. Des prêtres arrivent de Tervueren, à qui l'on a dit en cours de route que la soldatesque épie au passage, pour mieux frapper, quiconque porte un habit ecclésiastique ou religieux. Ces prêtres ont laissé leurs soutanes dans des fermes où de braves gens leur ont donné des vêtements d'ouvriers. Puis, c'est la lamentable caravane des civils que l'on a chassés de Louvain dans un tumulte de coups de feu, d'imprécations et de blasphèmes. Et voici un spectacle comme la France de la Terreur en a connus : entre des soldats à mine féroce, un cortège de tombereaux et de charrettes dans lesquels sont entassés des laïques, des prêtres, des jésuites (on apprend que ceux-ci viennent de voir fusiller à Tervueren, un des leurs, le jeune Père Dupierreux).

Je reconnais au passage des personnalités éminentes de l'Université de Louvain. Les soldats accompagnent leurs innocents prisonniers en les accablant d'injures et d'imprécations, surtout de « Schwein! Schwein! Schwein! »

Un prêtre est véhiculé, debout, à côté d'un bœuf que les Allemands ont pris en route. Au sommet d'une charrette de foin, on aperçoit Mgr De Becker, recteur du Collège Américain.

Ce cortège sinistre cause une impression que nul parmi ceux qui l'ont vu n'oubliera. La foule arrêtée sur les trottoirs est comme frappée de mutisme par l'épouvante; tous les hommes sont chapeaux bas.

SAMEDI 29 AOUT

Encore des malheureux échappés de Louvain et, par eux, des renseignements sur ce qui s'est passé. C'est affreux, et digne de Néron! Et quel crime contre la civilisation de la part d'hommes qui vantent toujours leur « Kultur » : la bibliothèque de l'Université incendiée, avec ses richesses d'une valeur inestimable!... Tout Bruxelles tressaille au récit de ces abominations. Mais Louvain, dont l'incendie et les massacres feront certainement l'objet de publications, n'est pas notre domaine; je reviens aux faits qui se sont produits à Bruxelles depuis deux jours.

Le conflit entre l'administration communale et l'occupant, qu'on croyait aplani après l'arrangement intervenu, menace de renaître, certaines autorités allemandes mettant des conditions nouvelles à son exécution.

Deux jours après la signature de la Convention, c'est-à-dire dès le 26, M. Max se voyait contraint d'écrire au gouverneur militaire :

Par une convention du 24 août portant au nom du gouverneur allemand les signatures de M. le général major von Jarotzky et M. le conseiller aulique Grabowzky, il a été stipulé que, pendant un délai de huit jours, il ne serait plus fait, par l'autorité allemande, de réquisitions en vivres et en approvisionnements, soit à charge de la ville, ou des faubourgs, ou des habitants.

A la date d'hier, le général en chef, qui se trouvait de passage à Bruxelles, m'a fait connaître, en présence de M. le conseiller Grabowzky, que cet engagement ne serait observé par l'autorité allemande qu'à la condition qu'elle fut mise en mesure de faire amener elle-même et rapidement, par chemin de fer, de Saint-Trond certaines quantités de vivres et d'approvisionnements qu'elle y possède.

Afin qu'il pût être satisfait à cette condition, je me suis vu obligé d'écrire au gouvernement belge à Anvers pour lui demander d'autoriser l'envoi de locomotives à Bruxelles. La réponse du gouvernement belge ne m'est pas encore parvenue. Quelle que soit cette réponse, je dois, monsieur le Gouverneur, protester auprès de vous contre la contrainte qui m'a été imposée. L'engagement pris au nom du gouvernement allemand par la convention ci-dessus rappelée du 24 courant n'était subordonnée à aucune condition. En introduire une ultérieurement a été méconnaître la parole donnée et détruire la confiance que doit inspirer un contrat souscrit régulièrement au nom du gouvernement allemand.

Vous reconnaîtrez, j'en suis convaincu, que mon devoir était de vous exprimer les réserves que je viens de formuler.

Hier, un officier allemand se présente chez le bourgmestre et exige de la levure. Voici l'intéressant procès-verbal de l'entretien rédigé par M. Max lui-même :

L'an 1914, le 28 août, à 9 h. 3/4 du matin, un officier supérieur allemand se disant envoyé par un général chef d'état-major commandant des troupes cantonnées à environ 20 kilomètres de Bruxelles s'est présenté à l'hôtel de ville et m'a requis de lui fournir 20 à 25 livres et au besoin 50 livres de levure. J'ai répondu que je ne pouvais satisfaire à cette demande, qu'en effet, par convention du 24 courant, le gouvernement allemand s'était engagé vis-à-vis de moi à ne plus faire de réquisitions en vivres pendant un délai de huit jours. L'officier a fait observer que son mandant ayant un grade supérieur à celui du gouverneur allemand de Bruxelles, il ne se considérait pas comme lié par cette convention et persistait par conséquent dans sa demande, offrant au surplus de payer les quantités de levure qui lui seraient fournies.

J'ai déclaré qu'il allait de soi que toute réquisition de la part des autorités allemandes devait donner lieu à paiement, mais que la convention que j'invoquais suspendait le principe même des réquisitions; qu'au surplus, cette convention n'émanait pas que du gouvernement militaire de Bruxelles en son nom personnel, mais qu'elle liait le gouvernement allemand lui-même, étant d'ailleurs signée non seulement par le gouverneur, mais aussi par le conseiller aulique, seul représentant autorisé de la légation allemande en ce moment à Bruxelles.

L'officier ayant annoncé que nécessité faisait loi et, ses troupes devant être nourries, il se verrait forcé de passer outre, j'ai répondu qu'en ce cas, je réunirais les membres du corps diplomatique et les prierais de faire connaître au monde civilisé que l'Empire allemand violait une parole donnée en son nom. L'officier m'a prié de mettre à sa disposition un membre du personnel de l'administration communale pour le guider dans ses recherches en vue de découvrir les magasins où il pourrait se procurer de la levure. J'ai répondu que je ne pouvais accéder à sa demande.

Il s'est retiré alors en me faisant connaître qu'il allait en référer au gouverneur militaire.

Quelle chance pour Bruxelles d'avoir un bourgmestre comme M. Max, si courageux, si tenace, et qui trouve, dans chaque cas, les mots justes, les paroles qu'il faut pour formuler son opposition aux prétentions injustifiées de l'ennemi! Chacun le savait en possession de jolies qualités d'homme du monde et de talents d'administrateur communal, et surtout très sympathique. Depuis l'occupation, il apparaît à tous les yeux comme un grand patriote, un homme de caractère élevé, un diplomate habile et ferme.

* * *

La population ne connaît rien des difficultés de M. Max avec l'autorité allemande au sujet des réquisitions; mais elle constate que les denrées se raréfient et que les prix augmentent. Certain jour, le lait a manqué; il avait été réquisitionné par les Allemands; les laitiers qui en apportaient à Bruxelles étaient arrêtés par les soldats, qui les forçaient à livrer le contenu de leurs cruches. L'inquiétude ne faisant que grandir, la fièvre de l'approvisionnement, qui s'est manifestée dans les familles dès le début de la guerre, n'a fait, de son côté, que croître. Il y a foule, aux Halles, le matin, et dans les grands magasins de produits alimentaires tout le long du jour. Les maris, dont bon nombre sont maintenant désœuvrés, commencent à s'intéresser aussi vivement que les femmes à la question des vivres; on n'a jamais vu tant de messieurs porter des paquets dans des sacs à provisions ou des filets de ménage.

Le prix de la viande ne monte pas encore, malgré les réquisitions; celui de la volaille non plus. On s'en étonne.

Les gens compétents expliquent que les éleveurs se hâtent de vendre bétail et basse-cour de crainte de les voir prendre par les troupes, d'où l'abondance de ces vivres. Pour d'autres motifs, le raisin d'Hoeylaert, qui fait son apparition par milliers de grappes sur les petites carrioles des marchandes en plein vent, se débite maintenant à bien meilleur prix qu'en temps normal. Il n'y a plus moyen de l'exporter du pays. Les soldats du kaiser se promènent des grappes plein les mains.

Mais, hélas! que d'infortunés dont les ressources sont déjà complètement taries et pour qui la question des provisions ne se pose pas. Ils ne trouvent même plus le moyen de résoudre celle de l'alimentation du jour même. En leur faveur paraît l'affiche suivante :

VILLE DE BRUXELLES.

CONCITOYENS,

Nous avons estimé qu'il convenait de préserver par tous les moyens en notre pouvoir, la population de Bruxelles contre les difficultés de ravitaillement résultant du trouble que les événements actuels ont introduit dans le marché du travail. Nous avons décidé, en conséquence, de créer un service de distribution d'aliments.

La ville a été à cet effet, divisée en vingt quartiers. Dans chacun de ces quartiers est instituée une commission placée sous la présidence d'un conseiller communal et composée de membres des comités de charité et des institutions de bienfaisance, ainsi que de notables, bourgeois et ouvriers.

Par les soins de ces commissions de quartier, des rations composées d'un demi-litre de soupe nutritive et d'un pain de 200 grammes seront mis chaque jour, entre 11 heures et midi, à la disposition du public dans les locaux dont la liste sera publiée.

Les personnes munies d'une carte délivrée par la commission du quartier dans lequel elles habitent, seront seules admises à la répartition des aliments. Ces aliments ne seront pas consommés sur place, mais devront être emportés par les personnes auxquelles ils auront été remis.

Chaque portion (soupe et pain) sera vendue cinq centimes, somme de beaucoup inférieure à la moitié du prix coûtant.

Ce service d'utilité générale entraînera des dépenses considérables.

Nous adressons l'appel le plus pressant à la générosité et à l'esprit de solidarité de nos concitoyens pour qu'ils prêtent leur concours financier à l'initiative que nous avons prise.

L'œuvre que nous avons créée a été portée à la connaissance de la conférence des Bourgmestres de l'agglomération bruxelloise. Elle sera instituée, de même qu'à Bruxelles, dans chacun de nos faubourgs.

Les dons en argent destinés à nous permettre d'assurer le plus longtemps possible, le service de l'alimentation populaire et spécialement de venir en aide aux indigents qui n'auraient pas de ressources suffisantes pour payer le prix des rations, pourront être adressés, soit à Monsieur le Bourgmestre, à l'hôtel de ville de Bruxelles, ou à Messieurs les Bourgmestres des différentes communes de l'agglomération bruxelloise, soit à un Comité (1) qui est en voie de formation sous le patronage de Leurs Excellences Messieurs le Marquis de Villalobar, Ministre d'Espagne et Brand Whitlock, Ministre des Etats-Unis, et sous la présidence effective de Monsieur Ernest Solvay. Le siège de ce Comité sera rue Montagne-du-Parc, 3, à la Société Générale de Belgique.

Le 28 août 1914.

   Le Bourgmestre : Adolpe Max.

   Les échevins : Maurice Lemonnier, Louis Steens, Emile Jacqmain, Georges Maes.

   Le secrétaire communal : Maurice Vauthier.

Cette affiche produit une réconfortante impression, moins encore par la bienfaisante mesure annoncée, que parce qu'elle donne publiquement la preuve que les représentants officiels d'importants pays neutres, notamment de la grande république américaine, s'intéressent à notre sort, veillent généreusement sur nous : nous ne sommes donc pas abandonnés sans recours aux rigueurs et aux violences de l'occupant.

* * *

Les chefs de paroisse affichent dans toutes les églises cette recommandation :

Les maux les plus graves nous menacent en ce moment; nous vous en supplions, usez de toute votre influence pour faire régner le calme.

Défiez-vous des bruits de victoires et de défaites, évitez les surexcitations et les menaces; tenez-vous à l'écart des rassemblements et demeurez le plus possible chez vous.

C'est le seul moyen d'éviter des malheurs.

   Le Curé,   Le Doyen,

---

(1) Il s'agit de l'organisme qui devait bientôt être créé sous le nom de « Comité National de Secours et d'Alimentation », sur lequel on trouvera de plus amples détails à la date du 27 octobre et 27 novembre 1914 et à celle du 27 octobre 1915.

DIMANCHE 30 AOUT

L'état-major quitte l'hôtel de ville; avec les services centraux de l'occupant, il s'installe au Palais de la Nation et dans les ministères. Divers personnages — fonctionnaires, hommes d'affaires, avocats, hommes politiques — ont été appelés d'Allemagne ici pour collaborer administrativement à l'oppression du peuple belge. Une notabilité catholique me dit sa stupéfaction d'apprendre que parmi eux se trouve le « Justizrat » (conseiller de justice) Trimborn, avocat en renom de Cologne et député au Reichstag, l'un des chefs du Centre.

« Je connais M. Trimborn, me dit mon interlocuteur. J'ai été reçu chez lui avec M. Helleputte, il y a quelques années, lors d'un congrès des catholiques allemands. M. Trimborn se répandit en amabilités à notre égard pendant notre séjour dans la ville rhénane. Nous avions beaucoup de sympathie et d'admiration pour lui. Il manifestait beaucoup d'amitié pour les Belges. Il a, d'ailleurs, épousé une Verviétoise, dont le frère a été longtemps, s'il n'est encore, consul-général de Belgique à New-York. Il a, ou plutôt il avait beaucoup de relations en Belgique. Cette considération n'aura sans doute pas été étrangère au choix que le gouvernement allemand a fait de lui : M. Trimborn représentera ce gouvernement à la tête des ministères belges de la Justice et des Sciences et Arts. Il a accepté de contribuer à tenir sous le joug les compatriotes de sa femme et tous ses amis dans ce pays. Je ne m'attendais pas à cela de lui. » (1).

Que de cas analogues on pourrait citer! Que d'hommes qui vécurent longtemps ici, honorés de la confiance des Belges, du Gouvernement, de personnalités politiques, nous arrivent maintenant d'Outre-Rhin pour aider à notre oppression!

Un journaliste, allemand d'origine, qui a fui Bruxelles au lendemain de la déclaration de guerre, vient d'y rentrer pour contrôler et surveiller, au nom du gouver-

---

(1) Voir, à propos du départ de M. Trimborn, le 9 juillet 1917.

nement allemand, ses anciens confrères dans l'éventualité de la réapparition de leurs journaux! Il était correspondant de la *Koelnische Volkszeitung*, mais depuis trente-cinq ans il collaborait à la presse bruxelloise. Il fut même attaché à l'administration de l'Etat du Congo comme traducteur. Ainsi introduit auprès d'une foule de personnalités du pays, il a dû nécessairement apprendre bien des choses, peut-être confidentielles. Qu'il n'eût pas pris parti contre sa patrie, qu'il fut demeuré en Allemagne, où il était retourné, tout le monde l'aurait compris. Mais il accourt se mettre au service de l'oppresseur, pour l'aider à museler cette presse bruxelloise dont il a vécu si longtemps et jusqu'aux derniers jours avant la guerre! Pouah!

Avec lui, un autre correspondant de journaux teutons, établi ici depuis des années, devient à Bruxelles l'un des principaux collaborateurs de la censure allemande.

* * *

M. Max vient de donner un nouvel et éclatant témoignage de son courage civique en faisant afficher cet avis :

Le Gouverneur allemand de la ville de Liége, lieutenant-général von Koelewe, a fait afficher hier l'avis suivant :

« Aux habitants de la ville de Liége,

« Le Bourgmestre de Bruxelles a fait savoir au commandant allemand que le Gouvernement français a déclaré au Gouvernement belge l'impossibilité de l'assister en aucune manière, vu qu'il se voit lui-même forcé à la défensive. »

J'oppose à cette affirmation le démenti le plus formel.

Bruxelles, le 30 août 1914.

Le Bourgmestre,
Adolphe Max.

M. Max adresse aussi l'avis suivant aux commerçants:

En vue de faciliter les opérations commerciales et la reprise de la vie économique, j'engage mes concitoyens à accep-

31 août 1914.

ter provisoirement au taux de la valeur ci-après indiquée, les paiements en monnaie allemande :

Nickel : 10 pfennig = fr. 0.12 1/2.
Argent : 1 mark = fr. 1.25.
1 thaler = fr. 3.75.
5 mark = fr. 6.25.
Or : couronne (10 mark) = fr. 12.50.
double couronne (20 mark) = fr. 25.00.

La recommandation vient d'autant plus à son heure que l'autorité allemande a commencé dans une salle du Sénat le paiement des bons de réquisition.

* * *

Un incident. La patronne d'un café de l'avenue de la Renaissance avertit l'administration communale que des officiers prétendent rester attablés dans son établissement au mépris de l'arrêté du bourgmestre ordonnant la fermeture des débits de boissons à 9 heures du soir. M. Max s'y fait immédiatement conduire en auto. Il est seul. Il entre dans le café et ordonne d'éteindre les lumières et de fermer. Irritation des officiers. Il leur semble inouï qu'un civil ait la prétention de dicter la loi à des militaires. Ils n'ont pas à tenir compte, déclarent-ils, d'un arrêté du bourgmestre. La patronne fait en vain appel à leur bonne volonté. Alors M. Max répète son ordre et dit aux officiers :

« Ne croyez pas, messieurs, que vous me faites peur; vous allez sortir immédiatement ».

Matés par ce langage, ils se retirent.

LUNDI 31 AOUT

L'autorité allemande n'a pas voulu rester « a quia » devant l'affiche de M. Max, infligeant l'affront d'un démenti au général qui commande à Liége. N'ayant rien à répondre, elle a cherché quelque moyen de représailles. Ce matin, le général von Luettwitz, gouverneur militaire de Bruxelles, fait afficher cet « avis important » bref et brutal (on croirait entendre le général lancer un juron de colère) :

Il est strictement défendu, aussi à la Municipalité de la

» Ville, de publier des affiches, sans avoir reçu ma permission spéciale.

Comme cela, dorénavant, un général allemand pourra mentir en calomniant, à distance, un personnage officiel belge, sans avoir à craindre de riposte.

Autre avis, qualifié celui-ci de « très important », du même gouverneur militaire :

1. — Les habitants de Bruxelles sont informés qu'il est défendu à tout le monde de circuler, soit à pied, soit en voiture, dans toutes les parties des environs de Bruxelles qui sont occupées par des troupes allemandes, exception seule faite pour ceux qui sont porteurs de sauf-conduit du soussigné Gouvernement.

Ceux qui se trouvent en route dans le but de ravitaillement de la ville, doivent également être munis de sauf-conduit signés par le Bourgmestre de Bruxelles et par le Gouvernement allemand.

2. — Il n'y a plus de blessés belges dans les lignes de combat au Nord de Bruxelles. Il est absolument défendu à toutes les automobiles, inclus celles de la Croix-Rouge, de se rendre aux parties occupées par nos troupes.

En cas de nouveaux engagements, le secours volontaire sera accepté avec reconnaissance. Le Gouvernement militaire allemand indiquera alors, par des affiches, les points où les automobiles sanitaires devront se réunir. Les personnes qui conduisent ces automobiles ou les accompagnent doivent être munies d'un laissez-passer signé par le Gouvernement militaire allemand. Le dit laissez-passer doit contenir nettement le but de la course avec l'indication de l'heure et du lieu.

* * *

Sous le rapport des voyages, il aura suffi de quelques jours pour nous faire rétrograder d'un siècle.

Il y a deux semaines encore, on allait à Anvers, par le train-bloc, en trente minutes. Maintenant il faut 24 heures. Un ami en revient précisément et me raconte sa randonnée.

D'abord, de Bruxelles à Berchem-Ste-Agathe en tram; puis à pied jusqu'à Assche, soit 9 kilomètres; à Assche, il espérait trouver le vicinal pour Alost, mais les Allemands venaient de couper cette voie; il a donc fallu continuer à pied jusqu'à Alost, soit encore 13 kilomètres. Le dernier train d'Alost pour Anvers vient de partir; il faut attendre le premier train du lendemain. Ce train va cahin-caha, atteint Termonde à 8 heures,

31 août 1914.

où il faut à nouveau patienter deux heures. Anvers est en vue à 11 heures! Le voyage n'est guère plus rapide au retour.

La petite ville de Ninove est devenue une « tête de ligne » de première importance, et ce brave vicinal campagnard Ninove-Bruxelles une des principales voies ferrées du pays. C'est la seule par laquelle les Bruxellois parviennent encore à s'échapper vers les régions non envahies, la Flandre, le littoral, ou à en revenir. Aussi l'appelle-t-on d'un grand nom : c'est notre P.-L.-M. ou notre Orient-Express.

Il faut voir la station du vicinal à Ninove en ces jours de gloire! On se croirait sur le quai d'une gare de capitale : foule mêlée et agitée, commissionnaires, bagages, embrassades, adieux, larmes, mouchoirs : tout le tapage et toute l'émotion des départs sensationnels et des miraculeux retours.

Devant la station, d'antiques guimbardes, des chars-à-bancs, des carrioles de tous les formats et de tous les âges, des baudets, des charrettes à chiens, — tout cela à l'intention de voyageurs arrivant de toutes les directions ou s'y rendant.

C'est l'âge d'or pour les cabarets de l'endroit; on mange, sous des tentes, des fruits, des œufs, de la viande froide : le tableau tient à la fois de la kermesse, du marché et de la gare.

Des incidents dramatisent parfois le voyage. Il arrive que des uhlans descendent de cheval et arrêtent le train vicinal pour fouiller les voyageurs et les bagages; on voit sauter prestement du train et s'enfuir à travers champs des vendeurs de journaux prohibés, qui rapportaient d'Anvers et de Gand (et qui abandonnent alors sous les banquettes) des paquets de *Métropole* et de *Flandre Libérale*.

Septembre 1914

1er septembre : Première rencontre de fonctionnaires belges et allemands. — **2** : La Ville n'est pas cernée, mais comment en sortir ? — Les nouveaux billets de banque. — Les Allemands au Ministère des finances. — **3** : L'avènement du maréchal von der Goltz au gouvernement-général. — **5** : M. Davignon et la neutralité hollandaise. — **8** : Un ordre du jour des Chambres syndicales du bâtiment. — **9** : Journaux prohibés et journaux autorisés. — **10** : Le Palais de justice transformé en corps de garde. — Protestation de la magistrature et du barreau. — **11** : La canonnade au nord de Bruxelles. — Une abominable dépêche de Guillaume II. — **12** : Fière réponse du Gouvernement belge à une offre allemande. — **14** : Des prisonniers de Maubeuge à Cureghem; accueil enthousiaste de la foule. — **15** : Les colombophiles en émoi. — Le vicinal de Ninove. — **16** : Ordre de rentrer les drapeaux belges. — Nouvelle escarmouche entre le bourgmestre et l'autorité allemande. — **17** : Condamnations de civils. — La responsabilité collective. — **18** : Une scène arrangée pour cinéma allemand devant le Palais royal. — **20** : Rixes entre Prussiens et Bavarois dans des casernes de Bruxelles. — **22** : Le voyage de M. Woeste à Anvers. — **23** : Le nouveau « Moniteur ». — Mise sous contrôle ou sous séquestre des banques et établissements de crédit. — Le commissaire impérial von Lumm. — **24** : Nouveau conflit avec la Ville. — Suspension du paiement des bons de réquisition. — **25** : Un voyage Bruxelles-Ostende en automne 1914. — **26** : Les mésaventures de 176 Bruxellois arrêtés à Enghien. — **27** : Ce que nous voyons du siège d'Anvers. — Arrestation de M. Max. — Bruxelles en fièvre. — **28** : Les circonstances de la déportation du bourgmestre. — **29** : Le Collège échevinal décide de gérer en bloc les intérêts de la Ville. — **30** : L'agitation dans le monde des fonctionnaires belges : faut-il signer la formule de la Convention de la Haye ?

MARDI 1er SEPTEMBRE

Première rencontre de fonctionnaires belges et allemands.

Un « référendaire » nommé Pochhammer s'est présenté au Ministère des finances, flanqué d'un adjoint et d'un civil chargé de remplir l'office d'interprète. Le trio a commencé par se rendre chez M. l'administrateur-

1ᵉʳ septembre 1914.

général Janssens pour prendre contact avec les représentants de l'administration belge. M. Janssens a accompagné ces messieurs chez le secrétaire-général du département des finances, M. Buisseret. Conversation assez longue, l'interprète étant seul à pouvoir s'exprimer dans les deux langues. M. Pochhammer a expliqué qu'il venait s'informer au sujet de l'organisation du Ministère des finances et de notre système d'impôts. M. Buisseret lui a remis, pour l'éclairer, tous les documents nécessaires. Après une heure d'entretien, les trois Allemands se sont retirés en faisant force salutations, et sans paraître s'offusquer de la réserve et de la froideur voulues des deux fonctionnaires belges. (1)

Un autre délégué allemand avait précédé à Bruxelles M. Pochhammer. Ce personnage, M. Mehlhorn n'était pas inconnu ici, car il avait fait partie, comme représentant de l'Allemagne, de la Conférence internationale des Sucres, où il siégeait avec M. Janssens, administrateur-général du service des douanes et accises. La première visite de M. Mehlhorn à Bruxelles a été pour ce fonctionnaire belge, à qui il désirait notifier la décision impériale l'appelant à participer à l'administration des finances belges en régime allemand. On devine l'étonnement du chef de l'administration des douanes en voyant arriver sous l'uniforme ennemi son ancien collaborateur à la Conférence sucrière. Le thermomètre des relations entre les deux anciens collègues est descendu brusquement vers zéro.

En attendant que la prise de possession soit effective et que l'occupation leur soit notifiée, les services belges des finances se hâtent de liquider tout ce qu'ils peuvent. Ils sont parvenus en quelques jours à faire rentrer des sommes très importantes dues par des sociétés anonymes. Ces sommes leur permettront de payer les traitements des membres de la magistrature et du personnel des départements ministériels. Un fonctionnaire du département des chemins de fer se voit confier une somme de 800,000 francs à répartir entre les agents de

---

(1) Trois ans plus tard, un arrêté du Gouvernement allemand nommait le même M. Pochhammer, ministre des finances pour les deux régions flamande et wallonne. Voir 9 juillet 1917.

son administration. Un fonctionnaire de la poste reçoit dans le même but 600,000 francs. On liquide ainsi les traitements d'août et de septembre. Autant de pris sur l'ennemi. Tout cela, maintenant, doit se faire clandestinement. Les chefs de service convoquent mystérieusement les fonctionnaires, pour les payer, dans des locaux où leur présence n'attire pas l'attention, par exemple au premier étage de la Justice de paix de Saint-Josse-ten-Noode, ou dans les bureaux de la coopérative l'*Union Economique*.

MERCREDI 2 SEPTEMBRE

Depuis qu'a paru l'affiche apportant des restrictions à la circulation aux environs de la capitale, les gens affluent aux bureaux de l'administration communale qui demandent des explications sur son sens exact et si Bruxelles est ville bloquée. L'autorité allemande publie cet avis, qui fixe la population :

> La ville de Bruxelles n'est pas cernée; chacun est libre de sortir de la ville à pied, excepté dans les directions des avant-postes allemands, c'est-à-dire vers Anvers et Ostende.
> Les personnes qui circulent en dehors de Bruxelles avec une auto, voiture, camion ou tout autre véhicule, ont à se munir d'un laissez-passer délivré par la Ville de Bruxelles et contresigné par le commandant militaire allemand. Ce laissez-passer est délivré à l'hôtel de ville de Bruxelles.

Cet avis émane de la « Kommandantur », — ce que nous appellerions en langue militaire française le « Service de la place ».

Le mot apparaît depuis un jour ou deux dans des inscriptions accompagnées d'une flèche que l'autorité allemande a fait placer à divers endroits de la ville; la flèche indique la direction à prendre pour se rendre à la « Kommandantur ». D'autres inscriptions du même genre indiquent d'autres directions : « nach Löwen », « nach Namen », etc.

L'affiche ci-dessus produit quelque soulagement : on se sent moins emprisonné dans Bruxelles.

Un avis de M. Max est aussi bien accueilli : la circulation monétaire va être facilitée par la création de billets de banque de 1 et 2 francs.

En même temps la Banque nationale émet des billets nouveaux de 20 francs à l'effigie de Léopold I. La délicate intention patriotique qui a dicté le choix de cette effigie est silencieusement appréciée par le public. Il y a quelque chose d'émouvant, dans les circonstances actuelles, à voir reparaître, par ce moyen, sous les yeux de tous, symbole de l'impérissable destin de la patrie, le portrait du fondateur de l'indépendance nationale.

Enfin, — c'est décidément la journée aux bonnes affiches, — un avis de la Caisse Générale d'Epargne vient rassurer beaucoup de déposants en disant :

> Bien que les remboursements sur les livrets de la série postale (livrets jaunes) ne doivent pas s'effectuer à la caisse centrale (rue Fossé-aux-Loups), la Caisse Générale d'Epargne et de Retraite s'efforcera de satisfaire dans la mesure possible aux demandes de remboursements sur les livrets de cette série.
>
> Les intéressés voudront bien faire preuve de patience, certaines formalités étant requises pour assurer la régularité des paiements.

JEUDI 3 SEPTEMBRE

Le Kaiser nous envoie un gouverneur-général et choisit, comme tel, une des célébrités de son Empire, le feld-maréchal von der Goltz. Celui-ci nous fait part de son avènement dans cette proclamation :

> S. M. l'Empereur d'Allemagne, après l'occupation de la plus grande partie du territoire belge, a daigné me nommer Gouverneur général en Belgique. J'ai établi le siège du Gouvernement général à Bruxelles (Ministère des Sciences et des Arts, rue de la Loi).
>
> Par ordre de Sa Majesté, une administration civile a été installée auprès du Gouvernement général (Ministère de la Guerre, rue de Louvain).
>
> Son Excellence, M. von Sandt, a été appelé aux fonctions de chef de cette administration (1).
>
> Les armées allemandes s'avancent victorieusement en France. Ma tâche sera de conserver la tranquillité et l'ordre public en territoire belge.
>
> Tout acte hostile des habitants contre les militaires alle-

---

(1) Voir le 9 juillet 1917 comment ce haut fonctionnaire quitta la Belgique, mécontent du rôle qu'on l'avait obligé à y jouer.

mands, toute tentative de troubler leurs communications avec l'Allemagne, de gêner ou de couper les services des chemins de fer, du télégraphe et du téléphone, seront punis très sévèrement. Toute résistance ou révolte contre l'administration allemande sera réprimée sans pardon.

C'est la dure nécessité de la guerre que les punitions d'actes hostiles frappent, en dehors des coupables, aussi des innocents. Le devoir s'impose d'autant plus à tous les citoyens raisonnables d'exercer une pression sur les éléments turbulents, en vue de les retenir de toute action dirigée contre l'ordre public.

Les citoyens belges désirant vaquer paisiblement à leurs occupations, n'ont rien à craindre de la part des troupes ou des autorités allemandes. Autant que faire se pourra, le commerce devra être repris. Les usines devront recommencer à travailler, les moissons être rentrées.

Citoyens belges,

Je ne demande à personne de renier ses sentiments patriotiques, mais j'attends de vous tous une soumission raisonnable et une obéissance absolue vis-à-vis des ordres du Gouvernement général. Je vous invite à lui montrer de la confiance et à lui prêter vos concours. J'adresse cette invitation spécialement aux fonctionnaires de l'Etat et des communes qui sont restés à leur poste. Plus vous donnerez suite à ces appels, plus vous servirez votre patrie.

Le Gouverneur général,
von der Goltz,
Feldmaréchal.

Ceux qui connaissent l'allemand sont frappés de ce détail : que dans le texte allemand de sa proclamation, le nouveau gouverneur s'exprime en termes beaucoup plus durs, comme pour faire comprendre à ses compatriotes qu'il administrera leurs ennemis à la manière forte. En allemand, les trois dernières phrases disent littéralement ceci :

De votre attitude, de la confiance et de la mesure de la soumission que le peuple, en particulier les fonctionnaires de l'Etat et des communes restés dans le pays accorderont au Gouvernement général dépendra que la nouvelle administration serve à votre prospérité et à celle de votre patrie.

SAMEDI 5 SEPTEMBRE

L'avis suivant, signé de M. Max, est affiché aujourd'hui :

A l'appui de la communication que j'ai eu l'honneur de faire à mes concitoyens à la demande de la Légation royale des

8 septembre 1914. 46

Pays-Bas, le Ministre des Affaires étrangères de Belgique me prie de publier la déclaration suivante :

Anvers, le 1er septembre 1914.

MINISTERE
des
AFFAIRES ETRANGERES

« Nous tenons à déclarer que nos voisins du Nord n'ont
« cessé de garder vis-à-vis de nous la plus scrupuleuse neu-
« tralité. Ils pratiquent une généreuse hospitalité à l'égard
« de nos compatriotes affamés, réfugiés sur leur territoire,
« et se montrent empressés de nous prêter tous les bons of-
« fices compatibles avec leur situation de neutres.

Bruxelles, le 4 septembre 1914.

« (s.) Davignon. »

On raconte que M. Max, pour s'assurer une protection contre les vexations et les éventuelles représailles de l'autorité allemande, s'est fait nommer... secrétaire de la légation des Etats-Unis. M. Max prie ses amis de démentir cette sotte histoire. Fort de son droit, il revendique hautement la responsabilité de ses actes et n'entend solliciter, pour sa sauvegarde personnelle, la protection de qui que ce soit.

MARDI 8 SEPTEMBRE

Un ordre du jour bien suggestif est voté ce matin par les Chambres syndicales du Bâtiment :

Les Chambres syndicales réunies, convoquées à l'effet d'examiner la possibilité de reprendre les travaux, constatent que la sécurité, la confiance, les communications, les moyens de transport, le crédit, le change, la justice n'existent plus en Belgique.

Cette situation est indépendante de la volonté des industriels belges et on n'en peut imputer la lourde responsabilité aux travailleurs, à quelque catégorie qu'ils appartiennent.

Dans ces conditions, les Chambres syndicales du bâtiment réunies estiment que la reprise des travaux ne peut être préconisée en ce moment et aussi longtemps que l'état de choses existant, sans exemple dans l'histoire de l'humanité, sera maintenu.

MERCREDI 9 SEPTEMBRE

L'autorité allemande ordonne à la police de faire la chasse aux journaux prohibés. D'où, cet ordre de service de M. Max aux commissaires de police :

> Je viens d'apprendre que l'autorité allemande compte user de rigueur à l'égard des colporteurs et des distributeurs de journaux et de placards contenant des nouvelles de guerre.
> Dans l'intérêt de ces colporteurs et distributeurs, il importe de couper court à leur trafic.
> Les journaux et placards dont il s'agit devront être saisis et les intéressés avertis des dangers auxquels ils s'exposent.
> Aucun journal belge n'ayant accepté de se soumettre à la censure allemande, le Gouverneur général fait mettre en vente à Bruxelles : *Kölnische Zeitung*, *Kölnische Volkszeitung*, *Nieuwe Rotterdamsche Courant*, *Berliner Nachrichten* et *Dusseldorfer-General-Anzeiger*.
> Afin d'éviter des incidents, il convient de tolérer cette vente.

En même temps, M. Max transmet aux commissaires de police un avis complémentaire plus confidentiel ainsi conçu :

> Il y a lieu d'ajouter à la liste des journaux dont la vente est autorisée, *Le Quotidien*, organe allemand imprimé en langue française.
> Les vendeurs de ce journal, ainsi que des autres organes mentionnés dans mon ordre de service seront munis d'un permis de l'autorité allemande (1).

On commence à vendre secrètement des bulletins dactylographiés contenant des nouvelles ou de prétendues nouvelles. Nous voici revenus aux temps primitifs des « nouvelles à la main », l'expression entendue dans le sens littéral.

JEUDI 10 SEPTEMBRE

L'un des scandales de l'occupation allemande à Bruxelles, c'est l'usage auquel l'envahisseur a prostitué le Palais de Justice, l'état dans lequel il a mis l'intérieur si noble, et en certaines de ses parties si riche-

---

(1) Comme suite à une demande exprimée par le rédacteur en chef (belge) du *Quotidien*, M. Max lui écrivit, le 17 septembre, « qu'il ignorait que ce journal allait être édité sous sa direction et sans intervention de la censure allemande ».

ment décoré, de ce monument célèbre, l'insolent, offensant et grossier sans-gêne avec lequel il s'y conduit vis-à-vis de la magistrature et du barreau (1).

Magistrats et bâtonniers adressent, à ce sujet, au Gouverneur-général allemand cette éloquente protestation :

> Les soussignés, chefs des corps judiciaires, bâtonniers des Barreaux de Cassation et d'Appel, représentants de la Fédération des avocats belges, ont l'honneur de porter à la connaissance de Votre Excellence les faits auxquels vient de donner lieu l'occupation à demeure du Palais de justice de Bruxelles par un détachement de troupes allemandes.
>
> 1. — Cette occupation débuta le vendredi 4 septembre 1914 dans la soirée. Jusqu'alors, en dehors des installations d'une ambulance organisée par la générosité privée pour la période des vacances judiciaires, et où de nombreux blessés, tant allemands que belges, reçurent des soins dévoués, le Palais n'avait pas cessé d'être accessible au public pour les nécessités de la vie judiciaire. Le 4 septembre, des troupes allemandes y prirent position et cantonnement; des canons furent mis en batterie et des cantines montées dans l'enceinte grillagée; la moitié nord-est du Palais fut retenue pour le casernement de troupes et à leur usage exclusif.
>
> 2. — Le lundi 7 septembre 1914, dans la croyance que le Palais abritait un colombier militaire, qu'il renfermait un dépôt d'armes et constituait un centre d'espionnage et de correspondance militaire avec le dehors, le Palais fut brusquement fermé et l'accès en fut interdit à tous.
>
> Aux magistrats et aux avocats qui se présentèrent, il fut répondu : « Nouveaux ordres! Personne n'entre! » A la suite de certaines représentations de magistrats et de M. le Bourgmestre de Bruxelles, l'autorité allemande admit « par faveur » que les magistrats et avocats eussent accès dans le Palais, à la condition toutefois de fournir des preuves d'identité aux factionnaires placés à l'une des entrées, lesquels devaient être aidés de membres du personnel judiciaire subalterne.
>
> Il est à noter qu'en fait, les motifs de ces mesures furent bientôt reconnus sans fondement : le Palais a toujours été peuplé de pigeons errants de toute espèce; les greffes correctionnels ont nécessairement en dépôt des armes saisies comme pièces à conviction; les sabres d'uniformes des gardiens sont conservés sur place, et le seul des habitants du Palais, que l'autorité militaire allemande ait mis en prévention, n'a pas tardé à être relaxé.

---

(1) Voir le 15 avril 1916 ce que le Palais de justice est devenu à cette date.

3. — Le mardi 8 septembre 1914, les chefs des corps judiciaires constatèrent que des perquisitions avaient été faites, sans doute la veille, pendant la fermeture du Palais, dans tous les locaux principaux et accessoires affectés à l'administration de la justice. Ces perquisitions avaient eu lieu sans que les autorités judiciaires responsables de l'usage des locaux, ni les autorités administratives chargées de la conservation des bâtiments, du mobilier et des archives furent présentes ni appelées; des portes, closes par nécessité de service, avaient été fracturées; les fils de la communication téléphonique intérieure reliant les locaux des Parquets entre eux avaient été coupés; en outre, des vols et déprédations diverses avaient été commis.

Ces faits, ou tout au moins une partie d'entre eux, furent consignés dans des procès-verbaux annexés à la présente. Nous en extrayons les constatations ci-après :

Cour de Cassation. — Procès-verbal du Procureur général près la Cour de Cassation, le 9 septembre 1914 :

« Dans la nuit du 7 au 8 septembre courant, la porte du greffe civil de la cour a été fracturée; le panneau inférieur d'une autre porte a été violemment enfoncé et la poignée de bronze d'une troisième porte a été arrachée.

« Au Parquet, dont toutes les portes avaient été fermées le 7, à la fermeture des bureaux, on a trouvé le 8 au matin une porte ouverte et on a constaté la disparition d'un chandelier de cuivre. »

Cour d'Appel. — Procès-verbal du premier avocat général à la Cour d'Appel, le 8 septembre 1914 :

« Ce 8 septembre 1914, à 10 heures du matin, nous soussigné, premier avocat général à la Cour d'Appel de Bruxelles, accompagné de M. le lieutenant adjudant major Stockhausen et d'autres officiers allemands, ainsi que notamment de nos collègues Levy-Morelle, faisant fonctions de premier président, Dupret, Morelle, Drion, conseillers à la Cour, et de MM. Sartini et Fauquel, substituts du Procureur général, avons constaté que les armoires contenant les robes des magistrats en Chambre du Conseil de la 8ᵉ chambre avaient été fracturées, les décorations qui y étaient attachées avaient été arrachées et volées. Nous avons fait des constatations identiques au greffe civil où la porte a été enfoncée, des robes dépouillées de leurs décorations, un coffre fracturé et pillé. »

Tribunal de première instance. — Lettre de M. le greffier adjoint Duménil, du 8 septembre 1914, à M. le Procureur du Roi :

« En arrivant au Palais de justice, ce matin, j'ai constaté qu'un local affecté aux pièces à conviction et se trouvant dans les sous-sols avait été ouvert au moyen d'effraction; un des panneaux inférieurs de la porte de ce local a été enlevé; dans le dit local régnait un désordre indescriptible.

10 septembre 1914.

Tous les objets qui se trouvaient sur les rayons sont jetés pêle-mêle sur le sol. Il m'est impossible dans ces conditions de vous indiquer ce qui pourrait avoir disparu. »

Le Procureur du Roi ajoute : « J'ai personnellement constaté cette situation. »

De son côté, l'architecte principal, conservateur du Palais, a fait des constatations identiques.

A la suite d'enquêtes ouvertes par les officiers allemands, dix des décorations soustraites ont été saisies en la possession de certains soldats.

4. — Dans la journée du 8 septembre 1914, le Palais entier sauf une minime partie, a été transformé en caserne, avec toutes les suites d'une occupation permanente de l'espèce, par plusieurs centaines d'hommes, qui y mangent, boivent, fument, se lavent, dorment, font sécher leur linge et éventent leurs effets dans les salles d'audience, en utilisant celles-ci et le mobilier judiciaire à tous les usages possibles.

5. — Présentement, les magistrats et avocats n'ont plus accès au Palais de justice que moyennant exhibition d'un laissez-passer signé par le chef de leur corps judiciaire respectif et portant le cachet du 3e bataillon du 39e d'infanterie de la Landwehr.

A quelque point de vue qu'on les considère, ces faits et ces pratiques sont d'une gravité telle que les soussignés croiraient faillir à leur devoir professionnel en ne les dénonçant pas officiellement au Gouverneur général représentant, dans la partie occupée de la Belgique, l'autorité chargée de maintenir l'ordre.

Le sentiment que les soussignés ont certainement en commun avec Votre Excellence, les oblige de joindre à ce rapport leur solennelle protestation.

Le Gouvernement général allemand n'a certainement pas voulu qu'il fut porté atteinte au prestige de la Justice belge et à la considération et l'indépendance de ceux qui coopèrent à l'administrer.

Dans aucun Etat, l'administration de la Justice n'est regardée comme possible en dehors des garanties de publicité, de liberté et de décence extérieures, tout ensemble définies par les lois, commandées par la dignité de la fonction judiciaire et exigées par l'intérêt même du justiciable.

Partout, en temps de guerre, les bâtiments publics où la Justice rend ses arrêts, sont tenus pour des « choses sacrées », couvertes par la même immunité générale que les sanctuaires voués au culte de la Divinité et les monuments où se conservent les chefs-d'œuvre de l'esprit humain.

Le Palais de justice de Bruxelles abrite les registres de l'Etat civil de l'arrondissement, peuplé de plus d'un million de citoyens ; il renferme dans ses archives, outre les dossiers de la justice répressive et des collections importantes de registres, les minutes de milliers d'arrêts, de jugements et d'actes de toute nature constatant les droits privés d'une foule de particuliers, parmi lesquels de nombreux sujets allemands, à qui la Belgique a offert l'hospitalité depuis trois quarts de siècle; siège de la Cour suprême, il concentre les manifestations de la vie judiciaire du pays entier dans ce qu'elle a de plus élevé; il est orné d'œuvres d'art et de bibliothèques d'un prix inestimable.

Nous avons la conviction que le pouvoir occupant ne voudra pas que l'asile des titres fondamentaux de tant de patrimoines et de tant de familles, que le refuge de tels trésors à la garde desquels nous sommes commis, que ce foyer de travail où notre Magistrature et nos Barreaux entretiennent par l'obligation de leur charge et pour l'honneur de la science juridique, la flamme inextinguible du Droit belge, restent exposés aux vicissitudes de l'état de guerre.

Votre Excellence s'est plu, dans sa proclamation du 2 septembre 1914, à augurer une prompte reprise de la vie normale du pays et Elle conviait, dans ce dessein, les citoyens paisibles, spécialement ceux qui remplissent une fonction publique, à vaquer à leurs occupations ordinaires. Le but poursuivi par Votre Excellence pourrait-il, en vérité, être atteint, si le cours de la Justice, qui reste la régulatrice suprême de la vie sociale, même dans la mesure réduite où les circonstances permettent encore aux Tribunaux de fonctionner, continuait d'être entravé par l'occupation du Palais?

On a pu croire un instant, dans une pensée de conciliation, à la possibilité de faire coexister provisoirement, durant les vacances judiciaires qui prennent fin le 30 septembre, cette occupation avec le fonctionnement des services judicaires.

Il faut observer qu'en temps normal, le Palais de justice, quelque vaste qu'il soit, est insuffisant pour ces services. Ceux-ci comprennent notamment : deux chambres de la Cour de Cassation, huit chambres de la Cour d'Appel, neuf chambres du Tribunal de première instance, civiles et correctionnelles, dix chambres du Tribunal de Commerce, trois Justices de paix et un Tribunal de police, des chambres de Conseils de Prudhommes, Première instance et Appel, les Parquets, les Greffes, bureaux divers et archives de ces corps judiciaires, les répertoires d'état-civil, les laboratoires techniques annexés à la justice répressive, les Barreaux de Cassation et d'Appel, leurs bibliothèques et celles des cours et tribunaux, les locaux de conférences d'avocats, les bureaux de l'enregistrement, etc.; ils sont visiblement logés à l'étroit. Si une ambulance judiciaire a pu être organisée dans une partie de l'une des ailes du Palais, c'est à la faveur des vacances judiciaires, et elle devait, de toute façon, être évacuée à la rentrée du 1er octobre.

D'autre part, l'événement s'est chargé de démontrer combien le régime de la coexistence du casernement des troupes et des services judiciaires est impraticable à tous les points de vue.

À peine avait-il été institué, le 7 septembre après-midi, que la convention intervenue entre le délégué de l'autorité militaire et le Parquet de la Cour de Cassation, cessait d'être observée dès le mardi matin 8 septembre.

Quant au système du laissez-passer, il est à l'évidence impossible à organiser d'une manière convenable et efficace : outre l'objection constitutionnelle du défaut de publicité des audiences, comment s'y prendrait l'autorité militaire pour délivrer des laissez-passer aux innombrables personnes qui, dans une ville de plus de 700,000 habitants, capitale du Royaume, ont affaire journellement au Palais de justice pour des causes et des devoirs importants et souvent urgents et pour lesquels la loi exige la comparution des parties, spécialement aux Tribunaux de première instance et de commerce et dans les Justices de paix ?

Il ne reste en définitive qu'une solution à adopter : c'est de restituer entièrement le Palais à sa destination normale.

Il ne doit pas être difficile de trouver un autre lieu de casernement dans une ville de l'étendue de celle-ci, dont la population a su garder, dans les conjonctures les plus pénibles pour son patriotisme, une attitude irréprochable de calme et de dignité et qui n'a donné jusqu'à ce jour aucun sujet de difficulté à l'autorité occupante.

Pour ces raisons, les soussignés gardent la confiance que Votre Excellence voudra bien prescrire les mesures nécessaires pour mettre fin à l'occupation du Palais de justice de Bruxelles.

Ils prient Votre Excellence d'agréer l'assurance de leur haute considération.

La protestation est revêtue des signatures de tous les chefs de corps judiciaires : premier président, président, procureur-général et bâtonnier des avocats de Cassation ; premier président et procureur-général de la Cour d'Appel ; bâtonnier des avocats de la Cour d'Appel ; chefs de la Fédération des Avocats Belges, procureur du Roi, président du tribunal de 1re instance et président du tribunal de commerce.

Il n'y a pas eu que des vols, bris de portes et de serrures, détériorations de tous genres, il y a eu aussi une mascarade dans les corridors, mascarade organisée par des soldats revêtus des robes rouges des magistrats de la Cour de Cassation.

Bien entendu, rien ne change après la protestation. Les dirigeants de la soldatesque ont décidé que le Palais de Justice servirait de corps de garde. Et c'est leur volonté qui fait loi.

VENDREDI 11 SEPTEMBRE

Le canon tonne depuis hier au Nord, Nord-Est et au Nord-Ouest de Bruxelles. On l'entend très fort. Que se passe-t-il? Il est impossible de le savoir exactement puisque nous sommes sans journaux, sans communications. Notre anxiété est une anxiété joyeuse : ce tonnerre de canons indique que nos troupes, renforcées sans doute de troupes alliées, sont très actives autour de nous; et le tonnerre semble se rapprocher; elles aussi donc. Chaque coup de canon est accueilli comme un salut que les nôtres nous envoient pour nous dire : rassurez-vous, nous sommes là; bientôt nous nous trouverons au milieu de vous!

Aussi y a-t-il ce matin plus d'empressement autour du bulletin allemand : peut-être contiendra-t-il d'une ou l'autre indication relative aux combats qui se livrent autour de Bruxelles? Ah! oui, pas un mot à ce propos; mais une dépêche du Kaiser au président Wilson, dépêche où Guillaume élève une « protestation solennelle », contre les cruautés commises sur... les soldats allemands par la population civile belge, notamment par des femmes et des prêtres, avec l'encouragement du gouvernement!! Ses généraux, ajoute-t-il, « se sont
» finalement vus obligés de recourir aux moyens les
» plus rigoureux pour empêcher la population sangui-
» naire de continuer ses abominables actes criminels
» et odieux. Plusieurs villages et même la ville de
» Louvain ont dû être démolis (sauf le très bel hôtel
» de ville) dans l'intérêt de notre défense et de la pro-
» tection de nos troupes ». Et le Kaiser conclut : « Mon
» cœur saigne quand je vois que pareilles mesures ont
» été rendues inévitables et quand je songe aux innom-
» brables innocents qui ont perdu leur toit et leurs
» biens par suite des faits criminels en question. »

Ah! la rage du public en présence d'une telle audace dans le mensonge, devant cette abominable calomnie du tortionnaire contre ses victimes, pour intervertir les rôles et pour déshonorer leur mémoire après les avoir

12 septembre 1914.

massacrées! Devant l'affiche et partout où des mouchards allemands peuvent se mêler au public, on fait effort pour se contenir; mais dès qu'on se sait entre Belges, il faut entendre les imprécations, les expressions de dégoût à l'adresse du kaiser, les railleries sur l'hypocrisie de son « cœur qui saigne ».

Ah! tonne canon, tonne, et, dussions-nous voir crouler sous les obus notre cher Bruxelles et nous-mêmes risquer d'être ensevelis sous ses ruines, viens bientôt chasser d'ici les représentants et les soldats de l'homme couronné qui met avec un tel cynisme le comble à l'odieux de sa conduite!

SAMEDI 12 SEPTEMBRE

Enfin, une bonne affiche de l'ennemi. Le public se délecte à la lire :

Après la prise de Liége, le Gouvernement allemand a fait soumettre au Gouvernement belge, par l'entremise d'une puissance neutre, la note suivante :

« La forteresse de Liége a été prise d'assaut après une défense vaillante. Le Gouvernement regrette profondément que la manière d'agir du Gouvernement belge vis-à-vis de l'Allemagne ait rendu nécessaires des rencontres sanglantes. L'Allemagne ne vient pas en Belgique en ennemie. Ce n'est que forcée par les circonstances et en présence des dispositions militaires prises par la France qu'elle a été obligée de prendre la grave résolution de pénétrer en Belgique, et qu'elle a dû occuper Liége comme point d'appui pour ses opérations militaires ultérieures.

« L'armée belge ayant par sa résistance héroïque contre une grande suprématie, sauvegardé de la manière la plus brillante l'honneur de ses armes, le Gouvernement allemand prie Sa Majesté le Roi et le Gouvernement belge d'épargner à la Belgique la continuation des horreurs de la guerre. Le Gouvernement allemand est prêt à faire avec la Belgique n'importe quelle convention qui puisse d'une manière quelconque être rendue compatible avec le différend entre lui et la France. L'Allemagne affirme à nouveau, de la manière la plus solennelle, qu'elle n'a pas été guidée par l'intention de s'approprier du territoire belge, et que cette intention lui est totalement étrangère. L'Allemagne est encore toujours prête à évacuer immédiatement le royaume de Belgique dès que la situation sur le théâtre de la guerre le lui permet. »

La réponse reçue le 13 août de la Belgique est libellée comme suit :

« La proposition qui nous est soumise par le Gouvernement

allemand répète la demande formulée dans l'ultimatum du 2 août. Fidèle à ses obligations internationales, la Belgique ne peut que répéter sa réponse à cet ultimatum, d'autant plus que depuis le 3 août, sa neutralité a été violée, qu'une guerre douloureuse a été portée sur son sol et que les puissances garantes ont répondu immédiatement et loyalement à son appel de secours. »

Merci à l'autorité allemande de nous faire connaître cette fière réponse!

LUNDI 14 SEPTEMBRE

Des trains de prisonniers français venant de Maubeuge sont arrêtés, ce matin, dans la petite gare de Cureghem. C'est l'heure où les ouvriers et les ouvrières se rendent à l'atelier. Dès qu'ils ont reconnu les uniformes de nos alliés, ces braves gens n'ont plus qu'une pensée : essayer d'entrer en contact avec les prisonniers. Ils gravissent le talus de la voie et jettent vers les compartiments leurs provisions de bouche. Puis, affluent du voisinage d'humbles femmes de ménage, portant des bouteilles, des verres, des provisions rassemblées en hâte. Les soldats bavarois qui gardent la station ne semblent pas animés d'intentions hostiles; ils demeurent paternes. Ce que voyant, quelques ouvriers s'enhardissent à escalader le talus; et un véritable service de distribution s'organise entre la voie ferrée et la chaussée, située à cinq ou six mètres en contrebas. Des cruches de café, de lait et de bière, des paniers de pommes, des pains, des paquets de chocolat, du tabac, des friandises de toute espèce sont hissés à hauteur des fenêtres des compartiments, où les soldats français accueillent ces présents avec une gratitude émue et une bonne humeur amusante.

Dans la suite, s'improvise un service de ravitaillement au sein de la gare même. Des ambulanciers et des jeunes filles de la Croix-Rouge de Belgique obtiennent l'autorisation d'installer des comptoirs sur le quai. Des tables sont dressées le long de la voie, et les approvisionnements s'y accumulent : pains blancs, pains d'épices, fruits, conserves, saucissons, vêtements, linge de corps, cigares, tabac, pipes et boissons variées. Des

15 septembre 1914.

commissaires circulent de voiture en voiture, les bras chargés de paquets que l'on voit disparaître rapidement dans l'intérieur des wagons, où règne un tumulte joyeux.

Au dehors, des milliers de curieux sympathisent avec les prisonniers, agitant chapeaux et mouchoirs et les saluant d'acclamations diverses, où revient constamment le cri de : « Vive la France! » A toutes les fenêtres des maisons voisines, d'innombrables spectateurs s'associent aux ovations bruyantes de la rue.

Un des prisonniers, dont la femme habite Bruxelles, imagine de la faire prévenir en jetant à la foule un billet enfermé dans un fruit. Le message est rapidement transmis, et l'on devine ce qu'est l'entrevue des époux se retrouvant ainsi fortuitement, pour quelques minutes.

Ces manifestations se prolongent pendant trois heures. Lorsque les convois se remettent en marche, toutes les têtes se découvrent et une nouvelle ovation, plus vibrante encore, est faite aux prisonniers debout aux portières des voitures. Tout le long de la voie, dans les campagnes, des milliers de curieux se sont groupés, attendant leur passage et faisant aux prisonniers une sorte d'accueil triomphal.

Il paraît qu'un certain nombre de soldats français, trompant la surveillance de leurs gardiens, ont réussi à s'échapper avec la complicité de quelques hardis citoyens. Des personnes ont accepté d'aller de maison en maison solliciter des vêtements de rechange, grâce auxquels ces prisonniers de Maubeuge pourront plus aisément s'éclipser.

MARDI 15 SEPTEMBRE

Depuis hier, le bruit du canon s'est affaibli. Von der Goltz fait afficher que « les sorties de l'armée belge, retirée à Anvers, ont été repoussées dans les journées des 10 au 13 septembre, avec de grandes pertes pour les troupes belges, lesquelles ont été rejetées dans l'avant-ligne de la forteresse ». Est-ce vrai? Quand le maître affirme des contre-vérités aussi audacieusement qu'on l'a vu dans la dépêche du Kaiser à M. Wilson, pourquoi le serviteur se gênerait-il?

Malheureusement, il devient très difficile de s'informer aux environs de Bruxelles et de savoir ce qui se passe. On ne peut plus rouler à vélo. Un « avis » du gouverneur militaire l'interdit depuis hier. Même défense en ce qui concerne les autos; mais pour ce qu'il nous en reste!

> Toute contravention, déclare l'avis, sera punie de la saisie des véhicules. L'ordre formel a été donné aux troupes allemandes opérant à l'alentour de Bruxelles de tirer sur chaque cycliste en civil. Cette mesure s'impose parce qu'on a des preuves que la garnison d'Anvers a été informée continuellement des mouvements de nos troupes par l'intermédiaire de cyclistes.

L'avis contient une seconde disposition, qui va plonger dans la désolation beaucoup de Bruxellois, — tous les colombophiles. Ils ne peuvent plus garder des pigeons voyageurs, sous peine d'être « jugés selon les lois de la guerre ». Ils seront assimilés à des espions, l'avis le laisse entendre, en les mettant sur le même rang que « d'autres personnes qui, par des signaux ou n'importe quel autre moyen, essayeront de nuire aux intérêts militaires allemands ».

* * *

Hier vers 4 heures, le tram vicinal de Ninove a été arrêté à Schepdael par des uhlans, qui ont fouillé tous les voyageurs et en ont retenu environ deux cents trouvés porteurs de lettres ou de journaux prohibés. Ces deux cents hommes, femmes, enfants, ont été conduits sous escorte à la gare de l'Ouest de Bruxelles. Ils ont donc dû faire à pied dix kilomètres. On les a laissés longtemps sur le quai de la gare, puis, dans la nuit, on les a menés à la caserne de Laeken. Ils ont été interrogés ce matin; plusieurs ont été relâchés; les autres demeurent prisonniers.

Plus d'une fois, la même mésaventure est arrivée à des voyageurs du vicinal de Ninove et du vicinal Bruxelles-Enghien, nos seules issues vers la province.

MERCREDI 16 SEPTEMBRE

Les colombophiles ne peuvent se résoudre à sacrifier leurs pigeons. Bon nombre de ceux-ci valent d'ailleurs des centaines de francs. Leurs propriétaires ont imploré l'intervention du bourgmestre et M. Max a réussi à ménager un accommodement avec l'autorité militaire, en faisant valoir que ces volatiles sont une propriété privée qui, d'après les lois de la guerre, doit être respectée. Les pigeons auront donc la vie sauve, mais ils devront être transférés dans un « camp de concentration » au parc du Cinquantenaire, où les colombophiles pourront les nourrir. Encore une organisation qui ne sera pas une mince affaire! (1)

En même temps que cette nouvelle, satisfaisante pour toute une catégorie de concitoyens, nous en arrive une seconde qui, celle-là, froisse et irrite la population tout entière.

Le gouverneur militaire fait afficher ceci :

> La population de Bruxelles, comprenant bien ses propres intérêts, a observé, en général, dès l'entrée des troupes allemandes jusqu'à présent, l'ordre et le calme.
> Pour cette raison je n'ai pas encore pris de mesure pour défendre le pavoisement de drapeaux belges, considéré comme provocation par les troupes allemandes qui sont de séjour ou de passage à Bruxelles.
> C'est précisément pour éviter que nos troupes ne soient amenées à agir de leur propre gré, que j'engage maintenant les propriétaires des maisons à faire rentrer les drapeaux belges.
> Le Gouvernement militaire n'a aucunement l'intention de froisser les sentiments et la dignité des habitants, il a le seul but de préserver les citoyens de tout dommage.

Après les incidents des premiers jours, après que M. Max eut déclaré publiquement n'avoir invité personne à retirer le drapeau, on croyait cette question réglée. Nombre d'habitants se sont dit que l'intervention de l'un ou l'autre officier ennemi qui pénétra dans quelques demeures pour ordonner le retrait du drapeau

---

(1) On les lâcha un mois plus tard. Voir le 14 octobre. Toute une réglementation nouvelle visant les pigeons fut prise le 7 avril 1915. Voir à cette date.

avait le caractère d'un acte isolé et qu'ils auraient tort de renoncer à une manifestation de patriotisme que l'autorité allemande n'a pas formellement interdite. « Je ne demande à personne de renier ses sentiments patriotiques », a dit le feld-maréchal von der Goltz. Pourquoi, dès lors, faudrait-il cacher le drapeau ?

Un conflit semble inévitable : on entend partout des Bruxellois exaspérés déclarer tout haut qu'ils ne retireront pas les couleurs nationales. « Que les Allemands prennent des échelles, disent-ils, et qu'ils arrachent le drapeau, si c'est l'ordre de leurs chefs, mais nous ne leur ouvrirons pas la porte ! »

M. Max intervient, une fois de plus, opportunément. Et nous assistons, comme les 30 et 31 août déjà, à une passe d'armes, sur les murs d'affichage, entre l'autorité militaire et le bourgmestre ; dans cette passe d'armes, l'un des adversaires n'est qu'un brutal sabreur, l'autre est un fin escrimeur. Quelques heures après l'affichage de l' « invitation », M. Max fait placarder la proclamation suivante :

CHERS CONCITOYENS,

Un avis affiché aujourd'hui nous apprend que le drapeau belge arboré aux façades de nos demeures est considéré comme une provocation par les troupes allemandes.

Le Feldmaréchal von der Goltz, dans sa proclamation du 2 septembre, disait pourtant : « Je ne demande à personne de renier ses sentiments patriotiques. » Nous ne pouvions donc prévoir que l'affirmation de ces sentiments serait tenue pour une offense.

L'avis qui nous le révèle a été, je le reconnais, rédigé en termes mesurés et avec le souci de ménager nos susceptibilités.

Il n'en blessera pas moins d'une manière profonde l'ardente et fière population de Bruxelles.

Je demande à cette population de donner un nouvel exemple du sang-froid et de la grandeur d'âme dont elle a fourni déjà tant de preuves en ces jours douloureux.

Acceptons provisoirement le sacrifice qui nous est imposé de retirer les drapeaux pour éviter des conflits, et attendons patiemment l'heure de la réparation.

JEUDI 17 SEPTEMBRE

L'affiche de M. Max a été placardée hier soir vers 6 heures ; pendant la nuit, le gouverneur militaire l'a

17 septembre 1914.

fait recouvrir d'une feuille blanche! Et M. Max est arrêté pendant quelques heures pour avoir publié sa protestation sans autorisation préalable. L'effet apaisant que l'affiche du bourgmestre avait commencé et aurait, sans ces incidents nouveaux, continué à produire est maintenant détruit. L'émotion publique s'accroît. Et si M. von Luettwitz a cru que la protestation de M. Max serait moins connue de la population parce qu'il la couvrirait d'un papier blanc, — lequel attire l'attention de tous, — il se trompe singulièrement. Des copies du texte circulent partout.

* * *

Le même général von Luettwitz croit devoir nous annoncer qu' « un tribunal de guerre légalement convoqué » a, le 14 septembre, condamné deux Belges et un Français, celui-ci à mort. Où ce tribunal a-t-il siégé? Tout cela se fait en mystère, comme un égorgement.

De douloureuses pensées oppriment les cerveaux et les cœurs devant les condamnations ainsi libellées :

1. Van der Hagen, Jean, ouvrier, domicilié à Bruxelles, né le 6 juin 1878 à Cureghem, pour résistance contre une sentinelle allemande se trouvant dans l'exercice de ses fonctions,

A SIX MOIS DE PRISON.

2. Verheyden, Hortense, veuve Robaert, domiciliée à Bruxelles, née le 9 avril 1878 à Bruxelles, pour offenses graves contre l'armée allemande et contre un de ses membres,

A UN AN DE PRISON.

3. Debonnet, Julien, ouvrier, domicilié à Strombeek; né le 23 septembre 1880 à Roubaix (France), pour coups de feu contre une sentinelle allemande,

A LA MORT.

Autre affiche destinée à nous faire sentir que l'étau dans lequel nous sommes saisis se resserre :

Les automobiles, les motocyclettes et les vélos privés ne peuvent circuler dans les régions belges occupées par les troupes allemandes qu'à la condition qu'ils sont conduits par des soldats allemands ou que le conducteur soit en possession d'un permis valable.

Ces sortes de permis sont délivrés uniquement par les commandants des places, locaux et seulement dans des cas urgents.

Toute contravention à cette ordonnance entraînera la saisie de l'automobile, de la motocyclette, du vélo, et quiconque essayera de passer sans permis les avant-postes ou troupes allemandes, ou quiconque s'en approche de telle façon que les apparences d'une reconnaissance sont présentées, sera fusillé sur le champ.

Les localités dans le voisinage desquelles les lignes télégraphiques ou téléphoniques sont détruites, seront frappées d'une contribution de guerre, peu importe que les habitants en soient coupables ou non.

Cette ordonnance entre en vigueur à partir du 20 de ce mois.
Bruxelles, le 17 septembre 1914.

Le Gouverneur général en Belgique,
Baron von der Goltz,
Général - Feldmaréchal.

« Peu importe que les habitants soient coupables ou non » : toute la manière allemande de faire la guerre est dans ce bout de phrase...

VENDREDI 18 SEPTEMBRE

On a vu hier, à Bruxelles, la chose du monde la plus extraordinaire, la plus imprévue, la plus déconcertante: des soldats allemands acclamés par la foule!!

La scène se déroule à 6 heures du matin. Un bataillon défile devant le Palais du Roi. Deux cents personnes acclament, agitent chapeaux et mouchoirs.

Et l'on ne pourra pas contester le fait; il en reste la preuve la plus décisive : un film cinématographique. Un opérateur de cinéma était là et tournait la manivelle de son appareil.

La scène n'avait, du reste, lieu que pour lui ; les deux cents personnes qui acclamaient étaient des comparses allemands amenés pour la circonstance.

C'est l'organisation du bluff allemand prise sur le vif.

Dans huit jours, les Berlinois admireront ce film qui leur sera sans doute présenté avec l'inscription : « Nos vaillantes troupes acclamées par la population bruxelloise » (1).

---

(1) Voir le 20 janvier 1916 une scène du même genre à Vilvorde à l'occasion d'une visite du roi de Bavière.

DIMANCHE 20 SEPTEMBRE

On parle de bagarres qui se seraient produites entre soldats allemands, conséquence de la vieille animosité entre Prussiens et Bavarois.

A la caserne d'Etterbeek, des soldats avaient mis des inscriptions injurieuses sous un portrait de la Reine; des Bavarois qui n'ont pas oublié que notre Souveraine est leur compatriote par la naissance et appartient à leur famille royale, protestèrent; il s'ensuivit une mêlée; huit hommes auraient été tués.

Des Bavarois et des Prussiens se seraient aussi battus au sortir d'un cabaret de la rue Saint-Pierre; on aurait joué de la baïonnette; trois Bavarois auraient été très mal arrangés et transportés dans une maison voisine, où l'un d'eux aurait succombé. Le maréchal von der Goltz est arrivé dare-dare en auto. Puis on n'a plus entendu parler de rien...

LUNDI 21 SEPTEMBRE

Un arrêté du gouverneur général, daté du 19 :

> Il n'est permis, qu'en vertu d'une autorisation délivrée par les autorités militaires locales, de prendre des photographies dans les rues, places et autres endroits publics, dans les régions de la Belgique occupées par les troupes allemandes.
> Toute contravention sera punie de peine de prison ou d'amendes jusqu'à concurrence de 3,000 marks et de la saisie des appareils, plaques et épreuves.

Un avis du gouverneur militaire, en date d'aujourd'hui, « rappelle à la population de Bruxelles et des faubourgs qu'il est strictement défendu de vendre ou de distribuer des journaux qui ne sont pas expressément admis par le gouverneur militaire allemand; les contraventions entraînent l'arrestation immédiate des vendeurs ainsi que des peines d'emprisonnement prolongé ».

Par contre, des marchands de journaux allemands obtiennent l'autorisation de s'établir dans des aubettes de tram et aux bons carrefours.

22 septembre 1914.

MARDI 22 SEPTEMBRE

M. Woeste est allé à Anvers ces jours-ci. Cela fait beaucoup jaser. La *Flandre libérale* insinue que le Roi aurait refusé de le recevoir. D'autres racontent que M. Woeste portait au gouvernement belge de nouvelles propositions du gouvernement allemand. Je montre à l'honorable ministre d'Etat l'article de la *Flandre libérale*. Il me répond :

— Je n'ai vu, ni directement ni indirectement, le maréchal von der Goltz, ni aucune des personnalités attachées au Gouvernement militaire ou civil allemand. Je ne leur ai pas écrit même une ligne et ils ne m'ont pas davantage écrit une ligne. Voilà qui est formel, je pense.

En second lieu, je n'ai été chargé d'aucune proposition et je n'aurais accepté, en aucun état de cause, d'être le mandataire d'un gouvernement étranger.

Je suis parti pour Anvers le mercredi 9 septembre. Je n'avais pas l'intention, au cours de cette visite, de demander, ni directement ni indirectement une audience au Roi, que je savais très absorbé par les affaires militaires. Je n'ai pas demandé cette audience et, par conséquent, le Roi ne me l'a pas refusée. J'ai vu à Anvers les membres du Gouvernement, et non seulement je les ai vus, mais j'ai logé avec eux, et, pendant quatre jours, j'ai pris mes repas en leur compagnie. On mangeait par petites tables, et, par une délicate attention, M. de Broqueville m'a convié à m'asseoir à sa table, où dînaient également sa belle-fille, son neveu blessé et M. Davignon, ministre des Affaires étrangères. Je comptais revenir le jeudi 10, mais j'ai été arrêté par la ligne de feu, et c'est pourquoi je n'ai pu rentrer que le dimanche, par Gand. Voilà pour ce qui concerne les légendes colportées à mon sujet.

La vérité est que j'ai été informé de source sûre, par un Belge, au commencement de ce mois, que l'ennemi avait décidé de mettre le siège devant Anvers, éventualité à laquelle beaucoup ne croyaient pas à ce moment. J'ai dit à mon interlocuteur que ce renseignement serait utile à fournir au Gouvernement belge. Il me répondit que M. Gibson, secrétaire de la Légation des Etats-Unis, se rendait dans l'auto de la Légation à Anvers, le 9 septembre, et que, si je désirais voir le Gouvernement, je pourrais l'accompagner. J'ai accepté. C'est tout le secret de mon voyage à Anvers (1).

---

(1) Voir aussi à propos de M. Woeste et de l'autorité allemande le 17 janvier 1915.

MERCREDI 23 SEPTEMBRE

Le *Moniteur belge,* notre bon vieux *Moniteur,* est transformé en *Moniteur* allemand : format, papier, impression sont restés; le titre a changé; il s'appelle : *Gesetz- und Verordnungsblatt für die okkupierten Gebiete Belgiens.* — *Wet- en Verordeningsblad voor de bezette streken van België.* — *Bulletin officiel des Lois et Arrêtés pour le territoire belge occupé.*

Tout le texte est, comme le titre, trilingue — allemand, flamand, français (le français rejeté avec mépris à la queue).

Il s'imprime toujours à l'imprimerie du *Moniteur belge,* dont le personnel est resté au travail; le directeur, M. Mousset, est, avec le Gouvernement, à Anvers.

Le nouveau *Moniteur* — pardon, le *Gesetz- und Verordnungsblatt* — n'est pas encore quotidien. Il sort des presses quand le gouverneur général désire faire une communication officielle. Le premier numéro date du 11; le troisième a paru avant-hier; il contient un arrêté important :

> Les établissements de crédit et les maisons de banque *non belges,* dont le siège social se trouve dans un pays actuellement en guerre avec l'Empire allemand, peuvent entamer de nouvelles affaires uniquement, pour autant que celles-ci soient nécessaires pour la liquidation d'affaires anciennes, ou pour autant qu'elles servent à rendre liquides des actifs devant leur permettre de remplir leurs obligations.
> Après avoir effectué les paiements résultant de celles de ces obligations qui peuvent être remplies dans les circonstances actuelles, les actifs restant en solde, doivent être déposés pendant la durée de la guerre en un endroit à désigner ultérieurement. Les établissements de crédit et les maisons de banques *belges* ne peuvent traiter, pendant la durée de la guerre, leurs affaires d'une façon opposée aux intérêts allemands; il leur est interdit spécialement de virer ou de transmettre soit directement, soit indirectement, des fonds ou des objets de valeur, ni à l'étranger ennemi, ni à des parties du territoire belge non occupées par les troupes allemandes.

Le contrôle sur tout cela sera exercé par M. von Lumm, « geheimer ober-finanzrat », promu aux fonctions de commissaire général impérial près les banques en Belgique. M. von Lumm peut déléguer ses pouvoirs à des commissaires spéciaux.

Il peut inspecter les livres et les écritures, faire l'inventaire de la caisse, des titres, des lettres de change, etc., exiger des renseignements sur toutes les affaires commerciales, interdire des mesures commerciales de toute nature, fixer un endroit où les dépôts nécessaires seraient à effectuer. Pour assurer l'observation des prescriptions de l'arrêté et l'exécution des mesures qu'il ordonnera, le commissaire général est, de plus, « autorisé à exiger des cautions. En cas de contravention, ces cautions seront considérées comme confisquées, soit en partie, soit au total, au profit de l'Empire allemand ». Les frais de la surveillance ainsi organisée sont au compte... des contrôlés; c'est eux-mêmes qui paieront, notamment les appointements de leurs surveillants...

Un mot encore du dit M. von Lumm. En 1910, la « Reichsbank », banque de l'Empire allemand, avait sollicité, par voie diplomatique, l'autorisation d'étudier l'organisation de la Banque Nationale de Belgique. C'est M. von Lumm qui fut chargé de cette mission. Il passa plusieurs semaines à Bruxelles, où il fut l'hôte du gouverneur et des directeurs de la banque. Il partit heureux et satisfait, la poitrine ornée de la Commanderie de l'Ordre de Léopold. Quatre ans avant le drame, il avait donc, profitant de la confiance et de l'hospitalité de nos compatriotes, pris ici tous les renseignements nécessaires à l'exercice ultérieur de sa mission actuelle.

JEUDI 24 SEPTEMBRE

L'affiche que voici, collée ce matin sur les murs, inquiète doublement la population : d'abord parce qu'elle lui annonce la suspension du paiement des bons de réquisition, ensuite parce qu'elle lui révèle un nouveau conflit entre les deux autorités, communale et militaire :

PUBLICATION.

Le gouvernement allemand avait ordonné le paiement des bons de réquisitions, supposant à bon droit que la ville aurait payé volontairement l'entièreté de la contribution de guerre qui lui avait été imposée.

Ce n'est qu'à cette condition que le traitement de faveur peut être justifié dont la ville de Bruxelles a joui, à la différence de toutes les autres villes de la Belgique, lesquelles ne verront les bons de réquisition remboursés qu'après la conclusion de la paix.

Etant donné que l'administration communale de Bruxelles refuse le versement du restant de la contribution de guerre, aucun bon de réquisition ne sera plus payé à partir de ce jour par la caisse gouvernementale.

Bruxelles, 24 septembre 1914.

Le gouverneur militaire,
Baron von Luettwitz,
Général-major.

Il avait été entendu entre Bruxelles et les Faubourgs que la Ville paierait 20 millions de francs et les Faubourgs 30 millions (l'ennemi exigeait 50 millions de l'agglomération). La Ville a versé des acomptes sur sa part, mais n'est pas en mesure de payer pour d'autres communes. D'où le conflit. Comment tout cela finira-t-il?

* * *

Le canon tonne dans la direction du Nord. On dit que les Allemands commencent l'attaque des forts extérieurs d'Anvers. Ne serait-ce pas de leur part quelque feinte, ou auraient-ils réellement l'intention d'entreprendre le siège? Avis contradictoires là-dessus, comme toujours quand on ne dispose d'aucun élément précis d'appréciation. Beaucoup soutiennent que, pour entreprendre le siège d'Anvers avec quelque chance d'aboutir, l'ennemi devrait immobiliser un trop grand nombre d'hommes.

Ce qui est certain, c'est qu'il se précautionne contre des sorties de la garnison belge. Les paysans de la banlieue qui viennent du Nord, de l'Est, de l'Ouest racontent que les Allemands creusent des tranchées dans leur région.

VENDREDI 25 SEPTEMBRE

Un récit que je viens de lire dans la *Flandre libérale* donne une idée précise de ce qu'est, au temps présent, un voyage Ostende-Bruxelles et retour. Il a fallu à l'auteur du récit, pour faire le voyage en question, à l'aller dix heures seulement; et il n'a été fouillé que deux fois. Mais ce fut plus dur pour une dame qui revenait d'Ostende. En perquisitionnant à Schepdael, dans le tram vicinal, les Allemands trouvèrent sous la banquette un fragment de journal prohibé. Cette dame et deux autres voyageurs furent aussitôt arrêtés et jetés à bas du tram.

« Je revis la dame, dit l'auteur du récit, trente-six heures plus tard, chez elle, très sérieusement malade. Elle avait été forcée d'aller de Schepdael à Laeken à pied, sous la pluie, escortée de soldats. Là, on l'avait obligée à se coucher, ainsi qu'une dizaine d'hommes, sur une litière de paille. Elle avait été accablée de sollicitations par un sous-officier et n'avait été épargnée que grâce à un Espagnol, qui affirma être son mari et se réclama de son consul. Pendant la nuit, des soldats s'introduisirent dans la salle et se mirent à tirer des coups de feu. Elle fut relâchée après avoir été menacée de mort plusieurs fois. Elle avait, quand je la vis, un ébranlement nerveux qui inquiétait beaucoup son médecin. »

Le voyageur poursuit :

Vous comprenez que cela redoubla mes inquiétudes pour le retour. A Bruxelles, d'ailleurs, l'atmosphère était changée. On redoutait quelque chose sans savoir quoi. Des pièces de canon traversaient la ville. J'ai vu, rue du Luxembourg, de formidables canons que traînaient de puissantes automobiles semblables aux camions qui apportent à Bruxelles les papiers de Saventhem. J'ai vu aussi des automobiles blindées immenses, contenant des militaires dont je ne connaissais pas l'uniforme. Un sous-officier allemand m'a dit que c'étaient des Autrichiens. Les drapeaux avaient disparu. Il y avait beaucoup moins de monde dans les cafés, et c'était mystérieusement qu'en passant près de vous, l'air indifférent, des camelots vous offraient des journaux prudemment dissimulés sous les vêtements. Les trains qui ne roulaient plus depuis le début par la voie du Luxembourg, circulaient à présent, pleins de soldats. Aux alentours de Bruxelles, on hâtait les travaux de défense. A Stockel et à Woluwe, tous les habitants avaient quitté leurs demeures; chacun, en un mot, était un peu inquiet.

Je décidai de partir samedi matin, à la première heure. Je passai sans encombre à la porte de Ninove, où des fonctionnaires barraient la route et j'arrivai à Scheut. Hélas! il n'y avait plus de train vicinal. Celui-ci ne circulait plus depuis la veille. Il pleuvait, et je n'avais pas envie de rentrer en ville. Je finis par trouver quatre personnes, deux messieurs et deux dames qui se trouvaient dans mon cas et nous découvrimes un vieil attelage. On consentit à nous conduire à

Ninove pour vingt-cinq francs. Je me plaçai à côté du cocher, protégé de la pluie par un sac que j'avais acheté cinquante centimes et par un parapluie hors d'usage qu'on m'avait laissé pour vingt-cinq. Et en route! Mais le cheval était lourd et n'avançait qu'au pas. Au bout de deux grosses heures, dans une auberge où nous étions entrés pour nous sécher un peu — car la capote de la voiture était percée et l'on était mouillé, au dedans, autant qu'au dehors — on nous apprit qu'il était inutile de continuer; on ne passait pas. Deux groupes de cinq personnes, qui avaient tenté l'aventure, avaient été arrêtés et emmenés. Nous continuâmes néanmoins. Mais plus loin, un paysan nous répéta l'avertissement, en ajoutant que nous serions dévalisés. Il nous conseilla de gagner Ninove par Meirbeke, où, croyait-il, il n'y avait pas d'Allemands. A 200 mètres de là, nous trouvions un jeune homme tout contrit... les Allemands lui avaient volé sa fortune : trois francs cinquante. Nous gagnâmes Meirbeke et là nous renvoyâmes la voiture et décidâmes de nous séparer. Je connaissais une personne de la localité. Elle voulut bien me guider en me déconseillant de passer à travers champs, car des sentinelles allemandes étaient partout.

En présence des avertissements répétés, nous avions déchiré tous les papiers que nous avions sur nous. J'échangeai mon chapeau contre une casquette et plaçai mon argent dans mes bottines, ne laissant dans mon portefeuille que quelques billets de cinq francs, la part éventuelle du feu.

Chaque fois qu'on m'arrêta, je donnai l'adresse de la personne de Meirbeke qui, après m'avoir indiqué le chemin, était rentrée chez elle, et déclarai que j'allais acheter des bottines à Sottegem. La surveillance était très rigoureuse. On ne laissait passer aucun véhicule, sauf les charrettes transportant des porcs à Bruxelles.

A Ninove, quelle ne fut pas ma surprise de trouver des fonctionnaires belges à la gare, et des trains belges! A 200 mètres de là, les Allemands gardaient tout! Le temps de me changer et je pris le train. Parti à 6 heures du matin, j'arrivais à Ostende à 10 heures du soir.

SAMEDI 26 SEPTEMBRE

Le récit d'hier trouve dans celui qui va suivre un complément plein de pittoresque et de saveur; les paisibles Bruxellois sont encore tout ahuris de se voir plongés dans des temps si extraordinaires!

Donc, un Bruxellois monte, à 8 heures du matin dans le vicinal pour Enghien. Les vingt voitures sont bondées; il y a plus de mille voyageurs. Enghien est aussi un de ces terminus héroïques d'où l'on parvient encore à s'évader vers les régions libres du pays.

Un peu au delà de la halte de la Roue, entre Anderlecht et Leeuw-Saint-Pierre, le train stoppe devant un piquet de casques à pointes. Que se passe-t-il ? Je laisse la parole au voyageur qui narre simplement, presque naïvement, ses impressions :

Un soldat allemand, arme au pied, prend place dans chaque voiture, tandis qu'une haie de soldats se range le long du tram. On nous annonce que quiconque sortira du tram sans autorisation sera fusillé ! Nous apprenons vaguement qu'un soldat allemand, — que plusieurs Bruxellois reconnaissent comme un « Allemand de Bruxelles » attaché autrefois à la Banque Internationale, d'autres disent aux Brasseries de l'Etoile, d'autres à la Maison Hirsch — que ce seul soldat procède à l'examen des mille voyageurs. Aussi l'examen a-t-il duré de 9 heures du matin jusqu'à... 3 heures de l'après-midi. Quelques landwehr de bonne volonté passent aux voyageurs mourant de faim et de soif des navets arrachés dans le champ voisin.

Vers 3 heures l'examen est terminé. On nous parque en deux lots : les « purs », c'est-à-dire la plupart des femmes et les hommes hors d'âge ou d'autres non porteurs de lettres ; et les « impurs » ou les « damnés ». Dans le coin des « damnés » nous étions environ 200. On coupe le tram, dont une moitié comprenant les « élus » dégoûtée du voyage, retourne à Bruxelles. Du clan des « damnés » on extrait les femmes — toutes avaient des lettres — et on les autorise à retourner à Bruxelles en les engageant à ne plus recommencer. On retient les autres : exactement 176 prisonniers.

Le soldat « Hirsch ou Brasseries de l'Etoile » nous fait ranger par lignes de quatre pour nous compter et nous charge dans les sept, huit voitures restées depuis le matin. A notre épouvante, le train prend la direction opposée à Bruxelles. Où allons-nous ?

Quel était notre crime ? La plupart d'entre nous, qui se rendaient à Gand ou Ostende, s'étaient chargés de lettres de famille pour des amis, des parents.

Vers 5 heures le train s'arrête à Hal. Nous sommes à nouveau rangés militairement par quatre et nous partons en cortège, escortés des soldats. Nous parcourons ainsi par deux fois toute la ville, où la population ébahie et compatissante nous offre au passage des tartines, des pommes, de la bière ; plusieurs femmes pleurent.

Vers 5 h. 1/2 nous faisons notre entrée au « Gildenhuis », grande salle de spectacle. On nous oblige à jeter canifs et ciseaux. Les indigents reçoivent un pain pour trois et de l'eau. Les autres peuvent commander des vivres à l'extérieur. Des soldats accompagnés de civils se chargent des achats.

Vers 8 heures, on apporte une cinquantaine de bottes de paille. Au bout de 10 minutes la salle est transformée en dortoir. Cinquante ou soixante soldats relayés toutes les deux heures, promènent leurs pas lourds sur le plancher. Qu'allons-nous devenir? Va-t-on nous expédier en Allemagne?

Quelques-uns pleurent. Un jeune Bruxellois, relevant d'une double pleurésie compliquée de pneumonie et cardiaque par dessus le marché, se trouve mal. On va chercher un médecin qui l'ausculte. Signes désespérés de celui-ci. On enlève le malade. En réchappera-t-il? Le bruit court qu'à peine sorti de notre prison, il a cessé de vivre.

Vers 5 heures, le jour attendu avec anxiété commence à poindre. On ne nous dit rien. Il paraît que les lettres saisies ont été envoyées à Bruxelles pour examen et qu'on nous y reconduira pour instruire le cas de chacun.

Vers midi, le brouhaha est rompu par l'appel de mon nom. Je m'approche et j'aborde le commissaire de police de Hal, qui, souriant, me déclare qu'il est envoyé par un de mes amis, lequel veut m'envoyer un dîner! Je remercie cordialement et commande au « maître d'hôtel » improvisé du café et des tartines au jambon. De midi à 1 heure je suis appelé six fois; c'était, tour à tour, divers amis de Hal qui me témoignaient leur bonne amitié en m'envoyant à dîner! J'ai pu adoucir quelque peu la misère de certains compagnons d'infortune, qui se jetaient sur les pommes de terre et sur les tomates avec une avidité bien justifiée et... avec leurs doigts privés d'ablution depuis deux jours.

Vers deux heures et demie grand branle-bas. Un « Oberleutnant » nous donne l'ordre de nous ranger dans la cour. « On fera appel de chacun, dit-il. Celui qui ne sort pas immédiatement des rangs, sera envoyé en Allemagne. »

J'ai la chance d'être appelé l'un des premiers. Mes explications doivent avoir été suffisantes, puisqu'on me dit, après m'avoir fait signer ma déclaration : « Vous êtes libre. »

Je sors de ma prison, muni de mon petit bagage, et je suis reçu dans la rue par la bonne population de Hal, qui attend, anxieuse, ce qu'il adviendra des malheureux prisonniers belges.

J'affrète à n'importe quel prix un cabriolet qui, vers 5 h., m'emmène vers Enghien, vers Grammont, vers la liberté!...

DIMANCHE 27 SEPTEMBRE

Quelle journée de fièvre que ce dimanche qui finit!
Nous sommes éveillés par le canon. Dès 5 heures du matin, il retentit comme jamais encore dans Bruxelles. Les coups sont très précipités; on en compte jusqu'à

quarante par minute. Dans certains quartiers, les vitres des fenêtres en frémissent. Une violente bataille est évidemment engagée pas très loin de Bruxelles, du côté d'Assche et d'Alost, car c'est de là que vient le bruit; on perçoit aussi des détonations du côté de Malines. Nos braves soldats sont encore sortis d'Anvers, ils attaquent vigoureusement, ils tâchent de faire une trouée vers Bruxelles. Pourquoi ne réussiraient-ils pas? Devant nos yeux passent des visions de troupes allemandes refluant dans le désordre de la défaite jusqu'au cœur de la capitale, et de troupes belges les suivant en triomphatrices!...

Aussi tout Bruxelles est-il sur pied. Beaucoup de gens vont se poster, avec des jumelles, à des endroits élevés vers l'Ouest pour « voir s'ils ne verront rien »; d'autres partent à pied par la chaussée de Gand, la chaussée de Ninove, allant aux informations.

Mais voilà bien une autre nouvelle, annoncée par une affiche allemande :

AVIS.

Le bourgmestre Max ayant fait défaut aux engagements encourus envers le Gouvernement allemand, je me suis vu forcé de le suspendre de ses fonctions. Monsieur Max se trouve en détention honorable dans une forteresse.

Bruxelles, 26 septembre 1914.

Le Gouverneur militaire allemand,
von Luettwitz.

Faut-il dire la stupéfaction du public à cette nouvelle, son chagrin de voir le populaire bourgmestre soumis à une telle épreuve et surtout sa colère contre ceux qui la lui infligent?

* * *

Le Conseil communal s'est réuni d'urgence ce matin, à 10 heures. Chacun de ses membres a été chargé par M. Max, dès le premier jour de l'occupation, de remplir une mission déterminée. Les uns doivent s'occuper du ravitaillement de la Ville, les autres surveillent les services d'assistance et de secours. Il s'agit, maintenant, de ne pas laisser se détraquer les rouages. Quand M. Brassinne (à qui M. Max avait donné pour instructions d'aller quotidiennement aux bureaux du gouvernement allemand pour les communications intéressant l'administration communale) arrive à l'Hôtel de Ville, on lui apprend que le général von Luettwitz vient de téléphoner et lui demande d'aller le voir immédiatement. M. Brassinne ne répond pas. Nouveau coup de téléphone du général, qui insiste. M. Brassine refuse de quitter la séance. Quelques minutes plus tard, le général somme le conseiller communal de se rendre, d'urgence, rue de la Loi.

M. Lemonnier, qui occupe le fauteuil du bourgmestre, et à qui cette communication est faite, la transmet à M. Brassinne, qui demande alors conseil à ses collègues. Tous estiment qu'il doit se rendre auprès du gouvernement général afin de savoir quel projet mijote dans la tête de celui-ci.

Quelques minutes plus tard, M. Brassinne est introduit chez le maréchal von der Goltz et le général von Luettwitz. Celui-ci lui demande aussitôt ce que le Conseil communal de Bruxelles a décidé.

— Je n'en sais rien, répond M. Brassinne; j'ai dû quitter la séance avant la fin des délibérations.

— On doit désigner un bourgmestre, réplique le baron von Luettwitz : revenez nous voir pour nous mettre au courant.»

M. Brassinne consent à revenir, mais déclare qu'il ne dira rien s'il n'y est autorisé par ses collègues.

* * *

Dans le public, chacun se rend compte que l'arrestation de M. Max est la conséquence du conflit provoqué par l'imposition d'une contribution de guerre. (1)

A l'effervescence causée par la canonnade, s'ajoute maintenant la fièvre provoquée par cet événement. L'animation dans le centre de la ville est intense. Les Allemands aussi sont nerveux. De tous côtés, des autos filent à triple vitesse. Les soldats-policiers sont plus nombreux que d'habitude. Tout à coup, vers 11 heures, on aperçoit, au boulevard, près de la Bourse, quelques voitures dans lesquelles se trouvent, accompagnés de

---

(1) Voir 28 septembre et 28 novembre 1914.

soldats allemands baïonnette au canon, neuf soldats belges et quatre civils prisonniers. La foule accourt, hors d'elle. On agite chapeaux et mouchoirs, on jette des cris d'enthousiasme aux prisonniers et des cris hostiles aux Allemands. Mais des soldats teutons surgissent aussitôt, en quantité, comme s'ils sortaient de terre. Ils forment instantanément des cordons et, à coups de crosse, repoussent la foule. Cependant, les prisonniers descendent de leurs véhicules, devant la Bourse; dare-dare une forte escouade allemande les conduit à l'Hôtel de Ville. Les manifestations continuent sur leur passage. Des policiers allemands commencent à charger...

Pour finir la journée, un nouvel avis du gouverneur général :

Il est arrivé récemment, dans les régions qui ne sont pas actuellement occupées par des troupes allemandes plus ou moins fortes, que des convois de camions ou des patrouilles ont été attaqués par surprise par les habitants.

J'appelle l'attention du public sur le fait qu'un registre des villes et communes dans les environs desquelles de pareilles attaques ont eu lieu, est dressé et qu'elles auront à s'attendre à leur châtiment dès que les troupes allemandes passeront à leur proximité.

Bruxelles, 25 septembre 1914.

Le Gouverneur général en Belgique,
Baron von der Goltz.

Les Bruxellois vont se coucher la rage au cœur et l'invective aux lèvres.

LUNDI 28 SEPTEMBRE

Les circonstances de la déportation de notre vaillant bourgmestre sont maintenant connues. M. Max a été arrêté avant-hier après-midi. Il présidait une réunion des délégués des communes convoqués pour examiner les meilleurs moyens de ravitailler l'agglomération bruxelloise en charbon, par la voie des chemins de fer vicinaux.

A 3 heures, un officier se présente pour dire à M. Max que le gouverneur militaire désire le voir. Le bourgmestre continue à prendre part aux débats de la confé-

29 septembre 1914.

rence intercommunale, puis se rend rue de la Loi, chez le général von Luettwitz.

Celui-ci lui communique la décision du gouvernement général de le suspendre de ses fonctions et de l'interner dans une forteresse allemande.

C'est la riposte à la mesure prise par le bourgmestre, à la suite de la suspension du paiement des bons de réquisition. Sur les 20 millions qu'elle devait payer pour sa part de contribution de guerre, la Ville de Bruxelles avait déjà versé 15,600,000 francs; il restait donc à verser 4,400,000; le gouverneur général suspendant le paiement des bons de réquisition, le bourgmestre suspendit le versement de la contribution de guerre; il écrivit aux banques que, par suite de circonstances imprévues, les bons de caisse ne seraient pas payés le 30 septembre.

Les échevins, sauf M. Hallet, parti en mission à Anvers, apprennent l'arrestation de M. Max, par le gouverneur militaire lui-même, chez qui ils se rendent vers 5 heures. Ils se solidarisent aussitôt avec leur chef, faisant remarquer que toutes ses mesures administratives ont été prises d'accord avec eux. M. l'échevin Jacqmain s'offre à être arrêté à la place de M. Max. Mais c'est M. Max que l'autorité militaire veut éliminer, et le gouverneur déclare aux échevins que s'ils refusent d'assumer la direction de l'administration de la ville, il nommera, lui, un bourgmestre.

Les collègues de M. Max peuvent le voir au Ministère des Sciences et des Arts, où il est détenu. C'est là aussi que son frère vient lui dire un émouvant au-revoir.

Notre bourgmestre a été conduit, très tôt le lendemain matin, à la forteresse de Namur, en une automobile où trois officiers allemands le gardaient; deux automobiles pleines de soldats précédaient et suivaient, complétant la garde. Namur n'est qu'une étape. M. Max sera transféré en Allemagne. Jusques à quand? L'affectueuse reconnaissance de tous ses concitoyens l'accompagne en terre d'exil.

MARDI 29 SEPTEMBRE

M. Brassinne s'est rendu hier matin au gouvernement général pour annoncer que les intérêts de la Ville seront, en l'absence de M. Max, gérés par le Collège échevinal en bloc.

« Nous n'acceptons pas cette situation, dit le général von Luettwitz. On appelle cela, en Allemagne, une société anonyme : tout le monde responsable et personne responsable. Cela ne va pas... Nous avons pris, nous aussi, une décision. Nous avons nommé un bourgmestre, et c'est vous que nous avons choisi.

— Je refuse.

— Il ne s'agit pas de savoir si vous acceptez ou non...

— Je ne remplirai pas ces fonctions, et si vous voulez m'y contraindre, j'opposerai la force d'inertie.

Colère du maréchal von der Goltz, qui intervient à ce moment, et qui donne au conseiller vingt-quatre heures pour réfléchir.

— Ma décision est irrévocable, lui déclare ce matin M. Brassinne, je maintiens mon refus.

— Eh bien, puisqu'il n'y a rien à faire avec ces obstinés, nous nous contenterons de cette décision bâtarde, et vous continuerez à servir d'intermédiaire entre l'autorité allemande et la Ville. »

Dans l'intervalle, l'avis suivant a été collé sur les murs de Bruxelles :

ADMINISTRATION COMMUNALE DE BRUXELLES

AVIS.

Pendant l'absence de Monsieur Max, la marche des affaires communales et le maintien de l'ordre seront assurés par le Collège échevinal.

Dans l'intérêt de la cité, nous faisons un suprême appel au calme et au sang-froid de nos concitoyens. Nous comptons sur le concours de tous pour assurer le maintien de la tranquillité publique.

Bruxelles, 27 septembre 1914.

Le Collège échevinal.

MERCREDI 30 SEPTEMBRE

Le monde des fonctionnaires est dans une grande agitation. Une grave question se pose : les agents de l'administration belge resteront-ils en fonctions sous l'administration allemande?

Le premier département qui ait eu à résoudre ce preblème est le Ministère des Finances. C'est, d'ailleurs, celui dont les Allemands se sont emparés en premier lieu, l'argent étant le nerf de la guerre.

Faut-il abandonner à l'ennemi la gestion d'un département aussi important, lui permettre d'imposer ses volontés, de taxer abusivement les contribuables, de se procurer ainsi, sans contrôle, des ressources illimitées? N'est-il pas préférable de rester en fonctions, dans l'intérêt même des populations?

Avant l'arrivée des Allemands, M. Van de Vyvere, ministre des finances, avait tracé au personnel la ligne de conduite à suivre en cas d'occupation. Il rappelait dans sa circulaire la convention du 18 octobre 1907 concernant les lois et les coutumes de la guerre sur terre, et invitait les comptables du département à demeurer à leur poste.

Mais les agents de l'administration répugnent à prendre une attitude qui leur donnerait peut-être l'apparence de « travailler pour les Allemands »; et le personnel subalterne n'est pas le moins rebelle à toute concession.

Sur le conseil de personnages politiques belges, une réunion du personnel a été convoquée à la « Brasserie flamande ». Huit cents membres de l'administration y assistaient. M. Hanrez, sénateur, présidait, assisté de MM. Alexandre Braun et Vinck, sénateurs, Wauwermans et Camille Huysmans, députés. L'assemblée était très houleuse et l'on se rendit compte, dès l'ouverture de la séance, que l'on parviendrait difficilement à ramener le calme dans les esprits. M. Buisseret, secrétaire général du ministère des finances, ayant voulu exposer la question, fut interrompu par des cris hostiles et mis dans l'impossibilité de continuer son discours. C'est alors que M. Camille Huysmans, plus habitué au tumulte des assemblées, proposa aux différents groupes de désigner des délégués qui discuteraient la question en petit comité et feraient ensuite rapport. Cette proposition ayant été adoptée, les fonctionnaires désignés se réunirent avec les députés et sénateurs dans une salle voisine.

Au cours de cette séance, après exposé fait par M. Buisseret, les délégués reconnurent qu'il y avait lieu pour les agents de rester en fonctions.

M. Maloens, un des chefs de la douane, qui était à la tête des récalcitrants, consentit à faire rapport à l'assemblée, et lui déclara que, mieux éclairé, il serait le premier à signer la formule proposée par l'autorité allemande. Mais certaines résistances continuant à se manifester, — car les employés voulaient absolument être couverts, — il fut convenu qu'une lettre collective serait adressée à tous les membres du personnel par le secrétaire général et les administrateurs du département pour les engager à rester à leur poste.

Les Allemands ont proposé une formule d'adhésion. Elle a suscité de nombreux échanges de vues. Le premier texte présenté par l'ennemi était une formule de soumission absolue; elle dut être modifiée trois ou quatre fois avant d'être admise par les deux parties. Voici le texte de la formule définitive :

Je soussigné, promets par la présente, conformément aux dispositions de la Convention de La Haye, du 18 octobre 1907, de continuer scrupuleusement et loyalement l'accomplissement de mes fonctions, de ne rien entreprendre et tout omettre qui puisse nuire à l'administration allemande dans le territoire belge occupé.

Il a été entendu et officiellement acté que les impôts à percevoir par les services des contributions, douanes et accises et de l'enregistrement seraient exclusivement employés à payer les pensions des veuves et les pensions ordinaires, les traitements des fonctionnaires, les salaires des ouvriers, les centimes additionnels aux communes, le fonds communal et les travaux d'intérêt économique reconnus de nécessité urgente. Le feld-maréchal von der Goltz a donné sa garantie formelle qu'aucune mainmise ne serait opérée sur ces ressources, au profit de l'armée allemande. Les recettes de l'Etat seront versées en compte courant à la Banque Nationale et aucun prélèvement ne pourra être fait, à moins que l'ordonnance de paiement ne porte l'apostille de M. Van Cutsem, administrateur général de la Trésorerie publique.

Octobre 1914

1er octobre : Les innocents seront punis avec les coupables. — **2** : Les ambulances. — Evasion de blessés. — **3** : Exploits allemands dans la Chambre des représentants. — **4** : Le bombardement d'Anvers vu de Bruxelles. — **5** : Une enquête à Lovenjoul. — **6** : Les journaux prohibés. — **7** : Une adresse de l'Université de Bruxelles à l'Université de Louvain. — Délibération des recteurs. — **8** : Défense aux militaires belges de rejoindre l'armée nationale. — Des députés socialistes allemands à la « Maison du peuple » de Bruxelles. — **9** : Une arrivée de soldats belges prisonniers. — Les armes dans les étangs d'Ixelles. — **10** : Chute d'Anvers. — Comment Bruxelles accueille cette nouvelle. — **12** : Proclamation du général von Beseler aux soldats belges. — **13** : Plus de journaux. — La chasse aux informations. — **14** : Un lâcher monstre de pigeons. — La Belgique « complice de l'Angleterre! » — **15** : L'optimisme. — Histoires fabuleuses. — **16** : Un conflit entre la Banque nationale et l'autorité allemande. — **17** : Défense d'imprimer, de réciter ou de chanter publiquement sans l'autorisation de la censure. — **18** : L'état d'esprit de la population bruxelloise après la chute d'Anvers et la jonction des armées alliées en Flandre. — Les « froussards de la mort » et ceux qui sont restés. — **19** : Le Gouvernement belge quitte le pays. — **20** : Le F∴ Charles Magnette aux grandes loges maçonniques d'Allemagne. — **21** : Réquisitions et perquisitions au Touring-Club. — **22** : Ce qu'il en coûte de ne pas témoigner assez de respect à des Allemands. — **23** : Vogue inattendue des journaux hollandais. — Apparition de journaux « belges » censurés. — **24** : Un pélerinage aux localités détruites de la région de Vilvorde. — **25** : A la Caisse d'épargne. — **27** : Le « Comité central de secours et d'alimentation ». — Mission de MM. Francqui, Lambert et Gibson à Londres. — **28** : Une mesure contre les gardes civiques. — **29** : Pillage de bureaux de l'administration des finances. — Dévastations dans la forêt de Soignes. — Les « boches ». — **30** : La carrière de guerre d'un garde civique. — **31** : Une amende de cinq millions à la ville de Bruxelles.

JEUDI 1er OCTOBRE

Depuis qu'on se bat si vivement entre Alost, Termonde, Malines, Louvain, il arrive fréquemment que des soldats belges poussent des pointes très hardies vers des lignes de chemin de fer, des ponts qui servent aux Allemands, et y font ou y tentent d'utiles destructions. L'ennemi essaie de refroidir le zèle de nos vaillants soldats en faisant retomber la responsabilité de ces coups audacieux sur leurs compatriotes habitant aux alentours des endroits où les entreprises s'accomplissent : les innocents paieront, en pareil cas, pour les « coupables ».

C'est l'explication de l'avis que le gouverneur général a fait publier ces jours-ci et que j'ai signalé le 27 septembre.

C'est sans doute aussi l'explication de ce qui vient de se produire à Forest et que fait connaître cette affiche :

A LA POPULATION DE FOREST.

Malgré mes avertissements répétés, des attaques ont à nouveau eu lieu en ces derniers jours, par la population civile des environs, contre les troupes allemandes ainsi que contre la ligne de chemin de fer de Bruxelles-Mons.

Sur l'ordre du Gouvernement général de Bruxelles, chaque localité doit conséquemment livrer des otages.

Ainsi sont arrêtés à Forest :

1° M. Vanderkindere, conseiller communal;

2° M. le curé François.

Je fais connaître que ces otages seront immédiatement fusillés sans formalité judiciaire préalable, si une attaque de la population se produit contre nos troupes ou contre les lignes de chemins de fer occupées par nous et, qu'en outre, les plus sévères représailles seront exercées contre la commune de Forest.

J'invite la population à se tenir calme et à s'abstenir de toute violence; dans ce cas, il ne lui sera pas fait le moindre mal.

Forest, le 26 septembre 1914.

Le commandant de la Landsturm,

Bataillon Halberstadt,

von LESSEL.

Comme pour mieux caractériser encore devant le public leur manière de faire la guerre, les Allemands placardent une troisième affiche d'où se trouve banni, cette fois, à propos de répressions, le prétexte de la participation de civils à des faits de guerre. On croyait devenue impossible chez les civilisés cette théorie, qu'une armée se venge sur les habitants non-armés, inoffensifs, du tort que les soldats de l'ennemi lui ont fait; or, cette théorie s'étale dans ce document, non pas sous la signature d'un sous-ordre, mais sous celle du feld-maréchal von der Goltz, gouverneur général de Belgique, que les Allemands considèrent comme un des hommes représentatifs de leur nation :

Dans la soirée du 25 septembre — dit l'affiche en question — la ligne du chemin de fer et le télégraphe ont été détruits sur la ligne Lovenjoul-Vertryck. A la suite de cela, les deux localités citées ont eu, le 30 septembre, au matin, à en rendre compte et ont dû livrer des otages.

A l'avenir, les localités les plus rapprochées de l'endroit où de pareils faits se sont passés — peu importe qu'elles en soient complices ou non — seront punies sans miséricorde. A cette fin, des otages ont été emmenés de toutes les localités voisines des voies ferrées menacées par de pareilles attaques, et à la première tentative de détruire des voies de chemins de fer, des lignes du télégraphe ou du téléphone, ils seront immédiatement fusillés.

En outre, toutes les troupes chargées de la protection des voies ferrées ont reçu l'ordre de fusiller toute personne s'approchant de façon suspecte des voies de chemin de fer ou des lignes télégraphiques et téléphoniques.

Bruxelles, le 1ᵉʳ octobre 1914.

« Peu importe qu'elles soient complices ou non, elles seront punies sans miséricorde...». On se demande d'abord si on a bien lu, et on relit; c'est bien ainsi. (1)

VENDREDI 2 OCTOBRE

Les nombreuses ambulances organisées à Bruxelles dès le début de la guerre sont supprimées. Tous les blessés qui s'y trouvent doivent être transportés, dit l'ordre allemand, dans les hôpitaux militaires allemands, c'est-à-dire à notre ancien Hôpital militaire, avenue de la Couronne, à l'ambulance du Palais des Académies, à l'hôpital de Schaerbeek, à l'hôpital de la caserne Baudouin. Une seule ambulance belge peut conserver ses blessés : c'est l'ambulance installée au palais royal. (2)

---

(1) Voir le 5 octobre 1914, notre enquête à Lovenjoul sur la manière dont la « punition » fut infligée.

(2) Voir 5 avril 1916 des détails sur l'ambulance du palais royal.

Aucun des immeubles où se trouvait une ambulance ne peut continuer d'arborer le drapeau de la Croix-Rouge; exception est faite pour les hôpitaux communaux Saint-Jean et Saint-Pierre, et pour le Palais royal.

Ces mesures jettent la désolation dans les ambulances. Non seulement nos blessés vont passer aux mains des Allemands, mais tous ceux que les Allemands ne jugeront pas invalides seront tôt ou tard envoyés en Allemagne comme prisonniers de guerre. Les Allemands ont exigé de la direction de chaque ambulance la liste des soldats soignés, et il faut qu'ils retrouvent ceux-ci à l'ambulance le jour où l'ordre de transfert sera exécuté; la direction sera rendue responsable s'il y a des manquants.

Des évasions ne s'en organisent pas moins aussitôt dans presque toutes les ambulances, avec la complicité de visiteurs et de voisins.

Des soldats, non gravement blessés, trouvent encore moyen de s'échapper au moment même où les Allemands viennent pour les enlever. A l'ambulance du couvent des Servantes de Marie, à Etterbeek, un blessé, avant de traverser la cour pour aller jusqu'à la voiture d'ambulance qui doit l'emmener, déclare qu'il lui est impossible de marcher sans béquilles; on va lui en chercher. Profitant alors d'un moment d'inattention de ses gardiens, il se sauve par dessus les murs et tombe dans le jardin de la maison habitée, avenue Victor Jacobs, par M. Dupont, professeur d'Athénée. Il explique son cas; en un rien de temps, M. Dupont lui a trouvé des vêtements civils, le blessé les endosse, ouvre la porte de la rue et s'enfuit. Il est à peine hors de vue, que les Allemands arrivent chez M. Dupont; ils lui déclarent que le fugitif est dans sa maison. Mais ils ne trouvent plus rien...

SAMEDI 3 OCTOBRE

Je cherchais à savoir ce qui se passe au Palais de la Nation dont les Allemands ont pris possession dès les débuts de l'occupation, lorsque le hasard me mit en pré-

3 octobre 1914.

sence de Jacques. Jacques est un pur enfant des Marolles, qui s'est élevé par sa bonne conduite et toute espèce de petits talents, jusqu'à une position au Parlement. C'est lui qui, à la Chambre, les jours de séance, recueille la « copie » des rédacteurs parlementaires et la transmet, par l'ascenseur, aux gamins chargés du service d'estafette entre le temple de la législature et les journaux. A d'autres moments, Jacques, revêtu d'un magnifique uniforme à boutons d'argent, remplit les fonctions décoratives d'huissier.

« Etes-vous encore à la Chambre, Jacques?

— Ils m'ont f... à la porte, il y a quelques jours, me répond-il avec simplicité.

— Alors, vous devez savoir ce qui s'est passé à la Chambre depuis l'arrivée des Allemands?

— Ouëi! fit-il, comme de juste. Si vous voulez, Jacques va vous le dire. »

Voici son récit, avec toute la saveur du langage et l'accent du terroir :

« Le 21 août, « ils » sont arrivés à huit. Le 24 août, ils sont venus à 150 environ. Ils ont pris toutes les salles de sections, la salle de lecture et le fumoir, ainsi que la salle des séances et le buffet. C'est là qu'ils se sont installés pour coucher. Les officiers ont choisi pour eux le cabinet de M. le Greffier, celui de M. le Directeur de la Questure et la salle du Greffe.

» Dans la salle des séances, les soldats ont cassé tous les pupitres des députés. Même chose à la tribune de la presse, où toutes les armoires ont été démolies. Un matin, ils ont enlevé tous les tapis des salles de sections et les ont emportés dans un camion automobile. Puis ç'a été le tour des tableaux qui sont dans le fumoir. Mais, le lendemain, ils ont rapporté ces tableaux, sauf deux : ceux qui se trouvaient au-dessus des portes.

» Un matin, je suis allé dans le cabinet de M. le Président. Et, devine un peu ce que je vois? Il y avait par terre une valise ouverte; et qu'est-ce que je trouve dedans? La garniture de cheminèïe tout emballée. Au lieu que c'est eux qui l'ont emportée, c'est Jacques. »

Ici un sourire illumine le visage du héros.

« Vous pense bien que le Boche n'aura pas été content. J'ai vite descendu le scalier avec le pendule, et puis bonsoir!

» Dans la salle de lecture il y avait, comme vous seïe, des armoires avec des médales.

— Le médailler de M. Warocqué?

— C'est juste çà. Ils ont brisé les carreaux et volé les médales, mais je saïe pas combien. Puis ils ont coupé le velours des fauteuils. Dans le buffet, les Allemands ont pris toutes les cuillers en argent. Après, ils ont fait leur cuisine, et puis ils ont brisé les chaises et les fauteuils. Le tableau, ils n'ont pas touché. Le pendule de la buvette a été sauvée par les hommes de service.

— Et le mobilier des salles de sections?

— Casseïe, comme de juste. Toutes les chaises et les tables ont été casseïes. Les hommes de la ferme des boues en ont emporté les morceaux. Vous saïe quoi encore? Il y a des bacs rue de Louvain...

— Des bacs?

— Des staminets, si vous veut. Ah bien, on trouvait là, dans ces caberdouches, des chaises de la Chambre. Is dat gepermetteit?

— Et qu'avez-vous encore constaté d'intéressant?

— Beaucoup de choses comme çà. A la bibliothèque, il y aura beaucoup de livres disparus. Mais çà, on pouvait pas s'en occuper, car c'était les officiers qui les descendaient. Mais il y avait là en haut aussi un beau tapis, plié et prêt à emporter. C'est Jacques qui l'a enlevé avec Louis, l'autre huissier. Les journaux de la bibliothèque sont aussi partis.

— Les collections?

— Juste. Les soldats les ont vendus à une verdurière du voisinage, pour avoir un dringuel. »

Jacques est indigné au rappel de ces actes de vandalisme; mais ceci l'écœure encore davantage :

« Çà, dit-il, c'est le final et le bouqueïe. Les soldats allemands faisaient leurs besoins sur les scaliers de service et devant la porte de la salle de séances; Jacques l'a vu. Is dat niet beschaamd? » (1)

Jacques est prêt à témoigner de ces faits.

---

(1) Traduction du flamand : « N'est-ce pas honteux? »

DIMANCHE 4 OCTOBRE

L'ennemi bombarde avec intensité l'enceinte extérieure sud d'Anvers. L'air est plein du bourdonnement sourd des pièces de gros calibre, pareil au grondement lointain de l'orage. Les Bruxellois se rendent en foule vers les hauteurs d'où la vue domine la plaine du côté de Malines et Anvers; on emporte avec soi des jumelles, des cartes. Cela m'étonne qu'il ne se soit pas encore trouvé du côté d'Evere — car c'est là surtout que l'on va — quelque débit de boissons enseigné *A la Vue du Bombardement*, ou *Au Siège d'Anvers*. Montés sur des buttes, hissés sur des briqueteries, les curieux s'efforcent, avec une attention tendue, de suivre les phases du combat autour de Malines. Le canon de Waelhem répond aux gros obusiers allemands et l'on voit s'élever par moments au-dessus de Malines des nuages de fumée qui enveloppent, comme d'un voile léger, la tour lointaine et les bâtiments sombres d'où elle émerge.

Parfois, le feu paraît se déplacer assez loin sur la ligne d'horizon. Des nuages montent du côté de Termonde, et l'on a l'impression que le combat s'étend depuis Malines jusqu'à la Flandre. Les ballons d'observation allemands planent haut dans le ciel. On les voit redescendre, puis remonter et ils prennent alors, avec leurs nacelles, l'aspect de monstrueux cerfs-volants de guerre.

* * *

Le cours forcé.
Un arrêté du gouverneur général dit :

La monnaie allemande (espèce et papier-monnaie) doit être accepté en paiement dans le territoire belge occupé et, jusqu'à nouvel ordre, sur la base de 1 mark valant au moins fr. 1.25.

LUNDI 5 OCTOBRE

La pensée ne me quittait plus de ces deux localités brabançonnes qui ont eu « à rendre compte » de leur « culpabilité » et dont le châtiment nous a été signalé à titre d'exemple le 1ᵉʳ octobre.

Les villages de Lovenjoul et de Vertryck, entre Louvain et Tirlemont, ont eu à livrer des otages, disait l'affiche. Le châtiment n'a-t-il consisté qu'en cela ? Un vague renseignement parvenu à Bruxelles m'en faisait douter. J'ai voulu me rendre compte et ai entrepris aujourd'hui une expédition à Lovenjoul. Ecoutez :

Quatre soldats belges partis d'Anvers vêtus en civils, se sont approchés de la voie ferrée à Lovenjoul et ont tenté, au moyen de bombes, de la faire sauter. Les dégâts n'ont pas été importants et ont été vite réparés. Mais l'Allemagne cherchait une vengeance. N'ayant pu mettre la main sur les quatre soldats, elle s'est immédiatement retournée vers la population innocente.

Une compagnie d'incendiaires arrive de Louvain et sur ordre de deux officiers qui président à l'opération, chasse les habitants de quatorze maisons et y met le feu. La soldatesque brûle notamment le presbytère, le couvent des religieuses et l'école communale; elle ne s'arrête qu'au moment où le chef des incendiaires lance un coup de sifflet. La « kultur » allemande éprouve, semble-t-il, dans cette région, un plaisir particulier à détruire des écoles; celle du village voisin, Corbeek, est brûlée également; les enfants traîneront sur le pavé...

Une pauvre femme qui coupe de l'herbe devant sa chaumière en cendres me narre ses épouvantes des premiers jours, qui précédèrent ceux du « châtiment » :

« Les troupes arrivaient en masse, par la grand' route de Liége, brûlant et saccageant tout sur leur passage. Elles ouvraient les étables et chassaient les bêtes dans les campagnes. Elles en tuaient aussi, prenaient ce qui leur semblait bon et laissaient le reste sur les chemins. Elles entraient dans les cabarets, vidaient bouteilles et tonneaux, éventraient les armoires à coups de crosse, tiraient à coups de pistolets dans les cadres, glaces et portraits. Chez le médecin, elles burent tout le vin, jetèrent lustres et chaises au milieu de la route, puis mirent le feu à la maison. Les châteaux de MM. de Dieudonné, de Maurissens et de Schouteete flambèrent comme des allumettes; d'immenses colonnes de flammes et de fumée montaient vers le ciel. Quant à nous, nous restâmes pendant deux jours cachés dans un trou à porc. Des soldats hurlaient et chantaient dans le château du Petit Lovenjoul. Dans la cour, des milliers de bouteilles vides gisaient à terre; des soldats descendaient du grenier avec des pots de confiture plein les bras; d'un tour de main, ils vidaient un pot et s'en remplissaient la bouche; puis ils se jetaient avec des grognements de plaisir sur des bouteilles de champagne. Une odeur de vin et d'alcool flottait partout.

» Puis il y eut une explosion : la soldatesque faisait sauter à la dynamite un coffre-fort. Des sentinelles emportaient des armoires à glace vers la voie ferrée pour s'en faire des guérites. Des meubles en grand nombre, des pendules, des objets d'art, prenaient le chemin de l'Allemagne par le premier train qui passait. Sur les pelouses, des soldats avaient suspendu à des trépieds des assiettes décoratives en vieux Delft arrachées aux murs, et s'y préparaient un repas avec un feu de bois. Les cristaux avaient été jetés par les fenêtres et couvraient les alentours de leurs débris.

» Certain jour, des soldats allemands se promenèrent en mascarade dans le village. Ils avaient jugé plaisant de mettre des vêtements de dames parties depuis la guerre. Les uns avaient mis des robes de soie, un autre s'était emparé d'un manteau et, le trouvant trop étroit, l'avait découpé sous les manches; un autre s'était couvert du manteau qui, dans l'église de Lovenjoul, orne la statue de la sainte Vierge; un autre avait pris le voile de la sainte Vierge; d'autres enfin dansaient et gesticulaient sous le dais du Saint-Sacrement. C'est peu après que ma maisonnette fut incendiée.

» On nous a fait savoir que si des soldats belges essayaient à nouveau de troubler les communications par voie ferrée ou télégraphique, les maisons épargnées seraient détruites également. Cependant nous n'y sommes pour rien. Trouvez-vous que cela soit juste?

— Hélas, ma pauvre femme, cela c'est la justice allemande! »

* * *

Dans les champs, des paysans labourent au milieu des ruines. Silencieux et songeurs, ils poussent leurs charrues. Pourquoi perdre un jour? Ce n'est pas parce qu'on se bat que le blé doit cesser de croître et le monde de vivre.

Par l'unique rue du village, entre des murs calcinés

5 octobre 1914.

qui vacillent sous la poussée du vent, j'accompagne un ami de la localité qui va, dans un château voisin, occupé par la troupe, voir si mille choses disparues de chez lui n'ont pas été transportées là.

En attendant le commandant, nous causons avec une sentinelle qui fait les cent pas dans le parc. Cet homme est triste. Il est père d'une nombreuse famille dans le Hanovre. Voici dix semaines qu'il est ici; il a passé les six semaines précédentes à Tirlemont; demain il commencera une nouvelle garde de six semaines à Louvain.

« De telle manière, dis-je, que vous avancez lentement vers Bruxelles.

— Oui, répond-il.

— Après quoi, vous irez à Paris? »

L'homme me regarde avec un sourire empreint d'une mélancolie infinie. Il semble me prier de ne pas me moquer de sa misère.

« Croyez-vous, dit-il, que je ne serais pas beaucoup plus heureux près de ma femme et de mes enfants? »

Mais voici le commandant. Il s'assied à un bureau-secrétaire sur lequel il a groupé des portraits d'enfants, un portrait de sa femme et la vue photographique d'une résidence seigneuriale.

« Voici ma famille, dit-il, et voici mon château, dans le Brandebourg. J'y suis mieux logé qu'ici, je vous prie de le croire.

— Nous n'en doutons pas : il suffit, pour s'en convaincre, de voir l'état dans lequel ce château-ci est mis; c'est pis qu'une étable.

— C'est la guerre, n'est-ce pas? Et puis, vous devez comprendre que, dans une armée de plusieurs millions d'hommes, il y a des bons et des mauvais...

— Cependant quand un officier donne un ordre, il est immédiatement obéi. Que n'ont-ils donné ordre de respecter les propriétés privées? L'autorité allemande ne se vante-t-elle pas d'avoir l'armée la plus disciplinée du monde? »

Le commandant esquive une réponse directe et dit :

« Je ne suis responsable que des hommes qui sont sous mes ordres. Demain nous serons remplacés par d'autres que je ne connais pas, sur lesquels je n'aurai pas d'autorité. Voyez si dans ce château se trouvent des

5 octobre 1914.

objets vous appartenant et enlevez-les avant mon départ si vous le jugez opportun. »

Mon ami trouve au salon des livres de ses enfants; à la cuisine, une batterie lui appartenant; ailleurs, des cristaux, des tasses, des vases qui viennent également de chez lui; enfin, un tableau qui est son bien aussi et qui orne la chambre à coucher d'un landsturm. Ainsi, tout, dans cette région, et vraisemblablement en bien d'autres endroits où la soldatesque s'est établie, a été charrié d'une propriété à une autre.

* * *

La route, jusqu'à Louvain, est un calvaire. Aussi loin que porte le regard, des maisons brûlées, maisons de paysans, granges, maisons ouvrières, villas, châteaux. Dans les champs, des croix de bois sur lesquelles se balance un képi de soldat belge ou un casque de prussien : autant de tombes. Et des milliers, des douzaines de mille de bouteilles vides, le long du chemin.

Un paysan qui nous tient compagnie, raconte des scènes inouïes dont il fut le témoin. Nous traversons Corbeek, qui vit des horreurs sans nom. Voici le château du baron de Dieudonné, parti au combat. C'est là que le Roi Albert se tint jusqu'au moment de la retraite vers Anvers. Pour avoir hébergé le Roi des Belges, ce château fut immédiatement réduit en cendres! Ce n'est plus maintenant qu'un amas de briques éparpillées sur les pelouses. Trois jours de suite, un officier supérieur allemand s'est fait conduire de Louvain à ces ruines. Chaque matin, il campait devant elles son chevalet et peignait sur la toile ce site si atrocement dévasté. Un « schloss » incendié, un drapeau allemand planté sur une ville en cendres, rien, semble-t-il, n'est plus beau aux yeux d'un Teuton. Quelques mètres plus loin, voici la propriété de M. Ernst, chef de cabinet de M. Carton de Wiart, parti avec son ministre à Anvers. Sa sœur n'a pas quitté la maison. Certain jour, comme des soldats allemands, ivres d'une rage démoniaque allaient, près de sa porte, fusiller, en tas, des malheureux, elle se jeta au devant d'eux et cria :

« Ne tuez pas cet homme, il est père de cinq enfants; tuez-moi plutôt s'il vous faut une victime. Ne tuez pas celui-ci, c'est le soutien d'une mère paralysée; tuez-moi plutôt à sa place! »

Parlant ainsi, suppliant, s'agenouillant, elle sauva quinze innocents qui se réfugièrent dans sa demeure.

Aujourd'hui, M{ⁱˡᵉ} Ernst s'est faite mendiante pour réunir de quoi donner de la soupe aux meurt-de-faim de Corbeek-Loo. Que d'héroïnes, dans ces villages isolés, que chacun salue bien bas, en témoignage ému de la gratitude publique!

MARDI 6 OCTOBRE

Le quartier général des vendeurs de « prohibés » est établi à la Bourse. Il faut aller là, vers 5 heures, au moment où l'obscurité, propice aux opérations clandestines, commence à descendre sur la ville. C'est l'heure où les marchands et les marchandes, le corps matelassé de journaux qui leur ont été distribués par de mystérieux intermédiaires dans de petits cafés de la place Saint-Géry, viennent rôder parmi les groupes, pour écouler leurs papiers.

Le monsieur qui cherche un journal non censuré a une certaine manière d'arpenter le trottoir de long en large et de regarder autour de lui qui le fait vite reconnaître par l'œil exercé du camelot. Celui-ci l'escorte aussitôt et, de l'air le plus innocent, lui murmure à l'oreille la litanie : *Flandre Libérale? Journal? Matin? Métropole? Times?*

Le monsieur, qui est souvent un personnage décoré, fait son choix, fixe son prix et, sans précipiter le pas, suit son complice en casquette et en espadrilles où celui-ci voudra bien le conduire. C'est, généralement, dans une rue voisine de la Bourse, une maison à plusieurs étages loués par appartements et où pénètre qui veut. Le camelot et son client s'y rejoignent bientôt, après s'être assurés qu'on ne les a pas suivis, et là, dans le vestibule, à l'abri des regards indiscrets, le journal prohibé passe de dessous le jersey du camelot dans la poche de l'acheteur.

Dans les cafés de la Bourse et des boulevards du Centre, où les marchands ont leurs « habitués », l'opération est moins compliquée. Le client est averti qu'il trouvera son journal... à la cour, où l'échange se fera sous les yeux et la complicité tacite de la préposée aux W. C.

La terrasse du « Café Central » est le lieu de rendez-vous préféré des vendeurs de littérature clandestine. C'est là qu'on se procure le *Times* dans des prix do ix. Le journal de la « City » se vend couramment cent sous l'exemplaire, mais le prix monte jusqu'à 25 et même 50 francs les jours où les fraudeurs ne parviennent à introduire de Hollande que quelques numéros. Hier un amateur offrait 75 francs pour un exemplaire contenant des cartes du théâtre des opérations.

MERCREDI 7 OCTOBRE

L'Université de Bruxelles n'a pas tardé à prendre part aux sentiments éprouvés par le monde scientifique tout entier à la suite de la destruction, par la torche des armées impériales, de l'Université de Louvain. Dès le premier jour, dès qu'il eut appris que Mgr Ladeuze et des membres du corps professoral avaient cherché un abri dans la capitale, M. De Moor, recteur, leur apporta personnellement et verbalement l'expression des sentiments de l'Université de Bruxelles.

Aujourd'hui, une délégation du conseil d'administration de la même université s'est rendue à l'Institut Saint-Louis et a remis à Mgr Ladeuze l'adresse suivante:

A Monsieur le Recteur et à Messieurs les Membres de l'Université catholique de Louvain.

Messieurs et chers Collègues,

Réuni pour la première fois, depuis le début de la guerre, le Conseil d'administration de l'Université libre de Bruxelles a reporté toute sa pensée sur l'Université catholique de Louvain.

Cruellement atteinte par les événements terribles qui plongent la Belgique dans le deuil et la désolation, votre Alma Mater a vu disparaître dans un incendie volontaire une bibliothèque célèbre constituée par le travail patient de nombreuses et laborieuses générations de savants et d'érudits.

Avec vous et avec les penseurs du monde entier, nous pleurons ce désastre cruel. A tous ceux d'entre les vôtres qui ont été éprouvés dans leur personne, dans leur famille ou dans leur foyer, nous présentons nos condoléances profondes.

C'est dans ces sentiments, chers et honorés Collègues, que nous nous adressons à vous et que nous vous prions d'agréer l'assurance de toute notre sympathie.

Le Président du Conseil,
W. Rommelaere.

Un échange de vues s'est établi entre les deux recteurs. Ils sont d'accord pour déclarer (aussi à l'autorité allemande, si elle usait de pression pour faire rouvrir les cours) qu'une reprise de la vie universitaire est impossible. Pour Louvain, la destruction des locaux est une raison suffisante; pour les deux universités il y a de péremptoires raisons d'ordre moral : trop d'élèves sont au front de combat, trop de professeurs les ont rejoints ou défendent à l'étranger, par la plume et la parole, la cause nationale; on ne peut faire un travail universitaire utile dans une pareille situation et quand la nation souffre à ce point. Enfin, Bruxelles considérerait comme un acte désobligeant de reprendre, alors que Louvain est dans l'impossibilité de le faire. (1)

JEUDI 8 OCTOBRE

Un avis particulièrement cruel est publié par le baron von der Goltz; il interdit d'obéir à un ordre du gouvernement belge et fait défendre aux Belges de la région envahie de remplir, à l'égard de leur patrie, le plus sacré des devoirs :

Dans la partie du pays occupée par les troupes allemandes, le Gouvernement belge a fait parvenir aux miliciens de plusieurs classes des ordres de rejoindre. *Ces ordres ne sont pas valables.* Il n'y a que les ordres du Gouverneur général allemand et des autorités lui sous-ordonnées qui sont valables dans la dite partie du pays.

Il est *strictement défendu* à tous ceux qui reçoivent ces ordres d'y donner suite.

A l'avenir, les miliciens ne devront plus quitter leur lieu

---

(1) Au sujet d'autres pourparlers et décisions des dirigeants de nos Universités, voir le 1er mars 1916 et le 17 août 1918.

8 octobre 1914.

actuel de résidence (ville, commune) sans y être spécialement autorisés par l'administration allemande.

En cas de contravention, la famille du milicien sera également tenue responsable..

Les miliciens se trouvant en possession d'un ordre de rejoindre ou d'une médaille de la matricule, seront traités comme *prisonniers de guerre.*

Inutile de dire que cette défense est considérée comme nulle par la plupart des Belges qu'elle vise. Chaque jour, chaque nuit, des hommes, se glissant dans les bois ou rampant à travers champs, rejoignent, par les Flandres, l'armée nationale.

* * *

La « Maison du Peuple » a eu la visite d'un officier allemand, M. Noske, député socialiste au Reichstag. Reçu dans le corridor par l'administrateur, M. Vandersmissen, il laissa entendre, à travers beaucoup de circonlocutions, qu'il rêvait d'une collaboration du parti socialiste belge avec l'occupant, en vue de l'application des lois sociales; en retour, l'autorité allemande assurerait le ravitaillement des coopératives socialistes.

M. Vandersmissen se rendit bien vite compte qu'on essayait d'acheter le parti socialiste ou du moins l'un ou l'autre de ses chefs; la conversation ne fut pas longue; M. Noske, tout membre de la fraction socialiste du Reichstag qu'il est, fut congédié à peine poliment.

On a aussi vu à la « Maison du Peuple » un autre député socialiste allemand, Liebknecht; c'était peu après le 20 août. Liebknecht visita, avec les députés socialistes belges Bologne et C. Huysmans, dans une auto du service de ravitaillement, une partie des régions dévastées en ce moment-là même par les troupes de son pays. Il alla notamment dans le Limbourg et la province de Liége, vit Senzeilles et Andenne. Dans une localité, il parvint à empêcher les Allemands de tirer sur des civils. Il ne vit pas Louvain; l'autorité allemande trouva moyen de l'en empêcher.

Croirait-on qu'à ce moment Liebknecht, de même que la plupart de ses collègues du Parlement allemand, ignoraient encore que la déclaration de guerre de l'Allemagne à la Belgique avait été précédée d'un ultimatum du gouvernement impérial nous enjoignant de livrer passage à ses troupes? Ni le gouvernement, ni la presse allemande ne leur en avaient rien dit! (1)

VENDREDI 9 OCTOBRE

Il y a, cet après-midi, de l'effervescence rue de Brabant et dans le quartier de la gare du Nord. Vers 3 heures, les habitants voient arriver un convoi de prisonniers. La foule, reconnaissant l'uniforme de nos troupiers, entoure le convoi et acclame avec transport. Quatre officiers belges sont juchés au haut d'une charrette. L'un, blessé, agite son képi pour répondre aux acclamations. Les soldats qui les suivent en captivité sont des artilleurs, des lanciers, des chasseurs à pied et des guides. Tous semblent ravis de revoir Bruxelles et de se retremper pendant quelques minutes dans ce milieu ami. La foule grossit rapidement et les ovations deviennent enfiévrées. Les cris de « Vive les Belges!» alternent avec ceux de «A bas les Allemands!» Les soldats de l'escorte ont la baïonnette au canon.

Les attelages devant s'arrêter un instant à cause de l'encombrement, la manifestation prend une tournure inattendue. De tous les magasins, les commerçants sortent, les bras chargés de victuailles et de friandises. On lance aux prisonniers des fruits, du chocolat, du pain. Un marchand ayant pris dans son étalage cinquante paquets de cigarettes, les jette aux braves, qui les attrappent à la volée. Un charcutier leur offre un demi jambon; une pauvre marchande de raisins distribue toutes les caisses de sa charrette. Ce sont quelques minutes d'une joie et d'un enthousiasme exubérants.

Finalement les Allemands recourent à la baïonnette pour frayer un chemin au cortège parmi la foule houleuse. Une chasse à l'homme s'organise; deux civils et un garçon boucher son emmenés par des « polizei ».

() Au sujet d'autres tentatives faites par les socialistes allemands pour entrer en rapport avec les socialistes belges, voir 12 mai 1917 et 14 octobre 1918.

Les soldats sont alors introduits dans la gare du Nord, d'où ils seront expédiés vers quelque camp lointain.

* * *

Les Allemands font procéder à des recherches dans les étangs d'Ixelles, dont le niveau a été descendu. Ils ont appris que de nombreux gardes civiques, ne sachant que faire de leurs armes, s'en sont débarrassés en les jetant dans les étangs. Ils travaillent maintenant au repêchage de tous ces fusils. Les soldats ne découvrent pas seulement des fusils de guerre et des fusils de chasse, mais des armes de panoplies, des objets de collections, des flèches enlevées à des trophées d'Afrique et jetées là par des bourgeois apeurés.

SAMEDI 10 OCTOBRE

« Bruxelles, 10 octobre. — Les troupes allemandes sont entrées à Anvers hier midi. »

Cette dépêche laconique, placardée dans Bruxelles, suscite une extraordinaire émotion. La foule s'attroupe devant le placard étalé au centre des colonnes-affiches; et ce sont des haussements d'épaules et des rires méprisants. Anvers pris? Quelle plaisanterie! On ne prend pas ainsi, en quelques jours, une citadelle dotée d'une double ceinture de forts, faite pour résister plusieurs mois!

Mais bientôt les nouvelles se précisent. Des informateurs, accueillis d'abord avec méfiance, apportent la confirmation, obtenue on ne sait trop où d'ailleurs, de ce désastre inattendu.

La consternation fait place à une colère irraisonnée. On parle de trahison et d'incapacité. Les Anversois, en un instant, deviennent suspects à beaucoup, et, sans réfléchir, on les accuse déjà d'avoir contraint les défenseurs à capituler pour n'avoir pas à subir les horreurs d'un bombardement!

Un certain nombre de personnes cependant gardent leur calme et s'accrochent à cette hypothèse que la place d'Anvers pourrait bien avoir obéi, en se rendant, à des mobiles insoupçonnés et qu'une bonne tactique imposait la capitulation, étant donné les circonstances. Elles disent que les états-majors peuvent avoir ordonné à dessein l'évacuation, ce qui expliquerait la prise de la ville sans coup férir. Mais la plupart ne veulent rien entendre et traitent sans ménagement ceux qui avancent cette hypothèse. D'autres rumeurs extraordinaires circulent. On raconte avec le plus grand sérieux que les Allemands ont été victimes à Anvers d'une ruse imaginée par les Anglais : ceux-ci auraient ordonné aux artilleurs de cesser le feu dans les forts et auraient laissé l'ennemi envahir la ville, tandis qu'ils se tenaient, eux, dissimulés dans les maisons; puis, à un signal donné, ils seraient sortis de leurs cachettes et auraient fait prisonnières les trop confiantes troupes du kaiser, cependant que les forts, prenant les fugitifs sous leur feu, auraient complété, par un carnage inouï, cette opération machiavélique.

Le public, dans son désarroi, accepte sans contrôle toutes ces histoires.

DIMANCHE 11 OCTOBRE

La nouvelle de la chute d'Anvers est confirmée. Les affiches allemandes distillent dans l'âme populaire le poison du découragement. Elles annoncent que « la place d'Anvers, avec tous les forts sur les deux rives de l'Escaut, a capitulé samedi matin sans condition. » Les journaux allemands annoncent que la ville est en feu : la caserne Saint-Georges, l'hôpital, les tanks à pétrole, la gare du Sud flambent.

Ces nouvelles retentissent dans Bruxelles douloureusement. On ne sait toujours pas exactement ce qui s'est passé. Cependant le bruit prend de la consistance que la garnison et l'armée de campagne ont quitté la ville, il y a quelques jours, pour aller renforcer l'aile gauche des Alliés. On assure que cette décision a été prise mercredi dernier, à Ostende, à la suite d'une conférence tenue par le général Pau, le général French et le haut commandement de notre armée. Les états-majors, estimant que la place d'Anvers avait perdu toute impor-

12 octobre 1914.

tance au point de vue stratégique, auraient décidé, pour éviter un désastre, de l'abandonner.

LUNDI 12 OCTOBRE

La proclamation suivante appartient à l'histoire de Bruxelles pendant l'occupation, bien que les Bruxellois n'en aient pas eu connaissance. Elle fut, en effet, datée de leur ville, mais réservée à nos combattants. Des aviateurs ennemis en emportèrent des milliers d'exemplaires en français et en flamand et les laissèrent tomber sur les lignes belges autour d'Anvers et en Flandre pendant les derniers jours de siège.

Bruxelles, le 1ᵉʳ octobre 1914.

Soldats belges !

Votre sang et votre salut entier, vous ne les donnez pas du tout à votre patrie aimée ; au contraire, vous servez seulement l'intérêt de la Russie, pays qui ne désire qu'augmenter sa puissance déjà énorme, et, avant tout, l'intérêt de l'Angleterre, dont l'avarice perfide a fait naître cette guerre cruelle et inouïe. Dès le commencement, vos journaux, payés de sources françaises et anglaises, n'ont jamais cessé de vous tromper, de ne vous dire que des mensonges sur les causes de la guerre et sur les combats qui ont suivi, et cela se fait encore journellement. Voyez un de vos ordres d'armée qui en fait preuve à nouveau ! Voici ce qu'il contient : On vous y dit qu'on force vos camarades prisonniers en Allemagne à marcher contre la Russie à côté de nos soldats. Il faut cependant que votre bon sens vous dise que cela serait une mesure tout à fait impossible à exécuter. Le jour venu où vos camarades prisonniers revenus de notre pays, vous raconteront avec combien de bienveillance on les a traités, leurs paroles vous feront rougir de ce que vos journaux comme vos officiers ont osé dire pour vous tromper d'une manière si incroyable. Chaque jour de résistance vous fait essuyer des pertes irréparables, tandis qu'après la capitulation d'Anvers vous serez libres de toute peine.

Soldats belges ! Vous avez combattu assez pour les intérêts des princes de Russie, pour ceux des capitalistes de l'Albion perfide. Votre situation est à en désespérer. L'Allemagne qui ne lutte que pour son existence, a détruit deux armées russes. Aujourd'hui aucun Russe ne se trouve dans notre pays. En France, nos troupes se mettent à vaincre les dernières résistances.

Si vous voulez rejoindre vos femmes et vos enfants, si vous

désirez retourner à votre travail, en un mot si vous voulez la paix, faites cesser cette lutte inutile et qui n'aboutit qu'à votre ruine. Puis vous aurez bientôt tous les bienfaits d'une paix heureuse et parfaite.

von Beseler,
Commandant en chef de l'armée assiégeante.

MARDI 13 OCTOBRE

Nous sommes sans nouvelles. Plus de journaux d'Anvers, naturellement, puisqu'il n'en paraît plus. Les journaux de Gand ayant cessé de paraître en même temps que les troupes allemandes prenaient possession de cette ville, nous sommes également privés de la pâture quotidienne qui nous arrivait de ce côté; plus de *Flandre Libérale*, plus de *Bien Public!*

Les vendeurs de journaux offrent maintenant en cachette, à défaut d'autres, le *Journal de Roubaix*. Ils en demandent deux et trois francs. Mais le besoin de nouvelles est si pressant que les amateurs ne marchandent pas.

Un vendeur raconte que, pour éluder la surveillance de la police allemande, il a ramené hier les derniers numéros de la *Flandre Libérale* dans... le soufflet d'un harmonica.

MERCREDI 14 OCTOBRE

Le bruit se répand ce matin que les Alliés auraient remporté en France de gros succès. Les Bruxellois commencent à devenir sceptiques au sujet des « bruits qui courent ». Mais la nouvelle semble prendre corps. Les Allemands auraient été refoulés jusqu'à Solre-sur-Sambre et Chimay; ils seraient en recul jusqu'à Bouillon. La présence à Bruxelles d'un certain nombre d'officiers d'état-major allemands descendus à l'Hôtel Astoria, à l'Hôtel de Belle-Vue et au « Métropole », le grand nombre d'automobiles garées sur le terre-plein de la place de Brouckère semblent donner un certain fondement à cette histoire. On prétend même que le général von Kluck et l'état-major du kronprinz sont ici. Les

14 octobre 1914.

chauffeurs qui conduisent les autos ont déclaré venir de Vouziers et d'Hirson. Le recul paraît donc vraisemblable et il n'en faut pas davantage pour que les visages se déridant.

★ ★ ★

Une nouvelle ordonnance du maréchal von der Goltz relative aux pigeons voyageurs : les pauvres volatiles que l'on a cloîtrés dans le hall du Cinquantenaire vont pouvoir regagner leurs colombiers. Le gouverneur enjoint à leurs propriétaires d'aller les reprendre dans les quarante-huit heures et de les emprisonner chez eux sous peine d'avoir à répondre devant l'autorité de leur manque de vigilance. Les pigeons devront désormais avoir chacun leur acte de naissance et leurs propriétaires devront posséder leur signalement très exact.

Plusieurs propriétaires, pour ne pas devoir emporter leurs pigeons reclus depuis trois semaines ont organisé un lâcher monstre. Le ciel est à un moment sillonné par des milliers de pigeons qui se dispersent dans toutes les directions. Il y en avait 75,000 enfermés dans 3,600 paniers!

L'autorité allemande fait afficher une autre proclamation, dont elle inonde par surcroît la ville, sous forme de bulletins. Des exemplaires sur papier jaune en sont distribués à tous les carrefours. C'est un long factum dans lequel le maréchal von der Goltz s'attache à démontrer « par des témoignages infaillibles » que la Belgique avait, plusieurs années avant la guerre, sacrifié sa neutralité au profit de l'Angleterre. Cette mirobolante découverte aurait été faite dans les archives du Ministère de la Guerre. Il résulterait de l'examen des pièces trouvées dans certain dossier que, en 1906, le colonel Bernardiston, attaché militaire anglais, aurait eu des conversations avec le général Ducarne, chef de notre état-major, au sujet d'un projet de débarquement des troupes anglaises sur notre côte; ce projet aurait été élaboré, en prévision d'une violation du territoire belge par l'Allemagne. Conclusion : la Belgique a traité l'Allemagne avec la plus noire perfidie!

Les Bruxellois haussent les épaules devant cette accusation et réservent à la prose du maréchal von der

Goltz un accueil qui doit faire gémir la « Kommandantur » : en quelques minutes, les pavés de la ville sont jonchés de « chiffons de papier » jaunes, froissés et déchirés.

JEUDI 15 OCTOBRE

L'optimisme continue à régner dans tous les milieux, malgré l'absence de nouvelles de l'extérieur. Les affiches allemandes contribuent, dans une certaine mesure, à rassurer l'opinion. Elles annoncent que, dans les forêts de l'Argonne, l'armée allemande doit livrer une véritable guerre de forteresse, que la résistance des Français est opiniâtre, que ceux-ci ont monté des mitrailleuses dans les arbres, bref, que l'on n'avance que «pas à pas». L'impression produite par ce communiqué est excellente.

On raconte dans le public des choses folles : les belligérants se battent à Givet, à Bouillon, à Rochefort. Pour expliquer cette « retraite », les Allemands auraient fait croire à leurs soldats que les troupes françaises sont atteintes du choléra. On assure encore que, dans le pays de Namur, des affiches ont été placardées, invitant les populations à rester calmes « pendant le passage des troupes allemandes victorieuses qui se retirent sur le Rhin ». D'autres gens certifient qu'Anvers a été repris par les Alliés; des Anglais, des Sénégalais et des turcos, cachés dans la ville, auraient fait un épouvantable carnage des troupes d'occupation; les Sénégalais se seraient montrés féroces au cours des combats de rues. L'imagination populaire enfante à tout instant de nouveaux romans, et les fables les plus extraordinaires sont propagées avec le plus grand sérieux.

On rapporte, vers la fin du jour, que des combats inouïs sont engagés dans les rues de Gand, d'où un certain nombre d'habitants affolés sont arrivés ici en hâte. Gand serait même au pouvoir des Français et des Anglais! Ah! les potins! Que nous racontera-t-on demain?

VENDREDI 16 OCTOBRE

La Banque Nationale et l'autorité allemande viennent de liquider un différend qui mettait aux prises, depuis trois semaines, les administrateurs de notre grand établissement financier et le commissaire impérial près des banques.

L'autorité allemande aurait voulu que la Banque Nationale devînt le caissier de l'intendance allemande et qu'elle acceptât de payer à ses guichets tous les chèques de l'armée en campagne. Elle s'est butée à un refus énergique. Le commissaire impérial, outré de ce refus, menace de révoquer le vicomte De Lantsheere, gouverneur de la Banque et de faire occuper les agences de province par des employés de la « Reichsbank ». Cette tentative d'intimidation n'a pas plus de succès. Les Allemands, las de cette résistance, finissent par ne plus insister. Ils signent même une convention en vertu de laquelle ils s'engagent à ne faire aucun prélèvement sur les sommes déposées en compte courant à la Banque et provenant du paiement des contributions payées à l'Etat.

Il a été entendu que la Banque ne liquiderait que les seules ordonnances mandatées par l'administrateur général belge de la Trésorerie, M. Van Cutsem.

SAMEDI 17 OCTOBRE

La liberté de tout dire et de tout chanter, dont nous étions si fiers et dont nous abusions si volontiers, va passer par une dure épreuve. Voici ce que le gouverneur général nous fait savoir :

1. *Tous les produits d'imprimerie*, ainsi que toutes autres reproductions d'images, avec ou sans légende, et de compositions musicales avec texte ou commentaires (imprimés), obtenus par des procédés mécaniques ou chimiques et destinés à être distribués, sont soumis à la *censure* du Gouvernement général impérial allemand (administration civile).

Quiconque aura fabriqué ou distribué des imprimés indiqués à l'alinéa 1ᵉʳ sans la permission du censeur, sera puni conformément à la loi martiale. Les imprimés seront confisqués et les plaques et clichés destinés à la reproduction seront rendus inutilisables.

Est considéré également comme distribution d'un imprimé prohibé par le présent arrêté, l'affichage, l'exposition ou la mise à l'étalage en des endroits où le public est à même d'en prendre connaissance.

2. Des représentations théâtrales, des récitations chantées ou parlées de toute espèce, ainsi que des projections lumineuses cinématographiques ou autres, ne peuvent être organisées que lorsque les pièces théâtrales, les récitations ou les projections lumineuses en question auront été admises par le censeur.

Quiconque aura organisé des représentations théâtrales, des récitations ou des projections lumineuses sans la permission du censeur, ou quiconque aura pris part, d'une manière quelconque, à ces représentations, récitations ou projections, sera puni conformément à la loi martiale. Les plaques et films seront confisqués.

Cet arrêté entre immédiatement en vigueur.

DIMANCHE 18 OCTOBRE

Si peu explicites et si bluffeurs qu'ils soient, les bulletins allemands nous permettent cependant d'entrevoir, en gros, la vérité sur Anvers. « A Anvers, dit le bulletin d'aujourd'hui, entre 4,000 et 5,000 prisonniers ont été faits.... D'après une communication du consul de Terneuzen, environ 23,000 soldats belges et 2,000 anglais ont passé en territoire neutre et ont été désarmés.» A supposer même que ces chiffres ne soient pas exagérés, notre armée se retire donc, nombreuse encore, vers le littoral, car nous la savons en marche de ce côté. Elle a ainsi échappé en grande partie à l'ennemi, qui comptait sans doute la prendre dans Anvers comme dans une souricière et en finir d'un coup avec elle. L'explication de la capitulation que certains donnaient le 11 octobre — la capitulation achevant une manœuvre habile pour faire fonctionner à faux le piège de l'ennemi — serait donc excellente et la chute d'Anvers ne constituerait qu'un bon tour joué aux Allemands. C'est une hypothèse plausible; les hommes qui se prétendent le plus « asservis aux faits » dans leurs jugements n'oseraient la pro-

18 octobre 1914.

clamer « anti-scientifique ». Pourquoi ne l'adopterions-nous pas à Bruxelles? Nous l'adoptons! Outre qu'elle nous fournit un moyen rapide de consolation, elle flatte en nous ce goût de la farce à froid qui a toujours passé pour très développé chez le Bruxellois; la capitulation d'Anvers ne serait donc plus qu'une énorme « zwanze » militaire et nationale, auréolée de gloire, revêtue d'une sorte de caractère sacré, puisqu'elle a été faite pour le salut de la Patrie! Et l'événement bouleversant qui faisait d'abord pleurer et jeter des cris de colère ne provoque plus que des gorges-chaudes aux dépens de l'ennemi berné! Nous rions, donc nous sommes réconfortés. Anvers est pris, mais rien n'est perdu. L'armée est au littoral, —avec le Roi et le Gouvernement — nous le savons. Les Alliés vont pouvoir lui envoyer des renforts par terre et par mer. Nous attendons les événements de pied ferme.

Mais, si nous commençons à nous rassurer au sujet des conséquences de la chute d'Anvers, que de sujets d'inquiétude la situation du moment laisse à beaucoup d'entre nous! Que sont devenus les nôtres qui faisaient partie de l'armée? Sont-ils parmi les prisonniers de Hollande ou parmi les groupes qui ont atteint la côte? Sont-ils encore vivants? Que de familles dont une partie est à Bruxelles, l'autre réfugiée au littoral! Or, au littoral, c'est — nous le savons un peu par les journaux, beaucoup par les récits de quelques personnes qui ont trouvé moyen de revenir de là — au littoral, c'est l'affolement parmi la population et les « villégiaturistes ». Des foules errent sans logis sur la plage. Le vent de la panique chasse les gens vers la Hollande, vers la France, vers l'Angleterre surtout; on se bat pour avoir place sur les steamers en partance; on risque la traversée sur les quelques planches d'une barque de pêche! Des membres d'une même famille sont séparés sans le vouloir, s'en vont dans des directions différentes, sont perdus l'un pour l'autre, pour combien de temps!

Faut-il le dire? Parmi les Bruxellois restés à Bruxelles et qui ne sont pas directement atteints par des séparations comme celles dont je viens de parler, qui n'éprouvent pas l'angoisse de savoir des proches, des amis chers jetés dans la panique de là-bas, on entend, au milieu des paroles de commisération qui conviennent, des réflexions qui, formulées sans ménagement, se traduiraient ainsi : « Après tout, fallait pas qu'ils y aillent; pourquoi se sont-ils sauvés? » Bien entendu, cela ne s'applique qu'aux civils. Le Bruxellois qui souffre ici de l'occupation était souvent, sans vouloir se l'avouer, un peu jaloux de celui qui avait eu la « bonne idée », la « chance » de s'échapper à temps pour continuer à vivre libre au littoral. Mais voilà ce « malin », ce « chançard », plus exposé, plus malheureux maintenant que le Bruxellois demeuré ici!

On entend couramment l'épithète « froussards » à l'adresse de ceux qui sont partis; on a même fait à leur sujet un mot qui semble avoir de la vogue; ce sont, non les « houssards », mais les « froussards de la mort ». Parmi ces railleurs, combien n'y en a-t-il pas qui auraient fait tout comme ceux qui sont partis s'ils s'étaient trouvés dans les mêmes conditions? Mais écoutez-les : ils sont restés par pur amour et austère compréhension du devoir; ils ne sont pas loin de se considérer comme des héros! Il est vrai que parmi nos compatriotes qui sont partis, il en est, — on le sait par leurs lettres, par leurs propos rapportés ici, même par des articles de journaux — qui nous ont agacés en prenant le même ton et en reprochant à ceux qui sont demeurés d'avoir consenti au « contact avec l'ennemi ». Pauvres humains que nous sommes, avides toujours de nous disputer! Les querelles politiques sont effacées entre Belges; allons-nous les remplacer par une grande querelle entre ceux qui sont restés et ceux qui sont partis? (1)

LUNDI 19 OCTOBRE

Bruges et Ostende sont pris. Le Gouvernement belge se transporte au Havre, avec le personnel administratif, les ministres d'Etat et les parlementaires qui l'ont suivi à Anvers et à Ostende. Quelle situation : le Gouvernement là-bas, sur un sol étranger; les Belges de la plus

---

(1) Voir aussi à ce sujet, le 30 janvier 1915.

20 octobre 1914.   104

grande partie du pays régis, chez eux, par un gouvernement ennemi ! Nous ne nous en sentons, d'ailleurs, que plus Belges et plus attachés à ceux qui personnifient pour nous au plus haut degré le pouvoir légitime : le Roi et le Gouvernement. Et puis, tout cela ne durera pas : en dépit de leurs triomphes du moment, les Allemands seront battus, c'est une conviction que rien ne saurait affaiblir en nous !

MARDI 20 OCTOBRE

M. Charles Magnette, sénateur de Liége et grand-maître de la franc-maçonnerie belge, a adressé, le 27 septembre, aux neuf grandes Loges d'Allemagne, la lettre suivante :

Très chers et très illustres Frères,

La guerre qui désole en ce moment l'Europe entière et remplit d'angoisse le monde civilisé, et les événements pénibles et terribles qui en sont la suite inévitable, doivent pénétrer de douleur le cœur de tout Franc-Maçon.

Car si le Franc-Maçon a le devoir essentiel d'aimer et de défendre sa patrie menacée, il doit en même temps regarder plus loin et plus haut, ne pas oublier qu'il professe le culte de l'humanité et que l'idéal serait que, parmi les peuples comme parmi les races, tous les hommes, ainsi que dans les Loges, fussent des frères.

C'est dans ces sentiments que je convie nos Frères Allemands à envisager la situation et à m'aider dans la tâche que je voudrais entreprendre avec eux.

Assurément, la responsabilité de la guerre actuelle ne peut être mise en question ni discutée : c'est un problème que la Franc-Maçonnerie n'a pas qualité pour résoudre, ni même pour aborder, et les Francs-Maçons des divers pays intéressés peuvent, dans la plus entière sincérité, croire que le bon droit est du côté de leur patrie.

Mais ce sur quoi tous les Francs-Maçons, sans distinction, doivent être et seront d'accord, c'est qu'il importe, pour l'honneur de l'humanité tout entière, d'éviter le retour des horreurs que déplorent tous les hommes civilisés, et ensuite, qu'il serait de la plus haute utilité de rechercher les circonstances dans lesquelles elles ont été commises.

Pour atteindre ce double but, nulle institution n'est mieux qualifiée que la Franc-Maçonnerie.

J'ai donc l'honneur de vous proposer d'abord d'adresser tant aux populations civiles des pays belligérants qu'aux armées en campagne un appel pressant et une invitation solennelle à ne jamais se départir des règles de l'humanité, de celles du droit des gens et du code de la guerre.

Je vous demanderai ensuite de vouloir bien constituer, d'accord avec moi, une commission d'enquête qui parcourra les régions où s'est déroulée et où se poursuit la guerre, et qui, en s'entourant de tous les renseignements utiles, dressera un rapport de ses constatations. Cette commission se composerait de délégués de grandes Loges appartenant à des pays neutres, par exemple, un Frère Hollandais, un Suisse et un Italien et, naturellement, il s'y trouverait un Maçon Allemand et un Maçon Belge.

Je suis convaincu qu'une pareille commission rencontrera, pour l'accomplissement de sa mission, les concours très bienveillants des autorités civiles et militaires de tous les pays engagés dans ce regrettable conflit.

Je ne doute pas, très cher et illustre Frère, que vous n'appréciiez la pensée hautement et uniquement fraternelle et humaine qui me guide dans cette circonstance, et j'aime à croire que vous voudrez bien soumettre promptement ma proposition au pouvoir maçonnique compétent pour en délibérer et me faire part de la décision qui sera prise.

Comptant fermement que cette décision sera favorable et vous en remerciant d'avance, je vous prie, très cher et illustre Frère, d'agréer mes salutations les plus distinguées et les plus fraternelles.

Sur les neuf Loges auxquelles cet appel a été adressé, deux seulement ont répondu, les autres ont gardé le silence. L'une des réponses émane de M. Wilhelm Suss, au nom de la Grande Loge « L'Union de Darmstadt ». Elle dit :

Un appel à l'humanité, etc., de nos dirigeants politiques, de nos généraux et de leurs soldats est superflu. Ce sont des Allemands et les Allemands sont des hommes même dans le combat le plus violent. Et des frères allemands, par un appel selon vos vœux, feraient à nos hommes en campagne et aux groupes politiques responsables l'injure d'avoir douté de leur humanité ? Non ; jamais je ne consentirai à faire cela. Par là, pour moi, la commission dont vous avez suggéré la création tombe d'elle-même.

La seconde réponse émane de M. Kesserling, au nom de la grande Loge « Zur Sonne » de Bayreuth. Elle dit :

Le vœu qui est exprimé (dans la lettre de M. Magnette) repose pleinement sur des vues et des desseins maçonniques, mais la question se pose, si ces desseins peuvent être réalisés maintenant, c'est-à-dire, s'ils peuvent être pratiquement mis à exécution. A la solution actuelle de ce problème s'opposeront des courants dangereux, car nous savons que les atrocités des ennemis de l'Est et de l'Ouest sont à imputer aux ordres directs d'officiers de haut grade ou au travail d'excitation de prêtres fanatiques. En conséquence je tiens pour impossible d'intervenir à présent effectivement, sans compter qu'il n'est pas exclu que cette commission pourrait être suspecte d'espionnage. Le Fr∴ Magnette croit qu'une pareille commission rencontrerait le concours bienveillant des autorités civiles et militaires. C'est une conviction forte contre laquelle se dresse le jugement né d'une réflexion paisible. Pour le surplus, nous savons que nos troupes n'ont pas commis de cruautés. Les mesures sévères et impitoyables qui durent parfois être prises jusqu'à présent furent provoquées par la conduite de la population ennemie (1).

MERCREDI 21 OCTOBRE

Le Touring Club de Belgique n'a pas tardé à recevoir la visite de l'envahisseur. Dès les premiers jours de l'occupation, des officiers allemands font irruption dans ses locaux de la rue du Congrès et y raflent des cartes et des guides, au total pour 1,500 francs — que le roi de Prusse paiera plus tard. L'un d'eux qui, sans doute, a décidé de conduire ses troupes jusque dans le midi de la France, juge utile de s'approprier un « Guide à Marseille ».

A quelque temps de là, le Touring Club qui, pour ne pas se soumettre à la censure ennemie, a interrompu la publication de ses bulletins, fait savoir à ses affiliés qu'ils seront dédommagés après la guerre : ils recevront alors, annonce-t-il, un numéro extraordinaire, abondamment documenté et illustré.

Cet avis inquiète la « Kommandantur », qui dépêche sur-le-champ, rue du Congrès, trois mouchards crasseux. Ils bouleversent la maison, questionnent, cher-

---

(1) M. Magnette répondit longuement pour expliquer, preuves à l'appui, que « les tirailleurs et francs-tireurs belges n'ont jamais existé que dans l'imagination de ceux qui avaient intérêt à y faire croire ». Il n'obtint jamais l'acquiescement de ses correspondants à la constitution d'une commission d'enquête.

Au sujet d'autres interventions du Grand-Maître du Grand Orient de Belgique, voir 9 novembre 1916 et 14 janvier 1917.

chent partout cette documentation sur laquelle le gouvernement général leur a prescrit de mettre la main. Mais leurs recherches sont vaines. Les papiers et les clichés du Touring Club sont en lieu sûr.

JEUDI 22 OCTOBRE

Le gouverneur militaire de Bruxelles tient à faire savoir aux Bruxellois ce qu'il en coûte de ne pas témoigner suffisamment de respect aux Allemands, militaires ou civils. Un Bruxellois, François Colson, est condamné à deux mois de prison « pour injure contre des sujets allemands »; un autre, Adolphe Thomas, à quatre mois « pour avoir heurté à dessein, en pleine rue, des officiers allemands »; un Belge, Jean Lecocq, et une Anglaise, Edith Carter, à un an de prison « pour avoir proféré des injures contre des membres de l'armée allemande ».

« La publication de ces peines, ajoute M. von Luetwitz, doit servir d'avertissement à la population de Bruxelles. Si des délits semblables se répètent, les peines s'aggraveront. »

Les peines se graduent-elles donc à volonté, comme il plaît au gouverneur militaire, et non d'après des règles fixes? Et qui les prononce? Y a-t-il des juridictions organisées également d'après des règles prévues et fixes? On aimerait bien de savoir...

VENDREDI 23 OCTOBRE

Nous savons par les bulletins allemands eux-mêmes que l'ennemi avançant du littoral vers la France, s'est heurté sur l'Yser aux troupes belges, et que des combats acharnés sont engagés là. Ah! que nous voudrions avoir des renseignements un peu détaillés et sûrs! Les camelots profitent de cette impatience pour nous vendre de faux numéros du *Journal* de Paris, du *Journal de Roubaix*, du *Réveil du Nord*, qui racontent d'extraordinaires histoires, malheureusement aussi inventées que mirobolantes.

On ne s'y laisse, d'ailleurs, prendre qu'une fois.

24 octobre 1914.

Ce qu'on lit le plus maintenant, à défaut de mieux, c'est le *Nieuwe Rotterdamsche Courant*, que les Allemands laissent arriver jusqu'ici à la condition que leur censure n'y trouve rien à redire. Ce qu'il y a, depuis quelques jours, de gens qui se sont rappelé qu'ils savaient plus ou moins le flamand! Et ce qu'il y en a qui se sont aperçus qu'avec les quelques souvenirs qui leur en restent du collège et les bribes d'allemand ou d'anglais qu'ils possèdent, il ne leur est pas si difficile de lire le néerlandais!

Il arrive aussi qu'on mette la main sur *La Métropole* d'Anvers..., pardon, de Londres, car c'est là que s'édite, depuis quelques jours, comme supplément du *Standard*, le journal anversois.

Nous avons maintenant trois journaux bruxellois, si j'ose donner le nom de journaux à ces méchants carrés de papier. Ils s'appellent, outre le *Quotidien*, déjà mentionné antérieurement (9 septembre), l'*Echo de la Presse* et le *Bruxellois* (1). Ils sont rédigés par des inconnus et deux ou trois journalistes plus ou moins professionnels, mais qui, eux aussi, d'ailleurs, sont à peu près des inconnus.

On vend aussi, sur le boulevard... l'*Ami de l'Ordre* de Namur! Ça, c'est encore une des surprises de la guerre. Mais il paraît que la « Kommandantur » de Namur a forcé l'*Ami de l'Ordre* à devenir son organe et que toutes les administrations communales de la province sont obligées, depuis, de s'y abonner. Pour la même raison, il jouit de la faveur d'être offert, chaque jour, en vente aux Bruxellois.

SAMEDI 24 OCTOBRE

Depuis que les opérations militaires autour d'Anvers sont terminées, la surveillance des routes est moins sévère et l'on peut maintenant aller en pélerinage vers la région Vilvorde-Malines, où se dressent les ruines sinistres de localités détruites par la guerre : Eppeghem, Weerde, Sempst, Hofstade et autres. Je l'ai fait

---

(1) On trouvera sous la date du 13 novembre quelques détails sur celui-ci.

aujourd'hui, en même temps que des milliers d'autres Bruxellois, ce douloureux pèlerinage.

Sur la route de Bruxelles à Vilvorde, le long de la voie ferrée où les wagons allemands s'alignent en filés interminables, c'est un long et silencieux cortège de curieux et de pauvres gens. Beaucoup, parmi ces derniers, retournent dans leurs villages, où ils espèrent retrouver leur foyer, leurs parents, leurs amis. Des femmes au regard sans expression, au visage défait, poussent devant elles, sur le macadam de la chaussée où passent à tout instant les autos grises de l'Empire, des brouettes chargées d'objets disparates, de linge, de pauvres hardes au milieu desquelles dorment parfois de petits enfants. Quel sujet pour le pinceau d'un Laermans!

Près de Vilvorde, la vision d'un camp nous distrait un instant de ces misères. C'est ici, en plein air, que les Allemands ont installé leur boulangerie militaire. Des soldats armés de pelles de bois vont et viennent autour des trente fours roulants éparpillés dans la prairie. Au fond de la plaine, le long de la voie, des wagons attendent que les boulangers aient terminé leur tâche, pour emporter les pains encore chauds.

A Vilvorde, il faut abandonner le tramway et aller à travers champs. Houthem est la première étape. Mais bien avant ce village, les hameaux que l'on traverse portent déjà l'empreinte sinistre de la guerre : des maisons incendiées; des portes sur lesquelles des soldats de la landwehr ont écrit à la craie les numéros de leurs régiments et de leurs compagnies; des tombes çà et là, sur lesquelles des gerbes de fleurs achèvent de se faner et dont les croix de bois portent des tuniques en drap vert de chasseur ou de carabinier, qui, balancées au vent, ressemblent à des épouvantails; parfois les tombes ne sont ornées que d'un képi de lignard ou de sapeur; devant toutes, des passants restent inclinés, chapeau bas; les lèvres murmurent une prière.

A Houthem, des rassemblements se forment devant les maisons incendiées. La plupart de ces demeures ont conservé quelques pans de murs noircis, un reste de façade; par les baies des fenêtres sans châssis, l'œil

24 octobre 1914.

plonge à l'intérieur, dans un fouillis de décombres et de briques émiettées. Dans les maisons que la torche des incendiaires a épargnées, le désordre n'est pas moins affligeant. Les « braves soldats de la landwehr » ont brisé les plus humbles mobiliers : les matelas sont éventrés, les lits et les armoires sont détruits, la vaisselle a été jetée sur le plancher où traînent des fragments de tasses, des tessons de bouteilles, des morceaux de vitre et des linges souillés.

Le curé du village se promène attristé sur la route, salué avec sympathie par les villageois. Lui aussi n'a plus de maison. Il montre de la main son presbytère et un sourire résigné passe sur son visage amaigri quand il désigne, dans ce qui fut son « salon », le mobilier éventré gisant sur un lit de matériaux tombés des étages.

Brûlées aussi, la maison de l'instituteur, celle de l'institutrice et l'école gardienne des sœurs. L'église est décapitée ; ses murs sont criblés de trous creusés par les balles. Tout est désolation et mort. Au détour d'un sentier, presqu'à front de la route, des paysans entourent un petit tertre gazonné : un malheureux, père de neuf enfants, est couché là avec deux garçonnets, dont un petit télégraphiste, que son képi a dénoncé à la rage des envahisseurs.

Entre Houthem et Houthem-Bosch, la campagne est sillonnée de tranchées abandonnées. Le sol est, à perte de vue, bouleversé, soulevé en petits monticules autour desquels serpentent les lignes souterraines avec leurs couloirs étroits et leurs chambrettes protégées contre l'éclatement des shrapnels par de triples voutes en solives. La foule, qui veut tout voir, admire le travail des sapeurs allemands, envahit les tranchées, pénètre dans les abris pour se rendre mieux compte de leur résistance, du confort très relatif dont on y pouvait jouir, et des conditions dans lesquelles les officiers pouvaient, sans être vus et sans trop s'exposer, observer, par une fissure creusée à hauteur du sol, les péripéties de l'action.

Nous voici sur la route d'Elewyt. Toutes les maisons ont été détruites par les obus. La belle ferme de l'échevin Delaet, de Vilvorde, n'est plus qu'un amas d'éboulis. Les bâtiments donnant sur la cour intérieure se sont écroulés, ensevelissant, dit-on, quelques soldats belges, dont on ne trouvera que plus tard les corps écrasés; des capotes de fantassins, des havre-sacs, des pièces d'équipement, jonchent la terre.

Un paysan raconte les scènes dont il a été le témoin : le départ des villageois conduits par la troupe brutale et mauvaise; le spectacle des incendies dévorant tout l'avoir de ces pauvres gens; les hommes, les femmes, les enfants, marchant, mains levées, sous la menace constante des baïonnettes et recevant des coups de crosse dans le dos, à la moindre défaillance; comme un petit, effrayé, demandait en pleurant si on allait le tuer aussi, ainsi qu'il l'avait vu faire à Houthem, un des soldats lui fit un geste qui signifiait qu'on allait leur couper la tête à tous. La caravane terrorisée fut conduite à l'église d'Elewyt, où on l'enferma trois jours durant, sans lui donner à boire ni à manger. Après quoi, on conduisit toute la population à Hofstade, où on la dispersa dans les champs.

Pour gagner Elewyt, il faut passer par le Steen, l'intéressant château en Renaissance flamande que Rubens habita et dont M. le sénateur De Becker-Remy a fait récemment l'acquisition. Par cette délicieuse journée d'octobre, le parc qui entoure la résidence apparaît, avec ses opulentes frondaisons rouillées par l'automne, comme une oasis dans la campagne désolée. Une religieuse nous ouvre timidement la lourde porte de chêne, que la hache de la soldatesque a profondément entamée, et il faut parlementer avant qu'elle consente à nous recevoir. Elle nous explique qu'après le passage des Allemands, des rustres se sont introduits dans la maison et qu'il a fallu en interdire l'accès pour éviter une dégradation plus complète. Les Allemands avaient donné l'exemple en déchirant les cuirs de Cordoue qui garnissaient les murs; ils ont complété leur œuvre en découpant, pour les emporter comme souvenirs, les têtes des personnages. Ils ont enlevé aussi quelques garnitures de l'escalier d'honneur, dont les rampes chargées de figures et d'ornements révélaient le goût et l'habileté des artistes du temps. A l'étage, l'attention des soldats et des officiers a été mise en éveil par un panneau en fonte encastré dans la muraille; ils ont attaqué la maçonnerie et ont mis à jour un réduit contenant un coffre-fort massif. Ce coffre, qu'ils ont aussitôt forcé, ne renfermait rien.

Du Steen de Rubens à Elewyt, on suit une allée bordée de hauts peupliers. A droite et à gauche du chemin, la campagne est couverte d'épaves; des équipements militaires, des souliers, des ceinturons de cuir sont éparpillés. Plus loin, quelques tombes arrêtent les promeneurs. On lit sur une croix de bois cette mention : « Ici reposent le capitaine Pirard du 2ᵉ chasseurs à pied avec seize soldats belges ». A quelques pas de là, les villageois ont enterré dans une fosse commune treize soldats allemands et, plus loin, sept autres du 48ᵉ régiment. (1)

La bataille autour de ce petit village, a dû être des plus meurtrières. Les façades de toutes les maisons sont criblées de balles et, en grande partie détruites. L'église, dont le clocher s'est effondré, est éventrée près du portail et l'on peut voir, par la brèche, l'intérieur du sanctuaire. Les chaises et le mobilier religieux ont été jetés pêle-mêle au dehors et les dalles de la nef, couvertes d'un épais lit de paille, lui donnent l'aspect d'une écurie.

Des officiers allemands s'étaient, pendant le combat, réfugiés dans la maison du docteur Naulaerts et avaient cherché, dans les caves, un abri contre les obus. Les artilleurs belges prévenus, ont pointé leurs canons dans la direction de l'immeuble. La façade a été tout entière emportée, ainsi que la plus grande partie du mur de fond, qui présente une énorme brèche, au travers de laquelle on aperçoit la campagne. La toiture chavirée est restée suspendue sur les murs latéraux. Les étages se sont écroulés, entraînant les maçonneries intérieures et le mobilier des appartements; tables, chaises, cadres, rideaux, appareils d'éclairage et de chauffage, literies, gisent dans un chaos de décombres. Seule, une chambre du second est restée accrochée à la voûte, avec les meubles qu'elle contenait; sur le plancher incliné, le lit s'est maintenu en équilibre.

Les officiers allemands enfouis sous ces décombres

---

(1) Voir, à propos de ceci, une curieuse anecdote le 4 janvier 1917.

purent s'échapper par une des fenêtres de cave, dont ils durent desceller les barreaux. Ils se réfugièrent à l'église et venaient d'y pénétrer, lorsque le clocher s'effondra. Les officiers en conclurent que des Belges les avaient dénoncés et que le village méritait d'être puni sévèrement!

Sur la route d'Hofstade, la plupart des maisons ont été rasées. Les arbres qui jalonnaient la chaussée ont été coupés à la base et ont servi à étançonner les tranchées. Les jolies sapinières, un des charmes du paysage, ont été éclaircies par la hache des soldats.

Des carrioles, des équipages de fortune passent, bondés de voyageurs.

Hofstade, que l'on traverse pour gagner Malines, a souffert autant que les autres villages. Les portes des maisons ont été enfoncées à coups de hache et la route est couverte de débris où dominent les morceaux de tuiles et les fragments de verre. Le pont du chemin de fer porte les traces des obus du fort de Waelhem, qui y ont fait d'énormes trous. Toute la signalisation des voies a été abattue et les poteaux sont tombés sur le talus. La voie ferrée, où nos troupes se sont retranchées pendant plusieurs jours, domine le réservoir d'eau, qui miroite. Les rails du chemin de fer ont été arrachés et les défenseurs ont creusé des tranchées entre les billes.

Aux portes de Malines, les maisons sont fermées et barricadées. Il n'y a pas apparence de mouvement ou de vie; les habitants qui ont fui le bombardement n'ont pas encore osé reparaître. Au pensionnat de Coloma toutes les vitres sont brisées. Le pont du canal est détruit et son tablier a disparu sous l'eau. Le pont du chemin de fer subsiste encore et déjà des trains manœuvrent dans la gare.

Il faut montrer patte blanche pour pénétrer dans la ville. Trois soldats de la landwehr et un vétéran de la police locale examinent les passeports. Le vieux policier est encore sous l'impression des heures tragiques qu'il a vécues. Il explique que le bombardement de la ville a commencé le dimanche 4 octobre au matin et qu'il a été suspendu le lundi matin à 4 heures pour être repris dans la soirée. Vingt-sept personnes ont été tuées le premier jour. Chez un coiffeur de la rue d'Hanswyck, une bombe, traversant la maison de part en part, a détruit l'immeuble complètement, tuant les sept personnes qui s'y trouvaient. Les habitants qui n'avaient pas fui ont été sommés de sortir des caves où ils avaient cherché refuge, et ils ont été enfermés pendant huit jours dans la prison. Pendant ce temps, le pillage s'organisait.

Les soldats du kaiser ont fait ici du bel ouvrage. Presque pas d'habitation dont la porte n'ait été fracturée; les serrures ont été brisées à coups de hache, ainsi que les panneaux inférieurs des portes. Rien n'a été épargné; chez les riches comme chez les pauvres, les maisons portent les mêmes traces de violence sauvage. Devant la gare, dont le hall vitré n'est plus qu'une ruine, les hôtels et les restaurants portent aussi les traces du bombardement; mais tous, sauf un, dont les étages supérieurs ont été emportés par un obus, ont leur façade à peu près intacte.

Dès qu'on pénètre dans la ville, on a l'impression que les soldats ont fait plus de dommages que les canons. Les vitrines des magasins sont brisées et, à l'intérieur, tout est en désordre; les comptoirs sont renversés, les rayons et les tiroirs vidés. Dans une pâtisserie de la rue d'Egmont, les bocaux sont brisés et jetés sur le parquet; les boîtes de pralines ont été écrasées sous la botte des soudards, le mobilier saccagé; chocolats, sucreries, desserts, tout a été razzié; les tables de l'arrière-magasin couvertes de bouteilles attestent qu'on a fait bombance avant de procéder au pillage.

Les magasins de cigares et d'articles pour fumeurs ont été l'objet d'une attention spéciale; toutes les marchandises ont disparu; les cambrioleurs casqués n'ont laissé que des boîtes vides. Un bijoutier de la rue Haute se venge en faisant un étalage des pièces d'orfèvrerie mutilées qu'il a retrouvées dans les décombres de son magasin.

La belle cathédrale de Saint-Rombaut a souffert. La tour, à part quelques lézardes, est restée à peu près intacte. Il n'en est pas de même de la partie centrale. Les deux grands vitraux du transept sont perdus; la toiture de la nef principale et celle de la petite nef prenant jour du côté de la Grand'Place ont subi de graves dommages par suite d'incendie. Les grandes fenêtres ogivales n'ont pas été épargnées par les obus. Des projectiles de gros calibre ont atteint l'édifice et lui ont fait deux blessures qui ont mis à nu une partie de la voûte et ont arraché les meneaux de quelques fenêtres. Il est interdit de pénétrer dans l'église, que les Allemands ont transformée en atelier.

Si l'Hôtel de ville a subi quelques dégradations, les Halles nouvellement restaurées ont échappé à la destruction. On n'en peut pas dire autant hélas! de la « Maison échevinale » et de la large rue des Bailles-de-Fer, qui ont été anéanties.

Des centaines de curieux errent dans Malines; la Grand'Place est pleine de rumeurs. Les chars-à-bancs, les carrioles, les charrettes couvertes de bâches attendent, dans une confusion pittoresque, le moment du départ.

Maintenant, c'est le retour à travers la campagne mélancolique, hérissée de noirs pignons. Le voiturier s'écarte un peu du chemin traditionnel pour nous montrer Weerde, Sempst et Eppeghem.

Weerde et Sempst, dévastés par le feu, ont conservé encore quelques restes qui, à distance, donnent l'impression que la dévastation a été moins grande. Mais ce n'est qu'une illusion, qui s'efface à mesure que l'on approche. Eppeghem a été frappé d'un désastre plus grand. Il ne reste que des vestiges des accumulations de décombres, indiquant l'emplacement des habitations détruites. Dans une cave, les curieux se montrent des restes humains enfouis à faible profondeur; un pied décharné émerge du sol...

DIMANCHE 25 OCTOBRE

L'affiche suivante répond d'une manière apaisante à une inquiétude du public :

J'ai appris qu'il existe des doutes si les versements effectués par les particuliers à la Caisse Générale d'Epargne et de Retraite seront considérés et traités comme propriété privée par l'administration impériale allemande.

Quoiqu'il n'existe aucun motif pour de pareils doutes, je n'hésite pas à déclarer expressément et formellement que les

27 octobre 1914.

versements ayant pour but l'épargne seront considérés par l'administration impériale allemande comme propriété privée inattaquable et traités comme tels.

Je désire, dans le but de consolider la vie économique et d'activer le fonctionnement de l'épargne, que les relations entre le public et la Caisse Générale d'Epargne et de Retraite, ainsi que tous ses bureaux soient rétablies dans toute leur ampleur.

Bruxelles, le 21 octobre 1914.

Le Gouverneur général en Belgique,
Baron von der GOLTZ,
Feldmaréchal.

MARDI 27 OCTOBRE

Les populations de la Belgique occupée sont dans l'ignorance des difficultés inouïes qu'il a fallu vaincre pour les nourrir. Les Bruxellois n'en savent rien, en dehors de ce que leur a appris l'avis de M. Max (voir 29 août) annonçant que des aliments préparés et du pain seront journellement distribués à la population nécessiteuse par les soins de commissions instituées sous les auspices des administrations communales.

Mais on entrevoit des besoins tellement immenses! Dès les premiers jours de l'occupation, on fit appel à la générosité de M. Solvay et l'on n'eut point de peine à obtenir le concours du grand industriel et financier pour mettre sur pied une œuvre de vaste envergure destinée à soulager toutes les infortunes nées de la guerre.

Grâce à M. Solvay et aux démarches de son petit-fils, M. E. Janssen, une institution nouvelle fut créée, qui obtint immédiatement le concours de M. Max, ainsi que celui de MM. Jadot, gouverneur, et Francqui, directeur à la Société Générale. L'œuvre a rapidement recueilli l'adhésion de diverses personnalités éminentes du monde des affaires.

La première liste des membres de ce comité comprend, outre les noms ci-dessus cités, ceux de MM. le chevalier de Bauer, vice-président de la Banque de Paris et des Pays-Bas; le comte Cicogna, président de la Compagnie belge d'Entreprises électriques; le baron

Coppée, industriel; le baron Auguste Goffinet; G. Dansette, président de la Caisse de Reports; D. Heineman, président de la Société financière de transports; W. Hulse, ingénieur; le baron Janssen, vice-gouverneur de la Société Générale; le baron Lambert, banquier; G. de Laveleye, président de la Banque de Bruxelles, le comte Jean de Mérode, grand-maréchal de la Cour; Orban de Xivry, banquier; F.-M. Philippson, banquier; le général Thys, président de la Banque d'Outremer; L. van der Rest, vice-gouverneur de la Banque Nationale; E. Van Elewyck, président de la Chambre de Commerce.

L'organisme s'abrite sous le patronage des représentants, à Bruxelles, des deux principales puissances neutres, M. Brand Whitlock, ministre des États-Unis, et le marquis de Villalobar, ministre d'Espagne.

En même temps, des personnes appartenant à la colonie étrangère neutre établie ici ont tenu à seconder l'action du comité et ont constitué, à cette fin, un organisme auxiliaire (1) chargé spécialement de faciliter les relations du comité belge avec l'ennemi.

Le nouvel organisme belge a pris le titre de « Comité central de Secours et d'Alimentation ». La présidence en a été confiée à M. E. Solvay et la vice-présidence aux gouverneurs de la Banque Nationale et de la Société Générale. M. Van Brée en est le secrétaire. Un comité exécutif, chargé d'assurer l'administration de l'œuvre, a été créé sous la présidence de M. Francqui. Ses membres sont MM. Cicogna, M. Despret, Gibson, Heineman, W. Hulse, Emm. Janssen et Firmin Van Brée.

Le 5 septembre, dans la séance solennelle d'installation du « Comité central de Secours et d'Alimentation », M. Solvay, après avoir fait appel aux sentiments de solidarité et à l'esprit de sacrifice des assistants, a ajouté : « Il ne paraît pas douteux que plus tard la généralisation et l'extension du mouvement que nous entamons s'imposeront d'elles-mêmes et que l'intervention de tous les Belges demeurés relativement heureux en faveur des

---

(1) Qui s'appela d'abord le Comité hispano-américain et plus tard le Comité hispano-néerlandais.

Belges devenus malheureux sera alors acclamée et rendue obligatoire. » (1)

Après cela, il fallait agir vite, car la pénurie de vivres fut, il y a quelques jours, voisine de la disette. Le Comité central a prié, le 19 septembre, un Américain, M. Shaler, de quitter Bruxelles pour l'Angleterre avec mission d'y acheter des vivres à notre intention. Sa mission s'est heurtée d'abord aux hésitations du Gouvernement anglais, qui craignait de compromettre, en laissant entrer des vivres en Belgique, le succès du blocus décrété contre l'Allemagne. Heureusement les ministres d'Espagne et des Etats-Unis ont insisté à Londres pour que la Belgique fut ravitaillée en farine et en froment, à la condition que les autorités allemandes s'engageassent envers eux à ne pas saisir, ni réquisitionner les denrées importées pour les besoins du Comité central de Bruxelles. Le Gouvernement belge qui, à ce moment, était encore à Anvers, a appuyé à Londres la démarche des ministres neutres. Par l'intermédiaire des mêmes puissances neutres, d'autres démarches ont été faites, dans le même ordre d'idées, auprès du gouvernement de Berlin. Et il y a dix jours, le 16 octobre, le baron von der Goltz adressait au « Comité central de Secours et d'Alimentation » la lettre suivante :

J'ai l'honneur de confirmer que j'approuve avec une vive satisfaction l'œuvre du Comité central de Secours et d'Alimentation, et que je n'hésite pas à donner formellement et expressément, par la présente, l'assurance que les vivres de tous genres importés par le Comité pour le ravitaillement de la population civile sont réservés exclusivement pour les besoins de la population civile, que par conséquent les vivres sont exempts de la réquisition de la part des autorités militaires et qu'ils restent à la disposition exclusive du Comité.

Dès le lendemain de la réception de cette lettre, le 17 octobre, MM. Francqui, le baron Lambert et Gibson, secrétaire de la légation des Etats-Unis à Bruxelles, partaient pour Londres. Leurs délibérations avec le Gouvernement britannique ont été couronnées d'un plein succès. Ils viennent de rentrer porteurs de l'au-

---

(1) C'était indiquer dès le premier jour le programme du Comité National et son extension prochaine à tout le territoire occupé.

torisation d'importer toutes les denrées destinées à la population civile belge, à condition qu'elles seront convoyées jusqu'à notre frontière sous le patronage des ambassadeurs d'Espagne et des Etats-Unis à Londres; depuis la frontière jusqu'aux magasins de distribution en Belgique, le transport devra se faire sous le patronage des ministres d'Espagne et des Etats-Unis à Bruxelles.

Au cours des pourparlers de M. Francqui avec le Gouvernement anglais a été décidée la création d'un organisme qui exécutera, sous le contrôle des ambassadeurs précités, les opérations d'expédition et de réception des marchandises importées en Belgique et qui, en même temps, veillera, dans le pays occupé, à ce que la destination de ces produits soit respectée et que rien n'aille aux envahisseurs. Cet organisme a pris le nom de « Commission for relief in Belgium » (C. R. B.).

Ces bonnes nouvelles filtrent dans le public depuis quelques heures. Il en ressent une satisfaction profonde. Il était grand temps, du reste, qu'une solution intervînt, car il n'y avait plus ici de farine que pour quinze jours. En attendant que soient déchargées les premières cargaisons expédiées en hâte d'outre-mer, la Ville de Bruxelles a sollicité de l'autorité allemande la libération de 38,000 sacs de farine qui se trouvaient dans Anvers au moment de la chute de la place. Mais les Allemands refusent de s'en dessaisir.

MERCREDI 28 OCTOBRE

Gros émoi dans la garde civique. Le général baron von Luettwitz a fait afficher hier cet avis :

Tous les membres de la garde civique de l'agglomération bruxelloise, qui ont pris part à la guerre, sont sommés de se présenter le jeudi 29 octobre, entre 10 heures du matin et 2 heures de relevée, dans la cour de la nouvelle Ecole militaire, rue Léonard de Vinci. Les gardes civiques auxquels il serait prouvé, par les listes se trouvant en possession de l'autorité allemande, qu'ils ne se sont pas présentés, seront punis d'après le droit de la guerre.

Tous les habitants de l'agglomération bruxelloise sont sommés encore une fois par la présente, de remettre, jusqu'au 1er novembre 1914, toutes les armes qu'ils possèdent, à l'hôtel

28 octobre 1914.

de ville de leur commune respective. Les armes doivent être munies d'une étiquette portant le nom du propriétaire. Ceux qui, contrairement aux instructions antérieures, avaient gardé jusqu'à présent leurs armes, mais qui les remettent maintenant ne seront pas punis. Quiconque sera attrapé en possession d'une arme, après le 1er novembre, sera jugé d'après les lois de la guerre.

La lecture de cet ordre jette la milice citoyenne dans un abîme de perplexités et suscite dans les familles de vives inquiétudes. De nombreux gardes prennent leurs mesures pour gagner la Hollande, afin de ne pas tomber dans le piège qui leur est, croient-ils, tendu. Ils regrettent maintenant de ne pas être partis pour la France quand on les a licenciés au littoral. Ils y auraient pris du service comme volontaires. Mais, depuis deux jours, la circulation des automobiles est interdite. L'autorité allemande a décidé cette mesure pour empêcher les Belges d'atteindre aisément la Hollande. Elle a remarqué que de nombreux jeunes gens filent encore pour l'Angleterre afin de s'engager, et elle veut mettre un terme à cet exode.

On raconte aussi que cette suppression des automobiles est justifiée par l'abus que les soldats allemands font de l'essence destinée au fonctionnement des autos militaires. Pour grossir leur solde, des soldats n'hésitent pas à vendre la benzine à bas prix (1). Des bidons de 20 litres ont été achetés par des particuliers pour quarante sous. On cite le cas d'un automobiliste qui, en échange... d'un saucisson (qui n'était pas de Francfort) a obtenu quarante litres de benzine!

Pour en revenir aux mesures prises à l'égard des gardes civiques, il paraît que les Allemands se sont émus de la présence, dans le chef-lieu du gouvernement général, de 20,000 hommes exercés au maniement du fusil et qui, éventuellement, constitueraient une force menaçante pour l'occupant. L'obligation de se présenter régulièrement au contrôle de l'autorité militaire serait un palliatif à ce péril. En cas de danger, l'autorité allemande n'aurait plus qu'à convoquer les gardes et à les

---

(1) Voir, le 4 juin 1918, le formidable trafic clandestin auquel se livraient, à cette époque, les soldats du champ d'aviation de Schaffen-lez-Diest.

expédier en Allemagne. On comprend, dès lors, le peu d'enthousiasme que manifestent les intéressés à répondre à la convocation du gouverneur. Celui-ci détient-il réellement la liste nominative des membres de la milice citoyenne? On n'en est pas sûr. Ce ne serait pas la première fois que les Allemands blufferaient pour nous en imposer.

JEUDI 29 OCTOBRE

Le quartier avoisinant l'Ecole militaire est en rumeur. De nombreux gardes civiques sont là qui discutent avec animation les instructions leur enjoignant de se présenter. Les uns prêchent l'abstention, les autres recommandent la résignation : inutile, disent-ils, de recommencer la lutte du pot de terre contre le pot de fer; quelques officiers, dont le colonel d'un de nos corps spéciaux et un ancien directeur général de la garde civique ont déjà prêché d'exemple et se sont présentés; les Allemands se sont bornés, c'est du moins la version qui court, à leur demander leur adresse et une déclaration certifiant qu'ils ne possèdent plus d'armes.

Avenue de la Renaissance et rue Léonard de Vinci stationnent des groupes de jeunes gens qui regardent les fenêtres de l'Ecole militaire, et hésitent... La grande majorité paraît résolue à la résistance, et la plupart des gardes finissent par retourner chez eux sans avoir franchi le seuil de l'Ecole militaire. (1)

* * *

Le pillage des objets mobiliers garnissant les bureaux de l'administration des finances belges a pris de telles proportions que l'autorité supérieure croit devoir intervenir. Tableaux, encriers, matériel de bureau, garnitures, pendules, tout disparaissait. L'avertissement que voici vient d'être affiché dans les couloirs des bureaux ministériels :

Bruxelles, le 28 octobre 1914.

M. le Gouverneur général von der Goltz a donné l'ordre que les officiers et la troupe ne peuvent plus, sans motif

---

(1) Une dernière sommation fut envoyée aux gardes civiques 15 jours plus tard. Voir 16 novembre.

29 octobre 1914.

péremptoire, pénétrer dans les locaux du service du ministère des finances, et particulièrement que les objets mobiliers et papiers ne peuvent plus être enlevés.

(s.) von SANDT.

Ces messieurs allaient vraiment un peu loin. Par exemple, deux pianos appartenant à M. Michel Levie, ancien ministre, et restés au département des finances, étaient déjà emballés, prêts à partir pour l'Allemagne. M. Levie, averti par hasard du vol qui se préparait, réclama; on voulut bien alors déballer ses instruments, non les lui rendre, mais les laisser à Bruxelles.

* * *

Un autre pillage mais qui n'est pas (jusqu'ici) l'œuvre de l'ennemi : le pillage de la forêt de Soignes. On y arrache des arbustes, on y coupe des arbres; ses taillis, ses futaies offrent au regard des plaies béantes, surtout dans ses parties proches de l'agglomération. Un joli bois derrière la Petite-Espinette a presque complètement été «mis à blanc», comme disent les forestiers, par des pillards des environs. Le versant où s'étalait, à Boitsfort le « bois du balai » est maintenant à peu près dénudé. Pauvre forêt! C'est un crève-cœur de la voir ainsi abîmée. Si encore les maraudeurs qui la dévastent avaient tous l'excuse de la misère! Mais quelqu'un qui sait ce qui se passe m'assure que les pillards les plus effrénés sont des paysans rapaces du voisinage qui n'ont pas besoin de voler du bois pour avoir du combustible. Ils profitent de ce que le service des gardes est désorganisé pour organiser, eux, des « coupes » à leur profit, le jour et surtout la nuit. Quand on le leur reproche, il en est qui répondent : « C'est autant de pris aux *boches*, car un jour ou l'autre ils enlèveront tout de même les arbres de la forêt ou ils l'incendieront ».

Les « boches »! C'est maintenant l'expression courante pour désigner les Allemands; la mode nous est venue de France : comment, par qui, alors que toute communication avec la France nous est coupée, je n'en sais rien. On disait auparavant à Bruxelles, en langage marollien : les « doches »; « doches » tend à disparaître au profit de « boches » : l'influence de la France! (1)

VENDREDI 30 OCTOBRE

Un ami, garde civique, est rentré à Bruxelles ce soir, arrivant du littoral. Le récit de ses aventures remplirait un livre : toute l'institution de la garde revit dans ces détails, telle qu'elle fut toujours, un mélange de dévouement et de bon garçonnisme, une force qui ne demandait qu'à être utilement employée, mais qui ignorait au juste ce que l'on voulait d'elle, un organisme bien conçu pour un travail de temps de paix, mais désemparé faute d'instructions précises, quand la guerre souffle et que les vraies armées se déploient en bataille.

Sur tout ceci, sans doute, on épiloguera longtemps. Ce n'est pas le moment de tirer la leçon des événements. Écoutons simplement et notons.

« Vous savez, raconte cet ami, comment les choses se passèrent durant la première quinzaine de l'invasion. Nous avions des postes désignés. On y restait souvent plus longtemps qu'à son tour, mais sans rechigner : c'est bien le moins, maintenant, qu'on se donne un peu de mal pour être utile à son pays. Les choses, pourtant, se passaient encore comme si nous n'étions pas en plein drame, tant il est vrai de dire que notre éducation, à tous, fut essentiellement pacifique; la plupart des Belges ne se sont jamais figuré que la guerre pourrait être autre chose pour eux qu'une « manœuvre » inoffensive, ce que nous appelions la « petite guerre »,

---

(1) « Boche » dérive certainement de Teutobochus, personnage qui donna son nom aux Teutons, ainsi que l'explique Larousse :

« Les Teutons furent exterminés pas Marius près d'Aix, en l'an 102. Leur chef, Teutobokhe ou Teutobochus, qui s'était rendu fameux par sa stature et sa force prodigieuse, échappa au massacre; mais arrêté peu après, il fut livré à Marius, orna le triomphe du vainqueur et mourut captif. A partir de cette époque, il n'est plus question des Teutons dans l'histoire. Leur nom seul (*Teutsch* ou *Deutsch*) survécut et devint celui des peuples de la Germanie. »

une partie de campagne avec galopade dans des ravins, coups de feu à blanc, tartines au fromage et bouteilles de lambic. Même chez des troupiers régnait cet esprit bon enfant. N'ai-je pas vu moi-même, rentrant d'une excursion en Allemagne au moment de la déclaration de guerre, de braves petits soldats belges qui gardaient les tunnels de la Vesdre en jouant aux cartes. Ils n'auraient pas hésité un instant à se faire tuer, mais ils devaient faire une partie de piquet dans l'herbe, en fumant des pipes. De l'autre côté de la frontière, les casques à pointes ne jouaient pas...

» Ici aussi, j'ai vu des gardes civiques garder le tunnel du chemin de fer de ceinture, assis dans des fauteuils que des voisins compatissants leur prêtaient pour la nuit. Après cela, il est assez plaisant d'entendre certains Allemands hargneux se plaindre du caractère agressif des Belges!

» J'étais rentré chez moi, pour quelques heures de sommeil, le 19 août, et devais reprendre mon poste, le lendemain, le long de la voie ferrée. J'ignorais ce qui s'était passé la nuit : le licenciement des gardes de Mons qui surveillaient la route de Tervueren et la retraite d'autres compagnies de Bruxelles vers la Flandre. On oublia de me prévenir, si bien que, dans la matinée du 20, j'allai, à l'heure réglementaire, fusil sur l'épaule et en uniforme, occuper mon poste. Des gens m'apostrophent, me demandent où je vais, m'annoncent que les Allemands sont à cent pas et que tous les gardes sont partis. A la maison communale de Schaerbeek, personne n'est à même de me dire ce que ma compagnie est devenue; on m'invite à déguerpir sur l'heure. Je vais au bureau d'armement : personne.

» Dans ce chaos, le mieux est de se débrouiller seul. Rapidement je traverse la partie ouest de l'agglomération, puis je me lance à travers champs, puis j'accroche le vicinal; je trouve des gardes entre Alost et Gand.

» A partir de ce moment, notre existence est un perpétuel va-et-vient dans la région des Flandres. Nous voici tantôt près de l'Escaut, tantôt près de la Dendre, faisant un service d'éclaireurs, puis à Melle où un coup de feu tue un des nôtres, puis, à mesure que la marée ennemie gagne du terrain, nous nous replions insensiblement vers Bruges. On mange comme on peut, chez le paysan, vivant d'une soupe, d'un bout de pain ou d'une omelette (mais ceci c'est la grande fête). Près de Gand, notre bivouac est long, si long, que, dans mon désir fou de revoir ma famille, je nourris un projet blamâble, celui de profiter des premières heures de repos pour me frayer un chemin à travers les lignes allemandes et pousser une pointe jusqu'à Bruxelles. A deux, nous tentons l'aventure, vêtus de pantalons de paysans et de sarraux; nous partons, chaussés de sabots, un mouchoir rouge lié autour du cou, une casquette sur la tête et un panier de légumes au bras. L'affaire se passe sans encombre; grâce au tram de Ninove, nous touchons Bruxelles à la nuit tombante. Mon chien lui-même ne me reconnaît pas : il hurle à la lune après avoir flairé autour de mon accoutrement.

» Mais notre retour clandestin s'est ébruité parmi les camarades du quartier. Il est prudent de prendre le large; c'est ce que nous faisons le lendemain dès l'aube. Toujours vêtus en cultivateurs, qui peuvent passer pour s'occuper du ravitaillement de la capitale, nous nous glissons entre les postes ennemis et retrouvons notre garde civique, le soir. Eu égard aux nouvelles que nous apportons de la ville occupée, on ne nous blâme que pour la forme. A ce seul trait, n'est-il pas vrai, on reconnaît bien notre vieille milice citoyenne.

» Nous dormons la nuit dans un champ, près d'une voie ferrée; des lignes télégraphiques s'entrecroisent au-dessus de nos têtes. Au petit matin, dans la pénombre annonçant l'aurore, une voix tout à coup s'élève : « un Zeppelin! »

« Des coups de feu partent. On n'y voit pas encore distinctement, on voit assez pourtant pour reconnaître la bévue du garde qui, dans son émotion, a lancé ce cri intempestif. Il a pris pour un Zeppelin un ballonnet d'enfant accroché aux fils télégraphiques et pour le bruit d'un moteur le susurrement du vent près d'un poteau...

» La débandade, hélas, ne devait plus tarder. Elle se prononce à mesure que nous sommes refoulés vers le littoral. L'unité de commandement n'existe plus. Anvers tombe. Des armées en retraite passent; des groupes de gardes se joignent à elles, ne sachant où elles vont, décidant de partager leur sort. Chacun maintenant peut agir à sa guise ; le rôle de la garde est terminé, puisqu'on ne sait qu'en faire, ni où la conduire. Des compagnons filent vers la Hollande par Knocke, afin de n'être pas pris par l'ennemi comme dans une souricière ; d'autres obliquent vers la France ; un grand nombre attendent à Blankenberghe, Ostende, Heyst, un ordre, une indication ; quelques-uns, à tout hasard, suivent le flot des réfugiés qui s'embarquent pour l'Angleterre.

» L'ennemi est tout proche et nous sommes toujours là, abandonnés à nous-mêmes, désemparés, prêts à tout ce qu'on exigera, mais ignorant ce qu'il faut faire. Enfin, la minute décisive sonne. Les Allemands sont devant Ostende. Nous mendions de porte en porte des vêtements civils ; de braves gens se dépouillent pour nous de toute leur garde-robe. C'est dans les dunes que s'opère la transformation ; nous en sortons, l'un en ouvrier, l'autre en étudiant, un troisième en garçon de café ; nous ensevelissons dans le sable nos uniformes désormais inutiles et dangereux. Un hôtelier bienveillant m'adopte et je me trouve à la terrasse de son restaurant, un plateau à la main, au moment où le maréchal von der Goltz défile avec son état-major.

» Pour tromper la vigilance de l'ennemi, nous restons trois jours à Ostende ; puis, affublés de pantalons et de vestons de fortune, nous nous acheminons à pied vers Bruxelles, quémandant une tartine dans les fermes et dormant à la belle étoile. Cent-vingt-cinq kilomètres à franchir ainsi, c'est une trotte ! Mais tout a bien fini puisque nous voilà. »

SAMEDI 31 OCTOBRE

L'autre jour, un mouchard de la police allemande somme deux agents de la police bruxelloise de l'aider à arrêter, près de la Bourse, un marchand de journaux prohibés. Les agents refusent de prêter main-forte à cet inconnu. Des passants s'interposent. Une bagarre s'ensuit. Le policier allemand sort assez mal arrangé de l'affaire.

La Ville de Bruxelles est immédiatement rendue responsable et frappée, de ce chef, d'une amende de cinq millions de francs!

Voici en quels termes cette condamnation nous est signifiée par le général baron von Luettwitz :

Un tribunal de guerre légalement convoqué a prononcé, le 28 octobre 1914, les condamnations suivantes :

1° Contre l'agent de police De Ryckere, pour avoir attaqué, dans l'exercice légal de ses fonctions, un agent dépositaire de l'autorité allemande, pour lésions corporelles volontaires commises en deux cas, de concert avec d'autres; pour avoir procuré l'évasion de détenus dans un cas et pour avoir attaqué un soldat allemand,

CINQ ANS DE PRISON.

2° Contre l'agent de police Seghers, pour avoir attaqué dans l'exercice légal de ses fonctions, un agent dépositaire de l'autorité allemande, pour lésions corporelles volontaires de cet agent allemand, et pour avoir procuré l'évasion à un détenu (toutes les infractions constituant un seul fait),

TROIS ANS DE PRISON.

La Ville de Bruxelles, sans faubourgs, a été punie pour l'attentat commis par son agent de police De Ryckere contre un soldat allemand, d'une contribution additionnelle de

CINQ MILLIONS DE FRANCS.

Novembre 1914

2 novembre : Autour des tombes de nos soldats. — **3** : Les réfugiés. — **6** : Comment on ramène d'Angleterre une famille belge. — **7** : Les opérations de l'Yser vues de Bruxelles. — Menaces aux chômeurs. — L'heure allemande. — **8** : La soupe communale. — **9** : Dans le Parc de Bruxelles. - **10** : Nos agents de police à la guerre. — La Garde bourgeoise. — **11** : Défense d'exporter. — **12** : Dans quelle mesure les fonctionnaires belges peuvent reprendre leurs fonctions. — **13** : Les Allemands à l'administration de la province. — Discours du président de la Députation permanente belge. — **14** : Les journaux censurés. — **15** : La fête du Roi. — **16** : Dernière sommation aux gardes civiques. — **17** : On s'amuse des vains efforts de l'Allemagne devant Ypres. — **18** : Émouvant service funèbre pour des victimes du sac de Dinant. — **19** : Le désœuvrement forcé. — Les œuvres d'assistance et de secours. — **20** : Hommage de la Ville de Bruxelles à la reine Elisabeth. — Le service de la soupe communale. — L'aide des Etats-Unis, du Canada, de la Nouvelle Zélande, de l'Espagne, de l'Italie. — **21** : La résistance à... l'heure allemande. — **22** : Les passeports. — **23** : Les prêts sur titres. — **24** : Les mauvais Belges. — **25** : Le nouveau gouverneur de Bruxelles, général von Kraewel. — Les hangars à Zeppelins. — **26** : L'agence des prisonniers de guerre. — **27** : L'organisation du Comité national de secours et d'alimentation. — **28** : Le règlement de la contribution de guerre imposée à l'agglomération bruxelloise. — **29** : La question du lait. — **30** : Les efforts de la Députation permanente pour rétablir une vie administrative normale.

LUNDI 2 NOVEMBRE

Jour des morts. Sur les routes qui mènent aux différents champs de repos, la foule accomplit le pieux pélerinage à la tombe des parents et des amis. Dans la chaude lumière de cette belle journée d'arrière-saison, il semble que la visite aux morts perde un peu de ce qu'elle a de mélancolique et de troublant.

Au cimetière d'Evere, on se presse autour du monument que la France a élevé à ses enfants morts en 1870 et que domine la figure d'un sphinx ailé. Les sociétés françaises sont venues déposer là une couronne de violettes, et des mains belges ont accroché à la hampe d'un drapeau de bronze une couronne portant ces mots : « A nos alliés ».

Des gerbes nouées aux couleurs de France et de Belgique jonchent la base du monument.

Le monument allemand, que gardent deux factionnaires en armes, est orné de deux riches couronnes de fleurs naturelles aux couleurs de l'Empire. La foule ne s'y arrête pas, détourne la tête et se hâte vers la pelouse où reposent, côte à côte, des soldats belges et deux soldats français morts au cours des derniers combats.

Une file interminable s'entasse ici dans l'étroit couloir que tracent les clôtures en fil de fer. Des hommes, des femmes de toutes conditions, de tout âge, attendent patiemment leur tour de franchir le seuil de l'enclos. Les hommes, en y pénétrant, se découvrent; le public passe silencieusement.

Seize fosses sont rangées là, l'une près de l'autre, surmontées chacune d'une croix de bois ornée d'une couronne blanche en céramique. Les croix, peintes aux couleurs nationales, portent les noms des défunts et de leur régiment; parfois il n'y a d'autre indication qu'un simple numéro matricule.

Les tombes sont toutes abondamment fleuries de chrysanthèmes mauves et blancs, et sur leurs parterres fraîchement ratissés brillent les flammes des bougies. Des trophées de drapeaux dominent ces tombes. On y a suspendu des couronnes d'orchidées, enguirlandées de feuilles de lierre. Sur la soie des rubans, ces dédicaces: « A nos vaillants défenseurs! » « A notre regretté frère d'armes! »

Les tombes des deux soldats français qui reposent dans cet enclos sont fleuries, cela va sans dire, avec autant de soin que celles des nôtres; les couleurs françaises y remplacent les couleurs de Belgique.

La pelouse réservée aux soldats allemands est située à quelques pas de là. Des sentinelles en gardent les abords. Des infirmières visitent seules ce parc funèbre. On les voit de loin, à travers le feuillage, passer dans les sentiers entre les parterres, fleuris depuis peu, et hérissés de croix blanches.

Un grand silence, fait d'émotion et de respect, plane sur le champ de repos. Parfois un grondement sourd passe dans l'air qui tremble. C'est le canon de l'Yser qui envoie son salut.

La foule, avant de quitter le cimetière, se dirige vers le monument de Wellington pour y honorer la mémoire des soldats anglais. Ainsi, en ce jour de deuil, la piété publique confond dans une même sollicitude les soldats des trois armées qui luttent pour la défense d'une même cause.

Dans toutes les églises de Bruxelles des services ont été célébrés ce matin pour le repos de l'âme des officiers et soldats belges morts au champ d'honneur. En la collégiale des SS. Michel et Gudule, cette cérémonie avait attiré une assistance considérable; au premier rang on remarquait le comte Jean de Mérode, grand maréchal de la Cour, représentant le Roi.

MARDI 3 NOVEMBRE

Les réfugiés! En avons-nous vu, depuis deux mois et demi, des malheureux chassés de leurs foyers en flammes et de leurs villages dévastés! Ils nous arrivent de partout, attirés par Bruxelles comme par une ruche suffisamment vaste pour abriter toutes leurs misères. Bruxelles ne se montre pas inférieur à cette tâche. Dès le mois dernier, le comité médical de la Croix rouge de Belgique décida, à l'initiative de son président, M. le docteur Depage, et de deux de ses membres, Mme la comtesse Jean de Mérode et M. Alfred Goldschmidt, la création d'un organisme destiné à venir en aide à ces malheureux.

Tout de suite, l'Université de Bruxelles mit ses locaux à la disposition du comité; les dons affluèrent; plusieurs immeubles privés furent offerts à l'œuvre pour y héberger les réfugiés et tous les concours nécessaires se présentèrent spontanément.

En peu de jours, grâce à l'échevin Maes, à Mme Carton de Wiart, à M. Goldschmidt, aux docteurs Depage et Tonglet, au comte d'Assche, au comte Hadelin d'Oultremont, à MM. Herman Van Halteren, Paul Van der Meersch et Jean Vauthier, l'œuvre était solidement assise et prête à fonctionner.

C'est ce que Mme la comtesse Jean de Mérode a pu constater ce matin, dans son allocution d'installation du comité directeur :

Au moment où la grande catastrophe s'est abattue sur notre pays, toutes les sympathies, tout l'intérêt se portèrent sur les victimes directes de la guerre. C'était d'ailleurs justice. Tout s'effaçait devant le blessé, on ne voyait que lui. Quiconque offre chaque jour sa vie au pays mérite sans conteste cette unanimité de pensées et de sentiments. Et du reste on ne prévoyait guère les ruines qui ne tardèrent pas à s'accumuler de toutes parts. Une diversion se fit alors dans la charité publique et l'on constata, hélas, qu'il y avait bien d'autres victimes à secourir et auxquelles on n'avait jamais songé. Cette diversion fut d'autant plus vive que les circonstances nous enlevaient la suprême consolation de coopérer à la chose publique en soignant nos chers blessés. Les populations fuyant devant l'incendie et la guerre excitèrent à juste titre une réelle pitié. Des âmes compatissantes pensèrent alors aux pauvres familles privées de toit et de pain, et aux foyers détruits. Les administrations communales d'un côté, les initiatives privées d'autre part, créèrent des asiles pour ces pauvres errants et firent de charitables efforts pour améliorer un sort douloureux.

Tous ces efforts un peu éparpillés doivent s'unifier et pour que toutes les forces cachées de la charité produisent tous leurs fruits, une centralisation est plus que jamais nécessaire. Le Comité central d'Alimentation, qui étend dans toutes les branches son action bienfaisante, souhaitait aussi de voir se réunir toutes les bonnes volontés dans cet ordre d'idées. C'est pour cela que nous sommes ici.

Après m'être quelque peu étendue sur la genèse de l'œuvre, je vais, si vous le permettez, vous tracer en quelques lignes son but et son organisation.

Lorsque le malheureux chassé de son foyer arrivera, après avoir erré de ville en ville, échouer à Bruxelles, il sera désormais dirigé vers les locaux que l'Université libre de Bruxelles a bien voulu mettre à notre disposition. Là on fera son identification, puis il sera conduit à l'un des refuges organisés, inspectés et administrés soit par les organisations existantes, soit par nos dames patronnesses. Un magasin central de vêtements pourvoira à toutes les nécessités et sera établi ici. Une fois le réfugié vêtu et pourvu, notre Comité se mettra en devoir de le faire rentrer le plus tôt possible dans son lieu d'origine. Des hommes dévoués se rendront dans les villes et villages, constateront ce qu'il y a et ce qu'il n'y a pas et organiseront des locaux provisoires avec les moyens de fortune qu'ils trouveront sur place. Le cultivateur pourra ainsi rentrer auprès de sa terre et préparer les travaux qui nous assureront la récolte de l'année prochaine. Notre Comité, uni aux Comités provinciaux de l'alimentation, pourvoira à sa nourriture dans les moments difficiles et l'aidera dans la partie matérielle de son existence. Les femmes pourront, je l'espère, obtenir certains travaux d'aiguille dont le salaire d'appoint aidera néanmoins à la reconstitution du ménage.

Nous serons en rapport avec les refuges établis dans d'autres centres et plus tard, bien plus tard, nous pourrons coopérer au travail des Comités de réfugiés étrangers et les aider efficacement.

Les premiers groupes de réfugiés, au total plusieurs milliers de personnes, ont trouvé un abri dans un asile installé rue du Canal par M. Mackloski et quelques personnalités de la « Commission for relief in Belgium », dans des asiles aménagés par Mme Herman Dumont, rue Capouillet et rue Bosquet, dans un asile organisé rue Brialmont, par un groupe de dames ayant à leur tête la baronne Agnès della Faille, dans les asiles de la Croix rouge de Schaerbeek, des Petites Abeilles et de l'Hospitalisation de nuit. (1)

---

(1) Cela n'a pas suffi, vu les arrivées continuelles de réfugiés; mais de nouvelles offres permirent de faire face aux difficultés et d'autres asiles ne tardèrent pas à s'ouvrir :

Avenue Marnix, dans un hôtel mis à la disposition de l'œuvre et meublé par M. et Mme Alfred Goldschmidt;

Rue Guimard, dans l'hôtel de M. le baron Goffinet, asile dirigé et partiellement meublé par Mme la baronne Agnès della Faille;

Rue des Hirondelles, dans un superbe immeuble neuf appartenant à l'avocat De Smeth;

Avenue Molière, dans trois hôtels dont Mme Henry Le Bœuf a apporté la libre jouissance et qu'elle a pourvus du matériel nécessaire. L'un de ces hôtels est réservé aux réfugiés convalescents;

Chaussée d'Alsemberg, asile meublé et entièrement entretenu par Mme Isabelle Errera;

Avenue Louise, dans le nouvel hôtel Wiltcher's;

Rue du Marché, asile pourvu d'installations de bains-douches dues à la généreuse initiative de M. le baron Lambert;

Chaussée de Merchtem, asile de passage installé par l'Administration communale de Molenbeek dans la caserne des pompiers;

Place Saint-Josse, le marché Saint-Josse mis à notre disposition comme asile de passage par l'Administration communale.

L'œuvre eut à faire face à des besoins inouïs, quatre ans plus tard, quand affluèrent vers Bruxelles de véritables armées de réfugiés du Nord de la France et de la Flandre. Voir 23 octobre 1918.

VENDREDI 6 NOVEMBRE

Un grand nombre de familles bruxelloises sont brutalement démembrées par la rafale qui s'est abattue sur la nation. Des mères, des enfants étaient, comme de coutume, partis pour le littoral; des pères sont revenus ou restés dans la capitale pour régler des affaires et, pris dans la tourmente de l'invasion, n'ont plus pu rejoindre les leurs. Plusieurs apprennent maintenant que leurs familles ont fui à la côte anglaise; bravant les difficultés, ils vont à leur recherche.

Ce que sont ces difficultés, comment on fait, en automne de l'an 1914, le voyage Bruxelles-Folkestone et retour, (quelques heures d'express et de paquebot en temps normal), il faut l'avoir expérimenté pour le croire. Des amis qui se sont rendus en Angleterre pour y retrouver leurs familles et les ramener, me racontent ceci. (C'est une pittoresque peinture des temps présents) :

— Il n'y a plus de chemins de fer pour les Belges. On part pour la côte anglaise en carriole ou par voie d'eau. Le bateau nous a paru préférable à la charrette du paysan : on n'y est pas cahoté comme sur la route et l'on peut plus aisément y mettre des bagages. Nous descendons, vers 5 heures du matin (il fait encore nuit) à fond de cale d'un « bac à moules » amarré à l'Allée Verte. C'est ce transatlantique qui doit, moyennant 40 francs par personne, nous conduire par le canal et l'Escaut septentrional à Goes, petite localité hollandaise entre Rosendael et Flessingue. Deux tables, de mauvaises chaises et des lampes fumeuses, voilà l'intérieur du navire. Nous sommes soixante là-dedans, et notamment plusieurs personnes de la meilleure société de Bruxelles, qui fuient le régime de l'oppression. Des émigrés de la grande révolution ont dû fuir ainsi...

Aucune consommation à bord, si ce n'est de la bière. Mais chacun a son paquet de tartines. A Thissell apparaissent les premières maisons détruites par le bombardement ou l'incendie. Pignons léchés par les flammes, murs écroulés, châteaux dévastés. A Wintham, où le canal touche au Rupel, existait un grand pont de fer pour la voie ferrée Termonde-Anvers. Ce pont est détruit ; sa carcasse plonge dans l'eau. Le bateau stoppe devant l'obstacle. Il faut attendre, pour passer, que la marée soit basse.

Il est 2 heures quand Anvers est en vue. L'impression est inoubliable. Le fleuve, toujours si plein de vie ici, que des centaines de navires montaient et descendaient, est maintenant à l'abandon. Pas un bateau en rade, pas un ouvrier sur les quais, pas une âme sous les hangars dont la perspective s'allonge à l'infini. C'est la mort... Mais voici qu'une tempête s'annonce sur l'Escaut et le pilote refuse de conduire plus loin notre bâtiment trop frêle. Il faut rester à Anvers et attendre le lendemain.

Mais non, un train de voitures disparates, revêtues de l'inscription « Neutral », fait, paraît-il, depuis quelques jours, la navette entre Rosendael et la banlieue anversoise ; il ramène gratuitement les Belges réfugiés en Hollande et désireux de rentrer au pays ; il emporte aussi, au retour, les Belges qui vont en Hollande. Nous courons le prendre à Merxem, qui est son terminus. Pas d'abri, et il tombe une pluie torrentielle. Nous restons là, trois heures durant, sous l'ondée, en attendant le « Neutral ». Il s'amène enfin. Pas de lumière, pas de chauffage, une locomotive poussive. Mais la guerre nous a rendus philosophes ! Le train avance à petite allure, dans les ténèbres. Nous atteignons Rosendael à 10 h. du soir ; il pleut plus que jamais.

Pas un lit disponible dans toute la ville. La moindre mansarde a sa famille de réfugiés belges. Pour nous, il reste deux chaises près du poêle, dans un cabaret ; nous demeurons là, à fumer des pipes jusqu'au matin...

Seconde journée. Elle est perdue d'avance. Il n'y a plus qu'un bateau par jour de Flessingue pour l'Angleterre, et il part à 8 heures du matin ; or, nous ne pouvons arriver à Flessingue à temps. Nous y sommes à midi et nous nous mettons à nouveau en quête d'un logis pour la nuit. Vaines recherches. Pas une chambre. Ici aussi il y a surabondance de réfugiés, plus le flot des voyageurs qui arrivent d'Angleterre et qui s'y rendent. Heureusement, à 9 heures du soir, nous obtenons l'autorisation de monter à bord du paquebot et d'y disposer d'une couchette. Des centaines de jeunes Belges, qui ont franchi la frontière pour aller s'engager à Calais, sont là, attendant leur tour d'inscription pour la traversée.

Le troisième jour se caractérise par un roulis désastreux ; et puis, le bateau doit faire un grand détour pour éviter la zone des mines flottantes ; des torpilleurs anglais surgissent çà et là et leurs consignes sont inflexibles ; des matelots les lancent à l'équipage de notre navire au moyen de porte-voix. Le trajet Flessingue-Folkestone dure maintenant dix heures. Ce n'est pas fini. Nul passager ne peut débarquer sans avoir passé une visite médicale, — et nous sommse 340 !

Nous voici enfin sur le quai, et aussitôt le charme de l'hospitalité britannique nous saisit. Autour de nos compatriotes réfugiés ou aspirants soldats qui débarquent affamés, affaiblis par ce voyage, des dames, des jeunes filles, portant un brassard tricolore belge, s'empressent, les bras chargés de plateaux où fument des bols de café, de bouillon et où s'étagent des pyramides de sandwichs...

Le retour maintenant. Quitter le sol anglais n'est pas, au temps présent, une affaire simple. Il faut se trouver à l'embarcadère deux heures avant le départ du paquebot, pour toutes sortes de formalités : vérification des passe-ports pour la Hollande, visite des bagages, visite corporelle, etc.; un personnel féminin fouille les femmes ; les lettres et tous les documents écrits sont examinés avec minutie. Puis, à nouveau dix heures de mer ; toujours, pour éviter les mines, on remonte le long des côtes anglaises jusqu'à hauteur de Margate, on file en droite ligne jusqu'au nord de l'île de Walcheren et on relonge la côte hollandaise jusqu'à l'embouchure de l'Escaut. A Flessingue, mêmes difficultés qu'à l'aller pour le logement, et nous traînons des bébés qui dorment debout, et des malles, et des valises...

Des dames hollandaises qui, dans la gare de Flessingue, tiennent un bureau de renseignement pour les Belges, vivent dans une atmosphère de fièvre : le nombre de Belges qui vont, viennent, partent, rentrent, s'enfuient ou réintègrent est inimaginable. Le train qui ramène des réfugiés en Belgique quitte tous les matins Flessingue pour Merxem-Anvers, via Rosendael ; mais, comme il n'y a, présentement, pas de relations administratives entre la Hollande et les chemins de fer belges, les gares hollandaises n'enregistrent rien à destination de notre pays : les bagages voyagent aux risques et périls du voyageur.

Mais nous apprenons qu'un petit bateau part demain pour Anvers par l'Escaut. C'est plus pratique. Nous le prendrons. Hélas! les émotions violentes sont maintenant de toutes les minutes. Au moment où le bateau démarre, un septuagénaire anversois qui était venu rechercher sa fille et son petit-fils réfugiés en Zélande tombe mort devant nous, frappé de congestion.

Le voyage dure huit heures, avec un arrêt devant le fort de Lillo : des Allemands montent à bord et prennent les noms des passagers.

La journée s'achève à Anvers en enquêtes sur le meilleur moyen d'atteindre Bruxelles. Il y a un service d'autos près de la gare centrale. Allons-y. Non, il est supprimé depuis hier. Dès lors, rien à faire avant demain. Nous aurons alors le bateau du canal : départ à 9 heures au quai du Pilotage.

Nous attendons ce bateau jusqu'à midi, transis de froid. Alors arrive l'avis que les Allemands ont jeté un pont de bateaux à Burght et que la navigation est provisoirement suspendue. Trois fois, depuis hier midi, notre montagne de bagages a dû être véhiculée de l'Escaut à l'autre bout de la ville et vice-versa.

Enfin, un camionneur veut bien, pour dix francs par tête, nous conduire à Bruxelles dans un char-à-bancs. Un vent glacial souffle par les trous de la bâche; pour se donner du cœur, on se passe, entre voyageurs connus et inconnus, une gourde de cognac.

Sur la route isolée, où la neige a jeté son manteau éclatant, nous roulons lentement, tandis que le soir tombe. Waelhem, Malines, Eppeghem déroulent devant nos yeux le spectacle de leurs ruines et de leurs dévastations. Des sentinelles nous arrêtent pour examiner nos passe-ports; à l'entrée des villages, des collecteurs demandent, à titre de droit de passage, un sou pour l'alimentation populaire. L'attelage repart dans les ténèbres, et Bruxelles nous revoit à 9 heures du soir.

Il m'a donc fallu six jours pour aller et revenir. Voilà comment on voyage en 1914, après avoir connu le confort des grands rapides et des trains de luxe. La guerre ne nous a laissé que des véhicules boiteux, traînés par des chevaux faméliques, des bateaux de fortune, des charrettes remorquées par des chiens et des baudets. Il y a aussi, maintenant, pour le « service direct Bruxelles-Anvers » des roulottes de forains qui portent sur leurs flancs ces mots magiques : « Transport confortable — Voiture chauffée ».

SAMEDI 7 NOVEMBRE

Depuis le 23 octobre, les Allemands, à les croire, avancent chaque jour dans la direction d'Ypres, dont ils n'étaient pas loin à cette date, mais ils n'y arrivent jamais : qu'est-ce que cette façon d'avancer. (1) L'autre jour (25 octobre), ils avaient passé le canal de l'Yser « avec des forces importantes », puis on n'a plus entendu parler de combats au delà. Leurs bulletins, depuis dix jours, suent l'embarras à dévoiler la vraie situation. Le dernier, daté du 2, annonce qu'« en Belgique, les opérations sont rendues difficiles par suite d'inondations qui sont causées par la destruction des écluses sur le canal de l'Yser à Ypres, près de Nieuport ». Bravo! Nous comprenons que les Belges ont, par une ingénieuse manœuvre, noyé l'armée allemande!

On ne parle que de cela en ville. La joie est sur tous les visages, avec de la fierté, comme si quelque chose de la gloire nouvelle dont nos troupes viennent, là-bas, de s'auréoler rejaillissait sur chacun de nous.

* * *

Plus aucun drapeau ne flotte à la façade de l'hôtel de ville de Bruxelles. Les couleurs allemandes ont disparu; les couleurs belges aussi. C'est le résultat d'un arrangement entre l'autorité allemande et le collège échevinal.

* * *

Le gouverneur de Bruxelles fait placarder un avis à double portée : une menace pour nos chômeurs d'abord, et ensuite l'imposition officielle d'une heure nouvelle :

L'administration militaire allemande a fait tout son possible en prenant soin de faire fournir et parvenir à Bruxelles

---

(1) Voir, à ce propos, le 17 novembre.

7 novembre 1914.

des vivres et du charbon pour la population de l'agglomération. Dans ce but, les chemins de fer vicinaux ont repris le service dans les environs de la ville et on a facilité de toute façon aux personnes chargées du ravitaillement l'accomplissement de leur tâche. Néanmoins, l'invitation à reprendre l'ouvrage n'a pas encore été suivie par la population dans l'étendue désirable.

Je recommande de la manière la plus énergique aux différentes communes de l'agglomération bruxelloise de ne plus distribuer gratuitement des vivres à des hommes auxquels on peut prouver qu'ils ont l'occasion de travailler, mais qu'ils n'en profitent pas.

Puisque les chemins de fer et la poste se règlent déjà sur l'heure normale de l'Europe centrale, cette heure entrera en vigueur pour toute l'agglomération bruxelloise dès le 8 novembre 1914. Ce jour-là toutes les horloges sont à avancer d'environ 56 minutes. L'heure exacte est donnée par les horloges des gares.

Dès le 8 de ce mois, les restaurants, cafés et débits de boissons sont à fermer seulement à 11 heures du soir (heure allemande).

Il est exact que des gens refusent de gagner un salaire parce qu'il ne leur procurerait pas plus ou guère plus que l'assistance dont ils bénéficient comme chômeurs. Il y aurait plus d'une réflexion à faire sur l'état d'esprit de certains bénéficiaires des œuvres de secours et sur la « démoralisation » que crée fatalement dans certains milieux un développement si étendu de la bienfaisance publique. Les abus du genre de ceux auxquels fait allusion la pancarte du gouverneur allemand sont, d'ailleurs, inévitables parmi la population d'une grande ville. Les communes de l'agglomération bruxelloise n'avaient pas besoin de cet avis pour connaître l'existence de ces abus, ni pour faire leur devoir. On se demande si l'avis ne cache pas une arrière-intention, s'il ne faut pas y voir l'amorçage d'une manœuvre qui s'exécuterait un jour contre les chômeurs au profit de l'ennemi. (1)

---

(1) Cette supposition ne s'est que trop vérifiée : voir tout ce qui se rapporte (en octobre, novembre et décembre 1916) aux déportations ordonnées sous prétexte de mettre fin à la « plaie » du chômage.

DIMANCHE 8 NOVEMBRE

C'est l'heure de la soupe communale. Depuis tantôt, le passage des femmes du peuple qui vont vers le local où leur est remis leur modeste repas anime les rues du quartier. Les ménagères ont à la main leur filet à provisions et leur cruche, car, en plus de la soupe du midi, elles ont droit à une ration de 250 grammes de pain par personne.

Le défilé s'organise devant les tables de contrôle; chaque ménage possède une carte correspondant à une fiche que les vérificateurs consultent chaque jour. Chaque carte de ménage est pointée et le titulaire passe immédiatement au comptoir de boulangerie, où d'aimables jeunes filles procèdent à la distribution des parts d'après le nombre de rations revenant à chaque ménage. Puis, les ménagères passent dans le compartiment voisin, où se fait la distribution du potage. Ici la tâche du service est plus compliquée; elle ne manque, d'ailleurs, pas de piquant. Il y a parmi les distributeurs de la soupe d'honorables commerçants, des fonctionnaires en disponibilité, des rentiers, qui se sont offerts dès le début, très simplement, à remplir ce modeste, mais fort utile office. J'ai vu, au quartier Nord-Est, dans les dépendances de l'Orphelinat, un pharmacien et un avocat affublés chacun d'un tablier de cuisinière et maniant avec gravité d'énormes louches qu'ils plongeaient dans les marmites alignées devant eux. Les ménagères leur tendaient leur pot ou leur casserole dans lesquels ils vidaient le contenu de leur louche avec des gestes étudiés.

Parfois des curieux se mêlent à la foule des bénéficiaires. Les commissaires leur remettent un bol et, moyennant 25 centimes abandonnés à l'œuvre, les autorisent à déguster sur place le potage. Celui-ci est presque toujours excellent. Les pauvres diables s'en délectent et j'ai vu plus d'une fois des clients de la soupe porter leur cruche à leurs lèvres et avaler, en pleine rue, leur ration de la journée.

LUNDI 9 NOVEMBRE

Les Bruxellois assistent avec un ahurissement inquiet à la prise de possession de notre vieux parc par les Allemands; ils les voient construire dans les allées et sur les terre-pleins, où il y a trois mois encore, nos enfants prenaient leurs joyeux ébats, des baraquements de toutes dimensions, garages d'autos, dépôts de benzine, etc. Si encore ces baraquements étaient en planches! Mais, pour plusieurs, on amène du béton, des poutrelles, des carrelages. Ces gens projettent donc de rester ici des années? Le moindre détail, analysé ainsi par le public, l'atteint dans son système nerveux. Il souffre d'un rien dont l'on pourrait déduire que les Alliés ne seront peut-être pas victorieux aussi rapidement qu'on le souhaite.

Le parc, maintenant clos pour nous, est également devenu un champ d'exercice pour la troupe. Des recrues arrivées d'Allemagne y sont exercées par des sous-off., sous l'œil d'un officier à monocle. Ces soldats courent en rond, lèvent en cadence bras et jambes, apprennent le maniement du fusil. Il n'est pas prudent de les regarder faire, car ils se servent de cartouches, en pleine ville, comme s'ils étaient sur un champ de tir. Le 28 octobre, un coup de feu tiré à l'exercice dans le parc a blessé une dame à travers la vitrine du magasin Schlobach, à l'angle de la rue Royale et de la rue Montagne-du-Parc.

MARDI 10 NOVEMBRE

Trois cents agents de police bruxellois, sur six cents, sont à la guerre. Des bourgeois les remplacent volontairement et gratuitement. C'est la « garde bourgeoise » créée par M. Max. La garde est d'autant plus nécessaire que quantité d'immeubles ont été laissés à l'abandon par leurs propriétaires ou locataires rappelés sous les drapeaux ou enfuis à l'étranger. Double motif donc de renforcer la surveillance de jour et de nuit.

La garde est composée de citoyens de vingt-cinq à cinquante ans : ils ont pour mission de circuler à deux dans les rues de leur quartier suivant un horaire dressé au commissariat de police.

Après la prestation de serment, un brassard aux armes et couleurs de la Ville leur est remis par l'échevin Jacqmain. Tout cela avec un cérémonial très digne. Chacun a conscience du devoir civique qu'il remplit. Aussi nul ne songe, quand son tour vient, à se soustraire à une corvée qu'il a acceptée librement.

Dans la plupart des quartiers de l'agglomération, le service est de quatre heures, tous les quatre jours, ou toutes les quatre nuits, d'après le roulement.

Les policiers bourgeois sont plusieurs centaines. (1)

MERCREDI 11 NOVEMBRE

Il y a défense d'exporter l'argent, le cuivre, le laiton, le zinc, les minerais de nickel, l'aluminium, l'étain, toutes sortes de produits connexes, les phosphates, le nitrate, les explosifs, le camphre, les matières à tanner, les loques, le coton, la laine, le chanvre, les cuirs et peaux, le gutta-percha, les graisses, les huiles, la benzine et un certain nombre d'autres produits : ainsi dispose un arrêté du gouverneur général.

Un autre interdit les paiements sous toute forme « destinés tant à l'Angleterre, à l'Irlande et aux colonies et possessions anglaises, qu'à la France, ses colonies et pays de protectorat ».

JEUDI 12 NOVEMBRE

Le *Nieuwe Rotterdamsche Courant* publie la note suivante, qui intéresse ici beaucoup de milieux. C'est par cette voie maintenant qu'arrivent les instructions de notre gouvernement légitime!

Le consul général de Belgique à Amsterdam fait savoir que les fonctionnaires du ministère des finances sont autorisés

---

(1) Les gardes bourgeoises et ouvrières ont vécu jusqu'en janvier 1916. A partir de cette date, la police ordinaire, renforcée par des nominations, a continué seule à faire le service.

à reprendre leur travail aux conditions indiquées dans la circulaire ministérielle du 17 septembre dernier.

La même autorisation est donnée aux fonctionnaires du ministère de l'intérieur, aux conditions prescrites par la circulaire ministérielle du 4 août dernier.

Les professeurs et les instituteurs doivent se mettre à la disposition des autorités locales dont ils ressortissent.

Les fonctionnaires du ministère de la justice doivent reprendre leurs fonctions, sauf en cas d'impossibilité morale ou matérielle.

Les fonctionnaires des chemins de fer, postes, télégraphes et téléphones ne sont pas autorisés à se mettre à la disposition des Allemands.

Quant aux serviteurs de l'Etat, à l'exception des magistrats, des professeurs et des instituteurs, qui exerçaient leurs fonctions à l'intérieur de l'enceinte d'Anvers, nous estimons qu'il n'est pour eux ni sûr ni digne de reprendre leurs postes.

D'après les prescriptions de la Convention de La Haye, les fonctionnaires qui reprennent leurs travaux sont autorisés à signer la déclaration suivante :

« Je soussigné promets, par cette déclaration conforme aux résolutions de la Convention de La Haye du 18 octobre 1907, de remplir mes fonctions scrupuleusement et fidèlement, et de ne rien entreprendre ni permettre qui puisse nuire à l'administration allemande sur le territoire belge. »

Il leur est cependant défendu de prêter le serment de fidélité à la puissance qui occupe le territoire belge.

VENDREDI 13 NOVEMBRE

Le 3 novembre s'est produite la « rencontre » officielle des administrateurs belges de la province du Brabant (les membres de la Députation permanente) et du nouveau gouverneur, c'est-à-dire le gouverneur civil allemand. Les journaux à la dévotion de la «Kommandantur.» en publient aujourd'hui une sorte de procès-verbal. Il est intéressant à cause des allocutions prononcées, de celle, notamment, du président de la Députation permanente. Ce compte-rendu est un document d'histoire :

Le mardi 3 novembre 1914, la députation permanente de la province de Brabant étant réunie, MM. Gerstein et von Friedberg se sont présentés à la séance.

M. Gerstein a prononcé le discours suivant :

« Le royaume de Belgique étant occupé par les troupes allemandes, il est conforme au droit international que l'autorité allemande, jusqu'à la conclusion de la paix, se charge de l'administration du pays.

« Dans ces vues, il a été installé un gouverneur général allemand, S. E. le baron von der Goltz, représentant direct de S. M. l'Empereur d'Allemagne, et un gouverneur civil, S. E. M. von Sandt, dont les attributions s'étendent à tout le pays.

« Le gouverneur général représente l'Exécutif suprême : en d'autres termes, il représente l'Autorité impériale.

« L'Exécutif suprême aura le souci de respecter les lois belges, avec cette seule réserve que le gouvernement général cumulera avec le pouvoir exécutif le pouvoir législatif et fera les lois dont le besoin sera démontré.

« En ce qui concerne spécialement les provinces, le gouverneur général a prescrit que, dans chaque province, il y ait un gouverneur militaire et un gouverneur civil.

« Pour le Brabant, le lieutenant général comte von Rœdern remplira les fonctions de gouverneur militaire; M. Gerstein, président de police de Bochum, est désigné comme gouverneur civil avec titre de président de l'Administration civile de la province.

« Cette désignation est rendue nécessaire par le fait que le gouverneur belge a dû abandonner ses fonctions. »

Pour continuer la bonne administration de la province et assurer l'expédition des affaires, le gouverneur civil revendique les attributions que possédait le gouverneur belge; il demande aux membres de la députation permanente de vouloir respecter ses fonctions ainsi délimitées; de son côté, il s'engage à respecter les prérogatives attachées aux fonctions des membres de la députation permanente.

L'apparente contradiction de ces devoirs réciproques ne peut empêcher l'accomplissement de la tâche commune, qui est d'assurer la bonne administration de la province; le bien de celle-ci est le but qui s'impose à tous.

Et tout d'abord il s'agit d'assurer l'ordre et la tranquillité pour permettre la reprise des affaires : commerce, agriculture, industrie et vie communale. Tout cela doit se concilier avec l'état de guerre et avec le bien de l'armée, dont l'intérêt supérieur est toujours l'objectif de l'Autorité allemande.

Aussi M. Gerstein espère-t-il qu'on saura éviter tout ce qui pourrait nuire à l'armée.

Il aura à cœur de respecter les sentiments patriotiques et politiques des membres de la députation permanente; ces sentiments sont tout naturels, et celui qui en serait privé ne serait pas digne de respect. Mais, tout en rendant hommage à ces sentiments, M. le Président fait appel à la raison de MM. les députés pour qu'ils se rendent compte de la situation et la fassent comprendre à la population. Il serait le premier à regretter tout fait qui serait de nature à amener des mesures qui ont eu tant de retentissement ailleurs et qui causeraient des dommages, soit à la province, soit à la ville de Bruxelles, d'autant plus que, dès sa tendre enfance, des liens de parenté et d'amitié l'ont attaché à la ville de Bruxelles.

Ce discours prononcé en allemand, a été traduit par M. von Friedberg.

M. Charles Janssen, parlant au nom de la députation permanente, a répondu dans les termes suivants :

« Nous vous savons gré, Monsieur, d'avoir compris combien il doit être pénible à des Belges de cœur et d'âme, profondément attachés aux institutions nationales, de voir une autorité étrangère intervenir dans la gestion des affaires qui leur sont confiées. Mais mes collègues et moi, nous connaissons trop bien le droit international et les privilèges qu'il donne à l'occupant pour ne pas nous incliner devant une situation de fait que nous ne pouvons que subir.

« Vous nous avez promis de nous aider dans l'accomplissement des devoirs de notre charge et vous avez réclamé notre concours.

« Dois-je vous dire que, soucieux d'accomplir consciencieusement le mandat que nous tenons du corps électoral et du conseil provincial, nous continuerons à faire tous nos efforts pour assurer la bonne administration de la province ?

« Notre tâche, en ce moment, est lourde : une grande partie du Brabant est saccagée, les services publics sont désorganisés, les communications avec beaucoup de communes sont fort difficiles, notre belle forêt de Soignes, que nous aimions tant, est livrée au pillage et à la dévastation. Il est urgent de ramener partout l'ordre et la tranquillité. Il y a aussi bien des misères à soulager. Enfin la reprise des affaires est hautement désirable.

« Vous nous avez dit, Monsieur, que vous désiriez contribuer avec nous à assurer la bonne administration de la province de Brabant.

« Nous prenons bien volontiers acte des bonnes dispositions que vous avez manifestées et de la promesse que vous nous avez faite de respecter les lois belges, ainsi que nos sentiments patriotiques et politiques. De notre côté, nous vous donnons l'assurance que nous serons respectueux des prérogatives que vous donne le droit de la guerre. »

SAMEDI 14 NOVEMBRE

Un nouveau journal censuré a paru, qui semble mieux fait que ceux éclos jusqu'ici, — ce qui ne veut pas dire qu'au point de vue patriotique il vaille mieux, au contraire. Il a arboré avec impudence ce titre : *La Belgique*. Il a pour promoteurs et directeurs deux journalistes financiers, dont l'un eut naguère des mésaventures judiciaires retentissantes qui lui valurent une peine de prison. Entendu à ce propos ce mot : La *Belgique* est un journal qui a un pied à la « Kommandantur » et l'autre à Saint-Gilles.

Pour compléter le tableau de la presse bruxelloise actuelle, je dois signaler aussi la réapparition plus ou moins récente du *Messager de Bruxelles* (qui existait avant la guerre comme journal financier) et la naissance du *Belge*. J'ai mentionné déjà (23 octobre) celle du *Bruxellois*. Celui-ci a gardé pendant les premiers jours de sa publication des allures innocentes pour dégénérer ensuite en un journal qui polémique en faveur de l'envahisseur cyniquement, — et bêtement d'ailleurs. Son directeur, non affiché mais véritable, est un nommé Rosenbaum : le nom dit tout! Un petit bonhomme qui a tenu de vagues emplois dans quelques journaux belges lui sert de porte-plume sous 1 pseudonyme de « Marc de Salm ».

DIMANCHE 15 NOVEMBRE

Fête du Roi. Dans les rues, naguère animées à cette date, par la gaîté colorée des drapeaux, on s'étonne presque de n'apercevoir aucun emblème symbolique et l'on souffre de devoir refouler au fond de soi-même des sentiments que l'on aurait tant de joie et de fierté à proclamer. Le général von der Goltz nous avait bien promis qu'il ne serait jamais porté atteinte à nos sentiments patriotiques. Mais nous savons, depuis quelques mois, ce que valent les assurances des Allemands et nous apprenons tous les jours encore à nous rendre compte de l'hypocrisie de leurs formules. La « Kommandantur », avertie que le clergé de la collégiale se proposait de célébrer à 11 heures une grand'-messe destinée à remplacer le « Te Deum » d'autrefois, a fait prévenir M. le Doyen, par l'intermédiaire du Nonce, qu'elle lui interdisait de donner à la cérémonie un caractère solennel. Nous devrons donc nous contenter d'une messe basse. Qu'importe, après tout!

L'aspect intérieur de la collégiale, où se presse la foule, la composition même de cette assistance, où l'on voit des personnalités de toutes les opinions et toutes les classes de la population mêlées, prouvent que toutes les mesures de l'ennemi ne peuvent rien levant la force du sentiment public pour empêcher celui-ci de se manifester. Dans le chœur, on remarque les représentants de la Cour, de la magistrature, du barreau, de l'armée et du monde politique.

Après la messe, beaucoup de personnes se rendent rue Brédérode pour y signer, à la conciergerie du palais du Roi, des listes mises à la disposition des patriotes. Mais les Allemands ont été renseignés par leur police. Dare-dare, un sergent et un civil allemands viennent s'emparer des feuilles encore fraîches d'encre. Leur intervention soulève les protestations des signataires. Cinquante personnes s'indignent et répondent à cet acte de violence en poussant le cri de « Vive le Roi! » Les Allemands arrêtent un des manifestants et l'entraînent au milieu des huées de la foule. Mais le défilé ne s'interrompt pas pour cela. A défaut de listes, il reste les cartes de visite. La boîte aux lettres du palais s'est remplie de petits carrés de bristol qui ont fini par l'obstruer.

Rue d'Arenberg, la maison Wolfers n'a pas hésité à s'exposer aux foudres de l'autorité en arborant les couleurs de la Belgique et du Congo. Mais la « Kommandantur » les a fait enlever immédiatement.

Pendant toute la journée, il y a eu du monde rue de Bréderode, où la remise des cartes s'est continuée jusqu'au soir.

Le collège échevinal a fait parvenir au Roi une adresse de respectueuses félicitations au nom de la Ville.

LUNDI 16 NOVEMBRE

A la suite d'une seconde invitation du gouverneur militaire, un assez grand nombre de gardes civiques se sont décidés à se présenter à l'Ecole militaire. Mais beaucoup ne sont pas venus. Le gouverneur leur adresse ne dernière sommation avant les poursuites :

Tous les membres de la garde civique qui ne se sont pas encore présentés dans le bureau de la nouvelle Ecole militaire, par suite d'absence, dans l'ignorance des prescriptions ou pour d'autres raisons, sont sommés à réparer cette omission jusqu'au 20 novembre 1914. Dès ce jour-là, la non-présentation entraînera des peines sévères.

Bruxelles, 13 novembre 1914.

L'autorité allemande fait aussi afficher cet avis :

Il est porté à la connaisance du public que, en vertu de l'article 48 de la Convention de La Haye du 18 octobre 1907 concernant les lois et coutumes de la guerre sur terre, le gouvernement général continue à prélever, dans le territoire occupé, les impôts, droits et péages établis au profit de l'Etat belge et que, moyennant les recettes qui en résultent, il couvrira les frais de l'administration du territoire occupé.

Les impôts, droits et péages à acquitter suivant les lois en vigueur, seront versés, comme auparavant, aux bureaux de recettes belges compétents qui continuent à exercer leurs fonctions. Les impôts, droits et péages qui seraient arriérés devront être payés sans retard.

Bruxelles, le 12 novembre 1914.

Le Gouverneur général en Belgique,
Baron von der GOLTZ,
Feldmaréchal.

MARDI 17 NOVEMBRE

Bien que nous sachions parfaitement que l'offensive allemande s'est noyée en Flandre dans les eaux d'un fleuve minuscule, les bulletins quotidiens du gouvernement général s'évertuent à nous faire croire que les progrès de l'armée impériale vers Ypres sont constants. Voilà plus de quinze jours que les Allemands sont aux portes d'Ypres, qu'ils en approchent toujours davantage et que cependant ils n'y pénètrent jamais Cette ville fantastique aurait-elle le privilège de pouvoir se dérober devant l'ennemi? A Bruxelles on en fait des gorges chaudes.

Quelqu'un s'est amusé à dresser ce tableau entièrement composé d'affirmations extraites des communiqués officiels allemands. On se le passe clandestinement, avec un sourire :

23 octobre. — Nos troupes ont avancé avec succès dans la direction d'Ypres...

25 octobre. — A l'est d'Ypres, nos troupes ont avancé au milieu de violents combats...

17 novembre 1914.

26 octobre. — A l'est-nord-est d'Ypres, l'ennemi reçut des renforts, ce qui n'empêcha pas nos troupes d'avancer en plusieurs endroits...

27 octobre. — Près d'Ypres le combat est indécis. Au sud-ouest d'Ypres nos troupes ont fait de bons progrès...

28 octobre. — Près d'Ypres les troupes allemandes ont fait encore hier des progrès...

29 octobre. — Près d'Ypres, la situation est restée la même que le 27 octobre...

30 octobre. — Près d'Ypres, la bataille est indécise, tout en continuant...

1ᵉʳ novembre. — L'attaque contre Ypres avance également...

2 novembre. — Près d'Ypres nos troupes continuent à marcher en avant...

3 novembre. — Au cours de l'attaque contre Ypres, nous avons encore gagné du terrain...

4 novembre. — Nos attaques contre Ypres avancent toujours...

5 novembre. — Près d'Ypres nos attaques ont progressé...

6 novembre. — Nos attaques contre Ypres ont été poursuivies lentement, mais avec succès...

7 novembre. — Notre offensive au nord-ouest et au sud-ouest d'Ypres fait de bons progrès...

9 novembre. — Nos attaques près d'Ypres ont été continuées hier...

10 novembre. — Malgré la plus vive résistance, nos attaques contre Ypres ont progressé lentement mais sans interruptions...

11 novembre. — Nos attaques près d'Ypres ont progressé encore lentement...

13 novembre. — Dans la région à l'est d'Ypres, nos troupes ont avancé... (1).

---

(1) Dans son ouvrage si bien documenté et ordonné, si accablant pour les Allemands : *Comment les Belges résistent à l'oppression*, publié en 1916 à la Librairie Payot (Lausanne et Paris), notre concitoyen le professeur Jean Massart reproduit également ce tableau. Il ajoute :

« Toute cette campagne de l'Yser est, d'ailleurs, intéressante au point de vue de la mentalité allemande. Dès le début, les Allemands se sont appliqués à établir une confusion entre l'Yser canalisé et l'Yperlée canalisée, c'est-à-dire le canal d'Ypres à l'Yser. Ce qu'ils appellent le « canal de l'Yser » dans leur affiche du 22 octobre est l'Yser canalisé entre Dixmude et Nieuport. Dans l'affiche du 4 novembre, ils parlent du « canal de l'Yser à Ypres, près de Nieuport », dénomination

MERCREDI 18 NOVEMBRE

Combien poignant, ce service funèbre célébré ce matin, à 9 heures, en l'église Saint-Boniface, pour le repos des âmes de plusieurs membres d'une famille dinantaise massacrés par les Allemands! On m'a montré la lettre de faire part, émouvante dans sa concision :

Les enfants Jeanne, Marcelle et Berthe BAUJOT,
font part de la perte de

M. Alfred BAUJOT; son épouse Anne-Marie LOOZE; et leurs enfants Marthe et Marie BAUJOT, âgés de 46, 37, 14 et 6 ans,

décédés à Neffe-Dinant le 24 août 1914.

Dans l'église, je ne vois que des visages émus, souvent jusqu'aux larmes. Mais comment ne pas l'être quand on sait — et c'est le cas de tous les assistants — les circonstances dans lesquelles ont péri les victimes à l'intention desquelles retentissent les strophes du « Dies iræ »?

Les trois petites orphelines qu'un hasard a miraculeusement préservées du massacre se trouvent là au premier rang.

Au moment où les Allemands et les Français étaient aux prises près de Dinant, Alfred Baujot et sa femme, pour échapper aux obus, s'étaient réfugiés dans leur

---

tout à fait fantaisiste; enfin, le 4 avril 1915, lorsqu'ils disent avoir traversé « le canal de l'Yser » pour occuper Driegrachten, il s'agit de l'Yperlée et nullement de l'Yser. C'est, comme on le voit, le pendant du quiproquo intentionnel qu'ils avaient fait entre la ville de Liège et ses forts. De telles confusions peuvent induire en erreur des Allemands, mais elles font naturellement sourire les Belges, familiarisés avec la géographie de leur pays.

« Citons encore un point relatif à cette étonnante campagne de l'Yser. Ils annoncent le 2 novembre que les opérations sont rendues difficiles par l'inondation. Le surlendemain, après avoir exprimé leur pitié pour les Belges « dont les champs sont dévastés pour longtemps », ils ajoutent que l'eau dépasse en partie la hauteur d'homme, mais qu'ils n'ont perdu ni un homme, ni un cheval, ni un canon. Comment osent-ils servir de pareilles billevesées à des gens qui connaissent les polders avec leurs innombrables canaux et fossés et qui savent qu'une inondation y rend toute retraite impossible? »

cave avec leurs trois fillettes, dont la plus jeune a trois ans. Ils avaient deux autres enfants qui passaient leurs vacances chez des amis, hors de Dinant; cette circonstance les sauva. Un matin, des soldats, ayant découvert les parents dans leur retraite, leur ordonnèrent brutalement de sortir et les entraînèrent vers la Meuse. Le père portait sur les bras la petite Berthe; la mère suivait, tenant par la main les deux aînées. D'autres habitants du village de Neffe, traqués comme eux, accompagnaient le convoi. Arrivés au fleuve, les soldats firent monter leurs victimes dans des barques et les menèrent sur l'autre rive, que domine le rocher Bayard. Les soldats rangèrent leurs prisonniers le long du talus, puis, froidement, les passèrent par les armes. La petite Berthe était restée dans les bras de son père lorsque la salve éclata; elle fut miraculeusement épargnée. Lorsque son père s'abattit avec les soixante autres fusillés, la fillette tomba parmi les corps et resta quelque temps étourdie. Ce n'est que le lendemain, en longeant la route, qu'une femme découvrit au milieu du charnier l'enfant vivante, tenant dans ses petits bras la tête refroidie de son « papa ».

J'ai vu cette enfant à l'issue du service. Elle souriait avec l'insouciance de son âge aux personnes que la commisération avait rapprochées du groupe des parents endeuillés. Des gens restaient sur le trottoir à les regarder, le cœur gros de sanglots, souvent impossibles à contenir. Et il y avait autant de révolte que de chagrin dans la spontanéité avec laquelle, à l'issue de cette cérémonie troublante, les mains se tendaient vers les trois petites orphelines.

JEUDI 19 NOVEMBRE

A Bruxelles, le désœuvrement forcé de la quasi-totalité des gens est peut-être ce dont nous souffrons le plus, pauvres Belges. Plus de métier, plus de gagne-pain, plus rien, si ce n'est l'attente longue et dure. Chacun vit de ce qu'il possède, économies petites ou grandes.

Des œuvres d'assistance et de secours s'instituent partout. La plus importante est le Comité national de

Secours et d'Alimentation dont j'ai décrit le mécanisme (1). Au dire de l'ambassadeur américain à Londres, cette œuvre est « la plus vaste entreprise de l'espèce qui ait jamais été mise sur pied ». Il s'agit de nourrir tout un peuple, dont le sol exigu et foulé par des millions de combattants, est totalement épuisé, et qui n'a plus guère à se mettre sous la dent que ce que veut bien lui donner l'étranger.

Cette situation, vraisemblablement sans pareille dans l'histoire du monde, — la situation d'un pays de huit millions d'habitants qui était arrivé au plus haut degré de prospérité et qui, maintenant, doit vivre de la charité du dehors — a ému tous les peuples civilisés. Outre les contributions de banques belges, de compatriotes opulents et de tous les Belges d'ailleurs qui peuvent encore donner quelque chose, on signale des souscriptions importantes, en espèces et en vivres, de l'étranger. L'Australie envoie des milliers de tonnes de viande congelée; les Etats-Unis, notamment la Fondation Rockfeller, et le Canada envoient des navires de blé, de lard, de vêtements. Les besoins sont tels, que le comité doit disposer de 25 millions de francs par mois.

La population belge a été répartie en trois catégories : les sans-ressources sont nourris gratuitement et peuvent, deux fois par jour, obtenir, dans des locaux communaux, du pain, de la soupe mélangée de pommes de terre et de viande; les petites gens aux ressources limitées ont droit aux mêmes distributions, moyennant 15 centimes; enfin, les Belges encore en possession de quelque argent se nourrissent comme en temps normal. Pour ceux-ci rien n'est changé, sauf que le pain est brun : toutes les farines et moutures y sont mêlées.

* * *

Il est intéressant de noter comment le service de la Soupe aux nécessiteux s'organise dans une commune de l'agglomération bruxelloise. Voici, à titre d'exemple, comment les choses se passent à Etterbeek :

La distribution de la soupe y a commencé le 18 août, deux jours déjà avant l'occupation. L'administration ne

---

(1) Voir 27 octobre 1914.

possédait pas les douches nécessaires; elle obtint de M. A. Boone, curé-doyen d'Etterbeek, l'usage du local et des douches des Sœurs de Saint-Vincent de Paul, place Van Meyel, 16.

Les directrices et institutrices de l'école communale de filles se mirent à la disposition de la commune et se chargèrent de la préparation et de la distribution de la soupe. Dès le début, quelques autres dames se joignirent à elles et, de commun accord, elles choisirent, pour diriger leur travail Mme Connerade.

Après l'intervention du Comité national de Secours et d'Alimentation, il y eut deux centres de distribution de la soupe. Le premier resta établi place Van Meyel. Deux grandes douches permettent la préparation d'environ 1,200 litres de soupe par jour. Le second se trouve dans les sous-sols de l'école communale de garçons, rue Louis Hap, 118. Quatre douches d'une contenance de 400 litres chacune y permettent la préparation de 1,600 litres de soupe.

Le transport de la soupe dans les différents centres de distribution se fait au moyen d'un camion automobile et de 36 bidons, en acier étamé, d'une contenance de 50 litres, semblables à ceux dont on se sert dans l'armée.

La distribution des aliments se fait dans quatre quartiers de la commune, en de vastes salles, que leurs propriétaires ont mises à la disposition de l'œuvre. Des enquêtes sont faites sur chaque famille, par le comité de distribution d'abord, ensuite par quatre contrôleurs qui, au besoin, se rendent à domicile.

Actuellement, la distribution de la seconde ration est organisée régulièrement. Il a été distribué, à titre de seconde ration, des pommes de terre, des harengs et rollmops, du riz.

Pour la charcuterie, il a été convenu avec les charcutiers qu'il serait remis, par ration, un bon de 15 centimes, permettant de prendre la marchandise dans un magasin, au choix du porteur du bon.

Les pommes de terre, le riz, les harengs, etc., se distribuent au moyen de bons à présenter au magasin communal. Les bouchers décidèrent de fournir, chacun à tour de rôle et dans la mesure de ses moyens, au prix de 1 fr. 20 le kilogramme, de la poitrine et du jarret.

Le nombre de rations distribuées journellement s'élève à environ 9,500.

Au 31 octobre, le nombre total de rations distribuées s'élevait à 234,757; les dépenses à fr. 30,877.76 — soit un prix de revient de 43 centimes par ration.

* * *

Grâce à la magnifique générosité des Etats-Unis et du Canada, notre ravitaillement paraît assuré. Nous lisons — avec quelle satisfaction! — dans les journaux hollandais toute une liste de navires attendus à Rotterdam et dans d'autres ports avec des cargaisons pour les Belges.

Le steamer « Massapequa » arrive de New-York, avec 4,000 tonnes de vivres, don de la Fondation Rockfeller; il sera suivi du vapeur « Terschelling », transportant 4,000 tonnes de froment que le comité belge a achetés en Amérique; le 27 novembre, partira de Philadelphie un vapeur chargé de 2,000 tonnes d'aliments et de vêtements réunis par le « Ladies Home Journal », qui a, en outre, recueilli de quoi faire un second envoi. D'autres expéditions sont annoncées : 4,000 tonnes de vivres par l'Etat d'Ottawa; 9,000 tonnes de farine par la « Northwestern Miller Association »; 4,000 tonnes de grain par l'Etat d'Iowa; 800 tonnes de vivres et de vêtements par la « Christian Herald », qui les destine spécialement aux veuves et orphelins, etc.

Les Etats-Unis et le Canada ne figurent pas seuls parmi les pays dont on nous annonce des envois : la Nouvelle-Zélande y a sa part, ainsi que l'Espagne. Le vapeur « Halifax » apporte à Rotterdam, pour nous, 3,000 tonnes de vivres et de vêtements offerts par les habitants de la Nouvelle-Zélande, qui nous ont déjà fait un gros envoi et en préparent un troisième.

On annonce aussi qu'un comité d'aide aux Belges se constitue à Rome, sous la présidence de M. Luzzati.

Merci, merci! Tout l'univers s'émeut de pitié pour nous et tient à le manifester; il le fait de la façon la plus éclatante et la plus pratique. Le réconfort matériel se double d'un grand réconfort moral. Le monde civilisé, notamment la puissante république au drapeau étoilé, ne veut pas que nous périssions matériellement; il interviendrait aussi, le cas échéant, pour empêcher la Belgique de mourir en tant qu'Etat indépendant; il est avec nous de toute façon; nous le sentons, nous en sommes heureux, et nous en sommes fiers!

VENDREDI 20 NOVEMBRE

C'était hier la Sainte-Elisabeth. Le Collège échevinal a eu l'heureuse idée et a trouvé moyen de faire parvenir le télégramme suivant à S. M. la Reine, qui dirige une ambulance derrière la ligne de feu :

> Le Collège échevinal de la ville de Bruxelles, au nom de la population bruxelloise tout entière, prie Sa Majesté la Reine de vouloir bien agréer l'hommage de ses vœux respectueux; il est heureux de pouvoir offrir à l'admirable compagne de notre Souverain l'expression de la gratitude de tous ses concitoyens pour le dévouement qu'Elle témoigne à notre chère Patrie, pour le réconfort constant qu'Elle apporte au Roi dans les douloureuses épreuves que traverse en ce moment la Belgique.
>
> Le Collège échevinal :
>
> Maurice Lemonnier, Louis Steens, Emile Jacqmain, Georges Maes, Max Hallet.

Une gerbe de fleurs sera remise à la Reine en même temps que le télégramme.

SAMEDI 21 NOVEMBRE

On l'a vu (7 courant), l'Allemagne entend régner aussi sur nos horloges. Le gouverneur a ordonné de les mettre au pas allemand. Il ne s'agit pas seulement des horloges publiques, qui marquent obligatoirement l'heure allemande depuis le lendemain du jour où l'ennemi est entré à Bruxelles; il s'agit aussi des horloges « privées ». Le public se livre, naturellement, à toutes sortes de plaisanteries à propos de l'intérêt que les Allemands continuent à témoigner aux pendules. L'on raconte que le Kaiser, ne réussissant plus à faire avancer ses troupes, se serait écrié : « Eh bien, alors, qu'on fasse au moins avancer les pendules!... »

Mais l'ordre est mal suivi. Pour les particuliers, il est inexistant, et nous ne changeons rien à nos habitudes. Mais les tenanciers de cafés, restaurants et autres établissements résistent aussi ; ici, le délit étant public, des officiers ou des « polizei » allemands interviennent, et plus d'une condamnation a déjà été prononcée. Les tenanciers vont récalcitrer le plus longtemps possible ; mais ils devront finir par céder. Je connais des têtus qui, plutôt que d'adopter l'heure allemande, n'auront plus l'heure du tout dans leur établissement : ils suppriment l'horloge. Je pourrais aussi citer certaine tour d'église où l'horloge s'est subitement arrêtée le jour de la publication de l'ordre et une autre où, depuis, l'horloge n'a plus qu'une aiguille, celle qui marque les minutes...

DIMANCHE 22 NOVEMBRE

Il est interdit de circuler dans le pays sans passeport. Les Bruxellois qui sont en rapport quotidien d'affaires avec la province, les voyageurs de commerce notamment, se heurtent à présent à des difficultés de toute espèce. On ne les oblige pas seulement à se munir d'une pièce officielle qui, seule, donne droit de rayonner dans une partie déterminée du pays ; on les oblige à payer, de ce chef, une taxe passablement onéreuse.

Le service des passe-ports fonctionne dans la salle des milices de l'hôtel de ville. Des centaines de personnes assiègent constamment ce bureau, où un officier allemand, assisté de scribes militaires, représente le pouvoir occupant. Il trône au fond de la salle, dans une enceinte délimitée par des bancs. Le conseiller communal Brassinne qui, dans ce service, représente la partie belge, siège dans un autre « enclos », où il est secondé dans sa tâche par un... avocat à la Cour de Cassation, M. Auguste Braun, et un jeune architecte, M. Henry Vaes, qui se sont complaisamment offerts à l'aider dans cette besogne.

On est un peu surpris de voir M. A. Braun réduit à ce rôle modeste ; mais il y a « que l'on voit ce que l'on ne voit pas ». Le rôle de M. Braun est, en réalité, plus im-

22 novembre 1914.

portant qu'il ne paraît. C'est ce que M. Brassinne m'explique d'amusante façon.

« M. Auguste Braun, me dit-il, a prévu, dès le premier jour, que, dans le rôle d'intermédiaire entre l'hôtel de ville et le gouvernement général, je serais aux prises avec des difficultés d'ordre juridique : le droit international n'est pas le fort d'un entrepreneur! M. Braun est tout de suite venu me proposer de m'aider et il me prépare, sur les questions que j'ai à débattre à la « Kommandantur » ou au gouvernement général, des notes soignées dont je me pénètre la veille et qui tirent des conventions de La Haye et de Genève tout ce qu'il y a moyen d'en extraire... Par ce système, en émaillant la conversation de termes juridiques, j'en suis arrivé à éblouir le vieux von der Goltz, qui, sur ce terrain, ne semble guère voir plus clair que son interlocuteur! Mais, après avoir cité au petit bonheur les articles de conventions internationales, sur lesquelles j'appuie ma thèse, j'ai toujours soin, en le quittant, de lui laisser entre les mains un document qui est censé résumer mes arguments. Cette note-là est impeccable : c'est la note de mon obligeant « secrétaire » de la Cour de Cassation... C'est cette note qu'après mon départ, le gouverneur général fait examiner par ses juristes. Et presque toujours, naturellement, ils doivent reconnaître que... M. Braun a raison!

» L'expérience m'a du reste prouvé qu'on en impose aisément à ces gens-là. Au début de l'occupation, il m'était impossible d'approcher du général von Luettwitz. Quand j'arrivais à son ministère, je trouvais régulièrement, dans l'antichambre, un « Oberleutnant » qui s'emparait de mes documents et me priait d'attendre. Un jour je lui dis sans sourciller :

— Quel est votre grade?

— Oberleutnant.

— Je désire avoir affaire à quelqu'un qui soit mon égal. En Allemagne, les conseillers communaux ont grade de général : je suis conseiller communal.

» Le lieutenant, à ces mots, rectifie son attitude et m'ouvre toute large la porte de son maître. Depuis, je **n'ai plus jamais attendu.** »

Pour en revenir à la salle des milices de l'hôtel de ville, lorsqu'une difficulté se présente pour la délivrance des passe-ports intéressant la région des étapes, l'officier allemand la tranche. Les soldats se bornent à interroger les solliciteurs et à dresser les permis de circulation, que ceux-ci viendront reprendre le lendemain. Chaque passe-port délivré pour une période de quinze jours, parfois d'un mois, est frappé d'une taxe de 10 francs pour le territoire du gouvernement général et de 12 francs pour la région d'étapes. La Ville de Bruxelles prélève sur cette taxe un pourcentage au profit des œuvres de l'alimentation.

Très intéressant, parfois, le va-et-vient d'un des agents de l'espionnage allemand attaché spécialement à ce bureau. Il y a, au fond de la salle, une sorte de chambre, fermée par des cloisons, où, dans les c s douteux, on amène les solliciteurs pour les fouiller. Le policier possède un « livre noir » où sont inscrits les noms des « indésirables » et des « suspects ». Ceux dont le nom figure sur les pages de ce registre n'ont droit à aucun permis.

LUNDI 23 NOVEMBRE

Il faut d'urgence trouver quelque chose pour remédier au mal d'argent dont commencent à souffrir un grand nombre de compatriotes. Les loyers ne rentrent plus que difficilement; les sociétés mettent leurs dividendes à la réserve; on ne négocie que péniblement les coupons d'obligations. Alors, comment regarnir son porte-monnaie? Nos grands établissements de crédit, la Caisse de Reports et la Société Générale notamment, résolvent le problème en organisant un service — tout de suite très important — de prêts sur titres. Ils avancent de 40 à 45 francs sur les lots de villes; un pourcentage est calculé d'après les derniers cours de la Bourse pour nos rentes directes et indirectes et l'on prête 40 p. c. de la valeur nominale sur les bonnes obligations industrielles. Les prêts sont consentis à 1 p. c. au-dessus du taux de la Banque Nationale. Mais nul ne peut recevoir plus de 500 francs par mois.

Malheureusement beaucoup de gens ignorent les facilités ainsi assurées, et vont faire argent de leurs titres dans des officines louches.

MARDI 24 NOVEMBRE

Il se rencontre çà et là un mauvais Belge, l'un de ces hommes dont la conscience est dans le porte-monnaie, qui, directement ou indirectement, fait du zèle au profit des Allemands, afin de gagner plus d'argent. Il s'attire des reproches et quelquefois des représailles de la part de patriotes. Le gouverneur général se met en devoir de protéger les gens de cette sorte; il prend, à cet effet, ce solennel arrêté :

Article 1ᵉʳ. — L'Empire allemand, l'Autriche-Hongrie et la Turquie ne sont point considérés, pour le territoire occupé de la Belgique, comme étant des puissances étrangères ou ennemies dans le sens défini par les articles 113 et suivants du Code pénal belge et la loi du 4 août 1914 (sur les crimes et délits contre la sûreté extérieure de l'Etat).

Art. 2. — Sera puni d'emprisonnement quiconque aura tenté de retenir, par la contrainte, par la menace, par la persuasion ou par d'autres moyens, de l'exécution d'un travail destiné aux autorités allemandes, des personnes disposées à fournir ce travail ou entrepreneurs chargés par les autorités allemandes de l'exécution de ce travail.

Art. 3. — Les tribunaux militaires sont exclusivement compétents pour connaître des délits commis en cette matière.

Art. 4. — Le présent arrêté entre en vigueur à partir du jour de sa publication.

Bruxelles, le 19 novembre 1914.

MERCREDI 25 NOVEMBRE

Un départ, une arrivée. M. le baron von Luettwitz, gouverneur de Bruxelles, nous quitte; il s'est embarqué aujourd'hui à la gare du Nord pour se rendre au front russe; il sera remplacé par le général von Kraewel.

Pendant que cette Excellence nous faisait ses adieux, le premier Zeppelin allemand est venu occuper le hangar spécialement construit pour le recevoir à l'ancienne plaine d'aviation de Berchem.

Les Allemands ont établi un autre hangar pour dirigeable à Evere. Enfin, ils ont agrandi le hangar construit naguère par notre service d'aviation à la plaine des manœuvres d'Etterbeek.

Pour dérouter les aviateurs alliés, ils peignent sur ces hangars des bandes brunes et vertes en les faisant coïncider à terre exactement avec les labourés ou les cultures de l'endroit. Vu de haut, le hangar est ainsi noyé dans l'aspect général du paysage.

JEUDI 26 NOVEMBRE

Chaque jour qui passe voit éclore une œuvre.

Le comité directeur de la Croix-Rouge décide aujourd'hui d'adjoindre à son agence de renseignements sur les prisonniers de guerre et les internés une section de secours qui se chargera de faire parvenir des dons à nos prisonniers de guerre et aux civils belges détenus dans les camps de concentration en Allemagne ainsi qu'aux militaires belges internés en Hollande.

Le comité demande pour nos compatriotes des chaussures feutrées à semelle de bois, des caleçons, des chemises et gilets de flanelle, des mitaines, des écharpes et du tabac. Les comtesses Jean de Mérode et Edouard d'Assche dirigent cette œuvre, qui a son siège à l'Université.

En même temps s'ouvre, dans un hôtel privé, à l'angle de la rue Joseph II et de l'avenue des Arts, un « bureau de secours aux victimes de la guerre ». Tout le long du jour, c'est là un va-et-vient de femmes du peuple et d'autres aussi. Le malheur a confondu toutes les classes de la société.

VENDREDI 27 NOVEMBRE

On peut maintenant observer de plus près l'intéressant mécanisme du Comité national de secours et d'alimentation (1). Les demandes de secours n'ont pas tardé à affluer à Bruxelles. Neuf comités provinciaux

---

(1) Voir, au sujet de la fondation, le 27 octobre 1914. Voir aussi le 27 octobre 1915, des détails sur la première année de fonctionnement de cet organisme.

furent formés, mais la nécessité de coordonner leurs efforts se fit bientôt sentir, et, dès la fin d'octobre, le titre de « Comité central » était remplacé par celui de « Comité national »; ainsi l'organisation créée à Bruxelles étendait son action à tout le pays (1).

Le comité du Brabant est présidé par M. Ch. Janssen, président de la députation permanente; les vice-présidents sont le comte Jean de Mérode, grand maréchal de la Cour, et M. E. Jacqmain, échevin de l'instruction publique à Bruxelles.

Le comité du Brabant — et sans doute les autres comités en ont-ils fait autant — vient d'écrire aux bourgmestres de la province pour leur faire connaître sa constitution. Les secours qu'il distribuera consisteront, dans les communes sinistrées, en denrées alimentaires, vêtements, couvertures, jamais en argent. Les bourgmestres de ces communes sont invités à adresser au comité, le plus tôt possible, un rapport sur les événements permettant de considérer leur localité comme sinistrée, l'indication (par sexe et âge) du nombre des habitants à secourir, la nature des secours désirés.

Les bourgmestres des autres communes sont priés d'envoyer les renseignements suivants : 1° l'inventaire du froment, du seigle ou de l'épeautre existant encore au 15 novembre dans leur commune; 2° la quantité quotidienne de farine que leur commune considère comme nécessaire pour assurer l'alimentation de ses habitants, en dehors de celle qui peut être trouvée sur place. Cette quantité doit être calculée sur le pied de 250 grammes de farine maximum, par tête d'habitant, d'après la décision du Comité national de secours et d'alimentation.

Le comité provincial se réserve la faculté de refuser ou de réduire la quantité de farine demandée par chaque commune : 1° si cette quantité est basée sur une

---

(1) A la suite des sollicitations des populations du Nord de la France et d'un voyage fait à Paris, par M. Francqui, en février et mars 1915, une convention datée du 15 avril 1915 a été conclue entre la « Commission for Relief in Belgium » et l'état-major allemand, et l'action du Comité National a été étendue à toute la région occupée du Nord de la France.

ration quotidienne par tête d'habitant dépassant deux cent-cinquante grammes de farine par jour; 2° s'il résulte des renseignements donnés, et que le comité provincial fera contrôler très rigoureusement, qu'il existe dans la commune des céréales indigènes qui pourraient être achetées, ou, au besoin, réquisitionnées pour assurer sur place l'alimentation des habitants; 3° si la farine n'est pas distribuée équitablement entre les boulangers de la commune, après entente entre ceux-ci.

Le prix de la farine que le comité provincial offre aux communes, est le résultat d'une mouture de froment à 90 p. c.; il est fixé à 39 francs les 100 kilos (sous réserve de modification); il devra être payé strictement au comptant, lors de la livraison à faire par les moulins qui seront ultérieurement indiqués.

Chaque commune devra faire prendre la farine au moulin, et assurer le transport du moulin à son territoire par ses propres moyens et à ses frais.

Les communes ne pourront obtenir du comité provincial des denrées alimentaires ou des secours qu'à la condition de s'engager, par écrit, à fixer à 40 centimes le kilo, le prix du pain de froment à 90 p. c. et à n'apporter aucune modification à ce prix sans l'autorisation préalable du comité provincial.

Les communes peuvent aussi obtenir d'autres denrées alimentaires (pois, riz, fèves), à des prix qui leur seront indiqués; de même des denrées pour l'alimentation du bétail : son, maïs, tourteaux, farine de lin, etc.

Beaucoup de communes n'ont pas dans leur caisse l'argent nécessaire pour rembourser les livraisons du comité. Le Crédit communal leur fera volontiers les avances nécessaires.

SAMEDI 28 NOVEMBRE

Les communes de l'agglomération bruxelloise viennent de régler une très grosse question. Il s'agit toujours de la contribution de guerre qui leur a été imposée par les Allemands lors de leur arrivée (1). Ceux-ci, on s'en souvient, exigeaient 50 millions de francs de

---

(1) Une formidable contribution de guerre fut imposée un peu plus tard à toute la Belgique. Voir 5 décembre.

l'agglomération bruxelloise et 450 millions de la province de Brabant. Ils renoncèrent bientôt à ces 450 millions, le général von Arnim reconnaissant lui-même que c'était par trop excessif. Ils consentirent, en outre, une réduction de 5 millions sur les 50 millions dont la capitale avait été frappée. Il fut convenu que Bruxelles prendrait 20 millions à sa charge et les faubourgs le reste, soit 25 millions. On se flatta bientôt de l'espoir que cette dernière somme ne serait pas exigée jusqu'au bout; des conversations avaient été tenues d'où l'on pouvait l'inférer; M. Max croyait même que les pourparlers avaient abouti : ainsi s'explique que, dans l'entretien qu'il eut avec le général von Luettwitz la veille de son arrestation, il considéra que l'autorité allemande manquait à une promesse faite en exigeant le payement des 25 millions, et qu'il refusa, dès lors, de laisser verser le solde — 2,215,000 francs — de ce que la Ville de Bruxelles devait encore. Les faubourgs durent alors s'incliner. Mais ils n'avaient pas les fonds. Un consortium comprenant les dix-huit principales banques de la capitale fit l'avance contre garantie d'une taxe à imposer par les quinze communes de l'agglomération à leurs habitants. Quelle serait la forme de cette taxe? Comment serait-elle répartie entre les communes?

La conférence des bourgmestres a fini par s'arrêter à une répartition d'après le chiffre des contributions directes payées à l'Etat; la part attribuée à chaque contribuable sera déterminée par le chiffre des contributions, dont il est grevé, mis en rapport avec le montant total de la taxe. En augmentant les 25 millions des intérêts, frais de timbre des promesses et conventions, prévisions de 5 p. c. pour non-valeurs, le total exact de la somme à répartir s'élève à 26,700,450 francs. La part de Bruxelles sera de 12,845,151 fr. 86; celle d'Ixelles, de 3,383,601 fr. 27; celle d'Auderghem, qui est la moindre, de 77,126 fr. 68; je néglige la part des autres communes (1).

---

(1) Les communes ont finalement renoncé à faire une répartition entre elles. Il a été entendu que la ville de Bruxelles paierait pour l'ensemble de l'agglomération, la répartition devant être faite après la guerre si l'Etat belge ne prend pas le tout à sa charge.

Les banques devront être remboursées pour le 15 juin 1915.

Quant au paiement des 25 millions entre les mains des Allemands, il se fait par versements échelonnés au cours des mois d'octobre, novembre et décembre.

DIMANCHE 29 NOVEMBRE

Les marchands de lait nous annoncent qu'à partir d'après-demain, 1ᵉʳ décembre, ils augmenteront le prix de leur marchandise de 4 centimes au litre. Le lait coûtera 30 centimes au lieu de 26 ; avant la guerre il coûtait 24 centimes.

L'augmentation annoncée est le résultat d'une décision prise hier par les propriétaires et directeurs des grandes laiteries. Pourtant la consommation, qui était de 45,000 litres environ par jour avant la guerre, a baissé d'un tiers dans l'agglomération ; mais la production a beaucoup diminué. Puis, et surtout, les difficultés d'approvisionnement sont grandes : les vicinaux n'amènent plus la production journalière aux arrêts terminus de la capitale ; les camions des laiteries doivent parcourir chaque matin les campagnes de la région de Bruxelles pour recueillir le lait dans les fermes. Et les fermiers ont, paraît-il, des prétentions exagérées... (1)

LUNDI 30 NOVEMBRE

Outre les merveilles que la charité accomplit ici, il est un autre aspect de la vie belge bien digne de fixer l'attention : c'est l'effort quotidiennement accompli par nos compatriotes pour mettre un peu d'ordre dans l'anarchie causée par l'invasion, pour rétablir, autant que faire se peut, une vie normale dans un pays pantelant, exsangue, frappé de paralysie.

Exemple : en maints endroit, les maisons communales sont détruites et leurs archives brûlées. Sans attendre la fin de la guerre, sans s'arrêter à l'hypothèse

---

(1) On s'effrayait en novembre 1914 d'une augmentation de 4 centimes. Mais en novembre 1918 on ne s'étonnait plus de devoir payer le litre fr. 1.60.

30 novembre 1914.

d'un retour de la guerre et de ses dévastations dans les mêmes endroits, la Députation permanente du Brabant publie un arrêté qui restera, au nombre des documents de cette époque, parmi les plus caractéristiques.

Elle invite les autorités communales qui en sont privées à se procurer un local et un mobilier, au moins provisoires, pour l'administration de la commune. Les archives, registres et pièces qui ne pourront être reproduits en un état suffisant de conservation devront être reconstitués par tous moyens. L'enseignement ne peut chômer : si des écoles sont détruites, il convient de se procurer d'urgence des locaux provisoires pour les classes. Il doit immédiatement être paré aux absences dans les services de la commune. L'arrêté indique la manière à suivre en cas d'absence du secrétaire communal, du receveur communal, du bourgmestre ou d'un échevin. Le bureau de bienfaisance et les administrations hospitalières ont aussi un devoir patriotique à remplir et sont priés de faire connaître dans les huit jours les mesures qu'ils ont prises ou comptent prendre pour satisfaire aux exigences du moment.

L'arrêté ajoute — signe des temps — que, vu l'absence de tout trafic postal ou par voie ferrée, les communications peuvent être transmises à l'autorité provinciale par l'intermédiaire des cantonniers. C'est la poste comme au bon vieux temps.

Décembre 1914

1ᵉʳ décembre : En l'honneur des Américains. — **2** : Le nouveau gouverneur général baron von Bissing. — **3** : Les « Petites Abeilles ». — L'Œuvre du quartier et l'Œuvre du sou. — Les « Restaurants populaires ». — **5** : Premières délibérations à propos de la contribution de guerre imposée au pays. — **6** : Saint-Nicolas parmi les belligérants. — **8** : L'Office central d'identification. — **9** : Une protestation de M. Théodor au nom du barreau de Bruxelles. — **10** : L'immixtion allemande dans les affaires provinciales. — **11** : Les quarante millions de contribution par mois. — **13** : Les Allemands au Palais des Académies. — Disparition des archives de la Commission d'histoire et des collections de la Société de numismatique. — **14** : Les services funèbres pour nos soldats. — **15** : Arrestation de la comtesse de Mérode et du sénateur Speyer. — **16** : Les vols au détriment de Mᵐᵉ Poullet. **17** : Le Comité d'assistance agricole. — **18** : Les moyens de transport en Belgique à la fin de l'année 1914. — **19** : Les Conseils provinciaux et la contribution de guerre. — Patriotique discours du conseiller provincial socialiste André. — **20** : Fermeture hermétique des frontières. — Suspension des lois sur la milice et la garde civique. — **21** : Première visite d'un avion des alliés. — **22** : Bamboches tudesques dans le Palais royal de Laeken. — **25** : Noël de guerre. — Du pain blanc pour un jour. — **27** : Les éclopés belges laissés pour compte à la générosité privée. — Distribution de vêtements à 1,300 enfants de soldats. — Le calendrier de la Reine. — **28** : Révocation du gouverneur et du commissaire de la Banque Nationale. — Le département d'émission de la Société Générale. — **29** : Les princes Auguste et Charles de Hohenzollern en temps de guerre. — **30** : Les cartes de visite. — **31** : Les derniers arrêtés de l'année.

MARDI 1ᵉʳ DÉCEMBRE

Le Comité national de secours et d'alimentation a aujourd'hui rendu hommage et témoigné sa reconnaissance à quelques étrangers et à leurs pays respectifs, sans lesquels son œuvre féconde n'existerait pas. Il s'est, à cette fin, réuni en séance extraordinaire. M. Hoover, président de la «Commission for relief in Belgium» (1),

---

(1) Sur la fondation de celle-ci, voir 27 octobre.

1er décembre 1914.

qui recueille des secours à l'étranger et procure les approvisionnements à la Belgique, M. Millard Shaler, secrétaire honoraire de cette commission, le Dr Rose, membre de la Fondation Rockfeller, qui joint si affectueusement son action à celle de la « Commission for relief », M. Bicknel, membre de la même Fondation, avaient été invités à la réunion. C'est pour eux qu'elle avait lieu.

M. Ernest Solvay, président du Comité national, leur a adressé cette allocution, leur associant, dans l'expression de sa gratitude, les ministres des Etats-Unis et d'Espagne également présents :

Messieurs les Ministres, Cher Monsieur Hoover et Chers Messieurs Rose et Bicknel,

C'est en votre honneur, mûs par des sentiments de gratitude, que nous nous réunissons en ce moment.

Nous n'oublierons jamais l'émotion qui nous prit quand, tout au début de notre action, on nous fit part que Messieurs les Ministres d'Espagne et des Etats-Unis, confiants en notre œuvre et en sa constitution, voulaient bien consentir à la patronner en la faisant devenir également leur œuvre, et en s'entourant à cet effet de collaborateurs dévoués.

Cette émotion, nous l'éprouvâmes encore lorsque, au retour du voyage à Londres de nos dévoués collègues, MM. le Baron Lambert et Francqui, ce dernier, ne réprimant pas sa vive satisfaction, nous dit : « Nous avons la bonne fortune d'avoir à la tête de la commission de Londres, un homme d'action, dans toute l'acceptation du terme, M. Hoover. Grâce à lui, nos affaires, j'en suis convaincu, marcheront. » Et l'affirmation de M. Francqui est maintenant devenue un fait absolument avéré, une réalité qui nous débarrasse de poignants soucis.

Cette même émotion, toujours, se renouvelle encore aujourd'hui, en voyant ici devant nous, d'une part M. Hoover lui-même, d'autre part, les membres de la Commission Rockfeller, MM. Rose et Bicknel.

Nous sommes un petit pays, nous avons du courage, mais la force nous manque; et vous comprendrez, Chers Messieurs les Américains, combien nous devons vibrer de satisfaction, par sécurité, quand nous voyons votre grande et libre nation apprécier nos souffrances, et subissant toutes les impulsions spontanées de la solidarité et du cœur, venir à nous d'enthousiasme naturel pour nous aider à les supporter, pour nous empêcher d'être terrassés par la faim et le froid.

C'est noble, Messieurs !

Vous, qui formez un peuple pratique autant que généreux, vous vous êtes fait de l'humanité la pure et haute conception qui doit correspondre à la poussée de notre époque, celle qui créera bientôt la conscience active mondiale devant permettre aux véritables éprouvés de partout de pouvoir espérer en croyant au Droit.

Chers Messieurs les Ministres et Chers Messieurs les Américains, merci; merci pour nous tous, et du fond du cœur, de ce que vous voulez bien nous continuer votre indispensable appui en ne cessant d'être, avec conviction, partout et toujours avec nous. Nous vous en exprimons notre profonde reconnaissance, et d'avance, la reconnaissance historique d'un pays qui connaît le devoir.

M. Francqui, président du comité exécutif du Comité national, M. Jadot, vice-président, M. le marquis de Villalobar, ministre d'Espagne, ont joint quelques paroles de remerciements à celles de M. Solvay. M. Francqui a loué surtout l'activité de M. Hoover, qui est parvenu, en quelques semaines, à assurer à la Belgique cent cinquante mille tonnes de blé, c'est-à-dire des vivres pour trois mois.

M. Brand Whitlock, ministre des Etats-Unis, a répondu au nom de ses compatriotes, et M. Hoover a ajouté un petit discours dans lequel il a exposé les difficultés que l'œuvre du ravitaillement de la Belgique rencontre. Par suite du temps très long qu'il faut pour amener les marchandises à destination, la situation restera critique jusqu'au 20 décembre. Afin de remédier à cette situation, M. Hoover a demandé au Gouvernement britannique de vouloir bien prêter des vivres à la « Commission for relief ». Il ne sait s'il réussira; mais, toutefois, il croit qu'après le 20 décembre, il pourra obtenir de 50,000 à 60,000 tonnes de vivres par mois. M. Hoover a assuré que l'appel adressé au peuple américain par la commission obtient un très grand succès.

Merci aux Américains!

MERCREDI 2 DÉCEMBRE

Le départ du général baron von Luettwitz, gouverneur de Bruxelles, n'était que le prélude d'un départ plus important : celui du gouverneur général feld-maréchal baron von der Goltz. Celui-ci est désigné pour commander les opérations en Turquie, où le Kaiser a jugé qu'il rendrait plus de services qu'ici. Il y vécut, du reste, naguère : on l'appelait von der Goltz-pacha. Ce grand homme s'en est allé sans tambour ni trompette. Bon voyage!

Petit tambour et petite trompette pour annoncer l'arrivée de son successeur, qui nous est parfaitement inconnu; une affichette dit simplement :

AVIS.

Sa Majesté l'Empereur et Roi, ayant daigné me nommer gouverneur général de Belgique, j'ai pris aujourd'hui la direction des affaires.

Baron von BISSING,
Général de cavalerie.

VENDREDI 4 DÉCEMBRE

Encore des œuvres. Les « Petites Abeilles ». Leur ruche, c'est l'ancien hôtel Somzée, rue des Palais. Le Comité national leur a confié des enfants dont l'âge va du premier vagissement jusqu'à l'âge de trois ans. Tâche énorme et combien délicate! Mais les « Petites Abeilles » ont la manière. Se fait-on une idée de ce qu'exige une pareille entreprise? Il faut à l'enfant, de telle à telle période, autant de lait; pour celui-ci, il faut ajouter de la phosphatine; pour celui-là autre chose. Les « Petites Abeilles » ont résolu tous ces problèmes. Elles ont 8,000 pupilles, dont les santés sont magnifiques.

L'« OEuvre du Quartier », appelée dans certains faubourgs « L'OEuvre du Sou », est une création de la garde bourgeoise. Elle a pour but d'aider discrètement les personnes qui sont momentanément dans la gêne et qui, à raison de leur situation sociale, ne peuvent ou n'osent recourir aux services de la bienfaisance publique. La police bourgeoise recueille elle-même les souscriptions et s'adresse spécialement « aux habitants du quartier qui, pour des circonstances indépendantes de leur volonté, ne peuvent contribuer par leur dévouement personnel au maintien de l'ordre et à la sauvegarde des propriétés ». On paie un franc par mois. Il y a des milliers de souscripteurs. (1)

Enfin, on crée l'œuvre des « Restaurants populaires ». Elle est destinée aux gens qui ont encore assez de ressources pour se passer de la soupe communale, mais qui croiraient se déclasser en y recourant, et qui, cependant, ne sont plus à même de se payer chaque jour un repas convenable. Une réunion a eu lieu hier à l'Hôtel de ville de Bruxelles, sous la présidence de l'échevin Maes. Y assistaient : le notaire Bauwens et le sénateur Brunard, représentant le Conseil des hospices; M. Auguste Braun; Mme Der'scheid; le conseiller communal Brassinne; M. Neukens, secrétaire de l'OEuvre du travail à domicile.

On a décidé d'aménager une partie du Palais du Midi pour un grand restaurant démocratique. En outre, le comité s'entendra avec des restaurateurs de tous les quartiers, afin qu'ils servent des dîners à 75 centimes dans des salles spéciales. Le repas coûtera 10 centimes de moins quand le client ne demandera pas de nappe. Il comprendra un potage et un plat de viande; les Hospices offriront le café.

Certains clients paieront moins encore : ceux qui seront munis de la carte d'une œuvre; celle-ci soldera la différence (2).

SAMEDI 5 DÉCEMBRE

La Députation permanente est en conflit avec le gouvernement général. Le public ne s'en doute pas et

---

(1) « L'Œuvre du Quartier », qui devait prendre un si remarquable développement, fut fondée le 17 octobre 1914, au poste de la rue de Louvain, par un membre de la garde bourgeoise, M. Modeste Colruyt. Ses sections formèrent bientôt avec celles de « l'Œuvre du Sou », une vaste fédération intercommunale, qui a étendu à toute l'agglomération les bienfaits de l'assistance discrète. Des milliers de familles de la petite bourgeoisie ont été assistées par cette fédération que dirigèrent MM. le notaire Poelaert (président) ; J. Bosquet et F. Levêque, conseillers communaux (vice-présidents) ; Foucart, conseiller communal à Schaerbeek (secrétaire) ; Staelens, fonctionnaire (secrétaire-adjoint) et M. Colruyt, employé de banque (trésorier).

(2) Sur le développement de cette œuvre, voir le 1er avril 1915.

5 décembre 1914.

c'est tant mieux, car il s'agit encore d'une nouvelle qu'il saura toujours assez tôt; elle est très désagréable.

Les Allemands veulent imposer à la Belgique une contribution de guerre de 35 millions de francs par mois! En l'absence du gouvernement et de la législature belges, ils considèrent, pour les besoins de la cause, les conseils provinciaux comme représentant le pays et c'est par eux qu'ils veulent faire régler le paiement de cette énorme contribution à tirer d'une population déjà pressurée de toutes façons. Il n'y a pas de doute qu'une telle contribution est au-dessus des ressources actuelles du pays et contraire, par conséquent, aux « lois de la guerre» codifiées dans la convention de La Haye.

C'est ce que n'ont pas manqué de faire remarquer avec force les représentants des neuf députations permanentes, que M. von Sandt, chef de l'administration civile allemande, avait convoqués hier en son cabinet.

M. von Sandt n'a pas paru disposé à tenir compte de leurs protestations. Les délégués ont essayé d'obtenir au moins un avantage en retour du vote éventuel de la contribution : l'engagement que toutes les réquisitions seraient à l'avenir payées comptant. M. von Sandt a répondu qu'il ne pouvait trancher la question sans en référer à l'autorité militaire.

Aujourd'hui il leur a proposé un nouveau régime de réquisitions qui comporte certaines améliorations, mais est loin de donner satisfaction aux délégués; et, l'avantage relatif qu'il leur acorderait ainsi, M. von Sandt veut le leur faire payer... 5 millions par mois. Oui, il déclare qu'en échange d'un régime nouveau des réquisitions, la contribution de guerre serait portée à quarante millions par mois!

Craignant que le chiffre de la contribution proposée, ou plutôt imposée, n'augmentât plus leur présence chez M. von Sandt se prolongerait, les délégués ont rompu l'entretien et sont partis. (1)

---

(1) Voir suite 11 et 19 décembre 1914.

DIMANCHE 6 DÉCEMBRE

Il est venu malgré la guerre, le bon saint Nicolas. Il est venu dans les écoles, dans les ménages pauvres, partout. Moins chargé que d'habitude. Mais il est venu quand même. Et il fut belliqueux, cette fois, comme l'Europe entière. Il a réquisitionné, dans les bazars et magasins, tous les soldats de plomb, uniformes militaires et canons. Et il en a semé dans toutes les cheminées.

Grâce aux Etats-Unis, protecteurs des infortunés petiots qui vivent dans l'Europe en armes, les malheureux ont eu leur bonne part. D'Amérique est arrivé un navire tout entier chargé de présents de Saint-Nicolas pour les enfants des belligérants. La cargaison se composait de 5 millions d'objets. Il a d'abord fait escale à Southampton. Un grand lot de vêtements et de pommes était spécialement destiné aux enfants belges. Le navire est arrivé sous pavillon blanc de la paix, avec, dans un angle, l'étoile de Bethléem et l'inscription : « Ce que vous aurez fait au moindre des miens, c'est à moi que vous l'aurez fait ».

MARDI 8 DÉCEMBRE

On vient de constituer à Bruxelles un office central d'identification pour les œuvres de secours et de bienfaisance. Entreprise considérable, qui aurait découragé plus d'une bonne volonté; une femme, Mme Derscheid, n'a pas craint de s'y atteler. La nécessité d'un pareil organisme s'est révélée à la suite des abus dont les œuvres de secours aux nécessiteux étaient victimes. Des secourus mangeaient à plusieurs rateliers, comme on dit; d'autres avaient trouvé le moyen d'émarger plusieurs fois à la caisse du même comité; d'autres n'hésitaient pas, pour grossir leurs ressources, à vendre les vêtements qu'on leur donnait. Il fallait, dans l'intérêt des nombreuses œuvres créées à Bruxelles et dans les faubourgs depuis la guerre, remédier à ces inconvénients. L'Office central d'Identification y pourvoira.

Il est installé 26, place du Grand Sablon. Des dames et des messieurs, parmi lesquels des fonctionnaires ministériels privés de leurs occupations habituelles, s'y réunissent et, avec le concours des administrations communales, dressent des fiches. Mais il faut, au préalable, consulter les divers comités de secours, demander des renseignements, faire des enquêtes, bref, réunir la documentation qui permettra d'établir les fiches.

Lorsqu'une personne désire un secours, elle doit se présenter à cet office, qui lui remet un carnet sur le vu d'une pièce d'identité délivrée par le bureau de population de la localité où elle réside. Les renseignements essentiels tirés de cette pièce, nom, prénoms, âge, adresse, profession, sont transcrits en tête du carnet, dont le double, sous forme de fiche, est classé dans les archives de l'office. Muni de son carnet, le requérant peut alors se présenter à l'œuvre d'assistance de son choix. Cet office de documentation fonctionne indépendamment des œuvres de secours dont l'organisation, l'autonomie et le champ d'action sont pleinement respectés.

Sur le carnet que le requérant est tenu de présenter à chaque sollicitation de sa part, les comités distributeurs et, si possible, les bienfaiteurs particuliers, indiquent en quelques mots la nature des dons attribués et leur date, sans que l'indication d'origine soit obligatoire. Ainsi chaque bureau, chaque donateur privé est à même de se rendre compte de la situation de la famille et de l'importance des secours qu'elle a déjà reçus.

En trois semaines, 60,000 fiches ont pu être dressées : les dames du comité se sont rendues dans tous les comités distributeurs de soupe, pour y recueillir elles-mêmes les renseignements nécessaires. La ville de Bruxelles, le Conseil des Hospices, le Comité national ont été si heureux de cette initiative qu'ils ont accordé avec empressement les subsides nécessaires. L'office fonctionnera pour toutes les œuvres sans distinction de partis. Son comité est composé de manière à donner toutes garanties à ce sujet. On y voit figurer, outre Mme Derscheid, Mmes la comtesse John d'Oultremont, Lemonnier, Philippson-Wiener, la baronne de Woelmont, Paul Vander Velde, Vaes-Dupret, MM. Maes, échevin de Bruxelles, Frison et Pladet, administrateurs des Hospices, Brassinne, conseiller communal, Dom, directeur général au Ministère de la Justice, Auguste Braun, avocat à la Cour de Cassation, et E. Janssen, délégué du Comité national de secours et d'alimentation.

MERCREDI 9 DÉCEMBRE

Un incident vient d'éclater entre le gouvernement civil allemand et le bâtonnier du barreau de Bruxelles à propos de la manière dont les avocats belges remplissent leur mission. Une firme Temmerman et Cie, de Dusseldorf, avait chargé M. Rahlenbeck, avocat à Bruxelles, de défendre ses intérêts devant nos tribunaux. Le résultat du procès n'ayant pas répondu à l'attente de cette firme, elle adressa au gouverneur allemand en Belgique une lettre pour se plaindre du manque de zèle de son avocat. Aussitôt, M. von Sandt, chef de l'administration civile allemande, envoie à M. Theodor, bâtonnier des avocats d'appel, une missive réclamant justification de la conduite de M. Rahlenbeck et menaçant de mesures de rigueur le barreau tout entier pour le cas où la preuve serait faite que des avocats belges éprouvent de la « répugnance à représenter devant la magistrature belge des clients de nationalité allemande ».

M. Theodor lui répond de bonne encre. Après avoir justifié M. Rahlenbeck, qui s'est acquitté de sa tâche avec un soin minutieux, M. Theodor ajoute :

> Je n'ai pas, comme Bâtonnier, à me préoccuper de l'état d'âme de mes Confrères et, tout particulièrement, pour ce qui concerne en ce moment leurs relations avec les Allemands. Leur conscience leur appartient avec ses secrets, ses sympathies ou ses antipathies, sans qu'il soit donné à personne, homme ou pouvoir, d'y pénétrer.
>
> Mais, ce que je puis affirmer, c'est que l'avocat, digne de ce nom, qui a accepté de défendre les intérêts d'un sujet allemand en justice, soit qu'il le fasse spontanément, soit qu'il en ait été chargé d'office par le Bâtonnier de l'Ordre, se fera un devoir et un honneur de ne rien omettre et de tout faire pour le triomphe de sa cause.
>
> L'avocat, dans la pratique de ses devoirs, ne connaît ni les défaillances, ni les rancunes; pour lui, il n'y a ni ami, ni ennemi; son souci de probité professionnelle n'est pas livré aux

hasards des événements. La guerre elle-même, dans laquelle nous sommes engagés, ne saurait entamer son esprit de loyauté et d'élémentaire justice.

Sans doute, depuis qu'elle nous a envahis, l'Allemagne est devenue notre ennemie. Menacés par elle dans notre existence, nous la combattons avec toute l'âpreté d'un patriotisme enraciné. A elle nous ne devons rien. En revanche l'Allemand, sujet de droit, justiciable de nos tribunaux, est sacré à nos yeux. Qu'il comparaisse devant nos juridictions, civiles ou répressives, il peut être rassuré : il ne connaîtra ni déni de justice, ni parti-pris, ni malveillance, ni vexations. Que si sa liberté, son honneur ou ses intérêts étaient injustement menacés, le Barreau serait là pour le protéger.

Quant à la menace qui nous est faite, de « prendre des mesures » — mesures dont je ne devine ni la nature ni la portée — elle est superflue. Elle ne saurait modifier en rien notre attitude. Nous agirons à l'avenir comme nous l'avons fait dans le passé, sans préoccupation d'aucune espèce et sans autre mobile que celui de bien faire.

Ce sera l'éternel honneur du Barreau Belge, et sa raison d'être, de n'obéir dans l'exercice de sa haute mission qu'à sa conscience, de parler et d'agir sans haine et sans crainte; de demeurer, quoi qu'il puisse advenir, sans peur et sans reproche.

Qu'il me soit permis d'ajouter que le Barreau n'est pas un corps administratif. Il constitue un organisme autonome et libre. Placé par la loi aux côtés de la magistrature pour réaliser avec elle l'œuvre commune de la justice, protégé par des traditions séculaires, il ne connaît ni la tutelle ni le contrôle d'aucun pouvoir politique. Il règle sa vie et son activité comme il l'entend, il ne reçoit d'ordre ni d'injonction de personne.

Cette liberté sans entraves, il l'exerce, non pas dans l'intérêt de ses membres, mais dans l'intérêt de sa mission. Elle a développé dans son sein plus de discipline que d'orgueil; elle a créé un code de règles sévères d'honneur et de délicatesse qu'une élite seule peut supporter.

Toucher à cette institution serait toucher à la justice elle-même, c'est-à-dire à ce qui constitue le suprême rempart de notre vie nationale.

Placé à la tête du Barreau de la capitale belge par la confiance de mes confrères, je manquerais à mes premiers devoirs si je ne revendiquais pas, les voyant menacées, nos prérogatives contre un pouvoir étranger avec la même respectueuse liberté que je le ferais si je me trouvais en face d'un ministre belge.

La réponse de M. Théodor fait grand bruit. Elle lui attire de chaudes félicitations (1).

---

(1) M. Théodor eut plus tard d'autres démêlés avec l'autorité allemande. Voir 19 et 24 février 1915.

10 décembre 1914

JEUDI 10 DÉCEMBRE

Nouvel arrêté relatif aux administrations provinciales :

Article 1ᵉʳ. — La loi du 4 août 1914 relative à la délégation des pouvoirs en cas d'invasion du territoire est abrogée.

Art. 2. — Tous les pouvoirs appartenant aux gouverneurs provinciaux en vertu des lois sur l'administration des provinces et des communes sont exercés par les gouverneurs militaires de l'empire allemand.

Les présidents du gouvernement civil ressortissant aux gouverneurs traitent, au nom de ceux-ci, les affaires courantes de l'administration provinciale et pourvoient aux affaires et à la présidence des députations permanentes. Les pouvoirs appartenant au Roi des Belges sont exercés par moi, en ma qualité de gouverneur général impérial.

Art. 3. — Les résolutions prises depuis l'entrée en vigueur de la loi susmentionnée du 4 août 1914, par les députations permanentes, les conseils provinciaux et les conseils communaux, doivent, pour être valables, être approuvées après coup, par les autorités désignées à l'article 2, pour autant que ces décisions eussent dû être aprouvées par les gouverneurs provinciaux ou par le Roi.

Bruxelles, le 3 décembre 1914.

Le Gouverneur général en Belgique,
Baron von BISSING,
Général de cavalerie.

VENDREDI 11 DÉCEMBRE

La contribution de guerre sera décidément de quarante millions par mois. L'avis est officiel et public depuis ce matin. L'affiche porte le titre « Ordre » :

Il est imposé à la population de Belgique une contribution de guerre s'élevant à 40 millions de francs à payer mensuellement pendant la durée d'une année.

Le paiement de ces montants est à la charge des neuf provinces qui en sont tenues comme débitrices solidaires.

Les deux premières mensualités sont à réaliser au plus tard le 15 janvier 1916; les mensualités suivantes au plus tard le 10 de chaque mois suivant, à la caisse de l'armée en campagne du gouvernement général impérial de Bruxelles.

Dans le cas où les provinces devraient recourir à l'émission d'obligations à l'effet de se procurer les fonds nécessaires, la forme et la teneur de ces titres seront déterminés par le commissaire général impérial pour les banques en Belgique.

Bruxelles, le 10 décembre 1914.

Le Gouverneur général en Belgique,
Baron von BISSING,
Général de cavalerie.

Inutile de dire les sentiments que cette formidable extorsion éveille dans le public.

Les conseils provinciaux sont convoqués pour le 19; leur session, dit l'arrêté de convocation, ne pourra durer qu'un jour et n'avoir d'autre objet que « le mode visant l'accomplissement de l'imposition de guerre mise à la charge de la population belge » La session « sera ouverte et close » par un membre désigné dans son sein par la Députation permanente et « au nom du gouverneur général allemand ». La délibération, ajoute l'arrêté, « se fait en toute validité, sans égard au nombre des membres présents ». Et le tout devra avoir lieu en séance secrète.

Que se passera-t-il? J'apprends qu'avant-hier, après un nouvel échange de vues, les délégués des députations permanentes ont signé le procès-verbal suivant :

Les présidents et délégués des députations permanentes soussignés, placés devant la pénible nécessité, malgré leurs efforts et protestations, d'opter entre une imposition de 40 millions par mois avec règlement des réquisitions dans le sens de la note de M. Janssen ou 35 millions sans règlement de la question des réquisitions, sont unanimement d'avis que la première solution est préférable et s'engagent à la défendre devant la députation permanente et le conseil provincial de leurs provinces respectives.

Bruxelles, le 9 décembre 1914.

(Signé) Ch. Janssen, de Baets, Kervyn de Mérendré, baron de Gaiffier d'Hestroy, Ch. Gielen, Pastur, Em. Montens, Ad. Franchimont, G. Grégoire.

Les députations proposeront donc le vote de la contribution. (1)

DIMANCHE 13 DÉCEMBRE

Le professeur Pirenne adresse au gouvernement général, au nom de la Commission royale d'histoire, une

---

(1) Voir suite le 19 décembre.

protestation cinglante contre le régime d'occupation du Palais des Académies par les Allemands. Les corps scientifiques qui avaient leur siège dans ce palais et y possédaient leurs archives, leurs bibliothèques et leurs collections en ont, un beau matin, été expulsés «manu militari » pour permettre à des ambulances de prendre leur place et à des troupes de passer la nuit. Mais ce n'est là que le moindre mal. Il s'est malheureusement accompagné d'un vandalisme dont, après ce que ces troupes ont perpétré en d'autres lieux, il est facile de se faire une idée.

La Commission royale d'Histoire avait là toutes ses archives, une documentation unique, comprenant, notamment, les travaux de missions scientifiques belges à l'étranger depuis 1837, et toute une série de manuscrits non publiés. Qu'est-ce que tout cela est devenu? Mystère. On en a retrouvé quelques fragments déchirés, jugés sans intérêt par des soldats, des infirmiers et des cuisinières.

Plus loin, se trouvaient la bibliothèque (plusieurs milliers de volumes) et la collection de médailles de la Société de numismatique. Cette collection comprenait 4,500 pièces et était particulièrement remarquable au point de vue de l'histoire de Belgique. Qu'est-ce que tout cela est devenu? Mystère encore. Des albums de photographies ont été retrouvés déchirés, les photographies avaient été détachées des cartons au moyen d'un couteau ou découpées. Quant aux médailles, on n'en a plus retrouvé ou récupéré une. La seule indication qu'une enquête ait fourni à leur sujet est la suivante : un soldat allemand blessé en avait environ trois cents dans sa valise, à l'hôpital militaire — mais elles n'ont pas été restituées!

Tous ces faits et bien d'autres ont été constatés par M. Tourneur, secrétaire-bibliothécaire de la Société de numismatique.

LUNDI 14 DÉCEMBRE

Ce matin est célébré en l'église d'Etterbeek un service pour Albert de Loneux, étudiant en droit, soldat au 14ᵉ régiment de ligne, mort pour la Patrie au combat de Tignée, sous Liége, le 6 août dernier. Son père est le distingué ingénieur en chef du service d'électricité des chemins de fer de l'Etat.

Il y a foule à cette messe, foule émue et recueillie. Pas un jour, maintenant, ne se passe sans que, dans l'une ou l'autre église de l'agglomération, soit célébré un service pour le repos de l'âme d'un soldat belge mort pour son pays. Nombre de familles n'apprennent que maintenant le décès d'un des leurs tombé au champ d'honneur dès les premiers jours de la guerre. Les inhumations furent précipitées et dans la fièvre des combats l'on ne songea pas toujours à identifier les corps. On les exhume à présent en maints endroits pour mieux les ensevelir. C'est ainsi que des vérifications s'opèrent à trois, quatre mois de distance.

Belles cérémonies que ces services funèbres. Le drapeau tricolore, banni par ordre des balcons et des édifices, a trouvé maintenant un suprême asile dans les églises; il recouvre les cercueils et catafalques ou se dresse près d'une statue de saint invoqué pour la délivrance de la Patrie. Et il n'y a plus que là, aussi, que l'on entende la *Brabançonne*. Elle éclate à l'orgue, après le « Requiescat in pace » comme une fanfare de triomphe et de résurrection.

MARDI 15 DÉCEMBRE

Mme la comtesse Jean de Mérode a été conduite à la « Kommandantur », où elle a été retenue deux jours. Elle a été autorisée ensuite à rentrer à l'hôtel de la rue aux Laines, avec ordre de s'y tenir à la disposition du gouvernement général. Pour être sûr de l'observation de cet ordre, M. von Bissing fait loger dans l'hôtel de Mérode huit soldats prussiens commis à la garde de son aristocratique prisonnière. Deux sentinelles sont installées à la porte de ses appartements. Mme la comtesse de Mérode a mérité, paraît-il, ces rigueurs pour avoir introduit de Hollande des lettres qui ont échappé au contrôle allemand.

De son côté, le comte Jean de Mérode est mis au secret, mais au lieu d'aller à Saint-Gilles, il a pu rester chez lui où la « polizei » veille à ce qu'il n'ait aucun rapport, ni avec sa famille, ni avec la domesticité. C'est un soldat allemand qui le sert.

Le sénateur Speyer, qui se trouve avec ses deux secrétaires à la « Kommandantur », est inculpé d'avoir organisé un service clandestin de correspondance avec la province de Luxembourg et d'y avoir introduit des journaux non censurés.

MERCREDI 16 DÉCEMBRE

Mme Poullet, femme du ministre des Sciences et des Arts, qui est demeurée à Bruxelles, mais n'habite plus l'hôtel ministériel, s'est rendue au ministère pour y faire constater la disparition d'un grand nombre d'objets lui appartenant.

Au moment de la prise de possession du ministère des Sciences et des Arts par l'autorité allemande un officier avait proposé à Mme Poullet de placer tout ce qui lui appartenait dans deux chambres du département que l'on ferait ensuite sceller. La proposition avait été acceptée. Quelque temps après, Mme Poullet ayant voulu rentrer en possession de ses objets, M. le conseiller Grabowsky, qui l'accompagnait, a dû constater que les cachets avaient été arrachés et que les deux chambres avaient été mises au pillage. Pendules — naturellement — photographies du Roi et du ministre, portraits de famille, vêtements, linge, fourrures, vins, manteaux, tout avait disparu et les malles qui les contenaient avaient été fracturées. Des robes de soie avaient servi à nettoyer des fusils. L'écrin ayant contenu l'épée de cour de M. Poullet gisait, vide, sur le plancher. Mme Poullet a fait établir que le préjudice s'élevait à 7,537 fr. 75. L'autorité allemande n'a pas eu jusqu'ici la délicatesse de rembourser.

JEUDI 17 DÉCEMBRE

Un comité d'assistance agricole sera annexé au Comité provincial de secours et d'alimentation. L'agriculture, base de l'alimentation humaine, est menacée d'épuisement. Non seulement elle est privée des aliments concentrés nécessaires au bétail, mais elle voit les réquisitions en céréales et en bétail entamer les réserves indispensables. Il y a d'autant plus d'urgence à lui venir en aide que les organismes officiels, tels que le conseil supérieur de l'agriculture, et les sociétés agricoles libres, sont paralysés par l'impossibilité de correspondre et de se déplacer.

Bien des mesures sont à prendre. Il faut surveiller les réquisitions qui, suivant les lois de la guerre, doivent respecter ce qui est nécessaire aux besoins du pays. Il faut protéger les animaux qui constituent le fonds du cheptel indispensable à l'activité agricole. Il faut importer et mettre à l'abri des saisies, les matières premières telles que les aliments concentrés et les engrais. Il faut aussi pouvoir renseigner d'une façon précise sur les besoins agricoles, les comités d'assistance internationale, tels que le Comité Rockfeller, l'Etat de Nova Scotia (Canada), les associations agricoles de l'Amérique, qui ont manifesté de vives sympathies pour nos populations rurales et dont la générosité ne demande qu'à être éclairée.

Un comité provisoire d'assistance agricole, placé sous la présidence de M. Tibbaut, représentant de Termonde, vient de s'adresser aux comités provinciaux de secours et d'alimentation pour constituer, d'accord avec eux, des comités d'assistance agricole dans chaque province. Ces différents collèges seront appelés à délibérer sur un certain nombre de questions qui réclament un examen urgent. Il sera notamment nécessaire de fixer l'importance des réquisitions en céréales et en bétail permises par les lois de la guerre, la nature et la qualité des matières alimentaires qui, par mois, doivent être mises à la disposition des agriculteurs de la province, les réserves en matières alimentaires, en semences et en engrais.

VENDREDI 18 DÉCEMBRE

Tous moyens de transport rapides ayant disparu, ou plutôt étant quasi exclusivement à l'usage de l'ennemi — trains, autos, vélos — on a maintenant recours, en Belgique, pour les besoins de la vie civile, au système du bon vieux temps. Sur les grand'routes défilent d'antiques véhicules, des carrosses hors d'usage, des chars-à-bancs qui apportent ou rapportent, dans toutes les directions, des marchandises et des victuailles.

Un marchand de beurre arrive de Bastogne. Son voyage a duré trois jours. Il le combine de manière à ramener dans le Luxembourg des fuyards accourus jusqu'ici. La carriole est ainsi à deux usages, pour marchandises d'abord, pour voyageurs ensuite.

Une vieille malle-poste de Bouillon qui, depuis la construction du tram vicinal, moisissait là-bas dans quelque hangar, apporte à présent à Bruxelles du tabac de la Semois. Durée du trajet : quatre jours. Une autre apporte des jambons d'Ardenne. Tel est le régime pour tout le pays.

Les trams vicinaux n'ont jamais rendu tant de services ; ils suppléent à l'absence des grands moyens de transport et organisent des voyages au long cours, sans changement de voitures. Il y a tous les matins un départ pour Liége, où l'on arrive au bout de six heures. Pour Maestricht, par exemple, l'itinéraire est le suivant : Bruxelles (place Dailly), Vossem, Weert-Saint-Georges, Hamme-Mille, Beauvechain, Jodoigne, Esemael, Overhespen, Saint-Trond, Oreye, Villers, Tongres, Maestricht. Départ à 8 h. 30 du matin, arrivée à 4 h. 30 de l'après-midi. Ces trams sont pris d'assaut. Et plus d'un voyageur est contraint de faire cet interminable voyage debout sur la plate-forme.

SAMEDI 19 DÉCEMBRE

La réunion des conseils provinciaux pour le règlement de la contribution de guerre a eu lieu aujourd'hui.

Au conseil du Brabant, M. Janssen, président de la Députation permanente, fait part des protestations — inutiles — des députations permanentes auprès de l'autorité allemande et des pourparlers engagés avec elle depuis le 4 décembre. J'ai signalé ces pourparlers (voir 5 et 11 décembre). M. Janssen en communique aujourd'hui le résultat au conseil provincial.

Le gouverneur général en avait référé à Berlin pour les concessions à faire dans la question des réquisitions. Berlin a admis les concessions qu'il proposait,

Et il a pris alors devant les Provinces l'engagement que voici :

1° D'autres contributions ne seront pas imposées au pays, aux provinces et aux communes, à moins que des délits contre l'armée ou l'administration allemande ne rendent nécessaires des contributions de punition.

A partir du 15 décembre, il n'y aura plus rien à verser sur les diverses contributions de guerre imposées jusqu'à présent.

2° Toutes les réquisitions opérées pour l'armée d'occupation seront payées au comptant à partir du jour du paiement du premier terme mensuel.

Pour les billets de logement sans entretien, aucun paiement ne sera accordé. Les conventions dérogatoires antérieures resteront en vigueur;

3° J'agirai auprès des autorités compétentes de telle sorte que les réquisitions pour les troupes d'étape et pour l'armée du front seront payées aussitôt que possible, au moins partiellement, en argent comptant, et que le paiement du reste soit effectué immédiatement après le paiement de la mensualité suivante contre présentation des bulletins de réquisition vérifiés.

4° J'agirai ensuite, auprès des autorités compétentes, pour que les indemnités pour les marchandises et denrées qui ont été ou seront réquisitionnées en bloc soient payées au comptant, en effets de commerce ou en avoirs auprès de banques allemandes.

M. Janssen termine son exposé en proposant l'ordre du jour suivant :

Le Conseil provincial du Brabant,

Considérant que tous les efforts des délégués des députations permanentes n'ont pu empêcher l'imposition à charge de la population de toute la Belgique d'une contribution de guerre qui, si elle doit être payée pendant un an, représente une charge équivalente à vingt fois le montant des taxes et contributions perçues annuellement par les neuf provinces tenues solidairement au paiement comme formant le pays entier;

Vu l'impossibilité de faire face à cette lourde imposition sans le concours de la Banque Nationale de Belgique et de la Société Générale de Belgique;

Vu la difficulté de régler dès à présent entre les provinces la répartition de cette contribution de guerre;

Vu la nécessité d'assurer en temps et lieu le remboursement des sommes qui auront été avancées à la province;

Vu les articles 73 et 86 de la loi provinciale,

Charge la Députation permanente :

1° De contracter solidairement avec les autres provinces

les engagements nécessaires pour faire face au paiement de la contribution de guerre imposée au pays par le Gouvernement allemand;

2° De régler ultérieurement avec les autres provinces la répartition entre elles de la dite contribution;

3° De faire, à la session ordinaire de 1915, au Conseil provincial, les propositions nécessaires pour assurer en 1916 le remboursement des sommes qui auront été avancées à la province.

Cet ordre du jour est, après discussion, adopté par 56 voix contre 4.

M. le président Emile Duray remercie, aux applaudissements de l'assemblée, M. Ch. Janssen d'avoir si dignement représenté le conseil et défendu les intérêts du pays au cours des négociations; celles-ci auront au moins valu à la population une certaine compensation à la charge effrayante qui vient de lui être imposée : les contributions qui restaient encore à payer par certaines villes ne sont pas maintenues. Les avantages consentis quant aux réquisitions n'ont pas besoin d'être mis en lumière. Et il y a une sanction : si l'engagement pris par le gouvernement général n'est pas tenu, le paiement des mensualités sera interrompu.

La séance du Conseil provincial du Hainaut a été marquée par un énergique et fier discours de M. François André, le président de l'assemblée, un socialiste. Sans se préoccuper de la présence du gouverneur allemand, M. André a dit :

...Nous sommes réunis par ordre de l'autorité allemande, pour voter un impôt de guerre; en un mot nous sommes réunis pour fournir des armes au formidable envahisseur de notre pays, contre notre héroïque petite armée belge.

Eh bien! tout d'abord, je pense qu'il convient que nous adressions au roi Albert — je n'abdique pas pour cela mes convictions républicaines — et à nos soldats, le salut de reconnaissance et d'admiration.

Inclinons-nous respectueusement devant ceux qui sont morts pour n'avoir pas désespéré de la patrie, et adressons à ceux qui s'apprêtent à vaincre ou à mourir, le baiser fraternel de nos cœurs, pleins d'affection, certes, mais à cause d'eux, pleins de légitime orgueil.

Nous sommes donc réunis pour voter *par ordre* un impôt de guerre. Je veux protester quant à la forme.

M. André démontre alors l'illégalité de l'imposition, puis ajoute :

...Allons-nous voter cette formidable imposition de guerre?
Certes, si nous n'écoutions que notre cœur, nous répondrions: non, non, 480 millions de fois non.
Car notre cœur nous dirait :
Nous étions un petit pays heureux de vivre dans son travail; nous étions un honnête petit pays, qui avait foi aux traités et qui croyait à l'honneur; nous étions une petite nation confiante et désarmée; quand soudain, brusquement, l'Allemagne a jeté sur notre frontière deux millions d'hommes, la plus grande armée que le monde vit jamais, et elle nous dit : « Trahissez la parole donnée, laissez passer nos armées pour que j'écrase la France, et je vous donnerai de l'or. » Mais la Belgique a répondu : « Gardez votre or, j'aime mieux mourir que de vivre sans honneur. »
L'histoire montrera un jour la grandeur du geste qui, à jamais, nous magnifie devant l'avenir. Car rien, dans les fastes du passé, n'égale l'abnégation de ce peuple qui, n'ayant rien à gagner et tout à perdre, a préféré tout perdre pour que l'honneur fut sauf, et, délibérément, s'est précipité dans un abîme de détresse, mais aussi de gloire.
L'armée allemande a donc envahi la patrie en violation des traités solennels.
« C'est un abus, a dit le Chancelier de l'Empire; les destins de l'Allemagne nous ont obligés à le commettre, mais nous réparerons le tort qu'a causé à la Belgique le passage de nos armées... »
Ce tort, voici comment on entend le réparer : l'Allemagne paiera?
— Non, la Belgique paiera à l'Allemagne 480 millions de francs; votez...
Vive à jamais la Patrie, libre quand même!

DIMANCHE 20 DÉCEMBRE

Depuis huit jours, plus moyen d'avoir un passeport pour la Hollande. Même les personnes de plus de quarante-cinq ans ne peuvent sortir du pays. Ordre formel à la « Kommandantur » de se montrer sévère à cet égard.

Plusieurs bateaux dans lesquels se trouvaient de nombreuses personnes partant pour la Hollande ont été arrêtés en cours de route et ont dû revenir à Bruxelles.

Et le gouverneur général nous fait savoir officiellement qu'« il est interdit de transporter des correspondances en Belgique et au delà des frontières belges sans passer par la poste allemande ». Nous voici donc bien bouclés.

Dans un autre ordre d'idées, le gouverneur général annonce ceci :

> Toutes les lois et tous les arrêtés belges sur la milice et la garde civique sont suspendus.
> Les contraventions aux prescriptions des dites lois et arrêtés, commises avant la publication du présent arrêté, restent impunies et n'entraînent pour le contrevenant aucune conséquence préjudiciable.
> Aucune justification de l'observation des dites lois et arrêtés n'est requise notamment pour la célébration d'un mariage, la demande et la délivrance d'un passeport ou d'une patente, ni pour la désignation d'un emploi d'Etat, un emploi provincial ou communal.
> Le présent arrêté ne modifie en rien les dispositions prises ou à prendre par le Gouverneur général relativement à la surveillance des anciens membres de la milice ou de la garde civique et relatives au recrutement de l'armée.
>
> Bruxelles, le 12 décembre 1914.
>
> Le Gouverneur général en Belgique,
> Baron von BISSING,
> Général de cavalerie.

LUNDI 21 DÉCEMBRE

Aujourd'hui, au commencement de l'après-midi, première attaque par un avion des Alliés.

L'avion a survolé le champ de manœuvres d'Etterbeek et laissé tomber quelques bombes près du cimetière d'Ixelles, derrière lequel se trouve une installation allemande pour la fabrication de gaz asphyxiants ou de munitions. Il y a eu quelques dégâts matériels à des tombes du cimetière. Les canons de défense des Allemands ont vite répondu et l'avion nous a quitté. Il n'est pas resté longtemps, mais le salut de cet ami nous a tant fait plaisir!

MARDI 22 DÉCEMBRE

L'invasion allemande n'a pas respecté la résidence royale de Laeken. Il se raconte toutes sortes de choses sur ce que les envahisseurs y ont fait. Voici exactement ce qui s'est passé. J'ai pris mes renseignements auprès du personnel du palais :

Dès le premier soir de l'occupation de Bruxelles, six cents Allemands — des Saxons — avec une douzaine d'officiers pénétraient, vers 10 heures, dans le parc royal par la grille voisine de l'usine électrique. Ils passèrent la nuit dans la cour, sauf les officiers qui logèrent dans les dépendances occupées par les employés du château. Cette petite troupe repartit à 7 heures et demie du matin.

Ce même jour, le 21 août donc, arriva une troupe plus nombreuse, environ 1,500 hommes, dont les chefs déclarèrent au personnel qu'ils prenaient possession du palais. Ils commencèrent par se reposer dans le péristyle après avoir fait apporter des tables, fauteuils, coussins, etc., et par... s'y faire photographier.

En même temps, deux officiers obligeaient le chef du personnel, M. Martin, à leur montrer l'intérieur et à leur ouvrir les portes de tous les appartements; sur chaque porte, ils inscrivaient un nom, celui de l'officier auquel l'appartement était réservé. Mais il n'y avait pas de lits ni de lavabos dans les chambres des appartements pour les étrangers; tout avait été envoyé par la Reine à l'ambulance du palais de Bruxelles. Cela irrita les deux Allemands; ils déclarèrent qu'ils en feraient réquisitionner. Quand on arriva devant l'appartement du Roi, M. Martin leur fit très poliment observer qu'ils disposaient d'assez de chambres et pouvaient se dispenser d'utiliser celle de Sa Majesté; ils ne répondirent que par des paroles de menace; il fallut leur ouvrir cet appartement comme les autres et ils écrivirent sur la porte : « Excellenz ». Cette « Excellenz » à qui l'on faisait l'honneur de la loger dans l'appartement du Roi était le chef de la troupe, un général.

Pendant que, contraint et forcé, M. Martin promenait ces deux officiers à travers le château, il en arrivait à tout instant d'autres, qui lui réclamaient du vin, beaucoup de vin, disaient-ils; l'un d'eux, estimant qu'on ne mettait pas assez d'empressement à le satisfaire, menaça de son revolver un homme de service.

La visite du château s'acheva donc par celle des caves. Les Allemands se les firent ouvrir toutes, avec menace de revolver chaque fois que M. Martin essayait d'en sauver une en disant que celles déjà ouvertes leur fourniraient du vin à suffisance. Les officiers faisaient marcher M. Martin devant eux en gardant le revolver au poing et ils s'étaient fait renforcer de deux hommes armés! Ils craignaient peut-être qu'il n'y eut des « francs-tireurs » cachés parmi les bouteilles...

S'il y avait du vin dans le château, il n'y avait aucunes victuailles. M. Martin dut livrer les quelques provisions qu'il avait à son domicile particulier.

Le soir, les officiers festoyèrent dans le palais. Celui-ci resplendissait de lumières. Ses nouveaux hôtes avaient voulu que l'éclairage électrique fut porté au maximum. Le courant électrique venant de l'usine de la ville était coupé; la lumière n'était plus fournie que par la petite usine du château, qui ne disposait plus d'une grande force de production. On courait le risque, par ce gaspillage de lumière, de se trouver tout à coup dans les ténèbres. Tard dans la soirée, M. Martin crut bien faire d'aller en avertir les bambocheurs en uniforme, avec la politesse d'un homme qui vit dans l'atmosphère des cours depuis trente-cinq ans. Eclat de fureur des officiers, tous gris, naturellement. L'un d'eux jette M. Martin sur une chaise, ainsi qu'un domestique qui l'accompagnait :

« Et maintenant plus un mot! crie-t-il au chef du personnel. Je vous défends de parler et je vous défends de bouger! Et si la lumière s'éteint, on vous tue, ainsi que le directeur de l'usine, que nous irons chercher! »

M. Martin tenait son chapeau à la main.

L'officier le lui arracha en disant :

« On n'a pas besoin de son chapeau pour mourir! »

M. Martin dut rester sur sa chaise jusqu'à ce que les officiers montassent se coucher, vers 2 heures du matin.

J'ai dit qu'ils s'étaient emparés de la chambre du Roi. Ils ne respectèrent pas davantage celle de la Reine. Et l'on imagine la grossière volupté pleine d'orgueil puéril et barbare avec laquelle ces lourds Saxons pris de vin se vautrèrent dans les fauteuils et les lits des appartements intimes des souverains dont ils envahissaient le pays.

Dans les autres chambres à coucher, où il n'y avait ni lits ni lavabos le matin, on en avait apporté l'après-midi qui avaient été réquisitionnés Dieu sait où.

Les hommes logeaient dans une cinquantaine de chambres, au-dessus des écuries. Dans les écuries, avaient été déposés des meubles du château; les soldats eurent vite fait de les ouvrir; ils y trouvèrent en quantité des rideaux, des stores, des draperies, des tapis, des couvertures, des coussins; tout cela servit à confectionner des paillasses et à faire office de draps et de couvertures de lit.

Le personnel continua d'être accablé d'exigences tracassières le lendemain 22 et les jours suivants. Les officiers voulaient, entre autres, fumer des cigares du Roi des Belges. Or, le Roi n'avait pas laissé de caisses de cigares au château. Ils en étaient furieux. M. Martin essaya de les calmer en leur offrant ses cigares. Mais c'étaient les cigares du Roi qu'il leur fallait! Ils durent bien renoncer à la vaniteuse satisfaction d'en fumer. Mais ils n'en décoléraient pas. Et ils accompagnaient leurs réclamations et leurs menaces d'interrogations ricaneuses au personnel, notamment sur l'endroit où le Roi se trouvait à ce moment. Le personnel n'en savait rien. « Oh! il est à Anvers », disait un officier; « non, non, il a fui en Angleterre », ripostait un autre.

Le 22 au soir, M. Martin fut de nouveau menacé de coups de revolver par deux officiers qui venaient d'arriver et qui exigeaient du linge de lit frais. Leur revolver braqué ne parvint pas en faire surgir de la lingerie là où on les conduisit et où ils ne trouvèrent plus que du linge de table; ils prirent des nappes pour en faire des draps de lit et des essuie-mains pour en faire des taies d'oreillers.

Des officiers, souvent très brutaux, arrivaient en auto en dehors des heures de repas et réclamaient à dîner. On avait bien de la peine à leur faire admettre qu'il n'y avait pas au palais, vide de ses habitants, de quoi improviser un dîner. Un colonel, arrivé un soir vers 9 heures, hurla et tempêta comme un démon parce qu'il avait dû faire chercher son dîner à l'*Hôtel Métropole* à Bruxelles et que l'auto tardait à revenir!

Ces messieurs ne faisaient pas venir de Bruxelles que des repas. Ils ne se gênaient pas pour loger aussi des gourgandines dans les appartements du château royal.

Les caves devaient rester ouvertes. Inutile de dire qu'on les vidait consciencieusement. Un soir, un officier (celui-là même qui, dans la nuit du 21 au 22 avait immobilisé M. Martin sur une chaise en le menaçant de mort) s'attendrit soudain, le verre en main, devant le chef du personnel : « Nous avons repoussé les Anglais et les Français qui envahissaient votre sol, lui dit-il, votre roi va revenir ; je vais boire à sa santé ! » Un peu plus tard, il tint à remettre à M. Martin, qui le garde comme « souvenir de guerre », un reçu, en français, ainsi libellé :

24.8.14.
Je reconnais avoir reçu au château de Laeken ce qui suit :
Une bouteille de Porto ;
Deux bouteilles de vin du Rhin:
Trois bouteilles de Bordeaux (Château des vignes),
de la cave du Roi des Belges.

Gerstenlens, oberstlieutenant und commandeur
der munition colonnen der II A. K.

Le 24, enfin, officiers et soldats débarrassèrent le château de leur présence ; mais ce ne fut pas sans emporter des «souvenirs» de leur séjour dans une résidence royale. Après le départ des officiers, on constata la disparition de menus objets garnissant la table de travail du Roi, le meuble-bureau de la Reine, d'autres meubles, des cheminées ; certains de ces objets avaient de la valeur comme objets d'art, d'autres comme souvenirs de famille ; toutes les cartes de visite du Roi avaient été enlevées.

Avant le départ de l'état-major, un officier avait exigé que M. Martin fit le tour du château avec lui. Il allait très vite. Et, tout en allant, il disait à tout instant : « Vous voyez, rien n'a été enlevé, on n'a rien dérangé ». M. Martin lui fit remarquer qu'il était bien difficile de constater quoi que ce fût à cet égard dans une inspection si rapide. Mais on ne pouvait s'arrêter ; l'officier était très pressé. Et il ne répondait qu'en insistant : « Vous voyez bien, vous voyez bien, il ne manque rien ! »

Pour finir, M. Martin fut obligé de signer un papier

25 décembre 1914.

où était formulée une constatation dans le sens de la phrase à répétition de cet officier. On se rend compte de la valeur d'une attestation ainsi arrachée.

Quatre jours plus tard, le 28, nouvelle arrivée d'Allemands — cinq à six cents hommes. Ils ne restent que quelques heures, le temps de marquer sur les portes des appartements les noms d'officiers à loger le lendemain et de se livrer à diverses effractions, bris de clôture et petits vols.

Le 29 août, des troupes passent et laissent une garde, qui reste jusqu'au 31 au matin. Enfin, le 15 octobre, une quarantaine d'hommes sont venus s'installer, sous le commandement d'un lieutenant Kutner, qui a déclaré, en arrivant, au personnel :

« C'est moi qui suis votre roi; je resterai ici jusqu'à la fin de la guerre; j'ai la charge de la surveillance du château. »

Et il a pris possession des appartements des officiers d'ordonnance du Roi, mais en faisant modifier les aménagements. Tels qu'ils se présentaient, ils n'étaient pas dignes d'un officier allemand, a-t-il déclaré avec un orgueil plein de cabotinage. Il a fallu changer les tapis, placer de nouveaux appareils d'éclairage électrique, aller chercher au château, pour ce lieutenant, des fauteuils et des chaises longues, lui fournir des cristaux et du linge de table plus fins!

Un matin il se fit photographier dans le cabinet de travail du Roi, et ensuite dans les appartements de la Reine.

Sa « royauté » a duré deux mois. Il a reçu, il y a quelques jours, l'ordre de partir avec sa troupe. Celle-ci n'a, jusqu'ici, pas été remplacée.

Les diverses troupes qui y ont logé ont laissé le palais de Laeken et ses dépendances dans l'état de malpropreté qui est la marque de fabrique de ces gens-là. Il y a toute espèce d'ordures partout, en couches épaisses, jusque sur les toits ! (1).

VENDREDI 25 DÉCEMBRE

Noël. Fût-il jamais un plus triste Noël ? Il a gelé à pierre fendre cette nuit et chacun songe aux millions

---

(1) Voir 6 janvier 1917.

d'hommes qui l'ont passée dans le froid des tranchées.

Cependant, un soleil magnifique s'est levé et illumine toutes choses de rayons qu'en d'autres temps l'on appellerait joyeux. Mais aujourd'hui !

Il y a une surprise ce matin. Les boulangers ont reçu, pour une cuisson, de la farine blanche du Comité national. L'événement avait été porté à la connaissance du public par un avis de l'édilité communale, avec prière de dénoncer les boulangers qui, le jour de Noël, ne fourniraient pas du pain blanc à leurs clients. Ce pain blanc est le sujet de toutes les conversations. Qui aurait cru qu'en Belgique, il constituerait un jour presque une friandise ?

Les églises sont bondées; jamais foi plus profonde n'a soulevé les âmes. Et quelle joie d'entendre le «Noël» d'Adam :

> Peuple, debout! Chante ta délivrance!

Et aussitôt après, la *Brabançonne*. Oui, à ce moment, nous étions tous debout, frémissants et enthousiastes, plus confiants que jamais dans la victoire du droit et de la justice!

DIMANCHE 27 DÉCEMBRE

Nous avons dit que, par ordre allemand, les ambulances belges, sauf celle du Palais royal, ont été supprimées. Dans la pratique, il y a eu une légère atténuation de la mesure. Il existe encore ça et là une petite ambulance de soldats belges éclopés, jugés incapables, par les médecins allemands, de reprendre les armes et laissés pour compte à la générosité privée des Belges. On s'occupe avec zèle de tous ces malheureux amputés et estropiés. La nourriture ne fait pas défaut, ni les cigares, ni les friandises. Des artistes musiciens y ajoutent des concerts. Et plus d'un pioupiou, oubliant ses malheurs, esquisse un pas de danse au moyen de sa béquille.

* * *

Une fête organisée par l'OEuvre du vieux vêtement a lieu aujourd'hui pour les enfants de nos soldats. Dans le fond de la salle Saint-Sauveur, on aperçoit, amoncelés sur des tables, les objets donnés par l'inépuisable

27 décembre 1914.

générosité du public. Les paquets étiquetés seront remis tout à l'heure aux 1,300 enfants amenés là par des mamans dont les maris sont à la guerre.

Des artistes se produisent; on applaudit, on pleure. M. Henrijean, qui préside, annonce que la distribution des prix va commencer : « Je ne puis, dit-il, songer à embrasser tous les enfants qui passeront devant moi, mais j'imagine que je les embrasserai tous en pressant sur mon cœur les deux enfants d'un de nos simples soldats, un héros créé chevalier de l'Ordre de Léopold sur le champ de bataille. »

Et le président embrasse longuement le garçonnet et la petite fille d'un papa qui, posté là-bas dans quelque humide tranchée près de l'Yser, a déjà magnifiquement fait son devoir.

Des jeunes gens, des jeunes filles, le ruban tricolore à la boutonnière, ont vendu jusqu'aujourd'hui des calendriers pour 1915. Ils en ont vendu beaucoup. Le calendrier porte sur la couverture une photographie de la reine Elisabeth en infirmière avec le brassard de la Croix-rouge.

* * *

Tandis que les Belges s'occupent ainsi de se soutenir mutuellement, l'autorité allemande s'applique à rendre chaque jour plus lourde la botte qu'elle a posée sur eux. Au « Bulletin officiel des lois et arrêtés pour le territoire belge occupé » se succèdent les ordonnances et les menaces : défense de faire ceci, défense de faire cela; obligation de déclarer pour que l'autorité militaire puisse les exproprier quand et aux prix qu'il lui plaira les dépôts de benzine, pétrole, esprit de vin, glycérine, huiles et graisses de tout genre, carbure, caoutchouc et autres matières plus ou moins du même genre; révocation du gouverneur et du commissaire de la Banque nationale, etc.

Ordre est donné à la police d'interdire la vente, sur la voie publique, de rosettes aux couleurs belges et des portraits de nos souverains. Non seulement nous devons garder le silence sur ce que l'envahisseur a fait chez nous, nous devons tout oublier, même que nous sommes Belges. Mais ceci est une autre affaire !

LUNDI 28 DÉCEMBRE

La révocation de M. le vicomte De Lantsheere, gouverneur, et de M. Rombouts, commissaire de la Banque nationale (1) que je mentionnais hier, est la conséquence du transfert à Londres, à la suite d'une décision du Conseil des ministres belges en date du 26 août dernier, de l'encaisse métallique de la Banque, de ses clichés et poinçons, des billets non encore émis, etc.

Les Allemands, en arrivant à Bruxelles, s'étaient proposé de mettre la main sur un tas d'or de quelques centaines de millions. Mais l'or était parti !

Leur déception éclate, — après quatre mois, — dans cette affiche du Gouverneur général :

> Une mission, composée de membres du Conseil d'administration de la Banque Nationale, qui avait pour but de rapporter une partie de ces valeurs, fut envoyée à Londres avec l'assentiment du gouvernement allemand. Mais la Banque d'Angleterre, chez laquelle ces valeurs sont déposées, leur répondit qu'ils devaient se mettre d'accord avec le ministre des finances belges au Havre. Celui-ci déclara qu'il se réservait de disposer de l'encaisse métallique, des billets et des clichés de la Banque Nationale déposés en Angleterre.
>
> A la demande de plusieurs premiers établissements de crédit et banquiers belges, une personnalité éminente du monde de la finance et de l'industrie belge, présentée par eux, fit une nouvelle démarche auprès du ministre des finances belge au Havre pour le faire revenir sur sa décision ; mais cette démarche n'eut pas plus de succès.
>
> La Banque Nationale de Belgique a, de plus, avancé au Gouvernement belge des sommes considérables sans couverture, en contradiction avec ses statuts lui interdisant des opérations de crédit à découvert. Le ministre des finances belge s'est fait accorder des avances en les justifiant textuellement ainsi : « qu'elles devaient être considérées comme ayant le caractère de réquisition, à laquelle, malgré son caractère d'institution privée, la Banque était obligée d'obtempérer ». (Lettre du 20 août 1914 du ministre des finances belge à la Banque Nationale de Belgique.)
>
> Les procédés de la Banque Nationale de Belgique et du ministre des finances belge sont contraires à la loi et aux statuts. Ils violent la loi organique par laquelle le Gouvernement belge a institué la Banque Nationale et exposent le pays à un grave

---

(1) M. Rombouts est absent du pays depuis octobre, ayant suivi le Gouvernement belge après la chute d'Anvers.

danger. Car le ministre des finances belge pourrait employer directement ou indirectement aux besoins de la guerre l'encaisse métallique de la Banque, la réserve financière du pays. La base même de la circulation fiduciaire d'environ 1,600 millions de francs s'en trouverait ébranlée. Tout cela menace au plus haut degré les intérêts vitaux du peuple belge. Le gouvernement allemand se trouve devant la possibilité que le gouvernement belge émette, pour soutenir des actions hostiles envers le gouvernement allemand, les billets d'une banque opérant dans le territoire occupé de la Belgique.

Pour toutes ces raisons, je me vois forcé de retirer à la Banque Nationale de Belgique le privilège d'émission des billets de banque et de révoquer le gouverneur et le commissaire nommés par le gouvernement belge.

En même temps, le Gouverneur général annonce que les billets légalement émis par la Banque continueront à avoir cours forcé, mais que « pour éviter une catastrophe économique au pays, il a accordé le privilège d'émission de billets de banque au plus ancien établissement financier du pays, la Société Générale de Belgique et que les billets de cette banque auront cours forcé ».

En exécution de cet arrêté, la Société Générale crée, en annexe à ses services, un « département d'émission » dont les affaires seront gérées séparément des autres opérations de la société, sous le contrôle d'un commissaire nommé par le gouvernement impérial.

Faut-il dire que les jérémiades de ce gouvernement devant la caisse vide font sourire et que la réponse transmise du Havre à l'occupant par la mission qui y fut envoyée est unanimement applaudie ici? Le souci que l'ennemi prend tout à coup des « intérêts vitaux du peuple belge » est comique. Comment les aurait-il protégés, lui, si l'or était resté ici? En le mettant en poche. Comme personne n'en doute, la joie causée par sa déconvenue est générale.

MARDI 29 DÉCEMBRE

L'année s'achève comme dans un cauchemar. Chacun maintenant a déjà eu l'occasion de causer avec des compatriotes qui furent, plus douloureusement que les Bruxellois, mêlés au grand drame; on a rencontré au cours de ces dernières semaines, sur le pavé de la capitale, des Louvanistes, des Dinantais, des « escapés » d'Aerschot, d'Andenne et autres lieux, où les habitants furent victimes d'horreurs inimaginables. Et l'on sait à présent, par mille témoins oculaires, ce qu'étaient ces soldats des armées d'invasion. Ce que l'on sait moins, c'est que souvent ils ne faisaient qu'un avec leurs chefs, même les plus haut placés, et que plus d'un prince qui les conduisait avait une mentalité identique à celle des troupes.

Sous ce rapport, le récit suivant fait devant moi par M. le comte de Borchgrave d'Altena mérite de trouver place dans une histoire de la guerre comme un document de premier ordre :

« Mon château, dans le Limbourg, fut pris d'assaut par les troupes du général von Bulow, commandant l'armée de la Meuse, qu'accompagnait le prince Auguste, quatrième fils de l'empereur d'Allemagne. Alors qu'on saccageait tout, je persistai, pour ma part, à agir en galant homme et je fis au prince Auguste les honneurs de mon parc.

« — Quelle tristesse, dit-il, de voir abîmer une si belle propriété.

« — D'autant plus, répondis-je, qu'il suffirait d'un mot de vous, Monseigneur, pour faire cesser tout cela.

« — C'est la guerre, fit-il, c'est la guerre!

« Et sous ses yeux indifférents, sous les yeux du général von Bulow, le vandalisme continua.

« On chargea sur des camions 4,000 bouteilles de vin, puis le linge, puis mes vêtements. Dans les cuisines, des soldats, ivres d'alcool et de vin, accumulaient les déjections. Au moment du départ, un officier, la main au képi, me dit en s'inclinant cérémonieusement :

« — Nous avons réquisitionné 20 bouteilles; voici un bon.

« — Je n'ai que faire de votre bon, dis-je. Vous savez que ce n'est pas 20, mais 4,000 bouteilles que vos hommes viennent d'enlever. Vous le savez, puisque c'est vous qui avez dirigé l'opération!

« — Ah! réplique-t-il. Alors... c'est la guerre!

« Et il disparaît, non sans s'être incliné à nouveau, avec un sourire.

« Jusqu'à Saint-Trond, on put suivre l'armée impériale à la piste : des flaques de vin marquaient la route, des bouteilles cassées jonchaient le chemin. »

Un cousin du comte de Borchgrave d'Altena eut pour hôte, avec d'autres troupes, le prince Charles de Hohenzollern, époux de la princesse Joséphine de Belgique, beau-frère du roi Albert. Ce prince lui dit :

« N'est-il pas inouï que votre Roi ait déclaré la guerre à l'Allemagne ? C'est de la folie ! Et nous le lui ferons bien voir ! »

MERCREDI 30 DÉCEMBRE

On ne s'enverra pas de cartes de visite à l'occasion de la nouvelle année ; la mode en est déracinée par le vent de guerre et de misère qui souffle sur notre pays ; il est entendu — par tacite accord unanime, tant c'est naturel, — qu'on s'abstiendra cette fois de suivre la coutume.

Entr'autres raisons, il y a que ce serait un gaspillage d'argent en un moment où tant de misères ont besoin d'être secourues. Mieux vaudrait consacrer à l'une ou l'autre œuvre l'argent ainsi économisé.

Le comité de secours immédiats aux éprouvés de la guerre a adressé un appel au public dans ce sens. Il fait recueillir les souscriptions à domicile ; on peut aussi lui envoyer une obole. Il a réuni beaucoup d'argent depuis quelques jours.

L'œuvre est patronnée par un comité dans lequel figurent, notamment, Mme de Trooz, MM. de Peneranda, Théodor, Raymond Vaxelaire, le vicomte de Spoelberch.

JEUDI 31 DÉCEMBRE

Les derniers arrêtés allemands de l'année :

En date du 23 :

Il faut que les sépultures des soldats tombés, n'importe de quelle nationalité, soient conservées et tenues en bon état. Si elles sont endommagées ou violées, non seulement l'auteur sera puni, mais aussi la commune en sera faite responsable.

31 décembre 1914.

En date du 30 :

Les douilles, les étuis de cartouches et les corbeilles de projectiles qui sont trouvés sur les champs de bataille sont à remettre dans les gares. Un dédommagement sera donné.

Même date :

A tous les miliciens belges de la levée 1912-1915, qui avant la guerre, n'importe de quelle cause, n'ont pas été sous les drapeaux, il est interdit de s'éloigner de leur résidence plus que 5 kilomètres sans avoir reçu une autorisation écrite par la troupe compétente. Les miliciens qui ont quitté leur domicile sans l'autorisation mentionnée et manquent à l'appel, seront sévèrement punis. Aussi les bourgmestres, qui sont obligés de contrôler les miliciens en première instance, sont responsables.

Petite compensation, le bourgmestre de Bruxelles publie une interdiction à l'adresse des Allemands :

Selon l'ordre du gouvernement général impérial en Belgique, section IVa, n° 553/12 II, il est défendu de réquisitionner des vivres et des fourrages dans l'arrondissement de Bruxelles.

Le Bourgmestre.

Ceci est une conséquence de l'engagement arraché à l'occupant à l'occasion du vote de la contribution de guerre par les conseils provinciaux (voir 19 décembre).

1915

Janvier

1ᵉʳ janvier : « Patriotisme et Endurance », lettre pastorale du Cardinal Mercier. — **2** : Contre les risques de guerre. — **3** : Les jouets de l'Amérique pour les enfants belges. — **4** : L'émotion causée par la lettre du Cardinal. — **5** : Espionnage, arrestations, interdictions. — Les pigeons. — **7** : Les « Conventions anglo-belges ». — Le général von Bissing et Mgr Mercier. — **8** : Saisie de stocks de marchandises. — Les sujets des Etats en guerre avec l'Allemagne. — **10** : Manœuvres gouvernementales allemandes autour de la lettre pastorale. — **11** : Lettre de Mgr Mercier à son clergé. — **12** : Le dépôt des armes. — Les chasseurs. — **15** : L'impôt sur les absents — **16** : Les arrêtés du Roi et du Gouvernement belge n'auront plus force de loi. — Modification des frontières de la France et de la Belgique. — **17** : M. Woeste et le drapeau madhiste. — **20** : Les étrangers ennemis. — Restriction de la cuisson dans les pâtisseries. — Les Restaurants économiques. — **22** : Saisie du noyer et du cuivre brut. — **23** : Une colonie de réfugiés français à Schaerbeek. — Vexations. — **24** : Les vœux de l'an de M. le curé Quirini. — **25** : Ce que les affiches allemandes omettent de dire. — **27** : Curieuses garnitures pour caisses à cigares. — Comment les Bruxellois passent la frontière. — **29** : Les Allemands et les impôts belges. - Fermeture des clubs et sociétés à tendance politique. — **30** : La « complainte des francs-filés en Angleterre ». — **31** : Nouvelles saisies de matières premières.

VENDREDI 1ᵉʳ JANVIER

La bonne et réconfortante journée ! Oui, bonne, malgré les deuils qui nous enveloppent, malgré le poids qui s'appesantit sur la nation, malgré les coups de feu que les Allemands tiraient cette nuit dans les casernes pour fêter l'an nouveau, dont ils attendent la victoire définitive, malgré la dispersion de tant d'êtres chers qui sont là-bas, au loin...

Oui, bonne, car une voix s'est fait entendre aujourd'hui qui proclame, haut et ferme, sans réticences et sans hésitation, notre droit à la vie et nos motifs d'espérer. De la ville à demi ruinée où se dresse encore son palais archiépiscopal, S. E. le cardinal envoie au clergé de son diocèse, avec mission, il le dit en termes exprès, de la lire intégralement aux fidèles — sans omissions et sans coupures, quel que soit le pouvoir qui interviendrait pour donner des ordres contraires — une lettre pastorale intitulée « Patriotisme et Endurance ».

L'œuvre est digne de son auteur et de sa réputation universelle. Voici le texte de cette pastorale :

Mes bien chers Frères,

Il ne me serait pas possible de vous dire à quel point votre souvenir m'est demeuré présent durant ces mois de souffrance et de deuil que nous venons de traverser. J'ai dû brusquement vous quitter, le 20 août, pour aller rendre au Pape vénéré et aimé, que nous venions de perdre, mes derniers devoirs et pour m'acquitter d'une obligation de conscience à laquelle je ne pouvais me soustraire, l'élection du successeur de Pie X, le Pontife qui régit aujourd'hui l'Eglise, sous le nom, plein de promesses et d'espérance, de Benoît XV.

A Rome même j'appris, coup sur coup, la destruction partielle de la Collégiale de Louvain, l'incendie de la bibliothèque et d'installations scientifiques de notre grande Université, la dévastation de la ville, les fusillades, les tortures infligées à des femmes, à des enfants, à des hommes sans défense.

Et tandis que je frémissais encore de ces horreurs, les agences télégraphiques nous annonçaient le bombardement de notre admirable église métropolitaine, de l'église de Notre-Dame au delà de la Dyle, du palais épiscopal et de quartiers considérables de notre chère cité malinoise.

Eloigné de mon diocèse, sans moyens de communication avec vous, je dus concentrer en mon âme ma douleur et la porter, avec votre souvenir qui ne me quittait point, au pied du Crucifix.

Et cette pensée soutint mon courage et me fut une lumière; une catastrophe s'abat sur le monde, me disais-je, et notre chère petite Belgique, si fidèle à Dieu, pourtant, dans la masse de sa population, si fière de son patriotisme, si grande dans son Roi et dans son gouvernement, en est la première victime. Elle saigne, ses fils tombent par milliers dans nos forts, sur les champs de bataille, pour défendre son droit et l'intégrité de son territoire; bientôt, il n'y aura plus sur le sol belge une seule famille qui ne soit en deuil; pourquoi, ô mon Dieu, toutes ces douleurs? Seigneur, Seigneur, pourquoi nous avez-vous abandonné?

Alors, je regardais mon Crucifix; je contemplais Jésus, le doux et humble agneau de Dieu, meurtri, enveloppé de sang comme d'une tunique, et je crus entendre tomber de ses lèvres les paroles que le Psalmiste profère en son nom: « Dieu, mon

Dieu, pourquoi m'avez-vous abandonné? Pourquoi refusez-vous de me secourir et d'entendre mes plaintes? »

Et le murmure s'arrêta sur mes lèvres, et je pensai à ce qu'avait dit dans son Evangile Notre Divin Sauveur : « Il ne faut pas que le serviteur soit mieux traité que son Maître ». Le chrétien est le disciple d'un Dieu qui s'est fait homme pour souffrir et pour mourir. Se raidir contre la douleur, se révolter contre la Providence, parce qu'elle permet la souffrance et le deuil, c'est oublier ses origines, l'école où l'on a été formé, l'exemplaire que chacun de nous porte incrusté dans son nom de chrétien, qu'il honore à son foyer, contemple sur l'autel devant lequel il prie, et souhaite sur la tombe où il doit dormir son dernier sommeil.

Mes très chers Frères, nous reviendrons tout à l'heure sur la loi providentielle de la souffrance, mais vous ne nierez pas que, s'il a plu à un Dieu fait homme, saint, innocent, sans souillure, de souffrir et de mourir pour nous pécheurs, coupables, criminels peut-être, il nous sied mal de nous plaindre, quoi que nous ayons à endurer ; la vérité est qu'aucune catastrophe au monde, tant qu'elle n'atteint que des créatures, n'est comparable à celle que nos péchés ont provoquée et dont un Dieu voulut être Lui-même, au Calvaire, l'innocente victime.

Cette vérité fondamentale rappelée, je me sens mieux à l'aise, pour vous inviter à regarder en face la situation qui nous est faite à tous, et pour vous parler, sans ambages, de nos devoirs aussi bien que de nos espérances. Ces devoirs, je les résume en deux mots : *Patriotisme et endurance.*

PATRIOTISME.

Mes bien chers Frères, j'aspirais à me faire l'interprète de la reconnaissance qui nous anime, vous et nous, que l'âge, la situation sociale, les circonstances font bénéficier de l'héroïsme d'autrui sans nous y associer d'une façon immédiate et positive.

Lorsque, dès mon retour de Rome, au Havre, déjà, j'allai saluer nos blessés belges, français ou anglais; lorsque plus tard, à Malines, à Louvain, à Anvers, il me fut donné de serrer les mains à ces braves, qui portaient dans leurs tissus une balle ou, au front, une blessure, pour avoir marché à l'assaut de l'ennemi ou soutenu le choc de ses attaques, il me venait spontanément aux lèvres pour eux une parole de reconnaissance émue: Mes vaillants amis, leur disais-je, c'est pour nous, pour chacun de nous, pour moi, que vous avez exposé votre vie et que vous souffrez. J'ai besoin de vous dire mon respect, ma gratitude, et de vous assurer que le pays entier sait ce qu'il vous doit.

C'est que, en effet, nos soldats sont nos sauveurs. Une première fois à Liége, ils ont sauvé la France; une seconde fois, en Flandre, ils ont arrêté la marche de l'ennemi vers Calais; la France et l'Angleterre ne l'ignorent point, et la Belgique apparaît aujourd'hui devant elles, et devant le monde entier, d'ailleurs, comme une terre de héros. Jamais, de ma vie je ne me suis senti aussi fier d'être belge que, lorsque, traversant les gares françaises, faisant halte à Paris, visitant Londres, je fus partout le témoin de l'admiration enthousiaste de nos alliés pour l'héroïsme de notre armée. Notre Roi est, dans l'estime de tous, au sommet de l'échelle morale; il est seul, sans doute, à l'ignorer, tandis que, pareil au plus simple de ses soldats, il parcourt les tranchées et encourage de la sérénité de son sourire, ceux à qui il demande de ne point douter de la patrie.

Le premier devoir de tout citoyen belge, à l'heure présente, est la reconnaissance envers notre armée.

Si un homme vous avait sauvé d'un naufrage ou d'un incendie, vous vous jugeriez lié envers lui par une dette d'éternelle gratitude. Ce n'est pas un homme, ce sont deux cent cinquante mille hommes qui se battent, souffrent, tombent pour vous; afin que vous demeuriez libres, afin que la Belgique garde son indépendance, sa dynastie, son union patriotique et que, après les péripéties qui se déroulent sur les champs de bataille, elle se relève plus noble, plus fière, plus pure, plus glorieuse que jamais.

Priez tous les jours, mes Frères, pour ces deux cent cinquante mille hommes et pour les chefs qui les conduisent à la victoire, priez pour nos frères d'armes; priez pour ceux qui sont tombés; priez pour ceux qui luttent toujours; priez pour les recrues qui se préparent aux luttes de demain.

En votre nom, je leur envoie d'ici le salut de notre confraternelle sympathie et l'assurance que, non seulement nous prions pour le succès de leurs armes et pour le salut éternel de leurs âmes, mais que nous acceptons, à leur intention, tout ce qu'il y a de pénible, physiquement et moralement, pour nous, dans notre oppression momentanée, tout ce que l'avenir peut nous réserver encore d'humiliations temporaires, d'angoisses ou de douleurs.

Au jour de la victoire finale, nous serons tous à l'honneur; il est juste qu'aujourd'hui nous soyons tous à la peine.

D'après des échos que j'ai pu recueillir, il semble que, de certains milieux où la population a le moins souffert, il s'élève parfois, contre Dieu, des paroles amères qui, si elles étaient froidement calculées, seraient presque blasphématoires.

Oh! je ne comprends que trop les révoltes de l'instinct naturel contre les maux qui se sont abattus sur la catholique Belgique; le cri spontané de la conscience est toujours que le succès couronne sur l'heure la vertu, et que l'injustice soit aussitôt réprimée.

Mais les voies de Dieu ne sont point les nôtres, dit l'Ecriture; la Providence donne libre cours, durant l'intervalle que sa sagesse a mesuré, au jeu des passions humaines et à l'entrechoquement des intérêts. Dieu est patient, parce qu'il est éternel. Le dernier mot, celui de la miséricorde, est pour ceux qui ont foi à l'amour. « Pourquoi es-tu triste, ô mon

1ᵉʳ janvier 1915.

âme, et pourquoi te troubles-tu ? *Quare tristis es anima mea et quare conturbas me?* Espère en Dieu, bénis-Le quand même, n'est-il pas ton Sauveur et ton Dieu ? *Spera in Deo quoniam adhuc confitebor illi, salutare vultus mei et Deus meus.* »

Lorsque le saint homme Job, que Dieu voulait offrir en modèle de constance aux générations futures, avait été, coup sur coup, privé par Satan, de ses biens, de ses enfants, de sa santé, ses amis défilaient devant lui en le narguant et l'incitaient à la révolte; sa femme lui suggérait des pensées de blasphème et d'imprécation : « Que gagnes-tu à rester intègre, lui disait-elle, maudis donc Dieu et meurs. » Seul, l'homme de Dieu était inébranlable dans sa foi. « Tu tiens le langage d'une insensée, répliquait-il; lorsque Dieu nous comblait de ses dons, nous les recevions de sa main; pourquoi refuserions-nous aujourd'hui les maux dont il nous afflige ? Il est le maître. Il donne, il reprend : Que son Saint Nom soit toujours béni ! »

Or, l'expérience a démontré que le saint homme avait raison : il plut au Seigneur de récompenser, dès ici-bas, son serviteur fidèle. Il lui rendit, au double, tout ce qui lui avait été repris et, par égard pour lui, fit grâce à ses amis.

Moins que personne, peut-être, j'ignore ce qu'a souffert notre pauvre pays. Et aucun Belge ne doutera, j'espère, du retentissement, en mon âme de citoyen et d'évêque, de toutes ces douleurs. Ces quatre derniers mois me semblent avoir duré un siècle.

Par milliers, nos braves ont été fauchés; les épouses, les mères pleurent des absents qu'elles ne reverront plus; les foyers se vident; la misère s'étend, l'angoisse est poignante. A Malines, à Anvers, j'ai connu la population de deux grandes cités livrées, l'une durant six heures, l'autre durant trente-quatre heures d'un bombardement continu, aux affres de la mort. J'ai parcouru la plupart des régions les plus dévastées du diocèse : Duffel, Lierre, Berlaer-Saint-Rombaut, Konings-Hoyckt, Mortsel, Waelhem, Muysen, Wavre-Sainte-Catherine, Wavre-Notre-Dame, Sempst, Weerde, Eppeghem, Hofstade, Elewyt, Rymenam, Boortmeerbeek, Wespelaer, Haecht, Werchter, Wackerzeel, Rotselaer, Tremeloo; Louvain et les agglomérations suburbaines: Blauwput, Kessel-Loo, Boven-Loo, Linden, Herent, Thildonck, Bueken, Relst; Aerschot, Wesemael, Hersselt; Diest, Schaffen, Molenstede, Rillaer, Gelrode, et ce que j'y ai vu de ruines et de cendres dépasse tout ce que, malgré mes appréhensions pourtant très vives, j'avais pu imaginer. Certaines parties de mon diocèse, que je n'ai pas encore trouvé le temps de revoir : Haeckendover, Roosbeek, Bautersem, Budingen, Neerlinder, Ottignies, Mousty, Wavre; Beyghem, Capelle-au-Bois, Humbeek, Nieuwenrode, Liezele, Londerzeel, Heyndonck, Marickerke, Weert, Blaesvelt, ont subi les mêmes ravages. Eglises, écoles, asiles, hôpitaux, couvents, en nombre considérable, sont hors d'usage ou en ruines. Des villages entiers ont quasi disparu. A Werchter-Wackerzeel, par exemple, sur 380 foyers, il en reste 130 ; à Tremeloo, les deux tiers de la commune sont rasés ; à Bueken, sur 100 maisons, il en reste 20 ; à Schaffen, d'une agglomération de 200 habitations, 189 ont disparu, il en reste 11. A Louvain, le tiers de l'étendue bâtie de la cité est détruit : 1,074 immeubles ont disparu ; sur le territoire de la ville et des communes suburbaines, Kessel-Loo, Hérent et Héverlé, réunies, il y a un total de 1,823 immeubles incendiés.

Dans cette chère cité Louvaniste, dont je ne parviens pas à détacher mes souvenirs, la superbe collégiale de Saint-Pierre ne recouvrera plus son ancienne splendeur ; l'antique Collège Saint-Ives ; l'Ecole des Beaux-Arts de la ville ; l'école commerciale et consulaire de l'Université ; les halles séculaires, notre riche bibliothèque, avec ses collections, ses incunables, ses manuscrits inédits, ses archives ; la galerie de ses gloires depuis les premiers jours de sa fondation, portraits des recteurs, des chanceliers, des professeurs illustres, au spectacle desquels, maîtres et élèves d'aujourd'hui s'imprégnaient de noblesse traditionnelle et s'animaient au travail ; toute cette accumulation de richesses intellectuelles, historiques, artistiques, fruit de cinq siècles de labeur, est anéanti.

De nombreuses paroisses furent privées de leur pasteur. J'entends encore l'accent douloureux d'un vieillard à qui je demandais s'il avait eu la Messe, le dimanche, dans son église ébréchée ; voilà deux mois, me répondit-il, que nous n'avons plus vu de prêtre. Le curé et le vicaire étaient dans un camp de concentration à Munsterlagen, non loin de Hanovre.

Des milliers de citoyens belges ont été ainsi déportés dans les prisons d'Allemagne, à Munsterlagen, à Celle, à Magdebourg. Munsterlagen seul a compté 3,100 prisonniers civils. L'histoire dira les tortures physiques et morales de leur long calvaire.

Des centaines d'innocents furent fusillés ; je ne possède pas au complet ce sinistre nécrologe, mais je sais qu'il y en eut notamment 91 à Aerschot et que là, sous la menace de la mort, leurs concitoyens furent contraints de creuser les fosses de sépulture. Dans l'agglomération de Louvain et des communes limitrophes, 176 personnes, hommes et femmes, vieillards et nourrissons encore à la mamelle, riches et pauvres, valides et malades furent fusillées ou brûlées.

Dans mon diocèse seul, je sais que 13 prêtres ou religieux furent mis à mort (1). L'un d'eux, le curé de Gelrode, est selon

---

(1) Leurs confrères en religion ou dans le sacerdoce seront soucieux de connaître leurs noms ; les voici : Dupierreux, de la Compagnie de Jésus ; les Frères Sébastien et Allard, de la Cong. des Joséphites ; le Frère Candide, de la Cong. des Frères de la Miséricorde ; le Frère Maximin, capucin, et le Père Vincent, conventuel ; Lombaerts, curé à Boven-Loo ; Goris, curé à Autgaerden ; l'abbé Carette, prof. au Col. Episcopal de Louvain ; De Clerck, curé à Bueken ; Dergent, curé à Gelrode ; Wouters,

1er janvier 1915

toute vraisemblance, tombé en martyr. J'ai fait un pèlerinage à sa tombe et, entouré des ouailles qu'il paissait, hier encore, avec le zèle d'un apôtre, je lui ai demandé de garder du haut du ciel, sa paroisse, le diocèse, la patrie.

Nous ne pouvons ni compter nos morts, ni mesurer l'étendue de nos ruines. Que serait-ce si nous portions nos pas vers les régions de Liége, de Namur, d'Andenne, de Dinant, de Tamines, de Charleroi; vers Virton, la Semois, tout le Luxembourg; vers Termonde, Dixmude, nos deux Flandres (1).

Là même où les vies sont sauves et les édifices matériels intacts, que de souffrances cachées!

Les familles, hier encore dans l'aisance, sont dans la gêne; le commerce est arrêté; l'activité des métiers est suspendue; l'industrie chôme; des milliers et des milliers d'ouvriers sont sans travail; les ouvrières, les filles de magasin, d'humbles servantes sont privées de leur gagne-pain; et ces pauvres âmes se retournent, fiévreuses, sur leur lit de douleurs, et vous demandent : à quand la fin?

Nous ne pouvons que répondre: C'est le secret de Dieu.

Oui, mes bien chers Frères, c'est le secret de Dieu. Il est le Maître des événements et le souverain régulateur des sociétés. « La terre est à Vous, Seigneur, avec tout ce qu'elle contient; à Vous notre globe et tous ceux qui l'habitent. » La première relation qui surgit entre la créature et son Créateur est celle d'une dépendance absolue de la première au second. L'être est dépendant; la nature, les facultés, les actes, les œuvres le sont. A chaque instant qui s'écoule, la dépendance se renouvelle, parce que, sans le soutien du Tout-Puissant, l'existence de la première seconde s'évanouirait à la suivante. L'adoration, c'est-à-dire la reconnaissance de la souveraineté divine, n'est pas

---

Jean, curé au Pont-Brûlé. Diverses circonstances nous induisent à penser que le curé de Hérent, Van Bladel, vénérable vieillard de 71 ans, a aussi été tué; cependant, jusqu'à cette heure, son cadavre n'a pas été retrouvé.

(1) Je disais qu'il y a eu 13 ecclésiastiques fusillés dans le diocèse de Malines. Il y en a, à ma connaissance actuelle, plus de 30 dans les diocèses de Namur, de Tournai et de Liége : Schlôgel, curé d'Hastière; Gille, curé de Couvin; Pieret, vicaire à Etalle; Alexandre, curé à Musy-la-ville; Maréchal, séminariste de Maissin; le R. P. Gillet, bénédictin de Maredsous; le R. P. Nicolas, Prémontré de l'abbaye de Leffe; deux Frères de la même abbaye; un Frère de la Cong. des Oblats; Poskin, curé de Surice; Hotlet, curé des Alloux; Georges, curé de Tintigny; Glouden, curé de Latour; Zenden, curé retraité à Latour; l'abbé Jacques; Druet, curé d'Acoz; Pollart, curé de Roselies; Labeye, curé de Blegny-Trembleur; Thielen, curé de Haccourt; Janssen, curé d'Heure le Romain; Chabot, curé de Forêt; Dossogne, curé de Hockay; Rensonnet, vicaire d'Olne; Bilande, aumônier des sourds-muets, à Bouge; l'abbé Docq, etc.

l'objet d'un acte fugitif, elle doit être l'état permanent de la créature consciente de ses origines. A chaque page de nos Ecritures, Jehovah affirme son souverain domaine. Toute l'économie de la Loi ancienne, toute l'histoire du peuple élu tendent au même objectif : Maintenir Jehovah sur son trône, abattre les idoles. « Je suis le premier et le dernier, dit-il dans Isaïe, et, hors moi, il n'est point de Dieu. Qui est comme moi ? Qu'il s'avance et qu'il parle !... Existe-t-il un refuge autre que moi ?... Je forme la lumière et je crée les ténèbres ; je fais la paix et je crée le malheur : c'est moi Jehovah, qui fais tout cela... Malheur à qui dispute avec Celui qui le forme, lui, tesson parmi les tessons de terre ! L'argile dit-elle au potier : Que fais-tu ? et l'œuvre à l'ouvrier : Tu es maladroit... Parlez, exposez, oui délibérez. Mais sachez-le, de Dieu juste et sauveur, il n'en est point que moi » (1).

Ah ! raison superbe, tu croyais pouvoir te passer de Dieu ! Tu ricanais quand, par son Christ et par son Eglise, il prononçait les paroles graves de l'expiation et de la pénitence. Enivré de tes succès éphémères, homme frivole, repu d'or et de plaisir, tu te suffisais insolemment à toi-même ! Et le vrai Dieu était relégué dans l'oubli, méconnu, blasphémé, avec éclat, parfois, par ceux que leur situation chargeait de donner à autrui l'exemple du respect et l'ordre de ses assises. L'anarchie pénétrait les couches inférieures : les consciences droites se sentaient tentées de scandale : Jusques à quand, pensaient-elles, jusques à quand, Seigneur, tolèrerez-vous l'orgueil de l'iniquité ? Où êtes-vous, Maître, et donnerez-vous donc finalement raison à l'impie qui proclame que vous vous désintéressez de votre œuvre ?

Un coup de foudre, et voici tous les calculs humains bouleversés. L'Europe entière tremble sur un volcan.

La crainte du Seigneur est le principe de la sagesse. Les émotions se pressent dans les âmes, mais il en est une qui domine, c'est le sentiment que Dieu se révèle le Maître.

Les nations qui, les premières, ont donné l'assaut, et celles qui se défendent, se sentent également dans la main de Celui, sans qui rien ne se fait, rien n'aboutit.

Des hommes déshabitués depuis longtemps de la prière, se retournent vers Dieu. Dans l'armée, dans le monde civil, en public, dans le secret des consciences, on prie. Et la prière n'est pas cette fois une parole apprise par cœur, qui effleure les lèvres, elle monte du fond de l'âme et se présente devant la Majesté Souveraine sous la forme sublime de l'offrande de la vie. C'est tout l'être qui s'immole à Dieu. C'est l'adoration, l'accomplissement du premier et fondamental précepte de l'ordre moral et religieux : « Tu adoreras le Seigneur ton Dieu

---

(1) Isaïe XLV, 4 et suiv.

et tu ne te mettras qu'à son service ». «*Dominum Deum tuum adorabis et illi soli servies* (1). »

Même ceux qui murmurent et ne se sentent pas le courage de courber le front sous la main qui nous frappe et nous sauve, reconnaissent implicitement que Dieu est le Maître suprême, car ils ne le blasphèment que parce qu'il se hâte trop peu, à leur gré, de s'accommoder à leurs désirs.

Quant à nous, mes Frères, nous voulons sincèrement L'adorer. Nous ne voyons pas encore dans tout son éclat la révélation de la sagesse, mais notre foi Lui fait crédit. Nous nous humilions devant sa justice et nous espérons en sa miséricorde. Avec le saint homme Tobie, nous reconnaissons qu'il nous châtie parce que nous avons péché, mais nous savons qu'il nous sauvera parce qu'Il est miséricordieux. « *Ipse castigavit nos propter iniquitates nostras : et ipse salvabit nos propter misericordiam suam* (2). »

Il serait cruel d'appuyer sur nos torts, au moment même où nous les payons si durement et avec tant de grandeur d'âme. Mais n'avouerons-nous pas que nous avions quelque chose à expier ? A qui Il a beaucoup donné, Dieu a le droit de beaucoup redemander : « *Omni autem cui multum datum est, multum quæretur ab eo?* (3). » Or, le niveau moral et religieux du pays montait-il de pair avec sa prospérité économique ? Le repos dominical, l'assistance à la Messe du dimanche, le respect du mariage, les lois de la modestie, qu'en faisiez-vous ? Que devenaient, même dans les familles chrétiennes, la simplicité de nos pères, l'esprit de pénitence, la confiance dans l'autorité ? Et nous, religieux, prêtres, évêque, nous surtout, dont la sublime mission est de traduire dans notre vie, plus encore que dans nos discours, l'évangile du Christ, nous donnions-nous assez le droit de redire à notre peuple la parole de l'apôtre des nations : « Copiez votre vie sur la mienne, comme la mienne est copiée sur celle du Christ. *Imitatores mei estote, sicut et ego Christi!* (4) » Nous travaillions, oui ; nous priions, qui encore ; mais c'est trop peu. Nous sommes par devoir d'état, les expiateurs publics des péchés du monde. Or, qu'est-ce qui dominait dans notre vie, le bien-être bourgeois ou l'expiation ?

Oh ! oui, tous nous tombions, à nos heures, sous le reproche que faisait l'Eternel à son peuple élu, après la sortie d'Egypte : « J'avais engraissé mon peuple et il a regimbé ; mes fils ont été infidèles, ils m'ont traité comme si je n'étais pas leur Dieu ; je les traiterai comme s'ils n'étaient plus mon peuple. » « *Incrassatus est dilectus et recalcitravit... Infideles filii ; ipsi me provocaverunt in eo, qui non erat Deus, et ego provocabo eos in eo, qui non est populus.* »

---

(1) Deut. Matth. IV, 10.
(2) Tobie XIII, 6.
(3) Luc XII 48.
(4) Cor. XI, I.

« Je les sauverai cependant, car je ne veux pas que leurs adversaires se méprennent et disent : Notre main a été puissante; c'est nous, et ce n'est pas l'Eternel qui a fait toutes ces choses. » « *Sed propter iram inimicorum distuli, ne forte superbirent hostes eorum et dicerent : Manus nostra excelsa, et non Dominus, fecit hæc omnia.* » « Sachez donc que c'est moi seul qui suis Dieu et qu'il n'y a point de Dieu autre que moi; je fais vivre et je fais mourir, je blesse et je guéris. » « *Videte quod ego sim solus, et non sit alius Deus præter me. Ego occidam; et ego vivere faciam; percutiam et ego sanabo* (1). »

Dieu sauvera la Belgique, mes Frères, vous n'en pouvez point douter.

Disons mieux. Il la sauve.

En vérité, à travers les lueurs des incendies et les vapeurs du sang, n'entrevoyez-vous pas déjà les témoignages de son amour?

Est-il un patriote qui ne sente que la Belgique a grandi?

Qui de nous aurait le courage de déchirer la dernière page de notre histoire? Qui ne contemple avec fierté le rayonnement de la Patrie meurtrie? Tandis que, dans la douleur, elle enfante l'héroïsme, notre mère verse de l'énergie dans le sang de ses fils. Nous avions besoin, avouons-le, d'une leçon de patriotisme.

Des Belges, en grand nombre, usaient leurs forces et gaspillaient leur temps en querelles stériles, de classes, de races et de passions personnelles.

Mais lorsque, le 2 août, une puissance étrangère, confiante dans sa force et oublieuse de la foi des traités, osa menacer notre indépendance, tous les Belges, sans distinction ni de parti, ni de condition, ni d'origine, se levèrent comme un seul homme, serrés contre leur Roi et leur gouvernement, pour dire à l'envahisseur : tu ne passeras pas.

Du coup, nous voici résolument conscients de notre patriotisme : c'est qu'il y a, en chacun de nous, un sentiment plus profond que l'intérêt personnel, que les liens du sang et la poussée des partis, c'est le besoin et, par suite, la volonté de se dévouer à l'intérêt général, à ce que Rome appelait « la chose publique » « Res publica » : ce sentiment c'est le *Patriotisme*.

La *Patrie* n'est pas qu'une agglomération d'individus ou de familles habitant le même sol, échangeant entre elles des relations plus ou moins étroites de voisinage ou d'affaires, remémorant les mêmes souvenirs, heureux ou pénibles : non, elle est une association d'âmes, au service d'une organisation sociale qu'il faut, à tout prix, fût-ce au prix de son sang, sauvegarder et défendre, sous la direction de celui ou de ceux qui président à ses destinées.

Et c'est parce qu'ils ont une même âme, que les compatriotes vivent, par leurs traditions, d'une même vie, dans le

---

Deuter. Canticum. Moysis XXXII,15 et seq.

passé; par leurs communes aspirations et leurs communes espérances, d'un même prolongement de vie dans l'avenir.

Le patriotisme, principe interne d'unité et d'ordre, liaison organique des membres d'une même patrie, était regardé par l'élite des penseurs de la Grèce et de la Rome antiques, comme la plus haute des vertus naturelles. Aristote, le prince des philosophes païens, estimait que le désintéressement au service de la cité, c'est-à-dire, de l'Etat, est l'idéal terrestre par excellence.

La religion du Christ fait du patriotisme une loi : il n'y a point de parfait chrétien, qui ne soit un parfait patriote.

Elle surélève l'idéal de la raison païenne, et le précise, en faisant voir qu'il ne se réalise que dans l'absolu.

D'où vient, en effet, cet élan universel, irrésistible, qui emporte, d'un coup, toutes les volontés de la nation dans un même effort de cohésion et de résistance aux forces ennemies qui menacent son unité et son indépendance?

Comment expliquer que, sur l'heure, tous les intérêts cèdent devant l'intérêt général; que toutes les vies s'offrent à l'immolation?

Il n'est pas vrai que l'Etat vaille, essentiellement, mieux que l'individu et la famille, attendu que le bien des familles et des individus est la raison d'être de son organisation. Il n'est pas vrai que la patrie soit un dieu Moloch, sur l'autel de qui toutes les vies puissent être légitimement sacrifiées.

La brutalité des mœurs païennes et le despotisme des Césars avaient conduit à cet aberration, — et le militarisme moderne tentait à la faire revivre, — que l'Etat est omnipotent et que son pouvoir discrétionnaire crée le Droit.

Non, réplique la théologie chrétienne, le Droit c'est la Paix, c'est-à-dire l'ordre intérieur de la nation, bâti sur la Justice. Or, la Justice elle-même n'est absolue que parce qu'elle est l'expression des rapports essentiels des hommes avec Dieu et entre eux.

Aussi, la guerre pour la guerre est-elle un crime. La guerre ne se justifie qu'à titre de moyen nécessaire pour assurer la paix. « Il ne faut pas que la paix serve de préparation à la guerre, dit saint Augustin; il ne faut faire la guerre que pour obtenir la paix. »

A la lumière de cet enseignement, que reprend à son compte saint Thomas d'Aquin, le patriotisme revêt un caractère religieux. Les intérêts de famille, de classe, de parti, la vie corporelle de l'individu sont, dans l'échelle des valeurs, au dessous de l'idéal patriotique, parce que cet idéal c'est le Droit, qui est absolu. Ou encore, cet idéal, c'est la reconnaissance publique du Droit appliqué à la nation, l'Honneur national. Or, il n'y a d'absolu, dans la réalité, que Dieu.

Dieu seul domine par sa Sainteté et par la Souveraineté de son empire tous les intérêts et toutes les volontés. Affirmer la nécessité absolue de tout subordonner au Droit, à la Justice, à l'Ordre, à la Vérité, c'est donc implicitement affirmer Dieu.

Et quand nos humbles soldats, à qui nous faisions compliment de leur héroïsme, nous répondaient avec simplicité : « Nous n'avons fait que notre devoir, l'honneur l'exige », ils exprimaient, à leur façon, le caractère religieux de leur patriotisme. Qui ne sent que le patriotisme est « sacré » et qu'une atteinte à la dignité nationale est une sorte de profanation sacrilège ?

Un officier d'Etat-Major me demandait naguère si le soldat qui tombe au service d'une cause juste, — et la nôtre l'est à l'évidence — est un martyr.

Dans l'acception rigoureuse et théologique du mot, non, le soldat n'est pas un martyr, car il meurt les armes à la main, tandis que le martyr se livre, sans défense, à la violence de ses bourreaux. Mais si vous me demandez ce que je pense du salut éternel d'un brave, qui donne consciemment sa vie pour défendre l'honneur de sa patrie, et venger la justice violée, je n'hésite pas à répondre que, sans aucun doute, le Christ couronne la vaillance militaire et que la mort, chrétiennement acceptée, assure au soldat le salut de son âme.

« Nous n'avons pas, dit Notre Seigneur, de meilleur moyen de pratiquer la charité, que de donner notre vie pour ceux que nous aimons (1). »

Le soldat qui meurt pour sauver ses frères, pour protéger les foyers et les autels de la patrie, accomplit cette forme supérieure de la charité. Il n'aura pas toujours, je le veux, soumis à une analyse minutieuse la valeur morale de son sacrifice, mais est-il nécessaire de croire que Dieu demande au brave entraîné au feu du combat, les précisions méthodiques du moraliste ou du théologien ? Nous admirons l'héroïsme du soldat: se pourrait-il que Dieu ne n'accueillît pas avec amour ?

Mères chrétiennes, soyez fières de vos fils. De toutes nos douleurs, la vôtre est, peut-être, la plus digne de nos respects. Il me semble vous voir en deuil, mais debout, à côté de la Vierge des Douleurs, au pied de la Croix. Laissez-nous vous offrir nos félicitations en même temps que nos condoléances. Tous nos héros ne figurent pas à l'ordre du jour des armées, mais nous sommes fondés à espérer pour eux la couronne immortelle qui ceint le front des élus.

Car telle est la vertu d'un acte de charité parfaite, qu'à lui seul il efface une vie entière de péché. D'un coupable, sur l'heure, il fait un saint.

Ce doit nous être à tous une consolation chrétienne de le penser, ceux qui, non seulement parmi les nôtres, mais dans

---

(1) Joan, XV, 13.

n'importe quelle armée belligérante, obéissent, de bonne foi, à la discipline de leurs chefs, pour servir une cause qu'ils croient juste, peuvent bénéficier de la vertu morale de leur sacrifice. Et combien n'y en a-t-il pas, parmi ces jeunes gens de vingt ans, qui n'auraient pas eu, peut-être, le courage de bien vivre, et dans l'entraînement patriotique, se sentent le courage de bien mourir ?

N'est-il pas vrai, mes Frères, que Dieu a l'art suprême de mêler la miséricorde et la sagesse à la justice, et ne devez-vous pas reconnaître que si la guerre est pour notre vie terrestre un fléau, dont nous mesurerions difficilement la force de destruction et l'étendue, elle est aussi pour les âmes un agent de purification, un facteur d'expiation, un levier qui les aide à gravir les hauteurs du patriotisme et du désintéressement chrétien ?

L'ENDURANCE

Nous pouvons le dire sans orgueil, mes Frères, notre petite Belgique a conquis le premier rang dans l'estime des nations. Il s'est bien rencontré, je le sais, en Italie et en Hollande notamment, des personnages habiles qui ont dit : Pourquoi exposer la Belgique à cette perte immense de richesses et d'hommes ? N'eût-il pas suffi de protester verbalement contre l'agression ennemie ou de tirer, au besoin, un coup de canon à la frontière ? Mais tous les hommes de cœur seront avec nous contre les inventeurs de ces calculs mesquins.

L'utilitarisme n'est, ni pour les individus ni pour les collectivités, la norme du civisme chrétien.

L'article 7 du traité signé à Londres le 19 avril 1839, par le Roi Léopold, au nom de la Belgique, d'une part; par l'empereur d'Autriche, le Roi de France, la Reine d'Angleterre, le Roi de Prusse, l'Empereur de Russie, d'autre part, énonce que « la Belgique formera un Etat indépendant et perpétuellement neutre, et qu'elle sera tenue d'observer cette même neutralité envers tous les Etats. » De leur côté, les co-signataires du traité promettent, pour eux et pour leurs successeurs, sous la foi du serment, d'accomplir et d'observer le dit traité en tous ses points et articles, sans y contrevenir, ni permettre qu'il y soit contrevenu.

La Belgique était engagée d'honneur à défendre son indépendance; elle a tenu parole. Les autres puissances s'étaient engagées à respecter et à protéger la neutralité belge : l'Allemagne a violé son serment, l'Angleterre y est fidèle.

Voilà les faits. Les droits de la conscience sont souverains : il eut été indigne de nous, de nous retrancher derrière un simulacre de résistance. Nous ne regrettons pas notre premier élan, nous en sommes fiers. Ecrivant, à une heure tragique, une page solennelle de notre histoire, nous l'avons voulue sincère et glorieuse. Et nous saurons, tant qu'il le faudra, faire preuve d'endurance.

L'humble peuple nous donne l'exemple. Les citoyens de toutes les classes sociales ont prodigué leurs fils à la patrie; mais lui, surtout, souffre des privations, du froid, peut-être de la faim. Or, si je juge de ses sentiments en général, parce qu'il m'a été donné de constater dans les quartiers populaires de Malines, et dans les communes les plus affligées de mon diocèse, le peuple a de l'énergie dans sa souffrance. Il attend la revanche, il n'appelle point l'abdication.

L'épreuve est, dans les mains de la Toute-Puissante divine, une arme à deux tranchants. Si vous vous révoltez contre elle, elle vous blessera à mort. Si vous courbez la tête et l'acceptez, elle vous sanctifiera.

Dieu nous éprouve, dit l'apôtre Saint Jacques, mais ce n'est jamais Lui qui nous incite au mal. Tout ce qui vient de Lui est bon; tout ce qui descend du Ciel vers nous est, dans le dessein de Dieu, un jet de lumière et une marque d'amour. C'est nous qui, obéissant à l'attrait de passions désordonnées, transformons parfois les bienfaits de la Providence en un poison mortel. « Heureux, conclut hardiment le vieil apôtre, heureux celui qui supporte avec patience ses tribulations; car, après qu'il aura fait preuve d'endurance, il recevra la couronne immortelle promise par Dieu à ceux qui l'aiment (1). »

Trêve donc à nos murmures, mes Frères.

Volontiers, je vous appliquerais les paroles que l'apôtre Saint Paul, dans sa lettre aux Hébreux, adressait à tous les chrétiens, en leur rappelant l'exemple de l'immolation sanglante de Notre-Seigneur sur sa croix. « Vous n'avez pas encore résisté jusqu'au sang, leur disait-il. » Ce n'est pas seulement cet exemple universel et transcendant du Calvaire que je vous invite à regarder, c'est celui aussi de nos trente, peut-être quarante mille soldats qui ont versé leur sang pour la patrie. En regard de ces braves, dites-moi, vous qui êtes momentanément privés de votre confort habituel, de vos journaux, de vos facilités de voyages, de vos communications de familles, qu'avez-vous enduré, qu'avez-vous souffert?

Que le patriotisme de notre armée, que l'héroïsme de notre Roi, de notre Reine bien aimée, si touchante dans sa grande âme, nous servent de stimulant et de soutien! Ne nous plaignons pas, ne nous plaignons plus.

Méritons notre libération. Hâtons-la par notre vertu, plus encore que par les prières de nos lèvres.

Courage, mes Frères, la souffrance passera; la couronne de vie pour nos âmes, la gloire pour la nation ne passeront pas.

Je ne vous demande point, remarquez-le, de renoncer à aucune de vos espérances patriotiques.

Au contraire, je considère comme une obligation de ma charge pastorale, de vous définir vos devoirs de conscience en

---

(1) Jac. I. 12 et seq.

face du Pouvoir qui a envahi notre sol et qui, momentanément, en occupe la majeure partie. Ce Pouvoir n'est pas une autorité légitime. Et, dès lors, dans l'intime de votre âme, vous ne lui devez ni estime, ni attachement, ni obéissance.

L'unique Pouvoir légitime en Belgique est celui qui appartient à notre Roi, à son gouvernement, aux représentants de la nation. Lui seul a droit à l'affection de nos cœurs, à notre soumission; lui seul est pour nous l'autorité.

D'eux-mêmes, les actes d'administration publique de l'occupant seraient sans vigueur, mais l'autorité légitime ratifie tacitement ceux que justifie l'intérêt général et de cette ratification seule leur vient toute leur valeur juridique.

Des provinces occupées ne sont point des provinces conquises; pas plus que la Galicie n'est province russe, la Belgique n'est province allemande.

Néanmoins, la partie occupée du pays est dans une situation de fait qu'elle doit loyalement subir. La plupart de nos villes se sont rendues à l'ennemi. Elles sont tenues de respecter les conditions souscrites de leur reddition.

Dès le début des opérations militaires, les autorités civiles du pays recommandèrent avec insistance aux particuliers de s'abstenir d'actes d'hostilité envers l'armée ennemie. Ces recommandations restent en vigueur. Notre armée a seule, en partage avec les vaillants bataillons de nos alliés, l'honneur et la charge de la défense nationale. Sachons attendre d'elle la délivrance définitive.

Envers les personnes qui dominent par la force militaire notre pays et qui, dans le fond de leurs consciences, ne peuvent pas ne pas admirer l'énergie chevaleresque avec laquelle nous avons défendu et défendons notre indépendance, ayons les égards que commande l'intérêt général. Plusieurs d'entre elles protestent qu'elles veulent, aujourd'hui, dans la mesure où elles le pourront, atténuer nos épreuves et aider à la reprise, parmi nous, d'un minimum de vie publique régulière. Respectons les règlements qu'elles nous imposent, aussi longtemps qu'ils ne portent atteinte ni à la liberté de nos consciences chrétiennes, ni à notre dignité patriotique. Ne faisons pas consister le courage dans la bravade, ni la bravoure dans l'agitation.

Vous, en particulier, mes bien chers Confrères dans le sacerdoce, soyez à la fois et les meilleurs gardiens du patriotisme, et les soutiens de l'ordre public.

Sur les champs de bataille, vous avez été magnifiques. Le Roi et l'armée admirent l'intrépidité de nos aumôniers militaires en face de la mort, la charité de nos ambulanciers. Vos évêques sont fiers de vous.

Vous avez beaucoup souffert. Vous avez été calomniés durement. Soyez patients. L'histoire vous vengera. Dès aujourd'hui, j'y apporte mon témoignage. Partout où je l'ai pu, j'ai interrogé les populations, le clergé, notamment un nombre déjà considérable de prêtres qui avaient été déportés dans les prisons d'Allemagne et qu'un sentiment humanitaire, auquel je me plais à rendre hommage, a remis en liberté. Or j'affirme sur l'honneur et je suis prêt à déclarer sous la foi du serment que je n'ai pas jusqu'à présent, rencontré un seul ecclésiastique, séculier ou régulier, qui ait excité la population civile à se servir d'armes contre l'ennemi. Tous, au contraire, ont obéi fidèlement aux instructions épiscopales qu'ils avaient reçues, dès les premiers jours d'août, et qui leur prescrivaient d'user de leur influence morale auprès de nos populations, pour les porter au calme et au respect des règlements militaires.

Persévérez dans ce ministère de paix qui est pour vous la forme la plus saine du patriotisme. Acceptez de grand cœur les privations que vous avez à subir. Simplifiez encore, si vous le pouvez, votre vie. L'un des vôtres, réduit par le pillage à un état voisin de la misère, me disait ces derniers jours : « Je vis maintenant comme je voudrais avoir toujours vécu. »

Multipliez les efforts de votre charité corporelle et spirituelle. A l'exemple du grand Apôtre, « laissez-vous assiéger chaque jour par les soucis que vous donne votre église; que personne ne dépérisse, sans que vous dépérissiez; que personne ne tombe, sans que vous vous sentiez vous-même tout en feu (1). »

Faites-vous les champions des vertus que vous commandent à la fois l'honneur civique et l'évangile.

« Que tout ce qui est vrai, tout ce qui est honnête, tout ce qui est juste, tout ce qui est pur, tout ce qui est aimable, tout ce qui est digne d'éloges, vertueux et méritoire, fasse l'objet de votre application. » Puisse la dignité de votre vie nous autoriser à faire nôtre, mes bien chers Confrères, cette fière conclusion de saint Paul : « Ce que je vous ai enseigné, ce que vous avez entendu de moi, ce dont vous avez été les témoins dans ma vie, pratiquez-le : et le Dieu de paix sera avec vous. »

CONCLUSION

Continuons donc, mes bien chers Frères, à prier, à faire pénitence, à assister à la Sainte Messe et à communier pour la cause sainte de notre chère patrie.

Le dimanche 3 janvier, en particulier, sera un jour de prière universelle pour la Belgique et pour nos alliés. Une communion générale et un salut solennel seront organisés en ce jour pour le succès de nos armes.

Le samedi de chaque semaine, je recommande, à nouveau, à MM. les Curés, de célébrer un service funèbre pour le repos de l'âme de nos soldats.

Les ressources pécuniaires sont, je le sais, rares chez tous.

---

(1) II Cor. XI. 29.

1er janvier 1915. 214

Néanmoins si vous avez peu, donnez du peu que vous avez, afin d'alléger la misère de ceux de vos compatriotes qui se trouvent sans abri, sans charbon, sans pain à suffisance. J'ai chargé MM. les Curés de former à cet effet dans chaque paroisse, un Comité de Secours. Secondez-le et faites-moi charitablement parvenir les aumônes que vous pouvez soustraire à votre superflu, sinon à votre nécessaire, afin que je les distribue d'après les besoins qui me sont révélés.

Nos malheurs ont ému les autres nations. L'Angleterre, l'Irlande et l'Ecosse, la France, la Hollande, les Etats-Unis, le Canada, rivalisent de générosité pour soulager notre détresse. Ce spectacle est à la fois lugubre et grandiose. Ici encore se révèle la Sagesse Providentielle qui tire le bien du mal. En votre nom et au mien, mes Frères, j'offre aux Gouvernements et aux nations qui se tournent si noblement vers nos malheurs, le témoignage ému de notre admiration et de notre reconnaissance.

Avec une bonté touchante, notre Saint-Père le Pape Benoit XV a été le premier à pencher son cœur paternel vers nous.

Lorsque, quelques instants après son élection, Il daigna m'accueillir dans ses bras, j'eus la confiance de Lui demander, que sa toute première bénédiction pontificale fût pour la Belgique, alors déjà si durement éprouvée par la guerre. Il répondit avec empressement à mon désir, que je savais être aussi le vôtre.

Aujourd'hui, avec une délicatesse exquise, Il prend l'initiative de renoncer à votre obole annuelle pour le Denier de Saint-Pierre. Dans un document daté du beau jour de la Fête de la Vierge Immaculée, Il daigne nous dire, combien vivement Il prend part à nos peines. Il prie pour nous, appelle sur la nation Belge la protection d'en haut, et nous invite à saluer dans la venue prochaine du Prince de la Paix l'aurore de jours meilleurs. Voici le texte de ce précieux document :

A notre cher Fils Désiré Mercier, Cardinal Prêtre de la Sainte Eglise Romaine, du titre de Saint-Pierre-ès-Liens, Archevêque de Malines, à Malines.

« Notre Cher Fils,

Salut et Bénédiction Apostolique.

« La sollicitude paternelle que nous portons à tous les fidèles que la divine Providence a confiés à nos soins, nous fait partager leurs malheurs plus encore que leurs joies.

« Pouvions-nous donc ne point éprouver une très vive douleur, en considérant la Nation belge, que nous aimons tant, réduite par une guerre on ne peut plus cruelle et désastreuse, à une situation vraiment lamentable ?

« Nous voyons en effet, le Roi des Belges et son auguste

famille, les membres du gouvernement, les personnages considérables de la Nation, les évêques, les prêtres, le peuple entier endurer des maux qui remplissent de pitié tout cœur bien né, et que notre âme, toute ardente d'amour paternel est la première à ressentir. Aussi, sous le poids de cette tristesse et de ce deuil, appelons-nous de tous nos vœux la fin de tant de malheurs. Puisse le Dieu de miséricorde hâter ce moment! Entretemps, nous nous efforçons, autant qu'il est en nous, d'adoucir d'aussi cuisantes douleurs. A ce titre, la démarche de notre Cher Fils le Cardinal de Hartmann, Archevêque de Cologne, à l'effet d'obtenir que les prisonniers prêtres français ou belges en Allemagne, fussent traités comme officiers, nous fut très agréable et nous voulûmes lui en témoigner publiquement notre reconnaissance.

« Quant à la Belgique, on nous a rapporté récemment que les fidèles de cette nation si éprouvée ne laissaient pas, dans leur pitié, de tourner vers Nous leurs regards et leurs pensées : sous le coup eux-mêmes de tant de calamités, ils se proposent encore de recueillir cette année, comme les années précédentes, le denier de Saint-Pierre pour subvenir aux nécessités du Saint-Siège Apostolique. Ce témoignage vraiment incomparable de piété et d'attachement nous remplit d'admiration; nous l'agréons avec toute la bienveillance qu'il mérite et d'un cœur reconnaissant; mais, eu égard à la situation si pénible dans laquelle Nos Chers Fils se trouvent, Nous ne pouvons absolument pas nous résoudre à encourager la réalisation de ce projet, si noble soit-il. Si l'on venait à recueillir quelque argent, notre volonté est qu'il soit destiné à secourir le peuple belge, aussi illustre par sa noblesse et par sa piété, qu'il est en ce moment digne de compassion.

« Au milieu des difficultés et des angoisses de l'heure présente, Nous invitons ces fils qui nous sont chers à se souvenir que « le bras de Dieu n'est pas raccourci, qu'il peut toujours « nous sauver, et que son oreille n'est pas sourde, mais peut « toujours entendre notre prière. »

« Et que cet espoir du secours divin grandisse encore à l'approche des Fêtes de Noël, dont le mystère célèbre la naissance de Notre Seigneur et nous rappelle cette paix que Dieu a annoncée aux hommes par ses anges.

« Puissent aussi les âmes tristes et affligées trouver réconfort et consolation dans l'assurance de la tendresse paternelle qui inspire notre prière; oui, que Dieu ait pitié de la nation belge, qu'Il la comble de l'abondance de ses biens.

« Comme gage de ces vœux, nous accordons de grand cœur à tous et à chacun, et tout d'abord à vous Notre Cher Fils, la Bénédiction Apostolique.

« Donné à Rome, près saint-Pierre, en la fête de la Conception Immaculée de Notre-Dame, l'année MCMXIV, de notre Pontificat la première.

« BENOIT XV, Pape. »

1er janvier 1915.

Un dernier mot, mes bien chers Frères.

Au début de cette crise, je vous disais qu'au jour de la libération de notre territoire, nous saurions donner au Sacré-Cœur et à la Très Sainte Vierge un témoignage public de notre reconnaissance. Depuis cette date, j'ai pu consulter mes collègues de l'épiscopat et, d'accord avec eux, je vous demande de faire, dès que nous le pourrons, un nouvel effort pour hâter la construction de la Basilique nationale, que la Belgique a promis de dédier au Sacré-Cœur. Aussitôt que le soleil de la paix luira sur notre pays, nous relèverons nos ruines, nous rendrons leur abri à ceux qui n'en ont plus, nous rebâtirons nos églises, nous réédifierons nos bibliothèques, et nous espérons bien mettre le couronnement à cette œuvre de reconstruction, en élevant, sur les hauteurs de la capitale de la Belgique, libre et catholique, la Basilique nationale du Sacré-Cœur.

Puis, chaque année, nous nous ferons un devoir de célébrer avec solennité le vendredi après l'octave de la Fête-Dieu, la fête du Sacré-Cœur.

Enfin, dans chaque région du diocèse, le clergé organisera annuellement un pèlerinage d'actions de grâces à l'un des sanctuaires privilégiés de la Sainte Vierge, afin d'honorer spécialement la Protectrice de notre indépendance nationale et la Médiatrice universelle de la société chrétienne.

Agréez, mes bien chers Frères, les vœux que je forme pour vous et pour le bonheur de vos familles, et recevez, je vous prie, ma paternelle bénédiction.

† D. J. Card. MERCIER,
Arch. de Malines.

Dans les églises, pendant la lecture de ce document, on entendrait voler une mouche. L'émotion des auditeurs est au paroxysme quand le prêtre arrive à cette conclusion vengeresse : que l'Allemagne a trahi ses engagements tandis que l'Angleterre a tenu les siens, que les pouvoirs légitimes sont toujours exercés par le Roi, le Gouvernement et les représentants de la nation, que le pouvoir qui a envahi notre sol n'est pas une autorité légitime et que, conséquemment, on ne lui doit, en conscience, ni estime, ni obéissance, ni attachement.

Le vigoureux langage! Et, comme, en l'entendant, on se sent fier d'être Belge !

Que diront-ils, nos maîtres du moment, que ce réquisitoire brûlera comme un fer rouge ? L'illustre primat de Belgique les attend vraisemblablement sans crainte. Des millions de baïonnettes ne sauraient prévaloir contre cette expression de sa pensée. C'est une chose émouvante de voir s'ouvrir ce duel entre un homme seul, simplement armé de la force du droit, et l'un des plus formidables empires de l'univers. Qui l'emportera ? L'acte accompli par Mgr Mercier a été mûrement réfléchi. Sa lettre est imprimée. On la vend clandestinement dans des librairies à l'heure où on la lit en chaire. On la distribue ce soir dans l'église Sainte-Gudule, où des milliers de personnes sont réunies pour la consécration de l'année au Sacré-Cœur.

Oseront-ils sévir ? La question est, avec l'éloge du cardinal, sur toutes les lèvres (1).

SAMEDI 2 JANVIER

A l'initiative de la Société centrale d'architecture, de la Ligue du bâtiment et de l'Association des entrepreneurs se constitue, sous le patronage de la Banque Nationale et de la Société Générale, une « Association mutuelle bruxelloise contre les risques de guerre ». Elle cessera d'exister six mois après la conclusion de la paix (2).

Son mécanisme est ingénieux. Chaque propriétaire ou locataire qui désire garantir son bien contre le risque

---

(1) On trouvera la réponse à la question dans le récit des incidents relatés les 4, 7, 10 et 11 janvier.

(2) Cet organisme sera dirigé par M. F. Devaux. A sa tête figurent, comme président M. Lepreux, directeur de la Banque Nationale, comme vice-président M. E. de Brabander, directeur de la Société Générale, et comme membres du Conseil d'administration MM. G. Adan, directeur général de la « Royale Belge », A. Bégaut, président de l'Association des Actuaires belges, A. Bourgeois, président de l'Association des Entrepreneurs, A. Dumont, secrétaire de la Société Centrale d'architecture, L. Fontaine-Vander Straeten, propriétaire, E. François, entrepreneur; J. Lefèbvre-Peeters, secrétaire général de la Ligue de l'Industrie du Bâtiment, G. Mauckels, président de la Fédération des Architectes belges, L. Monnoyer, entrepreneur, P. Otlet, secrétaire général de l'Office international de bibliographie, J. Rampelbergh, directeur de la Banque Internationale, H. Stocq, président de la Fédération nationale du Bâtiment, E. Tardieu, secrétaire général de la Fédération du Bâtiment, J. Van Deuren, président de la Ligue de l'Industrie du Bâtiment.

de guerre (bombardement, jet d'obus par des aéroplanes, etc.) s'engage à payer, si plus tard des dégâts sont commis, une somme équivalente à 2 p. c. de la valeur qu'il assure, soit par exemple 1,000 francs pour 50,000 francs. Mais il ne doit payer au moment de l'affiliation qu'un pour mille, soit, dans l'exemple ci-dessus, 50 francs.

Après la guerre, on fera le total des sommes à payer pour destructions parmi les immeubles assurés, et la quote-part à verser par chaque mutualiste sera fixée en conséquence de ce total et au prorata de l'importance de son assurance, sans cependant qu'en aucune hypothèse cette quote-part puisse excéder les 2 p. c. de la valeur qu'il a assurée.

Si l'encaisse disponible dépasse le total des dégâts à payer, le surplus sera restitué aux membres de la mutualité, proportionnellement à leurs versements (1).

DIMANCHE 3 JANVIER

647 caisses de jouets recueillis aux Etats-Unis, dons de petits Américains aux enfants infortunés de Belgique, sont arrivées ces jours-ci par les soins de la «Commission for relief in Belgium». Les enfants des écoles bruxelloises ont reçu leur part ce matin dans le préau de l'école de la rue Véronèse, orné de drapeaux belges, espagnols et américains.

Ce fut une jolie fête, d'un caractère patriotique et poignant. M. Lemonnier la présidait, entouré des représentants des ministres d'Espagne et des Etats-Unis, des échevins de Bruxelles, de MM. Ernest Solvay et E. Janssen, représentant le Comité national.

Au moment où l'orchestre joua la *Brabançonne*, tous les petiots se levèrent et poussèrent des hourrahs; chacun tenait à la main un minuscule drapeau américain et l'agitait avec frénésie.

M. Lemonnier dit alors, au milieu de l'émotion générale :

« Après avoir donné du pain aux parents, les Amé-

---

(1) Voir à la date du 10 décembre 1915 les conséquences de l'intervention allemande dans cette affaire.

ricains ont pensé aux petits Belges malheureux et ils nous ont expédié des bateaux chargés de jouets et de friandises. Dans les heures d'angoisse que nous vivons, l'Amérique nous envoie ainsi un rayon de soleil. Tous, grands et petits, nous adressons du plus profond de notre cœur un affectueux merci à cette nation aimée, à la généreuse Amérique ».

D'autres caisses, en grand nombre, ont pris le chemin des hôpitaux, des orphelinats, des écoles privées et des écoles des faubourgs.

LUNDI 4 JANVIER

La lettre de S. E. le Cardinal fait un bruit énorme. Les Allemands tentent l'impossible pour en diminuer le retentissement. Des indiscrétions venues des bureaux de la censure révèlent que la colère est grande dans les salons du gouvernement général. Des officiers supérieurs couraient, entraient, sortaient, demandant aux échos des renseignements : « Existe-t-il un concordat entre la Belgique et Rome ? Où peut-on en trouver le texte ? Il faudrait le connaître et si possible frapper fort pour étouffer dans l'œuf cette résistance ! »

Peine perdue. Déjà le réquisitoire est connu, et il fera le tour du monde. La presse étrangère en parle. On s'occupe de le traduire dans toutes les langues et de le répandre dans tous les pays.

Ce sont les séminaristes quittant Malines pour les vacances de Noël qui l'ont apporté dans les paroisses. La première partie a été lue dans les églises le 1ᵉʳ janvier. On a continué hier dimanche.

Samedi soir, des émissaires du gouvernement allemand se sont présentés dans de nombreux presbytères pour inviter le clergé à ne pas continuer cette lecture. Dans certains presbytères de la banlieue, ils se sont emparés de force de la lettre pastorale, mais le plus souvent cela n'a pas empêché le curé de la lire en chaire : il en possédait ou s'en procurait un second exemplaire.

Mgr Evrard, doyen de Ste-Gudule, a catégoriquement répondu aux envoyés du gouverneur général qu'il déniait à l'autorité allemande le droit de s'interposer entre son évêque et lui et d'empêcher la lecture d'une lettre pastorale.

On ne sait encore quel accueil S. E. le Cardinal a fait aux délégués allemands dépêchés près de lui (1). Ils ont mis des sentinelles aux portes du palais archiépiscopal et aux portes des deux séminaires. Ils n'ont pas osé arrêter le Cardinal, mais il lui ont interdit de quitter Malines. Mgr Mercier était attendu à Anvers hier, pour une solennité religieuse : il n'a pu s'y rendre.

Une perquisition a été faite à Malines chez M. Dessain, imprimeur de l'archevêché; tous les exemplaires de la « Lettre » qui se trouvaient encore chez lui ont été confisqués.

Mais déjà, de tous côtés, à Bruxelles, comme en province, dans des maisons de commerce et chez des particuliers, on en « tape » des exemplaires à la machine à écrire. Et on la propage avec entrain.

MARDI 5 JANVIER

L'existence des Belges dans leur pays, qui est leur bien cependant, leur sol, leur propriété, rappelle, par certains côtés, l'existence des premiers chrétiens dans la Rome des Césars. Sans doute, on n'est pas encore obligé de se cacher dans des catacombes pour se voir et causer. Mais on est sur le chemin.

Dans les trams, c'est à voix basse qu'on échange ses impressions, de peur d'être entendu et dénoncé par un mouchard de l'ennemi. Mêmes conversations mystérieuses dans la rue. Un coup de sonnette retentit-il à la porte, le Belge assis dans sa maison se demande si quelque Allemand n'est pas là, prêt à faire irruption et à perquisitionner.

Les arrestations arbitraires se multiplient. Aujourd'hui, quatre gardes civiques de l'avenue Dailly sont arrêtés. Des prêtres sont arrêtés pour n'avoir pas voulu remettre aux émissaires de la « Kommandantur » la lettre de Mgr Mercier.

On se réunit en cachette dans des arrière-boutiques pour lire le *Times* et des feuilles de Paris qui, certains

---

(1) Les détails sont donnés sous la date du 7 janvier.

jours, pénètrent encore dans Bruxelles grâce à des prodiges d'adresse de vendeurs ingénieux. Il y a menace d'amende et d'arrestation pour le lecteur et le marchand.

Défense de voyager en tram vicinal sans passe-port,— dont coût 12 francs. Défense de passer devant les casernes, devant les ministères, sur les trottoirs des gares. Défense de sortir du pays, défense de transporter des lettres, défense d'aller en Flandre, défense de toucher une somme en banque sans déclarer par écrit et sous serment qu'elle n'est pas destinée à un Français, à un Anglais, à un Russe, à un Belge absent du pays. Chaque jour apporte ainsi de nouvelles restrictions aux libertés dont nous jouissions naguère. Un tour de vis supplémentaire toutes les vingt-quatre heures : c'est un système, on commence à s'y faire.

Voyons l'innovation d'aujourd'hui.

Seules les autorités et troupes allemandes ont le droit de laisser voler des pigeons. Les possesseurs de pigeons doivent jusqu'à nouvel ordre les garder enfermés dans leurs pigeonniers. Celui qui lâche des pigeons sera puni de trois mois d'emprisonnement et 3,000 marks d'amende.

Les pigeons doivent être munis de bagues fermées et non susceptibles d'être enlevées. Tout possesseur de pigeons est tenu de donner, pour chaque pigeonnier, une liste complète indiquant la couleur de chaque pigeon et les marques des bagues (numéro, année, etc.). Les pigeons étrangers qui entrent dans un pigeonnier doivent être tués à l'instant. Tout transport de pigeons vivants est interdit. Celui qui est trouvé porteur d'un pigeon vivant en dehors du pigeonnier sera puni d'un an de prison et 10,000 marks d'amende. Etc. (1)

Autre invention. Le droit de posséder et d'utiliser des installations de télégraphie sans fil appartiendra exclusivement aux troupes allemandes. Quiconque possède semblable installation doit en faire sur l'heure la déclaration. Les installations du téléphone et du télé-

---

(1) Des mesures avaient déjà été édictées précédemment au sujet des pigeons. Voir le 15 septembre.

7 janvier 1915.

graphe en Belgique seront désormais à l'usage exclusif des autorités et troupes allemandes.

* * *

Ce midi, dans un café du boulevard du Nord, un soldat prussien se vante, à une table, de n'être plus qu'à trois heures de marche de Paris. Un consommateur sourit et lui démontre son erreur. Deux officiers interviennent et amènent à la « Kommandantur » le consommateur, qui s'entend immédiatement condamner à 24 heures d'incarcération et 50 marks d'amende « pour avoir tenté de décourager un soldat allemand ».

JEUDI 7 JANVIER

Alors que S. E. le Cardinal affirme en plein jour nos espérances patriotiques, c'est durant la nuit que le gouvernement allemand fait glisser sous les portes des maisons, par des auxiliaires qui sans doute désirent n'être pas vus, un placard imprimé dans les bureaux de ce qui fut le « Moniteur belge », contenant les soi-disant preuves du soi-disant accord anglo-belge, antérieur à la guerre et dirigé contre l'Allemagne. Pour qui nous prend-il ? A-t-il la naïveté de croire que par ce truc, cousu de fil de la Wilhelmstrasse, il induira le peuple à conclure que les criminels, ce ne sont pas les Allemands qui ont couvert le pays de ruines, mais bien le Roi, les ministres, les députés belges, et les Anglais accourus à notre secours ?

Comme ces agresseurs, après cinq mois d'occupation, ont peu pénétré notre mentalité ! Qu'ils interrogent donc le plus misérable d'entre nous, qu'ils demandent aux petites gens leur sentiment. Ils vérifieront alors la vérité de cette parole du Cardinal : « Le peuple attend la revanche, il ne demande pas l'abdication. »

On connaît aujourd'hui quelques détails sur la réception réservée par Mgr Mercier aux émissaires du baron von Bissing (1). Ils se sont plaints du ton de sa lettre et lui ont demandé d'en modifier ou d'en

---

(1) L'envoi des émissaires a été signalé le 4 janvier.

supprimer quelques passages, ajoutant qu'une nouvelle édition, ainsi revue et corrigée, pourrait circuler librement. Le Cardinal a refusé.

* * *

Le lendemain, nouvelle visite d'un envoyé allemand, qui remet à Mgr Mercier, de la part du baron von Bissing, une lettre, avec prière à Son Eminence, de bien vouloir y répondre. Le Cardinal, avant d'expédier sa réponse à Bruxelles, a tenu à la communiquer au chapitre métropolitain. Cette réponse ne modifie en rien la position fermement et noblement prise par le primat de Belgique. Les choses en sont là. Mais déjà un journal bruxellois, organe complaisant de la « Kommandantur », imprime que « contrairement à un bruit qui a couru, l'éminent archevêque de Malines n'a pas été arrêté ». Pour l'étranger, surtout pour l'Allemagne, il y a une autre version que les correspondants de journaux accrédités auprès du gouvernement général transmettent dare-dare à leurs gazettes : Mgr Mercier, invité à justifier sa conduite, a fourni à l'autorité allemande des explications satisfaisantes, et l'incident peut donc être considéré comme clos...

VENDREDI 8 JANVIER

Appliquant la méthode annoncée dès le premier jour de l'invasion — « la Belgique nous fournira tout ce dont nous aurons besoin », déclara alors le gouvernement de Berlin, — ses représentants à Bruxelles continuent les grandes rafles. Tous les dépôts de benzine, benzol, pétrole, esprit de vin, glycérine, huile et graisse de tous genres, carbure, caoutchouc brut et déchets de caoutchouc ainsi que des pneumatiques d'automobiles doivent être déclarés, sans quoi le tout sera confisqué sans indemnité et le « coupable » sera puni.

* * *

Avis est donné aux sujets des deux sexes des Etats en guerre avec l'Allemagne, âgés de plus de 15 ans — les Belges exceptés — de se présenter le 12 à l'Ecole militaire pour être inscrits sur des listes de contrôle. Les Belges qui logent chez eux des personnes tombant sous le coup de cette mesure doivent les déclarer. Et même

10 janvier 1915.

« les occupants des maisons en question sont rendus responsables de cette déclaration ».

La dénonciation obligatoire entre voisins de chambre ou d'appartement, sinon la loi martiale! Pouah!

DIMANCHE 10 JANVIER

Il y a du nouveau depuis quelques heures dans la fameuse affaire de la lettre pastorale. Le gouverneur général a fait publier par la presse censurée la note suivante :

S. E. l'Archevêque de Malines, Mgr Mercier, suivant une ancienne coutume, a adressé pour la fête de Noël aux fidèles de son diocèse une pastorale qui traite en partie des grands événements politiques des derniers mois. La presse étrangère en a donné des comptes-rendus inexacts et, entre autres, a prétendu qu'à la suite de cette pastorale le Cardinal serait tenu séquestré dans son palais à Malines par des officiers allemands, et même qu'il aurait été arrêté. Le Gouvernement général a déjà fait déclarer officiellement que ces deux affirmations sont dénuées de tout fondement. Il n'a jamais songé à entraver la liberté du prince de l'Eglise dans l'exercice de ses fonctions ecclésiastiques. Cependant, la pastorale contenait des passages blessants pour l'Allemagne et qui, par conséquent, ne permettaient pas aux autorités allemandes de s'en désintéresser. Malgré cela, par respect pour la sainteté du lieu et pour ne pas heurter les sentiments des fidèles, la lecture de la pastorale n'a pas été empêchée par la force. Le Gouverneur général s'est borné à prendre les mesures policières que la situation comportait, en vertu de son arrêté du 13 octobre 1914, qui soumet formellement tous les produits d'imprimerie à la censure du Gouvernement général. L'imprimeur chargé de l'impression et de la distribution de la pastorale a donc été appelé à rendre compte à la justice de son infraction à l'arrêté sus-mentionné, et les exemplaires trouvés ont été saisis.

Dans un échange de lettres avec le Gouverneur général au sujet de la pastorale, le Cardinal a déclaré que, vu l'opinion du Gouverneur général sur la portée éventuelle de la lecture, il n'insistait pas pour astreindre le clergé à reprendre la lecture de la pastorale et à la répandre dans les foyers.

En même temps que cette note était insérée dans les journaux, l'avis suivant était transmis par l'autorité allemande aux curés du diocèse :

Bruxelles, le 7 janvier 1915.

A la suite de mes observations, le Cardinal Mercier m'a déclaré par écrit et verbalement qu'il n'avait pas eu l'intention d'exciter ou d'inquiéter la population par sa lettre pastorale, et qu'il avait insisté particulièrement sur la nécessité d'obéissance de la part de la population envers l'occupant, même si le patriote se sent intérieurement en état d'opposition.

Dans le cas où je craindrais tout de même une excitation, le Cardinal n'insistait pas pour exiger de son clergé la lecture répétée les dimanches suivants et prévue dans la conclusion de la lettre pastorale, non plus que pour la diffusion de celle-ci.

Cette hypothèse se réalise pour moi.

Je renouvelle donc ma défense du 2 janvier de cette année, concernant la lecture et la diffusion de la lettre pastorale. J'attire l'attention du clergé sur ce point qu'il se trouverait même en contradiction avec la déclaration écrite de son Cardinal, en agissant à l'encontre de ma défense.

Baron von BISSING,
Général-colonel,
Gouverneur général en Belgique.

Le clergé soupçonne un piège; il ne s'y laisse pas prendre. Mgr Evrard, doyen de Ste-Gudule, se rend à Malines pour prévenir éventuellement tout malentendu. Le mensonge de la note officielle allemande est aussitôt établi. Mgr Evrard en avertit immédiatement le clergé de l'agglomération par la lettre suivante (1) :

Bruxelles, le 9 janvier 1915.

Monsieur le Curé,

Je rentre de Malines.

Malgré l'écrit de défense reçu hier, Son Eminence le Cardinal veut qu'on fasse lecture de sa lettre. Cet écrit de défense est habile et faux.

« Ni verbalement, ni par écrit, je n'ai rien retiré et ne retire rien de mes instructions antérieures, et je proteste contre la violence qui est faite à la liberté de mon ministère pastoral. »

Voilà ce que le Cardinal m'a dicté.

Il a ajouté : « On a tout fait pour me faire signer des atténuations à ma lettre; je n'ai rien signé. Maintenant on cherche à séparer mon clergé de moi en l'empêchant de lire le mandement. J'ai fait mon devoir; mon clergé doit savoir s'il va faire le sien. »

Agréez, Monsieur le Curé, l'hommage de tous mes respects.

E. EVRARD, doyen.

Le gouverneur général allemand en Belgique a donc affirmé, officiellement, le contraire de la vérité.

---

(1) Voir aussi, à la date du 10 janvier, une lettre du Cardinal lui-même concernant cet incident.

11 janvier 1915.

Ce matin, nous avons la preuve publique de la fermeté du Cardinal. Les prêtres montent en chaire et continuent la lecture de la lettre. Il y a foule partout, et dans cette foule, nombre de personnes qui ne vont guère à l'église.

En l'église St-Jacques, M. le curé Quirini déclare d'une voix retentissante que la note du gouvernement général est un faux : « Je vais vous le prouver, dit-il, en continuant la lecture commencée dimanche dernier ».

La lettre pastorale circule maintenant de main en main dans tous les milieux. On en connaît déjà plus de dix éditions différentes imprimées clandestinement !

Les journaux allemands de Cologne et d'ailleurs arrivés à Bruxelles ce midi contiennent un télégramme officiel de Berlin disant que l'incident créé par la lettre de Mgr Mercier est aplani, vu que le Cardinal en a lui-même fait interrompre la lecture.

L'Allemagne est bien renseignée...

LUNDI 11 JANVIER

Mgr Mercier a adressé hier aux membres de son clergé une lettre latine dont voici la traduction :

Malines, le dimanche dans l'Octave de l'Epiphanie.

Très révérends Messieurs et bien-aimés Coopérateurs,

Vous avez, je pense, sous les yeux, le *message du Gouvernement général de Bruxelles* publié par les journaux, dans lequel il est déclaré que le Cardinal-Archevêque de Malines n'a aucunement été empêché de remplir librement son office ecclésiastique.

Il ressort des faits que cette affirmation est contraire à la vérité.

En effet, le soir du 1er janvier et pendant toute la nuit qui suivit, des soldats pénétrèrent dans les presbytères et enlevèrent des mains des prêtres ou s'efforcèrent vainement de leur enlever la lettre pastorale et, au mépris de l'autorité épiscopale, vous en interdirent la lecture à l'assemblée des fidèles sous la menace de châtiments très sévères qui seraient infligés à vous-mêmes ou à votre paroisse.

Même notre dignité ne fut pas respectée. En effet, le 2 janvier, avant même le lever du soleil, c'est-à-dire à 6 heures, on m'ordonna de me rendre le matin de ce même jour devant le Gouverneur général pour lui rendre raison de ma lettre au clergé et au peuple ; le lendemain on me défendit de présider le salut dans la cathédrale d'Anvers ; enfin on m'interdit de me rendre librement auprès des autres évêques belges.

Comme citoyen, pasteur des âmes et membre du Sacré Collège des Cardinaux, je proteste que vos droits, bien-aimés frères, et les miens, ont été violés.

Quoi qu'on ait prétendu, l'expérience a maintenant prouvé qu'aucun danger de sédition n'est résulté de cette lettre pastorale, mais que plutôt elle contribua beaucoup à l'apaisement des esprits et à la tranquillité publique.

Je vous félicite d'avoir accompli votre devoir avec fermeté et douceur. Restez-y attachés d'un cœur viril et paisible, vous souvenant de ces paroles par lesquelles je vous ai déjà exposé pleinement et entièrement ma pensée : « Soyez à la fois et les meilleurs gardiens du patriotisme et les soutiens de l'ordre public. »

Au reste : « Soyez fervents d'esprit, servez le Seigneur, soyez joyeux dans l'espérance, patients dans les tribulations, persévérants dans l'oraison, prenez part aux nécessités des saints (1). »

Ne m'oubliez pas, je vous en prie, dans vos supplications ; moi non plus, je ne vous oublie pas. Tous ensemble, unis étroitement par le lien fraternel, recommandons au Seigneur, l'évêque, le clergé et le peuple fidèle « afin qu'ils voient leur devoir et qu'ils aient la force de l'accomplir. (2) »

Votre dévoué en Jésus-Christ.

D. J. Cardinal MERCIER,
Archevêque de Malines.

Les T. R. Mess. les Doyens sont priés de faire le rapport sur ce qui s'est passé dans les paroisses de leur doyenné.

N. B. — Des membres du clergé ont porté pour un temps le costume civil. Que tous reprennent dès maintenant l'habit ecclésiastique.

MARDI 12 JANVIER

Tout Belge possédant une arme à feu, fusil militaire, fusil ou carabine de chasse, pistolet, revolver, doit, par ordre allemand, la déposer (avec les munitions) avant le 15 à l'hôtel de ville de sa localité. Après cette date, on perquisitionnera « sans ménagement », et gare à celui qui aura conservé ou caché une arme.

---

(1) Ep. aux Romains XII, 12-13.
(2) Oraison du dimanche dans l'Octave de l'Epiphanie.

Une partie de la population obéit, l'autre passe outre à l'injonction. Des milliers d'armes, et de grand prix, des carabines richement incrustées, des fusils de luxe prennent le chemin des maisons communales; leurs propriétaires n'ont pas la moindre confiance dans la parole du baron von Bissing, qui leur promet restitution après les hostilités, mais on a peur. Des détenteurs de revolvers vont, à la nuit tombante, les jeter au canal ou dans les étangs des squares publics plutôt que de les déposer dans un local où, chacun en est persuadé, les Allemands s'en empareront au mépris de leurs engagements. On met des milliers d'armes en lieu mystérieux et sûr : sous des planchers, sous des carrelages, dans des cachettes invisibles au fond de greniers obscurs.

Les plus à plaindre pour le moment sont les chasseurs : l'ennemi s'est fait remettre la liste de tous les Belges qui ont un permis de chasse et qui, par conséquent, ne peuvent nier qu'ils possèdent un fusil.

VENDREDI 15 JANVIER

Le gouvernement général allemand saisit l'administration belge des finances d'un arrêté frappant, dans des conditions scandaleusement illégales, les Belges absents de leur pays. Au conseil communal de Gand d'abord, puis au conseil communal de Bruxelles, l'idée avait été émise que peut-être, plus tard, il serait équitable de demander, sous forme de taxe ou d'impôt, une contribution extraordinaire aux Belges absents pour motifs de convenance personnelle et qui donc ne prennent pas actuellement leur part des charges pesant sur la population. L'idée sourit au général von Bissing : il se l'approprie et donne au projet un caractère spoliateur.

Il décide, en effet, que « les Belges imposés pour l'année 1914, au profit de l'Etat, à la contribution foncière, à la contribution personnelle et au droit de patente, qui, après le commencement de la guerre, ont volontairement quitté leur domicile belge et ont séjourné plus d'un mois hors de la Belgique, ont à acquitter une cotisation additionnelle extraordinaire s'élevant à *dix fois* le principal des impôts précités pour 1914, à moins qu'ils n'aient repris leur domicile en Belgique avant le 15 février 1915.

« Est considéré, jusqu'à preuve du contraire, comme résidant hors de la Belgique tout contribuable qui n'est pas resté ou ne reste pas à son domicile belge. »

Cette disposition ne s'appliquera pas aux contribuables « pour qui le total des impôts directs précités d'après les rôles de 1914, y compris les centimes additionnels au profit de l'Etat, de la province et de la commune, ne dépasse pas 50 francs dans les communes de moins de 10,000 habitants, 100 francs dans les communes de 10,000 à 50,000 habitants, 150 francs dans les communes de plus de 50,000 habitants ».

Le produit de cet impôt sera divisé en deux parts : une moitié pour le gouvernement général allemand en Belgique, une moitié pour la commune dans laquelle le contribuable est imposé.

L'impôt est payable au 1ᵉʳ avril et recouvrable par voie de contrainte après cette date. Aucune commune ne pourra établir une imposition assise sur des bases identiques à celle-ci. Enfin, « les maisons et habitations des redevables peuvent, jusqu'à complet paiement des cotisations, être utilisées au logement de soldats ou agents allemands ».

L'arrêté fait bon marché de la liberté individuelle et va à l'encontre des règles élémentaires du droit des gens. Aussi l'émotion est-elle vive dans les administrations communales et dans l'administration des finances invitées à coopérer à son exécution; elle est plus vive encore dans les milieux judiciaires, parmi les magistrats et les avocats.

Le département des finances, appelé par M. Mehlhorn, conseiller intime supérieur de régence, à examiner ce projet, l'accueille avec froideur. Mais l'administration civile allemande est intraitable : si elle veut bien écouter quelques observations de détail, elle maintient le principe et déclare qu'il doit être appliqué (1).

---

(1) Voir suite le 23 février 1915.

SAMEDI 16 JANVIER

Prendre possession de notre bonne vieille terre belge, la sentir dans ses griffes, agir ici en propriétaire et maître, c'est une joie qui transpire dans tous les arrêtés du gouvernement allemand.

Les arrêtés pris depuis ce jour ou encore à prendre par le Roi des Belges et les ministres belges n'ont aucune force de loi dans le domaine du Gouvernement allemand en Belgique.

Je suis décidé à obtenir par tous les moyens à ma disposition que les pouvoirs gouvernementaux soient exercés exclusivement par les autorités allemandes instituées en Belgique. J'attends des fonctionnaires belges que, dans l'intérêt bien compris du pays, ils ne se refuseront pas à continuer leurs fonctions, surtout que je ne réclamais pas d'eux des services dans l'intérêt de l'armée allemande.

Les traitements qui, à l'insu ou contrairement à la volonté du gouvernement allemand seront payés par les anciennes autorités belges ou fonctionnaires belges seront passibles de confiscation.

Un autre arrêté modifie — déjà ! — les limites de la Belgique et de la France. Il porte que « à l'avenir, les lois belges sur la douane et les impôts seront applicables dans la partie du territoire français Givet-Fumay qui a été joint au gouvernement général; la fraction nouvelle du côté du territoire français suit, à partir de Fumay, la vallée de la Meuse et de la Semois jusqu'à la frontière belge, au sud-est de Hautes-Rivières ».

Il faudrait, chaque jour, tant ils sont typiques, consigner des centaines de menus faits. Voici une cueillette pour aujourd'hui.

A la poste centrale, brusquement, un agent allemand crie :

— On a volé le porte-monnaie d'une dame. Fermez les portes !

Et l'on fouille toutes les personnes présentes. Aucun vol n'a été commis. Mais plusieurs personnes sont trouvées en possession de journaux étrangers. D'où arrestations, amendes.

C'est une manière d'extraire quelques centaines de marks des poches du public. Parfois la même alarme est donnée dans une voiture de tramway ou dans une **gare.**

16 janvier 1915.

Ordre est communiqué aux paysans d'Uccle d'amener leurs chevaux sur la place communale, à midi, en vue d'un examen de réquisition. Ils y arrivent à midi, heure belge. Des Allemands qui ont combiné le coup leur disent : « Il est une heure. Vous êtes en retard. Nous vous condamnons chacun à dix marks d'amende ».

Après avoir encaissé l'argent, ils s'en vont, sans examiner un cheval.

M. l'avocat Van de Putte, d'Ixelles, est conduit à la « polizei » sous prétexte de quelque vague délit. L'entrevue n'a rien de cordial, mais le ton de l'interlocuteur allemand change brusquement, la « Kommandantur » venant d'apprendre que M. Van de Putte est considéré comme défenseur des revendications flamandes. On s'excuse de l'avoir arrêté et on lui dit :

— Monsieur l'avocat, nous avons une bonne nouvelle à vous communiquer. Nous allons créer à Gand l'université flamande que le gouvernement belge vous a toujours refusée (1). Voilà une information qui sans doute vous fera plaisir.

— En d'autres temps, répond M. Van de Putte, elle me ferait plaisir, mais à présent elle m'étonne, car c'est au pouvoir belge, non à vous à régler cette question de ménage intérieur.

— Le pouvoir belge ! Cela n'existe plus ! Mettez-vous bien dans la tête que nous ne quitterons plus jamais la Belgique.

Dans les prairies qui s'étendent derrière le cimetière d'Evere, les Allemands ont construit, je l'ai déjà noté, un hangar pour zeppelins. Le travail s'est accompli sans que la moindre attention fût prêtée aux intérêts de qui que ce soit. Un paysan proteste :

— Ce champ m'appartient, dit-il.

— Ah ! ce champ vous appartient, répondit un Allemand en braquant son revolver. Eh bien, où voulez-vous être enterré ? Dans votre champ ? ou là-bas, dans ce cimetière ? »

---

(1) La date de cet entretien prouve que cette réforme était dans les projets de l'Allemagne dès les premiers temps de l'invasion, — peut-être même avant.

DIMANCHE 17 JANVIER

On se souvient du bruit que fit une visite de M. Woeste à Anvers au moment où le Roi et le Gouvernement belge s'y trouvaient encore (1). Depuis, malgré le démenti de l'honorable ministre d'Etat, on entend encore raconter que M. Woeste aurait, en l'occurence, rempli une mission dont les Allemands l'avaient chargé.

J'ai vu M. Woeste ce matin. Il m'a fait ce pittoresque récit :

— Vous connaissez mon démenti. Il est formel. Mais puisqu'on persiste, dans certains milieux, à soutenir que j'ai été en rapport avec des Allemands, je vais vous raconter dans quelle circonstance, unique et imprévue, je me suis brusquement, certain midi, trouvé devant eux. Je déjeunais avec ma fille quand la concierge vint m'annoncer que deux soldats allemands désiraient me voir. Inquiète, ma fille m'accompagne. J'aperçois dans mon bureau deux sous-officiers portant l'un une lettre à mon adresse, l'autre un objet de dimensions encombrantes, enveloppé de papier. La lettre était du maréchal von der Goltz. Le gouverneur général disait, en substance, qu'il se faisait un plaisir de m'envoyer... « le drapeau madhiste souhaité » (*die gewünschte madhisten fahne*). En homme de précaution, M. von der Goltz m'invitait à lui accuser réception du présent et à signer, à cette fin, un reçu tout rédigé joint à sa missive.

« A quoi rimait cette affaire ? Je ne connaissais pas le gouverneur général et ne lui avais rien demandé. Je ne suis pas collectionneur. Ce présent était donc tout-à-fait suspect. Pourtant, je priai le porteur de l'étendard de déballer son paquet : il en sortit, effectivement, un vieux drapeau revêtu d'inscriptions arabes, vraisemblablement un trophée d'une campagne antiesclavagiste.

« J'ignore si M. von der Goltz, en m'adressant cet objet que je n'avais pas sollicité et qui ne m'intéressait pas, nourrissait l'espoir de me faire tomber dans un piège. Se réservait-il de se servir de ma signature apposée au bas d'un accusé de réception pour imprimer

---

(1) Voir 14 septembre 1914.

sur les murs de Bruxelles qu'il entretenait d'excellents rapports avec un ministre d'Etat belge et qu'il avait eu l'occasion de lui être agréable ? Quoi qu'il en soit, j'invitai l'homme à reficeler son paquet, et je lui remis une lettre dans laquelle je disais au gouverneur général que, n'ayant jamais exprimé le désir de recevoir ce drapeau, je le lui renvoyais, supposant qu'il y avait eu erreur.

« Voilà à quoi se réduisent tous les rapports que j'aie eus avec l'autorité allemande. »

MERCREDI 20 JANVIER

Ce matin, les Russes, les Anglais, les Serbes, les Monténégrins, les Japonais, résidant à Bruxelles, doivent se présenter à la nouvelle école militaire et signaler leur résidence à l'autorité allemande. Quiconque ne comparaît pas « sera amené de force et puni selon les lois militaires ». Un jour spécial sera fixé pour les Français, plus nombreux que les autres étrangers.

L'ordre cause une grosse émotion. Quelles arrière-pensées cache-t-il ? Va-t-on emprisonner, envoyer en Allemagne, saisir les biens ?

Un placard du gouverneur général annonce que « pour réfréner la vie luxueuse », ordre a été donné aux pâtissiers de ne plus cuire des pâtisseries que deux fois par semaine.

On perfectionne l'œuvre des restaurants économiques (1). A l'intention des milliers de personnes dont les ressources sont de plus en plus réduites, le Collège échevinal de Bruxelles, le Conseil des hospices et le Comité national créent un comité de délégués des administrations publiques et de représentants d'œuvres privées, pour l'organisation de repas du midi.

Les dîners pourront se consommer sur place (dans des restaurants dont la liste est affichée sur les murs de la ville) ou être emportés.

Le dîner consommé sur place coûte 45 centimes; il comprend un potage, une viande, pommes de terre,

---

(1) Voir 4 décembre 1914.

légumes, pain et une tasse de café. Le prix du dîner à emporter à domicile est de 35 centimes : même menu, moins le pain et le café.

Le dîner sera servi sur la production d'une carte d'inscription que le consommateur doit se procurer, moyennant extrait du registre de la population, 26, place du Grand-Sablon. Ne sont appelées à en bénéficier que les personnes domiciliées dans l'agglomération bruxelloise et profondément atteintes dans leurs gains et leurs revenus par la crise actuelle.

VENDREDI 22 JANVIER

Des Allemands se présentent dans plusieurs maisons particulières et prennent note des jardins où existent des noyers. Déjà, dans une grande propriété d'Ixelles, ils ont fait abattre tous les noyers. Ils disent que leur pays en aura besoin pour fabriquer des crosses de fusil et des hélices d'aéroplanes.

De même, le cuivre brut existant en stock chez des négociants de la ville est saisi et envoyé en Allemagne pour servir à la fabrication d'obus. Dans la banlieue, en maintes villas inoccupées, il a été fait main-basse, aux mêmes fins, sur le cuivre des portes, des fenêtres, des cuisines. Nombre de Bruxellois enlèvent la plaque de cuivre fixée à l'entrée de leurs demeures, et remplacent la sonnette en cuivre par un bout de fil de fer. Chez beaucoup d'avocats, de médecins, d'industriels un cadre de bois ou une plaque en fer remplace l'autre prudemment remisée jusqu'à des temps meilleurs dans un coin du grenier. Nous vivons au temps des rafles par ordre gouvernemental : on ne saurait prendre trop de précautions (1).

---

(1) Le cuivre ouvré fut dans la suite systématiquement saisi partout. Ce fut l'une des plus insupportables vexations de l'occupation allemande. Voir à ce sujet 31 janvier 1915, 22 février, 6 et 20 mars, 2 et 31 août, 30 septembre, 7 et 11 octobre 1917; 16 février, 17 mars, 8 et 12 septembre et 15 octobre 1918.

SAMEDI 23 JANVIER

Chez M. Van Goubergen, doyen de St-Servais, à Schaerbeek, sont arrivés le curé d'un village voisin d'Arras (France), son père, sa sœur et une centaine de paroissiens. Ce village est détruit. Les Allemands le rasèrent, puis, après avoir fait endurer au pauvre prêtre et à ses ouailles mille vexations, ils les enfournèrent dans des wagons. Le train a voyagé en tous sens pendant quarante-huit heures. Les malheureux ne reçurent ni à manger ni à boire. Finalement, ils échouèrent dans une grande gare, où on les oublia. Au bout de quelques heures, le prêtre se risqua à questionner un officier allemand qui circulait entre les rails :

« Où sommes-nous ? Pourquoi nous laisse-t-on ici si longtemps ?

— Je ne sais ce que vous venez faire ici. Vous êtes à Schaerbeek. Descendez et allez où vous voulez ! »

Ces infortunés Français convoyés ainsi en zig-zag ne savaient pas très bien où les Allemands les débarquaient. On leur a trouvé un abri dans une ferme, près de la rue de Jérusalem, à Schaerbeek.

* * *

Cet après-midi, dans une voiture de tramway, porte de Namur, un officier allemand se plaint d'avoir été délesté de son portefeuille. Il fait arrêter et conduire à la « Kommandantur », par des « polizei », tous les voyageurs. Nul ne détenait le portefeuille : son propriétaire ne l'avait, du reste, pas perdu. Mais trois messieurs sont trouvés porteurs de journaux français, — ce qui leur vaut, à chacun, 50 marks d'amende. La machine à pomper des marks est toujours en plein mouvement.

Chez une dame, chaussée de Charleroi, se présente un individu qui se dit soldat belge, guéri de blessures reçues à Liége, et qui demande assistance pour rejoindre l'armée belge. La dame lui donne de l'argent. Elle est immédiatement arrêtée par des émissaires de la « Kommandantur » auxquels leur misérable complice, un faux soldat belge, est allé dénoncer le fait.

Ce cas n'est pas unique. Nombre de personnes ont été

victimes de semblable manœuvre de la police secrète allemande et des espions à son service.

DIMANCHE 24 JANVIER

M. Quirini, le distingué curé de la paroisse royale de St-Jacques-sur-Caudenberg, est monté en chaire, ce matin, pour adresser à ses paroissiens des vœux de l'an exprimés en un langage frémissant de patriotisme :

Mes très chers Frères, a-t-il dit, nous avons terminé l'année 1914 dans le deuil. Après 84 ans d'existence libre, heureuse prospère, la Patrie belge a subi pour la première fois les affres et les désastres de l'invasion.

A la vue de tant de misères, je me suis demandé s'il convenait, au seuil de l'année nouvelle, de vous présenter mes vœux de bonheur et si mon silence n'aurait pas eu un écho plus pénétrant que mes paroles dans vos cœurs endoloris. J'allais suivre cette inspiration quand je me suis souvenu que l'ordre public, la prospérité des familles, la bonne marche des affaires, le bien-être social, la santé, enfin toutes les satisfactions matérielles ne sont pas de l'essence du bonheur.

On peut regorger de richesse, de prééminence et de force et n'être pas heureux.

C'est que le bonheur ne réside pas dans la satisfaction des sens et des appétits inférieurs; il est du domaine de l'âme, il réside dans la conscience, et le plus dénué des mortels, qui peut se rendre le témoignage intime de n'avoir forfait à aucun de ses devoirs envers Dieu, envers le prochain et lui-même, goûte une félicité ineffable, inconnue à ceux qui foulent effrontément aux pieds, la justice et les droits.

C'est ce que nous enseigne Notre divin Maître, quand il proclame : « Bienheureux ceux qui souffrent persécution pour la justice. » S'il abandonne aux autres le royaume du monde, il promet à ces nobles victimes le royaume des cieux. Or, nous sommes de ceux qui souffrent persécution pour la justice, nous n'avons envié les biens de personne, nous n'avons lésé les droits de personne, nous avons cru à la religion du serment, au respect des traités, aux principes sacrés de la loyauté et de l'honneur. C'est pour cela que notre sol chéri est semé de ruines, nos frères bannis de leur foyer, notre terre est baignée des larmes des mères et du sang de leurs héroïques enfants.

Et bien, malgré tout cela, j'ose encore vous souhaiter le bonheur pour l'année qui vient de s'ouvrir. C'en est déjà que cette sympathie universelle dont les expressions nous arrivent de toutes parts, cette admiration du monde pour notre indomptable vaillance, et cette voix des nations qui proclame dans les lointains de l'histoire que nous sommes un peuple digne de vivre, parce qu'il sait fièrement mourir.

C'est encore un bonheur que cet admirable élan de la nation tout entière à sacrifier ses intérêts les plus chers à la cause de la Patrie, cette inépuisable vitalité de patriotisme qui rendra à tout jamais impossible l'asphyxie nationale. Et cet admirable accord entre le peuple et le pouvoir qui a fait dire de nous, que l'âme de chaque Belge est de la trempe de l'âme de son Roi.

Des publicistes se sont permis de demander s'il y avait bien chez nous une âme nationale. L'enthousiasme qui a accueilli dans tous les rangs le patriotique appel de notre grand cardinal, est une réponse péremptoire à ce doute injurieux. Est-il encore quelqu'un qui ne verra aux deuils et aux sanglots de toute la Patrie, de ses fils, s'immolant à leur mère meurtrie, que l'âme belge est là ?

Comme il faut du soleil pour faire sourire les fleurs, il y a certaines vertus chrétiennes qui ne s'épanouissent dans toute leur ampleur qu'au souffle de l'adversité. Autant la guerre actuelle accumule de blessures et de ruines, autant voyons-nous la charité se multiplier pour les guérir et les réparer. Bénis soient les cœurs compatissants qui se dévouent à ces œuvres de miséricorde, bénies soient les mains pieuses qui s'emploient à panser les plaies du fer et à prévenir les morsures du froid. Ces nobles dévouements feront pleuvoir sur la Patrie d'abondantes bénédictions.

Et comme elle est entendue plus que jamais dans notre commune misère cette invitation de Jésus : « Venez à moi, vous tous qui souffrez. »

Voyez, ô bon Seigneur Jésus, voyez ces multitudes éplorées qui se pressent partout aux pieds de vos autels, demandant avec sanglots la délivrance de la servitude, la conservation d'un être chéri, ou le bonheur du Ciel pour ceux qui ne sont plus.

O vous qui commandez aux peuples et aux rois, vous qui corrigez par vos fléaux les sociétés coupables, mais qui les régénérez par votre pardon, ayez pitié de la Belgique souffrante, brisez ses chaînes, rendez-lui les douceurs de la paix, faites-y fleurir la piété et la charité chrétienne.

> Daigne, ô Dieu tout puissant, exaucer la prière,
> De ton peuple écrasé sous un joug odieux,
> Et puis-je, en espérant la fin de sa misère,
> Voir avant le printemps, réaliser ces vœux :
> Que notre fier drapeau flotte à la cime altière,
> Du palais assaini d'Albert le Bien-Aimé,
> Et que le vent qui souffle à travers les frontières,
> Ramène à nos poumons l'air de la liberté.

Cela fut dit d'un tel cœur et avec une telle flamme que l'assistance, oubliant qu'elle se trouvait dans une église, éclata en applaudissements.

LUNDI 25 JANVIER

Un mot des affiches quotidiennement collées sur les murs de Bruxelles et portant les nouvelles que le gouvernement allemand juge bon de communiquer à ses soldats et au public.

Ses soldats prennent-ils tout cela pour parole d'Evangile ? Ils en sont bien capables. Mais le public ne s'y trompe pas, et s'il s'arrête devant ces placards, c'est généralement avec un sourire discret, mais d'une goguenardise évidente. Ces nouvelles altèrent souvent la vérité, au moins par omission.

Quiconque a l'occasion de les confronter avec les nouvelles authentiques et complètes d'un journal étranger s'en aperçoit immédiatement. Ainsi durant des semaines, les affiches ont mis en relief les exploits de l'*Emden*. Chaque jour, elles parlaient de ce croiseur allemand et de ses prouesses. Puis il n'en fut plus question. Jamais les placards allemands n'annoncèrent sa capture par la flotte anglaise.

Ce matin, l'affiche porte :

> Rome, 23. — Le Pape a dit dans une allocution au Consistoire : Je déconseille à ceux qui voient leur patrie occupée par l'ennemi d'empêcher le maintien de l'ordre public et d'empirer ainsi leur situation.

Oui, le Pape a dit cela. Mais, au préalable, le Souverain-Pontife a dit autre chose dont l'affiche du gouvernement allemand ne souffle mot. La dépêche de Rome du 23, telle que l'agence italienne Stefani l'a transmise à la presse universelle, dit textuellement :

> Le Pape a parlé aux cardinaux du peuple belge qu'il aime et de la lettre qu'il a envoyée au cardinal Mercier. Sa Sainteté a ensuite fait un appel aux sentiments d'humanité de ceux qui ont envahi un pays ennemi afin qu'ils ne s'y livrent pas à des destructions inutiles.

Puis seulement, S. S. Benoît XV a déclaré qu'il est de l'intérêt des populations des régions occupées de ne pas **troubler l'ordre.**

C'est autre chose que la seule phrase détachée du contexte par le gouvernement allemand. Mais cela, les Belges n'ont pas le droit de le savoir (1).

MERCREDI 27 JANVIER

De suggestives garnitures pour caisses à cigares sont arrivées d'Allemagne; elles sont ornées des portraits des empereurs Guillaume et François-Joseph et de leurs plus réputés généraux, avec les écussons des villes d'Anvers et de Liége retenus dans les serres d'un aigle impérial qui semble dire : Ce que je tiens, je le tiens bien.

Autour de ces vignettes se déroule l'orgueilleuse formule des avale-tout d'outre-Rhin :

> Von der Maas bis an die Memel,
> Von der Etsch bis an den Belt,
> Deutschland, Deutschland über alles,
> Uber alles in der Welt (2).

Tandis qu'ainsi la vanité germanique se donne libre carrière, des centaines de concitoyens, affrontant le risque d'être fusillés par des sentinelles ennemies, passent chaque jour encore, à travers bois et bruyères, la frontière hollandaise et vont, via Flessingue et Folkestone, grossir le nombre des recrues belges que l'on instruit à Cherbourg, Valognes et autres lieux ou camps. Ils ont recours, pour tromper la vigilance des patrouilles allemandes, à des ruses inimaginables. Des Bruxellois ont passé avant-hier en se tenant étroitement serrés au milieu des meubles qui remplissaient une voiture de déménagement en route pour la Hollande. D'autres emploient la manière forte et se glissant la nuit, à pas de loup, vers la ligne frontière, surgissent

---

(1) Dans le même ordre d'idées, voir le 14 avril 1916 un incident entre le Nonce du Pape à Bruxelles et le baron von der Lancken.

(2) « De la Meuse jusqu'à Memel, de l'Adige jusqu'au Belt, l'Allemagne, l'Allemagne au-dessus de tout, au-dessus de tout dans le monde. »

brusquement des ténèbres et abattent d'un coup de revolver la sentinelle qui doit leur barrer le passage. Hier, des jeunes gens de Bruxelles ont réussi à gagner la Hollande à bord d'un bateau charbonnier allant de Liége à Maestricht : ils étaient sous la cargaison de charbon, recroquevillés dans des tonneaux.

Par l'intermédiaire du « Nieuwe Rotterdamsche Courant », dont, on le sait, la vente est autorisée ici, ces hardis aventuriers informent alors leurs parents, au moyen d'une annonce conventionnelle, du succès de leur tentative. Ce matin, par exemple, ce journal publie à sa quatrième page une colonne de petites annonces en français dans ce goût : « Robert C. K. Bien arrivé Flessingue. Continue mardi ». — « Pierre M. Arrivés en parfait état. Continuons immédiatement. C'est l'enfance de l'art. » Etc.

Brave et vaillante jeunesse ! Non, non, ce n'est pas souvent l'enfance de l'art. C'est souvent un drame dans lequel chaque acteur joue sa vie !

Le gouvernement allemand espère mettre un terme à cet état de choses en décidant que les Belges aptes au service militaire (âgés de 16 à 40 ans révolus) ne pourront plus circuler dans les zones limitrophes de la frontière, — que cette frontière sera fermée sur toute sa longueur au moyen de fils électriques à courant mortel si on y touche — que les Belges capturés à la frontière seront envoyés en Allemagne comme prisonniers de guerre, — que quiconque favorisera à un Belge le passage défendu sera traité conformément aux lois de la guerre, — et que cette mesure sera appliquée aux membres de la famille qui n'auront pas empêché un Belge apte au service de quitter le pays !

Un père sera donc emprisonné si son fils veut devenir un défenseur de sa patrie. Peut-on rêver plus abominable mesure ? (1)

---

(1) Dans la pratique, cette mesure ne fut, le plus souvent, pas appliquée. Le nombre des parents qui ne furent pas inquiétés est, je crois, demeuré plus grand que celui des parents qui furent poursuivis parce que leur fils avait passé ou tenté de passer la frontière.

VENDREDI 29 JANVIER

Pour nous faire comprendre que nous sommes présentement moins que nos ennemis, un arrêté annonce que « les Allemands habitant la Belgique, de même que les citoyens des pays qui ne sont pas en guerre avec l'Allemagne peuvent obtenir des facilités et des délais pour le paiement des impôts belges dus à l'Etat, aux provinces et aux communes, et même obtenir la remise partielle ou totale de ces impôts ».

Si le rendement des impôts s'en ressent, on cherchera la différence dans la poche des petits Belges.

Un second arrêté interdit les assemblées publiques et même privées où se discuteraient des questions politiques; tous les clubs et sociétés à tendance politique doivent être fermés; la création de nouveaux clubs ou sociétés de ce genre est interdite sous peine d'un an de prison ou 5,000 francs d'amende pour les fondateurs, les dirigeants et les membres.

SAMEDI 30 JANVIER

Il paraît que des journaux belges qui s'éditent à Londres lancent quelques critiques aux Belges restés au pays. Devions-nous tous fuir ? Il semble que ces reproches manquent, tout au moins, de cordialité ! De même, il nous semble qu'il n'y a pas lieu de blâmer en bloc ceux qui sont partis (1). Beaucoup ont quitté la Belgique parce qu'ils étaient convaincus de mieux pouvoir servir leur patrie hors du territoire occupé par l'ennemi. Des milliers de compatriotes ont cherché un refuge en Angleterre parce que les Allemands ont brûlé leurs demeures. D'autres se sont établis à Londres ou en France pour rester en correspondance avec leurs fils soldats. Bref, il y a là des questions de sentiment qui ne se résolvent pas d'un trait de plume. Et il ne faut pas blâmer à la légère ceux qui sont partis. Mais blâmer ceux qui sont restés, voilà une idée singulière ! M. Edmond Picard, toujours verveux malgré ses quatre-

---

(1) Voir 18 octobre 1914 l'état des esprits à Bruxelles à ce sujet.

30 janvier 1915

vingts ans, s'en indigne et compose cette complainte, qui circule à Bruxelles depuis quelques jours :

COMPLAINTE DES FRANCS-FILÉS EN ANGLETERRE

Des francs-filés en Angleterre
Nous blâment dans leur heureux coin.
D'après eux la Belgique entière
Eût dû filer pour l'Angleterre.
Ces fuyards garés à l'arrière
Nous sermonnent d'un peu bien loin...

Les francs-filés en Angleterre
Sont nommés, sans leur faire tort,
« Filets d'Anvers », ou, mieux encor,
« Chevaliers Froussards-de-la-Mort ».
C'est un vilain état-major
Piteux et très peu militaire.

Les francs-filés en Angleterre
Sont courageux et très malins.
Ils ont indiqué les chemins
Bons à choisir quand vient la guerre.
Ce sont ceux qui, pour les lapins,
Mènent aux terriers sous la terre.

Les francs-filés en Angleterre
Sont d'ingénieux financiers.
Ils touchent chez nous leurs loyers,
Requérant, s'il faut, les huissiers.
Mais eux, sur la terre étrangère,
Logent pour rien chez des rentiers.

Les francs-filés en Angleterre
Sont partis fort pourvus d'argent.
Il faut être adroit et prudent
Quand on file aussi lestement.
Est-ce pour aider l'indigent ?
Non ! c'est pour leur propre misère !

Les francs-filés en Angleterre
Sont bien casés et bien nourris.
Délivrés de tous nos soucis,
Ils ont rosbif et bonne bière,
Et satisfont leurs appétits,
Ces braves à sang débonnaire.

Les francs-filés en Angleterre
Ont des estomacs de gourmets.
Notre pain noir n'est pas un mets
Qu'ils veulent pour leur ordinaire.
Ils ont juré de ne jamais
Manger ce qui les indigère.

Les francs-filés en Angleterre
Sentant qu'ils ont un mauvais lot,
Cherchent excuse à leur manière
D'être sous un paratonnerre.
Quand viendra l'heure justicière
On leur règlera leur écot.

Les francs-filés en Angleterre
Sont des fils ingrats et méchants,
Partis dans de vilains moments
Comme de mauvais garnements.
La Belgique, leur bonne Mère,
Mourante, appelait ses enfants.

Les francs-filés dont nous parlons
Ce ne sont pas les pauvres diables
Qui durent s'enfuir misérables
Quand on eut brûlé leurs maisons.
Respect aux cruelles raisons
Qui les ont faits si lamentables.

Nous aurions pu laisser en paix
Les francs-filés en Angleterre.
Quand on est deux dans un marais
Le mieux est de rester en paix.
Mais ces malencontreux cadets
Nous ont attaqués sans mystère.
Qu'ils reçoivent ces camouflets
Les francs-filés en Angleterre.
Et puis qu'ils nous fichent la paix!

Edmond PICARD.

25 janvier de notre
Année Terrible.

DIMANCHE 31 JANVIER

Le dernier arrêté pris ce mois par le baron von Bissing oblige à déclarer sans retard, sous peine de confiscation de la marchandise et d'autres ennuis, tous les dépôts de plomb, graphite, cuivre, sulfate de cuivre, laiton, tombac, aluminium, régule d'antimoine, antimoine brut ou oxyde d'antimoine, minerais d'antimoine et produits intermédiaires, bronze, zinc fin, nickel, mercure, étain et étain laminé.

Si l'un ou l'autre de ces produits continue à être fabriqué ou à être importé en Belgique, tout nouvel accroissement du stock devra être indiqué avant le 15 de chaque mois.

Février 1915

1er février : L'éparpillement des administrations ministérielles belges. — **3** : Récit d'un prisonnier civil rentré d'Allemagne. — **4** : Des nouvelles pour les familles de nos soldats. — **5** : Rationnés pour le pain. — **7** : Arrivée d'habitants de Middelkerke. — Les portraits du Roi et de la Reine. — La prière pour la paix. — **11** : Pour les artistes et les dentellières. — **15** : L'état moral du Belge enfermé dans son pays. — **16** : Mme Carton de Wiart et le conseiller de justice allemand. — Un service funèbre mouvementé à Saint-Gilles. — La Chambre des représentants pendant l'occupation ennemie. — Les suicides dans l'armée allemande. — **19** : Une organisation judiciaire contraire aux principes du droit. — Protestation de M. Théodor. — **20** : Farces de gamins de Bruxelles. — **21** : Les « avariés » dans l'armée impériale. — Une police des mœurs. — **22** : En l'honneur des Etats-Unis. — Les Zeppelins. — Les missionnaires de Scheut. — Au cimetière d'Evere. — **23** : Conflit entre les administrations belge et allemande à propos de l'impôt sur les absents. — **24** : Création de tribunaux d'exception. — Nouvelle protestation de M. Théodor au nom du barreau. — **25** : Les premières communions dans les villages dévastés. — **26** : Ordonnances, avis, prohibitions. — **27** : Comment une Bruxelloise s'est rendue en France pour voir son fils blessé. — **28** : La mise sous séquestre des établissements financiers.

LUNDI 1er FÉVRIER

Les administrations ministérielles sont éparpillées. Obligés de céder leurs locaux aux agents de l'autorité allemande, les fonctionnaires belges ont dû chercher refuge dans d'autres bâtiments de l'Etat ou dans des maisons particulières. Les débuts sont durs; il faut reconstituer certains dossiers essentiels que les Allemands ont égarés, dispersés ou détruits. Autorisés à venir reprendre dans leurs anciens bureaux les documents qui leur manquent, les directeurs généraux et directeurs ont trouvé leurs cartonniers dans un désordre inénarrable. Ils y ont découvert une collection d'objets disparates, n'ayant aucun rapport avec les affaires administratives. Les soldats allemands se servaient de ces cartonniers pour y déposer leur « fourbi », leur vaisselle, leurs vivres. Quant aux pièces administratives, ils en avaient employé un certain nombre de kilos à des usages variés. Ils les utilisaient pour allumer les feux, pour emballer. La guerre aura porté ainsi un coup fatal à la « paperasserie ». C'est une des bonnes choses dont on lui aura été redevable, me dit un haut fonctionnaire resté facétieux.

Les services du ministère de l'Intérieur ont émigré rue des Ursulines, dans les locaux occupés autrefois par le ministère des colonies, un vieux bâtiment qui s'était en partie effondré quelques mois avant l'occupation de la capitale. Le ministère des Colonies a cherché refuge dans les locaux de l'Union coloniale, rue de Stassart. Les services du ministère des Sciences et des Arts se sont scindés; alors que M. Beckers prenait possession des bureaux de la Bibliothèque royale avec les services de l'Enseignement supérieur, ses collègues, MM. Klompers, Corman et Verlant allaient occuper, avec les fonctionnaires de l'Enseignement moyen, de l'Enseignement primaire ainsi qu'avec le service des Beaux-Arts, un immeuble de la rue de la Charité, où les fonctionnaires du département de l'Agriculture occupent également un hôtel. Les services des Ponts et Chaussées, après leur expulsion de la rue de Louvain, se sont réorganisés dans un bâtiment de la rue de Loxum.

Seuls les services des Finances, de la Justice et du Travail continuent à occuper leurs bureaux de la rue de la Loi, de la rue Ducale et de la rue Lambermont. Ils doivent y subir la présence presque continuelle de fonctionnaires allemands qui circulent en maîtres dans les couloirs. Le ministère de la Justice a dû mettre un certain nombre de bureaux à la disposition des agents de la Cour des comptes, expulsés de leurs locaux de la place Royale, où siège maintenant la « Pass Centrale » allemande.

Les fonctionnaires du ministère des Affaires étrangères, du Chemin de fer, du Télégraphe, du Parlement, ainsi que les fonctionnaires civils du département de la Guerre ont rompu complètement avec la vie administrative. Licenciés depuis le début de l'occupation, ils attendent patiemment des jours meilleurs, la plupart en consacrant leurs loisirs à des œuvres de solidarité.

Dans les départements ministériels en activité, l'autorité allemande a exigé des réductions de personnel pour raison d'économie. Certains fonctionnaires et employés ont donc été mis en disponibilité, la plupart, d'ailleurs, à leur propre demande.

MERCREDI 3 FÉVRIER

Rencontré ce matin Pierre Van der Steen, le veilleur de nuit du journal « Le Patriote ». Il marchait voûté, brisé et portant les traces de longues fatigues et de souffrances. Voici son odyssée telle qu'il la raconte :

Depuis que les journaux ont suspendu leur publication en août 1914, il occupait ses loisirs à faire quotidiennement une excursion à bicyclette. Le 10 septembre, il roulait ainsi sur la route de Bruxelles à Louvain, quand surgit, à un détour du chemin, une troupe allemande. Celle-ci s'empara de son vélo, de sa personne et l'obligea à marcher en tête des soldats jusqu'à Louvain. D'autres civils inoffensifs furent appréhendés de la même manière. On connaît cette habitude militaire germanique qui consiste à se faire précéder de civils, hommes, femmes, enfants, pour s'en faire éventuellement un bouclier contre une force ennemie.

En arrivant à Louvain, ils étaient soixante-quatre civils. On les aligne devant un mur et ordre est donné d'en abattre un sur trois. Un officier compte du doigt en suivant la ligne : « *Ein, Zwei* », et le troisième est fusillé; « quatre, cinq », et le sixième est fusillé. Par hasard, Pierre Van der Steen était le cinquième. A quoi tient la vie d'un homme!...

Les survivants sont alors poussés dans un wagon à bestiaux. Et en route pour l'Allemagne. Sur ce wagon, un soldat écrit à la craie : « *Zivilisten francs tireurs* », Or, nul d'entre eux n'avait une arme, aucun n'avait tiré un coup de feu.

D'autres wagons sont ajoutés, emportant vers l'Allemagne des meubles volés partout. Le voyage dure près de quarante heures avec d'interminables arrêts dans plusieurs gares. Durant ces quarante heures, ni une goutte d'eau, ni un morceau de pain ne sont donnés à ces malheureux. Même pour les besoins les plus urgents il leur est interdit de descendre de wagon.

Aux arrêts dans les gares d'Allemagne, une population en démence s'approche d'eux, leur jette à la face des détritus ramassés à terre et dans des bacs à ordures.

Finalement leur martyre prend fin dans un camp où 1,100 autres civils belges, aussi innocents que ceux-ci, sont déjà réunis. Pendant les quinze premiers jours, ils dorment à la belle étoile. Puis on leur permet de construire un baraquement en planches. La nourriture consiste invariablement, le matin, en une tasse de café, sans plus, à midi, en une ration de soupe, le soir, en un morceau de pain. A peine de quoi ne pas mourir d'inanition.

La semaine dernière, soit après quatre mois et demi de ce régime, ils reçurent avis d'un officier qu'on allait les renvoyer en Belgique. A Liége, ils furent divisés en trois groupes : le premier fut dirigé vers Namur, le second vers le Limbourg, le troisième vers le Brabant. Une centaine d'habitants de Tervueren, parmi lesquels des enfants de treize ans, étaient du nombre.

JEUDI 4 FÉVRIER

Un ami arrive de Hollande avec, cousue dans la doublure de son paletot, une liste de soldats bruxellois, les uns convalescents en Angleterre, les autres bien portants au front : il s'agit de porter ces nouvelles à leurs familles. J'en fais le tour. C'est une œuvre de réconfort qui vaut bien qu'on passe outre aux menaces de l'ennemi.

Parmi ces familles, il en est qui habitent de somptueuses demeures; d'autres logent au fond d'impasses. Partout l'accueil est le même : les figures s'illuminent au premier mot expliquant ma démarche. Riches et pauvres sont également fiers d'avoir là-bas, derrière le rempart de l'Yser, un père, un époux, un frère, un fils, qui contribue à tenir le drapeau national debout sur le dernier lambeau de territoire inviolé.

Dans une impasse de la rue Haute où je vais ainsi

porter des nouvelles de la santé d'un de nos héros, sa mère, une pauvre ouvrière, me reçoit dans une chambrette de quatre mètres carrés où de petits enfants jouent parmi des hardes. La vaillante femme dévisage d'abord avec stupeur ce monsieur ganté qui pénètre dans son taudis, mais, à peine lui ai-je dit le but de ma visite, elle fond en larmes et me serre avec effusion les mains. Depuis le 2 août, elle était sans nouvelles de son fils.

Alors, des impasses voisines, accourt tout un peuple d'épouses et de mères qui ont appris le pourquoi de ma présence insolite dans leur quartier et qui, elles aussi, voudraient savoir ce qu'est devenu leur Pierre, leur François, leur Joseph, parti pour la guerre. Hélas! je ne saurais leur répondre. Depuis le 2 août, que sont devenus tant de braves que l'on a vus alors, le sourire aux lèvres et les yeux pleins de flamme, dans les trains de mobilisation ?

VENDREDI 5 FÉVRIER

Nous voici sérieusement rationnés. Quiconque désire recevoir régulièrement du pain doit indiquer à son boulanger habituel, sur formule de la « Commission for relief in Belgium », son nom, celui des membres de sa famille et celui de ses sujets habitant sous le même toit. La ration est fixée à 250 grammes de pain par jour et par personne. Il est interdit, sous peine d'amende, de s'approvisionner chez plus d'un boulanger. Les ordres sont stricts et sévères. La ration ne sera augmentée pour aucun motif (1). A dater du 10 février, les boulangeries-pâtisseries devront choisir : ne plus cuire que du pain (brun naturellement, il n'y en a plus d'autres) ou ne plus vendre que des pâtisseries. Le cumul est défendu.

Quelques particuliers parviennent encore, en mystère, à la campagne, à se procurer un peu de farine blanche. Mais à quel prix ! 130 francs les cent kilos ! (2)

---

(1) La ration subit dans la suite de nombreuses fluctuations qui se trouvent notées au fur et à mesure.

(2) En juillet 1918, la farine se payait, dans le commerce clandestin, de 15 à 18 francs le kilog.

Une circulaire du Comité d'alimentation adressée aux médecins de la capitale laissera aux générations futures une idée précise de l'inestimable trésor que représentait, au début de l'année 1915, un pain blanc. En vertu de cette circulaire, si un médecin estime que son malade a besoin de pain blanc, il doit signaler le cas au Comité, qui fera examiner le malade par un médecin spécialement désigné à cette fin. Si cet examen complémentaire confirme le sentiment du premier médecin, le malade, sur production d'un certificat dûment contresigné, pourra faire chercher un pain blanc à l'hôpital St-Jean.

DIMANCHE 7 FÉVRIER

Aujourd'hui, sont arrivés à Bruxelles des hommes, jeunes gens et adultes, de Middelkerke. Pourquoi? Ils n'en savent rien. Serait-ce une conséquence de la poussée des armées alliées à l'extrême-nord du front de combat? Quoi qu'il en soit, les Allemands les ont rassemblés et leur ont dit que leurs femmes et enfants les rejoindraient plus tard. On les a transportés en train jusqu'à Bruxelles, où on leur a dit quelque chose qui ressemblait à : « Maintenant, tirez-vous d'affaire, débrouillez-vous ». Encore un groupe d'infortunés qui viennent grossir le nombre, déjà si considérable, des réfugiés hébergés un peu partout dans la capitale.

* *.*

Des émissaires de la « Kommandantur » entrent dans diverses papeteries et font défense d'exposer encore aux étalages et de mettre en vente des portraits du Roi, de la Reine, ainsi que la *Brabançonne*. Cela se passe surtout dans les faubourgs. Dans le centre, aucun ordre de ce genre n'a été signifié jusqu'ici. La méthode est invariablement la même : essayer d'étouffer, petit à petit, l'âme belge.

* * *

Ce matin, dans toutes les églises, a été récitée la prière du pape Benoît XV pour la paix. Foule partout, foule de plus en plus compacte. Le soir, au salut, l'assistance entonnait un hymne à Marie, protectrice des affligés :
« Sur la Belgique, étends ta main bénie... »

Puis la *Brabançonne* à l'orgue. Nul maintenant ne l'entend sans essuyer une larme.

JEUDI 11 FÉVRIER

On a songé aussi à venir en aide à deux catégories de Belges dont les ressources sont brusquement taries : les artistes et les dentellières.

Une exposition d'art, organisée au profit des artistes peintres et sculpteurs éprouvés par les circonstances, s'ouvre au Musée moderne. Il y aura aussi une tombola dont le produit sera distribué entre les artistes privés de ressources. La Fédération des Ecoles d'art se dévoue inlassablement. Depuis les premières semaines de la guerre, grâce surtout au peintre William Jelley, des secours mensuels, variant de 45 à 65 francs, sont distribués aux artistes nécessiteux. M. Lambotte, du Ministère des Beaux-Arts, a pu remettre à la fédération une somme de 10,000 francs, produit de conférences qu'il a données à l'étranger.

Quant aux dentellières, il s'agit de procurer de la besogne, non seulement aux ouvrières d'art, mais aussi à celles qui confectionnent la dentelle au lacet. On s'y est pris d'intelligente manière. Un comité réunissant sous le nom « La Dentellière belge » toutes les institutions dentellières du pays s'est établi à Bruxelles, sous la présidence d'honneur de Mme Brand Whitlock, femme du ministre des Etats-Unis. Ce comité a passé une commande de 100,000 francs de petits mouchoirs de poche à bon marché. Tout de suite, cela met de l'activité et de la joie dans nombre de petits ménages. D'autre part, le comité a acheté aux marchands de dentelles, pour qui travaillent d'habitude les ruches ouvrières de Bruges, Malines et autres lieux, un stock de 125,000 fr. de points divers qui sera payé à ces négociants à mesure qu'ils justifieront, par des feuilles de salaires, qu'ils ont fait fabriquer au moins une quantité égale à celle qui leur a été achetée.

Ces dentelles sont écoulées à l'étranger avec les garanties d'authenticité désirables : marques spéciales, étiquettes d'origine, etc. On espère ainsi, grâce à la popularité de la Belgique, créer une source de revenus suffisante pour ranimer, au milieu des calamités de ce temps, une industrie méritante et caractéristique du sentiment d'art de la race flamande.

LUNDI 15 FÉVRIER

Il pleut. Le vent souffle en tempête. Les rues sont désertes. Beaucoup de maisons sont closes. Tout est d'une tristesse infinie.

Les Belges, privés de besogne, enfermés chacun dans sa ville, d'où il ne peut sortir que nanti d'un passeport, restent chez eux, plongés dans des abîmes de rêveries. Dans tous les cerveaux résonne l'hallucinante question : de quoi demain sera-t-il fait?

Des inquiétudes multiples emplissent les cœurs. Il y a d'abord l'angoisse des pères et des mères qui, jour et nuit, pensent à leurs fils, couchés, là-bas, dans la boue des tranchées. Combien échapperont aux obus, et comment reviendront-ils et quand? Et puis, il y a les difficultés grandissantes de la vie, ceci pour tous. Par exemple, un grand nombre de fonctionnaires de l'État ne travaillent plus, soit que l'interdiction émane de l'autorité belge, comme pour le personnel des chemins de fer, soit qu'ils soient mis en disponibilité par les Allemands. Quelques-uns sont payés, en secret, à des dates irrégulières, lorsque le Gouvernement belge réussit à leur envoyer de l'argent du Havre. D'autres ne touchent plus que les deux tiers de leur traitement, à charge du budget dressé par l'autorité occupante. Mais ici, tout est arbitraire. Les fonctionnaires des Affaires étrangères, de l'administration coloniale, le personnel des deux Chambres ne sont pas encore payés. Et défense leur est faite, sous peine de confiscation, de toucher un traitement qui viendrait du Gouvernement belge! Ainsi fonctionne, toujours plus cruelle, l'odieuse machine qui broie les Belges.

Et cependant, tous continuent à vivre dans une espèce d'exaltation mystique et silencieuse qui fait dire à un observateur américain de la « Commission for relief » : le peuple belge est dans une période de suffocation et en même temps d'extase, dont il n'y a pas d'équivalent dans l'histoire du monde.

Chacun, en effet, songe sans relâche, aux soldats belges, au Roi, à la Reine, aux autorités légitimes, dont nous ignorons les actes, dont nous n'avons plus de nouvelles depuis des mois et qui vivent cependant et qui sont le cœur de la nation. Ah! les horribles gens de Germanie qui ont déchiré tout un peuple, sans que ce peuple leur ait fait le moindre mal!

Le Roi Albert et ses soldats ne sont pas les seuls Belges qui luttent pour la cause des alliés. Sept millions de Belges restés dans leurs foyers luttent aussi. Les soldats dans les tranchées de l'Yser jouissent du privilège d'être libres et de parler hautement. Nous qui devons vivre comme dans une cage, entre des barreaux au nord, au sud, à l'ouest, à l'est, nous luttons avec nos forces morales, et en silence, contre l'oppresseur qui nous dicte sa loi.

On s'est demandé, naguère, si les Belges avaient une homogénéité patriotique ou si, appartenant à des races diverses, cette nation n'était que le produit hétéroclite de combinaisons de la diplomatie internationale. Ceux qui, à l'étranger, ont cru ceci et le croient peut-être encore, doivent se demander avec quelque surprise comment il se fait qu'après six mois d'occupation allemande, ce peuple n'ait pas encore courbé la tête devant le César qui a jeté sur lui trois millions de soldats.

En vérité, la Belgique est une, d'un bout à l'autre de son territoire, et l'extraordinaire métal dont est fait ce pays, après avoir été en fusion au moment des assauts de Liége et d'Anvers, n'a pas tardé, sous l'occupation ennemie à devenir de l'acier trempé.

Qu'il fut latent, ou qu'il soit issu tout d'une pièce des horreurs de Visé, Louvain, Dinant et d'ailleurs, le nationalisme belge est un fait qui apparaît maintenant, avec l'évidence du soleil, aux yeux du monde entier.

Un magistrat me dit, fort justement :

« On sait souffrir en Belgique et souffrir en silence. Nous l'avons prouvé dans le cours des siècles. Et voici que, pour couronner un long martyrologe, un bandit entre dans notre foyer et nous y prend à la gorge. Il peut nous tuer d'un coup ou lentement, il ne parviendra pas à nous asservir; surtout il ne parviendra pas à faire oublier ses crimes. »

Ah! oui, la haine de tout ce qui est allemand est d'autant plus ancrée dans les cœurs des Belges, qu'il leur est interdit de l'épancher. Dans les cafés de leur pays, les Teutons peuvent monter sur les tables afin de mieux chanter la haine de l'étranger. La nôtre doit se taire et demeurer enfermée. Elle en devient féroce. Pour beaucoup, elle se mue en une sorte de satisfaction enivrante, celle dont parle André Chénier :

> Quand un peuple asservi combat ses oppresseurs,
> Aussi bien que la paix la guerre a des douceurs.

Tout ici est aux mains des Allemands et ils font ce qu'ils veulent. Pas de règlements pour eux, pas de lois. Leurs autos traversent comme des bolides les rues de Bruxelles : si un passant est écrasé, tant pis pour lui. La police bruxelloise, renforcée par des gardes volontaires, veille à l'application des règlements communaux, mais n'a pas le droit de les faire respecter par un Allemand. Au contraire, elle doit prêter main-forte aux Allemands, s'ils la requièrent, fut-ce pour commettre un abus ou une injustice. Telles sont les instructions officielles allemandes.

Les Belges qui, terrorisés par les atrocités de l'ennemi, ont abandonné leurs demeures et fui à l'étranger seront condamnés à une amende égale au décuple de leurs contributions personnelles, mais les Allemands qui ont quitté leurs maisons en Belgique pour aller vivre ailleurs pendant la guerre peuvent, sur simple demande, être dispensés du paiement de toute contribution.

Les milliers de Belges dont les Allemands ont brûlé les maisons — plus de 2,000 rien qu'à Louvain et environs — ne peuvent, en ce moment, obtenir un centime d'indemnité. Mais le gouverneur général allemand oblige les députations permanentes à constituer d'urgence des tribunaux arbitraux qui évalueront les dommages subis au début de la guerre par les Allemands résidant en Belgique, dommages causés à quelques cafés et magasins par la populace. Ces Allemands devront être indemnisés immédiatement par les communes où les faits se sont passés.

Il y a mille traits de ce genre, méchants et perfides,

habilement calculés, semble-t-il, pour exciter la colère des vaincus.

Alors, le Belge qui, au coin de son feu, songe, la tête dans les mains, aux désastres accumulés sur sa patrie innocente et à toutes les méchancetés de chaque jour qu'il n'a pas méritées, entrevoit parfois, comme dans un rêve, le Roi Albert rentrant dans Bruxelles à la tête de ses soldats. Qu'un tel jour luira, cela le fait tressaillir d'une joie qui le réconforte soudain: quoi qu'il doive endurer, il faut qu'il tienne bon, pour arriver au moment où il verra ce spectacle!

MARDI 16 FÉVRIER

Mme Carton de Wiart, femme du ministre de la justice, est restée à Bruxelles avec ses enfants, comme aussi Mme de Broqueville et Mme Poullet. Les Allemands ont bien voulu lui laisser deux chambres au second étage du département de la justice. Elle appelle cela son « fort Chabrol ».

Un conseiller de justice allemand va aujourd'hui solennellement lui faire visite et, sur un ton de surprise, lui dit :

« Je ne m'explique pas, Madame, pourquoi les Allemands sont si mal vus en Belgique, ni pourquoi l'on aperçoit en ce moment tant de malheureux dans les rues de Bruxelles. »

Et cet homme est juriste et professeur d'université!

Mme Carton de Wiart a vainement essayé de faire comprendre quelque chose à ce vivant monument d'inconscience.

* * *

Un service funèbre est célébré, ce matin, en l'église paroissiale de Saint-Gilles, pour le repos de l'âme d'un soldat belge mort au front. Le drapeau national recouvre le catafalque. Des soldats allemands pénètrent dans l'église, revolver au poing. Ils émettent la prétention d'enlever le drapeau. Le curé s'y oppose. M. Jean Van Hoeck, le décorateur bien connu, qui est debout près du catafalque, crie : « Vive la Belgique! »

Alors, fureur des Allemands. Il y a des bousculades. Pour prévenir un conflit dont les suites seront peut-être sanglantes, M. l'avocat Hirsch monte en chaire et prêche le calme. Nul ne songe à trouver drôle cette intervention aussi efficace qu'inattendue.

M. Van Hoeck est conduit à la « Kommandantur » par la soldatesque.

« En Allemagne, dit-il à l'officier qui le reçoit, ne peut-on déployer le drapeau allemand sur le cercueil d'un des vôtres?

— Oui. »

Pourquoi nous refuser le même droit?

L'officier n'a pas insisté.

* * *

Une visite à la Chambre des Représentants. Il n'est plus facile d'y pénétrer. C'est toute une affaire. Enfin, cela m'a réussi, malgré les sentinelles.

Il y fait plus sale que dans une étable. Du foin partout, des traces d'huile, des monceaux d'immondices et de déchets de victuailles dans tous les coins. Les salles des sections sont autant de corps de garde. Des officiers — des princes — logent dans les appartements présidentiels. A la bibliothèque, gisent, à terre, pêle-mêle avec des collections de journaux, des milliers de fiches, fruit de quinze années de labeur des bibliothécaires. De grands tapis de Smyrne ont été découpés en carpettes, pour l'usage des soldats.

Sur le toit, des canons-mitrailleuses sont gardés jour et nuit, en prévision d'une attaque d'aéroplanes. Devant le Palais de la Nation, deux canons ont la gueule braquée vers le parc.

* * * *

Je tombe sur un brave homme, condamné à quinze jours de prison pour avoir vendu la lettre pastorale de Mgr Mercier. Il vient d'achever sa peine à la « Kommandantur », c'est-à-dire au ministère même, dans des bureaux transformés en cellules. Il raconte y avoir vu plus d'une scène tragique.

Par exemple, ordre est donné à un officier allemand de partir pour le front. Malade, souffrant, explique-t-il, d'une maladie de cœur, il supplie qu'on l'exempte du service.

— Non! il faut marcher!

L'officier se tire une balle dans la tête en sortant de l'hôtel ministériel.

Un officier supérieur a été trouvé mort, cette semaine, dans les locaux du Sénat. Nul n'a pu voir le corps, que l'on avait sur-le-champ recouvert d'un tapis.

La police, souvent, trouve des suicidés au bois. Parfois aussi, des autos de la « Kommandantur » viennent, la nuit, chercher le cadavre de soldats ou d'officiers qui ont mis fin à leurs jours dans un appartement loué depuis la veille.

Cet après-midi, un train venant des Flandres s'arrête au passage à niveau de l'avenue de la Reine, à Laeken. Par les portières, on aperçoit des soldats allemands, les mains liées derrière le dos. L'un d'eux, remarquant que des curieux le dévisagent, crie :

— Wir wollen nicht fechten! (Nous ne voulons pas combattre!)

VENDREDI 19 FÉVRIER

M. Théodor, bâtonnier des avocats d'appel, a adressé, avant-hier, au gouverneur général, une nouvelle lettre (1), cette fois, pour se plaindre d'abus graves dont des Belges sont victimes, particulièrement en matière répressive.

Sans peur, ni bravade, M. Théodor signale que tout, dans l'organisation judiciaire allemande en Belgique, est contraire aux principes du droit :

> Le premier principe de tous, dit-il, le plus essentiel, sans lequel l'on ne conçoit ni la légitimité ni même la possibilité d'un pouvoir judiciaire est celui de la publication, c'est-à-dire la mise à la connaissance du public de tout ce qui est de nature à l'éclairer sur l'institution du pouvoir établi, les lois de son fonctionnement, sa compétence, les prescriptions qu'il applique et les mesures qui doivent en garantir l'efficacité.
>
> Avant de commander à un citoyen, il faut que le pouvoir qui commande révèle son existence; avant d'imposer des obligations, il faut qu'il les ait définies; avant de frapper d'une peine un fait punissable, il faut qu'il ait fait connaître, dans ses éléments juridiques, le fait qu'il punit et la peine dont il le sanctionne.
>
> Cela est commandé par le bon sens; cela est conforme au

---

(1) Voir la première, le 9 décembre 1914.

droit des gens; cela est exigé par la Constitution belge, laquelle oblige le pouvoir occupant au même titre que les pouvoirs nationaux.

Aux termes de notre Constitution, nul tribunal, nulle juridiction contentieuse, ne peut être établi qu'en vertu d'une loi (article 94).

Nulle peine ne peut être établie et appliquée qu'en vertu d'une loi (article 9).

Aucune loi, aucun arrêté ou règlement d'administration générale, provinciale ou communale, n'est obligatoire qu'après avoir été publié dans la forme exigée par la loi (article 129).

Contrairement à ces dispositions impératives, le public belge n'a été avisé par aucune publication de l'établissement de tribunaux militaires allemands sur notre sol. Une vague allusion y a été faite dans une affiche de M. le Baron von Lüttwitz, au mois de septembre 1914 : il y est parlé, très incidemment, d'un tribunal légalement constitué.

En quoi consiste ce tribunal légalement constitué? Quelle est sa composition? Quelle est sa compétence? Quel est son ressort? Ses sentences sont-elles souveraines ou sont-elles susceptibles de recours? Quels sont ces recours? Est-il vrai qu'à côté de ce tribunal « légalement constitué » il en existe d'autres, représentés par des magistrats uniques, amovibles et temporaires; souverains juges du fait, de la procédure, de l'infraction et de la peine; à la fois pouvoir législatif et judiciaire; aptes à prononcer les peines les plus graves?

Est-il vrai qu'entre ces deux juridictions il n'existe aucune ligne de démarcation; que pour un même fait, le justiciable peut indifféremment avoir à répondre devant chacune d'elles et qu'ainsi la garantie, offerte par l'établissement d'un tribunal légalement constitué n'est plus qu'une vaine apparence?

De tout cela le public ne sait rien. L'avocat lui-même, appelé par mission à éclairer le public, ne saurait rien dire de précis. Interrogé au sujet des conséquences possibles d'un acte ou d'un fait au point de vue répressif allemand, il ne trouvera ni dans les lois, ni dans les travaux des jurisconsultes, ni dans sa conscience, les éléments d'une réponse précise. La nécessité d'une publication légalement organisée s'impose d'une façon bien plus impérieuse, quand il s'agit d'infractions ou de peines. C'est là un principe admis et proclamé par les juristes de tous les pays.

Monsieur Edgard Leening, professeur de droit public à l'Université de Strasbourg, a, dans une étude parue dans la « Revue du Droit International », pu affirmer que, sauf dans des cas tout à fait exceptionnels nul n'a été, pendant l'occupation de l'Alsace par les troupes allemandes et avant l'annexion, frappé d'une peine sans qu'il ait été légalement averti de la peine et de l'infraction.

Combien d'infractions pourtant ont été portées à la connaissance du public belge par de simples affiches, sans que ces infractions aient été précisées ni définies dans aucun de leurs éléments constitutifs!

Combien de faits ont été punis dont le caractère délictueux était ignoré de la population!

Combien de fois la peine n'a-t-elle pas été annoncée au public en cette brève formule « les coupables seront punis », ou « je punirai » !

Cette absence de certitude n'est pas seulement la négation de tous les principes du droit, elle pèse sur les esprits et les consciences; elle déroute les imaginations; elle semble être une menace permanente pour tous, et le danger est d'autant plus réel que les juridictions établies n'admettent ni procédure publique ni procédure contradictoire, que le prévenu ne reçoit aucune communication de son dossier et qu'aucun droit de défense ne lui est assuré.

C'est la justice sans contrôle, c'est le juge livré à lui-même, c'est-à-dire à ses impressions, à ses préjugés et à son ambiance; c'est le prévenu abandonné dans sa détresse, seul aux prises avec son adversaire tout puissant.

Cette justice sans contrôle, et partant sans garantie, constitue pour nous la plus dangereuse et la plus oppressive des illégalités. Nous ne concevons pas la justice comme une possibilité juridique ou morale sans la libre défense.

La libre défense, c'est-à-dire la lumière projetée sur tous les éléments du procès, la conscience publique se faisant entendre au sein du prétoire, le droit de tout dire dans les formes les plus respectueuses, comme aussi le courage de tout oser, mis au service de l'infortune, de la justice et du droit.

Elle est l'âme des grandes conquêtes de notre histoire intérieure; elle est la pierre d'assise de la liberté individuelle!

Quels sont vos moyens d'information?

En dehors de MM. les juges d'instruction, magistrats intègres, hommes de haute conscience, j'en ai la profonde conviction, je vois à votre service deux sources de renseignements judiciaires : la police secrète et les délateurs.

La police secrète, sans insignes extérieurs, se mêlant à la population dans la rue, dans les cafés, sur la plate-forme des tramways, tendant l'oreille aux conversations, prête à en saisir les secrets, à l'affût non seulement des actes, mais des intentions.

Les délateurs! la race, dit-on, s'en est multipliée. Que peuvent valoir leurs déclarations inspirées par la haine, la rancune et la basse cupidité? De pareils auxiliaires ne sauraient apporter à l'œuvre de la justice aucune collaboration utile.

Si l'on ajoute à cette absence totale de contrôle et de défense les arrestations préventives, les longues détentions; si l'on y ajoute encore les perquisitions domiciliaires, l'on aura une vision à peu près complète des tortures morales auxquelles sont soumises en ce moment nos aspirations, notre pensée et nos libertés.

Le Belge, libre par atavisme, habitué à penser et à parler librement, sans contrainte, dans l'intimité de son foyer comme dans les lieux publics, exerçant son droit de libre critique contre les hommes, les choses et les institutions, n'épargnant personne, si haut placé fût-il, ni lui-même, se surveille désormais, n'ose plus se livrer; il vide ses tiroirs des papiers les plus inoffensifs; les travailleurs de la pensée hésitent à recueillir des faits en vue de l'histoire de peur qu'un jour une main indiscrète n'en prenne possession et n'y découvre un délit, le délit d'intention!

Dira-t-on que nous vivons sous la loi martiale; que nous subissons les dures nécessités de la guerre; que tout doit céder devant l'intérêt supérieur de vos armées?

Je comprends la loi martiale pour les armées en campagne. Elle est l'immédiate riposte à une agression contre les troupes, la répression sans phrases, la justice sommaire du Chef d'armée responsable de ses soldats.

Mais vos armées sont loin; nous ne sommes plus dans la zone des opérations militaires; rien ne menace vos troupes, la population est calme, le peuple a repris le travail comme vous l'y aviez convié. Chacun se dévoue. Magistrats judiciaires, magistrats provinciaux et communaux, clergé, tous sont à leur poste, admirables de civisme, unis dans un même élan de solidarité nationale.

Le peuple belge vivait heureux sur son coin de terre, confiant dans son rêve d'indépendance. Il a vu ce rêve brisé. Il a vu son pays ruiné et dévasté, son vieux sol, si hospitalier, a été semé de milliers de tombes où dorment les nôtres. La guerre a fait couler des larmes qu'aucune main ne sèchera. Son âme meurtrie n'oubliera jamais.

Mais ce peuple a le profond respect de ses devoirs; il connaît les lois de la guerre et vos droits d'occupant. Il les respectera.

L'heure n'est-elle pas venue de considérer comme close la période d'invasion et de substituer aux mesures d'exception le régime de l'occupation tel qu'il est défini par le droit international et la convention de La Haye, laquelle trace des limites au pouvoir occupant et impose des obligations au pays occupé?

L'heure n'est-elle pas venue aussi de restituer les Palais de Justice aux corps judiciaires? L'occupation militaire des Palais est une violation de la convention de La Haye. L'on a fait valoir à ce sujet, avec raison, que le pouvoir occupant n'est qu'un usufruitier. Qui dit « usufruitier » dit conservation de la chose et usage conforme à sa destination. Mais à mon sens, la question est plus haute.

La convention de La Haye protège les établissements consacrés au culte, aux sciences et aux arts; elle les assimile aux propriétés privées. C'est un hommage qu'elle rend aux grandes forces morales dont ces établissements sont l'expression visible. Au même titre, les Palais de Justice doivent jouir de la même immunité.

Parmi les forces morales, en existe-t-il une qui soit supérieure à la justice ? Celle-ci les domine toutes ; ancienne comme l'humanité, éternelle comme le besoin de l'homme et des peuples d'être et de se sentir protégés, elle est à la base de toute civilisation. L'art et la science sont ses tributaires. Les religions vivent et prospèrent à son ombre. N'est-elle pas une religion elle-même ?

La Belgique lui a élevé un temple dans sa capitale. Ce temple, qui est notre orgueil, est transformé en une caserne. Une partie exiguë, de jour en jour plus réduite, est réservée aux cours et tribunaux. Magistrats et avocats y ont accès par un escalier de service.

Si pénibles que soient les conditions dans lesquelles elle est appelée à rendre la justice, la magistrature a décidé, néanmoins, de siéger. Le Barreau s'est solidarisé avec elle. Habitués à vivre dans une atmosphère de déférence et de dignité, ils ne se sont pas reconnus dans ce décor de salle de garde. Et, de fait, la justice entourée de si peu de respect est-elle encore la justice ?

Ce qui nous froisse, ce n'est pas le voisinage de vos soldats ; nous honorons en eux le patriotisme et le courage ; ce qui nous froisse, c'est le contact des baïonnettes et des mille choses indéfinissables qui accompagnent tout casernement ; ce qui nous blesse, c'est le peu d'égards que l'on semble professer pour nos personnes et nos fonctions.

Vous avez vos légitimes fiertés de soldat, nous avons nos fiertés professionnelles ; elles s'inspirent du même sentiment élevé de nos devoirs et de la mission que nous avons à remplir. Elles ont droit à un égal respect.

SAMEDI 20 FÉVRIER

La bonne humeur des enfants du petit peuple bruxellois est inaltérable. Ils plaisantent les Allemands à leur nez et à leur barbe : ils n'ont rien oublié de la « zwanze » bruxelloise.

Ce matin, rue Haute, une ribambelle de gamins du quartier des Marolles mène grand tapage autour d'un tuyau de poêle fixé sur quatre roues et tiré par une douzaine de vilains roquets, attelés en flèche. C'est, disent les gosses, un des canons de 42, dont l'artillerie allemande se montre si orgueilleuse. Devant un agent de police qui passe, les gamins crient : « halte ! », puis avec vigueur, lancent des pommes de terre à travers le tuyau. Ce sont les obus qui partent vers l'ennemi.

Devant la Bourse, où circulent des sentinelles, d'autres petits diables délurés avancent, deux à deux, sous le commandement d'un aîné qui lance des ordres tonitruants :

— En avant! à Paris!

Et aussitôt, les gosses, qui ont planté une carotte au milieu de leurs casquettes pour simuler un casque à pointe, font simultanément trois pas en arrière.

C'est l'exercice. Ils vont de l'avant sur d'autres injonctions. Mais quand leur chef crie : « En avant! à Paris! », ils vont à reculons.

D'autres, toujours animés du même esprit moqueur, regardent faire un colleur d'affiches qui, à l'angle de la rue Royale, placarde des indications de routes à l'usage des automobilistes allemands. A peine le colleur a-t-il le dos tourné, que les petits farceurs se hissent le long du mur et ajoutent à la craie « Paris », avec des flèches en tous sens.

Sur quoi, la marmaille file à tire d'aile vers les impasses de la rue de Schaerbeek.

Des collégiens ont imaginé un sport qui consiste à couper, sur la plate-forme encombrée des trams, le gland de la dragonne des officiers allemands. Comme ce petit exercice de vol à la tire se pratique aux dépens de l'ennemi, ceux qui s'y livrent le considèrent comme légitime. Et, comme le jeu n'est pas sans péril, il n'en a que plus d'attrait! Un de ces collégiens a déjà un trophée de vingt glands de dragonnes allemandes. Mais la « polizei » a eu connaissance de ce match de potaches; et elle a perquisitionné rudement — en vain d'ailleurs — au collège et chez les parents.

DIMANCHE 21 FÉVRIER

Les « avariés » sont légion dans l'armée du kaiser. A tel point que, pour Bruxelles seul, il a fallu leur réserver la plus grande partie d'une caserne, celle de la place Dailly. Quel doit être le nombre pour l'ensemble des troupes impériales?

Devant ce mal qui va grandissant — et que des soldats, de l'aveu d'infirmiers, cherchent à contracter, dans l'espoir de n'être plus envoyés au front! — le gouverneur général décide de créer une police centrale des mœurs pour l'agglomération bruxelloise et de la placer sous les ordres du président du gouvernement civil allemand de la province de Brabant.

Le plus beau de l'affaire, s'il peut y avoir quelque chose de beau dans cette malpropreté, c'est que les communes devront tout payer au prorata du nombre de leurs habitants! Le dit président aura sous ses ordres des fonctionnaires et le personnel de bureau exigés par lui, et on devra mettre à sa disposition des locaux et les installations nécessaires. L'utilisation d'hôpitaux ou d'autres institutions publiques comportera le paiement des taxes réglementaires. Quant aux frais, Messieurs les Allemands n'en ont cure : « le chef de la police des mœurs, dit l'arrêté, fera connaître, tous les mois, aux administrations communales, le montant des sommes que chacune d'elles devra verser endéans une semaine » (1).

LUNDI 22 FÉVRIER

Anniversaire de la naissance de Washington, fondateur de la République américaine. Des milliers de concitoyens avaient projeté de manifester à cette occasion en l'honneur des Etats-Unis, qui, par l'envoi continu de cargaisons de blé, tiennent en vie le peuple belge. Depuis plusieurs jours, on apercevait à de nombreux étalages les couleurs américaines, *stripes and stars*, sous forme de gerbes de fleurs, de nœuds de soie, de drapeaux en papier. Et déjà ces couleurs apparaissaient à maints corsages et boutonnières. Il n'est pas douteux que la manifestation aurait pris rapidement un caractère grandiose si M. le ministre des Etats-Unis à Bruxelles n'avait prié l'administration communale d'inviter la population à ne se livrer à aucune manifestation de gratitude en ce moment.

---

(1) Voir détails à ce sujet le 8 septembre 1915.

Dans la lettre que M. Lemonnier, faisant fonctions de bourgmestre, adresse à la garde bourgeoise à ce sujet, il est dit que le distingué diplomate américain déclare exprimer ce désir « autant dans la pensée de faciliter la tâche des Etats-Unis que dans l'intérêt de la Belgique elle-même ».

* * *

Durant toute la nuit, nous avons entendu le ronronnement des zeppelins. Ce matin, à 7 heures, on en apercevait un, très haut dans l'azur, filant vers Louvain. Malgré la hauteur, on entendait toujours avec la même force le ronflement des moteurs.

* * *

Des pères missionnaires de Scheut, faits prisonniers, sans motifs, en septembre dernier, viennent de rentrer d'Allemagne. Le supérieur, constatant leur faiblesse et ému de leurs privations, les invite à se reposer durant quelques jours. Ils refusent, et, dès le lendemain partent pour la Hollande, réussissent à franchir la frontière, s'embarquent à Flessingue pour le front de guerre et vont s'enrôler dans l'armée.

* * *

Au cimetière de Bruxelles, des soldats allemands gardent l'emplacement où sont enterrés leurs frères d'armes. Allons voir cet emplacement. Personne.

Un fossoyeur me dit :

— Les quatre sentinelles sont là-bas dans un cabaret. Allez-y. Vous y verrez quatre soldats, âgés déjà, assis autour d'une table et pleurant. »

Je les ai vus. Ils pleuraient, en effet. Ils pleuraient parce qu'ils venaient de recevoir l'ordre de partir pour les champs de bataille de la Russie.

MARDI 23 FÉVRIER

Le gouvernement allemand veut mordicus appliquer l'impôt additionnel extraordinaire à charge des absents (1). Il a appelé hier les fonctionnaires du ministère des Finances à discuter avec ses délégués

---

(1) Voir 15 janvier et 20 mars 1915.

les mesures d'exécution. M. l'administrateur général Janssens a fait valoir que la taxe lui paraissait contraire à la promesse contenue dans l'arrêté du 9 janvier 1915 imposant aux provinces belges le paiement d'une contribution de guerre de 40 millions de francs par mois. Mais l'autorité allemande a passé outre à l'observation.

L'administration belge a proposé une série d'améliorations au projet. La taxe devrait avoir pour base le principal de la contribution personnelle et non l'ensemble, — avec additionnels, — des trois impôts directs. D'autre part, l'administration suggère de fixer le minimum d'imposition de manière à élargir le cadre des exceptions et de porter à deux mois, au lieu d'un, la durée du séjour à l'étranger prévue dans le projet allemand. Les fonctionnaires belges demandent encore une prolongation des délais pour la rentrée en Belgique et pour le recouvrement de la taxe. Quant à l'utilisation du produit de la taxe, ils demandent que ce produit soit consacré à l'administration du territoire et non à des dépenses de guerre. Enfin, ils réclament la suppression de la disposition permettant l'occupation par des soldats ou agents allemands des maisons des absents en cas de non-paiement, et sollicitent l'exemption en faveur des militaires et fonctionnaires belges au service du gouvernement, des prisonniers, des Belges expulsés ou sinistrés.

Le délégué de l'administration civile allemande, M. Mehlhorn, prend un arrêté d'exécution. Il insiste sur cette considération que l'impôt est établi dans l'intérêt des Belges restés dans le pays, que l'autorité allemande estime que les absents ne commettent vis-à-vis d'elle aucune faute, mais qu'ils manquent à un devoir vis-à-vis de leurs compatriotes en allant dépenser leur argent ailleurs.

Le décuple de la contribution à payer par les absents devra être recouvré par les agents du fisc belge, avec l'aide des administrations communales et ainsi à l'exclusion de toute intervention apparente de l'autorité allemande. L'arrêté ajoute que « le 1er avril 1915, au plus tard, le receveur des contributions transmet le rôle aux fins d'exécutoire au directeur provincial des contributions » et que, conformément aux règles du droit belge, les réclamations ne suspendent pas l'exigibilité de l'impôt.

En vertu de la loi belge, chaque fois qu'un contribuable est frappé d'une contribution directe, il peut adresser une réclamation au directeur provincial. Si la réclamation n'est pas accueillie, il peut former un recours devant la Cour d'appel.

L'autorité allemande en rappelant ce droit s'est réservé pour elle-même une porte de sortie : la Cour d'appel aura l'occasion d'annuler l'impôt; mais si elle s'abstient de le faire, le rôle sortira ses pleins effets. Le gouvernement général allemand a pris ainsi une assurance contre toute critique fondée sur la convention de La Haye. Il s'est dit que, si l'arrêté est exécuté, ce sera avec l'approbation des tribunaux belges et que, par conséquent, les Belges absents et le gouvernement belge seront bien mal venus de s'en prendre à l'autorité allemande.

MERCREDI 24 FÉVRIER

Deux décrets allemands d'une portée considérable voient le jour. Le premier, daté du 3 de ce mois, décide que « eu égard aux obstacles juridiques et de fait qui s'opposent à l'application de la procédure sommaire et rapide prévue par le décret du 10 Vendémiaire an IV et dans le but de permettre la constatation du dommage causé par les excès qui ont été commis au mois d'août 1914 dans plusieurs communes de Belgique (1) ainsi que la fixation des dommages-intérêts qui seraient dus de ce chef », la constatation du dommage et la fixation des dommages-intérêts se feront par un tribunal arbitral composé en majorité de personnes désignées par les Allemands.

Le second arrêté institue une autre juridiction d'exception. Il stipule que toutes contestations en matière de loyers seront désormais, à quelque valeur que la demande puisse s'élever, de la compétence exclu-

---

(1) Il s'agit d'excès commis par la populace aux dépens d'Allemands.

sive de tribunaux d'arbitrage dans les communes de plus de 20,000 habitants et de la compétence exclusive des juges de paix dans les autres. Un tribunal d'arbitrage devra être créé dans chaque canton et sera présidé par le juge de paix, lequel désignera comme assesseurs six propriétaires et six locataires. Ni les fonctionnaires de l'Etat, ni les avocats, ni les avoués, ni les notaires, ni les huissiers ne pourront en faire partie.

Le Conseil de l'Ordre des avocats près la Cour d'appel de Bruxelles se réunit aussitôt et interdit à tout avocat ou avocat stagiaire de concourir d'une façon quelconque, fut-ce par la simple rédaction d'ajournements, conclusions, mémoires ou notes, au fonctionnement de ces juridictions d'exception. Il charge son bâtonnier de transmettre cette décision au gouvernement général allemand et de lui en faire connaître les motifs et la portée.

M. Théodor s'acquitte aussitôt de cette tâche. Après avoir rappelé qu'aux termes de la Constitution belge nul ne peut être distrait contre son gré des juges que la loi lui assigne (article 8) et qu'il ne peut être créé de commissions ni de tribunaux extraordinaires sous quelque dénomination que ce soit (article 44), il ajoute, dans une lettre à M. von Sandt, chef du gouvernement civil allemand en Belgique :

Les arrêtés du Gouvernement allemand des 3 et 10 février 1915 violent ces dispositions La Convention de La Haye, loin de couvrir ces violations, les interdit. Aux termes de la Convention, le pouvoir occupant, en prenant en mains l'autorité du pouvoir légal, « respectera, dit-elle, *sauf empêchement absolu*, les lois en vigueur dans le pays ».

Ce texte est aussi précis qu'il est impératif. A relire les discussions qui ont précédé sa rédaction, l'on ne peut que se rallier à cette conclusion qu'en a déduite M. Alexandre Merignhac, professeur à l'Université de Toulouse : « En prin« cipe, dit-il, l'occupant doit laisser subsister la législation « du pays, qu'il s'agisse de lois criminelles ou civiles, et tant « que sa sécurité ne s'y oppose pas. »

La section historique du Grand Etat-Major Allemand reprend pour son compte et développe le même principe, avec la même précision : « L'occupant, dit-il, n'étant que substi« tué au Souverain véritable, il continuera à administrer « à l'aide des lois et règlements existants; il devra éviter la « mise en vigueur des lois nouvelles, la suspension ou la

« modification des lois anciennes et tous actes du même genre,
« à moins qu'il ne les justifie par des exigences inéluctables
« de la guerre, qui seules lui donnent le droit de légiférer en
« dehors des nécessités provisoires de l'administration du
« pays. »

Que si l'on s'en rapporte aux travaux des juristes, y compris les juristes allemands, sur ce qu'est en droit international l'occupation de guerre, aux délibérations et aux décisions des Conférences de 1874, de 1899 et de 1907, l'on peut affirmer avec certitude que le principe qui a prévalu invariablement chez toutes les nations est que, si le pouvoir occupant peut modifier les législations existantes du pays occupé, il ne le peut que quand il y a « nécessité absolue ».

M. le général de Voigts-Rhetz, délégué de l'Allemagne, lors de la Conférence de Bruxelles de 1894, à la séance du 12 août, alla plus loin. Non seulement il admit comme condition à la modification des lois existantes du pays occupé, la circonstance de « la nécessité absolue », mais il ajouta qu'il ne fallait pas la prévoir pour les lois civiles, celles-ci échappant à l'action du pouvoir occupant.

L'un des faits caractéristiques de l'histoire, à ce sujet, est celui de l'occupation de l'Alsace-Lorraine : jusqu'au jour où ils furent définitivement annexés à l'Empire allemand, par l'échange des ratifications du traité du 2 mars 1871, ses territoires étaient demeurés des territoires français, considérés comme tels et occupés comme tels par le généralissime des armées allemandes, Sa Majesté le Roi de Prusse.

« Les exigences inévitables de la guerre », telle est donc la condition, *sine qua non*, d'une modification aux lois existantes dans le pays occupé. En dehors de ce cas, le pouvoir occupant est sans mandat et toute disposition prise par lui, si la Convention de La Haye, bien entendu, n'est pas lettre morte, doit être tenue pour illégale et frappée de nullité.

Les arrêtés des 3 et 10 février respectent-ils les lois en vigueur en Belgique ?

L'arrêté du 3 février 1915 modifie le décret du 10 Vendémiaire an IV, lequel est une loi belge ; l'arrêté du 10 février 1915 modifie profondément nos lois sur la compétence ; tous les deux dérogent à nos lois sur l'organisation du pouvoir judiciaire et violent notre pacte fondamental.

Y avait-il « nécessité inéluctable » à provoquer ces arrêtés ?

Le décret de Vendémiaire fonctionne en Belgique depuis plus d'un siècle ; de fréquentes applications en ont été faites ; aucune plainte n'a surgi de la part des victimes des pillages. Seules, les communes se sont plaintes. Le décret de Vendémiaire crée effectivement aux villes et aux communes une situation très dure ; maintes fois elles ont essayé d'échapper à son application pour des raisons de droit ; invariablement les tribunaux belges ont décidé que le decret continuerait à être en vigueur.

L'arrêté du Gouverneur général introduit un changement considérable dans ce décret. Il enlève aux tribunaux civils le droit d'appliquer le décret de Vendémiaire. Il établit une juridiction d'exception avec un ensemble de mesures qui mettent littéralement les communes à la discrétion du pouvoir exécutif.

L'arrêté du 3 février invoque : « des obstacles juridiques et de fait ». Quels sont ces obstacles? Personne ne les entrevoit; l'arrêté n'essaie pas de les définir; il se contente d'en affirmer l'existence.

Le texte de l'arrêté lève tout doute sur son interprétation et dénote la pensée qui l'a inspiré.

L'arrêté vise les excès commis au mois d'août 1914 dans plusieurs communes de la Belgique; or, la généralité de ceux qui ont souffert de ces excès est composée de sujets allemands. Le tribunal, dit l'arrêté, sera composé de trois juges, dont deux désignés par l'Autorité allemande, le troisième par l'Autorité belge.

Le but poursuivi est clair. Il retentira sur l'autorité morale des décisions qui seront prononcées par ces tribunaux institués. Il est une injure à la magistrature. Celle-ci ne méritait pas ce blâme; elle n'a jamais failli à ses devoirs; elle a traité l'étranger avec impartialité et lui a toujours fait bonne mesure; les Allemands ne se sont jamais plaints; notre justice a été aussi accueillante pour eux que nous l'avons été nous-mêmes. La guerre n'a en rien diminué ce souci d'impartialité; peut-être n'a-t-elle fait que l'accentuer par un scrupule de délicatesse bien explicable et bien naturel.

La « nécessité inéluctable » exigée par les rédacteurs de la convention de La Haye existe-t-elle en ce qui concerne l'arrêté relatif aux contestations sur les loyers? Pas davantage.

Dès le début de l'occupation, les bonnes volontés se sont manifestées au sein de la magistrature, assise et debout, et au sein du Barreau, dans le but de faciliter, avec un minimum de frais, les transactions entre locataires et propriétaires.

Une jurisprudence nouvelle a été inaugurée par M. le Président des référés en matière de saisie-gagerie. Une chambre spéciale a été créée pour la solution amiable des contestations nées et à naître. Le chef du Parquet a convoqué les huissiers et leur a donné pour instructions de n'intervenir que contraints et forcés en évitant, autant que possible, de faire des frais. MM. les Juges de paix se sont inspirés des mêmes préoccupations. Le Barreau a créé, au sein du Bureau de consultations gratuites, une section des loyers.

Où apparaît « la nécessité absolue » d'innover?

Et quelle nécessité y avait-il à encadrer le Juge de paix de deux assesseurs? Pourquoi cette mise sous tutelle? Existe-t-il en Belgique une personne mieux placée pour vider, seule, les contestations que notre loi attribuait à la juridiction? Quelle compétence, quelles lumières lui apporteront les assesseurs, propriétaire et locataire, dans une matière où toute chose est de bon sens, lois et coutumes ?

L'arrêté exclut les avocats de ces tribunaux arbitraux. Le Barreau ne se plaint pas du fait de cette exclusion. A défaut de l'arrêté, le Barreau eut interdit lui-même à ses membres l'accès de ces tribunaux.

Ce qu'il retient de cette disposition de l'arrêté, c'est son principe et l'intention qui l'a guidé.

Le Barreau est visé dans l'arrêté du 10 février comme la magistrature l'a été dans l'autre. En ce sens, le décret marquera une date dans son histoire.

Pour la première fois, depuis que l'Ordre existe, il aura subi, du fait du législateur, une véritable flétrissure.

Cette flétrissure, il ne l'a pas méritée.

Le législateur belge, le public belge, l'étranger lui ont rendu, à maintes reprises, les plus éclatants hommages. Le Barreau belge est un grand et beau Barreau. Il continuera sa tâche et maintiendra sa devise : « Tout par le Droit. Tout pour l'Honneur. » (1)

JEUDI 25 FÉVRIER

On estime à 2,000 le nombre des enfants qui, dénués de tout, feront prochainement leur première communion dans les villages dévastés par la guerre.

S. E. le cardinal adresse, à leur intention, un appel aux dames et aux jeunes filles disposées à confectionner des vêtements. Pour les jeunes communiantes, il est recommandé de confectionner, autant que possible, des robes bleues.

Bruxelles répond noblement à cet appel. De toutes parts, on s'attelle à la besogne. Et les robes couleur d'azur sortent, par paquets, des mains habiles de nombreuses et généreuses couturières improvisées.

VENDREDI 26 FÉVRIER

La machine à règlements et ordonnances est toujours en activité. Défense, sans l'autorisation allemande, d'exhumer les cadavres des soldats belges et de les transférer en d'autres lieux de sépulture. Défense d'exporter de Belgique aucune marchandise, d'aucune sorte, sans une autorisation spéciale. Défense d'exporter de Belgique des machines à tra-

---

(1) Voir la suite de cette affaire le 18 mars 1915.

vailler le métal, « à l'exception des machines qui sont transportées en Allemagne sur l'ordre du gouvernement général». Cette dernière disposition cause de l'anxiété dans les milieux industriels. L'Allemagne caresserait-elle le rêve diabolique, après nous avoir ruinés, d'empêcher l'industrie belge de renaître après la guerre en faisant le vide dans ses usines? (1)

Les stocks de sucre doivent être déclarés et aussi les semences de betteraves à sucre, la mélasse et le sirop. Les fabricants et raffineurs doivent déclarer non seulement les quantités, mais encore la date d'ouverture et de clôture du dernier exercice, en ayant soin d'indiquer les jours de l'exercice où il n'y a pas eu de fabrication, la quantité de betteraves utilisées pour la fabrication, la quantité de sucre extrait par cent kilogrammes, etc.

SAMEDI 27 FÉVRIER

Un magistrat bruxellois reçoit hier la visite d'une femme qui lui remet la photographie de son fils. Il le reconnaît pour l'avoir condamné naguère à un séjour dans une maison pénitentiaire.

Ici commence une histoire qui est une vivante peinture des temps présents.

Donc, ce gaillard, qui faisait le désespoir de sa mère, une robuste femme du peuple du quartier de la rue de Flandre, avait été interné à l'école de bienfaisance de Saint-Hubert. Survient la guerre. Il exprime un vif désir de s'engager et promet de faire oublier par une conduite vaillante un passé qui lui pèse. L'autorisation est donnée; il part.

Sa mère, sans nouvelles de son fils depuis août 1914, apprend en janvier 1915, par un compatriote revenu de France, que son Florent, gravement blessé, a été transporté dans une ambulance, là-bas, en arrière du front. Mais où? L'homme ne rapportait que des indications vagues : « Cela s'est passé, a-t-il dit, entre Saint-Quentin et Calais... »

---

(1) Voir le 14 mars 1917 comment cette œuvre spoliatrice fut accomplie.

Munie de ce seul renseignement, connaissant à peine le français, la brave femme, après avoir rassemblé ses économies, se met en route pour Saint-Quentin, à pied, afin d'éviter les frais de passeport. A Saint-Quentin, elle se heurte aux lignes allemandes et ne peut aller plus loin. Elle oblique donc vers Lille, à pied toujours, espérant réussir, en cet endroit, à percer la ligne. Vains efforts. Alors elle fait résolûment machine arrière et se rend à pied à Flessingue. Là, embarquement pour l'Angleterre, puis pour Calais. Aucune difficulté ne l'arrête.

A Calais, elle interpelle des soldats belges :

— Connaissez-vous Florent Van de K...?

Personne ne connaît Florent Van de K...

Cela dure des heures.

— J'irai voir ailleurs, dit-elle.

Et elle demande à tout hasard un ticket pour Dunkerque. Un soldat lui saisit le bras :

— N'allez pas à Dunkerque. Il y a foule. Vous n'y trouverez pas un lit.

Que faire ? Voilà un train en partance pour Gravelines. Elle saute dans un wagon. A la grâce de Dieu !

A Gravelines, nouvel interrogatoire dans les rues. La mère, inquiète mais toujours confiante, aborde tous les soldats.

— N'y a-t-il pas ici un « canonnier » belge blessé ?

— Il y en a plusieurs, madame.

Cinq minutes plus tard, elle était dans les bras de son fils ! Ce grand garçon est devenu un héros. Un matin de décembre, des officiers belges avaient fait appel à un homme courageux pour installer et desservir une mitrailleuse dans un arbre. Florent s'était offert tout de suite et y avait fait rude besogne. Mais une balle ennemie lui fracassa l'épaule et il tomba de l'arbre comme un fruit mûr.

Sa mère l'a retrouvé, courageux comme un lion et heureux d'avoir effacé son passé comme il l'avait promis.

— Donne mon portrait en artilleur au juge qui m'a condamné, dit-il. Cela me fera grand plaisir.

La mère a rempli la mission. Elle est rentrée dans le « bas de la ville ». Son voyage a duré neuf semaines.

DIMANCHE 28 FÉVRIER

Le commissaire impérial près les banques en Belgique est autorisé à mettre sous séquestre les entreprises dont les directeurs ou surveillants se trouvent en pays ennemi, celles dans lesquelles des ressortissants de pays ennemis sont intéressés pour au moins un tiers au point de vue du capital, des recettes ou de la direction, celles dont des parties importantes sont exploitées dans des pays ennemis, celles dont le maintien en exploitation ou la remise en exploitation présentent un intérêt public pour l'empire allemand ou les parties occupées de la Belgique, celles dont l'exploitation est contraire ou de nature à porter atteinte aux intérêts de l'empire allemand.

Bref, toutes, sans exception, s'il plaît à M. von Lumm. Le séquestre nommé par lui se mettra en possession de l'entreprise, sera seul autorisé à agir au nom de l'entreprise et à disposer de toutes les parties de l'actif. Les droits du propriétaire de l'entreprise et de toutes les autres personnes ou mandataires de contracter des engagements au nom de l'entreprise seront suspendus, et cette mesure s'appliquera notamment aux assemblées générales, aux conseils d'administration et aux autres organes de sociétés anonymes. Enfin l'entreprise devra supporter tous les frais occasionnés par la mise sous séquestre, y compris les honoraires du séquestre tels qu'ils seront fixés par le commissaire impérial.

100,000 marks d'amende et un an de prison à quiconque cherchera à tourner ces mesures.

Les premiers établissements frappés sont le Crédit Lyonnais, la Banque de Paris et des Pays-Bas, le Comptoir national d'escompte, la Société française de banque et dépôts, la Société belge de crédit industriel, la Société de dépôts et de crédit.

Mars 1915

1er mars : La Chambre de Commerce de Bruxelles et la situation économique. — **2** : Le contrôle du « Meldeamt ». — **5** : Chute d'un Zeppelin et saisissant exemple de la manière dont l'autorité allemande trompe la population allemande. — **6** : La poste sous le régime allemand. — **7** : Comités de secours pour villes détruites. — **8** : Condamnations de « criminels » qui ont conduit des recrues belges au front. — **9** : La *Libre Belgique*; la littérature clandestine. — **10** : Le salut obligatoire des agents de police. — Perquisition chez plusieurs notabilités. — **11** : Défense de « désillusionner » un soldat allemand. — **14** : Un gala allemand au théâtre de la Monnaie. — **15** : Une suite du gala de la Monnaie : MM. P.-E. Janson et Dwelshauwers. — **16** : Perplexités du personnel de l'administration des Ponts et Chaussées. — **17** : L'entrepôt de vêtements de la Commission américaine au Cirque royal. — **18** : Les droits de l'autorité occupante discutés devant le tribunal de première instance. — **19** : Création de sociétés coopératives de ravitaillement. — Le mécanisme de la « Commission for relief » **20** : Protestation de l'administration communale contre la taxe des absents. — **21** : Au château de l'impératrice Charlotte. — **24** : Censure des conférences. — **25** : Portraits, rubans et médailles patriotiques. — **26** : Un départ de Prussiens pour l'Yser. — **27** : La fin d'une évadée de Louvain. — **28** : Emprisonnement du R. P. Van Bambeke et de M. le curé Cuylits. — **31** : Une lettre de M. Max.

LUNDI 1er MARS

La Chambre de Commerce de Bruxelles s'est réunie aujourd'hui pour entendre un remarquable rapport de son président, M. Van Elewyck.

Voici quelques passages de ce document, qui montrent fort bien le chaos où nous sommes tombés et l'œuvre de résurrection qu'entreprennent déjà des esprits vigilants :

> Tout notre mécanisme social fut arrêté par la guerre et nous ne prévoyons pas encore l'heure où il pourra normalement fonctionner. Nous le vîmes se détraquer pièce par pièce : arrêt des correspondances téléphoniques de ville à ville et bientôt arrêt local; suspension des correspondances par télégraphe

et par poste avec l'étranger d'abord, et dans notre propre pays ensuite; suppression du transport des hommes, des choses et des marchandises par chemin de fer, notre railway étant exclusivement utilisé pour les besoins militaires de l'occupant.

paralysie a gagné le pays de province en province, de l'est à l'ouest, immobilisant d'abord les provinces de Liége, de Luxembourg et de Namur, gagnant le Limbourg, la province d'Anvers et le Hainaut, puis envahissant nos deux Flandres, ne laissant plus intact qu'un tronçon de territoire national, où le cœur de la Patrie continue à battre héroïquement.

Le crédit s'était replié sur lui-même dans une immobilité léthargique : plus d'escompte, plus de recettes, plus de paiements, ni dans les banques, ni chez les particuliers. L'angoisse du lendemain glaçait les cœurs, paralysait nos énergies, éteignait nos initiatives toujours si audacieuses et si vaillantes. La Banque Nationale avait, dans l'incertitude des évènements, fermé ses guichets d'escompte; elle comprit qu'elle avait cependant un grand rôle à jouer dans notre détresse nationale et elle décida que, si poignantes que fussent les difficultés de la situation, elle devait assurer la vie ouvrière et combattre la misère par l'encouragement au travail. C'est ainsi que, par sa circulaire du 16 août, elle consentit à escompter les effets dont le produit serait appliqué au paiement des salaires et des appointements, ainsi qu'à l'achat des matières premières nécessaires à l'industrie. Le consortium des banquiers accorda les mêmes avantages aux personnes qui se présenteraient aux guichets d'escompte et de dépôts de nos banques, sans que, cependant, il y eut là obligation formelle, l'engagement étant subordonné aux ressources disponibles.

L'occupation de Bruxelles par l'armée allemande suspendit pendant quelques jours toutes les opérations. On ne tarda pas à se ressaisir et l'escompte, ainsi que le retrait des dépôts, limités tous deux par la circulaire du 16 août et les décisions du consortium des banquiers, recommencèrent à fonctionner dans les derniers jours d'août. Une préoccupation essentielle, qui devait primer toutes les autres, était celle du ravitaillement alimentaire de Bruxelles et de ses faubourgs. Au début de la guerre, les administrations communales comprirent que le morcellement administratif de l'agglomération bruxelloise constituait un danger public, parce qu'il frappait cette agglomération d'impuissance et qu'il fallait faire bloc devant les difficultés redoutables de l'avenir. Le prix des vivres montait sous la pression des réserves que les plus fortunés se constituaient, et des accaparements de denrées alimentaires par des spéculateurs sans scrupule. La famine guettait les malheureux sans ressources, ou ne possédant que des ressources insuffisantes. Le bourgmestre de Bruxelles, d'accord avec les bourgmestres des faubourgs, concentra le service de l'alimentation, autant que cette concentration était possible dans l'état actuel de notre organisation communale morcelée. Des stocks impor-

1er mars 1915.

tants de farine, de riz, de sel s'accumulèrent dans nos magasins communaux, toujours menacés des réquisitions de l'occupant pour le ravitaillement des troupes allemandes. Mais les caisses communales se vidaient, les impositions et les amendes s'abattaient sur elles. La situation n'était plus tenable. C'est alors que des hommes de résolution et de cœur, MM. Ernest Solvay, Jean Jadot, Emile Francqui et Emmanuel Janssen s'entendirent avec le bourgmestre Max pour continuer, sous le nom de « Comité Central de Secours et d'Alimentation », l'œuvre de la commission communale de ravitaillement...

...Mais on ne tarda pas à s'apercevoir qu'il était impossible que le Comité Central se bornât à ravitailler et à secourir l'agglomération bruxelloise seule. De longs cris de détresse partaient de tous les coins du pays; la misère et la faim affolaient nos villes de province et nos campagnes. Une intervention vigoureuse s'imposait : le Comité Central bruxellois comprit qu'il devait élargir son action et devenir un Comité national. La transformation ne tarda pas à s'opérer; les délégués de nos provinces se joignirent bientôt aux membres de l'ancien Comité Central et s'occupèrent du ravitaillement de la Belgique tout entière. Nous dûmes même, tant la détresse était grande dans les provinces françaises envahies, sans espoir de secours, englober dans notre rayon d'action Maubeuge et ses environs, avec le pays de Givet et de Fumay.

Pour assurer à nos importations de denrées l'immunité la plus complète contre les réquisitions éventuelles de l'occupant, il fallut que les ministres d'Espagne et des Etats-Unis prissent l'initiative de créer à Londres « the Commission for Relief in Belgium », sous le couvert de laquelle nos marchandises sont expédiées de Londres ou de New-York, réceptionnées à Rotterdam et transportées à travers toute la Belgique, sans avoir à craindre les réquisitions allemandes. C'est elle, la Commission for Relief in Belgium, qui achète les denrées, c'est elle qui stimule les générosités de l'étranger et qui centralise les dons en argent et en nature, recueillis aux Etats-Unis d'Amérique. Son président, M. Herbert Hoover, doit occuper dans la reconnaissance de la Belgique, une place éminente à côté du marquis de Villalobar et de M. Brand Whitlock.

A côté de l'organisation du ravitaillement, il fallait songer à l'organisation de la bienfaisance. L'administration communale de Bruxelles avait conçu l'œuvre dans cette solide structure dont le Comité d'Alimentation et de Secours a respecté les grandes lignes, et avec lui, les administrations de toutes nos grandes villes belges. Il se borna à compléter le service de la soupe communale et de la soupe scolaire; d'énormes quantités de vêtements et de chaussures furent distribuées dans tout le pays. Des restaurants économiques sont subsidiés par les collèges de Bruxelles et des faubourgs, à raison de 30 centimes par repas de 65 et de 75 centimes; 10 centimes étant payés par les communes et 20 centimes par le Comité; l'œuvre des Pauvres honteux est encouragée financièrement; un bureau de prêts est ouvert pour les personnes intéressantes que les événements plongent dans la détresse; enfin, pour combattre la mendicité, des bons de charité sont créés dans l'agglomération bruxelloise, donnant droit à du charbon, à des vêtements et à des denrées alimentaires dans les diverses cantines des *Petites Abeilles*.

On me signalait récemment un article paru dans le *Temps*, de Paris, dans lequel on affirmait sans sourciller, que la Belgique s'était vidée de ses éléments les plus actifs. Il n'y paraît guère, cependant, à contempler l'œuvre grandiose érigée par le Comité Solvay. Pour obtenir cet émouvant résultat, il a fallu le concours patriotique d'infatigables activités et d'inlassables dévouements. Nous les avons trouvés dans toutes les villes du pays, n'ayant au milieu des dangers de l'heure qu'une seule préoccupation, le bien public, et dans l'angoisse qui étreint nos cœurs belges qu'un seul sentiment, l'amour de la patrie, de notre patrie souffrante et mutilée, dont ils défendent l'existence, sans se soucier de leur sécurité personnelle. Les circonstances ont fait surgir des hommes nouveaux, et, à leur tête, nous saluons le plus énergique et le plus résolu, M. Emile Francqui, l'âme et le cerveau de notre grande entreprise de solidarité nationale...

...Le 10 octobre, la ville me signalait les tentatives de la spéculation sur le prix du charbon et me priait de convoquer à un entretien sur cet objet la Chambre syndicale des charbons et bois à brûler. Plusieurs membres de celle-ci avaient participé aux frais de mise en état d'un bief hors d'usage du canal de Charleroi, et permis ainsi la reprise de la navigation. L'hiver approchait et nos stocks étaient presque épuisés. Pas de feu, pas de lumière. Il fallait agir. Quelques semaines plus tard, le canal de Charleroi était ouvert. Il l'eût été plus tôt, si un accident malheureux n'avait retardé l'achèvement de cet important travail.

D'un autre côté, le transport par rails était impossible, à raison des mouvements militaires des troupes allemandes, en manière telle que la concurrence n'opérait pas sur les frêts et que la coalition des bateliers pouvait impunément imposer des tarifs de monopole. Qui plus est, des réquisitions militaires en cours de route étaient à craindre. La Ville, d'accord avec la Chambre de Commerce, devait donc traiter avec l'occupant pour obtenir la sécurité des transports et pour réduire à l'impuissance l'exploitation odieuse des bateliers. Elle y réussit complètement. Les garanties de sécurité furent accordées par les autorités allemandes, et les frêts, après une tentative avortée de conciliation, furent réglés d'autorité par un bureau d'affrêtement que créa la Ville. Nous eûmes avec M. Huisman-Vanden Nest, à qui MM. Lemonnier et Steens avaient confié la direction de ce bureau des conférences utiles pour la fixation des prix et des frêts. On ne saurait se servir des lois et règlements de maximum qu'avec la plus extrême circonspection, et seulement lorsque le mécanisme naturel de notre activité économique est faussé. Dès le début des interventions communales, j'avais recommandé que dans la fixation des prix, le prix de revient fût dépassé et qu'on laissât une marge au bénéfice, pour ne point ruiner l'intérêt qu'a le commerce libre à assurer les approvisionnements, et pour décourager les tentatives coupables des accapareurs. Toutes ces questions exigent un doigté très particulier. Elles furent examinées et discutées dans les réunions de votre Bureau, après avoir été étudiées par la Chambre syndicale des charbons qui délégua M. De Bal, notre dévoué vice-président, et MM. Devis et Taymans, pour négocier avec les autorités communales et avec les autorités allemandes.

La gare du' Midi venait d'être partiellement ouverte aux trains de charbons. La pauvreté de notre cavalerie commerciale, épuisée par les réquisitions militaires, rendait extrêmement difficile le charriage du bas vers le haut de la ville. La réouverture de la gare du Quartier-Léopold était donc expressément désirable. M. le conseiller Brassinne qui, en ces heures difficiles, fit montre de qualités peu communes, se joignit à nos amis MM De Bal et Taymans pour assurer à la partie haute de notre agglomération le ravitaillement le plus économique par notre gare de l'Est. Les négociations furent longues, mais elles aboutirent à un résultat qui, insuffisant au début, n'en était pas moins satisfaisant, puisqu'il ouvrait aux besoins de la population civile une gare exclusivement affectée jusque-là aux mouvements des troupes. De plus, nos protestations réitérées au sujet des vols de charbons en cours de route et dans les wagons au repos, décidèrent les autorités militaires et communales à prendre des mesures pour empêcher ces actes journaliers de brigandage. MM. De Bal, Devis et Taymans ont bien mérité de la population bruxelloise et de la Chambre de Commerce, et avec eux l'administration communale de Bruxelles, notamment MM. les échevins Lemonnier et Steens, et MM. les Conseillers Brassinne et Huisman-Vanden Nest...

...M. Lemonnier, toujours sur la brèche, et M. Maes, agissant tous deux au nom du Collège, réunirent le bureau de la Chambre de Commerce et celui de la Fédération ouvrière, dans le cabinet du bourgmestre, à cette fin d'étudier entre patrons et employés, le grave problème qui nous préoccupait tous. Ce fut l'origine du rapport que vous connaissez sur les « Moyens propres à ranimer les affaires dans la mesure du possible ». Tous les obstacles à une reprise économique étaient classés, sériés dans l'ordre de leur intervention nécessaire à la mise en mouvement des affaires.

Cette reprise était-elle désirable? Le patriotisme se partageait en deux politiques : l'une qui s'appliquait à combattre le plus énergiquement possible la misère menaçante, par l'effort philanthropique qui lutte contre la faim et le froid, et par l'effort économique qui se dépense dans la bataille contre le chômage, crée du travail, vincule les suggestions mauvaises de l'indigence et de l'oisiveté; l'autre qui conseille une application inédite de la théorie de la table rase, la **résistance par l'inaction systématique**, l'absence de tout effort susceptible d'adoucir les rigueurs d'une occupation dont il y aurait lieu de craindre, écrit-on sérieusement, qu'on ne s'accommodât à la longue, si l'épuisement de nos ressources cessait de nous accabler. Cette dernière méthode est recommandée par ceux qui, dans l'incertitude de leur patriotisme irréductible, se sont mis à l'abri derrière les frontières amies, loin de nos humiliations et de nos douleurs. Le patriotisme de la Chambre de commerce ne pouvait se complaire en d'aussi lamentables paradoxes; il lui fallait des réalités et non des phrases, et ceux-là eurent son approbation et son appui, dont l'énergie se déployait pour adoucir la misère de nos concitoyens et soutenir nos espérances...

...Au cours des entretiens que nous eûmes avec les délégués du gouvernement allemand, nous insistâmes sur les remarques que nous avions faites, dans notre rapport, au sujet des obstacles excessifs apportés à la circulation des hommes et des choses, des formalités si touffues, si onéreuses et si décourageantes des passeports, et surtout de l'insécurité des matières premières en magasin chez nos industriels, sous la menace continuelle des réquisitions. D'aucuns se sont demandés, dans votre Bureau même, si l'on pouvait parler utilement de reprise d'affaires, cette reprise que le gouvernement général en Belgique paraît désirer si vivement, lorsque tant de restrictions paralysent les mouvements de notre industrie.

L'assimilation de nos matières premières, telles que laine, coton, jute, phosphate et superphosphate, filés et leurs dérivés, cuirs et gommes, etc., aux munitions de guerre, telles que armes, projectiles, effets d'équipement, etc., est assurément limitée par sa définition. Les denrées alimentaires elles-mêmes n'avaient jamais été considérées comme des munitions de guerre et elles le sont aujourd'hui par tous les belligérants.

La propriété privée, dont le général von Voigts-Rhetz, délégué de l'Empire allemand à La Haye, reconnaissait l'imprescriptible immunité, comme le rappelait récemment encore Ernest Nys, ne jouit plus en temps de guerre de la sécurité indispensable à notre vie économique et sociale. Elle est menacée chaque jour dans les pays en armes, des deux côtés du front, par une interprétation, également extensive comme pour les munitions de guerre, de la loi impériale allemande de 1873 et de la loi française de 1877 sur les réquisitions en temps de paix. Ce sont là, nous objecte-t-on, des faits de guerre auxquels on doit se résigner.

...Une question se présentait, poignante entre toutes, celle du moratoire. Le bruit courait avec persistance que le Gouvernement général avait résolu de le lever à la fin de décembre. Votre bureau n'avait pas attendu que le danger fût pressant; en septembre déjà la question était portée à son ordre du jour. Une commission fut nommée : MM. Fonson, Orb et Ryziger nous apportèrent l'aide solide de leur expérience. M. le sénateur Brunard voulut bien nous adresser une note substantielle des plus utiles, qui, avec les rapports écrits de M. Ryziger et de M. Fonson et le mémoire de M. Philippson, si documenté dans ses motifs et si pratique dans ses conclusions, plus particulièrement au point de vue banque, constituait un dossier précieux qui servit de base aux discussions de la Commission.

...Nos propositions organisaient pratiquement le sauvetage de nos commerçants, de nos industriels et de nos banquiers, après avoir démontré à quels désastres une levée prématurée du moratoire les exposerait. L'apaisement se fit : prolongation au 31 décembre, prolongation au 31 janvier, prolongation au 28 février. Nous avions gagné trois mois, trois mois en ces temps enfiévrés, où les jours ont la longueur des semaines; nous gagnerons un quatrième mois, le moratoire, dans ses dispositions principales, devant être prolongé jusqu'au 1er avril.

Malheureusement, le péril n'était pas conjuré, il n'était que retardé. Je m'en convainquis bientôt au cours d'un entretien qu'avait désiré M. Düfer, directeur de la Deutsche Bank, entretien auquel M. le vice-président Ryziger voulut bien assister. Quelques jours après, j'étais invité à passer dans le cabinet du Commissaire général des banques. Avant même que l'entretien ne fut poussé à fond, je compris que le but précis, résolument cherché, était de lever le moratoire, et que tout notre effort devait tendre à sauver la foule des débiteurs rendus insolvables par les événements. Il y avait là une procédure d'application presque irréalisable. La question s'aggravait du fait des débiteurs solvables, en état de payer, qui s'obstinaient à s'abriter, pour ne point liquider leurs échéances, derrières les arrêtés des 2 et 4 août, qui, dans leur esprit et dans leur texte, n'ont été organisés et prolongés que pour les débiteurs rendus insolvables par le fait de la guerre.

Je sentais nettement que les autorités préposées aux banques étaient décidées à combattre avec énergie la rétention volontaire et préméditée des instruments d'échange. Et pour enlever ses meilleures armes à notre opposition, elles me faisaient entendre qu'elles organisaient le règlement des réquisitions faites pour les troupes d'invasion et d'occupation avant le 15 janvier et la mobilisation à la Société générale de nos créances sur l'étranger. Quant à nos moyens de communication, dont le rétablissement était la condition essentielle d'un regain d'activité économique, elles signalaient, en manière d'argument, le mouvement renaissant de nos chemins de fer, le réveil de nos services postaux, réveil timide qui s'enhardirait nécessairement, et les essais de reprise télégraphique ; elles laissaient entrevoir une amélioration prochaine dans les formalités des passeports, et ne défendaient pas d'espérer un certain ravitaillement de quelques matières premières. Comme si tout cela constituait un ordre de choses normal, auquel pourrait répondre le paiement régulier et normal des lettres de change à l'échéance!

Le mieux était donc de nous attacher à convaincre les débiteurs ayant des ressources mais qui ne se décidaient pas à s'en dessaisir, qu'indépendamment des devoirs de solidarité qui, en ces jours cruels, rapprochent tous les Belges en une étroite communion de dévouement et de sacrifice, ils avaient intérêt à payer leurs dettes moratoires. En conséquence, d'accord avec votre bureau, je proposai aux commissaires allemands des banques de prolonger purement et simplement le moratorium, mais d'y ajouter un paragraphe additionnel réduisant de 5 1/2 à 3 1/2 l'intérêt prescrit pour les débiteurs qui paieraient avant le 31 mars les traites tirées sur eux. De cette façon, les débiteurs solvables auraient profit à liquider leurs dettes, et les instruments d'échange qu'ils retiennent rentreraient dans la circulation, et créeraient un certain mouvement d'affaires que notre détresse monétaire rend actuellement impossible, mouvement subordonné, certes, à d'autres facteurs encore, mais parmi lesquels la rareté de nos moyens de liquidation n'est pas le moins actif.

Cette proposition, nous le répétons, ne faisait que reculer la solution du problème. Et puis, ne suffisait-il pas que le consortium des banques décidât lui-même la réduction de l'intérêt moratoire au profit des débiteurs diligents? Etait-il nécessaire de la décréter officiellement par voie d'autorité? La question s'est posée et j'ai exprimé cet avis que les dispositions nouvelles ne seraient efficaces et générales que si elles étaient prises par les pouvoirs compétents, comme l'avaient été les dispositions anciennes d'établissement et de prorogation. Quoi qu'il en soit, grâce à une nouvelle prolongation au 31 mars, nous avons encore quelques semaines de répit; il nous est permis d'espérer que les commissaires allemands des banques se rendront définitivement compte de l'impossibilité de lever le moratoire, tant que la situation ne sera pas redevenue normale.

Un nouvel organisme s'est créé, la Société Coopérative des Avances et Prêts, auquel les membres de votre bureau ont cru devoir participer individuellement. J'ai accepté, d'une façon évidemment désintéressée, les fonctions d'administrateur dans cette œuvre d'entr'aide sociale et patriotique. De nombreux créanciers de l'Etat nous demandent des avances sur présentation d'ordonnances de paiement et de bons belges de réquisition, pour être en mesure de continuer leurs entreprises et de distribuer des salaires aux ouvriers qu'ils emploient. Les fournisseurs de l'Etat, les entrepreneurs de travaux publics, etc., trouvent à la Coopérative un accueil aussi large que le permettent les disponibilités. Je pense que c'est une des œuvres les plus utiles, parmi toutes celles qui se sont épanouies en une émouvante floraison d'espérance et de solidarité...

...En ces temps troublés, de nombreux problèmes se posent, qui doivent être mûrement étudiés et dont les solutions doivent être poursuivies avec ténacité. Et ce ne sont pas seulement les questions d'actualité immédiate, mais encore les questions de demain, celles qui se dresseront devant nous lorsque la guerre sera terminée et auxquelles il faut songer dès à présent, si l'on veut préparer l'avenir. Il faut que la Patrie sorte de nos effroyables épreuves plus puissante et plus belle, et qu'après avoir, par notre courage héroïque dans les combats, été l'objet de l'admiration du monde nous lui soyons un immortel exemple dans les batailles pacifiques de l'art, de la science et de l'industrie.

MARDI 2 MARS

Le contrôle sur les hommes capables de porter les armes devient minutieux. Vu le grand nombre de ceux que leur âge place dans cette catégorie, le chef d'arrondissement, colonel Gessler, organise un « Meldeamt », sorte de local central, où les intéressés devront périodiquement, en signant une feuille de présence, prouver qu'ils n'ont pas quitté leur résidence. Sont astreints à cette formalité, tous les miliciens belges nés dans les années 1892-1897, les membres de la garde civique et aussi les Allemands « redevables au service militaire ». Quant aux sujets des Etats ennemis de l'Allemagne, ils doivent se déclarer tous, sans distinction d'âge et de sexe.

Quiconque appartient à l'une de ces catégories ne peut s'absenter de Bruxelles, fût-ce pendant vingt-quatre heures, sans une autorisation spéciale.

Des jeunes gens en grand nombre s'enfuient, cherchent à passer la frontière, plutôt que de mettre la main dans cet engrenage. Aussitôt, des sbires de la « Kommandantur » vont inquiéter leurs parents, les menacent d'amende et d'arrestation, si leurs fils manquent à la date du prochain contrôle. Des milliers de familles vivent dans l'angoisse.

L'avis porte en gros caractères ces mots, qui rassurent les uns, mais laissent les autres sceptiques :

Il est signalé que le Gouvernement allemand ne projette ni d'incorporer des sujets belges dans l'armée allemande, ni de les emmener en Allemagne comme prisonniers pour la durée de la guerre.

VENDREDI 5 MARS

Des Tirlemontois arrivés à Bruxelles aujourd'hui, apportent la nouvelle de la chute d'un Zeppelin dans le parc du château 't Serclaes, à Wommersom... Le dirigeable est tombé dans les arbres, et ce fut une horrible hécatombe : 20 hommes tués et les autres grièvement blessés. Les survivants poussaient des hurlements de douleur; ils étaient mêlés aux débris du ballon. Des Allemands arrivés de partout, dans des autos, barrèrent aussitôt les chemins et nul renseignement ne fut donné L'ordre est toujours, en pareil cas, d'empêcher que la catastrophe ait du retentissement. Pourtant, il fut impossible de cacher aux gens de la région, le transport, sur plusieurs douzaines de camions, de la carcasse en aluminium (que l'on avait fragmentée sur place, à coups de hache), de débris de l'enveloppe, des nacelles et des moteurs.

Le tout fut chargé sur des wagons, en gare de Tirlemont. On vit alors un officier écrire à la craie, sur chaque wagon, à l'intention des populations d'outre-Rhin, devant lesquelles ce train allait bientôt passer : « Erobertes französisches Luftschiff » (Dirigeable français capturé).

SAMEDI 6 MARS

Un service postal a été organisé sommairement entre Bruxelles, Liége, Verviers, Anvers et l'Allemagne, le Grand-Duché, la Hollande et l'Autriche.

Cela ne s'est pas fait sans peine. Déjà, le 10 septembre dernier, l'autorité allemande avait envoyé aux facteurs et agents des postes de Bruxelles, la circulaire chromographiée suivante :

Dans l'intérêt du commerce paisible et de la prospérité du pays belge, le service postal à Bruxelles et successivement aussi dans le reste de la Belgique doit être repris d'une façon régulière. L'Administration est prête à accepter à ces fins la coopération des employés et fonctionnaires belges et à leur payer les traitements auxquels ils ont droit d'après le règlement du pays. Les agents qui veulent bien prendre part à ce service conjointement avec l'Administration allemande, et assurer de cette manière à leur patrie les bienfaits d'un service des postes régulier, sont invités à inscrire leur nom sur la liste ci-annexée. L'Administration allemande a la confiance que ces agents ne tenteront rien qui pourrait porter atteinte aux intérêts de l'Allemagne et à ses forces terrestres ou maritimes. Toute contravention sous ce rapport aurait comme conséquence la destitution immédiate et définitive de l'agent coupable.

Mais son appel ne fut guère écouté, car le gouvernement belge, encore à Anvers à ce moment, mit son grain de sel dans l'affaire et, par circulaire de notre ministre des chemins de fer et postes, lança à son administration ces instructions :

Messieurs,

Je n'ai rien à modifier aux instructions données au début de la guerre. Personne ne peut travailler volontairement pour l'autorité allemande. Ceux qui sont contraints à travailler pour l'Allemand, réquisitionnés par lui, apprécieront en âme et conscience si la contrainte est suffisante, ou si l'ordre est suffisamment utile au point de vue des intérêts belges pour qu'ils ne puissent s'y soustraire.

Je continuerai à payer ceux des agents qui ne travailleront pas pour l'Autorité allemande. Je défends formellement de payer ceux qui travaillent librement pour elle. Je payerai aussi ceux qui n'ont pu refuser le travail sans s'exposer, et qui ne seraient pas payés directement par l'Autorité qui a requis leurs services.

Je ne vois aucun intérêt supérieur, tout en y voyant beaucoup d'inconvénients, au rétablissement actuel du service postal et du service téléphonique dans Bruxelles.

Quant aux chemins de fer, je maintiens les instructions en vertu desquelles le directeur de service de chaque groupe ou district a à agir d'initiative pendant l'occupation de la capitale, sans tenir compte des ordres et avis donnés par l'Administration centrale de Bruxelles.

L'ordre donné récemment par le service central de l'exploitation de Bruxelles (Tour-et-Taxis) tendant à obliger les agents à obéir, non aux chefs de gare, mais directement aux autorités allemandes, prouve combien mon instruction confidentielle donnée au service d'exécution avant l'occupation de Bruxelles était justifiée.

Le Ministre,
(s.) SEGERS.

Six semaines s'écoulèrent alors. Le gouvernement général allemand ne savait quelle solution adopter. Il songea à faire venir des agents de l'Allemagne, dans l'espoir d'impressionner les agents belges; quelques-uns de ceux-ci se remirent à la besogne; le bruit courait, du reste, que le gouvernement belge ne voyait plus d'inconvénient essentiel à une reprise du service postal.

Le 9 novembre, l'autorité allemande faisait publier cet avis par les journaux censurés :

> Le service des postes ayant été abandonné, l'occupant a fait venir des employés de l'Allemagne, et, comme les timbres-poste belges avaient disparu, il a fait usage de timbres allemands avec surcharge.
> Depuis quelque temps un certain nombre, parmi les agents des postes, qui ont réfléchi à la situation, ont repris le travail.

« Disparu » est mis là pour « enlevé ». En Allemagne et en Suisse notamment, (des annonces de journaux en font foi) des feuilles entières de timbres neufs à l'effigie du Roi Albert, principalement les valeurs les moins répandues, celles de 1, 2 et 5 francs, ont été mises en vente. Ainsi, la rafle opérée en Belgique fait entrer dans le trésor de l'Empire l'argent des collectionneurs étrangers. Il n'y a pas de petits profits.

Dans Bruxelles aussi, fonctionne depuis quelques jours un service réduit. Mais la correspondance est bien restreinte; une centaine de facteurs suffisent à la besogne; les autres chôment, et c'est la très grande majorité.

Les lettres doivent rester ouvertes et porter l'adresse de l'expéditeur, sauf les lettres destinées à l'intérieur de l'agglomération. La plupart des gens portent leurs lettres au destinataire plutôt que de verser, pour l'achat d'un timbre, ne fut-ce que quelques centimes dans la caisse de l'ennemi. Plutôt aussi que d'acheter ces timbres qui nous offusquent — timbres allemands avec la surcharge « Belgien » — des banquiers, des commerçants, des œuvres de bienfaisance font remettre leurs lettres ou prospectus à domicile par des facteurs qui n'ont pas repris du service et auxquels ils procurent ainsi quelques ressources.

Il n'y a qu'une catégorie de personnes qui surmontent leur aversion patriotique pour les timbres à l'effigie de la Germania, ce sont les collectionneurs. La philatélie est une si irrésistible passion! Elle fait actuellement entrer en moyenne 1,000 marks par jour dans les caisses de la poste centrale! Des marchands, des personnes qui font des échanges avec des correspondants de l'étranger achètent des timbres par séries, depuis 3 centimes (le moins cher) jusqu'à 2 marks, les font timbrer, les vendent, les expédient. C'est un trafic de tous les jours.

DIMANCHE 7 MARS

Dans l'ancien hôtel Somzée, rue des Palais, à Schaerbeek, s'établit un comité de secours pour les Termondois (1). L'initiative s'explique. Bruxelles tient à honneur d'apporter aide et protection aux villes détruites par la guerre. Les Dinantais ont aussi un comité de secours ici; d'autres également.

Le comité de Termonde nous explique l'extraordinaire situation actuelle de cette localité. Voilà une ville qui a été balayée par deux bombardements successifs — et ses ruines se raniment.

Plus de 6,000 Termondois, pris de nostalgie, presque tous des ouvriers, sont revenus dans leur ville natale. Qu'y cherchent-ils? Du travail? C'est à peine si deux usines font de timides essais de reprise; et la bour-

---

(1) Il est ainsi composé : président : M. Emile Tibbaut, membre de la Chambre des représentants, président du Conseil supérieur de l'Agriculture; vice-président : M. Léon Lathouders, conseiller communal de Bruxelles; secrétaire-trésorier : M. Camille Marchaut, industriel; membres : Mlle Tibbaut; MM. Henri Riguelle, agent de change; Edouard Asselberghs, président de la Ligue du Coin de terre pour Schaerbeek; Daniel Schellekens, avocat; Joseph Dupont, notaire, et Joseph Smekens, industriel, délégué pour Termonde.

geoisie a été dispersée par la destruction de ses habitations, dont une cinquantaine, au plus, restent debout.

Tout fait défaut; mais une confiance inébranlable soutient le courage des habitants. Ils s'entassent dans les maisons ouvrières non complètement détruites, dans les caves, dans des installations de fortune qui surgissent comme par miracle dans des arrière-bâtiments dont l'existence ne se révèle que par le sentier battu conduisant de la rue au gîte, à travers les décombres et attestant la vie cachée, comme un passage de gibier marqué dans les herbes. La misère est générale; vêtements, linge, literies, tout a sombré dans l'incendie.

LUNDI 8 MARS

Le baron von Bissing met la population en garde contre le « crime » qui consiste à envoyer des recrues belges au front. Le crime! Et ces recrues sont nos enfants!!

Le tribunal militaire allemand de campagne condamne « pour avoir conduit des soldats à l'ennemi, pour en avoir recruté au profit de l'ennemi ou pour avoir aidé au recrutement », M. Vanniesberg, capitaine-commandant en retraite, à 1 an et 6 mois de travaux forcés; M. Lorent, droguiste, à 4 mois de prison; M. De Broe, inspecteur de police, à 2 ans de travaux forcés; M. Jaminon, voyageur de commerce, à 1 an de travaux forcés; M. Leenaerts, agent de police, à 1 an de travaux forcés; M. Gat, mécanicien, à 15 ans de travaux forcés; Mme Winnepenninckx, M. l'avocat Dupont et M. Van Rode, garde-convoi, chacun à 1 an de prison.

La maison Henri Leten, 65, rue du Lombard, à Bruxelles, est condamnée à une amende de 20,000 marks, pour avoir contrevenu à l'arrêté interdisant les paiements en Angleterre.

MARDI 9 MARS

Nous avons, depuis le commencement de février, un nouveau journal, qui a beaucoup de succès; il est hebdomadaire; il se distingue des autres en ce qu'il est pa-

9 mars 1915. 288

triote et dit carrément leur fait aux Allemands. Il a pris pour titre : *La Libre Belgique* et il le justifie par ses articles et toute sa manière. Je n'ai pas besoin d'ajouter qu'il n'est pas censuré, conséquemment qu'il est clandestin. Cela ne l'empêche pas de formuler, en manchette, son adresse télégraphique comme suit : *Kommandantur-Bruxelles*. Il est « zwanzeur », on le voit; il est goguenard. Il sait aussi prendre le ton grave et éloquent. C'est un soulagement et un réconfort de lire, alors qu'il n'a paru jusqu'ici que des journaux serviles, cette petite feuille pleine d'indépendance, belge avec enthousiasme, qui traduit si bien et encourage en même temps notre foi et nos espérances patriotiques, nos colères et nos légitimes désirs de vengeance, qui brave et raille spirituellement l'oppresseur, qui nous apporte souvent de ces bonnes nouvelles que nous chercherions en vain dans la presse contrôlée par la « Kommandantur ».

Qui fait ce journal, qui l'imprime, comment son service de distribution est-il si bien assuré? Profond mystère. L'indication que la *Libre Belgique* fournit elle-même sur ce point est fort insuffisante : elle se borne à nous apprendre que les bureaux de l'administration du journal « ne pouvant être un emplacement de tout repos, sont installés dans une cave automobile ».

Inutile de dire que tous les limiers de la « polizei » sont à la recherche de cette cave roulante, qui ne cesse de les rouler (1).

La « polizei » a, d'ailleurs, fort à faire avec la littérature clandestine. En dépit de toutes les défenses et menaces de l'autorité allemande, de tous les barrages qu'elle a établis, il continue d'arriver à Bruxelles des journaux de l'étranger, et surtout des livres, des brochures édités en France et en Suisse, relatifs aux événements de la guerre. On peut se tenir à peu près au courant de ce qui paraît de plus important en cette matière : il suffit de connaître les librairies ou autres magasins qui vendent, clandestinement, ces publications, et d'avoir leur confiance; quand on ne les connaît

---

(1) Au sujet des origines de la *Libre Belgique* et de toute l'histoire de cette publication, voir 20 juin 1916 et 17 mai 1918.

pas ou qu'on n'y est pas accrédité, on connaît toujours un ami qui peut servir d'intermédiaire.

Pour en revenir à la *Libre Belgique*, outre ses porteurs réguliers, qui circulent sous toute sorte de déguisements, elle a une foule de zélateurs, qui se la passent ou qui en distribuent chaque semaine un certain nombre d'exemplaires, sans connaître eux-mêmes la personne qui vient leur remettre leur paquet. Maint garçon de café aussi la procure à ses clients. Bref, il y a, autour de la *Libre Belgique*, une longue chaîne d'entremetteurs, la plupart inconnus les uns des autres, et il serait donc impossible de parcourir la suite des chaînons pour arriver au point de départ. Le mystère de la *Libre Belgique* est bien gardé. Espérons qu'il le restera. La *Libre Belgique* tire à ce moment, m'assure-t-on, à 10,000 exemplaires.

MERCREDI 10 MARS

Les agents de police sont obligés de saluer les officiers de l'ennemi. Un agent est condamné à trois jours de prison pour, dit le rapport, « avoir salué négligemment ». L'ordre est de porter la main au képi, à une distance de trois pas et de n'abaisser le bras qu'après le passage de l'officier. La police en a des flammes de rage dans les yeux.

Les émissaires de la « Kommandantur » perquisitionnent sans relâche. Avant-hier, au domicile privé de M. Jadot, gouverneur de la Société Générale, où ils ont poussé la minutie des recherches jusqu'à décrocher les tableaux dans l'espoir de découvrir derrière on ne sait quels papiers.

Hier, chez M. le docteur Cheval, où ils ont tout remué, depuis 7 heures du matin jusqu'au soir.

De même, chez M. l'avocat Hanssens, où ils ont décloué les tapis, espérant trouver, dans quelque cachette, des documents compromettants.

JEUDI 11 MARS

Un soldat de la landsturm, causant avec une femme du faubourg maraîcher d'Helmet lui dit qu'il a reçu ordre de partir pour Dixmude, où, a expliqué un de ses chefs, il ira se reposer. Il est enchanté.

— Vous reposer à Dixmude? répond la femme, voilà qui est curieux. Savez-vous que Dixmude est près de l'Yser, dans la région de combat?

Le soldat, interloqué, rapporte le propos à son chef. La femme est condamnée à 8 jours de prison pour avoir « désillusionné » un soldat allemand.

DIMANCHE 14 MARS

Les Allemands ont organisé, hier soir, un concert au théâtre de la Monnaie. Ils avaient fait venir de Cologne des chœurs et un orchestre, au total 350 personnes, amenées par train spécial. Ne faut-il pas accréditer, par tous moyens, à l'étranger, l'opinion qu'en Belgique, sous l'autorité teutonne, tout est pour le mieux dans le plus heureux des pays conquis et qu'on s'y amuse, grâce aux Allemands, comme en temps de paix?

Depuis plusieurs jours, des affiches bleues couvraient les murs annonçant l'événement; et, dans l'espoir d'attirer quelques Belges par le bon marché des places, la « Kommandantur » ayant réquisitionné le théâtre, fixa des prix réduits, ainsi, 3 francs pour les fauteuils au lieu de 8.

Cette publicité est demeurée sans effet sur nos compatriotes. Les Bruxellois ne se sont pas montrés, et, malgré la présence des autorités « occupantes » arrivées à grand renfort d'escortes et d'autos étincelantes, il n'y eut qu'une demi-salle. Des places avaient été retenues par des Bruxellois opulents, qui s'offrirent le luxe et le plaisir de les laisser inoccupées durant toute la soirée. Les Allemands s'étaient réjouis de voir la feuille de location si bien se remplir. Ils firent la tête qu'on devine en se trouvant dispersés au milieu de places qui jusqu'au bout demeurèrent vides.

L'autorité allemande avait pris d'extraordinaires mesures de précaution. Depuis huit jours, les abords du théâtre étaient étroitement surveillés. Les détectives de la rue Berlaimont (où est le commissariat allemand) avaient visité les dépendances du théâtre. Les combles,

où quelque bombe aurait pu être déposée par un ennemi malfaisant, furent examinés, on pourrait dire presque à la loupe. De même les loges et les galeries supé-
rieures. La veille, la police secrète du gouvernement
général avait fait irruption dans une chambre inoccupée
du passage de la Monnaie, où elle pensait découvrir un
engin dangereux. La veille aussi, le fils du commissaire
de police de Cologne avait, une dernière fois, inspecté
tout le théâtre, en compagnie d'un électricien du service communal de Bruxelles. Dans la cave, où des égouts
ont été précédemment réfectionnés, il tomba en arrêt
devant quelques pieds carrés de maçonnerie fraîche,
recouverte de sciure de bois. Que pouvaient bien signifier ces pierres neuves maçonnées en cet endroit? Il les
fit enlever, pour voir s'il n'y avait rien derrière.

Le service d'ordre mérite une mention. Un triple
cordon d'agents de police et de soldats formait une barrière infranchissable pour quiconque n'était pas détenteur d'une invitation en bonne et due forme. Un premier barrage d'agents était établi à l'extrémité de toutes
les rues convergeant vers la place de la Monnaie; un
second barrage d'agents à toutes les issues de cette
place; un troisième barrage — de soldats allemands,
cette fois, baïonnette au canon et à un mètre l'un de
l'autre — tout autour du théâtre : le populaire baron
von Bissing était bien gardé.

Deux Belges, pas un de plus, eurent la triste inspiration de se rendre à ce concert : M. Dwelshauwers,
professeur à l'Université de Bruxelles, et M. Georges
Khnopff, vague homme de lettres. Deux noms qui seront retenus.

Dès le soir, on disait d'eux : fauteuil aujourd'hui,
par... terre demain...

LUNDI 15 MARS

M. Dwelshauwers fait visite à M. Paul-Emile Janson, député. M. Janson lui tient ce langage :

— Monsieur, vous étiez jusque hier mon ami. Sachez maintenant que je vous chasse. Ne remettez ja-

mais les pieds chez moi. La place d'un professeur d'Université qui n'a pas honte de se montrer à une fête chez l'ennemi, à l'heure où ses élèves versent leur sang pour la patrie, n'est pas à Bruxelles : elle est à Berlin ou à Vienne. »

Et joignant le geste à la parole, M. Janson bouscule son ex-ami et le fait sortir de son cabinet.

MARDI 16 MARS

Les fonctionnaires de l'administration des ponts et chaussées sont plongés dans la perplexité. Après avoir refusé tout concours à l'autorité allemande, ils ont, il y a près de deux mois, repris leur labeur administratif, à la suite d'un ordre venu du Havre. Le secrétaire général du département a tenu, néanmoins, à s'entourer de toutes les garanties. Il a conclu, avec M. von Sandt, chef de l'administration civile allemande, une sorte de « modus vivendi », d'après lequel les fonctionnaires de l'administration centrale et les ingénieurs des services de province n'ont d'autre obligation que de veiller à l'entretien des routes, des voies navigables et des bâtiments de l'Etat. Cette convention stipule aussi que les agents agiront en vertu des instructions de leurs chefs hiérarchiques et qu'ils auront le droit de refuser leur concours à l'occupant pour tout travail qui présenterait un intérêt militaire et qui n'aurait pas été approuvé par leurs chefs.

Aujourd'hui, coup de théâtre. M. von Sandt lance une circulaire annonçant qu'il donnera désormais ses ordres directement aux services de province, sans que l'administration centrale puisse y faire d'objections. Les agents auront pour devoir de donner immédiatement suite aux instructions de l'autorité allemande; ils seront, de plus, personnellement responsables et punis de détention, en cas d'infraction. La convention n'était donc qu'un « chiffon de papier » de plus.

L'accord intervenu étant ainsi déchiré, M. Belinne, directeur général des ponts et chaussées, demande et obtient sa mise en disponibilité. Le secrétaire général, M. Manneback, qui est aussi secrétaire général de l'agriculture, donne sa démission aux travaux publics, pour ne conserver que cette dernière charge. Les autres fonctionnaires parlent de démissionner en bloc.

MERCREDI 17 MARS

Fait une visite au Cirque royal de la rue de l'Enseignement devenu (comme aussi le Palais d'été) l'un des entrepôts de vêtements de la « Commission for relief ».

Dans la piste où, les autres années, en cette saison, évoluaient les cavaliers et s'agitaient les clowns, travaillent maintenant au déballage d'immenses caisses une cinquantaine d'ouvriers et de vendeuses de la maison Franchomme. Au-dessus de leurs têtes flotte une banderolle aux couleurs américaines.

De ces caisses, l'on extrait mille choses, les unes usagées, les autres neuves : des couvertures, des draps de lit, des robes, des jupons, des chemises, des chapeaux, des vêtements pour enfants, des manteaux, des foulards, etc. Il y a, empilées dans les caves et les dégagements du Cirque, 5,500 caisses qui attendent d'être ouvertes ! Et ce n'est pas fini. Chaque bateau des Etats-Unis ou du Canada en apporte de nouvelles. Sur plusieurs, expédiées du Canada, on lit ces mots rapidement peinturlurés au moment de l'embarquement : « Pour les braves Belges! Pour nos alliés! »

A mesure que les caisses sont déballées, on dresse un inventaire de leur contenu. Le tout est classé et étiqueté sous la surveillance de M. Charles Franchomme, qui consacre à cette œuvre le meilleur de son cœur et de son temps.

De Bruxelles partent les envois pour toutes les régions du pays. Un comité provincial a-t-il besoin de vêtements ou de linge pour un village d'Ardenne ou de Flandre incendié ou pillé, il s'adresse au comité central qui, sur l'heure, lui expédie le nécessaire.

Les bottines arrivent d'Amérique dans des barils. Ce sont toutes chaussures neuves. Plusieurs milliers de paires ont été envoyées hier en Flandre et dans le pays de Namur.

* **

A côté des œuvres de grande envergure, que d'initiatives modestes, mais parties elles aussi de si bons sentiments ! Par exemple, la maison Otto Wiskemann « métallise » gratuitement le premier soulier du bébé né depuis la guerre et dont le papa est sous les drapeaux. De même, le Cercle des coiffeurs de Bruxelles annonce par voie d'affichettes que ses membres, voulant prendre leur part de la générosité générale, couperont gratuitement les cheveux des enfants des écoles et de tous ceux dont les pères combattent dans l'armée belge.

JEUDI 18 MARS

Un débat d'une importance capitale s'ouvre aujourd'hui devant le tribunal de première instance de Bruxelles : il s'agit de savoir si l'autorité occupante a droit de légiférer dans le territoire occupé.

L'affaire naît de la manière la plus prosaïque : Mme Piron, propriétaire d'un immeuble situé chaussée de Wavre, 49, réclame de son locataire, M. Deridder, boucher, le paiement d'un trimestre de loyer. Le défendeur demande que la cause soit renvoyée devant la juridiction d'arbitrage instituée par le gouvernement allemand pour juger des contestations en matière de loyers (1); Mme Piron soutient que cet arrêté n'a pas de valeur légale et qu'en conséquence le tribunal n'a pas à l'appliquer.

L'incident a aussitôt un grand retentissement par suite de l'intervention du bâtonnier des avocats d'appel, Me Théodor, qui se présente à la barre pour défendre Mme Piron. Il estime que la question de principe engagée ici dépasse de loin les limites du procès en cause : c'est pourquoi il croit devoir, comme bâtonnier, défendre une des parties, magistrature et barreau étant également intéressés à savoir si l'arrêté allemand du 10 février a une valeur juridique et légale.

Mais qui présentera la conclusion contraire ? M. Pierre Graux estime que l'on ne peut laisser échapper l'occasion de faire trancher pareille question par le tribunal : il saisit la balle au bond et intervient avec

---

(1) Voir 24 février 1915.

M. De Vadder, avoué, — ce dont M. Théodor les remercie en actant qu'ils prêtent leur ministère exclusivement pour remplir un devoir professionnel et que la pureté de leur patriotisme ne sera mise en doute par personne. M. Graux ajoute de son côté :

« Un avocat peut, dans les circonstances actuelles, se trouver dans l'obligation de soumettre à un tribunal un moyen que sa conscience d'avocat et sa conscience de citoyen réprouvent. L'opinion publique peut être intéressée à connaître l'opinion du tribunal sur une question. Faire naître la question devant le tribunal peut donc devenir un devoir. »

La plaidoirie de M. Théodor est une analyse magistrale de la conférence de La Haye et une argumentation brillante en faveur de la thèse de l'illégalité de l'arrêté allemand. Le pouvoir judiciaire belge, soutient M° Théodor, ne peut pas abdiquer entre les mains de l'occupant. Reconnaître des arrêtés contraires à la Constitution et aux lois belges simplement parce qu'ils nous sont imposés, ce serait accepter l'annexion avant la lettre. Or, nous ne sommes pas des annexés, nous ne sommes pas des conquis, nous ne sommes pas même des vaincus. Notre armée combat. La patrie subsiste. Défendre ses droits, c'est aussi combattre pour elle.

M. Théodor termine par ces paroles :

Nous vivons les heures les plus tragiques qu'aucun peuple ait jamais connues. Tout est destruction et ruine autour de nous. Le deuil est partout. Notre armée a perdu la moitié de ses effectifs. Son pourcentage en morts et mutilés ne sera atteint par aucun des belligérants. Il ne nous reste qu'un coin de terre, là-bas, près de la mer. L'Yser y roule ses eaux à travers une plaine immense peuplée de tombes. On l'appelle le cimetière belge. Là reposent nos enfants, par milliers. Là ils dorment leur dernier sommeil. La lutte y continue, âpre et sans merci. Vos fils, Monsieur le Président, sont au front; le mien aussi. Depuis des mois nous vivons nos jours dans l'anxiété du lendemain.

Pourquoi ces sacrifices, pourquoi ces douleurs?

La Belgique eût pu éviter ces désastres, sauver son existence, ses richesses et la vie des siens.

Elle a préféré l'honneur.

Ferons-nous moins que nos enfants?

En défendant nos institutions séculaires, ne défendons-nous pas, nous aussi, notre honneur national? (1).

---

(1) Voir la suite de cette affaire le 22 avril 1915.

VENDREDI 19 MARS

Il y a lieu de noter parmi les initiatives de cette semaine la création de sociétés coopératives de ravitaillement des populations. Des personnalités de tous rangs et de toutes opinions, oubliant patriotiquement ce qui naguère semblait les diviser irrémédiablement, contribuent à la fondation de ces organismes de secours. Les actes constitutifs signés devant notaires sont basés sur des considérations de circonstance intéressantes à relever. Notamment : que le Comité central de secours et d'alimentation constitué sous le haut patronage des ministres d'Espagne et des Etats-Unis, qui s'était assigné pour mission de s'occuper du ravitaillement et des secours à Bruxelles et dans l'agglomération, a résolu d'étendre son action à tout le pays occupé; — que cela se fera avec le concours des comités de province; — que les achats de grains et de denrées à l'étranger ne pouvaient être entrepris qu'avec l'assentiment des gouvernements sous l'autorité desquels se trouvent les marchandises à importer, et après avoir obtenu la promesse de l'autorité allemande de ne point les réquisitionner; — que la garantie contre les réquisitions a été donnée par le baron von der Goltz; — que, sur le vu de sa déclaration de garantie, le gouvernement anglais a autorisé l'importation en Belgique de toutes les denrées provenant des pays neutres et destinées à la population civile belge, à condition que les produits soient envoyés jusqu'à la frontière belge sous le patronage des ambassadeurs d'Espagne et des Etats-Unis à Londres; — que leur transport jusqu'aux magasins de distribution en Belgique se fera sous le patronage des ministres d'Espagne et des Etats-Unis à Bruxelles; — que les comités provinciaux auront pour charge d'acheter au comité central, contre paiement comptant, les provisions nécessaires à leur province et à en faire la répartition entre les communes aux conditions d'achat, et qu'à cette fin un fonds de roulement de 25 millions de francs est indispensable; — que dans les circonstances critiques que la Belgique traverse, il y a lieu de faire appel à toutes les familles aisées pour réunir le capital et constituer en même temps un fonds de secours au profit des habitants les plus pauvres et les plus éprouvés par la guerre ; — que c'est par la constitution de sociétés coopératives que l'on atteindra le mieux le but poursuivi.

La plus importante de ces coopératives est constituée à Bruxelles par les collèges échevinaux de la ville et des faubourgs, sous le titre d'« Intercommunale pour le ravitaillement de l'agglomération bruxelloise ». Outre l'achat et la vente de céréales et de denrées alimentaires, elle fera tous achats et ventes d'objets nécessaires à la population, tels que combustible, vêtements, matériaux de construction, etc. (1)

SAMEDI 20 MARS

La taxe sur les absents (2), que les Allemands persistent à vouloir appliquer, a donné lieu, au cours de ces dernières semaines, à un échange de lettres extrêmement intéressantes.

L'administration communale de Bruxelles n'a pas attendu que son concours fût sollicité. Elle a pris les devants. Dès le 29 janvier, M. Lemonnier, au nom de la ville et des faubourgs, adresse au gouverneur général une lettre de protestation. Cet impôt, dit-il en substance, est incompatible avec les dispositions des traités internationaux ; il est contraire aux engagements pris par les autorités allemandes envers l'agglomération bruxelloise et les provinces, et il est contraire à notre système législatif qui tend à assurer aux particuliers une complète liberté individuelle.

L'administration allemande laisse s'écouler un mois avant de répondre. Le 20 février, elle transmet à l'administration communale de Bruxelles une note dont voici les passages essentiels :

> Les rédacteurs de la Convention de La Haye sur la guerre sur terre n'ont arrêté qu'une seule disposition relativement à la perception des impôts. En disant que les impôts doivent

---

(1) Voir le 27 octobre 1915 des détails sur le fonctionnement pendant la première année, du Comité National et de la « Commission for relief in Belgium ».

(2) Voir 15 janvier, 23 février, 13 décembre 1915.

20 mars 1915

autant que possible être établis et répartis d'après les lois en vigueur, ils ont reconnu très justement que cela ne serait pas toujours possible, et c'est pourquoi ils n'ont pas donné une forme obligatoire à leurs prescriptions.

... La liberté d'aller et de venir n'est lésée en aucune façon par l'arrêté, car celui-ci ne force aucun des contribuables qu'il atteint à rentrer en Belgique.

Bien au contraire, son but est simplement de faire participer aux charges publiques, dans une plus large mesure, au cas où ils ne rentreraient pas en Belgique avant le 1ᵉʳ mars, les Belges aisés qui ont abandonné leurs compatriotes au moment critique et qui, en dépensant leur argent à l'étranger, diminuent notablement les provisions d'achat de leurs concitoyens restés dans leur pays.

Peu après, le directeur provincial des contributions de Bruxelles transmet à la Ville de Bruxelles les formules des rôles. M. Lemonnier les lui renvoie le 10 mars avec les observations :

Nous continuons à estimer que la taxe établie est contraire aux lois belges, à la Convention de La Haye et aux engagements pris envers l'agglomération bruxelloise et les provinces.

Si des impôts étaient jugés nécessaires pour pourvoir aux frais de l'administration du territoire, l'article 48 de la Convention de La Haye stipule que l'occupant doit les prélever autant que possible d'après les règles de l'assiette et de la répartition en vigueur.

Il n'est pas à notre connaissance que l'autorité allemande ait été placée dans l'impossibilité de percevoir les taxes existantes d'après les règles de l'assiette et de la répartition qui leur sont applicables.

Le 13 mars, le chef de l'administration civile allemande « impose aux organes communaux de Bruxelles et des faubourgs, pour éviter les suites légales et conséquences quelconques, de lui déclarer, endéans les quarante-huit heures, qu'ils exécuteront immédiatement les devoirs leur imposés par les ordonnances d'exécution ».

Le surlendemain, 15 mars, M. Lemonnier réitère le refus définitif de la Ville et des faubourgs :

Nous croyons, écrit-il, en raison de la gravité de la mesure que vous voulez imposer, devoir insister de nouveau sur la question de la taxe. La convention avec les provinces belges stipule qu'en dehors du paiement des 480 millions de francs « d'autres contributions ne seront pas imposées au pays, aux provinces et aux communes », et la convention du 12 octobre

conclue avec les communes de l'agglomération bruxelloise
porte qu'il est entendu qu'il ne sera plus imposé, ni directement, ni indirectement, de nouvelles contributions aux habitants de l'agglomération bruxelloise.

Nous devions donc être assurés que nos habitants ne seraient plus frappés d'aucun impôt et cependant, votre lettre du 20 février déclare que cette taxe est un « impôt sur l'absence ».

Si c'est un impôt, nous croyons avoir démontré qu'il est établi, contrairement aux stipulations de l'article 48 de la Convention de La Haye, qui porte que les impôts doivent être prélevés autant que possible d'après les règles de l'assiette et de la répartition des impôts en vigueur.

Si, au contraire, c'est une peine pécuniaire à charge des absents, vous ne pouvez nous demander de vous dénoncer ceux que vous voulez frapper de cette pénalité.

Dans cette condition nous vous prions de ne pas insister, car nous devons déclarer que notre conscience nous interdit de donner satisfaction à votre demande.

Une consultation de l'éminent professeur de droit international M. Nys, jointe à la réponse de M. Lemonnier confirmait l'énergique langage de celui-ci :

L'occupant, dit M. Nys, ne peut réclamer des autorités administratives du pays occupé d'autres services que ceux qui rentrent dans le cercle des attributions qui leur a été tracé. Dans la réquisition des services, en général, il faut se pénétrer des paroles de l'éminent délégué de l'Empire allemand à la Conférence de Bruxelles de 1874. Dans la séance du 19 août, le général de Voigts-Rhetz disait qu'on ne pouvait réclamer des services contraires à l'honneur et au patriotisme.

Dans sa lettre à S. E. le Gouverneur général en Belgique, l'administration communale de Bruxelles a tenu un noble langage. Exprimant son refus elle a écrit : « Nous vous prions de ne pas insister, car nous devons déclarer que notre conscience nous interdit de donner satisfaction à votre demande. » L'administration communale peut invoquer, en dehors des considérations dictées par la conscience, les exigences de l'honneur. Que sa juste demande soit accueillie!

Pour toute réplique le chef de l'administration près du gouverneur général invite à nouveau la Ville et les faubourgs à « déclarer dans les quarante-huit heures qu'ils rempliront immédiatement les devoirs qui leur sont imposés », ajoutant pour le surplus qu'il « se voit hors d'état de s'arrêter davantage en quelque endroit, aux doutes émis sur l'admissibilité et la légalité de l'arrêté allemand ».

DIMANCHE 21 MARS

Sur la porte du château de Bouchout, près de Meysse, où depuis un demi-siècle, vit, recluse et folle, la tante du roi Albert, on lit cette inscription signée par le gouvernement général allemand :

Cette habitation, propriété de la Couronne de Belgique, est occupée par Sa Majesté l'Impératrice du Mexique, archiduchesse Maximilien d'Autriche, belle-sœur de l'Empereur François-Joseph, notre illustre allié. J'ordonne aux soldats allemands passant par ici de ne pas sonner et de laisser la place intacte.

Au début de la guerre, le capitaine von Schmitz, débouchant à Bouchout avec un détachement de cavalerie allemande, vit avec surprise le drapeau autrichien flotter sur le château. Il sonne à la grille :

— Qui occupe cette propriété ?
— Sa Majesté l'Impératrice du Mexique.
— Bien. Je désire présenter mes hommages à Sa Majesté !
— Impossible. Sa Majesté est invalide depuis cinquante ans et ne reçoit personne.

Le capitaine insiste longuement. Arrive un maître de cérémonies, qui lui montre, par le fenêtre d'un salon, une vieille dame vêtue de noir, étrangère, semble-t-il, à tous les drames du temps présent, se promenant dans le parc au bras d'un serviteur.

— Sa Majesté l'Impératrice du Mexique, dit-il.

L'officier se remet aussitôt en selle et après avoir salué le drapeau autrichien disparaît dans la direction de Bruxelles.

MERCREDI 24 MARS

A l'intention des artistes dans le besoin, un salon des beaux-arts, avec accompagnement de conférences, est organisé rue de la Régence.

Plusieurs conférenciers, artistes et hommes de lettres, ont promis leur concours. Le premier, M. Fierens-Gevaert donne une conférence sur Rubens. Les Allemands l'apprennent et notifient au comité organisateur que, non seulement rien ne peut être imprimé sans leur autorisation, mais que rien ne peut être dit en public sans qu'ils sachent au préalable ce qui sera dit. Même sur Rubens ? Parfaitement.

En conséquence, la « Kommandantur » intime aux conférenciers encore inscrits l'ordre de lui communiquer le texte de leurs conférences.

Ils ne communiquent rien. Ils prient le comité de les biffer de la liste.

JEUDI 25 MARS

La défense intimée aux camelots de vendre dans les rues le portrait du Roi a pour conséquence que ce portrait trône maintenant au centre de toutes les vitrines.

Les ordres donnés à Bruxelles et dans certaines provinces sont contradictoires. Tout dépend de l'humeur du chef militaire de l'endroit. Alors qu'en Flandre, il y a défense, sous menace de peines rigoureuses, d'exposer, même à l'intérieur des magasins, les portraits de la Famille royale belge, à Bruxelles ces portraits sont présentement partout, même dans les papeteries de la banlieue d'où des « polizei » voulaient les arracher il y a quinze jours.

Il y en a une très grande variété : Voici des portraits de luxe et des portraits populaires, les uns encadrés d'argent ou d'or chez les grands bijoutiers, les autres, modestes cartes postales illustrées chez les petits boutiquiers. Voici des portraits du Roi en grande tenue, ou en conversation avec ses soldats à la guerre, ou à cheval sur la grand'place de Furnes, ou faisant le coup feu dans une tranchée, ou debout près du drapeau planté dans les dunes du littoral. Quant aux portraits de la Reine, ils nous la montrent en toilette de soirée, en consolatrice des blessés, en infirmière de la Croix-Rouge avec ces mots : « La mère de nos soldats ». Enfin, il y a les portraits des princes, le portrait du duc de Brabant en jeune lignard, le képi sur l'oreille et le fusil sur l'épaule, les portraits des enfants royaux à la sortie de cérémonies patriotiques en Angleterre, etc.

A tous les étalages aussi, des rubans aux couleurs

nationales, des boutonnières aux couleurs alliées, des drapeaux américains et espagnols, et des médailles de tous formats rappelant des dates héroïques, Liége, Waelhem, Nieuport, ou exprimant la gratitude de la nation aux Etats-Unis qui l'ont sauvée de la faim. Tout le monde les porte en affirmation muette des sentiments qui emplissent nos cœurs, mais qu'il nous est interdit d'exprimer par la voix.

VENDREDI 26 MARS

Cette nuit, à trois heures et demie, une troupe allemande a défilé dans Bruxelles. Soldats âgés déjà, ployant sous le poids d'un sac lourdement chargé. Ils partaient pour la région de l'Yser qu'ils appellent la région infernale.

Et cependant ils chantaient. Leur chant était grave et lent. Dans leurs paroles, on comprenait qu'ils exprimaient l'espoir de rentrer bientôt dans leurs foyers. Pauvres gens ! Combien, parmi eux, reviendront du grand charnier de la West-Flandre, où un demi-million d'hommes déjà ont laissé leurs os?

★ ★ ★

Ce soir, à neuf heures, un bruit de moteur ébranle l'atmosphère. Dans le ciel, d'une limpidité cristalline, où flottent les premières effluves du printemps, un zeppelin passe à deux cents mètres au-dessus de nos têtes. Sa couleur est indéfinissable, couleur de ciel terne, couleur de nuage : il passe presque inaperçu, comme un poisson gris qui fend l'eau. Mais le moteur qui tourne avec fracas révèle de loin sa présence. On distingue à l'avant la lumière voilée d'un projecteur. Le dirigeable file à la vitesse d'un train-express vers le nord-ouest de la France.

SAMEDI 27 MARS

C'est bien une histoire des temps présents que celle de cette pauvre femme dont j'ai appris hier la fin misérable et les infortunes tragiques. Elle tenait à Louvain, rue de Bruxelles, un petit commerce, où elle vivait, heureuse, avec son mari, employé aux chemins de fer, sa fille, âgée de vingt ans, et un fils actuellement sous les drapeaux. Lorsque les Allemands arrivèrent à Louvain, massacrèrent les habitants et incendièrent les maisons, elle fut chassée de sa demeure, où elle laissait les cadavres de son mari et de sa fille, tués sous ses yeux. Avant qu'on mit le feu à sa demeure, elle avait eu le temps d'emporter quelques centaines de francs, toute sa fortune. Accompagnée de voisines, elle avait gagné le bois d'Héverlé, où elle s'était cachée la nuit. Le lendemain, la malheureuse était partie à pied pour Bruxelles, dans l'épouvante de l'avenir.

Elle loua à Schaerbeek, dès son arrivée, une chambrette où elle vivota tristement, le cerveau torturé par l'horrible vision des siens assassinés, sans nouvelles de son fils, qui ignore les péripéties de ce drame. La pauvre femme s'est éteinte hier de chagrin, après avoir vainement appelé dans son délire son enfant, n'ayant pour toute compagnie, dans sa détresse, qu'une famille inconnue chez laquelle le hasard l'avait conduite.

On a retrouvé dans sa chambre une somme de 110 francs, sur laquelle le médecin a retenu ses honoraires, la propriétaire son loyer, le menuisier le prix d'un cercueil. Et il n'y eut personne pour faire escorte à la défunte, que le corbillard a transportée ce matin au cimetière le plus proche...

DIMANCHE 28 MARS

Le R. P. Van Bambeke, jésuite, qui s'occupe de l'école des arts et métiers de la rue d'Allemagne, vient d'être condamné à deux ans et demi de prison pour avoir facilité le départ de compatriotes désireux de rejoindre le front. Son nom a été livré aux Allemands par l'un d'eux, âgé de trente-cinq ans et père de famille. Cet homme a pu un jour échanger, grâce à l'inattention d'un gardien, quelques mots avec le jésuite dans le « panier à salade » qui les transportait tous deux. Il a demandé au P. Van Bambeke pardon de l'avoir livré; on l'avait, a-t-il expliqué, conduit par trois fois devant un peloton d'exécution, qui devait le fusiller s'il ne disait pas le nom de celui qui lui avait donné certaines indications pour passer la frontière; la troisième fois, on lui fit même creuser sa tombe; il crut bien que c'était fini de lui et, dans l'angoisse qui saisit alors le père de famille, il eut une faiblesse, il dit le nom demandé... Cette explication est-elle exacte? On ne poura jamais le contrôler. Mais elle n'a rien d'invraisemblable après tout ce que l'on sait des moyens de terrorisation que la justice allemande emploie ici pour arracher des aveux ou prétendus aveux aux malheureux qui tombent entre ses mains.

M. l'abbé Cuylits, curé de Notre-Dame Immaculée, à Cureghem, vient d'être, pour un forfait analogue à celui du P. Van Bambeke, condamné à six mois de prison. On l'a amené en auto de la « Kommandantur » à son presbytère pour le contraindre à payer mille francs, mais en vain. La foule rassemblée devant la cure où « opéraient » les casques à pointe a fait une ovation enthousiaste à son pasteur. Quelques jours plus tard, une collecte parmi les habitants de la paroisse produisait 3,000 francs. En échange de cette somme, portée au gouvernement général, M. le curé Cuylits a été libéré (1).

MERCREDI 31 MARS

Extrait d'une lettre écrite par notre bourgmestre M. Max dans la lointaine forteresse de Gladz et reçue ces jours derniers par M. Pierre Graux, fils de l'ancien ministre des Finances :

... J'ai dans l'avenir une confiance inimaginable. Les journaux d'ici ne cessent de dire : « Wir mussen siegen ». Et certes, j'admire beaucoup l'administration militaire allemande, les chemins de fer allemands, l'esprit de sacrifice allemand et bien d'autres choses allemandes. Mais je me dis que pour vaincre il faudrait à la fois pénétrer en Russie au moins jusqu'à Pétersbourg ou Moscou, avancer en France au moins jusqu'à

---

(1) Le R. P. Van Bambeke a été gracié après huit mois de détention à Saint-Gilles.

M. le curé Cuylits fut encore condamné plus tard. Voir 16 octobre 1916.

la Loire et, en outre, « atteindre » l'Angleterre, trois choses bien difficiles — tandis que dans l'autre camp il suffit de durer. En vérité, la partie n'est pas égale.

Je suis stupéfait de ce qui se passe : a-t-on jamais vu dans l'histoire du monde, une nation à l'apogée d'une aussi réelle puissance, marcher ainsi d'un pas aussi sûr vers une telle catastrophe, — et cela d'ailleurs en chantant à pleins poumons et en faisant sonner les cloches de toutes les églises ?

C'est un spectacle émouvant et grandiose, — et nous avons en somme la chance de vivre dans un temps qui n'est pas ordinaire.

Avril 1915

3 avril : Condamnations en masse. — **4** : Pâques et la guerre. — **5** : La *Marseillaise*. — Le piano de M. Levie. — **6** : L'Œuvre des Orphelins de la guerre. — Aide et apprentissage aux invalides. — **7** : Encore les pigeons ! — **8** : Anniversaire de la naissance du Roi. — **9** : Aide et protection aux sans-logis. — La caissette du soldat belge. — **10** : Contraste. — **11** : Une amende de 500,000 marcs à la ville de Bruxelles. — **12** : Service funèbre pour un soldat. — **13** : « Donnez-nous aujourd'hui notre pain quotidien ». — Le lambic des réfugiés — **17** : Pour la restauration des villes et villages détruits. — **18** : Les Allemands s'emparent de la Croix-Rouge de Belgique. — Protestation du prince de Ligne. — **20** : Les cantines bourgeoises. — **22** : Les tribunaux arbitraux pour contestations en matière de loyers. — Jugement du tribunal de première instance. — **25** : Un pays hermétiquement clos. — La traque des fonctionnaires. — Les revolvers de la police. — Les pommes de terre dans les squares publics. — **26** : Impressionnantes cérémonies religieuses. — **27** : Mise sous séquestre de sociétés. — **28** : Une « centrale » des charbons. — **29** : Nos cyclistes sous le nouveau régime.

SAMEDI 3 AVRIL

Nouvelle série de condamnations de personnes « coupables d'avoir conduit des soldats à l'ennemi, d'avoir recruté pour l'ennemi ou d'avoir prêté assistance dans cette intention » :

MM. Joseph Wuyts, cocher, Jean Wuyts, charretier, Nelissen, agent, Emile Baudrie, garçon de café, Léon Baudrie, voiturier, De Backer, imprimeur, Julien, cocher, chacun 2 ans et demi de travaux forcés ; MM. Cobut, publiciste, 2 ans et 8 mois de travaux forcés ; Haulot, commerçant, 3 ans et Haut, agent de police, 10 ans.

DIMANCHE 4 AVRIL

Pâques ! Des enfants chantent et jouent tandis que défile devant leurs yeux innocents tout ce qui, plus que jamais, va contribuer à tuer, à meurtrir, à faire couler des larmes. Les petits se montrent avec une joie bruyante les œufs rapportés par les cloches de la légende. Mais devant nous, dans la rue, passent des camions allemands chargés de matelas et de lits de camp pour les blessés qui arrivent en masse, la nuit comme le jour. Passent en même temps de longs trains, de 30 à 40 wagons fermés, d'où le sang s'écoule par dessous les portes, — trains de blessés, trains de cadavres qui seront brûlés dans des fours à chaux ; puis d'autres trains, remplis de recrues d'Allemagne qui partent pour l'Aisne ou l'Yser en chantant « Gloria ! Victoria ! » Puis, encore, des trains de wagons plats, chargés de canons neufs venant des usines Krupp, enguirlandés de branches de lauriers et de fleurs de genêts.

Sur tout cela, la nature étale la splendeur du printemps. Les bourgeons éclatent, les oiseaux pépient. C'est la vie et c'est la mort. Qui l'emportera ? Pour nous qui assistons, l'âme ulcérée, à ce passage de hordes innombrables et d'un matériel de guerre inlassablement renouvelé, destinés à massacrer là-bas nos soldats indomptés, il reste cette lumineuse espérance que rien non plus n'a pu briser. Par dessus le fracas des trains ennemis, nous entendons ce matin les cloches de Pâques qui annoncent à ceux qui n'ont pas perdu confiance les joies certaines de la résurrection.

LUNDI 5 AVRIL

Rencontré ce matin M. Levie, ancien ministre des Finances. M. Levie, musicien fervent, a laissé rue de la Loi, en attendant que soit achevée sa maison de ville, trois pianos qui sont sa propriété personnelle. Il revient précisément du ministère, où il s'est rendu avec l'espoir de pouvoir faire enlever son piano à queue. Il y a été reçu par un comte allemand qui lui a dit :

— Je ne puis vous autoriser à enlever cet instrument. Ce piano de concert convient parfaitement pour les fêtes d'officiers. Nous en avons eu besoin ces jours derniers pour fêter le centenaire de la naissance de Bismarck. Il nous servira encore.

— Vous ne me demandez pas, a répliqué M. Levie, si cela me convient à moi, qui suis le propriétaire de l'instrument?

Le comte a jugé inutile de relever cette observation, qui lui paraissait sans doute d'une ingénuité bien belge.

* * *

Une affiche menace de deux années d'emprisonnement quiconque jouera ou chantera la *Marseillaise*.

MARDI 6 AVRIL

Une « OEuvre des Orphelins de la guerre » se constitue sous la présidence d'honneur de l'épiscopat belge et la présidence effective de M. Woeste, assisté de plusieurs personnalités catholiques, notamment du chanoine Simons, du sénateur Dupret, du vicomte du Parc, de MM. Victor et Louis Jourdain, des avocats Léon Delacroix et Duplat, de M. Théodore Taymans, notaire honoraire du Roi.

Elle se donne pour but de subvenir aux besoins moraux et matériels des enfants rendus orphelins par la guerre, de ceux dont le foyer a été détruit; elle adoptera les enfants qui ont été recueillis provisoirement et qui sont une charge trop lourde pour les personnes qui les ont reçues charitablement; elle assurera le rapatriement des enfants que la guerre a chassés loin de notre territoire ensanglanté.

L'œuvre visera d'abord à replacer les enfants dans leur famille ou à proximité de l'ancien foyer familial, chez des parents ou chez des personnes qui ont connu l'enfant. Si ces efforts pour reconstituer l'atmosphère familiale ne réussissent pas, les enfants seront confiés à des institutions offrant toutes garanties d'une éducation solide et appropriée à leurs besoins moraux et sociaux (1).

L'OEuvre des Orphelins de la guerre fusionne avec une autre, de création récente également, celle de l'« Hospitalisation des enfants des régions envahies », qui a déjà recueilli et placé plus de 600 enfants.

En même temps, se constitue un comité d'« Aide et apprentissage aux invalides de la guerre ». Chaque invalide sera pourvu de l'appareil qui lui est nécessaire; il sera placé ensuite dans un institut de mécanothérapie, où on lui apprendra à se servir de son mauvais bras ou de sa mauvaise jambe; après quoi, il suivra les cours d'une école technique ou professionnelle, qu'il choisira lui-même. Le comité achèvera son œuvre en procurant aux invalides des emplois dans l'industrie.

MERCREDI 7 AVRIL

Ce matin, il est porté, par voie d'affiche, à la connaissance des possesseurs de pigeons qu'ils sont obligés de tenir journellement leurs pigeons enfermés dans les pigeonniers jusqu'à 1 heure. Les pigeons peuvent être laissés en liberté depuis 1 heure jusqu'au coucher du soleil. Mais à partir de 3 heures, ce n'est plus une faculté, c'est une obligation : de 3 à 6 heures « tous les pigeonniers doivent être ouverts et tous les pigeons doivent pouvoir sortir ». Tout possesseur de pigeons est tenu de fournir au commandant de place allemand, et, dans les endroits sans garnison, à l'autorité belge de la commune, une liste indiquant la couleur et les marques des bagues (numéro, année) de chaque pigeon né avant janvier 1915. La liste doit indiquer la situation et l'accès du pigeonnier. Les clefs du pigeonnier doivent, à tout moment, être à la disposition des vérificateurs. Tous les pigeons doivent être pourvus de bagues fermées, non susceptibles d'être enlevées. Les jeunes pigeons pourvus d'une bague 1915

---

(1) Voir 18 juin 1916, les transformations subies par cette œuvre.

8 avril 1915.

ne doivent pas être déclarés mais, pour qu'il soit possible de les distinguer, l'aile droite devra être teinte en rouge même à l'extérieur. Les autorités locales belges doivent faire capturer et tuer tous les pigeons volant en liberté durant la matinée. Seuls des pigeons tués peuvent être transportés en rue ou vers le marché. Celui qui est trouvé porteur d'un pigeon vivant, en dehors du pigeonnier, sera puni d'une amende de 10,000 francs. Etc., etc. (1).

JEUDI 8 AVRIL

Anniversaire de la naissance du Roi.

En d'autres temps, à cette date, Bruxelles est pavoisé de drapeaux; c'est jour de fête et il y a « Te Deum »; la « Brabançonne » retentit partout et, le long des boulevards, se déploie la revue militaire traditionnelle.

Cette fois, sous la contrainte ennemie, il est exclusivement permis aux Belges de se souvenir et de regarder aux étalages le portrait du Roi enrubanné aux couleurs nationales. Sans doute le Souverain est-il glorieusement fêté par nos compatriotes en Angleterre, en France, en Hollande, mais nous ignorons ce qui se passe là-bas et Bruxelles doit se taire. Défense formelle, sous peine d'emprisonnement, d'arborer le drapeau national ou de chanter l'hymne qui nous est cher. Une lettre du gouvernement allemand aux bourgmestres leur signifie l'ordre de veiller, toujours sous menace de peines sévères, à ce que, dans les écoles, aucun directeur, aucun professeur ne se permette d'organiser, à l'occasion de la fête anniversaire du Roi, une cérémonie patriotique quelconque. Si un écolier est surpris, chantant la « Brabançonne » dans la rue, ses parents seront rendus responsables.

Ces bons Allemands n'ont pas remarqué qu'il n'y a personne dans les écoles, tous les élèves étant en vacances de Pâques.

Il est aussi strictement défendu aux administrations

---

(1). Les pigeons ont déjà fait l'objet d'arrêtés signalés les 15 septembre et 14 octobre 1914.

communales de donner aujourd'hui le congé d'usage à leur personnel.

Des camelots ont vendu dans la rue un portrait-carte de la Reine en infirmière. La « mère de nos soldats! », crient-ils en circulant. L'autorité occupante y voit une « provocation aux soldats allemands » : des agents de police vont de magasin en magasin prier les marchands de retirer cette photographie de leur étalage. C'est un ordre. Inutile de dire que la photographie fait aussitôt prime.

Des milliers d'écoliers ont communié aujourd'hui à l'intention du Roi dans les églises de l'agglomération. Hommage muet, mais combien profond !

VENDREDI 9 AVRIL

Le barreau bruxellois s'occupe d'hospitaliser les locataires qui ne peuvent payer leur loyer et qui sont expulsés par leurs propriétaires. A la décharge de ceux-ci, il faut reconnaître que l'immense majorité d'entre eux se montrent très conciliants et ne recourent au juge que lorsqu'ils sont eux-mêmes dans la détresse. En ce cas, lorsqu'ils invoquent la possibilité de relouer, à des gens qui paieront, la maison ou l'appartement occupé par des insolvables, il faut bien que le magistrat prononce l'expulsion. Les expulsés sont recueillis par les soins de l'OEuvre du barreau, qui les abrite dans des maisons vides, gracieusement mises à la disposition des avocats par des propriétaires de bonne volonté. Depuis un mois, cette section « Aide et protection aux sans-logis » a obtenu la disposition gratuite de 73 immeubles; 38 ont été meublés par ses soins pour servir de refuge à des indigents dépourvus de tout.

Autre initiative : la « Caissette du soldat belge ». Un comité réunit des fonds pour réconforter les prisonniers belges internés en Allemagne. Moyennant deux francs, on assure l'envoi d'une caissette cachetée et nouée aux couleurs belges, contenant du pain d'épices, du speculoos, des bonbons secs, du chocolat, des cigares, des cigarettes, une boîte de sardines, un bâton de réglisse, un rouleau de pastilles de menthe. Le souscripteur peut désigner le nom d'un compatriote prisonnier. S'il n'en connaît pas personnellement, le comité se charge de la répartition d'après la liste générale.

SAMEDI 10 AVRIL

Bruxelles présente actuellement à l'observateur plus d'un aspect nouveau. Ne parlons pas des Allemands, qui vont, viennent et sont partout. Mais il y a, par exemple, le contraste qui s'offre parfois quand nous prêtons attention au mouvement des voitures dans les carrefours où il est le plus animé. Voici, à l'angle du boulevard et de la rue de la Loi, filant en tous sens, portant des ordres, des automobiles grises, blasonnées à l'aigle noir, des motocyclettes montées par des courriers vêtus de cuir qui ont toujours un sifflet strident à la bouche. Et tandis que se lancent dans toutes les directions les véhicules collaborateurs de l'œuvre de mort, voici, majestueux et lents, collaborateurs de l'œuvre de vie et de restauration, les énormes camions automobiles de la «Commission for relief in Belgium»: chargés de vêtements, de sabots, souliers, etc., ils s'en vont paisibles et gigantesques vers les villes et les villages meurtris, porter de quoi vêtir ceux qui n'ont plus rien. Au milieu de tout cela, passent, rapides, les autos des légations américaine, espagnole, hollandaise, avec le drapelet de leur pays piqué à l'avant.

Devant les locaux communaux, écoles, crèches, orphelinats, s'aligne la file, de jour en jour plus longue, des sans-ressources. Ils ne sont plus des milliers maintenant, mais des douzaines de mille qui, la cruche et le filet à la main, attendent leur ration de soupe, de pommes de terre et de pain.

DIMANCHE 11 AVRIL

La Ville de Bruxelles a reçu, le 26 mars dernier, de l'autorité allemande, ordre de pourvoir à la réfection des deux routes Bruxelles-Louvain et Bruxelles-Malines. L'administration communale répond que ce travail ne lui incombe pas, l'une de ces routes étant provinciale et l'autre route de l'Etat. L'autorité allemande insistant, M. Würth, ingénieur de la Ville, fait une inspection de ces routes et conclut qu'elles sont encore très suffisantes pour les piétons. Mais la réfection demandée vise surtout des parties de routes présentant des bosses et des fosses dangereuses pour la circulation des automobiles militaires. Raison de plus, réplique la Ville, puisque ce serait accomplir aux frais des contribuables un travail d'utilité militaire pour l'ennemi; la convention de La Haye est formelle sur ce point; il serait aussi abusif d'astreindre la ville de Bruxelles à pareils frais que d'exiger d'elle la remise en état de la route Cologne-Düsseldorf.

Réponse des Allemands : Nous ne voulons pas examiner en ce moment la question de droit; nous verrons plus tard; pour le moment, obéissez !

La Ville de Bruxelles ayant formellement refusé d'exécuter ce travail a été avertie le 2 avril qu'elle était condamnée, de ce chef, à une amende de 500,000 marks, somme qu'elle a dû verser immédiatement.

Le gouvernement allemand s'étant adressé ensuite à l'administration des Ponts et Chaussées et lui ayant enjoint de procéder à cette réfection, les ingénieurs de l'Etat ont refusé en alléguant les mêmes raisons d'intérêt militaire. M. l'ingénieur Macquet a été cassé à la suite de ce refus.

LUNDI 12 AVRIL

Ce matin, en l'église Saint-Josse, messe pour le repos de l'âme de Charles François, vaillant jeune homme de 23 ans, caporal aux carabiniers, mort pour la patrie au combat d'Hofstade le 25 août. Son père, l'huissier François, de la Chambre des représentants, a appris la mort de son fils il y a quelques jours seulement, soit après sept mois.

L'église, qui est vaste, ne peut contenir le flot des amis, connus et inconnus, venus pour rendre un suprême hommage à ce brave. Je note cette cérémonie, au hasard, parmi plusieurs autres, comme une des caractéristiques de l'heure présente : la foule se rend avec empressement à ces services funèbres pour remplir un devoir patriotique. Selon l'usage depuis la guerre, la lettre de faire part, n'ayant pu être envoyée par voie postale, fut simplement épinglée dans le portail de quelques églises. Cela suffit pour amener l'affluence. La nouvelle se colporte et chacun tient à honneur d'être là. Un service funèbre, en temps normal, ne réunit généralement que les familles et les relations personnelles du défunt. Maintenant, aux funérailles d'un soldat, c'est la grande foule, comme s'il s'agissait chaque fois d'un ministre d'Etat. Et ce n'est pas la foule bavarde, curieuse et indifférente des funérailles d'hommes illustres; c'est une foule recueillie, émue, presque toute en prières. Il y a là, ce matin, des dames de l'aristocratie et des femmes du peuple, des députés et d'anciens officiers, le personnel des services parlementaires, des avocats, des notaires, des employés, des ouvriers, — toutes les classes sociales confondues dans l'élan d'une même gratitude et des mêmes aspirations.

Et quand sonne l'élévation, et que, sur les têtes inclinées, descend lentement des orgues une « Brabançonne » plaintive, qui semble, imprégnée de larmes et de sang, venir de quelque pays de rêve, les yeux se mouillent et les faces se contractent. Plus d'un qui jusqu'ici s'est cru sceptique et cuirassé contre l'émotion se sent prêt d'éclater en sanglots quand retentit ainsi, dans le silence de l'office divin, le cri de la patrie déchirée...

A ces services funèbres assiste régulièrement un personnage que la foule n'aperçoit pas dès l'abord, parce qu'il n'est ni chamarré, ni constellé de décorations. Il est vêtu comme un simple mortel, mais il prend place au premier rang, près de la famille et du catafalque. Il exprime à la famille des condoléances émues. Il représente le Roi des Belges.

Cette mission est généralement remplie par des généraux en retraite, souvent par le général De Moor, le général Donny ou le général Wahis.

MARDI 13 AVRIL

La question du pain, si simple à résoudre en temps normal et dont nul alors n'a souci, se pose maintenant chaque jour. Le pain a manqué une ou deux fois. La ration est tombée de 240 à 180 grammes. Aurons-nous du pain demain ? Pour nous, enfermés dans nos villes, le problème devient plus angoissant que le problème international même.

« Donnez-nous aujourd'hui notre pain quotidien. »

La prière maintenant n'est vide de sens pour personne.

En certains endroits de la banlieue où chacun fait son pain et où il n'y a pas de boulanger, le comité d'alimentation fournit à chaque habitant une quantité déterminée de farine. Et comme chacun, à la ville comme à la campagne, doit se suffire avec sa ration, les provinciaux qui font visite à leur famille à Bruxelles doivent avoir leur pain car ils ne pourraient s'en procurer ici. A condition que l'on apporte son pain, on est toujours le bienvenu...

***

Chez un marchand de bières du quartier Nord-Est, il y a grande joie aujourd'hui et les amis trinquent en rond. Il rentre de Hollande, où l'heureuse idée lui était venue de se faire expédier deux caisses de bouteilles de gueuze-lambic. L'arrivée des colis fut un événement dans la colonie bruxelloise de Rotterdam, événement bien vite claironné aux quatre coins de la ville. Notre marchand ouvrit une caisse dans un café et demanda l'autorisation de mettre les bouteilles aux enchères, au profit des réfugiés belges sans ressources : chaque flacon de gueuze a atteint un prix supérieur à celui d'un champagne de marque.

L'autre caisse fut envoyée à un général belge, domicilié à Schaerbeek, actuellement au front, près de l'Yser. Le colis est parvenu à destination et le général a remercié par une lettre, que le marchand a fait encadrer comme un diplôme de grand prix...

SAMEDI 17 AVRIL

L'Union des villes et des communes belges, qui s'est fondée après l'exposition de Gand, dans le but de travailler à l'embellissement des communes du pays, a pensé que la guerre lui imposait des devoirs et qu'elle ne pouvait remplir son but plus utilement qu'en se consacrant à la restauration de nos villes et de nos villages détruits. Elle a décidé, dans ce but, de créer une section spéciale, dont la présidence a été offerte à M. Béco, gouverneur du Brabant; M. Vinck, sénateur, remplit les fonctions de secrétaire général; l'œuvre compte parmi ses membres des personnalités de toutes les opinions politiques.

L'Union a déjà visité Andenne, Dinant, Louvain, Aerschot et Termonde. Hier, elle a choisi Lierre et Malines comme but de ses pérégrinations.

Le Cardinal Mercier, averti de leur présence à Malines, a fait savoir aux délégués qu'il aurait grand plaisir à les recevoir; et c'est ainsi que, vers 3 heures, les Malinois ont vu pénétrer dans l'archevêché des notabilités, parmi lesquelles plusieurs dont la présence chez le primat de Belgique aurait, avant la guerre, déconcerté plus d'un politicien. Il y avait là MM. Bertrand et Vinck, l'un député, l'autre sénateur de la gauche socialiste; l'architecte Brunfaut, MM. Lagasse de Locht, président de la Commission royale des monuments; les architectes Saintenoy et Vaes, l'ingénieur Hachez, MM. van Overbergh, Sauveur, les échevins Bernier et Fischer, Mauckels, Soenens, juge des enfants, Dessain, bourgmestre de Malines, d'autres encore.

Le Cardinal a reçu ses visiteurs avec une bonne grâce et une prévenance qui auraient suffi à mettre tout le monde à l'aise, si déjà la guerre n'avait déterminé les Belges à oublier leurs querelles d'autrefois. Le salon dans lequel il les a introduits et où M. Lagasse de Locht a présenté à Son Eminence chacun des membres de la délégation, porte les traces du bombardement récent da Malines. Le plafond, éventré par un obus, présente une large brèche évocatrice des heures tragiques que la ville a vécues sous les obusiers allemands.

Après une courte allocution de M. Brunfaut, M. Vinck a prononcé un petit speech dans lequel il s'est dit heureux de pouvoir exprimer son admiration « à un grand citoyen, dont le nom demeurera attaché à cette période troublée de notre histoire ».

Le Cardinal a remercié les orateurs, leur disant toute la joie que lui faisait éprouver le spectacle de la Belgique étroitement unie et leur a exprimé le vœu de voir les Belges travailler ensemble au relèvement, non seulement matériel, mais moral de la nation. L'attitude de la Belgique, a-t-il ajouté, nous a prouvé que l'on peut tout attendre de l'âme belge. Paraphrasant ensuite certains passages de sa lettre pastorale, Mgr Mercier a exalté le civisme de ses compatriotes, loué la confiance robuste dont ils restent animés au milieu des plus dures épreuves et prêché la fermeté devant l'ennemi.

DIMANCHE 18 AVRIL

Le comité directeur de la Croix-Rouge de Belgique est dissous. Le gouvernement allemand a éliminé les dirigeants de l'œuvre, s'est emparé de la caisse, et a installé ses agents au siège du comité. J'ai tenu à me renseigner d'une façon précise et complète sur ce grave incident :

— Il y a longtemps déjà, m'a dit un des membres du comité, que les Allemands cherchaient à contrarier le fonctionnement de notre œuvre. Ils nous ont envoyé d'abord un commissaire qui a prétendu s'arroger le droit de remplacer les membres absents. Nous nous y sommes opposés. Après pourparlers, toutefois, et parce que la convention de La Haye le commande, nous avons consenti à accepter la présence à nos réunions d'un délégué du département de la guerre. Ce délégué est le comte de Hatzfeldt (dont la mère est la fille du marquis de Castellane, maréchal de France).

» Le comte de Hatzfeldt a désiré connaître la situation de notre caisse, puis a voulu se servir de nous pour avoir la haute main sur les œuvres existant dans l'agglomération, œuvres de la tuberculose, œuvres du chômage, œuvres de la femme, etc. Déjà le gouvernement allemand avait cherché à s'immiscer dans chacune d'elles, mais comme ces œuvres ont un caractère privé, il avait été partout éconduit.

» L'autorité allemande imagina alors d'atteindre ses fins par l'intermédiaire de la Croix-Rouge de Belgique. Le commissaire allemand a donc fait valoir qu'il y avait intérêt pour lui à prendre ces organismes sous son patronage, de manière à pouvoir les englober tous. Vous serez ainsi, insinua-t-il, les hauts dispensateurs des œuvres, qui resteront centralisées sous votre direction; la Croix-Rouge de Belgique y gagnera un prestige considérable.

» Le comité ne s'est pas laissé convaincre par cet argument, et il a refusé d'entrer dans cette voie, alléguant qu'il a des attributions précises dont il lui est interdit de sortir, L'autorité allemande est revenue à la charge, nous invitant, cette fois, à prendre sous notre patronage, les œuvres de la femme. Ces œuvres de la femme sont multiples : l'Œuvre de la jeune fille, l'Œuvre des filles repenties, l'Œuvre des servantes, les œuvres de persévérance, bref une douzaine d'organismes différents.

» Nouveau refus de notre comité. D'où colère de M. von Bissing. Il y a huit jours, notre président, le prince de Ligne — le propriétaire du célèbre domaine de Belœil, dans le Hainaut — a demandé le renouvellement de son passeport. On n'a pas donné suite à sa demande. Comme il insistait, M. von Bissing lui a envoyé le passeport, accompagné d'une lettre dans laquelle il s'exprimait, sur le compte de la Croix-Rouge, en termes amers; il se plaignait qu'il régnât au sein de ce comité un esprit révolutionnaire et indiscipliné et il avertissait le prince qu'il allait recevoir une nouvelle communication, lui demandant si, oui ou non, le comité directeur consentait à prendre sous son patronage toutes les œuvres auxquelles le gouvernement allemand s'intéressait.

» Le prince de Ligne, en présence de cette menace, décida de demander à un juriste autorisé une consultation de droit. Il fit appel à la compétence de M. Nys. L'opinion de M. Nys fut formelle. « La Croix-Rouge, » dit-il, a des attributions et un rôle nettement déter-

» minés; le comité directeur ne peut pas s'en départir;
» il doit refuser de patroner des œuvres qui ne sont
» pas de son ressort s'il ne veut pas s'exposer à perdre
» l'agréation.»

« Mercredi dernier, 14 avril, nous avions une réunion. Le comte de Hatzfeldt y assistait. Il nous demanda, comme la lettre de M. von Bissing au prince de Ligne l'avait fait prévoir, si nous étions résolus à nous incliner. Il fit remarquer que l'on réclamait de nous en somme peu de chose, simplement d'accorder à l'œuvre des prostituées l'autorisation de mettre sur ses lettres une croix rouge avec ces mots « sous le patronage de la Croix-Rouge de Belgique ».

» Nous avons répondu qu'il s'agissait ici d'une question de principe et qu'il nous était interdit par les règlements de Genève de sortir du cadre de nos opérations. Le commissaire allemand a exigé une réponse immédiate. Le prince de Ligne a donné aussitôt lecture de la consultation demandée à M. Nys. Le comte de Hatzfeldt a insisté. Sur quoi, le président a déclaré qu'il refusait de déférer au désir de l'autorité allemande. Tous ses collègues ont déclaré qu'ils étaient pleinement d'accord avec lui.

» Là-dessus, le comte de Hatzfeldt est sorti. Il a appelé un ambulancier de la Croix-Rouge allemande, un sous-officier et huit hommes, qui attendaient les événements au dehors et qui sont arrivés, baïonnette au canon. Deux soldats ont reçu l'ordre d'aller garder la porte extérieure du local, deux ont été placés sur le palier, un autre devant la porte de notre salle de délibérations. Flanqué de ceux qui restaient, le représentant du gouvernement général est rentré en séance et nous a lu un décret impérial par lequel le comité directeur de la Croix-Rouge est dissous et le comte de Hatzfeldt placé à la tête de l'institution. Il nous a sommé ensuite de lui livrer les archives et la caisse.

» Tout ce scénario avait été préparé la veille. Pendant que le comte de Hatzfeldt nous signifiait les décisions prises en haut lieu, des émissaires opéraient déjà à la Banque Nationale, où ils mettaient la main sur l'encaisse représentant de 150 à 200 mille francs.

» Le prince de Ligne a protesté très dignement con-

20 avril 1915.

tre la violence qui nous était faite. Avant de lever la séance, il a dit au commissaire allemand que ce n'était pas agir en gentilhomme que d'avoir fait entourer ses collègues et lui d'un cercle de baïonnettes.

» A l'issue de cette réunion, le président de la Croix-Rouge a rédigé une protestation très énergique, dont des copies ont été envoyées à M. von Bissing, au président de la Croix-Rouge de Genève t au ministère des Etats-Unis à Bruxelles. » (1)

MARDI 20 AVRIL

Mme la baronne de Wolff de Moorsel met son bel hôtel de la rue Blanche, 2, à la disposition d'un comité de dames qui crée une œuvre nouvelle à l'intention de la petite bourgeoisie, l'œuvre des « Cantines bourgeoises ». (2)

Cantines bourgeoises, restaurants économiques, soupe communale, tout cela a l'air d'être un peu la même chose, et pourtant que de nuances entre toutes ces créations de la générosité publique et privée! Les Restaurants économiques, c'est pour ceux qui peuvent encore payer 45 centimes par jour; les «Cantines bourgeoises» auront une autre clientèle, celle qui déjà est assistée discrètement par l'OEuvre du Sou, l'OEuvre du Quartier, etc.; une clientèle de petits bourgeois éprouvés,

---

(1) Voir le 17 et le 20 mai 1915, la suite de cette affaire.

(2) Comité : Président d'honneur : M. E. Jacqmain, échevin de l'instruction publique. Présidente d'honneur : Mme Alf. Solvay. Délégué du Comité National de Secours et d'Alimentation : M. Em. Janssen. Présidente : Mme A. Poelaert. Vice-présidentes : Mme la baronne de Wolff de Moorseel; Mme A. Stoclet; Mme M. Sigart. Administrateurs : Mme la comtesse F. Goblet d'Alviella; Mme G. Derscheid; M. Aug. Braun; M. le comte Ad. de Ribaucourt. Secrétaire : M. De Vogel, directeur de l'enseignement de la ville de Bruxelles. Directrice de l'Economat : Mlle Carter, directrice d'école ménagère à la ville de Bruxelles. Membres : MM. A. de Penaranda de Franchimont, baron de Wolff de Moorseel, A. Legrand; Levêque, conseiler communal, A. Poelaert, sénateur, Mmes H. Coppez, baronne A. della Faille, Max Hallet, Mlle Mottart, Mmes L. Steens, H. Vaes, Van Aerschodt.

qui viendront dîner incognito, sur présentation d'un bon et d'une carte d'introduction, dans une série d'hôtels privés dont les « cantines » auront sous peu la libre disposition.

JEUDI 22 AVRIL

Tout le barreau de Belgique a les yeux fixés sur la question actuellement pendante devant le tribunal de première instance de Bruxelles : la question de la légalité de l'arrêté allemand créant des tribunaux arbitraux pour juger les contestations en matière de loyers. (1)

Le procureur du Roi a exprimé l'avis que le champ d'activité de ces tribunaux doit se limiter aux petites contestations et que les procès importants doivent être maintenus dans le domaine de la justice ordinaire. Mais l'occupant a aussitôt soufflé sur ces illusions et, par un arrêté du 27 mars, a étendu la compétence des tribunaux arbitraux à toutes les contestations, quel que soit le taux annuel des loyers, même quand il dépasse 600 francs.

D'où, le 9 avril, seconde plaidoirie de Me Théodor; il soutient à nouveau, à la lumière des discussions et des résolutions de la conférence de La Haye, l'illégalité de l'arrêté allemand.

« Nous écrivons en ce moment, dit-il, en terminant, une grande page de notre histoire nationale. Elle dira comment un petit peuple, désarmé, sans défense, mais digne et fier, a su puiser, dans sa faiblesse et dans ses malheurs mêmes, le courage et la force de défendre jusqu'au bout ses droits et ses libertés. »

Aujourd'hui la première chambre du tribunal de première instance (MM. Benoidt, président; Leclercq et Oliviers, juges; Holvoet, procureur du Roi et Rousselle, greffier) rend un jugement conforme, pour la plus grande partie à la thèse du bâtonnier. Il décide que la contestation en matière de loyers qui lui est soumise doit être jugée, non par le tribunal arbitral qu'a

---

(1) Voir 24 février, 18 mars, 19 juillet 1915.

établi le décret allemand, mais selon la loi belge et par un tribunal belge. Inutile de dire que le « jugement Benoidt », comme on l'appelle, a un retentissement énorme dans le monde judiciaire. En voici les principaux considérants :

Attendu que les lois et coutumes de la guerre sur terre sont reconnues et consacrées par la convention de La Haye du 18 octobre 1907, ratifiée par la loi belge des 28 mai et 8 octobre 1910, que l'empire d'Allemagne y a adhéré à titre de haute partie contractante;

Attendu que la convention de La Haye trace aux belligérants la voie qu'elle leur prescrit de suivre pour rester dans le droit; inspirées par des idées d'humanité et de justice, élevées contre les abus de la force, les règles qu'elle édicte sont impératives; chacune des hautes parties contractantes en garantit aux autres, sous sa responsabilité, la stricte application par tous ceux qui dépendent d'elle (article 3 de l'acte final);

Attendu que l'article 43 du règlement annexé à la convention dispose que « l'autorité du pouvoir légal ayant passé de « fait entre les mains de l'occupant, celui-ci prendra toutes « les mesures qui dépendront de lui en vue de rétablir et « d'assurer autant qu'il sera possible l'ordre et la vie publics, « en respectant, sauf empêchements absolus, les lois en vi- « gueur dans le pays »;

Attendu que le pouvoir de l'occupant est essentiellement provisoire et ainsi limité, comme la situation de fait dont il est issu, qu'il s'exerce au dehors de la souveraineté, qui reste l'apanage de l'autorité nationale, qu'ainsi les actes par lesquels il se manifeste ne participent pas au caractère souverain; que s'ils sont obligatoires comme tout ordre militaire, ils se différencient par leur origine et leur nature, de la loi, œuvre mûrie et durable appropriée à des nécessités bien établies, émanation de la volonté d'un peuple, qui entoure sa réalisation des garanties les plus sûres;

Attendu que, pouvant dans le cas d'absolue nécessité suspendre la législation du pays occupé, l'occupant est seul appréciateur de l'opportunité de son intervention, que lui contester cette prérogative et admettre comme le soutient la demanderesse que l'autorité légale représentée par le pouvoir judiciaire puisse s'immiscer dans son exercice, aboutirait à cette conséquence que la mission dévolue à l'occupant pourrait être entravée dans son principe et dans ses effets, qu'il lui suffirait d'invoquer l'impossibilité dans laquelle il se serait trouvé de faire prévaloir sa décision, pour échapper à une responsabilité qui doit rester entière, que l'on ne concevrait d'ailleurs pas comment il pourrait se faire que l'ordre d'un chef d'armée qui puise dans la puissance de ses armes le moyen de tout imposer par la raison de guerre, puisse être déclaré inexistant ou nul par ceux-là mêmes qu'il prétend asservir, qu'au surplus le pouvoir judiciaire, souverain dans sa sphère d'attribution ne peut s'en écarter, que l'occupation n'a pas étendu ses facultés telles que les détermine la constitution, que s'il n'a point qualité pour vérifier la nécessité ou l'utilité de la loi qu'il doit appliquer, il ne peut lui appartenir davantage d'apprécier l'opportunité de l'acte qui en tient lieu;

Attendu que c'est en usant de ces prérogatives telles qu'elles sont ci-avant définies que le Gouverneur général allemand en Belgique a pris l'arrêté des 10 février et 27 mars 1915, qui institue pour les contestations en matière de louage, une juridiction exceptionnelle qu'il dénomme « Tribunaux d'arbitrage », composés dans les communes de plus de 20,000 habitants du juge de paix et de deux assesseurs non assermentés choisis l'un parmi les propriétaires, l'autre parmi les locataires du canton;

Attendu qu'organisant cette juridiction nouvelle, l'arrêté en écarte, leur refusant justice, les propriétaires de nationalité belge « aussi longtemps qu'ils ne séjournent pas d'une manière continue en Belgique, quelle que soit la cause de l'absence » (art. 15 Ia), qu'il oblige les parties à se présenter en personne, sauf le cas de maladie, excluant l'intervention du barreau (art. 15), qu'il décide que les sommes déposées à titre de garantie locative pourront être imputées sur les loyers (art. 16), qu'il interdit aux propriétaires absents de faire valoir les cessions de bail ou de loyer consenties depuis le 2 août 1914, soit à une époque où la guerre n'était même pas déclarée (art. 15, par. 2);

Attendu que le seul énoncé de ces dispositions montre qu'elles sont en contradiction flagrante tant avec les règles essentielles du droit des gens qu'avec les règles fondamentales du droit belge, prohibant les tribunaux d'exception, proclamant l'égalité des Belges devant la loi, leur droit de n'être point distrait du juge qu'elle leur assigne, qui affirment leur droit de propriété, la foi due aux contrats, qui consacrent le principe de la non-rétroactivité de la loi, qui font concourir à l'œuvre de justice l'avocat devenu par son savoir et sa droiture l'auxiliaire nécessaire du juge, qu'elles vont ouvertement à l'encontre des exigences que les nations ont jugées si impérieuses, que bien qu'il ne put venir à la pensée de personne de les méconnaître elles ont cru devoir les rappeler expressément pour que nul ne puisse jamais en invoquer l'oubli, qu'il suffit de rappeler à cet égard que l'arrêté du 10 février-27 mars 1915 enlève aux Belges, absents du pays, le droit d'ester en justice, alors que l'article 23 litt. H du règlement annexé à la convention de La Haye, préconisé par la délégation allemande à la deuxième conférence de la paix, interdit aux belligérants de déclarer éteints, suspendus ou non recevables en justice les droits et actions des nationaux de la partie adverse

Attendu que, sans avoir à rechercher les raisons qui ont amené l'occupant à édicter des prescriptions que la demanderesse critique si justement, sans avoir à déterminer les considérations qui ont décidé à modifier le régime constitutionnel des juridictions et à dessaisir les juges réguliers d'attributions qu'ils exerçaient avec confiance et dignité, soucieux plus que jamais d'accomplir, avec l'aide active et désintéressée du barreau, une mission que les événements avaient encore élevée, le tribunal constate qu'il lui serait impossible d'appliquer l'arrêté du 10 février-27 mars 1915, sans heurter dans ce qu'il y a de plus sacré, le droit dont la justice est inséparable, que le juge trahirait ses devoirs, violerait le serment qu'il a prêté, qu'il faillirait à sa conscience en concourant à un acte qui méconnaît le droit, qu'il ne peut appartenir à personne de solliciter de lui une décision qui serait pour lui une preuve de forfaiture.

Attendu qu'il suit de ces considérations que le Tribunal doit s'abstenir d'appliquer l'arrêté litigieux.

DIMANCHE 25 AVRIL

Que se passe-t-il ? et que savons-nous ? La nature est en fête, les pommiers sont en fleurs, un soleil d'apothéose brille sur nos têtes. Mais dans nos cerveaux, c'est la nuit. Voici que sonnent au cadran de l'histoire les heures où se jouent les destinées de la civilisation latine, — et nulle lumière du dehors ne filtre jusqu'à nous. Les journaux censurés ne nous apprennent rien. Quant aux feuilles hollandaises, lorsqu'elles renferment une appréciation susceptible de nous réconforter ou simplement de nous permettre de voir clair, elles sont arrêtées avant de nous parvenir.

Du reste, la voie hollandaise, la seule par laquelle nous arrivait encore quelque écho de France et d'Angleterre, est fermée. Plus de passeport, plus d'autorisation de franchir la frontière, ni dans un sens, ni dans l'autre. Cette fois, la clôture est bien hermétique. Il paraît que ces mesures ont pour but de prévenir toute indiscrétion quant aux mouvements de troupes ordonnées en Belgique.

Au bout de huit jours, le gouvernement allemand a bien voulu faire fléchir quelque peu la rigueur de ses ordonnances. Les commerçants bruxellois qui ont des affaires à traiter en Hollande peuvent obtenir un passeport, mais à quelles conditions ! Il faut d'abord prouver que l'on a un sérieux intérêt d'affaires à se rendre en Hollande. Cette preuve faite, au moyen de lettres, factures ou autres documents, on peut obtenir, moyennant dépôt d'un cautionnement de 10,000 marks et à condition que l'on ne soit pas en âge de service militaire, un passeport valable pour cinq jours. Toute possibilité d'aller de Hollande en Angleterre ou en France et d'en revenir dans les délais accordés est ainsi supprimée. Si le passeport n'est pas restitué endéans les cinq jours au bureau qui l'a délivré, la garantie est supprimée.

L'ennemi, implacablement, fait sentir sa main de fer. Il veut que les agents belges du chemin de fer travaillent pour lui, ce qui lui permettrait de transformer en soldats un nombre équivalent d'agents allemands aujourd'hui occupés aux services de la voie.

— Surtout, disent dans des cabarets voisins de la gare de Schaerbeek, des agents allemands du chemin de fer à des agents belges, surtout ne reprenez pas la besogne, tenez bon, car, si vous cédez, nous devenons de la chair à canon.

De ces dispositions d'âme, le gouvernement allemand n'a cure, mais comme il n'ose jusqu'ici contraindre directement les agents belges, parce que la convention de La Haye le lui interdit, il vise au même but par des moyens détournés. Il traque, à l'aide de ses innombrables espions, les fonctionnaires belges qui, en cachette, paient les agents belges du chemin de fer, au moyen d'argent venu du Havre. Vingt-deux fonctionnaires ont été arrêtés. L'un d'eux, M. l'ingénieur Lenoir, a été fusillé.

Aucun frein n'est mis à l'esprit de destruction qui anime la soldatesque campée dans certains bureaux ministériels : des soldats ont-ils envie de faire du feu, ils prennent des livres dans les bibliothèques et en arrachent des pages pour allumer le poêle.

La police bruxelloise reçoit ordre de déposer ses revolvers à la gare du Nord. Aucune explication n'est donnée à l'édilité communale, qui, d'ailleurs, ne se fait aucune illusion : ces revolvers, on ne les reverra plus, pas plus que les pianos et les meubles expédiés à pleins trains, vers le Rhin.

Dès avant l'arrivée des Allemands à Bruxelles, les administrations communales, agissant de concert avec le pouvoir gouvernemental, invitèrent tous les citoyens à déposer dans les maisons communales les armes, fusils et revolvers. C'est bien la preuve que jamais, en Belgique, il ne fut question d'armer les civils. Après la guerre, chaque propriétaire devait rentrer en possession de son bien. Mais quand l'ennemi fut ici, des officiers remuèrent le tas d'armes déposées à l'hôtel-de-ville et s'approprièrent ce qui avait le plus de valeur. Le reste fut envoyé dans leur pays.

* * *

Il faut, malgré les malheurs, malgré le drame auquel nous sommes mêlés de si injuste et de si sanglante façon, préparer l'avenir, assurer la subsistance du peuple durant les saisons prochaines. Et l'on plante des pommes de terre.

On en plante partout, jusque dans les jardins publics, jusque dans le parc de Woluwe mis à la disposition des habitants par l'administration de cette commune, jusque dans le square de l'avenue Emile De Mot, où piaffent les chevaux de bronze de Vinçotte. Autour de ce groupe équestre, l'administration communale d'Ixelles fait planter des patates pour ses colonies scolaires.

Partout s'établissent des comités chargés de mettre en valeur les terrains incultes. Ils font appel aux propriétaires de terrains à bâtir, divisent ces terrains en lots et les répartissent entre des ouvriers sans ressources, qui s'improvisent cultivateurs et plantent le précieux tubercule. Le Comité national fournit les pommes de terre à planter et l'engrais chimique; en retour, les détenteurs de lots devront, chacun, céder dix kilos de pommes de terre de la prochaine récolte pour les soupes communales.

Tout cela se fait à l'initiative d'un « Comité central pour la culture des terrains inoccupés » (1).

---

(1) Il se compose de MM. F. Lambeau, membre du Conseil supérieur de l'horticulture; I. Crahay, directeur général des Eaux et Forêts ; Ch. Dietrich, administrateur de sociétés im-

LUNDI 26 AVRIL

Les premières communiantes mettent dans les rues ensoleillées la note radieuse de leurs robes blanches. Elles cheminent, le visage illuminé de bonheur. Elles ne voient pas, heureuses enfants, les tristesses de l'heure présente. Elles n'ont pas vu les cinquante auto-ambulances allemandes qui, tout-à-l'heure, passaient près d'elles, rue de la Loi, et allaient à la gare du Nord chercher une nouvelle fournée d'êtres sanguinolents, renvoyés de l'Yser par les hôpitaux de campagne.

***

Les messes pour le repos de l'âme des compatriotes morts à la guerre se succèdent en nombre toujours accru.

Il n'est plus possible maintenant de parler de chaque cérémonie. Je ne m'arrêterai plus qu'à celles qui ont le caractère d'un événement.

L'Institut Saint-Louis fait célébrer un service pour ses professeurs, élèves et anciens élèves tombés au champ d'honneur. La lettre de part porte 40 noms.

Le barreau de Bruxelles fait célébrer un service pour les 21 avocats morts devant l'ennemi. C'est un spectacle peu banal de voir dans l'église Ste-Gudule la magistrature et le barreau, toutes opinions confondues, unanimes de cœur et de sentiment autour du Cardinal en prières devant le catafalque aux couleurs de la Patrie.

---

mobilières; J. Van Langenhove, administrateur des Hospices et Secours de la ville de Bruxelles et conseiller provincial; J. Kuhnen, administrateur-délégué de la Compagnie Immobilière de Belgique; Docteur Spehl, administrateur des Hospices et Secours de la ville de Bruxelles; Lemoine, administrateur des biens de la famille Brugmann; G. Boucqueau, administrateur des Hospices et Secours de la ville de Bruxelles; Michelli, administrateur de la succession Ed. Parmentier; J. Goemaere, secrétaire de la Ligue du Coin de Terre; Janlet, architecte; E. Gaspart, secrétaire de la Section agricole du Comité de l'Alimentation; baron de Steenhault, délégué de la province de Brabant à la Section agricole du Comité d'Alimentation; Vanderwaeren, ingénieur agricole.

26 avril 1915

Le R. P. Paquet prononce en cette circonstance une belle allocution sur le rôle grandiose de ceux qui furent à un double titre les soldats du droit.

> *Prœliabantur prœlium Israël cum lœtitia.*
> Ils combattaient l'âme joyeuse, les combats d'Israël.
> (I Mac. III, 2.)

Éminentissime Seigneur (1),
Excellence (2),
Mes Frères,

Pour une nation, c'est un devoir sacré de glorifier ses héros, tombés au champ d'honneur. Ce sentiment est si naturel et tellement respectable que, même dans l'antiquité, les belligérants faisaient quelquefois trêve aux hostilités pour permettre de lui donner libre cours. En nous invitant à ce service funèbre, vous avez eu raison, Messieurs les organisateurs, de ne pas faire à l'ennemi l'injure de craindre qu'il pût s'offenser d'un tel hommage rendu à des braves. Il vous appartenait, en effet, d'en prendre l'initiative. Seul, le Pouvoir judiciaire est resté debout dans les contrées de l'occupation; seul, il continue à rendre des arrêts au nom du Roi. De plus, tandis que vous maintenez l'exercice du Droit, vos confrères sont partis, et plusieurs sont tombés pour le défendre, avec un éclat qui rejaillit sur l'Ordre tout entier : vous pouviez donc donner à ce témoignage d'admiration fraternelle une sorte de caractère public.

Pour toutes ces raisons, Éminence, personne ne s'étonnera de vous voir mêler à la simarre de la magistrature et à la toge de l'avocat le chatoiement de votre pourpre. Croyez que nous vous en gardons une reconnaissance dont le moment n'est pas venu de vous dire l'expression, d'autant plus vive que nous devons la contenir.

Quelques-uns d'entre vous, Messieurs, ont cru qu'il fallait qu'une parole se fît entendre dans cette cérémonie. On eut pu en trouver de plus éloquentes et de plus autorisées; mais quand semblable service est demandé au nom de la Patrie, on ne discute pas ses titres, on s'incline. Ce fut peut-être de ma part un peu téméraire; je tâcherai que vous n'ayez pas trop à le regretter. Ne craignez pas qu'il s'échappe de mes lèvres un seul mot qui puisse le moindrement froisser les susceptibilités les plus chatouilleuses : je sais ce que je dois à la nécessité des circonstances, au caractère de cette céré-

---

(1) Le Cardinal Mercier, archevêque de Malines.
(2) Mgr Tacci Porcelli, nonce apostolique, accrédité à Bruxelles.

monie, au respect de celui qui a daigné la présider et de ceux qui sont venus l'honorer de leur présence.

* * *

Quand je me mis à réfléchir sur ce qu'on demandait de moi, quand, dans le travail de la méditation, j'essayai de prendre contact avec mon auditoire et de comprendre ce qu'il attendait que je lui dise, il me sembla que dans son âme s'agitaient trois pensées : la mentalité du Barreau dans les sacrifices que demandait la Patrie, le courage de ces soldats qui échangèrent la toge pour l'uniforme, et, parce que le crêpe voile les couleurs du drapeau national, la pensée religieuse où doivent plonger et s'ancrer nos espérances immortelles.

Pour définir la mentalité de votre Ordre, il me suffira de citer les deux lettres de votre bâtonnier, qui compteront parmi les plus belles pages de vos annales :

« Ce sera l'éternel honneur du barreau belge, y lisons-nous,
« et sa raison d'être, de n'obéir dans l'exercice de sa haute
« mission qu'à sa conscience, de parler et d'agir sans haine
« et sans crainte, de demeurer, quoi qu'il puisse advenir, sans
« peur et sans reproche. Son indépendance de tout pouvoir, il
« l'exerce, non pas dans l'intérêt de ses membres, mais dans
« l'intérêt de sa mission. Elle a développé dans son sein plus
« de discipline que d'orgueil ; elle a formulé un code de règles
« sévères d'honneur et de délicatesse, qu'une élite seule peut
« supporter (1). »

A cette école ne pouvait manquer de se développer parmi cette jeunesse ardente, avec le souci de la dignité personnelle, l'esprit de confraternité; et l'on devine comment ces âmes, mieux servies que le vulgaire par un sentiment plus épuré du Droit et un sens plus profond de la Justice, durent envisager le devoir de l'heure présente. Elles l'ont mesuré, ce devoir, non pas à ce que demandait la loi, mais à ce qu'imposait le péril, à ce qu'exigeait l'honneur. Ces jeunes gens comprirent qu'un grand exemple devait être donné par les intellectuels et ils n'hésitèrent pas; ils furent encouragés par les aînés qui poussaient l'abnégation jusqu'au sacrifice de leur femme, de leurs enfants, de leur situation, de leur confort. C'est dans cet enthousiasme patriotique que vous les avez vus s'enrôler, l'âme joyeuse : *praeliabantur cum laetitia*.

Membres de la Magistrature, du Parquet et du Barreau — car ils se rencontrent côte à côte dans les tranchées, confondant dans un commun élan des ardeurs qui, devant les tribunaux, de l'un et l'autre côté de la barre, se partageaient pour faire triompher les revendications de l'opprimé — tous apportent cette mentalité qui sert bien la mission sublime qu'ils

---

(1) Lettre de M. Théodor à S. E. von Bissing.

viennent d'assumer. Esprits rompus à la discussion, ils s'assimilent avec une égale facilité les idées d'autrui et son état d'âme, saisissent rapidement la raison des ordres donnés, se plient sans peine aux exigences d'une situation, font prédominer le moral sur le physique et introduisent, dans les organismes militaires où on les verse, la souplesse de l'obéissance, la rigidité de la discipline, l'élan de la spontanéité, la maîtrise de sentiments aussi malaisés à contenir que prompts à exploser et non moins puissants sous le frein qui les dompte que sous les rênes qui les dirigent. Vraiment de tels hommes ne peuvent former que d'excellents soldats. L'histoire de cette guerre le dira pour l'honneur de l'Ordre judiciaire; et déjà les chefs ont apprécié ces hautes qualités : témoin les distinctions flatteuses dont furent l'objet et ceux qui sont tombés et ceux qui, là-bas, combattent toujours pour la libération du territoire.

Dès la première heure de la déclaration de guerre, on a noté comment le danger commun avait, en Belgique, rapproché les partis et achevé la fusion des races qui lentement se soudaient. C'est surtout entre les membres du Barreau que le double phénomène s'accentua. L'habitude de se coudoyer dans les parvis de la Justice, de se combattre avec courtoisie, de faire montre de ses sentiments confraternels, favorisa l'union. Ils se levèrent, comme un seul homme, les Flamands et les Wallons, ceux du Sud et ceux du Nord, mettant au service de la même cause, les premiers la bonhomie, les seconds le sérieux qui les caractérise, faisant irruption dans les rangs les uns avec leur entrain, les autres avec leur ténacité, pour voler au secours de la Patrie menacée. La Patrie! Cela veut dire la terre où dorment les aïeux, le sol qui nourrit les familles, l'atmosphère où baignent les monuments du passé et à travers laquelle filtrent les espérances de l'avenir. Il parut bien — pourquoi ne le dirais-je pas ici? — il parut bien que quatre-vingt-cinq années de neutralité n'avaient pas altéré nos vertus guerrières, parce que, chez un peuple libre, l'amour de la paix ne compromet pas l'ardeur d'un patriotisme indéracinable.

Ils partirent donc, ces braves, dans toute la joie de leurs âmes, *præliabantur cum lætitia*. Nous les retrouvons sur tous les champs de bataille dont les noms désormais sont inscrits dans l'Histoire. A Liége, à Haelen, à Namur, à Dixmude, à Nieuport, dans la ceinture d'Anvers, sur les bords de l'Yser, partout ils ont laissé les vestiges de leurs pas, les traînées de leur sang, les cadavres de leurs frères.

Je n'ai pas cru manquer à la réserve que la situation nous impose et que cette cérémonie nous commande, en faisant devant l'ennemi l'éloge d'un adversaire qu'il peut être fier de combattre et dont la valeur glorifiera la Victoire, quels que soient les drapeaux sous lesquels elle viendra se ranger.

Pareils exploits, mes frères, ne vont pas sans immolations; et les immolations ne se consomment pas sans meurtrir les cœurs et sans en faire sortir, suivant le beau mot de saint Augustin, le sang qui jaillit par les yeux. Au milieu du scintillement des armes, au milieu de tout ce vacarme de guerre, il y a les larmes des mères, la douleur concentrée des pères, les pleurs des enfants, le deuil des veuves et des orphelins. Au sein de cette détresse, les âmes sentent se raviver des convictions qui, au delà de la tombe, font miroiter la joie de se retrouver un jour. Non, non, dit saint Paul, nous ne devons pas pleurer comme ceux qui n'ont pas d'espérance.

Éminence, dans cette lettre magistrale qui fit le tour du monde, vous l'avez déclaré en des termes que nul n'aura la fatuité de recomposer et que je me contenterai de relire :

« Le Droit, c'est la Paix, disiez-vous, c'est-à-dire l'ordre
« intérieur de la nation, bâti sur la Justice. Or, la Justice
« elle-même n'est absolue que parce qu'elle est l'expression
« des rapports essentiels des hommes avec Dieu et entre
« eux...

« Les intérêts de famille, de classe, de parti, la vie corpo-
« relle de l'individu sont, dans l'échelle des valeurs, au-des-
« sous de l'idéal patriotique, parce que cet idéal c'est le
« Droit qui est absolu. Ou encore, cet idéal c'est la reconnais-
« sance publique du Droit appliqué à la nation, l'Honneur
« national. Or, il n'y a d'absolu dans la réalité que Dieu.
« Dieu seul domine, par sa Sainteté et par la souveraineté de
« son empire, tous les intérêts et toutes les volontés. Affir-
« mer la nécessité absolue de tout subordonner au Droit, à
« la Justice, à l'Ordre, à la Vérité, c'est donc implicitement
« affirmer Dieu. »

Vous ajoutiez, Éminence, avec un égal bonheur : « Quand
« nos humbles soldats, à qui nous faisons compliment de leur
« valeur, nous répondaient avec simplicité : « Nous n'avons
« fait que notre devoir, l'Honneur l'exige », ils exprimaient
« à leur façon le caractère religieux de leur patriotisme. »

Voilà pourquoi, mes Frères, vous êtes venus au pied des autels saluer ces héros. Pour quelques-uns d'entre vous — comme pour cet académicien français qui, dans un article retentissant, suppliait son pays de revenir à la Foi de ses pères (1) — ce qui vous amène, n'est-ce pas la persuasion et l'expérience que l'honnêteté et moins encore l'honneur, ne se fonde pas sur une abstraction métaphysique, non plus que sur une notion vague ou sur une affirmation implicite? Il faut raccrocher la justice immanente à l'idée de Dieu, établir la force du droit sur son autorité, l'obligation du devoir sur sa bonté, concréter, en un mot, ces attributs divins dans une personnalité dont nous puissions implorer la Providence.

Il y a trois ans, à peu près jour pour jour, le « Titanic » disparaissait dans les flots de l'Océan. Vous vous rappelez

---

(2) Henri Lavedan.

l'émotion produite en Europe et en Amérique à la nouvelle de cette catastrophe. Tandis que sur un radeau, s'en allant à la dérive, quelques échappés récitaient le « Pater », des flancs du colosse, qui lentement s'enfonçait, on entendit monter vers le ciel les accents de l'hymne anglais, vigoureusement attaqué par l'orchestre du bord : « Plus près de toi, mon Dieu ».

Oh! ce ne sont pas les situations que je compare : le géant des mers sombrait; la Belgique surnage. Mais ce qu'il convient de souligner ici, c'est, dans un extrême danger, le même besoin des âmes de se retourner vers Dieu, le même mouvement du cœur qui, d'un bond, se rapproche de Celui dont dépendent, dans le monde, la vie des individus et les destinées des nations.

MARDI 27 AVRIL

Une nouvelle liste de sociétés mises sous séquestre est publiée ce matin. Elle comprend, entre autres, les entreprises suivantes, établies à Bruxelles : la Compagnie continentale du gaz, la Compagnie fermière de l'établissement thermal de Vichy, la North British Rubber Company, la Dunlop pneumatic Type company, le Grand Hôtel, la Grande distillerie belge, la Savonnerie Lever frères, Dalsème (tapis), Pathé frères (cinémas), l'Agence Havas. (1)

MERCREDI 28 AVRIL

Tout le charbon produit en Belgique doit être mis à la disposition d'une « centrale » allemande qui siégera à Anvers et décidera de la répartition des houilles. Et pour couvrir les frais de cette organisation, on devra, en outre, payer une taxe. Naturellement.

En même temps que cette décision est portée à la connaissance des directions de charbonnages, défense leur est signifiée d'exécuter les contrats de vente en cours; elles ne seront pas tenues de payer des dommages-intérêts pour non-exécution de ces contrats.

Dix mille marks d'amende, confiscation, etc., à qui-

---

(1) On n'a plus noté dans la suite les sociétés mises sous séquestre Ceux qui voudraient en connaître la liste complète consulteront la collection du « Bulletin des lois et arrêtés ».

conque « tentera de soustraire les produits en question à l'utilisation prévue par le gouvernement général ».

JEUDI 29 AVRIL

Autorisés à circuler depuis le 18 février, les cyclistes se sont vu retirer « par suite d'abus » cette autorisation dans toute l'étendue du pays, le 21 avril. Elle leur est à nouveau rendue aujourd'hui.

Mais ils se méfient maintenant. Dans l'intervalle, des soldats ont profité de ces ordres et de ces contre-ordres pour enlever purement et simplement leur bicyclette à des excursionnistes qui roulaient dans la banlieue de Bruxelles.

Le caprice de la soldatesque fait loi.

Mai 1915

2 mai : La restauration des foyers détruits. — **8** : L'augmentation du prix de la viande. — Agitation dans le monde des bouchers et des charcutiers. — **16** : Le premier budget de l'Etat belge dressé par un gouvernement ennemi. — **17** : La Croix Rouge de Belgique aux mains de l'ennemi. — **20** : Le Comité international de la Croix Rouge de Genève proteste auprès de tous les comités centraux du monde contre les agissements allemands en Belgique. — **22** : Condamnation et déportation de Mme Carton de Wiart, femme du ministre de la Justice. — **24** : La déclaration de guerre de l'Italie. — **29** : Canons, obus, gaz asphyxiants. — La chasse aux agents belges du chemin de fer. — **30** : Affiches en toutes langues. — Le commerce de l'or. — La question de l'avoine. — **31** : Nouvelle pastorale du Cardinal. — Les processions. — Plus de jeûne ni d'abstinence. — Hommage aux dirigeants du Comité national.

DIMANCHE 2 MAI

Grâce au Comité national et au concours d'architectes et d'hommes de métier, nombre d'habitants dont le foyer fut endommagé ou détruit ont pu se réinstaller dans leurs briques. Le Comité provincial du Brabant a déjà consacré 150,000 francs à cette œuvre de restauration sommaire, — il s'agit d'aller au plus pressé, de remettre un toit, des fenêtres, une porte, — mais nombre de ces infortunés sont totalement dépourvus des meubles indispensables. La charge que ce comité devrait assumer pour leur procurer un lit, une table, quelques chaises, un poêle-cuisinière, de la vaisselle, est trop élevé pour qu'il puisse prendre la somme sur des ressources qui doivent d'abord être consacrées à l'alimentation populaire. Alors, il fait prendre à domicile, pour les sinistrés, les vieux meubles sans emploi. Et cela fait, au bout de peu de jours, un mobilier considérable. Les greniers se vident. Ce qu'il en sort est surprenant !

SAMEDI 8 MAI

La viande se fait rare et chère. La viande de bœuf a augmenté de 40 p. c. depuis le début de la guerre; la viande de porc de 130 p. c. Dans l'état où l'envahisseur nous a mis, le contraire serait surprenant. Il vit « sur nous », pour employer une locution courante et brève.

Mais d'aucuns en veulent aussi aux bouchers, ces « exploitateurs » dont — après les Allemands — nous viendrait tout le mal. Le reproche est-il fondé ?

800 bouchers et charcutiers se sont réunis cette semaine pour se laver publiquement de cette accusation; et depuis la séance historique du 4 août où le Parlement belge prit connaissance de l'ultimatum de Guillaume, Bruxelles n'a plus vu d'assemblée aussi enfiévrée! Des voleurs, nous ? s'écrient les bouchers. C'est une honte, non seulement de le dire, mais de le penser !

De fait, MM. les bouchers et charcutiers ont avancé à cette séance des arguments très sérieux et dont certainement l'opinion publique tiendra compte. Je ne note l'événement que pour montrer qu'à ce point de vue là aussi, notre position internationale devient inextricable.

Dès les premiers jours de la guerre, il ne vint plus au marché de Bruxelles que 300 bêtes par semaine au lieu de 2,000. C'était la conséquence des réquisitions et la première cause de la hausse. Des accapareurs aggravent encore cet état de choses.

M. l'échevin Max Hallet menace la corporation des bouchers de la création de boucheries communales, où l'on débitera les viandes au prix coûtant (1). Ils s'insurgent, protestent, crient à l'expropriation, demandent que l'on fasse venir des viandes congelées d'Australie ou d'Argentine. Mais l'Angleterre est là qui sans doute y mettrait obstacle pour ne pas permettre à l'ennemi de se ravitailler ici grâce à elle. Alors quoi ? La «Commission for relief» ne pourrait-elle introduire des viandes qui seraient à l'abri des réquisitions ? Le problème fait couler des flots de paroles, mais on ne sait comment le résoudre.

---

(1) On en établit en effet. Voir 21 mars 1917.

DIMANCHE 16 MAI

Le premier budget de l'Etat belge dressé sous l'occupation ennemie est publié ce matin par le *Moniteur* allemand. Il concerne l'année 1915 et paraît lorsque cet exercice budgétaire est presque à moitié écoulé. Où sont les bonnes critiques d'antan dirigées contre nos ministres qui n'avaient pas déposé leurs budgets avant le 1er janvier !

Celui-ci est surtout intéressant par comparaison avec le budget du temps normal. Il évalue les recettes ordinaires de l'Etat pour l'exercice 1915 à 175 millions 159,529 francs et prévoit que les dépenses atteindront 198,159,529 francs. Le déficit, soit 23 millions, sera comblé, annonce le gouverneur général, par des ressources « qu'un arrêté spécial déterminera ».

En 1914, les évaluations de recettes atteignaient 807,313,524 francs et les prévisions de dépenses 806,754,379 francs. Nous voici brusquement ramenés à moins du quart de ces totaux : la contraction montre la violence du coup de massue qui nous a été asséné.

Le service de la dette publique est réduit de 217 à 34 millions. Ne figurent plus à ce chapitre que quelques annuités souscrites par l'Etat, principalement pour la création des chemins de fer vicinaux, et les sommes nécessaires au paiement des pensions. Tout ce qui concerne le service de la dette belge proprement dite est supprimé. Le coupon de la rente ne sera pas payé à charge du budget; le paiement en sera assuré, à concurrence d'un maximum de 300 francs par mois et par personne, par la Banque nationale agissant au nom d'un consortium d'établissements financiers qui achètent ces coupons au moyen de leurs deniers, quitte à régler ce compte avec l'Etat après la conclusion de la paix : il est permis de supposer que ce ne sera pas une mince affaire !

Le budget des dotations est réduit de 5,614,000 à 494,000 francs par la suppression de la liste civile du Roi et des indemnités parlementaires.

A chaque budget, est biffé le crédit de 21,000 francs représentant le traitement du ministre. Les budgets de la guerre, de la gendarmerie, des affaires étrangères, des colonies, des chemins de fer, de la marine, postes et télégraphes sont supprimés complètement.

LUNDI 17 MAI

Il semble bien que le gouvernement général, averti de la déplorable impression causée à l'étranger par la brutale dissolution du comité central de la Croix-Rouge de Belgique et la substitution d'agents allemands aux personnalités belges qui géraient cette œuvre (1), ait voulu donner le change à l'opinion au moyen d'une « ordonnance » sentimentale, capable d'opérer un revirement dans les âmes généreuses et candides. Voici ce document, daté de ce jour :

Pour remédier le plus possible, par une assistance sagement organisée, à la misère due à la situation actuelle de la Belgique, j'ai invité la bienfaisance privée à participer aux œuvres humanitaires, sous la direction de la Croix-Rouge de Belgique et de façon à compléter l'action qui incombe de ce chef à l'Etat et aux communes. J'ai confié l'administration centrale de la Croix-Rouge de Belgique à mon délégué le comte B. von Hatzfeldt-Trachenberg qui est représenté dans tous les chefs-lieux de province par des commissaires spéciaux.

Les différents services de mon administration ont, de plus en plus, connaissance de nombreux cas de misère qui réclament une prompte assistance. Pour assurer la pleine efficacité des secours, il faut que leur emploi dans les familles des nécessiteux soit contrôlé d'une manière rationnelle. Pour exercer ce contrôle, il faudrait la collaboration d'organisations spéciales tels que les dispensaires belges qui, dans les dernières années, ont été imités partout et servent à combattre certaines maladies populaires, et tels que les bureaux de bienfaisance qui, dans beaucoup de communes belges, accomplissent leur mission avec succès.

La Croix-Rouge de Belgique a institué d'abord à Bruxelles, dans l'ancien Observatoire du boulevard Bischofsheim, trois sections : soins de l'enfance, lutte contre la tuberculose et bourse du travail.

Ce dispensaire, servant de bureau central d'information, envoie des sœurs, instruites dans ce but, prendre des renseignements nécessaires qui lui ont été signalés et sur les causes de leur infortune. On se propose d'établir d'autres dispensaires

---

(1) Voir 18 avril et 20 mai 1915.

du même genre, surtout dans les villes d'une certaine importance.

Je suis convaincu que les communes qui, par leurs bureaux d'assistance publique et de bienfaisance, ont déjà contribué, pour une large part, à secourir les malheureux, seront aussi disposées à leur venir en aide en soutenant nos efforts. Elles tiendront certainement à agir de concert avec la Croix-Rouge de Belgique, non seulement au moyen de leurs institutions publiques de bienfaisance, mais aussi en s'adressant à l'assistance privée, en vue d'adoucir la misère de certaines familles, des pauvres honteux et d'empêcher les ouvriers de perdre la saine habitude d'un travail régulier.

J'ordonne donc que les diverses organisations de la Croix-Rouge envoient aux communes compétentes un rapport chaque fois qu'un cas d'infortune digne d'examen se présentera et contribuent à veiller à l'application des mesures prises en faveur des malheureux.

Der Generalgouverneur in Belgien,
Freiherr von BISSING,
Generaloberst.

A côté de ces phrases, il y a les faits. Oui, il est bon « d'empêcher les ouvriers de perdre la saine habitude d'un travail régulier »; mais quand on voit le gouvernement allemand priver volontairement ces ouvriers de tout travail en réquisitionnant toutes les matières premières de nos usines, — laines, coton, métaux, etc., — n'a-t-on pas le droit de dire que cet étalage d'humanitarisme dépasse les bornes de l'impudence ?

Oui, la Croix-Rouge de Belgique, germanisée dans les conditions que l'on connaît, procure du travail à de pauvres femmes dans les locaux de l'ancien observatoire. Sait-on quel travail ? On leur remet de la laine enlevée dans des fabriques belges et elles doivent tricoter des bas pour les soldats qui guerroient contre notre patrie !

JEUDI 20 MAI

La protestation élevée contre les agissements allemands par le prince de Ligne, président de la Croix-Rouge de Belgique (1) a un retentissement universel.

---

(1) Voir 18 avril et 17 mai 1915.

M. Ador adresse de Genève au prince de Ligne une lettre où l'honorable président du Comité international de la Croix-Rouge dit notamment :

> Nous nous élevons avec force contre une mesure administrative portant atteinte aux droits et à l'indépendance de la Société de la Croix-Rouge. Nous aimons à espérer que toutes ces sociétés prendront fait et cause pour la Croix-Rouge belge, sans nous dissimuler toutefois que la Croix-Rouge allemande aura de la peine à protester contre une décision de l'autorité allemande (1).

En même temps, l'administration centrale de la Croix-Rouge envoyait de Genève la protestation suivante à tous les comités centraux du monde :

> Par décision du 4 avril 1915, le baron von Bissing, gouverneur général de Belgique, a prononcé la dissolution du Comité central de la Croix-Rouge de Belgique. Cette dissolution a été signifiée au Comité directeur de Bruxelles, réuni le 16 avril dans ses locaux, 93, rue Royale, à Bruxelles. Toute la fortune et les archives de la Croix-Rouge sont remises entre les mains du délégué du gouverneur, le comte B. Hatzfeld, chargé de les administrer. Cet arrêté est exécutoire par la force publique.
> En fait, il a été immédiatement exécuté.
> Le motif de cette mesure serait, au dire de la Croix-Rouge de Belgique, son refus de coopérer à une œuvre que le Gouvernement allemand institue en Belgique, sous le nom « d'Aide et protection aux femmes par le travail », œuvre sortant des limites tracées par ses statuts.
> La Croix-Rouge de Belgique a été fondée dès 1864. Ses premiers statuts ont été établis en conformité des principes fondamentaux et uniformes de la Croix-Rouge, et la loi du 30 mars 1891 lui a accordé la personnalité civile. Le 14 octobre 1864, le Gouvernement belge a signé la Convention de Genève du 22 août 1864 et le 27 août 1907, il ratifiait la Convention du 6 juillet 1906. La Société Nationale belge de la Croix-Rouge jouit donc d'une existence légale et d'une reconnaissance officielle tant de la part des autorités que des sociétés de la Croix-Rouge.
> Le 31 mars 1899, de nouveaux statuts, également conformes aux bases de la Croix-Rouge ont été votés par la Société et approuvés par le Roi Léopold. Un arrêté royal du 25 mars 1906, règle le fonctionnement de la Croix-Rouge de Belgique en temps de guerre comme auxiliaire du service de santé officiel.

---

(1) Cette prévision s'est vérifiée. La Croix-Rouge allemande a répondu au Comité international qu'il va de soi qu'elle ne critiquera pas les actes du Gouvernement général.

La Société est présidée par le prince de Ligne.

L'article premier des statuts stipule que l'Association belge de secours aux militaires blessés ou malades a pour objet :
« 1° En temps de guerre, de prêter son aide au service de santé
« militaire et de concourir au soulagement de toutes les vic-
« times de la guerre. »

L'article 9 de l'arrêté royal sus-mentionné statue que, dès que la mobilisation de l'armée est décrétée, « la Société de la
« Croix-Rouge de Belgique et les sociétés qui en font partie,
« doivent se conformer au règlement sur le service de santé
« de l'armée en campagne ».

Ces dispositions sont absolument normales et usuelles au sein de la Croix-Rouge, elles décrivent et délimitent le but de la Croix-Rouge en temps de guerre et précisent sa fonction unique d'auxiliaire du service de santé.

En déclinant de s'associer à une œuvre d'aide et de protection aux femmes, si intéressante qu'elle soit, le Comité central de Bruxelles ne faisait que se conformer strictement aux statuts. En notre qualité d'organe central et de gardien des traditions et des principes qui ont fait l'unité et la force de la Croix-Rouge, nous ne pouvons que l'approuver.

Aussi en cette même qualité, élevons-nous une ferme et vive protestation contre la dissolution du Comité directeur de Bruxelles. Basée sur les renseignements que ce dernier nous a fournis, notre protestation reste objective et impartiale : elle s'adresse à cette mesure comme elle viserait tout acte d'où qu'il vienne, qui aurait pour effet de porter atteinte à l'œuvre de la Croix-Rouge et à son action régulière et normale. Si la Croix-Rouge a accepté volontairement, et dans l'intérêt même du but à réaliser, une militarisation de ses forces en cas de guerre, elle revendique hautement ses droits à l'existence ainsi que sa liberté d'action dans les limites de ses statuts et des prescriptions officielles qui fixent son rôle et ses attributions en temps de guerre. Elle ne saurait se courber devant une mesure administrative qui, l'assimilant à un simple rouage de l'Etat, lui enlèverait son autonomie ou supprimerait même ses organes directeurs.

Nous faisons donc énergiquement appel à tous les Comités centraux pour qu'ils appuyent fortement de leur voix et de leur approbation, notre protestation. Nous insistons auprès du Comité central allemand, pour qu'il s'emploie efficacement à faire rapporter cet arrêté. Confiant dans le bon droit et la justice de la cause de la Croix-Rouge de Belgique, faisant appel aux sentiments de droiture et d'équité des autorités compétentes, nous demandons que notre appel soit entendu et que le Comité directeur de la Croix Rouge de Belgique soit rétabli dans ses droits et dans ses fonctions.

SAMEDI 22 MAI

Mme Carton de Wiart, femme du ministre de la Justice, a été condamnée à trois mois et demi de prison et son transfert à Berlin a été ordonné. L'autorité allemande l'accuse d'avoir correspondu avec l'étranger, d'avoir détruit une lettre adressée à la « Kommandantur » et mise par erreur dans sa boîte aux lettres, d'avoir distribué des brochures prohibées, notamment la lettre pastorale de Mgr Mercier, dont on en a découvert chez elle, au cours de la perquisition, un certain nombre d'exemplaires.

Mme Carton de Wiart, je l'ai précédemment noté, n'avait pas quitté l'hôtel du ministère de la Justice. L'autorité allemande avait espéré qu'en installant un corps de garde dans l'hôtel ministériel de la rue Ducale, elle arriverait plus aisément à en obtenir la libre disposition. Mais Mme Carton de Wiart ne lui a pas donné la satisfaction de quitter volontairement les lieux. Quinze hommes venaient tous les soirs s'installer au rez-de-chaussée de l'hôtel et y passaient la nuit.

Le 4 mai, à la suite d'une dénonciation par un espion, une perquisition fut faite dans les appartements ministériels. On y mit tout sens dessus dessous. Les sbires emportèrent des archives privées, des lettres de famille, jusqu'aux fragments trouvés dans les paniers à papier. Mme Carton de Wiart fut longuement interrogée, mais on la laissa en liberté. Le 1er mai, jour de l'Ascension, elle alla se promener avec ses enfants dans les environs de Bruxelles. Un « polizei » lui fit escorte. Depuis 8 heures du matin jusqu'à 9 heures du soir, le détective allemand s'attacha à ses pas; elle prit plaisir à promener l'individu de tous côtés sans paraître s'apercevoir de sa présence.

Mme Carton de Wiart a été condamnée hier; aujourd'hui, une automobile est venue la prendre pour la conduire à la gare du Nord d'où elle est partie, sous bonne garde, pour Aix-la-Chapelle (1).

---

(1) A la suite de hautes interventions, Mme Carton de Wiart a été libérée après quelques mois de détention, mais sous condition de ne pas rentrer en Belgique. Mme Carton de Wiart s'est rendue au Havre viâ la Suisse.

LUNDI 24 MAI

Nous suivions depuis des semaines avec une curiosité anxieuse les tergiversations — ou ce qui nous paraissait tel — de l'Italie.

Nous voilà débarrassés de tout souci à cet égard, et de la façon que nous souhaitions : l'Italie a dénoncé son alliance avec l'Allemagne et l'Autriche et a déclaré la guerre à celle-ci. La bonne nouvelle ! On regarde les Allemands d'un œil narquois, on veut absolument leur trouver la mine allongée. Je crois bien que leur mine est celle de tous les jours et que la plupart arrivent à ne rien laisser paraître du mécontentement qu'ils éprouvent certainement. Les Bruxellois, par contre, ne cachent pas leur joie; elle ne s'exprime pas seulement dans les conversations de tous, elle éclate sur les visages.

SAMEDI 29 MAI

Des trains passent, innombrables, transportant des canons, des obus, des bonbonnes de gaz comprimé, des gaz asphyxiants sans doute. Et la nuit, c'est toujours la même course trépidante des autos-ambulances, des gares aux hôpitaux. Chaque nuit, les hôpitaux de campagne déversent sur Bruxelles le trop-plein de leurs installations.

* * *

La chasse aux agents du chemin de fer — machinistes, chauffeurs, etc. — qui refusent obstinément de travailler pour l'ennemi est devenue sauvage. Non seulement les fonctionnaires qui les payaient en secret sont menacés d'emprisonnement s'ils récidivent, mais défense est faite aux administrations comunales de donner à cette catégorie de chômeurs un secours quelconque. Ou ils travailleront pour le gouvernement allemand, ou ils mourront de faim : telle est l'alternative imaginée par l'oppresseur. L'œuvre des pauvres honteux venait en aide à ces malheureux : ordre lui est donné de s'en abstenir désormais.

DIMANCHE 30 MAI

Serait-ce l'effet des premières chaleurs? Le gouvernement général, si prodigue, depuis huit mois, d'ordonnances, d'arrêtés, d'avis et d'ordres, semble devenu un peu indolent sous ce rapport. A un point de vue pourtant, il y a progrès : les affiches deviennent de plus en plus polyglottes. Outre les nouvelles de guerre quotidiennement imprimées en allemand, en flamand, en français, il y a, depuis hier, ce placard anglais, qui défend aux sujets des pays en guerre avec l'Allemagne de sortir de l'agglomération bruxelloise sans autorisation du « Meldeamt » :

BY ORDER.

Subjects of countries at war with Germany must not leave the « agglomeration de Bruxelles » without having personnaly applied for and duly obtained the permission of the « Deutsches Meldeamt », rue du Méridien, 10.
Transgressions will be punished.

Nous avons aussi maintenant des avis exclusivement rédigés en allemand et en hongrois, ordonnant à certaines catégories de sujets des deux empires exemptés jusqu'à ce jour du service militaire de se présenter à Cologne pour un nouvel examen. On les enrôle donc tous, jusqu'aux bancals et aux borgnes?

Les Italiens aussi, des deux sexes et âgés de plus de quinze ans, doivent, comme conséquence de l'entrée en guerre de leur pays, se faire inscrire sur les listes de contrôle du « Meldeamt »; les loueurs de maisons, d'appartements ou de chambres qui logent chez eux des sujets italiens doivent les signaler sous menace de peines variées. Un jour, enfin, a paru un avis en turc. Bruxelles devient une tour de Babel.

* * *

Un commerce très actif de pièces d'or et de billets de banque français se faisait jusqu'en ces derniers temps dans des cafés du centre; de nombreux intermédiaires arrivaient là pour spéculer sur le change. Le commissaire allemand près des banques interrompt ce trafic qui ne pourra plus être exercé que par des maisons

31 mai 1915

qu'il désignera : toute personne qui, sans posséder une autorisation émanant de lui, achètera ou essaiera d'acheter des monnaies d'or, d'argent, de nickel ou des billets de banque français à un prix dépassant leur valeur nominale sera punie d'un an d'emprisonnement et de 10,000 marks d'amende.

Autre arrêté. Les propriétaires de chevaux ne pourront plus disposer que de 2 kilos et demi d'avoine par cheval et par jour. Le reste devra « être conservé à part et ne pourra être vendu sans l'autorisation du chef d'arrondissement ou du commandant », en d'autres termes, sera pris pour nourrir les chevaux de l'armée allemande.

A noter que la ration normale d'un cheval est de cinq à six kilos. Il faudra donc, pour nos bêtes, se contenter de moins de la moitié.

LUNDI 31 MAI

S. E. le Cardinal fait connaître aux doyens de son diocèse qu'il y a lieu de supprimer les processions publiques. « Elles sont, dit-il, un indice de festivité, et il ne siérait pas de se livrer à des manifestations expansives, tandis que les cœurs sont opprimés et le patriotisme enchaîné ».

Vu les difficultés que présente maintenant pour le plus grand nombre de nos compatriotes le problème de la subsistance quotidienne, Mgr Mercier annonce que les lois du jeûne et de l'abstinence seront suspendues jusqu'à la fin de la guerre. Il montre ensuite, dans sa nouvelle lettre pastorale, que si « la guerre est une chose horrible, elle est aussi, sinon la cause, au moins l'occasion, de gestes magnifiques » :

Vous ne vous lassez pas d'admirer notre Roi, notre Gouvernement, notre armée; eux, à leur tour, ne tarissent pas d'éloges sur votre abnégation, votre maîtrise de vous-mêmes, j'allais dire votre bonne humeur dans la souffrance.

Mais c'est sur un autre spectacle, grandiose aussi, que j'appelle aujourd'hui votre attention : il nous commande, en effet, un devoir de gratitude dont nous n'avons peut-être pas assez mesuré l'étendue.

La Hollande, l'Angleterre, l'Irlande et l'Ecosse, la France, la Suisse, abritent, depuis de longs mois, plus d'un demi-million de réfugiés belges et les entourent des sollicitations les plus attentives afin de les défendre contre la mélancolie de l'exil.

Sur les sept millions de Belges qui n'ont pas quitté le sol natal ou l'ont regagné, il y en a environ un million et demi, qui sont incapables de subvenir eux-mêmes à leur entretien et à leur subsistance.

Or, il s'est rencontré, parmi nos compatriotes, des hommes qui avaient le génie de la prévoyance et de l'organisation et qui, avec un désintéressement auquel nous aimons rendre ici un hommage public, ont épargné aux nécessiteux belges, c'est-à-dire au cinquième de la nation, la misère et la famine. Je voudrais pouvoir citer les noms de tous ceux auxquels leur initiative, leur bienfaisance, leur patronage donnent droit à une place d'honneur dans nos archives nationales. Dès le début de la guerre, un Comité local s'est formé à Bruxelles qui, lors de l'envahissement de nos provinces, s'est transformé en « Comité National de Secours et d'Alimentation ». Les dépenses auxquelles il avait à faire face représentaient environ dix millions par mois, tandis que la Belgique appauvrie était sans communication avec le dehors, et que les nations étrangères avaient surtout le souci d'accumuler des réserves. Néanmoins, grâce à la haute protection de l'Espagne et au concours puissant des Etats-Unis, le « Comité National » réussit à importer chez nous et à faire parvenir à leur vraie destination les vivres et les ressources nécessaires à notre ravitaillement.

Mgr Mercier ajoute, en note, à sa lettre :

Nous tenons à citer les noms des inspirateurs de cette œuvre de bienfaisance : ce sont MM. Ernest Solvay, Adolphe Max, Jean Jadot, Emile Francqui, Emmanuel Janssen.

MM. les Ministres d'Espagne et des Etats-Unis à Bruxelles : S. Exc. le Marquis de Villalobar et S. Exc. M. Brand Whitlock ; MM. les Ministres d'Espagne et des Etats-Unis à Londres : Don Alfonso Merry del Val et Walter Hines Page, avec lesquels MM. le baron Lambert et Francqui, en union avec M. Michel Levie, ancien ministre des finances, entrèrent en négociation, voulurent bien accorder à l'initiative de nos compatriotes leur haut patronage et leur puissant concours.

M. Herbert Hoover est, à Londres, le président et la cheville ouvrière de « The Commision for Relief in Belgium ».

Quant aux dons, qui se chiffrent déjà par plus de cent millions à l'heure présente, ils ne proviennent pas d'une largesse exceptionnelle d'un milliardaire, mais représentent, pour une large part, les libéralités journellement additionnées de toute la nation américaine.

Juin 1915

1er juin : Le baron von Bissing au château des Trois-Fontaines. — **3** : Comment des jeunes gens de Bruxelles réussissent encore à passer la frontière. — **5** : Arrestation des comtesses Hélène et Valentine de Jonghe d'Ardoye. — **6** : Pour les églises dévastées. — **7** : Un aviateur allié détruit un Zeppelin à Evere. — **8** : Condamnations à mort. — **10** : Pour recruter de la main-d'œuvre à l'arsenal, les Allemands imaginent d'isoler Malines. — Arrestation et condamnation du secrétaire du cardinal. — Le fiasco du gouverneur général. — **11** : Condamnation de Mme Lemonnier. — **12** : Plus d'un million et demi de chômeurs. — Comment on leur vient en aide. — **14** : La question du savon et de l'huile. — **15** : Amusante perquisition chez un journaliste. — **19** : La « zwanze » bruxelloise. — **20** : Encore un fusillé. — **25** : La rafle des légumes par les Allemands au marché matinal. — **28** : Un numéro à succès de la *Libre Belgique*. — Les mouchards. — 6,000 espions. — **29** : Les entreprises patriotiques de M. Hautfenne et de ses amis.

MARDI 1er JUIN

Depuis aujourd'hui sont accrochés à des réverbères de la rue Royale des écriteaux portant l'inscription « Trois Fontaines Schloss », avec des flèches indiquant la direction de Schaerbeek.

Il s'agit du château des Trois-Fontaines, près de Vilvorde, propriété de M. Orban-Van Volxem. Le baron von Bissing ayant jeté son dévolu sur cette propriété exprima le désir de la louer. Mais M. Orban n'avait nulle envie de la louer à un Allemand, fut-il gouverneur général de Belgique.

— Vous refusez, dit le baron von Bissing. Et bien, vous m'obligez à user de mes droits et à décréter l'occupation.

Même procédé dans des hôtels de Bruxelles, où logent des officiers de l'administration centrale, à l'*Hôtel de l'Europe*, par exemple, et dans plusieurs autres. Ils fixent eux-mêmes les prix qu'il leur convient de payer et qui ne représentent, parfois, que le dixième des prix du tarif affiché. Le propriétaire se hasarde-t-il à trouver cette prétention exorbitante ? On lui répond que s'il n'est pas satisfait, il peut disposer de son temps, MM. les officiers allemands n'ayant pas besoin de son concours pour occuper son hôtel.

JEUDI 3 JUIN

On négligerait un des plus nobles aspects de la vie bruxelloise durant cette période fameuse si l'on ne s'arrêtait un instant, ne fût-ce que pour noter l'angoisse de tant de familles, aux exploits des jeunes gens qui partent d'ici et, bravant le fusil des sentinelles ennemies, passent la frontière hollandaise et vont s'enrôler dans l'armée belge.

Précisément trois jeunes Bruxellois, habitant le quartier du Cinquantenaire, ont réussi à franchir cette frontière au début de la semaine. Par l'intermédiaire d'une dame rentrée de Hollande, ils ont fait connaître à leurs parents leur odyssée. Quand on a un peu de courage, disent-ils, ce n'est qu'un jeu d'enfant. Or, voici leur histoire :

Partant sans passeport, ils devaient s'abstenir d'utiliser n'importe quel véhicule. Ils se sont donc acheminés, parfois en suivant les routes, mais le plus souvent à travers les campagnes et les bois, jusqu'à Louvain, Diest, Hasselt. Ils passaient la nuit, de préférence dans des bois de sapins. A Hasselt, ils font la connaissance d'un maraudeur de frontière qui s'engage moyennant 20 francs par tête, à les conduire jusqu'en vue du territoire hollandais. Itinéraire invraisemblable, qui s'écarte de tous les chemins, même des sentiers, de manière à éviter les patrouilles allemandes.

— Je m'engage à vous conduire jusque là, dit l'homme, mais je n'assume aucune responsabilité pour les coups de feu, les pièges à loups, les chiens policiers et les sentiers minés. Ainsi, chacun, et moi-même, à la grâce de Dieu !

Ce disant, il tire de sa poche un scapulaire et se le passe au cou, sous sa veste.

— N'avez-vous rien pour nous protéger ? demande un des trois.

Une vieille paysanne, accroupie dans le coin de la cabane, extrait d'un vétuste tiroir de vieilles médailles de la Sainte-Vierge. Et tous les trois s'attachent une médaille autour du cou à l'aide d'une ficelle.

On se met en route à travers des marais et des bruyères et l'on marche, surtout la nuit, parce que le second jour il y eut une chaude alerte : des sentinelles allemandes, croyant avoir remarqué un mouvement insolite dans les bruyères, étaient restées aux aguets durant trois heures, et pendant ces trois heures, nos trois gaillards étaient demeurés immobiles, à plat ventre, dans les genêts.

L'entreprise la plus difficile, c'est le passage du canal de la Campine, au nord du Limbourg. Il faut nécessairement le passer quelque part, puisqu'il va de la Meuse à Anvers. Or, les ponts sont gardés et quiconque tenterait de le traverser à la nage serait remarqué. Mais il y a, à un endroit inconnu, un égout sous le canal. C'est par ce boyau que nos vaillants se glissent vers l'autre rive. Cet égout est, jusqu'à mi-hauteur d'homme, rempli d'une eau fangeuse. Ils marchent, courbés, tenant leurs bottines par les lacets dans la bouche, et avancent dans la nuit noire, en tâtant des deux mains les parois de l'orifice.

Les voici de l'autre côté. Il n'y a plus que quelques centaines de mètres. Tout à coup un bruit de galopade. Vite, à plat ventre. C'est une patrouille de uhlans qui chevauche le long de la frontière.

— Vous êtes arrivés, dit le guide. Allez droit devant vous et tenez-vous à distance de la lumière qui brille là-bas et qui est la lanterne d'une maisonnette occupée par des sentinelles allemandes.

Les trois jeunes gens avancent seuls. Ils rampent plutôt qu'il ne marchent. L'un d'eux dégringole dans un fossé. Un gros chien surgit des ténèbres et aussi deux soldats, le fusil braqué. Nous sommes pris, pensent les jeunes gens.

Mais non! ce sont deux sentinelles hollandaises qui leur disent, à voix basse, en guise de mot de passe :

— Leven de Belgen!

Deux heures plus tard, les jeunes Belges, crottés jusqu'aux cheveux, se débarbouillaient joyeusement dans un cabaret du Brabant septentrional. Et tout de suite ils se mettaient en quête de passeports pour rejoindre leurs frères d'armes par Flessingue, Folkestone et Calais.

SAMEDI 5 JUIN

Il y a quelques jours, la comtesse Hélène de Jonghe d'Ardoye, âgée de seize ans, se trouvait porte de Namur, avec sa grand'mère, Mme la comtesse Valentine de Jonghe. A plusieurs mètres d'elles, un officier, le comte Wolf de Metternich s'apprêtait à monter en tram. Brusquement il fit demi-tour, prétendant avoir entendu les mots « sale prussien ». La prétention était d'autant plus singulière que, d'après ce qu'on assure, ce personnage s'est fait exempter d'aller au front pour cause de surdité. Les deux dames continuèrent leur chemin mais l'officier s'approcha, puis arrêta un soldat, avec lequel il se mit à marcher près d'elles. Agacée par les allures de cet officier, Mlle Hélène de Jonghe dit alors à sa grand'mère, mais de manière à être entendue par le comte de Metternich : « 'Voilà encore un de ces sales prussiens ». Aussitôt l'officier fit signe au soldat d'arrêter la jeune fille qui refusa d'avancer ainsi escortée. Le comte de Metternich voulut alors l'emmener lui-même en auto à la « Kommandantur »; Mlle de Jonghe déclare qu'elle voulait bien le suivre à pied et libre, mais qu'elle ne monterait pas dans une automobile allemande à côté de lui. Ceci lui a été reproché comme une nouvelle offense à l'armée.

A la « Kommandantur » Mme Valentine de Jonghe a protesté avec énergie contre ces agissements, à la suite de quoi les deux comtesses ont été traduites pour injures devant un conseil de guerre. Sans considération pour les 76 ans de Mme la comtesse de Jonghe, les magistrats allemands l'ont obligée à rester pendant une heure debout devant eux.

Le conseil de guerre se composait de trente officiers en grande tenue! En voyant cette mise en scène, les deux dames ne purent s'empêcher de sourire... C'en était trop. Mlle Hélène de Jonghe a été condamnée à 3 mois de prison et sa grand'mère à 4 mois. Toutes deux ont été internées dans la prison d'Aix-la-Chapelle.

DIMANCHE 6 JUIN

Mme Brassinne, femme du conseiller communal, et Mme Auguste Braun, femme de l'avocat à la Cour de Cassation, ont réuni leurs efforts et des fonds pour remplacer, dans les églises qui ont souffert de la guerre, les ornements et objets de lingerie détruits ou détériorés. Des soieries, des étoffes leur ont été fournies, que trente-cinq ouvrières ont transformées en vêtements sacerdotaux. Il a déjà été confectionné et distribué 109 ornements complets, 17 huméraux, 54 aubes, 69 surplis, 74 nappes d'autel et de communion, nombre d'étoles, du linge pour la célébration de la messe, des surplis et soutanes pour les enfants de chœur, etc. A la fin du mois de mars dernier, les églises d'Eppeghem, Haecht, Capelle-au-Bois, Elewyt, Weerde, Schiplaeken, Boortmeerbeek, Hofstade, Bueken, Waelhem, Koningshoyckt, Sempst, Wavre-Notre-Dame, Wavre-Sainte-Catherine, avaient déjà reçu tout le nécessaire.

L'œuvre n'a pu venir en aide jusqu'ici qu'au seul diocèse de Malines. Elle désire étendre son action à tout le pays. Pour trouver des ressources, elle organise des auditions d'orgue et de musique religieuse dans des églises. (1)

LUNDI 7 JUIN

Deux heures du matin! Le bruit d'une canonnade violente réveille tout Bruxelles. Sur le fond d'un ciel de rêve, où les teintes orange et rose de l'aube naissante se diluent en une harmonie exquise, deux avions, que les canons allemands de défense poursuivent d'un feu roulant de projectiles, évoluent à grande hauteur. Les

---

(1) Des réserves de vêtements sacerdotaux ont pu être constituées pour les églises des Flandres. Trente-cinq ornements complets ont été envoyés à des prêtres belges dans des camps allemands.

Par la suite, l'œuvre a obtenu le patronage du Comité National, qui lui a accordé un subside de 15,000 francs; et la présidence en a été assumée par Mme la baronne H. de Woelmont.

shrappnels éclatent très haut dans l'azur. On voit luire, par instants, leurs courtes flammes et se former, autour des deux appareils, de petits nuages blancs qui restent suspendus quelque temps dans l'atmosphère avant de se dissoudre et de s'effacer.

Le spectacle provoque des cris d'enthousiasme et d'émoi. Il y a des curieux à toutes les fenêtres, à tous les balcons, et la rue est bientôt pleine de gens, sommairement vêtus, qui courent dans la direction du hangar à zeppelins d'Evere, but supposé de la randonnée aérienne. Des dames, descendues en toilette de nuit, ont jeté sur leurs épaules des manteaux et tiennent conseil sur le trottoir.

Au bout d'un certain temps, les deux avions se séparent. L'un disparaît vers l'est, l'autre continue, malgré la mitraille, à planer au-dessus du hangar. De l'endroit où je me tiens, on domine toute la campagne. Le hangar allonge, là-bas, à gauche du cimetière, sa masse trapue; une rumeur s'élève de la foule. L'avion est descendu, a plongé avec une vitesse vertigineuse et je vois une gerbe de flammes s'élever, puis se rabattre sur le hangar embrasé. Pas de doute, les bombes que l'aviateur vient de lancer ont touché leur but et le zeppelin est anéanti.

Alors, c'est dans la foule qui assiste frémissante au spectacle, un moment de joie folle et d'enthousiasme contagieux. On crie, on applaudit, on exulte. Les cris de « vive la Belgique! » « vivent les Alliés! » partent de tous côtés. Aux balcons, aux fenêtres, des gens agitent des mouchoirs, acclament l'audacieux aviateur qui, son coup fait, est remonté très haut pour se mettre hors de la portée des canons.

Des spectateurs se précipitent dans la campagne. Ils sont déjà plusieurs centaines qui se hâtent vers le lieu du désastre. Mais les Allemands les ont devancés et refoulent les curieux vers le boulevard Lambermont. Des amis qui reviennent me racontent que les soldats les ont poursuivis à coups de crosse et que des officiers les acompagnaient, revolver au poing.

A 7 heures, je me mets aussi en route vers Evere. Le boulevard Lambermont est noir de monde. La route est sillonnée d'autos allemandes qui conduisent au hangar des officiers curieux. Un groupe d'officiers à cheval entoure un général qui redescend déjà vers la ville : c'est le gouverneur von Bissing qui revient avec son état-major. Aux premières heures du matin, sur la route d'Evere, des automobiles militaires passaient en ouragan, transportant des officiers qui juraient et tempêtaient. Une de ces autos a accroché au passage un maraîcher assis sur le côté de sa charrette et lui a enlevé net une jambe. Des voitures d'ambulance sont sur les lieux, car il y a eu, parmi la garde allemande du hangar, plusieurs morts et blessés.

Les abords du hangar ont été, dès 3 heures du matin, évacués « manu militari ». Ce nettoyage s'est effectué avec la brutalité d'usage. Un zwanzeur — il y en a partout ! — s'est vengé comme suit : des curieux s'étaient réfugiés avec lui dans un café voisin qui possède un piano mécanique. Le client facétieux, profitant d'un moment d'inattention, glissa dans l'appareil une pièce de deux sous et le piano, docile, se mit à jouer une *Brabançonne* retentissante. Les clients du café ont été aussitôt expulsés par les boches furieux et l'établissement fermé.

Un paysan m'a conduit par un chemin de traverse peu surveillé jusque près du hangar. Il ne reste plus de celui-ci que la carcasse métallique. Sur le sol, gisent les débris, encore fumants, de l'enveloppe du dirigeable. L'armature du zeppelin, complètement tordue, s'est affaissée; le coûteux engin de guerre n'est plus qu'un enchevêtrement inextricable de ferrailles, autour desquelles une demi-douzaine de sentinelles montent, mélancoliques, la garde.

MARDI 8 JUIN

Ce matin, une nouvelle affiche porte à notre connaissance qu'à la suite d'un jugement du tribunal de campagne de Liége, les personnes suivantes ont été fusillées parce que « elles ont agi comme membres d'une organisation qui transmettait à l'ennemi des **renseignements concernant les transports de troupes** allemandes sur les chemins de fer exploités militairement ».

Louise Frenay, née Derache, de Liége. marchande;
Jean-Victor Bourseaux, de Liége, commerçant;
Jules Descheutter, de Liége, commerçant;
Peter Pfeiffer, de Haut-Pré, ouvrier;
Oscar Lelarge, de Statte (Huy), employé de chemin de fer;
Justin Lenders, de Liége. installateur;
François Barthélemi, de Grivegnée, commerçant;
Charles Simon, de Namur, dessinateur.

Chapeau bas devant ces héros!

JEUDI 10 JUIN

Les manifestations du savoir-faire de l'ennemi sur notre territoire sont si variées dans l'ignominie qu'on ne devrait plus s'étonner de rien. Tout de même ce qu'il a imaginé au début de ce mois pour Malines est tellement monstrueux (et il en tire vanité jusque sur les murs de Bruxelles !) que notre indignation, déjà un peu engourdie par l'accoutumance, en reçoit comme un coup de fouet. Parce que les ouvriers de l'arsenal de Malines, se conformant en cela aux ordres du gouvernement belge, refusent de travailler, cette ville sera isolée, bloquée, coupée du reste du monde, et toute la vie économique de la cité sera éteinte!

Or, donc, l'administration allemande ayant un trop pressant besoin de tous ses hommes et ne disposant plus d'assez de bras pour remettre d'aplomb le matériel roulant dont elle fait un si fiévreux usage, veut qu'il y soit travaillé par des ouvriers belges, dans les ateliers des chemins de fer de l'Etat, à Malines.

Les sommations sont inutiles : les ouvriers ne se présentent pas. L'autorité allemande se fait plus impérieuse; elle exige et menace, tout en assurant « qu'elle n'a nullement l'intention d'obliger les ouvriers à travailler pour l'armée allemande et que les travaux dont il s'agit répondent uniquement aux intérêts de la population belge ». Tout est inutile; les ouvriers bravent les rigueurs et refusent formellement de travailler pour l'ennemi.

Le gouverneur général annonce alors qu'il se voit « obligé de punir la ville de Malines et ses environs en y arrêtant tout trafic économique tant qu'un nombre suffisant d'ouvriers de l'arsenal n'aura pas repris le travail ». Et il ordonne ce qui suit :

Si le mercredi 2 juin, à 10 heures du matin (heure allemande) 500 anciens ouvriers de l'Arsenal pouvant et désirant travailler (ceux qui désirent travailler peuvent se faire inscrire à l'entrée de l'Arsenal tous les jours de 8 à 12 heures et de 2 h. 30 à 6 heures (heure allemande), ne se présentent pas à l'ouvrage, les restrictions suivantes au trafic entreront en vigueur le 3 juin, à partir de 6 heures du matin :

a) Les autorités des chemins de fer empêcheront tout trafic de personnes et de voyageurs partant des gares situées sur les parcours suivants, ou y aboutissant :

Malines-Weerde ;
Malines-Boortmeerbeek ;
Malines-Wavre-Sainte-Catherine ;
Malines-Capelle-au-Bois,
y compris les gares-terminus.

Il sera défendu à tout civil, sous peine d'être puni, de pénétrer dans les gares en question.

b) Toute circulation de véhicules (transport de personnes et de fardeaux), de vélos, d'autos, de vicinaux et de bateaux, même en transit (à l'exception du transit des bateaux) est interdite dans la région comprise entre le pont de la chaussée de Duffel, la Nèthe et le Rupel en aval jusqu'au confluent du canal de Bruxelles, la rive est du canal vers le sud jusqu'à Pont-Brûlé, puis les chemins d'Eppeghem, Elewyt, Wippendries, Berghsheide, Campelaar, Boort-Meerbeek, Ryménam, Wurgnes, Peulis, Hoogstraat, Wavre-Notre-Dame, Buckheuvet, Berkhoef, jusqu'au pont de la chaussée de Duffel.

Les rails de vicinaux seront enlevés aux limites de la région délimitée ci-dessus.

c) Il ne sera fait d'exception à l'alinéa b) que pour les transports du Comité national destinés à l'alimentation du district interdit.

d) Le bureau des passeports sera fermé.

Si la vie économique de Malines et des environs, que je me suis efforcé spécialement de favoriser, souffrait gravement des mesures susmentionnées, la faute et la responsabilité en seraient au manque de prévoyance des ouvriers de l'Arsenal se laissant influencer par des meneurs.

Le cardinal Mercier qui, en ce temps de calamités, aime se rendre partout où de nouvelles souffrances sont signalées, est le premier atteint par cette mesure. Il doit, conformément aux ingénieuses mesures du gouverneur général, sortir à pied de la région interdite et chercher alors quelque carriole qui le transportera plus loin. M. le chanoine Vrancken, secrétaire de l'archevêché, accompagnait l'autre jour le cardinal, qui devait aller ainsi à Bruxelles. Dans la traversée de Malines, Mgr Mercier est acclamé par la foule. Aussitôt des soldats se précipitent et repoussent à coups de crosse ces dangereux « manifestants »... M. le chanoine Vrancken ne peut s'empêcher de dire à la soldatesque :

« Ne brutalisez donc pas ces femmes et ces enfants! Ils ne font aucun mal. Ils saluent simplement leur pasteur. »

Des officiers s'emparent de lui. La « Kommandantur » veut le contraindre à faire des excuses à l'armée allemande. Refus. M. le chanoine Vrancken est condamné à un mois de prison.

Le blocus a duré huit jours et son fiasco a été complet. Bien sûr, la population a souffert, mais les ouvriers requis ont, à part peut-être quelques rares exceptions, patriotiquement persisté dans leur refus. Dans l'entretemps, les pays étrangers ont appris les détails de cette affaire et son retentissement doit avoir été grand, car les autorités de l'empire jugent prudent d'y mettre un terme. Pour dissimuler son échec, le baron von Bissing fait afficher aujourd'hui que « un nombre suffisant d'ouvriers s'étant présenté aux ateliers des chemins de fer à Malines, les mesures de rigueur qu'il avait décrétées seront mises hors de vigueur à partir de la nuit du 11 au 12 juin à minuit ».

La vérité est celle-ci : il s'est présenté un certain nombre d'hommes, mais la plupart appartiennent à d'autres catégories professionnelles. Les ateliers de Malines offriront cette originalité qu'on y verra raccommoder des wagons et des locomotives par des garçons bouchers, des rempailleurs de chaises et des marchands de peaux de lapin.

VENDREDI 11 JUIN

Mme Lemonnier, femme de notre premier échevin, faisant fonctions de bourgmestre, est condamnée parce que, se promenant il y a trois semaines au Bois avec des amis et s'étant assise avec eux à la terrasse d'un restaurant, elle se leva tout à coup et leur dit : « Asseyons-nous plutôt là-bas; il y des boches ici. »

Un Allemand, offensé de la réflexion, se dirigea vers le comptoir et, désignant le groupe qui venait d'entrer, demanda au tenancier de l'établissement s'il connaissait ces personnes. Sur sa réponse négative, il alla se rasseoir en maugréant.

Peu après, Mme Lemonnier poursuivit sa promenade sans remarquer que le dit boche la suivait. Elle fut escortée ainsi jusqu'à son domicile, et ce n'est qu'à ce moment qu'elle se rendit compte, en reconnaissant l'individu, de l'imprudence qu'elle avait commise. Le lendemain, Mme Lemonnier était mandée rue de la Loi.

Conclusion : 50 marks d'amende et insertion du jugement dans les journaux aux frais de la « délinquante ».

Après réflexion, la « Kommandantur » a supprimé la seconde partie de la peine parce qu'elle a remarqué que Mme Lemonnier en éprouvait quelque plaisir. Qui ne s'enorgueillirait pas de se voir officiellement délivré dans les gazettes un certificat d'antibocherie? (1).

SAMEDI 12 JUIN

Les chômeurs ! On se demandait quel peut bien en être le nombre. On le sait depuis quelques jours. La première statistique dressée à la fin du mois de mai d'après les listes fournies au Comité national, accuse pour l'ensemble du pays, un effectif de 741,594, et ce chiffre, augmenté du nombre des épouses et des enfants, atteint le total de 1,585,686.

---

(1) Mme Lemonnier eut affaire plus tard encore à la justice allemande. Voir 30 septembre 1916.

La situation, on le voit, était angoissante et exigeait une intervention rapide. C'est à cette tâche que s'est vouée l'œuvre appelée « Aide et protection aux sans-travail nécessiteux » (1).

Le Comité national a défini nettement les conditions et le caractère de son intervention :

Le Comité national, dans le but de parer aux maux résultant du chômage extraordinaire provoqué par la guerre, a décidé d'aider avant tout les communes afin d'occuper le plus d'ouvriers possible à des travaux d'utilité publique. Il s'efforcera de leur procurer les ressources nécessaires et leur allouera comme subside une somme égale au montant des secours auxquels les chômeurs occupés pourraient prétendre.

Subsidiairement pour les communes qui ne seront pas à même d'occuper tous les chômeurs ou qui n'auraient pas de travail d'utilité publique à faire exécuter, le Comité national organise, sous la direction des Comités provinciaux de Secours et d'Alimentation, et avec la collaboration des communes, un service de secours à tous ceux qu'un empêchement bien avéré de travailler met dans le besoin.

On se rendra compte de l'importance de la charge qui va incomber, de ce chef, au Comité national quand on saura que ces 1,585,686 nécessiteux ont touché pendant le seul mois d'avril une somme de 9 millions 106,227 francs dont 1,378,634 francs pour l'agglomération bruxelloise seule, — et que tous ces chiffres grandissent de mois en mois.

---

(1) Cet organisme, qui a pour président M. Beco, gouverneur du Brabant, et pour secrétaire M. l'avocat van Gend, a fait appel au concours de spécialistes de tous les partis. On trouve dans son comité : Mlle Cappe; MM. Brants, professeur à l'Université de Louvain; Varlez, président du fonds intercommunal; Solau, conseiller communal de Bruxelles; l'abbé Vossen, du secrétariat social de la rue du Boulet; Wauters, représentant; De Becker-Remy, sénateur; Hulin, gérant de la Société Solvay; Eylenbosch, conseiller communal à Gand; Pary, ouvrier à La Louvière, et M. Vandersmissen, secrétaire de la Maison du Peuple, de Bruxelles. MM. l'abbé Vossen et Vandersmissen, décédés pendant la guerre, ont été remplacés dans la suite respectivement par MM. l'abbé Cardyn et Mertens.

LUNDI 14 JUIN

Les interdictions pleuvent, et souvent on n'y comprend rien. Voici qu'il est défendu « d'importer des savons de tous genres, y compris le savon en poudre, et des huiles et des graisses saponifiées ». Pourquoi? Le savon monte de prix d'inquiétante manière. Bientôt il faudra posséder des rentes pour pouvoir se laver autrement qu'à l'eau claire. Et c'est le moment que nos maîtres choisissent pour fermer les barrières aux savons étrangers ! Des esprits perspicaces prétendent que ces ordres viennent de Berlin et ont pour but de laisser disponibles pour l'Allemagne seule tous les stocks existant ou importés en Hollande.

L'huile aussi disparaîtra de chez nous. Quand l'Allemagne crée ici une « Zentrale » de quelque chose, ce quelque chose s'évanouit automatiquement. Or, un arrêté annonce la constitution d'un « Bureau central des huiles de graissage » par l'entremise duquel devront désormais se faire toutes les fournitures d'huiles de graissage dans tout le pays. Les détenteurs d'huiles ne pourront plus vendre leurs produits qu'à ce bureau ou aux maisons qu'il désignera. En cas de contravention, 5,000 marks d'amende, confiscation. etc.

L'huile, comme le reste, va prendre en grande partie la route d'outre-Rhin ou du front de combat.

MARDI 15 JUIN

Mon confrère Emile Housiaux, rédacteur au «Peuple», a eu une aventure qui mérite d'être notée. Il y a quelques jours, un de ses amis, M. Disière, échevin de la ville de Dinant, lui écrivait une lettre pour lui recommander la lecture du « Livre blanc » allemand, spécialement des passages relatifs aux massacres de Dinant.

« Comme tu sais exactement ce qui s'est passé, lui disait en substance M. Disière, ne pourrais-tu relever toutes les contre-vérités dont fourmillent les documents allemands et envoyer cette mise au point à l'étranger? »

Housiaux rédigea cette réponse et, en attendant une occasion de l'envoyer à l'étranger, la déposa provisoirement sur son bureau, cachée entre les pages d'une brochure du baron Beyens sur Guillaume II.

Dimanche dernier, le journaliste socialiste et Mme Housiaux se préparaient à sortir avec un ami pour aller pique-niquer dans la forêt, lorsque deux policiers allemands se présentèrent.

« Vous êtes bien M. Emile Housiaux, rédacteur au « Peuple »?

— Parfaitement.

— Vous avez dû recevoir ces jours-ci une lettre de M. Disière de Dinant, vous invitant à rédiger une réponse au « Livre blanc »?

— J'ai, en effet, reçu cette lettre; mais M. Disière s'est borné à me proposer un sujet d'article. Il sait que je suis journaliste; c'est pour cela sans doute qu'il s'est adressé à moi. Sa proposition n'a aucune importance, car je ne compte pas y donner suite.

— Nous allons, néanmoins, perquisitionner.

— A votre aise! »

Housiaux n'est pas rassuré. Il sait que son manuscrit se trouve en évidence sur son bureau et qu'à moins d'un hasard providentiel, les Allemands doivent le découvrir. Tout en précédant les Allemands à l'étage, où ils lui ont dit de les conduire (c'est là qu'est son bureau), il cherche à gagner du temps. Mais les mouchards ne le perdent pas de vue, et il faut bien risquer le tout pour le tout. Housiaux s'avance vers son meuble-bureau, le dos tourné à la porte, de façon à masquer autant que possible ses gestes aux regards qui l'observent; il saisit le document, le froisse dans ses mains; puis, se dirigeant vers la fenêtre, il se penche et laisse tomber le papier dans le vide. Mais un policier a vu le geste et se précipite :

« Vous venez de jeter un papier, crie-t-il. Je l'ai vu.

— Je n'ai rien jeté; vous faites erreur. »

Le boche se penche à la fenêtre, examine la cour, qu'elle surplombe, cherche, appelle son adjoint et l'invite à descendre à toute vitesse dans la cour pour y prendre le papier.

Le policier descend et reparaît, après quelques instants, la figure moqueuse, tenant entre le pouce et l'index un petit chiffon malpropre, le seul qu'il ait trouvé... au fond d'un seau; c'est une enveloppe de caramel... Colère du chef enquêteur. Housiaux ne comprend pas davantage ce phénomène de la transformation de son manuscrit en un papier de caramel.

En désespoir de cause, les deux émissaires de M. von Bissing commencent leur perquisition. Ils ne découvrent rien et s'en vont. Housiaux peut enfin s'enquérir de la façon dont le phénomène susmentionné s'est produit.

Il trouve dans la cuisine l'ami qu'il a invité à faire avec lui une partie en forêt. Celui-ci se tenait là pendant que la perquisition avait lieu à l'étage et sans en rien savoir.

« Tu demandes, dit-il placidement à Housiaux, ce qu'est devenu ton manuscrit? Il s'agit peut-être des papiers que tu as jetés par la fenêtre dans la cour. Les voici. J'ai cru, en les voyant tomber, qu'ils m'étaient destinés. Comme j'étais occupé à beurrer les tartines du déjeuner, je les ai mis provisoirement en poche et j'ai continué ma petite besogne. C'est alors que j'ai vu, non sans surprise, un monsieur entrer dans la cuisine en coup de vent. J'ai pensé que c'était un de tes amis. Il s'est excusé en me voyant, puis s'est dirigé vers la cour. Il doit y avoir pris quelque chose, car je l'ai vu se baisser. Il est ensuite repassé devant moi en s'excusant encore. C'est tout ce que je sais.

— Depuis ce jour, me dit Housiaux, je crois au miracle. »

SAMEDI 19 JUIN

La zwanze bruxelloise. Rien ne la déracinera.

Un habitant de la rue Joseph II signale à la « Kommandantur » — mettant au bas de sa lettre un nom d'emprunt — que des individus à mine suspecte et que l'on suppose à bon droit détenteurs d'armes se réunissent mystérieusement à minuit à tel et tel numéro de telle rue du quartier. Suivent une douzaine d'adresses d'habitations où vivent des Allemands.

A minuit, une automobile dépose deux officiers et quatre soldats devant la maison qu'indique la première adresse. Ils carillonnent longuement, entrent et... sortent penauds. Ils se rendent à la seconde adresse et en sortent de même. Ils n'ont pas jugé nécessaire d'aller plus loin.

M. Grauwels, ancien conseiller communal, qui habite ces parages et semble être le centre de ces opérations a eu beaucoup de plaisir...

DIMANCHE 20 JUIN

M. Germain Bury, employé du chemin de fer de l'Etat belge, est fusillé parce que « il s'était procuré des renseignements sur les mouvements des troupes allemandes et les avait fait parvenir à l'ennemi ».

VENDREDI 25 JUIN

Ce matin, très tôt, des sentinelles allemandes postées sur les grandes routes qui mènent à la ville, principalement sur la route Ninove-Bruxelles arrêtent les maraîchers et réquisitionnent leurs provisions, légumes et fruits. Au marché aux bêtes, les Allemands achètent (mais avec notre argent, puisque la Belgique doit leur verser 40 millions par mois) tout ce qui leur semble bon. Aussi le prix de la viande ne cesse-t-il de monter. La viande de porc est quasi introuvable.

LUNDI 28 JUIN

Le dernier numéro de la *Libre Belgique* fait prime : c'est un « souvenir » que tous les Bruxellois veulent posséder. Il étale au milieu de sa première page une photographie du baron von Bissing lisant la *Libre Belgique*; en dessous cette légende : « Notre cher gouverneur, écœuré par la lecture des mensonges des journaux censurés, cherche la vérité dans la *Libre Belgique* ».

29 juin 1915

La « Kommandantur » enrage de ne pouvoir saisir ce moucheron de *Libre Belgique*, tenace à bourdonner, en le criblant de piqûres, autour de l'aigle germanique. Il arrive à ses agents de mettre la main au collet de quelque gagne-petit qui vend clandestinement des prohibés : chaque fois, ils lui promettent une récompense de 25,000 marks s'il peut leur faire connaître l'éditeur de la *Libre Belgique*.

Tous les moyens sont bons pour atteindre ce but. Des prêtres nous mettent en garde contre la visite d'un espion allemand, parlant très correctement le français, habillé en capucin, qui se présente dans des familles catholiques et les prie « dans un intérêt religieux et patriotique » de lui procurer quelques numéros de la *Libre Belgique*, de manière qu'il puisse, explique ce faux apôtre, « répandre également ce bon petit journal ».

Dans une église du haut de la ville se présente un homme qui exprime le désir de se confesser. Un religieux arrive aussitôt. Après s'être confessé, l'individu lui manifeste l'intention de faire une bonne œuvre dans une pensée de pénitence, de donner 500 francs pour la diffusion de la *Libre Belgique*. Le religieux déclare ne pas être à même de faire parvenir cette générosité à son but. Et, méfiant, il fait suivre le gaillard. Celui-ci se rend en droite ligne à la « Kommandantur » ! C'était un des milliers d'espions au service du gouvernement général.

On ne saurait assez se méfier, et de l'inconnu qui sonne aux portes et des inconnus qui, en tram, aux terrasses des cafés, à la poste, partout, tendent l'oreille aux conversations tout en affectant l'indifférence.

Il y a, paraît-il, 6,000 espions allemands dans nos grandes villes, parmi lesquels 2,000 femmes, dont plusieurs, pour mieux dissimuler leur métier, portent au corsage nos couleurs nationales.

MARDI 29 JUIN

J'ai eu aujourd'hui l'occasion et le plaisir de causer, sans aller au delà de la banlieue bruxelloise, avec deux troupiers français. Voilà qui n'est pas banal... Je leur ai été présenté — fort secrètement — à la Petite Espinette, par un habitant de ce hameau sylvestre et champêtre, M. Georges Hautfenne. Celui-ci qui a, même en temps de guerre, une mine épanouie de bon vivant et une réputation digne de sa mine, dissimule actuellement, sous ses allures de joyeux insouciant, une existence consacrée surtout à une œuvre aussi périlleuse que patriotique.

A la fin d'août, se promenant aux environs de chez lui, il découvrit, blottis sous de la paille, à quelques mètres d'un poste de soldats allemands, deux pioupious français, habillés en civils. On juge de sa stupéfaction. Isolés de leurs camarades lors des combats de Dinant, ces deux soldats se dérobaient depuis lors aux Allemands, et, d'étape en étape, ils étaient arrivés, dans leur fuite, aux portes de Bruxelles. Hautfenne sut les cacher jusqu'à ce qu'il fut parvenu à les réexpédier, grâce à de faux papiers, par le vicinal d'Enghien, vers la France. Cet acte de sauvetage dont l'occasion lui avait été fournie par le hasard devint pour lui le point de départ d'une entreprise systématique.

Beaucoup de soldats ayant pris part aux combats de l'Entre-Sambre-et-Meuse errent encore dans les campagnes et les bois de cette région. Quelques Bruxellois dévoués, qui ont des accointances là-bas, les aident d'ici; ils trouvent moyen de leur procurer des asiles, des concours, du ravitaillement. Ce sont notamment M. Simon, marchand-tailleur à Bruxelles (1), et un instituteur pensionné, M. Delcroix. Hautfenne est entré en rapport avec eux. On ramène des abandonnés de l'Entre-Sambre-et-Meuse vers Bruxelles; d'autres arrivent spontanément. On refait alors avec eux ce que Hautfenne a fait avec les deux premiers évadés. On les recueille pendant des jours, des semaines, jusqu'à ce que les moyens aient été créés et l'occasion se soit présentée de les réexpédier avec chance de succès vers la France, soit par la frontière française, soit par la frontière hollandaise. Hautfenne s'est fait des collaborateurs de plusieurs habitants de la Petite-Espinette, notamment des

---

(1) Il fut condamné plus tard à 4 ans de travaux forcés.

hôteliers Langendries, de Naeyer et Van den Bossche, des jardiniers Havenith et Lekime ; ceux-ci assurent surtout l'hospitalité aux fugitifs ; un droguiste de St-Gilles, Constant Mertens ([1]), l'aide aussi beaucoup. Le bourgmestre de Waterloo, M. Wilmart, et le secrétaire communal, M. Derue, jouent, de leur côté, un rôle efficace dans l'entreprise : c'est grâce à eux qu'on munit les partants de fausses pièces d'identité.

En septembre M. Hautfenne a recueilli, puis fait évader de Belgique 200 fugitifs ; en octobre, une centaine ; depuis, le nombre a varié de 40 à 90 par mois ; le total se monte actuellement à plus de 700. De temps en temps on rend aussi à un Belge le service de le « faire passer ».

Ce qui contribue à rendre méritoire la tâche patriotique que les braves gens dont je parle se sont imposée spontanément, à si grands risques, sans même la récompense des petites satisfactions de vanité qu'apportent les œuvres accomplies publiquement, c'est qu'ils en assument encore tous les frais, et pourtant ce ne sont pas des richards. « Les seuls concours pécuniaires que nous ayons reçus jusqu'ici, m'a confié M. Hautfenne, c'est une fois fr. 17.50 d'un comité français et, une autre fois, 80 francs pour passage de deux gendarmes belges ([1]) ».

___

(1) Mertens fut arrêté en mai 1915 et condamné à 1 an de prison. Sa sœur, Mlle Eugénie Mertens, qui l'aidait, fut condamnée à 6 mois de prison.

(1) M. Hautfenne fut arrêté en juillet et condamné. Voir 23 juillet 1915.

Juillet 1915

3 juillet : Défense de porter des insignes belges. — La feuille de lierre. — **5** : Prise de possession de villas inoccupées. — Expulsion des concierges du Parlement et des ministères. — Les repas à 30 centimes. — Les orphelins de la guerre. — **6** : Manœuvres allemandes tendant à étouffer dans les écoles l'esprit national belge. — **12** : Un brevet du tribunal de Bruxelles aux journaux soumis à la censure ennemie. — **13** : Service funèbre pour 41 anciens élèves du collège Saint-Michel morts à la guerre. — **14** : Le Réfectoire Elisabeth. — **16** : Comment se font les perquisitions. — **17** : Les sacs américains. — Les bijoux patriotiques. — Une visite à l'agence des prisonniers de guerre — Autres œuvres pour les prisonniers. — **18** : Cérémonie imposante en l'église Sainte-Gudule. — Précautions allemandes en vue de la fête nationale belge. — **19** : La question des tribunaux d'exception devant la Cour d'appel. — **20** : Invitation officielle aux Belges à unir leurs efforts à ceux... du pouvoir occupant. — **21** : Une fête nationale comme on n'en a jamais vue. — **22** : Le jeu de patience du bourgmestre Max. — **24** : La collectivité est responsable d'une infraction individuelle. — **28** : Les distributions de prix pendant la guerre. — **30** : Multiples arrestations. — Narration caractéristique d'une arrestation arbitraire.

SAMEDI 3 JUILLET

Que faire pour blesser chaque jour davantage dans leurs sentiments patriotiques ces « sales Belges » comme on nous appelle à la « Kommandantur » ?

Dans la recherche d'une nouveauté, l'imagination du gouverneur général n'est jamais au repos. Aujourd'hui, il fait afficher que « quiconque porte, expose ou montre en public, d'une façon provocatrice, des insignes belges ou quiconque porte, expose ou montre en public, même d'une manière non provocatrice, des insignes d'autres pays en guerre avec l'Allemagne ou ses alliés est passible d'une amende de 600 marks au plus et d'une peine d'emprisonnement de six semaines au plus ».

Les termes ambigus de cette proclamation sont caractéristiques des procédés allemands. Il s'agit toujours de laisser à l'arbitraire de la « Kommandantur » ou des tribunaux militaires la décision à prendre, la taxation de la peine à infliger. Porter des insignes belges « d'une façon provocatrice », qu'est-ce à dire? Ne vous avisez pas, montant dans un tram et portant un très modeste ruban tricolore à la boutonnière, de vous asseoir, par exemple, devant un officier allemand : ce sera peut-être la « façon provocatrice ». (1)

Le bon peuple de Bruxelles, habitué depuis onze mois à ces grosses malices — imaginées peut-être à seule fin de lui extraire, par des procédés variés, quelque argent — ne s'y laisse plus prendre. Sur l'heure, il refoule dans son cœur l'expression de ses sentiments, qui n'en deviennent que plus vivaces; mais dès ce soir, les boutonnières et les corsages sont ornés d'une feuille de lierre, emblème plus significatif encore de notre fidélité inébranlable.

Il reste pourtant quelques boutonnières ornées, très discrètement, des couleurs nationales : quelques Bruxellois veulent éprouver, fût-ce à leurs dépens, l'honnêteté de l'arrêté allemand qui n'interdit pas de porter un insigne d'une « façon non provocatrice ».

Nous allons voir!

LUNDI 5 JUILLET

A la périphérie de Bruxelles, à Stockel notamment, l'autorité allemande met les administrations communales en demeure de lui désigner les villas inoccupées. Elle désire en prendre possession pour y installer des convalescents. Quant aux convenances des propriétaires... il est presque risible d'y faire encore allusion.

Les concierges des départements ministériels, de la Chambre des Représentants et du Sénat reçoivent avis d'avoir à déguerpir, avec leurs familles, pour le 14 courant. Plusieurs avaient là leur logis depuis de nombreuses années.

* * *

Inlassablement, et faisant un réconfortant contraste avec ces persécutions, l'esprit de charité qui anime à

---

(1) Voir, à ce propos, un cas raconté à la date du 7 août.

un si haut degré nos concitoyens continue son œuvre merveilleuse. Le comité des repas à 30 centimes étend partout ses bienfaits. Dans tel cabaret de Saint-Josse-ten-Noode on prépare, grâce à lui, quotidiennement cinq cents repas.

L'OEuvre des orphelins de la guerre commence le placement de ses petits protégés. Des religieuses ouvrent des asiles supplémentaires pour réfugiés. Une sœur noire de la maison de la rue Blaes a ouvert un refuge dans un atelier de peintre, rue Brialmont. Une cinquantaine de femmes et d'enfants y ont trouvé asile. Tandis que les femmes vont travailler à la journée, des jeunes filles de la bourgeoisie lavent, habillent, instruisent les enfants. Plusieurs, parmi ceux-ci, ont fait leur première communion la semaine dernière. Des personnalités de l'OEuvre des orphelins de la guerre assistaient à la cérémonie.

MARDI 6 JUILLET

Des individus à mine plutôt patibulaire stationnent sur certaines places publiques, près de l'arrêt des trams, porte de Schaerbeek surtout. Ils observent les gens qui passent, et arrêtent quiconque porte encore un ruban tricolore belge à la boutonnière, ce ruban fût-il incontestablement discret. Ce sont des mouchards allemands à la solde de la « Kommandantur ».

* * *

Coup sur coup paraissent de nouveaux arrêtés. L'un stipule que « les membres du personnel enseignant, directeurs et inspecteurs d'école qui, pendant la durée de l'occupation tolèrent, favorisent, provoquent ou organisent des menées ou manifestations germanophobes seront punis d'une peine d'emprisonnement d'un an au plus » et que « les autorités allemandes ont le droit de pénétrer dans toutes les classes et chambres de toutes les écoles existant en Belgique et de surveiller l'enseignement et toutes les manifestations de la vie scolaire en vue d'empêcher les menées et intrigues dirigées contre l'Allemagne ».

Le texte ainsi libellé a, sans doute, pour but de donner, aux yeux des nations où l'on en reçoit connaissance par les journaux, une apparence de justification aux arrêtés en question. Mais dans la pratique, et sous couleur d'empêcher des manifestations scolaires anti-allemandes que nul ne songe à organiser, il s'agit de bien autre chose. Il s'agit exclusivement de tuer dans les écoles l'esprit national belge. Toujours les mêmes procédés obliques!

Déjà, des surveillants pénètrent dans des écoles primaires, y font défense d'apprendre la *Brabançonne* aux élèves, arrachent des murs le drapeau tricolore et les emblèmes nationaux, défendent, sous menace de prison, qu'à l'occasion des prochaines distributions de prix allusion soit faite à la famille royale belge, déchirent les cahiers de chant qui renferment des hymnes patriotiques, etc.

* * *

Hier soir, des patriotes, agissant dans l'ombre des rues désertes, ont collé sur les bornes postales et sur des murs, des étiquettes avec ces mots : « Attention! Dans quelques jours! Le 14 juillet, fête nationale française; le 21 juillet, fête nationale belge ».

Le rappel est superflu, ces dates sont dans tous les esprits. Mais comment les fêter? (1)

Déjà, à deux ou trois devantures, en ville, on lit cet avis : « Le magasin sera fermé les 14 et 21 juillet ».

Cela, du moins, il n'y aura pas moyen de l'empêcher!

LUNDI 12 JUILLET

Le tribunal de première instance de Bruxelles (MM. Benoidt, Leclercq et Oliviers) prononce un piquant jugement en faveur d'un négociant qui, entre autres réparations du préjudice qu'un tiers lui a causé, sollicitait l'insertion du jugement à intervenir, dans deux journaux belges.

Le tribunal donne gain de cause au demandeur, mais ajoute, pour ce qui concerne les insertions, « qu'il n'existe plus actuellement, en Belgique, de journaux

---

(1) On verra, à la date du 21 juillet, comment l'anniversaire national fut fêté.

belges, les feuilles paraissant depuis l'occupation étrangère, sous la censure allemande, ne pouvant prétendre à ce titre; qu'il faudra donc que le demandeur attende la libération de notre pays pour exercer ses droits à cet égard; que la réparation n'en sera que plus certaine ».

M. Benoidt, vice-président du tribunal, est immédiatement appelé à la « Kommandantur ».

MARDI 13 JUILLET

Ce matin, en l'église du nouveau collège des Jésuites, boulevard Saint-Michel, devant une foule considérable, — au premier rang de laquelle on remarque M. Lemonnier, ff. de bourgmestre de la ville de Bruxelles — une messe est chantée pour le repos de l'âme de quarante-et-un anciens élèves de l'établissement tombés au champ d'honneur. Il en est mort partout, et de tout âge, à Tignée, dès l'attaque de Liége, à Haele, Budingen, Aerschot, Bonine, Wolverthem, Rotselaer, Anvers, Eppeghem, Campenhout, Namur, Liezele, Schoonaerde, Duffel, Slype, Staden, Lampernisse, Ypres, Thourout, à l'Yser (une dizaine), au Congo, au Havre, à Calais, à Cologne, à Dunkerke, à Folkestone.

L'hommage aux morts est rendu en termes éloquents par le R. P. Paquet, qui achève en ces termes son oraison funèbre :

De la plupart de ceux dont nous célébrons aujourd'hui la mémoire, nous ne savons rien des états de service; nous savons seulement qu'ils ont tenu jusqu'au sacrifice de leur vie. Mais dans la mort ils nous demandent de prendre exemple d'eux, de ne pas laisser en berne le drapeau national dont les trois couleurs : « rouge, jaune, noire », symbolisent à merveille la pourpre de notre sang, le reflet doré du soleil de la Liberté qui réchauffe nos enthousiasmes, l'éclat sombre du fer dont se forgent les volontés tenaces.

Cette mort, chers élèves, est pour vous une leçon et cette cérémonie n'a pas d'autre moralité. Afin d'être dignes de vos aînés, vous devez vous faire une âme de chrétien patriote.

Il faut dans la discipline du collège apprendre à vous plier à la discipline des camps, dans l'obéissance au règlement vous former à l'obéissance militaire, dans les privations que demande le devoir d'aujourd'hui, vous préparer aux sacrifices qu'exigera le devoir de demain. L'esprit chrétien vous ensei-

14 juillet 1915

gnera à anoblir le service au pays. Il n'en est pas qui soit mieux conciliable avec la véritable fierté. C'est le service par excellence; on dit sans déterminatif : « Il est au service, je vais au service. »

Le lendemain de la bataille de Crécy, quand le Prince Noir ramassa l'écu de Jean l'Aveugle, il y trouva ces deux mots qu'il s'appropria désormais pour devise : « Je sers ». La mort glorieuse du preux fut le dernier acte d'une carrière où il avait servi toutes les causes qui lui paraissaient chevaleresques. Le trépas des anciens élèves des Collèges Saint-Michel, tombés au champ d'honneur, et sur lequel nous venons déverser nos prières, vous incite, jeunes gens, à copier les vertus de ces âmes vaillantes, pour préparer au Roi les soldats de l'avenir, au Roi vers qui va, au moment où nous jetons sur ce catafalque un dernier regard, l'expression émue de nos sentiments de respect, de reconnaissance et de patriotisme.

MERCREDI 14 JUILLET

Rue Gallait, 54, à Schaerbeek, dans un vaste local industriel présentement inoccupé, s'ouvre aujourd'hui le « Réfectoire Elisabeth », où, chaque jour, à midi, seront servis des repas à 20 centimes.

Ici comme partout, l'initiative privée, appuyée par les administrations communales, fait merveille. Le dîner consiste en potage, une tranche de viande, pommes de terre, légumes, et une demi-tranche de pain. Cela représente, au prix coûtant, 35 centimes. La commune suppléera la différence. Dans d'autres communes, ces organisations portent le nom de «cantines bourgeoises» ou de « restaurants populaires ». Le but est partout le même : nourrir au plus bas prix nos compatriotes dans la détresse.

Le premier dîner du « Réfectoire Elisabeth » a été réservé au comité organisateur et à ses invités, trois cents convives environ. Le prix de ce dîner était fixé à un franc, de manière à laisser un bénéfice à l'œuvre. Il y avait là, fraternisant dans un même sentiment d'assistance sociale, des gens de toutes conditions et de toutes opinions, gros industriels et modestes commerçants, prêtres des paroisses et conseillers communaux des trois partis. Des dames de la bourgeoisie se sont engagées à faire chaque jour le service de ce restaurant de guerre. Au dîner inaugural, M. Foucart, président du réfectoire, proposa de les autoriser à recevoir un pourboire... au bénéfice de l'entreprise. Et cela donna encore une recette coquette et inattendue.

Les chaises et les tables sont prêtées par des brasseurs, les couverts par un important restaurant de la ville; les achats de vivres sont faits par des conseillers communaux.

Ainsi se renforce chaque jour la collaboration de toutes les bonnes volontés. (1)

VENDREDI 16 JUILLET

Perquisitions sur perquisitions, à tort et à travers, partout. Inventant un prétexte, des émissaires de la « Kommandantur » se présentent, généralement à une heure très matinale, au domicile privé du citoyen, y fouillent tout, arrachent le linoleum des planchers, retournent les tapis, tapent sur les murs au moyen de petits marteaux dans l'espoir de percevoir un son creux

---

(1) Président du Réfectoire Elisabeth : M. Raymond Foucart, conseiller communal; vice-présidents : MM. Louis Socquet, conseiller communal suppléant; Pierre Pauwels, conseiller communal; secrétaire : M. Fritz Hamaide, avocat près la Cour d'appel; trésorier : M. Joseph Saillart, menuisier-entrepreneur; économe : M. Guillaume Herinckx, brasseur; secrétaires-adjoints : MM. Ernest Adam, conseiller communal; Jean Van Parys, avocat; trésorier-adjoint : M. Jacques Lévy, négociant; économe-adjoint : M. Henri Gignez, représentant de commerce.

Comité des dames collaboratrices : Mlle Barbier, Mme Blangy, Mlle Bulcke, Mme Cabuy, Mme de Leval, Mlle de Temmerman, Mme Franz Fischer, Mme Fritz Hamaide, Mme Ley, Mme Lor, Mlle Marzozatti, Mlle Story, Mme Eugène Teurlings, Mme Victor Vanderhoeft.

Commissaires : MM. Gustave Latinis, ancien échevin; Adolphe Marbotin, conseiller communal; Joseph Vanderhaegen, conseiller communal; Philippe Becker, représentant de commerce; Eugène Colard, négociant; Edmond Debond, tailleur; Henri Dille, caissier-comptable; Eugène Hotat, relieur; Alphonse Huisman, docteur en médecine; Jean Ooms, industriel; François Sas, coiffeur; Joseph Snutsel, peintre-entrepreneur; Corneille Vandeweghe, coupeur; Charles Van Goidsenhoven, représentant de commerce; Philippe Van Espen, industriel; Evariste Verspreet, bijoutier.

révélant une cachette. En plusieurs maisons ils ont décloué le chambranle des portes, espérant trouver derrière la planche quelque lettre, quelque document caché.

Ce matin, à 6 heures, une automobile s'arrête boulevard Clovis. Un officier et deux soldats allemands en descendent. A peine la servante a-t-elle ouvert la porte, que l'officier lui ordonne de ne pas bouger, de ne pas appeler. C'est la méthode employée par les « polizei » pour empêcher de donner l'éveil. L'officier se précipite à l'étage, pénètre dans une chambre ouverte et se campe devant le lit où sommeille encore le criminel qu'il doit emmener. Le méfait de ce paisible dormeur ?

— Vous avez tenu des propos désobligeants pour l'Allemagne ! lui dit-on.

Conduit à la « Kommandantur », le prévenu exprime le vœu d'être confronté avec son accusateur. Mais l'accusateur est parti pour Anvers, paraît-il. Peu importe. On n'en inflige pas moins au « coupable » quelques jours de prison.

A Tervueren, ce matin, des soldats pénètrent dans une villa, y enlèvent un lit avec la garniture. « Eh! là, objecte un voisin, de quel droit enlevez-vous cela ? »

Réponse : — Un officier vient loger à la gare. Il lui faut un lit. Nous avons pour instruction de prendre n'importe où ce dont nous avons besoin.

SAMEDI 17 JUILLET

Les sacs américains ayant contenu de la farine destinée au Comité national de secours et d'alimentation ont grand succès auprès des collectionneurs de souvenirs de guerre. Ces sacs portent des inscriptions et se vendent plus ou moins cher, suivant que la devise est plus caractéristique. On vend 30 francs un sac portant en lettres bleues et rouges cette mention, en anglais :

De la ville de Springfield (Ohio)

En témoignage d'affection à
Nos amis les Belges.
A cette héroïque nation
Dieu la bénisse !

Ces sacs portent aussi des devises, des dessins en couleur; par exemple, un profil d'indien du Far-West, à la chevelure empennée. Le Comité national fait broder un grand nombre de ces sacs, sur lesquels sont alors ajoutés à la soie de petits drapeaux américains et belges. On en fait des tabliers, des abat-jour, des milieux de table, des dossiers de fauteuils, des stores. Plusieurs sacs ainsi transformés et embellis, retournent aux Etats-Unis et vont y exprimer la gratitude de la nation qui les a reçus.

Autre initiative. Les pièces d'or à l'effigie du Roi Albert font prime. Les bijoutiers les paient 40 francs. Ils en font des broches, des pendentifs. Tout l'art de la joaillerie est mis en œuvre pour les transformer en bijoux patriotiques. De même, les pièces d'un franc et de 50 centimes à l'effigie du souverain et au millésime de 1914 sont finement découpées et montées en broches, breloques, épingles de cravate. Les anciens sous de nickel portant le lion Belgique sont recherchés dans le même but.

* * *

Une visite à l'agence des prisonniers de guerre installée dans les locaux de l'Université de Bruxelles. C'est l'occasion d'expédier un colis de tabac et de cigares à un ami. Il y a là, ce matin, des centaines d'expéditeurs. Tout le long du jour se succèdent en ces locaux des gens de toutes conditions apportant des colis qui vont porter du réconfort à nos compatriotes des camps de Soltau, Magdeburg, Munsterlager et autres. De pauvres femmes apportent, ficelés dans d'humbles paquets, un saucisson ou un pain. (1)

---

(1) L'Agence, dans son organisation définitive, comptait plusieurs services : réception et vérification des envois individuels (déléguée à la direction, la baronne Léon Greindl, secrétaire, M. Henning); réception des dons (déléguée, la comtesse d'Assche, fondatrice de l'œuvre; secrétaire, M. Morel); expédition (secrétaire, M. Henning); trésorerie et assistance (délégué, M. Demeure, secrétaire, M. Tournay); magasin. Le « magasin » dirigé avec grand dévouement par Mme Ernest Parmentier, était populaire parmi les familles de prisonniers; il vendait, à bon compte, pour ceux-ci, et, s'il y avait lieu, donnait des vêtements et certains autres objets qu'il se chargeait aussi d'envoyer.

Parallèlement à cette œuvre, fonctionne une agence de renseignements sur les prisonniers de guerre et les internés » (1) qui s'est donné pour tâche de fournir des renseignements aux familles, de faciliter la correspondance entre les prisonniers et leurs parents, d'effectuer des envois d'argent, d'expédier des colis de vivres et de vêtements.

De son côté, la « Caissette du Soldat belge » envoie des colis par milliers. Il ne se passe guère de soirée sans que, dans l'un ou l'autre cabaret de l'agglomération, quelques consommateurs ne songent à collecter au profit de cette œuvre ou n'organisent à son bénéfice un concours de piquet, de jeu de quilles, de billard.

A tout propos, du reste, le désir d'apporter un peu de joie aux victimes de la guerre fait germer dans les cerveaux de touchantes initiatives. Par exemple, cet après-midi, dans la salle de la rue des Grands-Carmes, a lieu une vente publique de livres et de morceaux de musique. Pour clôturer la séance, quelqu'un a l'idée de mettre aux enchères le dernier morceau de musique, au bénéfice des invalides du palais royal. On se le dispute. Une dame se l'adjuge pour 260 francs ! Une salve d'applaudissements salue son noble geste.

DIMANCHE 18 JUILLET

Voici le dimanche des fêtes communales et de la procession du Saint-Sacrement du Miracle. Fêtes et processions publiques n'ont pas lieu. Mais la collégiale voit se dérouler dans ses murs une cérémonie grandiose : la procession annuelle a lieu, vu les circonstances, à l'intérieur de l'église. La foule s'y rend en flots pressés. L'ostensoir historique est porté par S. E. le Nonce apostolique, escorté d'une garde d'honneur si nombreuse qu'elle remplit toutes les nefs.

Le R. P. Dohet parle. En termes magnifiques, il dépeint la grandeur et les espérances de la nation.

---

(1) Présidente : Mme la comtesse Jean de Mérode; vice-président : M. Rolin-Jacquemyns; secrétaire : M. Despret; membres du Comité administratif : Mme Charles Janssen, MM. E. de le Court, C. Demeure, P. Heger, L. Lebœuf, Ad. Prins, T. Robinet, Sauveur et Terlinden.

« Non, dit-il en finissant, non, la nation belge ne périt pas. Est-ce une nation qui périt, celle où palpite une vie si intense ? Dieu ne permettra pas le triomphe de la barbarie et de l'injustice ! »

* * *

Les Allemands s'inquiètent de la manifestation muette qui s'organise pour mercredi, jour de la fête nationale. Ils voient apparaître à presque tous les étalages les affichettes annonçant que ce jour-là le magasin sera fermé. Ils font afficher que « le 21 juillet toutes manifestations sont interdites, de même que tous cortèges, pavoisement d'édifices publics ou privés ». Dix mille marks d'amende ou trois mois de prison à quiconque contreviendra. Mais comment empêcher un commerçant de fermer boutique ? Contre ce droit élémentaire de tout citoyen ils butent sans trouver le moyen de le supprimer.

A la même heure, sont affichés dans les églises des avis annonçant que le « Te Deum » traditionnel du 21 juillet sera remplacé, cette année, par une communion générale aux messes de 7 heures.

LUNDI 19 JUILLET

On se souvient du procès, minuscule en soi (la réclamation d'un trimestre de loyer par Mme Piron, propriétaire, à son locataire, M. De Ridder), qui donna lieu, vu l'importante question de principe engagée, à l'intervention du bâtonnier des avocats et à des débats retentissants devant le tribunal de première instance de Bruxelles. (1)

L'affaire a pris, au cours de ces derniers mois, une ampleur extraordinaire par l'intervention du gouvernement général allemand lui-même. Il était à prévoir que ce gouvernement ne digèrerait pas aisément le « jugement Benoidt » du 22 avril, proclamant l'illégalité des tribunaux d'arbitrage institués par l'occupant. Après cinq jours de réflexion, le chef de l'administra-

---

(1) Voir 24 février, 18 mars, 22 avril 1915 et 29 mai 1916.

tion près le gouverneur général en Belgique transmit, le 27 avril, des instructions écrites à M. Jottrand, procureur général près la Cour d'appel de Bruxelles, instructions à la suite desquelles M. Holvoet, procureur du Roi, interjeta appel du jugement rendu par le tribunal de première instance. Le texte de l'acte d'appel devait provoquer des débats plus retentissants encore, car il dit que l'affaire est portée devant la Cour à la requête du procureur du Roi, agissant à la fois au nom de son office, en exécution de l'article 46 de la loi du 20 avril 1810 et sur instructions du procureur général près la Cour d'appel agissant, lui, sur instructions du gouvernement allemand.

On plaide les 24 et 28 juin. MM Théodor et Graux sont à la barre. Le bâtonnier replaide la question de fond, c'est-à-dire l'illégalité de l'arrêté allemand. M. Graux soutient qu'un procureur du Roi belge est sans qualité pour réclamer l'application d'un arrêté allemand. Cette seconde partie, qui est nouvelle, présente un exceptionnel intérêt.

M. Graux fait remarquer que, dès les premiers mots de l'acte d'appel, on est arrêté par le nom du Roi qui, à l'heure présente, personnifie aux yeux du monde la Belgique résistante. L'appel est introduit par un procureur du Roi qui dit agir au nom de son office et en vertu d'une loi belge, et cela pour obtenir l'application d'un arrêté décrété par un gouvernement étranger et ennemi. Pourtant, c'est un principe incontesté : quand le ministère public intervient auprès de nos cours et tribunaux par voie d'action, il agit au nom du pouvoir exécutif dont il est le délégué. Et c'est une chose non moins certaine que le ministère public n'a d'action que pour faire appliquer les lois auxquelles il convient au pouvoir législatif d'imprimer un caractère d'ordre public. Or, voici que le ministère public prétend obtenir de la Cour d'appel l'application d'un arrêté qui viole l'ordre public tel qu'il a été organisé par la législature belge.

Sans doute, d'aucuns croient que la convention de La Haye a organisé un régime d'occupation dont le ministère public aurait l'obligation d'être l'instrument et que, par l'effet de cette convention, l'occupant est substitué, même en droit, au pouvoir exécutif légitime de qui le ministère public tient ses pouvoirs.

M. Graux prétend que cette thèse est monstrueuse et signale qu'elle a été énergiquement combattue par le premier délégué de la Belgique à la conférence de La Haye. M. Beernaert, en effet, exposa qu'il ne pouvait être question d'organiser un « régime de la défaite », qu'on ne peut d'avance légitimer l'usage de la force, reconnaître par une convention que la force crée le droit, « qu'il n'est pas possible que le vainqueur légifère avec le consentement anticipé et écrit du vaincu ». C'est la manière de voir de M. Beernaert qui a prévalu à la conférence. Il en résulte, dit Mᵉ Graux, que ni en droit, ni en fait, la convention de La Haye n'autorise le ministère public à se soumettre à toutes les instructions de l'occupant. Celui-ci est le délégué du pouvoir exécutif national et il doit rester dans les limites de la Constitution belge et des lois réglant notre organisation judiciaire. Les tribunaux d'arbitrage que l'occupant a créés sortent du cadre de cette organisation : l'action du ministère public doit donc être déclarée non recevable.

« Si les sanctions ordinaires du droit sont inexistantes pour nous, conclut M. Graux, il en est une que je crains, c'est celle de l'histoire. L'histoire a déjà placé sur un sommet éblouissant et inaccessible celui dont le nom est le symbole de notre droit, celui au nom duquel on prétend agir ici. Puisse l'histoire placer tous ses délégués, à leur tour, d'étage en étage et par degrés, aux flancs de la montagne que celui-là couronne! »

La première chambre de la Cour d'appel de Bruxelles (MM. de Leu de Cécil, président; Hulin, Dupret, Gombault, Smits, conseillers; Jottrand, avocat général; Liénart, greffier) rend aujourd'hui son arrêt. Elle repousse la thèse de MM. Théodor et Graux et déclare légal l'arrêté allemand créant des tribunaux d'arbitrage.

Voici les principaux attendus :

Attendu qu'en agissant en vertu de son office, le Procureur du Roi n'agit pas au nom du pouvoir exécutif dont il relève, mais à raison de prérogatives que la loi elle-même attache à ses fonctions, aux termes de l'article 56 de la loi du 20 avril 1810; et qu'en se conformant aux instructions que son acte d'appel spécifie, ce magistrat n'en a donc pas moins valablement engagé l'action publique dont il a la charge;

Qu'avant de statuer plus avant sur le mérite de l'exception soulevée, il échoit de déterminer préalablement le caractère et la portée de l'arrêté en discussion; et par suite de rencontrer toutes les considérations respectivement produites comme celles invoquées au jugement du 22 avril 1915;

Attendu que le Droit des Gens, actuellement, distingue l'occupation de guerre de la conquête, et ne reconnaît plus à l'occupant, à l'égard de la population du territoire occupé, les pouvoirs du conquérant, et notamment celui de modifier à son gré la législation de ce territoire; et que, selon les articles 42 et 43 du règlement concernant les lois et coutumes de la guerre sur terre annexé à la IV° Convention internationale signée à La Haye, le 18 octobre 1907, articles figurant à la Section III, sous la rubrique : De l'autorité militaire sur le territoire de l'Etat ennemi :

« Un territoire est considéré comme occupé lorsqu'il se
« trouve placé de fait sous l'autorité de l'armée ennemie;

« L'occupation ne s'étend qu'aux territoires où cette auto-
« rité est établie et en mesure de s'exercer;

« L'autorité du pouvoir légal ayant passé de fait entre les
« mains de l'occupant, celui-ci prendra toutes les mesures qui
« dépendent de lui en vue de rétablir et d'assurer, autant qu'il
« est possible, l'ordre et la vie publics en respectant, sauf
« empêchement absolu, les lois en vigueur dans le pays. »

Attendu qu'ainsi les hautes puissances contractantes admettent manifestement que l'occupant décrète dans l'intérêt de la population du territoire occupé des mesures, même d'ordre législatif, qu'il juge nécessaires au rétablissement ou au maintien de l'ordre ou de la vie publics, sans distinguer entre la nature ou l'objet de ces dispositions; mais elles ont soin de rappeler aussitôt qu'en ce cas, l'occupant n'est pas autorisé à modifier les lois en vigueur, s'il n'y a pas empêchement absolu de maintenir celles-ci; qu'il n'a été fait aucune exception pour les dispositions constitutionnelles elles-mêmes; et que, si, lors de la Conférence de Bruxelles de 1874 qui a rédigé le projet de déclaration internationale concernant les lois et coutumes de la guerre, les délégués des puissances furent d'accord pour reconnaître le maintien des lois civiles et pénales, cet accord n'a donné lieu à aucun changement de texte, et les hautes puissances réunies à La Haye, en 1899 et en 1907, n'ont à cet égard apporté aucune modification aux dispositions soumises à leur délibération;

Attendu que la considération précédente, tirée du texte même de l'article 43 et conforme du reste à l'interprétation générale, rend manifeste que les arrêtés de l'occupant, en exécution de sa charge d'administrer le territoire occupé, emportant modifications aux lois en vigueur, ne vaudront légalement, d'après les exigences du droit des gens, que moyennant ces deux conditions :

1) La matière doit intéresser l'ordre et la vie publics;
2) Il doit y avoir empêchement absolu de maintenir la législation existante;

Attendu qu'à ces conditions, les tribunaux nationaux peuvent être légalement chargés d'appliquer ces arrêtés, suivant leur teneur, puisque la Convention en question fut publiée en Belgique en exécution de la loi du 25 mai/8 août 1910 et que cette loi porte que la dite Convention sortira ses pleins et entiers effets;

* * *

Attendu que si actuellement, comme antérieurement à la notion moderne de l'occupation de guerre, le droit des gens permet aussi à l'occupant de suspendre et modifier et les lois et les garanties constitutionnelles du pays occupé, dans toute la mesure que réclament les exigences de la guerre, la sûreté de son armée ou de son occupation; (Ernest Nys, *Droit international*, III, pages 244 à 247; II, pages 51 et 52; I, pages 449 et 450 et Autorités citées); et si, pour l'homme, céder à la force est un acte de nécessité, non de volonté, recommandé souvent par la prudence, le juge belge cependant n'a jamais d'autres pouvoirs que ceux que la loi lui confère, et nos lois et nos institutions ne lui permettent aucunement de couvrir de l'autorité de ses fonctions une prescription modificative de droits privés qui ne serait que l'émanation de la force, cette prescription fût-elle même restreinte à la suspension d'une disposition de loi (en Belgique tous les pouvoirs émanent de la nation; ils sont exercés de la manière établie par la Constitution; le pouvoir législatif s'exerce collectivement par le Roi, la Chambre des représentants et le Sénat; articles 25 et 26 de la Constitution);

* * *

Attendu, d'autre part, que contester, devant le juge régulièrement en fonctions, l'applicabilité d'une disposition légale, y revendiquer son droit, ne constitue, en soi, pas plus un acte d'imprudence qu'un acte d'hostilité; R. von Jhering l'a enseigné au monde entier : la lutte pour le droit est le devoir pour l'homme comme pour les peuples, c'est la caractéristique de l'homme;

Il appartient au magistrat plus qu'à personne de maintenir intacts, dans toute la mesure de « la loi », les droits de ceux qui recourent à son office; pour lui le pouvoir et le droit ne se confondent pas;

Attendu que le principe de la séparation des pouvoirs défend impérieusement au magistrat de se constituer juge de la loi; celle-ci est l'expression de la souveraineté nationale; comme telle, elle oblige les tribunaux aussi bien que les particuliers; elle doit être appliquée dans le sens même que le législateur y a attaché;

19 juillet 1915 380

Que toutefois il est du devoir du juge de s'assurer tout d'abord si la disposition dont on lui demande l'application à titre de loi, constitue une loi et réunit toutes les conditions requises à cet effet; qu'il lui incombe aussi d'interpréter la loi, c'est-à-dire d'en déterminer le sens et la portée dès que son texte ne permet pas de saisir l'exacte volonté du législateur; au regard de la contestation d'intérêts soulevée les articles 4 du Code civil, 505 et 506 du Code de procédure civile et 258 du Code pénal concourent à cet effet; l'article 28 de la Constitution ne vise que l'interprétation des lois par voie d'autorité, ou de législation;

Attendu que ce que le tribunal peut et doit faire vis-à-vis de la loi, il le peut et le doit à l'égard d'un traité international, même réglant les relations d'Etat à Etat, dès que le litige d'intérêt privé dont il est saisi rend cette interprétation nécessaire; mais son interprétation ne dépasse pas le cadre des intérêts privés sur lesquels il statue;

Qu'il ne pourrait d'ailleurs en être autrement, en matière de compétence d'attribution: le premier devoir du juge est, toujours, de vérifier sa compétence; il n'a qualité pour « juger » que s'il est institué à cet effet par la loi et dans la limite des attributions que celle-ci lui confère;

Qu'il est donc indifférent que le traité international soit un acte de portée spéciale n'organisant pas de sanction judiciaire, puisque le devoir d'en faire application emporte nécessairement celui de l'interpréter;

Qu'en Belgique, il en est ainsi des actes administratifs;

Qu'il est tout aussi indifférent que les tribunaux n'aient pas compétence pour statuer sur les sanctions auxquelles peut donner lieu la violation d'un traité international et que les diverses interdictions prononcées par la Convention de La Haye concernant les lois et coutumes de la guerre sur terre n'aient qu'une sanction morale : « la réprobation de la conscience juridique commune » ou ne soient pas même susceptibles de sanctions plus immédiatement appréciables que celle que laisse espérer soit l'article 3 de cette convention, soit le recours aux bons offices d'une ou de plusieurs puissances amies; puisque le tribunal n'en aura pas moins à décider qu'il se trouve investi du pouvoir de faire application de l'arrêté en question à la condition que celui-ci vaille loi à l'égard de notre législation;

Attendu que procéder à cette vérification n'est point soumettre le pouvoir de l'occupant à la tutelle du pouvoir judiciaire belge, mais seulement s'assurer si les lois dont celui-ci relève lui permettent de prêter à l'application de tel acte déterminé de l'occupant la coopération décrétée par ce dernier, que c'est même d'après les instructions du chef de l'administration près le Gouverneur général en Belgique que les jugements *a quo* sont soumis à la Cour;

Que, du reste, les puissances contractantes furent d'accord

pour constater que l'article 43 ne donnait d'avance aucun « droit » de légiférer dans les cas indiqués;

Que, dès lors, c'est à la seule condition que les arrêtés de l'occupant décrétant des modifications législatives répondent réellement aux prescriptions déterminées par l'article 43 que ces arrêtés pourront tenir lieu de loi pour les Cours et tribunaux;

Attendu que ce n'est pas assumer la responsabilité d'une législation ou d'une convention que d'en faire l'application prescrite par le législateur ou voulue par les parties, et cela d'autant moins que le principe de la séparation des pouvoirs, et partant celui de la limitation des responsabilités respectives reste encore dominant;

Que, d'ailleurs, le juge n'évite pas la responsabilité d'une vérification que la loi ou l'intérêt en litige rend nécessaire ou utile, pas plus que la responsabilité d'aucune de ses décisions, si graves soient-elles pour les intérêts ou l'honneur des parties; qu'en toutes circonstances il s'efforce de prononcer justement envers chacun;

Attendu enfin que si, en territoire occupé, l'autorité de l'occupant est, en son essence, purement temporaire, voire précaire, la dite autorité n'en reste pas moins la seule qui soit en mesure de s'y imposer, aussi longtemps que subsiste cette occupation telle que l'article 42 la définit; que jusque lors l'arrêté litigieux du Gouverneur général allemand en Belgique est donc arrêté souverain, et, sauf la vérification préspécifiée, a toute l'autorité de la loi; il émane de celui qui, en fait, dans la partie occupée du territoire, et notamment dans l'arrondissement de Bruxelles, résume en lui la puissance absolue, le généralissime des armées occupantes, Sa Majesté l'Empereur d'Allemagne, agissant par l'organe de son délégué, son Gouverneur général en Belgique;

Attendu, d'autre part, que le sens des mots et celui des choses suffisent pour démontrer que, pour l'arrêté en question, l'empêchement absolu de l'article 43 ne procède pas et ne saurait procéder des nécessités de guerre, mais de l'empêchement que les lois en vigueur présentent à la réalisation des conceptions de l'occupant en vue de rétablir et d'assurer l'ordre et la vie publics;

Que du reste, « les lois de la guerre continentale », publication de la section historique du grand état-major allemand en 1902 (traduction Carpentier, pages 144 et 145) expriment nettement cette distinction, en opposant les nécessités provisoires de l'administration aux exigences inéluctables de la guerre;

Attendu, en conséquence, qu'il incombe à la Cour de rechercher et constater si l'arrêté en question réunit les conditions préindiquées pour qu'elle puisse en faire l'application réclamée;

Que le dessaisissement ordonné ne vaut que s'il y a attribution valable de compétence à la juridiction nouvelle du tribunal d'arbitrage; et que, par suite, il échet, pour s'assurer de la validité de ce dessaisissement, de vérifier si les diverses dispositions de l'arrêté emportant modification à la législation en vigueur procèdent de l'empêchement absolu de respecter celle-ci;

Attendu que l'arrêté du Gouverneur général allemand en Belgique du 19 février-27 mars 1915 a pour objet, en son article 15, de laisser au juge, dans toutes les contestations visées par l'article 1er, toute liberté non seulement d'accorder des délais de paiement, d'interdire l'expulsion des lieux avant une époque déterminée, mais aussi de décider que les sommes déposées à titre de garantie soient imputées sur les loyers, et surtout de faire régler gratuitement et plus promptement, les trop onéreux et généralement trop longs conflits que, malgré toutes les calamités de l'heure présente, l'intérêt personnel trouve à soulever encore contre nombre de ceux qui tiennent à titre de bail le logement qui les abrite, l'établissement dont ils tiraient leur subsistance;

Qu'en dehors de ces dispositions de l'article 16 et de celles des articles 17 et 18, qui en constituent des cas spéciaux d'application, et en dehors des prescriptions reprises ci-après, l'arrêté se borne à supprimer des formalités et des frais inutiles (art. 12 et 19) et à simplifier la procédure indispensable (art. 12, 13 et 14) et à substituer aux juridictions existantes des tribunaux d'arbitrage pour connaître de toutes les contestations visées par l'article 1er dudit arrêté;

Que, par l'objet et la nature même de ces dispositions, cet arrêté, avec l'arrêté antérieur du 20 novembre 1914 concernant les baux et le louage des choses, dont il est un développement, la circulaire du 1er janvier 1915 interprétative de cet arrêté du 20 novembre, celle du 9 mars 1915 interprétative de l'arrêté du 10 février, documents publiés au « Bulletin officiel », rend manifeste qu'il procède de l'impérieux besoin d'assurer à quantité de personnes, sans plus attendre et autant que possible, le maintien d'un foyer malgré la misère que la guerre et ses dévastations ont accumulée en Belgique;

Que la situation générale du pays occupé devait donner la conviction que ces contestations seraient en nombre tel que l'organisation actuelle des juridictions ne suffirait pas à assurer sans retard les solutions indispensables; que la question du logement pouvait devenir aussi urgente, aussi impérieuse que celle du pain et se transformer en agitation et désordre;

Qu'actuellement encore, tout le territoire occupé reste soumis au régime exceptionnel décrété en août et septembre 1914 en suite de la loi du 4 août 1914, tant pour le retrait de fonds sur les dépôts en banque que pour les délais relatifs aux protêts et actes conservatoires; indices certains de la profonde perturbation de l'industrie, du commerce, et partant de l'absence de ressources pour beaucoup; qu'il y avait donc flagrante nécessité pour tout administrateur un peu prévoyant de faire résoudre aussitôt, et aussi amiablement et pratiquement que possible, la multiplicité des contestations inévitables dans un grand nombre de localités;

Attendu que pour répondre aux besoins ainsi révélés, l'arrêté du 10 février-27 mars 1915 a institué un tribunal d'arbitrage; mais qu'il s'est abstenu de donner à cette juridiction le pouvoir de statuer comme un amiable compositeur et, par suite, lui a imposé de décider d'après les règles du droit (art. 1019 du Code de procédure civile) que rien en l'arrêté ne tempère l'inflexibilité de cette règle autrement que ne permet de la présupposer, dans l'ordre ordinaire des choses, la composition même du tribunal d'arbitrage, formé en outre d'un magistrat conciliateur par fonctions, de deux citoyens probablement enclins à s'attacher aux réalités et partant à s'assurer aussitôt en quelle mesure la guerre et ses conséquences auraient mis un locataire dans l'impossibilité de remplir ses engagements, ce qui paraît devoir être le fond de la plupart des litiges;

Que ces assesseurs sont désignés à tour de rôle parmi les six de chacune des deux catégories choisis par le président de première instance entre les cinquante citoyens belges réunissant les qualités requises par l'article 3, estimés par le juge de paix les plus aptes à l'aider en sa mission;

Que, du reste, l'appel est admis au delà de la valeur de mille francs et doit être porté, suivant les règles ordinaires du Code de procédure civile belge, devant le tribunal de première instance (art. 11);

Attendu que ce tribunal extraordinaire ne peut donc être assimilé à ces commissions temporaires qui naissent et meurent avec les passions du jour, dont elles subissent la domination arbitraire, visées surtout par l'article 94 de la Constitution;

Que le texte de l'article 7 ne permet pas d'en inférer que, dans le cas de mise en continuation d'une affaire, l'exposé de celle-ci ne doive pas être recommencé si la composition du siège n'est pas restée la même;

Attendu que cet arrêté ne prive pas le tribunal d'arbitrage de la collaboration de l'avocat, indispensable d'ailleurs à toute administration de la justice; il n'interdit pas à l'avocat d'y assister une partie, mais seulement d'y plaider (art. 13); que semblable prescription n'est pas en opposition avec la pratique habituelle en justice de paix, où le droit de défense s'exerce généralement par explication et production de pièces; que l'arrêté n'interdit pas à l'avocat de représenter la partie empêchée de comparaître, pour cause de maladie (art. 13); qu'il ne fait aucune assimilation de l'avocat au mandataire professionnel;

Attendu que la condition imposée par l'article 15 au propriétaire de nationalité belge de séjourner d'une manière continue en Belgique ne constitue qu'une fin de non recevoir purement relative, que fait tomber le retour au pays;

Que l'article 23 H de la Convention de La Haye, invoqué par le jugement *a quo* vise uniquement la législation de certains pays refusant l'accès des tribunaux aux sujets de l'état ennemi (v. Ernest Nys, Dr, inter. III, ch. III, IX) et que l'on ne voit pas que la disposition prérappelée de l'article 15 doive être appliquée à ceux qui par force majeure se sont trouvés dans l'impossibilité de séjourner d'une manière continue en Belgique, ou en sont tenus éloignés par quelque devoir légal;

Qu'assez logiquement l'arrêté interdit aux propriétaires visés de faire valoir vis-à-vis de leurs locataires des cessions de bail ou de loyer faites depuis le 2 août 1914, puisque pareilles cessions sont de nature à permettre d'éluder la disposition de l'alinéa précédent;

Attendu que la faculté laissée au tribunal d'arbitrage et au juge de paix (art. 16) de décider que les sommes déposées à titre de garantie soient imputées sur les loyers n'emporte pas *a priori* et nécessairement une méconnaissance de la volonté commune des parties contractantes; que, dans beaucoup de cas d'ailleurs, cette imputation paraît devoir être le seul moyen que le propriétaire aura de recouvrer partie de sa créance;

Attendu que non moins logiquement l'article 10 a pu prescrire : « toutes les contestations prévues par l'article 1er qui « seraient, le jour de la publication du présent arrêté, pen« dantes devant un autre tribunal, seront, dans le cas où ce « tribunal n'aurait pas encore rendu de décision, renvoyées « d'office devant le tribunal d'arbitrage ou devant la justice « de paix compétents. »

Qu'en effet les cas à résoudre en cette matière, au cours de l'administration de l'occupant, intéressent celui-ci dans la même mesure, car ils peuvent emporter les mêmes conséquences que s'ils s'étaient produits pendant cette occupation;

Que d'ailleurs, en Belgique, le législateur résout souverainement l'effet rétroactif de la loi qu'il édicte, et c'est au pouvoir exécutif à régler l'exécution des mesures qu'il ordonne;

Attendu que la circonstance suivante achève de faire apparaître combien le pouvoir occupant était autorisé à considérer que les faits prérelevés nécessitaient semblables modifications aux lois en vigueur : En France, en 1870 et 1871, pour Paris et le Département de la Seine, dans une situation pareille en ses effets immédiats à celle qui était ici la vie économique, les pouvoirs en fonctions ont successivement pris des mesures analogues, mais plus radicales.

Un décret du Gouvernement de la Défense Nationale, du 9 octobre 1870, notamment, supprima le droit civil que l'article 2102 du Code civil attribue au bailleur sur les objets garnissant les lieux loués et enleva à certains propriétaires la faculté d'agréer leurs locataires (art. 2 et 3) (v. Sirey, J.-P., 1871, p. 884, 892 et 894).

La loi du 21 avril 1871 institua des juges spéciaux composés du juge de paix et de quatre assesseurs dont deux propriétaires d'immeubles et deux locataires pour avoir, chacun dans sa circonscription, seule compétence, à l'exclusion de toute autre juridiction, à l'effet de statuer sommairement, *comme amiable compositeur d'une manière définitive et sans appel*, sur toutes les contestations entre propriétaires et locataires relatives aux loyers restants dus pour les termes échus du 1ᵉʳ octobre 1870 jusqu'au 1ᵉʳ avril 1871 (art. 4) ; les parties avaient la faculté de comparaître en personne ou par mandataires, mais elles ne pouvaient en tous cas présenter que de simples observations ou conclusions, sans procédure ni plaidoirie (art. 3).

Que cette loi ne réglait, il est vrai, que les contestations relatives à trois termes de loyer, mais il ne semble pas que, parmi les contestations formant l'objet de l'arrêté du 10 février-27 mars, beaucoup puissent avoir une valeur plus importante ; et la loi française avait cette disposition, qui ne se trouve pas dans cet arrêté : « Si les locataires avaient un caractère industriel ou commercial, les jurys pouvaient accorder des réductions proportionnelles au temps pendant lequel les locataires avaient subi, par suite des événements du siège, une privation ou une diminution dans la jouissance industrielle ou commerciale prévue par les parties » ;

Attendu qu'il peut être rappelé aussi comment s'exprima, pour emporter l'adhésion réfléchie de chacun, le rapport de la Commission de l'Assemblée Nationale, par l'organe de M. Léon Say, dont la personnalité économique marquait si profondément l'intervention ;

« La majorité de votre commission, disait-il, en était donc
« arrivée à cette conclusion que les principes du droit commun
« pouvaient exempter les locataires de payer tout ou partie
« des termes en litige dans le cas où il y aurait eu suppres-
« sion, altération ou diminution dans la jouissance des lieux
« loués par le fait de la guerre ou du siège. Mais elle se
« refusait à préciser et à étendre le principe, dans la crainte
« de sembler porter une atteinte au droit sur la propriété im-
« mobilière, considérée comme un capital inviolable, droit qui
« lui paraît aussi étendu que le droit sur la propriété mobi-
« lière. *Néanmoins, l'insolvabilité des locataires est un fait de-*
« *vant lequel les propriétaires, s'ils ne perdent pas leurs droits,*
« *peuvent perdre au moins le montant de leurs créances*; et
« votre commission reconnaissait que cette insolvabilité, en
« s'étendant sur un nombre considérable de locataires, prenait
« *un tel caractère de généralité qu'elle autorisait une*
« *intervention de la loi, tant au point de vue de la créa-*
« *tion d'une juridiction spéciale qu'au point de vue de l'arran-*

« *gement qu'il était utile d'amener les locataires et les pro-*
« *priétaires à conclure dans une idée politique de bonne entente*
« *entre les diverses classes de citoyens.*

« L'arrangement amiable est, en effet, en présence d'une
« sorte de déconfiture, dans la nature même des choses, et,
« dans le cas qui nous occupe, cet arrangement se produirait
« nécessairement avec le temps et sans loi spéciale. Seule-
« ment la politique exige que non seulement cet arrangement
« se produise, mais encore qu'il se produise tout de suite pour
« faire dans les esprits un calme devenu nécessaire. La loi
« peut donc être mise en mouvement dans le but d'organiser
« des tribunaux d'équité qui auront le droit et le pouvoir de
« résoudre immédiatement ce qui ne peut être ajourné sans
« danger. » (Sirey, J.-P., Lois, etc., etc., 1871, p. 69.)

Attendu qu'il ressort de cet ensemble de constatations et
considérations que, pour l'espèce soumise au tribunal de
Bruxelles, l'arrêté en question présente, en sa teneur, toutes
les conditions de l'article 43 du règlement annexé à la
IVe Convention de La Haye du 18 octobre 1907 concernant les
lois et coutumes de la guerre sur terre; et que, dès lors,
au regard même de la loi du 25 mai, 8 août 1910, cet arrêté
vaut provisoirement loi et doit présentement sortir ses pleins
et entiers effets.

Il est intéressant de noter que la Cour d'appel de
Liége, statuant, il y a quelques jours, dans une matière
identique, a rendu un arrêt diamétralement opposé à
celui de Bruxelles, arrêt dont les considérants sont
ainsi libellés :

Attendu que l'arrêté du Gouverneur général en Belgique
en date du 10 février 1915 complété par l'arrêté interprétatif
du 27 mars suivant a été pris en vertu de l'article 43 de la
convention de La Haye du 18 octobre 1907 conçu comme suit :

« L'autorité du pouvoir légal ayant passé de fait entre les
mains de l'occupant, celui-ci prendra toutes les mesures qui
dépendent de lui en vue de rétablir et d'assurer autant que
possible l'ordre et la vie publics, en respectant, sauf empêchement absolu, les lois en vigueur dans le pays »;

Attendu qu'il résulte des termes formels de cette disposition que l'autorité militaire allemande, qui occupe actuellement une partie du territoire belge, a, en principe, dans
l'accomplissement de la mission dont elle est chargée, l'obligation de maintenir la législation du pays, et que ce n'est
qu'à titre exceptionnel, c'est-à-dire lorsque les exigences de
la guerre rendent indispensables certaines modifications,
qu'elle est autorisée à changer ou à remplacer les lois établies;

Attendu que son pouvoir de légiférer est donc renfermé dans
des limites déterminées et ne peut s'exercer valablement en
dehors de ces limites;

Attendu que ce point est du reste unanimement admis par les auteurs qui ont écrit sur le droit des gens et notamment par les auteurs allemands les plus en renom,

Que c'est ainsi que Bluntschli, sous l'article 545 de son traité, enseigne que le pouvoir militaire n'a pas pour mission de modifier les lois du pays et ne doit y toucher que lorsque les nécessités militaires l'y contraignent;

Que c'est ainsi encore que Lueder, dans le « Grand Manuel de Holtzendorf », 1899, t. IX, page 515, exprime la même opinion en ajoutant que, si l'envahisseur peut abroger les lois existantes et en promulguer de nouvelles, *son droit de législation est cependant limité en ce sens qu'il doit s'agir de lois qui sont en connexion avec la conduite de la guerre et commandées par celle-ci;*

Que c'est ainsi enfin que la section historique du grand état-major allemand, dans un opuscule publié en 1902, proclame, de la façon la plus nette, « que l'occupant n'étant que substitué au souverain véritable, il continue à administrer à l'aide des lois et règlements en usage et devra éviter la mise en vigueur de lois nouvelles, la suspension ou la modification des anciennes, ainsi que tous actes du même genre, *à moins qu'ils ne se justifient par les exigences inéluctables de la guerre, qui seules* lui donnent le droit de légiférer en dehors des nécessités provisoires de l'administration »;

Attendu qu'il convient de remarquer, dans le même ordre d'idées, que lors de la conférence de Bruxelles en 1874, dont le projet de déclaration contenait deux dispositions qui sont en réalité devenues l'article 43 de la Convention de La Haye et qui ne prévoyaient pareillement de modification aux lois en vigueur en temps de paix *que s'il y avait nécessité*, M. le baron Lambermont et le président de la conférence, M. le baron Jomini, émirent l'avis, partagé par le délégué allemand, M. le général von Voigts-Rhetz, et non contredit par les autres délégués, que *le cas de nécessité ne s'étendait pas aux lois civiles telles que celles se rapportant à la famille, aux successions, à la propriété, aux ventes ou aux achats* (Actes de la Conférence de Bruxelles, pp. 135 et 136);

Attendu que cette opinion a été confirmée par la Conférence de La Haye du 18 mai-29 juillet 1899, qui a admis sans protestation ni réserve la déclaration de M. Eyschen faisant ressortir que les devoirs de tutelle économique, législative et militaire qui incombent à l'occupant devaient être interprétés dans le sens de la déclaration de Bruxelles (Actes de la Conférence de La Haye, p. 120);

Attendu, d'un autre côté, que s'il ne peut être contesté que c'est l'occupant qui est juge des nécessités militaires qui empêchent le maintien du régime suivi antérieurement et réclament des mesures législatives nouvelles, il ne dispose cependant pas à cet égard d'un pouvoir purement arbitraire et il est rationnel d'admettre que ces nécessités doivent ressortir clairement du but ou de l'objet de l'arrêté qui remplace ou supprime la législation locale, comme c'est le cas, par exemple, pour le décret du 12 décembre 1914 suspendant les lois sur la milice et la garde civique;

Attendu, en fait, que l'arrêté du Gouverneur général en Belgique en date du 10 février dernier relatif à la création des tribunaux d'arbitrage pour les contestations en matière de loyer ne régit que des intérêts d'ordre exclusivement civil et que l'on n'aperçoit pas en quoi les règles de droit anciennes pouvaient mettre en péril, soit la conduite de la guerre, soit la sécurité des troupes d'occupation, soit même le bon ordre et la vie publics;

Attendu que cet arrêté ne porte en conséquence pas avec lui la justification de l'empêchement absolu auquel l'article 43 de la Convention de La Haye subordonne la validité de tout changement au régime légal établi et que, partant, il est sans force obligatoire pour les cours et tribunaux;

Attendu que l'on objecte vainement, pour écarter cette solution, que dans le système politique du pays, le juge ne peut se refuser à appliquer une loi sous prétexte qu'elle serait illégale ou inconstitutionnelle parce qu'un refus de ce genre constituerait un empiètement sur le pouvoir législatif;

Que, d'autre part, ce principe, consacré virtuellement par l'article 107 de la Constitution, ne pouvant évidemment concerner que les lois nationales, émanées du souverain légitime et votées avec toutes les garanties attachées à leur élaboration, ne saurait en aucune façon être étendu aux arrêtés et décrets édictés par l'administration allemande en vertu de l'autorité de fait et toute provisoire qu'il tire de sa possession; que, d'autre part, la Cour, ainsi qu'il a été dit plus haut, s'est bornée dans l'espèce à constater que la condition essentielle mise par les puissances contractantes, dans une convention s'imposant également à toutes, à l'exercice de la faculté de légiférer de l'occupant n'était pas remplie quant aux deux arrêtés en litige des 10 février et 27 mars 1915;

Attendu que ce n'est effectivement que sous le bénéfice de cette condition que les Chambres ont ratifié le règlement des lois et coutumes de la guerre sur terre et autorisé par là même les tribunaux à s'assurer de sa réalisation à l'occasion des conflits entre particuliers qui pourraient éventuellement leur être soumis;

Attendu que c'est dès lors à tort que le juge des référés s'est déclaré incompétent pour connaître de l'action en main-levée de saisie-gagerie introduite par l'intimé en se fondant sur les deux arrêtés repris ci-dessus de M. le Gouverneur général en Belgique (1).

---

(1) Voir le 20 mai 1916 l'arrêt de la Cour de cassation.

MARDI 20 JUILLET

Le monde entier sait maintenant que la Belgique est, aux mains de l'Allemagne, un citron dont elle presse tout le jus. Je répète cette vérité universellement connue, simplement pour montrer la stérilité d'une communication officielle affichée aujourd'hui dans toutes les localités du pays et à laquelle il semble que le gouvernement impérial attache une exceptionnelle importance. Le document, signé du baron von Bissing, après avoir rappelé le texte des articles 42 et 43 de la convention de La Haye concernant les lois et coutumes de la guerre sur terre, continue :

En exécution de ce devoir imposé par le droit des gens, Sa Majesté l'Empereur allemand, après l'occupation du royaume de Belgique par nos troupes victorieuses, m'a confié l'administration de ce pays et m'a chargé d'exécuter les obligations résultant de la Convention de La Haye. En dirigeant l'administration du pays en ma qualité de Gouverneur général, je n'agis nullement par amour du despotisme ni pour favoriser uniquement les intérêts de l'Empereur allemand ; j'accomplis la mission difficile qui m'a été confiée et les multiples devoirs qu'elle m'impose envers la Belgique occupée.

Pour cette raison, je suis en droit d'attendre et j'attends de tout sujet belge, et surtout des autorités du pays qui ont pu être laissées en fonctions, que tous secondent l'ordre et la vie publics. Je reconnais volontiers qu'un nombre relativement considérable de bourgmestres, de fonctionnaires de l'Etat, de membres du clergé, d'habitants des villes et de la campagne et surtout de personnes charitables a su comprendre mes intentions ; je reconnais qu'il en est résulté de sérieux avantages dont l'intérêt public, — non leur intérêt personnel — a tiré profit. Nombreux sont cependant ceux qui opposent encore une résistance ouverte ou secrète aux mesures que je juge nécessaires d'appliquer. Beaucoup, me semble-t-il, estiment, bien à tort, faire acte de patriotisme ou de courage en contrecarrant les dispositions du pouvoir actuel ; d'aucuns croient qu'en secondant mes efforts, ils s'attireraient des ennuis ou même courraient des dangers si, par la suite, l'ancien régime revenait au pouvoir.

Ces deux façons de penser sont très regrettables ; l'une provient d'un malentendu fondamental ; l'autre est l'indice d'un caractère peu digne.

Quelle que soit la destinée que l'avenir réserve à la Belgique, celle-ci est placée à présent sous l'administration allemande, sous mon administration, en vertu du droit des gens. Tout Belge qui obéit à cette administration ou seconde ses efforts ne sert pas le pouvoir occupant, mais sa propre patrie. Tout Belge qui résiste à l'administration établie de fait ne nuit pas à l'Empire allemand, mais à son pays, à la Belgique même et une telle manière d'agir n'est ni courageuse ni patriotique. Jamais celui qui, sans réserve coopérera au bien-être public, avec le pouvoir occupant, ne pourra équitablement, être accusé de soumission à l'étranger ni de trahison envers sa patrie.

Je ne demande à personne de renoncer à ses idéals ou de désavouer hypocritement ses convictions. Mais j'exige que chacun tienne compte de l'état de choses existant; j'exige que tous les Belges reconnaissent que le droit des gens et le droit de la guerre m'obligent à administrer le pays; j'exige qu'ils comprennent que j'ai légalement le droit de recourir à la collaboration des autorités du pays, de ses chefs intellectuels, religieux et laïques. Tous ceux qui, ayant de l'influence, s'abstiennent, par faux patriotisme, de la mettre au service de la cause commune, desservent la patrie qu'ils prétendent aimer.

Je respecte toute conviction religieuse, politique ou patriotique, et j'accueille avec plaisir toute collaboration loyale, d'où qu'elle vienne. Mais j'ai le devoir de sévir sans ménagement contre ceux qui troublent ouvertement ou secrètement l'ordre dans le pays et s'efforcent d'empêcher le rétablissement et le développement paisibles de la vie publique. Accomplissant ma mission, je punirai, sans égards pour la personnalité, tous ceux qui résisteront par actes ou par paroles et, s'ils occupent des fonctions publiques, je les destituerai.

J'attends du bon sens de la population belge et de ses dirigeants que mes paroles dissipent certaines idées fausses et fassent comprendre à tous, sans distinction de classe, que je désire servir les intérêts du pays et que, dans les circonstances présentes, le seul moyen de faire acte de vrai patriotisme est de seconder mes efforts, de contribuer à leur réalisation.

Tout ce fatras, destiné sans doute à impressionner plutôt les neutres que les Belges, s'écroule au seul énoncé de ce fait qui, ici, crève les yeux de tous : il est impossible de coopérer sérieusement au « bien-être public » avec un pouvoir occupant qui a pour mission évidente de ruiner ce bien-être fondamentalement.

Encore une hypocrisie, se dit le public. Et il passe avec un haussement d'épaules devant le nouveau placard de l'autorité impériale.

MERCREDI 21 JUILLET

Fête nationale. Le chômage est complet. Le mot d'ordre, spontanément émané de la population, a été suivi depuis le cœur de l'agglomération jusqu'à son extrême périphérie, jusqu'aux ruelles des campagnes suburbaines : pas une maison n'a levé ses volets, pas un magasin n'est ouvert, pas un café, pas un restaurant, pas un débit de tabac. Aussi bien dans les artères aristocratiques du quartier de l'avenue Louise et du quartier Léopold que dans les centres populaires de la rue Haute et de la rue de Flandre, tout est clos. Les maraîchers eux-mêmes se sont abstenus de venir au marché matinal. On pourrait aller d'Evere à Scheut, de Laeken à Uccle, sans trouver où boire un verre de bière, manger un pâté, acheter un cigare. Dans ce désert de maisons fermées se promène une foule endimanchée, heureuse d'avoir trouvé un moyen de célébrer la fête nationale devant lequel l'ennemi est désarmé.

Des curieux dévalent en longues cohortes des faubourgs vers le centre, pour voir l'aspect de la cité. Jamais Bruxelles n'a présenté pareil spectacle.

Aux messes du matin, c'est par milliers que les fidèles s'approchent de la Sainte Table.

Scène émouvante dans l'église Sainte-Gudule. La collégiale est bondée. Une messe solennelle chantée à 10 heures, avec assistance de Mgr Tacci Porcelli, nonce du Pape, remplace, cette année, le « Te Deum » traditionnel. L'événement attendu se produit au moment où s'achève la grand'messe. L'officiant lève l'ostensoir d'or sur l'assistance prosternée : dans le grand silence, voici que vibrent à l'orgue les premières mesures de la *Brabançonne*. Lentement d'abord, comme empreintes de respect pour la majesté du lieu. Puis, une seconde fois, avec une allure d'irrésistible puissance. Alors, de toutes les poitrines jaillissent, en une clameur ardente, les cris de : « Vive le Roi! Vive la Belgique! Vive la Patrie! »

L'assistance réclame une troisième *Brabançonne* et, quand l'organiste a déféré à ce vœu, elle entonne, à pleins poumons, l'hymne national. Celui-ci résonne sous les voûtes et retentit jusque dans les rues voisines. La manifestation dure dix minutes. Il y a là des catholiques, naturellement, mais aussi des indifférents, des francs-maçons, des libéraux, des socialistes. Tous, réfugiés dans cette église comme dans le dernier asile où l'on ait encore quelque liberté, tous, d'une seule voix, crient leur amour de la patrie. Les acclamations reprennent au moment où S. E. le Nonce sort de l'église pour monter en auto. On crie aussi : « Vive le Pape! »

Par toutes les issues de la collégiale déferle maintenant le flot des assistants en larmes. Ils pleurent d'émotion, d'enthousiasme et de patriotisme : c'est la première fois depuis bientôt un an que leur cœur a pu faire explosion...

Même cohue place des Martyrs. Des messieurs en habit, cravatés et gantés de blanc, montent les escaliers conduisant au monument des héros de 1830 et laissent tomber dans le quadrilatère où sont rangés les tombeaux des couronnes de feuilles de chêne avec ce ruban : « Honneur à nos aïeux morts pour la Patrie ». La foule aussi apporte des bouquets. Le monument des héros de la première guerre de l'indépendance disparaît bientôt sous les fleurs.

Quelques commerçants, émus au premier moment, par l'ordonnance du gouvernement général interdisant « les démonstrations de tous genres » se sont rapidement ressaisis. Ceux qui hésitaient le matin se hâtent de déférer au vœu de la population, vœu qui, au début de la matinée déjà se traduisait par des murmures significatifs devant deux ou trois restaurants ouverts. Bientôt, derrière les glaces des grands cafés les garçons s'empressent d'étager les chaises sur les tables de marbre, à la grande joie des promeneurs arrêtés comme pour l'exercice d'un contrôle.

Rue Neuve, un magasin, tenu par un Allemand, reste ouvert. Cinq agents gardent la demeure de cet impudent. La foule s'amuse de l'embarras de quelques autres commerçants teutons des rues du centre qui, ne sachant quelle contenance garder, descendent d'abord à demi leurs volets, laissent leurs portes à moitié ouvertes, puis, gênés ou inquiets, finissent par clore tout-à fait.

L'Hôtel de ville lui-même est fermé. M. Lemonnier, donnant l'exemple de la fierté civique, a ordonné qu'il **restât clos.**

Les événements, on s'en doute bien, mettent en fièvre la « Kommandantur ». Mais la foule reste calme et aucun prétexte à intervention ne se dessine. Vers midi, cependant, l'atmosphère semblant se charger d'électricité, les espions du baron von Bissing l'avertissent du péril. Une compagnie d'infanterie est envoyée place Rogier. Puis, deux cent cinquante hommes en tenue de campagne arrivent occuper la place de Brouckère. La rue Neuve est déblayée. Enfin, quelques mitrailleuses sont promenées le long des boulevards. La population n'en a cure. L'après-midi, l'exode est général vers les campagnes et les bois. Comme on sait qu'il n'y aura nulle part boutique ou café ouvert, beaucoup se sont nantis de victuailles et de boissons. On pique-nique dans tous les coins de la forêt.

Au retour en ville, la foule aperçoit sur les murs un avis de la « Kommandantur » : « Les hôtels-restaurants, brasseries, estaminets, cafés et cinématographes doivent être fermés aujourd'hui, 21 juillet, à partir de 8 heures du soir (heure allemande) ».

La précaution est bouffonne : aucun débit n'est ouvert. Pourtant il faut croire que le gouvernement général flairait un grave danger, car il a fait placarder son affichette à la dernière minute par des soldats qui parcouraient la ville en auto et qui, à 7 heures, moment fatidique, la collaient encore en maints endroits avec une hâte fébrile. Le bon peuple de Bruxelles n'avait plus ri depuis longtemps. Il s'est retrouvé hilare et zwanzeur devant l'ordre du freiherr kommandant von Strachwitz, oberst.

JEUDI 22 JUILLET

Mme Paul De Mot, belle-fille de l'ancien bourgmestre de Bruxelles, ayant envoyé à M. Max un jeu de patience, reçoit cette réponse datée de la forteresse de Glatz :

> D'une utile vertu faisons une science;
> Votre geste charmant m'invite à la patience.
> Grâce à votre bonté je sais dès aujourd'hui
> Le moyen le plus sûr de tromper mon ennui;
> Je me consolerai de mon sort lamentable
> En étalant, le soir, des cartes sur ma table.

Je ne serai plus seul et vos cartes feront
Ce qu'ici l'on défend : elles me parleront.
Déjà leur voix s'élève et remplit le silence
De la tombe où, vivant, je fais le rêve immense
De voir, à l'horizon rougi d'un sang vermeil,
Après ces nuits d'enfer renaître le soleil.

Dans vos cartes, je lis comme on lit dans les astres ;
J'y trouve en frémissant la fin de nos désastres
Et le splendide espoir que nous marchons tout droit,
A travers le carnage au triomphe du Droit ;
Et que tant de héros, par leur sublime offrande,
Auront fait de leurs mains une Europe plus grande.

Et tout en écoutant ces invisibles voix
Dans le calme du soir distinctement je vois
Se pencher vers les morts des visages de femmes
Et les ressusciter par la vivante flamme
De leur divin regard où se lit la bonté
Qui, dans ces jours de deuil, sauve l'humanité.

VENDREDI 23 JUILLET

Il y a un mois (le 29 juin) je racontais comment le hameau de la Petite-Espinette, à l'orée de la Forêt de Soignes, était devenu un nid de soldats français, fugitifs des combats de l'Entre-Sambre-et-Meuse. Le créateur de ce nid, M. Georges Hautfenne, a été arrêté, le 12 juillet chez lui en même temps que quatre Belges qui s'y étaient donné rendez-vous pour un départ vers la frontière hollandaise ; l'un d'eux, V., ancien sous-officier belge et déserteur, était un traître. En même temps on arrêtait, à Uccle, un des principaux rédacteurs du XXe Siècle, M. Charles Tytgat, de qui on avait trouvé, dans la poche de V..., un billet portant le nom de V...

Un tribunal militaire vient de juger toutes ces personnes, — sauf V..., qui fut remis en liberté tout de suite après son arrestation, qui n'était que pour la frime.

M. Charles Tytgat, qui avait sur la consciense quelques peccadilles autres que le billet à Hautfenne — il a

---

(1) Je ne cite pas son nom par ménagement pour sa famille qui est, m'assure-t-on, une famille de braves gens.

été trois fois subrepticement en Angleterre et au Havre, et les Allemands s'en doutaient — a, tant il a mis d'habileté à se défendre, pu s'en tirer avec seulement quelques jours de prison (¹). Le principal accusé, Georges Hautfenne, a été condamné à deux ans et demi de travaux forcés. La police allemande avait fini par découvrir une partie de ses « crimes ». Il en est quitte encore à bon compte. Il le doit à l'excellente plaidoirie de son défenseur, Mᵉ Thomas Braun, et aussi à la bonne impression que son attitude crâne et fière au procès a visiblement produite sur ses juges. A la fin des débats, quand le président lui a demandé s'il n'avait rien à dire pour sa défense, il s'est levé et a déclaré :

— Ce que j'ai fait, je ne l'ai pas fait par haine pour l'Allemagne et les Allemands spécialement, je l'ai fait par haine pour l'ennemi, pour l'envahisseur de mon pays; si cet ennemi et cet envahisseur avait été une autre nation, j'aurais agi de même contre elle. Si c'était à refaire, je recommencerais! »

SAMEDI 24 JUILLET

Le contrôle de toutes choses se fait plus rigoureux. Le principe immoral suivant lequel la collectivité doit être rendue responsable d'une infraction individuelle est toujours la loi suprême. Les communes doivent maintenant veiller à ce que les personnes placées sous le contrôle d'un « Meldeamt » ne sortent pas du district où les prescriptions allemandes leur font obligation d'habiter. Si des personnes placées sous ce contrôle transfèrent leur domicile dans une autre localité sans y être autorisées, c'est la commune qui écopera et sera frappée d'amende. Même les membres de la famille du délinquant sont menacés de pénalité! Quant à lui, si on le pince, il sera condamné à un an de prison et 4,000 marks d'amende.

En plus de la longue série des marchandises bloquées en Belgique par ordre, l'autorité militaire alle-

---

(1) M. Tytgat fut de nouveau arrêté, avec plusieurs de ses confrères de la presse, le 8 août 1918. Voir à cette date.

mande se réserve de disposer de tout ce qui suit (et qui ne peut, à partir de ce jour, être exporté qu'avec l'autorisation du commissaire du ministère de la guerre près le gouvernement général) : instruments de chirurgie et autres, matériel et accessoires de bactériologie, vaccins et sérums immunisés, peaux, cuirs, fourrures, pelleteries et matières tannantes.

Enfin, « toute personne de 16 à 40 ans qui tente de quitter le territoire belge sans posséder l'autorisation nécessaire ou tout qui essaié de franchir la frontière pour entrer au service d'un Etat en guerre avec l'Empire allemand, ou d'une entreprise étrangère qui, selon toutes probabilités, fabrique du matériel ou des munitions de guerre pour les Etats en guerre avec l'Allemagne, sera passible, soit d'une peine d'emprisonnement de cinq ans au plus, soit d'une amende pouvant aller jusqu'à 10,000 marks, soit des deux peines réunies ».

MERCREDI 28 JUILLET

Les distributions de prix ont commencé, ou plutôt les cérémonies qui en tiendront lieu cette année, car partout les élèves ont proposé d'affecter à des œuvres d'assistance, principalement à la « Caissette du soldat prisonnier » l'argent qu'en d'autres temps les collèges consacrent à l'achat de livres de prix. Ceux-ci sont remplacés par des cartons ou diplômes mentionnant les noms de l'élève et le résultat de l'année scolaire. Les Dames de Saint-André avaient projeté de remettre aux élèves de leur école gratuite un carton encadré aux couleurs nationales. Elles en référèrent à la « Kommandantur » sans l'autorisation de laquelle rien à présent ne peut être imprimé. La « Kommandantur » déchira le modèle qui lui fut soumis.

Alors, dans la plupart des écoles privées on remet aux élèves, en guise de prix, une carte sous enveloppe fermée, avec prière de n'ouvrir cette enveloppe qu'à la maison. Ce sont de petits diplômes, non imprimés, mais dessinés à la plume et peints par des religieuses : sujets patriotiques, écusson national, lion Belgique. En mystère, les élèves emportent chez eux ce modeste souvenir qui leur est plus cher que le livre le plus doré.

Un tour au marché aux légumes. La saison a été bonne pour les campagnes, pluie et soleil à souhait. Cependant, les légumes sont très chers. C'est que, s'il y a des légumes en abondance, il en part de telles quantités pour l'Allemagne! Au marché matinal, les Allemands achètent les premiers ce dont ils ont envie. Les marchandes, les revendeuses, les ménagères ne peuvent s'approvisionner qu'après leur départ. Sans doute, les Allemands paient, mais avec notre argent, puisque nous devons leur verser 40 millions par mois. Moyen facile d'accaparer ici un tas de choses et de les envoyer chez eux. Mais la quantité de légumes qui restent pour l'alimentation des Belges est diminuée d'autant. Par exemple, il est parti de la région de Louvain pour l'Allemagne, de nombreux trains de trente wagons chacun, chargés de choux-fleurs. Est-il étonnant qu'au marché de Bruxelles un chou-fleur coûte 60 centimes?

VENDREDI 30 JUILLET

Des Bruxellois qui reviennent de la banlieue, région de Ternath, ont vu des soldats qui dévalisaient consciencieusement des maisons de campagne inoccupées; les meubles sont chargés sur des trains à destination de l'Allemagne.

— Que faites-vous là? demande un habitant.

— Puisque les propriétaires et locataires de ces villas ne viennent pas les occuper, nous enlevons ce qui s'y trouve. Ainsi leur mobilier ne restera pas sans emploi.

Et cette grosse farce teutonne les fait rire.

Déjà nos concitoyens qui se rendirent à Louvain, aussitôt après le sac de cette ville, avaient pu voir, à travers les grilles de la gare, des équipes de soldats chargeant sur des centaines de wagons des meubles volés aux Louvanistes...

* * *

Les arrestations sont plus nombreuses que jamais. La prison de Saint-Gilles regorge de « prévenus ». On en met, faute de place, quatre et cinq dans une cellule. A la « Kommandantur », il y avait hier soir

30 juillet 1915

cent-soixante-deux hommes, femmes, prêtres, vieillards, jeunes filles, ouvriers, avocats, notaires, qui attendaient d'être jugés. Parfois, on les laisse au secret pendant six semaines alors que, de l'avis de magistrats de pays civilisés, une mise au secret qui dépasse quatre ou cinq jours devient de la torture.

* * *

Le R. P. Devroye, recteur du nouveau collège Saint-Michel est arrêté (1). De même, M. Corbisier, chef des boy-scouts. De même, M. le docteur Cochaux, que les juges militaires envoient faire un séjour de plusieurs mois dans une prison d'Aix-la-Chapelle parce que, dans une ambulance d'invalides belges dont il avait la direction, dans le quartier Nord-Est, il a favorisé la disparition de quelques-uns de ces éclopés.

Entre mille récits d'arrestations et de condamnations arbitraires, en voici un, bien typique, fait aujourd'hui par un négociant hollandais établi à Bruxelles :

« Ma femme se promenait à Woluwe avec des amis, un monsieur, une dame. Mon chien qui les accompagnait gambadant dans l'herbe tombe en arrêt devant une grenouille. Son manège et ses cabrioles font rire aux éclats ma femme. Mais ceci se passe, sans qu'elle s'en soit rendu compte, près de la fenêtre ouverte d'une villa occupée par une créature chez qui se trouvent, à ce moment, des Allemands.

Un officier qui est là s'imagine que ma femme a ri d'eux et de leur « compagne ». Il sort et demande :

— De qui vous moquez-vous?

— De personne.

— Si vous croyez pouvoir rire de nous impunément, vous vous trompez.

Et avec brutalité, il pousse ma femme dans la villa, où elle est battue comme plâtre!

Je ne l'accompagnais pas. Ne la voyant pas rentrer le soir à l'heure habituelle, je vais aux renseignements; puis, plus inquiet, et me demandant si elle n'a pas (comme tant d'autres le sont chaque jour sans motifs)

---

(1) Il le fut encore dans la suite. Voir 1918.

été arrêtée par des « polizei », je me rends à la « Kommandantur ».

Précisément, une auto y dépose ma femme. Elle est blême, sa robe est déchirée, un talon est arraché d'une de ses bottines. Rapidement elle m'explique l'affaire. Mais un personnage s'interpose aussitôt :

— Il est trop tard pour juger cette affaire, dit-il, elle est remise à demain.

Ma femme est conduite au second étage, où elle passe la nuit sur un grabat infect; quarante-sept autres personnes sont dans la même chambre.

Le lendemain son cas est examiné. Il y avait heureusement un témoin des faits, l'ami qui accompagnait ma femme. Tout de suite le juge allemand l'apostrophe avec rudesse :

— Faites attention à ceci, témoin : que si vous prêtez serment et que votre témoignage est reconnu faux, vous serez condamné à plusieurs années d'emprisonnement.

Le témoin répond :

— Je n'ai nulle intention de faire un faux témoignage. Je sais ce qui s'est passé. Je l'ai vu et entendu. J'exposerai les faits, exactement tels qu'ils se sont passés, et je désire prêter serment.

— Attendez, dit le juge.

Au bout d'un instant, il est décidé que ni le témoin ni ma femme ne prêteront serment pour la raison que « le juge ne veut pas les mettre dans la situation de produire un récit faux et d'encourir ainsi une peine d'emprisonnement sévère ».

Seul, l'officier allemand est autorisé à prêter serment. Il maintient que ma femme s'est moquée de lui. Conclusion : 600 marks d'amende.

— Je ne paierai pas, dit ma femme. Je préfère aller en prison.

— Vous paierez, répond le juge. Si vous ne payez pas, je ferai vendre votre mobilier. Et si votre mobilier ne rapporte pas 600 marks, vous ferez autant de jours de prison qu'il manquera de fois 25 marks.

Que faire? J'ai payé. Et voilà comment, depuis un an, les Allemands pompent de l'argent tant qu'ils peuvent. »

Août 1915

1ᵉʳ août : M. Vromant et le *King's Albert Book*. — La chasse aux publications prohibées. — **2** : Arrestation de Mʳ Philippe Baucq et de Mˡˡᵉ Thuliez. — **3** : Ingéniosités de commerçants patriotes. — A l'Institut des sourds-muets. — Arrestations en masse. — **4** : Scènes drolatiques à l'occasion de l'anniversaire de la déclaration de guerre. — **5** : Les mésaventures de M. le juge Ernst. — **7** : Quand porte-t-on les couleurs belges d'une façon « provocatrice » ? — **9** : Les représailles du gouvernement général contre les habitants de la rue du Dam et de la rue de l'Escalier. — **11** : La résidence des jésuites cernée. — Mystérieuse disparition du R. P. Pirsoul. — **14** : A la cantine du soldat prisonnier. — L'Œuvre des deux centimes quotidiens. — La maison de bric-à-brac. — Les cantines maternelles. — Chez les invalides de Woluwe. — **15** : A la recherche des dossiers de la succession de Léopold II. — **16** : Les dettes des Allemands. — **18** : Les moyens de transport en Belgique après un an de guerre. — **25** : Réquisitions et interdictions : le caoutchouc, la chicorée, les cerfs-volants, les boy-scouts, etc. — **28** : L'affaire de Luttre. — L'héroïsme des ouvriers belges de l'arsenal. — **30** : Scènes tragi-comiques à Tervueren.

DIMANCHE 1ᵉʳ AOUT

M. Vromant imprimait en cachette une traduction française du « King's Albert Book » (1). Comment les Allemands l'apprennent-ils ? On ne sait. Cette nuit, à 3 heures, ils barrent la rue de la Chapelle, cernent l'imprimerie et arrêtent M. Vromant. Non seulement ils l'arrêtent, mais, pour le punir sur-le-champ, ils émettent la prétention de démonter et d'emporter ses machines.

Cette nuit aussi, on arrête en divers endroits une quarantaine de personnes suspectées de contribuer à la diffusion de la *Libre Belgique*, — ce cauchemar du

---

(1) Ouvrage publié par le *Daily Telegraph* de Londres et contenant des articles de personnalités de tous pays en l'honneur du roi des Belges. Voir ce qu'on en dit encore le 20 novembre 1915.

gouverneur général. Pauvre homme ! il croit possible d'étouffer la pensée ! L'histoire de toutes les époques aurait cependant dû l'apprendre à nos tyrans : on ne la bâillonne pas, elle est incompressible. J'ai un âpre plaisir à l'expérimenter moi-même. Au milieu des angoisses de ce temps, rien ne m'est une satisfaction plus haute que de participer, fût-ce dans une bien faible mesure, à la lutte contre l'oppression : j'écris ces notes, je corrige les épreuves d'un nouvel article du baron Beyens (1) qui sera imprimé clandestinement demain; et j'éprouve une joie naïve à accomplir ce travail défendu alors que sous mes fenêtres passent et repassent les casques à pointe qui gardent le chemin de fer de ceinture...

LUNDI 2 AOUT

La police allemande a arrêté samedi soir l'architecte Philippe Baucq, soupçonné par elle de répandre des publications clandestines et de faire partie d'une organisation secrète chargée de faciliter le passage, en territoire hollandais, de soldats des pays alliés. En même temps, était arrêtée une Française, Mlle Thuliez. Je tiens de Mme Baucq elle-même le récit de cette opération policière.

— Samedi, à 10 heures du soir, m'a raconté Mme Baucq, nous étions occupés dans l'arrière-cuisine à mettre en paquets 4,000 numéros de la *Libre Belgique* que mon mari comptait distribuer le lendemain, entre 4 et 5 heures du matin ; une Française, Mlle Thuliez, institutrice à Lille, est venue à ce moment nous trouver à l'improviste. Elle eut une conversation avec mon mari qui me la présenta et me

---

(1) Il s'agit des articles publiés dans la *Revue des Deux Mondes* par le baron Beyens, qui était notre ministre à Berlin au moment de la déclaration de guerre, et devint, pendant la guerre, après la mort de M. Davignon, ministre des affaires étrangères dans le cabinet belge. Ces articles ont eu une grande diffusion en Belgique, malgré la chasse faite aux vendeurs par les policiers du Gouvernement général.

dit que, vu l'heure tardive, il l'avait priée de passer la nuit sous notre toit. Nous avons alors achevé notre besogne; puis, Mlle Thuliez et moi, nous sommes montées dans nos chambres emportant avec nous les paquets de journaux prohibés, que nous avions coutume de déposer au grenier. Cependant mon mari sortit un instant pour promener son chien; à peine avait-il ouvert la porte que nous entendîmes des cris et un bruit de lutte au rez-de-chaussée. Je crus que des voleurs avaient pénétré dans la maison, et je me préparais à descendre quand j'entendis une voix d'homme s'exprimant avec un fort accent teuton. Mes fillettes, Yvonne et Madeleine accoururent près de nous sur le palier; Yvonne, devinant un danger, se précipita au grenier, ouvrit la fenêtre tabatière et lança les paquets de *Libre Belgique* dans le jardin. Mais les Allemands avaient mis un des leurs à cet endroit. Un paquet tomba sur la tête de l'homme. J'entendis mon mari qui criait d'en bas : « Ne continuez pas de jeter, c'est inutile ! »

« Mlle Thuliez était restée avec moi sur le palier. Elle me demanda de cacher rapidement deux paquets qu'elle portait sur elle. Je lui montrai la salle de bains; elle s'y précipita et déposa ces papiers derrière la baignoire.

« Nous étions dans une obscurité complète qui augmentait notre angoisse. Brusquement, un Allemand se présenta, revolver au poing, projetant sur nous la lueur aveuglante de sa lampe de poche. Je tremblais comme une feuille. Cet homme demanda qui avait jeté les journaux par la fenêtre.

« — C'est moi, répondit Yvonne.

« — Qui vous a commandé de le faire ?

« — On ne m'a rien commandé; j'ai agi toute seule.

« — Cela n'est pas vrai, répliqua le policier, étonné de cette ferme réponse d'une fillette de quatorze ans. Vous avez été conseillée.

« Mais l'enfant maintint énergiquement qu'elle avait fait cela spontanément.

« Sur ces entrefaites, mon mari monta, escorté de deux civils; il était blême, et je le vis s'asseoir sur la marche de l'escalier. M¹¹ᵉ Thuliez resta sous la surveillance des agents de la police secrète, tandis qu'on m'entraînait. J'ai su depuis que la première parole adressée à mon mari lorsque les policiers rentrèrent dans la maison avec lui, visait M¹¹ᵉ Thuliez. Ils le sommèrent de leur dire où était la femme qui venait de se présenter chez lui. J'en conclus qu'elle avait été « filée » jusqu'au moment où elle s'était arrêtée chez nous.

« Je fus enfermée dans une chambre avec la servante, pendant que les Allemands mettaient la maison sens dessus dessous. Dans le bureau de mon mari, ils trouvèrent une lettre d'un prince de Croy, qui lui demandait de fournir des renseignements d'espionnage. Je suis convaincue que mon mari n'a jamais fourni de renseignements de cette nature, mais il y avait évidemment imprudence à conserver pareil écrit.

« Les policiers trouvèrent les papiers que M¹¹ᵉ Thuliez avait cachés derrière la baignoire. M¹¹ᵉ Thuliez fut emmenée avec mon mari et les policiers emportèrent aussi tous les paquets de la *Libre Belgique*. La perquisition, poursuivie jusqu'au matin, amena encore la découverte de formules du « Mot du Soldat » (1). Le lendemain, les Allemands me demandèrent si j'étais au courant de ce que faisait mon mari. Je répondis que je l'ignorais et ils n'insistèrent pas. Ils interrogèrent aussi Yvonne. Ils lui indiquèrent toutes les maisons où elle portait la *Libre Belgique*, prouvant ainsi qu'ils l'avaient suivie. Mais la petite refusa de dire quoi que ce soit. »

Le bruit de cette arrestation a provoqué dans le quartier de la chaussée de Roodebeke, où Philippe Baucq est très estimé, une émotion que les circonstances de la perquisition n'ont fait qu'accentuer (2).

---

(1) Pour plus amples renseignements sur l'organisation du « Mot du Soldat », voir le 25 mars 1916.
(2) Voir le 13 octobre 1915, détails sur le procès de M. Baucq et de Mlle Cavell et sur leur exécution.

MARDI 3 AOUT

C'est en vain qu'à coup d'arrêtés et d'ordonnances le baron von Bissing s'évertue à faire disparaître des étalages nos couleurs nationales. L'ingéniosité des commerçants a tôt fait de tourner les difficultés. Bien entendu, on n'enrubanne plus les paquets, les bibelots, aux couleurs tricolores, on ne dispose plus des drapeaux en fond de vitrine; on procède autrement. Des pâtissiers exposent des tartes recouvertes de myrtilles, de mirabelles et de cerises (noir, jaune, rouge) en trois sections bien tracées. Un traiteur aligne à la devanture de son magasin des rangées de raisins noirs, de citrons et de tomates qui, à cent mètres, rutilent comme les couleurs fraîches d'un drapeau belge flambant neuf.

* * *

A Woluwe a lieu la distribution des prix aux sourds-muets et aveugles de l'institut royal. La cérémonie va commencer quand les Frères de la Charité voient entrer dans la salle trois Allemands qui émettent la prétention de contrôler la cérémonie et de siéger au premier rang. Ces agents de la « Kommandantur » font biffer du programme deux ou trois numéros parce qu'il s'agit d'auteurs français !

* * *

Les autos du gouvernement général filent toujours en tous sens transportant des officiers qui vont perquisitionner et arrêter. Du matin au soir, on voit passer rue Royale et se rendre au ministère de l'Intérieur (locaux de la « Kommandantur »), des automobiles amenant des prévenus. Les autos même n'y suffisent pas : ce midi passe un fiacre dans lequel trône un officier gros comme Bacchus, qui vient de perquisitionner dans un couvent et qui amène un capucin maigre et pâle comme un ascète. Les passants se découvrent devant ces « prévenus », dont ils devinent le crime. Bruxelles, depuis bientôt un an, offre à chaque heure du jour le spectacle de semblables scènes.

MERCREDI 4 AOUT

Anniversaire de la déclaration de guerre à la Belgique. On s'attendait à ce que cette journée se déroulât dans le calme, personne n'ayant formé le sot projet de manifester à l'occasion d'un aussi pénible événement. Mais le baron von Bissing, appelé dans le peuple « Monsieur j'ordonne », a tout gâté, à son point de vue s'entend. Il a fait afficher que le 4 août 1915 « toutes manifestations, tous pavoisements sont interdits ». Pauvre homme ! Qui donc songerait à pavoiser en ce jour ? En outre, il « ordonne » que les cafés, restaurants, cinémas seront fermés à 7 heures du soir et qu'après 8 heures du soir nul ne pourra se trouver dans la rue s'il n'est muni d'une autorisation écrite de la « Kommandantur ».

Malgré la tristesse des temps, l'incompressible « zwanze » bruxelloise ne peut laisser passer une aussi bonne occasion de narguer l'ennemi. Il y eut, le soir, des scènes drolatiques dans les quartiers populaires. Rue de Flandre, des farceurs résolus à ne pas rester dans leurs habitations après 8 heures tout en évitant de « se trouver dans la rue » se couchent dans les gouttières des toits et de là, invisibles, s'amusent au passage des patrouilles allemandes, à lancer des cris moqueurs, répercutés aussitôt de toiture en toiture, comme « Coucou ! coucou ! » ou bien « Attention ! l'ennemi est aux frontières ! »

Chaussée d'Etterbeek, quand arrive le moment de fermer les cabarets et les magasins, il y a tout à coup un vacarme de sonneries, de cloches, de réveille-matin. Et des fenêtres sortent des ordres goguenards : « Fermez ! fermez ! »

Boulevard du Hainaut, un pianiste invisible joue les airs nationaux des Alliés; et le voisinage reprend en chœur.

Ailleurs des gramophones placés aux balcons d'étages supérieurs chantent, dans la nuit, des *Brabançonne* et des *Marseillaise*. Et après l'heure fatidique (alors que seules les patrouilles ont droit de circuler), par certaines portes du quartier des Marolles, rapidement entr'ouvertes, des chiens hurlant d'avoir une casserole attachée à la queue sont lancés sur le pavé : ils passent en ouragan à côté des landsturm épouvantés.

Sur une casserole qui, dans cette course frénétique, se détacha de la queue d'un fox et fut apportée rue de la Loi par une patrouille, comme pièce à conviction, des gamins de la rue Blaes avaient peint ce quatrain :

> Pauvre sukkeleer,
> Je reviens de l'Yser
> Avec le Kaiser
> A mon derrière.

JEUDI 5 AOUT

M. Emile Ernst, juge au tribunal de première instance de Bruxelles, se promenant ces jours derniers au boulevard du Nord, voit à la devanture d'une « deutsche Buchhandlung » (librairie allemande) installée là depuis peu une carte postale illustrée représentant la destruction de Louvain. Cette photographie truquée, sortie Dieu sait de quel atelier d'outre-Rhin, vendue aussi dans les kiosques à « Zeitungen », montre des civils embusqués à des coins de rues et tirant sur des soldats allemands. Un « document » que les fameux quatre-vingt-treize intellectuels paieraient vraisemblablement son poids d'or.

M. Ernst entre, signale la supercherie au marchand, lui explique qu'il est clair qu'un photographe ne s'est pas trouvé au plein milieu de cette fusillade, bref que la photographie est manifestement un faux et que dès lors il conviendrait de ne pas la mettre en vente.

Que croyez-vous que décide ce commerçant ? De s'incliner ? Non, il se fâche, appelle des soldats qui passent et fait empoigner le juge, qui, amené à la « Kommandantur » et interrogé, est mis en prévention du chef de... violation de domicile, et renvoyé devant le tribunal militaire !

La suite est plus drôle encore.

M. Ernst, condamné à une amende de 300 marks, déclare ne pas avoir cette somme.

— Emprisonnez-moi, dit-il.

— Vous n'avez pas 300 marks ? C'est bien invraisemblable... »

Le lendemain, un sous-off renforcé de quatre soldats se présente au domicile du condamné et ordonne à ses hommes d'enlever un bronze, une garniture de cheminée.

Ce que voyant, M. Ernst se résigne à payer les 300 marks. La police allemande est satisfaite.

SAMEDI 7 AOUT

J'étais de ces Bruxellois dont j'ai parlé le 3 juillet, qui voulaient, à leurs risques et périls, résoudre ce grave problème : quand a-t-on, lorsqu'on porte les couleurs belges, une attitude « provocatrice », c'est-à-dire condamnable ?

J'avais donc à la boutonnière un petit ruban tricolore, parfaitement discret. Après avoir causé pendant quelques instants avec un ami sur la plate-forme d'un tram, j'entre dans la voiture, m'installe dans un coin et me plonge dans la lecture d'un livre. Tout à coup une voix brutale crie par la porte entr'ouverte de la plate-forme : « Madame, ôdez za ! » Un officier freluquet et arrogant, monocle à l'œil, adressait cette injonction à une dame assise près de moi; elle portait une petite cocarde bleue, blanc, rouge, — les couleurs françaises, croyait l'Allemand, en réalité les couleurs néerlandaises (ce sont les mêmes; les néerlandaises sont disposées horizontalement, les françaises verticalement).

La dame hollandaise fait remarquer à l'officier qu'elle avait le droit de porter les couleurs de son pays.

— « Montrez vos babiers ! », crie-t-il.

Elle les montre. Le hobereau en était pour ses frais d'arrogance. Tout le tramway avait le sourire....

Mais le gaillard a vu ma boutonnière : il tient sa revanche.

— Vous, mossieu, me dit-il, ôdez za !

— Je ne porte pas ce ruban d'une façon provocatrice; par conséquent, j'ai le droit de le porter. J'ai vu l'affiche du gouverneur général, et je sais lire.

— Che vous donne drois minutes...
— Dans trois minutes ce sera comme maintenant.
— A la « Kommandantur » !
— Parfaitement.

Quelques instants après, j'entrais avec l'officier dans une chambre de l'ancien ministère de l'Intérieur où se trouvaient plusieurs employés en uniforme. Conversation entre eux et lui. Je comprends qu'ils lui expliquent que je suis peut-être bien dans mon droit. Mais il leur remet un papier sur lequel il vient de griffonner sa plainte. L'affaire suivra donc son cours et on m'annonce que je serai appelé en temps opportun.

— Je voudrais savoir, dis-je avant de me retirer, si j'ai le droit de me conformer à un arrêté de votre gouverneur général et de porter ce ruban...

— On vous le fera savoir.

Trois minutes plus tard, le hasard me replaçait face à face avec mon officier sur une plate-forme de tram : la vue de mon petit ruban tricolore, que je portais toujours, le rendait blême !

Quelques jours plus tard, un officier-magistrat devant qui je suis convoqué me déclare qu'« on n'a pas le droit de porter un ruban tricolore belge ». Je lui démontre le contraire en invoquant le texte même de l'arrêté. Cela le désarçonne. Il se fait apporter ce texte. Il ne le connaissait même pas ! Mais aussitôt il virevolte. Il m'apprend que si l'insigne ne fut pas « provocateur » en lui-même, je l'ai porté d'une façon « provocatrice » en tournant le dos à un officier sur la plate-forme d'un tram et en m'asseyant ensuite à l'intérieur de façon à tourner « ostensiblement » cet insigne du côté de mon accusateur. Ainsi donc, de quelque façon que je me tournasse, je provoquais cet officier : il était offusqué lorsque je lui laissais voir l'insigne et il l'était davantage encore quand je lui montrais le dos ! Conclusion : 15 marks d'amende ou 3 jours de prison.

Rappelé à la « Kommandantur » pour m'entendre signifier ce jugement, je déclare vouloir aller en appel. Ahurissement du juge qui me répond que c'est impossible. J'insiste. Alors il se noie dans un fatras de papiers, — les instructions sur ses pouvoirs et devoirs sans doute, — et il me renvoie à un autre service installé dans l'ex-hôtel du ministère des Affaires étrangères. Trois bureaux et douze employés civils et militaires me renvoient de l'un à l'autre; ils ne savent comment résoudre cette affaire ! Quelle drôle de justice et quels singuliers fonctionnaires judiciaires !

Finalement un de ces messieurs me propose de les tirer d'embarras en payant :

— Quinze marks, ce n'est pas beaucoup, dit-il, payez et cela simplifiera les choses pour tout le monde. »

Mais je n'ai aucun motif de leur être agréable et je trouve, au bout de palabres sans fin, le moyen d'aller en appel auprès du président du «Regierungsgericht».

Aujourd'hui, une communication de la « Kommandantur » m'apprend que, sans avoir d'ailleurs comparu à nouveau, je suis acquitté, non que l'officier accusateur ait eu tort — vous pensez bien ! — mais parce qu'il n'a pas été établi à suffisance que j'aie eu l'intention de le « provoquer »...

Je me suis étendu un peu longuement sur cette minuscule affaire parce que ses détails m'ont permis de saisir sur le vif le peu de loyauté de l'autorité allemande dans l'interprétation et l'exécution de ses arrêtés, et le peu de garantie qu'offre la justice de l'occupant. Ici la conséquence est sans importance et n'apparaît que sous un aspect plutôt plaisant. Mais que de fois elle est épouvantablement tragique !

LUNDI 9 AOUT

L'Allemagne a tenu à exercer une petite vengeance contre les habitants de deux rues populaires, la rue du Dam et celle de l'Escalier. C'est d'un comique qui ne doit pas être perdu pour la postérité.

L'administration communale de Bruxelles reçoit de M. von Kraewel, gouverneur de Bruxelles, la lettre suivante, qu'elle fait aussitôt afficher sur les murs :

Si même je veux reconnaître que l'administration de la ville s'est efforcée de faire appliquer le 4 de ce mois, par ses organes, les mesures prescrites, il reste cependant subsister le fait que, dans deux rues, des individus isolés ont tenu d'une manière démonstrative une grossière inconduite à l'égard des patrouilles allemandes.

Il est à regretter que les coupables individuellement n'aient pu être découverts; par suite il ne me reste qu'à prendre des mesures contre les rues dont s'agit dans lesquelles des écarts ont été commis.

En conséquence, j'arrête ce qui suit en ce qui concerne les deux rues de l'Escalier et du Dam :

A partir du lundi 9 de ce mois et pour la durée de 14 jours, c'est-à-dire jusqu'au 22 de ce mois inclusivement :

A. — Toutes les maisons de commerce et tous les cafés seront fermés à partir de 7 heures du soir (heure allemande);

B. — A partir de 9 heures du soir (heure allemande) personne ne pourra se trouver hors de sa maison sur la rue. Depuis cette heure toutes les fenêtres donnant sur la rue devront être fermées.

Il incombe à la ville de communiquer ce qui précède aux habitants de ces rues, d'appliquer les mesures précitées et d'exercer, pour l'observance de celles-ci, une sévère surveillance.

Aussi je vous prie de faire en sorte que ces rues soient suffisamment éclairées jusqu'à 11 heures du soir (heure allemande).

En outre, je ferai inspecter ces rues par des patrouilles allemandes. S'il se produisait, à cette occasion, de nouveaux écarts contre les patrouilles allemandes, celles-ci feraient usage de leurs armes.

MERCREDI 11 AOUT

Ce matin, à 7 h. 1/2, vingt-deux Allemands cernent la résidence des Pères jésuites, rue Royale. Il y a des soldats devant toutes les issues. L'Eglise du Jésus elle-même est bloquée; les fidèles qui s'y trouvent, ceux qui entrent comme ceux qui sortent, sont fouillés. En même temps, les Pères sont réunis et gardés à vue dans une salle du rez-de-chaussée. L'immeuble est visité des combles à la cave.

Le but de la perquisition ne semble pas clairement indiqué. Cependant un ordre est formel : il faut s'emparer du P. Pirsoul, coupable d'avoir commis Dieu sait quel abominable délit, peut-être d'avoir aidé de jeunes Belges à passer la frontière. Le P. Pirsoul est appréhendé et gardé isolément par une sentinelle dans un parloir.

Au moment où la perquisition bat son plein, se

présenté à l'entrée principale de la résidence une personne qui vient pour voir le P. Pirsoul. Elle a un geste d'émoi en se trouvant devant les Allemands et se hâte de sortir. Le chef des policiers donne ordre de la poursuivre. On se précipite. Tumulte. La sentinelle qui surveille le P. Pirsoul croit ses camarades en péril et accourt pour prêter main-forte. Il ne reste absent qu'un instant, mais la seconde a suffi au P. Pirsoul pour disparaître; le soldat chargé de le garder ne le retrouve pas. Comment a bien pu s'éclipser le P. Pirsoul, par quelle trappe, quel faux mur ? Mystère ! Mais ce qui n'a pas été un mystère, c'est la colère de l'officier commandant l'expédition, dès qu'il a eu connaissance de l'évasion; tout l'immeuble a retenti de ses éclats et de ses imprécations à l'adresse de ses subordonnés. Quant au P. Pirsoul, la « Kommandantur » ne l'a pas retrouvé (1).

SAMEDI 14 AOUT

Le marquis de Villalobar, ministre d'Espagne à Bruxelles, voulant se rendre compte du fonctionnement de la « Cantine du soldat prisonnier », s'est rendu aujourd'hui, accompagné du baron et de la baronne Lambert de Rothschild, au siège de cette œuvre, place de Brouckère. Ce fut un petit événement dans le centre de la ville. M. Michel Levie, ancien ministre, qui était là avec d'autres personnalités, profita de la circonstance pour remercier au nom des Belges le distingué diplomate qui veille à nos intérêts. Après quoi, M. Pelgrims, directeur-général, exposa le mécanisme de l'œuvre. Depuis trois mois et demi qu'elle existe, 100,000 envois de vivres ont été effectués et la moyenne des expéditions quotidiennes va grandissant. Deux caissettes sont envoyées chaque mois à nos compatriotes prisonniers les plus nécessiteux. Les dons et souscriptions ont atteint 104,000 francs, sur lesquels on a prélevé 44,000 francs pour envoyer 8,135 cantines aux soldats privés de tout secours. Une succursale établie par l'œuvre en Hollande expédie en

---

(1) On trouvera à la date du 27 septembre 1915 des détails complémentaires sur l'évasion du P. Pirsoul.

Allemagne 300 colis par jour. A Bruxelles, c'est une importante maison de commerce qui se charge gracieusement de l'emballage et des expéditions.

D'autres œuvres ont vu le jour en ces derniers temps et ce ne sont pas les moins intéressantes. Chacun dans sa sphère d'opérations a une idée, et il est rare qu'une semaine s'écoule sans qu'une heureuse initiative n'en soit le fruit. L'Association des détaillants de tabacs et cigares crée une organisation pour envoyer à nos prisonniers de quoi fumer : pipes, tabac, cigares, cigarettes; l'âme de l'œuvre est M. Gerinroze, de l'avenue Fonsny.

M. Potiez fils imagine de fonder à Uccle « l'OEuvre des deux centimes quotidiens » pour envoyer des caissettes à nos prisonniers. Et tout de suite les souscripteurs affluent. Deux centimes par jour, qui refuserait de se laisser inscrire pour cette somme ? Au bout de quelques jours, on vérifie ici, une fois de plus, la vérité du proverbe : les petits ruisseaux font les grandes rivières. 80 caissettes partent la première semaine, 80 autres quelques jours plus tard (1).

M. L. de Savignac dirige, à Molenbeek, rue du Chœur, 45, en plein centre populaire, une œuvre curieuse, les *Galeries d'occasion* (2), plus familièrement appelées la *Brokkenhuis* (Maison de bric à brac). Pour procurer de la besogne à des ouvriers sans travail et permettre à des œuvres de bienfaisance de se procurer à très bas prix des meubles et des vêtements, la « Brokkenhuis » fait prendre à domicile les fonds de greniers et vieux débris. Tout est désinfecté par les soins de l'administration communale de Molen-

---

(1) Comité de l'œuvre : M. P. Errera, bourgmestre d'Uccle, président d'honneur; M. Borel Saladin, vice-président d'honneur; M. le baron Janssen, président; M. Tabary, vice-président; M. Larabry, trésorier; MM. Potiez et Vandevelle, secrétaires.

(2) Conseil d'administration : MM. J. Day-Tonino, négociant; L. de Savignac, négociant; baron L. de Viron, propriétaire; Ch. Ferrier, avocat; baron F. van den Bruggen, propriétaire; Ch. Van Assche, rentier; Ch. Waucquez, négociant; J. Radermecker, employé; L. Stevelinck, expert comptable; J. Heusers, négociant.

beek et remis à neuf par des ouvriers sans besogne. Les objets remis à neuf ne sont pas vendus au public — on ne veut pas faire une concurrence déloyale aux magasins — mais sont cédés à prix coûtant aux malheureux qui se présentent avec un bon émanant d'une œuvre de bienfaisance. On vend là des lits d'enfant pour 4 francs, des chaises pour 1 fr. 70 c., des voitures d'enfants retapées à neuf, des poêles, des lampes, des seaux, des armoires, que sais-je encore ? Par exemple, une chaise de cuisine défoncée et dont un pied est cassé permet de procurer pour 1 fr. 70 c. de salaire à un chômeur et sert ensuite à meubler des réfugiés.

De même pour les vieux vêtements. Des tailleurs sans ouvrage les rebordent, enlèvent les taches, et cela fait pour les pauvres diables des gilets à 2 francs, des pardessus à 3 francs, des jupes à 50 centimes, des robes de fillettes à 1 franc, des chaussettes à 20 centimes, et des chapeaux et des bottines. Le prix ne représente que les frais de main-d'œuvre et de restauration puisque l'objet lui-même est donné pour rien (1).

Dans un autre ordre de préoccupations, voici l'Œuvre des cantines maternelles. Il faut la voir fonctionner, par exemple, place Madou, 7. Quel remarquable tableau des temps présents ! L'œuvre est instituée pour procurer un repas supplémentaire aux mères indigentes qui s'y rendent, leur poupon sur les bras. Elles doivent y venir au milieu de l'après-midi : l'heure est ainsi fixée pour que le repas, intercalé entre celui de midi et celui du soir, soit effectivement un supplément. Au moment où je visite ce local, quatre-vingts dîneuses sont attablées, faibles, décolorées, avec autant de nourrissons. De grandes dames remplissent le rôle de serveuses; celles-ci découpent la viande pour permettre à la mère de tenir son enfant tout en mangeant; celles-là circulent avec du pain, du lait;

---

(1) En six mois, grâce à cette intéressante initiative, 10,000 francs furent distribués en salaires à des tapissiers, encadreurs, garnisseurs, serruriers, etc., nécessiteux, et 8,000 objets désinfectés et réparés purent être cédés à des prix extrêmement bas à des œuvres de bienfaisance, entre autres 724 matelas, 682 lits, 212 tables, 984 chaises, 64 poêles, etc.

d'autres tiennent un bébé quand il y a des jumeaux, pour que la mère puisse manger plus à l'aise...

Le repas consiste en soupe, viande, pommes de terre, pudding de semoule.

Un coup-d'œil, pour finir, à une autre extrémité de l'agglomération. Des invalides belges de la guerre habitent, avenue de Tervueren, la belle propriété Parmentier, un parc de quinze hectares, dont les chemins se déroulant à flanc de coteau dominent l'avenue et les étangs d'alentour. Ils y travaillent et s'y amusent. Des ateliers aménagés au milieu des jardins les occupent de 8 heures à 11 et de 2 à 5. Les invalides qui aiment les travaux champêtres plantent, sarclent, tondent les haies, fanent les foins. Mme la comtesse Jean de Mérode, qui est leur providence, a fait transformer un hall en chapelle où, les dimanches et jours de fêtes, un aumônier dit la messe.

Souvent, à la tombée du jour, quand l'éclatant soleil de cet été achève son orbe, il y a représentation « artistique et musicale » sur la pelouse, et le programme improvisé se termine toujours par quelques chansonnettes. Dans le groupe se trouve un pince-sans-rire qui a trouvé le moyen de « blaguer » même les infirmités de ses amis, — et les siennes — et qui débite avec l'entrain d'un Paulus des refrains dans ce goût :

> Les boiteux fredonnaient contents :
> Marchons droit mes enfants!
> Les sourds disaient : Entendez-vous
> Les doux bruits des glous-glous?
> Les manchots murmuraient tout bas :
> Endors-toi dans mes bras!
> Et les culs-de-jatte criaient joyeux :
> En place pour l'avant-deux!

DIMANCHE 15 AOUT

Des policiers allemands s'abattent sur la demeure de M. Wiener, fils de feu le sénateur Sam Wiener, qui fut l'avocat de Léopold II. Ils déclarent avoir pour mission de rechercher, au domicile de M. Wiener et à celui de M. Alexandre Braun, tous les papiers relatifs à la liquidation de la succession de Léopold II,

— Je proteste, dit M. Wiener; vous n'avez pas le droit de faire semblable perquisition chez un avocat.

— La guerre nous donne tous les droits! répond-t-on.

Les dossiers de cette grosse affaire sont immenses; le procès Wouters-Dustin s'y trouve, et tous les tenants et aboutissants de la Fondation de la Couronne, etc. Faisant preuve d'une maladresse rare, les policiers passent sans les voir, à côté de documents du plus haut intérêt, mais ils dénichent dans une farde une photographie du duc de Schleswig-Holstein, gendre de la princesse Louise, fille aînée de Léopold II.

« C'est pour celui-là, dit un policier en montrant le portrait, que nous faisons ces recherches. Il est intéressé dans la liquidation de la succession de son grand-père.

— Comment, dit M. Wiener, vous perquisitionnez au nom du gouvernement allemand, non dans un intérêt d'Etat, mais dans un intérêt exclusivement personnel?

— Parfaitement! Nous « marchons » dès qu'un intérêt allemand est en cause, privé ou public! »

M. Wiener n'a pas voulu continuer la discussion avec ces argousins. Il s'est borné à déposer plainte entre les mains de M. Théodor qui en a profité pour adresser au gouverneur général une nouvelle protestation.

LUNDI 16 AOUT

Il est bien difficile pour un Belge d'obtenir d'un Allemand le paiement d'une dette. Je pourrais citer un propriétaire d'immeubles loués à des Allemands qui, chez ces locataires, se heurte invariablement à la déclaration suivante :

« Si vous insistez pour obtenir paiement du loyer, nous nous exécuterons, mais nous consignerons l'argent à la *Deutsche Bank.* »

C'est un mot d'ordre.

MERCREDI 18 AOUT

Il semblerait qu'après un an d'occupation, quelque chose qui se rapprochât de la vie normale aurait dû reparaître en Belgique. Les communiqués lancés par la télégraphie sans fil de Berlin aux quatre coins du monde n'ont-ils pas répété à satiété que le gouvernement impérial travaille d'arrache-pied à rendre à la Belgique sa prospérité d'autrefois ? Or, ce qui se passe ici montre que le contraire est vrai. Pour ne prendre qu'un exemple : les moyens de transport, ce qu'il y a de plus indispensable à la vie économique d'un pays, se raréfient toujours davantage. Nos chevaux prennent par milliers le chemin de l'Allemagne ou du front de combat. Les autos ne peuvent plus circuler. Les voyages par rail ne sont plus qu'à la portée des gens aisés, et encore l'administration s'applique-t-elle à les entourer de difficultés qui rebutent le plus grand nombre. Les trains sont rares. Avant la guerre, il sortait quotidiennement plus de 200 trains de la gare du Nord; le chiffre est maintenant inférieur à 40; et, dans chaque train, il n'y a qu'une ou deux voitures pour les civils : les soldats accaparent le reste. Les voyages sont d'un prix inabordable pour la masse : 10 centimes au kilomètre, en troisième classe, soit, pour aller à Liége, 10 francs et, pour en revenir, 10 francs, alors que, sous le régime belge, ce trajet aller et retour ne coûtait que 7 francs.

Restent les chemins de fer vicinaux, qui rendent de grands services. Les Allemands, vous le pensez bien, ne peuvent tolérer ça. Ils commencent dans plusieurs régions à en démonter les voies; et le tout, rails, billes, locomotives, prend le chemin des zones de guerre (1).

MERCREDI 25 AOUT

Saisies, réquisitions, interdictions de ces derniers jours :

Quels qu'en soient le nombre et la quantité, on doit déclarer et tenir à la disposition de l'autorité militaire, les pneumatiques d'autos et de motocyclettes, enveloppes et chambres à air, neufs et usagés, tous les objets en caoutchouc qui ne sont plus utilisés dans le but en vue duquel ils ont été fabriqués, les déchets de

---

(1) Voir, pour l'enlèvement des lignes vicinales, le 21 septembre 1916.

caoutchouc résultant de la fabrication d'articles en caoutchouc, le caoutchouc brut, peu importe qu'il ait ou non subi une préparation ou qu'il soit mélangé à d'autres produits.

Sont saisies : toutes les quantités de chicorée existant dans le territoire du gouvernement général; il est défendu de les modifier ou d'en disposer. Les racines de chicorée pouvant servir à la préparation de succédanés du café sont saisies également.

Il est défendu de faire monter des cerfs-volants « ou de se livrer à toute action du même genre pouvant causer des perturbations au service des fils télégraphiques et téléphoniques ».

Les sorties en groupe de boy-scouts ou d'autres sociétés du même genre sont interdites. Si les contrevenants bénéficient de l'impunité, leurs parents, tuteurs et maîtres seront rendus responsables à leur place.

Les usines à gaz, à eau et à électricité sont obligées de mettre leurs produits et sous-produits à la disposition d'un « bureau allemand ». Si celui-ci juge nécessaire de créer des installations spéciales pour l'utilisation de ces produits, il peut les construire, les relier aux installations déjà existantes et les exploiter sur le terrain des usines sans que celles-ci aient droit à une indemnité. Il est défendu d'exécuter des contrats au sujet de ces produits quand leur exécution ne plaît pas au bureau allemand. Et enfin, — car il y a toujours le coup de pied final pour la justice — on n'est pas fondé à réclamer des dommages-intérêts pour les préjudices qui pourraient résulter de ces mesures.

SAMEDI 28 AOUT

Il est beaucoup question de ce que l'on appelle « l'affaire de Luttre ». Elle ne trouve pas sa place naturellement dans une histoire au jour le jour de Bruxelles sous l'occupation, mais il convient de la noter au passage à cause du retentissement qu'elle a ici.

Depuis des mois, l'arsenal des chemins de fer de

l'Etat à Luttre est encombré de locomotives détraquées; leur nombre augmente chaque jour et l'ennemi ne dispose pas d'assez d'hommes pour les réparer. Le 26 mars, dans l'espoir d'obtenir le concours des 1,250 ouvriers belges de l'arsenal habitant Pont-à-Celles et les environs, les Allemands donnent ordre aux autorités communales de cesser toute distribution de secours aux ouvriers qui refuseraient de travailler pour eux. Le 6 avril, les agents belges des chemins de fer qui coopèrent à la distribution de ces secours sont arrêtés, interrogés, enfermés pendant quatre jours dans un wagon, puis écroués à la prison de Nivelles. Des philanthropes de la région, notamment MM. de Lalieux, député (1), Van Ham, commissaire d'arrondissement, Constantin de Burlet, Jean Dumont de Chassart, qui sont venus en aide aux chômeurs, sont également emprisonnés.

Le 24 avril, les Allemands obligent le Conseil communal de Pont-à-Celles à afficher que si les ouvriers ne reprennent pas le travail, les habitants devront donner logement, feu et lumière à 300 ouvriers allemands et 140 uhlans avec leurs chevaux. Les ouvriers refusent, parce qu'ils ne veulent pas coopérer à des faits de guerre contre leur pays. A partir du 27, la plupart des ouvriers sont réquisitionnés à domicile et conduits à l'arsenal par des soldats. Mais ils persistent dans leur refus. Alors on les enferme dans des wagons où leurs familles peuvent venir les nourrir. On les menace : de devoir chacun héberger un uhlan, de voir brûler leur maison, de voir les membres de leur famille retenus comme otages, d'être déportés. Peine perdue.

Le 8 mai, un wagon contenant 48 ouvriers irréductibles est envoyé en Allemagne. Le directeur belge de l'arsenal est arrêté. Amené à Luttre, il déclare qu'à son avis le gouvernement belge ne sévira pas contre des ouvriers qui auront travaillé contraints et forcés, mais que lui-même n'accepte pas de reprendre ses fonctions. Les ouvriers répondent qu'ils feront comme lui.

Alors la fureur tudesque s'exaspère. Un nouveau

---

(1) M. de Lalieux fut déporté avec d'autres membres de la Chambre. Voir 7 juillet 1916.

lot de 45 ouvriers est déporté en Allemagne et le capitaine chef de bataillon baron von Hammerstein-Loxten fait afficher que les récalcitrants « risquent d'être emprisonnés jusqu'à la fin de la guerre et peut-être même au delà ».

Le 18 mai, nouvelle proclamation disant que les prisonniers ne recevront plus que du pain sec et de l'eau, des aliments chauds seulement tous les quatre jours. Ces mesures ont l'effet opposé au but cherché : quelques ouvriers qui avaient cédé aux menaces déposent leurs outils et remontent dans les wagons où leurs compagnons sont enfermés.

Le 20, les uhlans chargent devant l'arsenal les femmes qui attendent des nouvelles de leurs maris. Le directeur est amené à nouveau; il répète sa déclaration; les ouvriers répètent leur refus.

Le surlendemain, trois wagons contenant 104 ouvriers prenaient le chemin de l'Allemagne.

En résumé, il y a sur les voies de garage de Luttre 300 locomotives à réparer. Sur les 1,250 ouvriers de l'arsenal, 20 seulement ont fléchi sous ce régime de barbarie et travaillent pour l'envahisseur, 197 ont été déportés; les autres sont restés inébranlables. Des voitures qui en contenaient un certain nombre ont été un beau jour attachées à un train qui les a conduits vers les Ardennes. Là, comme on ne savait sans doute qu'en faire, on permit à ces reclus de descendre de wagon et ils rentrèrent à pied.

LUNDI 30 AOUT

Tervueren a été le théâtre de scènes tragi-comiques. En voici quelques-unes :

Des troupes défilent, venant de Louvain. Elles envahissent le musée du Congo. Un officier, ivre de rage, et peut-être d'autre chose aussi, prétend que des carabiniers belges se cachent dans des armoires.

— Vous vous trompez, dit M. de Haulleville, je suis conservateur d'un musée, non d'une caserne.

— Ouvrez ces armoires !

— Non. Fracturez-les si vous le jugez nécessaire; moi je n'en ferai rien.

A ce moment, survient un officier supérieur, qui s'enquiert des causes de ce tumulte.

— Vous avez raison, dit-il à M. de Haulleville, ce n'est pas une caserne ici.

Et tirant son sabre, il en assène de terribles coups à droite et à gauche pour obliger la troupe à quitter le local.

Quelques jours plus tard, douze officiers qui se sont fait servir un copieux dîner dans un restaurant du voisinage (et se sont abstenus de payer l'addition) se présentent à dix heures du soir, titubant sous l'action du champagne, à la porte du musée. Ils émettent la prétention d'aller faire une séance d'escrime dans la rotonde centrale et d'avoir pour blason le buste en ivoire de Léopold II.

— Un instant, dit le conservateur, je vais demander au général résidant à Tervueren s'il n'y voit pas d'inconvénient.

A ces mots, les douze gaillards sont dégrisés et se retirent sans insister.

Certain jour de cet été, la «Centrale du caoutchouc» envoie à Tervueren un ordre de réquisition de toutes les quantités de caoutchouc existant au musée. Or, il n'y a là que des échantillons de très petit poids, rangés dans des vitrines, étiquetés et catalogués, au total moins peut-être qu'il n'en faudrait pour une automobile.

M. de Haulleville écrit sur l'heure au baron von Bissing : le gouvernement allemand ne se vante-t-il pas d'être le protecteur des sciences, donc aussi des musées ?

Le lendemain matin, à 7 heures, M. von Bissing fils, professeur à l'Université de Munich, s'amène à Tervueren pour exprimer les sentiments de confusion de son père : c'est un malentendu, dit-il; c'est à Berlin qu'on s'est imaginé qu'il y a ici un stock de caoutchouc; l'affaire est donc arrangée, n'en parlons plus...

Dernière histoire vaudevillesque : les Allemands engraissent à Tervueren 900 porcs et ils y ont aussi un grand nombre de vaches qu'ils laissent en pâture, jour et nuit, sur les pelouses du parc. Or, le rendement en lait est médiocre et les Allemands ne s'expliquent pas pourquoi, dans ce village où pourtant les légumes viennent bien, l'herbe a si peu de qualités nutritives. La clef du mystère est celle-ci : chaque nuit, des femmes de Tervueren vont traire à leur profit les vaches du gouvernement général.

Septembre 1915

1er septembre : Le suisse et l'officier. — **2** : Comment l'ennemi vide nos centres industriels. — La hausse continue des prix. — L'avoine. — **3** : Qui était Monsieur Joseph. — **6** : Déportation de M. Théodor, bâtonnier du barreau de Bruxelles. — Le coq de l'avocat Leborne. — Trains de cadavres. — **7** : Les cours professionnels pour les chômeurs. — **8** : Ce que coûte à l'agglomération bruxelloise la police allemande des mœurs. — **10** : Les Allemands et la chasse. — A qui le gibier ? — **11** : La monnaie de zinc. — Disparition complète de l'argent et de l'or. — **14** : Pour la protection des complices des Allemands. — **19** : Tableaux de guerre. — Un avion laisse tomber un drapeau belge à Woluwe. — **20** : Condamnation de M. le curé Buelens. — **26** : Nouvelle lettre de S. E. le Cardinal, « Appel à la prière ». — **27** . Comment le P. Pirsoul s'évada. — **28** : La répercussion à Bruxelles de l'offensive française en Champagne. — Les hôpitaux militaires. — Scènes tragiques. — **29** : Les cartes des pays en guerre avec l'Allemagne. — **30** : Les affiches du « tribunal de sang ». — Exécution d'Alexandre Franck et Joseph Baeckelmans. — Leurs dernières lettres.

MERCREDI 1er SEPTEMBRE

Il est interdit de se promener dans l'église Sainte-Gudule pendant les offices. Un officier passe outre à ce règlement, soit qu'il l'ignore, soit qu'il n'en ait cure. Le suisse s'approche de lui et, ne connaissant pas la langue allemande, lui tape doucement sur l'épaule et lui explique, par geste, l'interdiction. Il est condamné à six semaines de prison pour avoir porté la main sur un officier du Kaiser! Vainement, Mgr Evrard, doyen de Sainte-Gudule, se rend à la « Kommandantur » et invoque le règlement d'ordre intérieur de l'église, pour justifier l'intervention du suisse. Celui-ci n'en reste pas moins condamné pour s'être permis de taper sur l'épaule d'un officier. (1)

(1) En janvier 1917, le même suisse, M. De Cleyre, a été condamné à un nouvel emprisonnement, de six mois cette fois, et déporté en Allemagne, pour n'avoir pas empêché des Belges de pénétrer dans l'église Sainte-Gudule à l'heure où s'y célébrait un service religieux réservé aux autorités, fonctionnaires et soldats allemands.

JEUDI 2 SEPTEMBRE

Le coton se fait rare et cher dans les magasins. Conséquence des réquisitions de l'ennemi dans les centres industriels. A Gand, il ne reste plus rien, ni en coton, ni en laines. M. Motte, le grand industriel de Roubaix, me dit que les matières premières, produits manufacturés, laines, cotons, courroies, cuivres, enlevés par les Allemands dans ses usines du nord de la France représentent plus de 30 millions de francs.

Cette semaine, à Renaix, on enlève pour 150,000 francs de coton chez un industriel. Le prix sera fixé, non par le propriétaire, mais par Berlin! Quand le prix est fixé, l'industriel reçoit un bon, payable après la guerre. Il n'est donc pas étonnant que, de semaine en semaine, monte, dans les magasins de Bruxelles, le prix de ce qui reste disponible pour le public. Ce matin, on annonce dans plusieurs magasins une augmentation de 30 p. c. pour les cotons et les fils.

Ce mouvement ascendant englobe, du reste, la presque totalité des produits de tous genres. Par exemple, le savon noir coûte 1 fr. 80 le kilo au lieu de 40 centimes en temps normal. En pharmacie et en droguerie, certains produits sont hors prix. L'acide salycilique vaut 50 francs le kilo au lieu de 12. Le pétrole est introuvable. Une petite bougie coûte 30 centimes. Un paquet d'allumettes, 30 centimes au lieu de 10. L'huile de lin, 4 fr. 60 le litre au lieu de 50 centimes. Le mastic, 80 centimes au lieu de 25. Tout est à l'avenant. (1)

L'avoine de la récolte de 1915 est saisie au profit de l'administration militaire allemande. Les exploitants agricoles ne peuvent conserver, pour les chevaux leur appartenant, que deux kilos et demi d'avoine par cheval et par jour. Les autres propriétaires de chevaux pourront acheter la même quantité; elle est insuffisante de moitié. Le foin et le trèfle sont saisis également.

---

(1) Voir à la fin de l'ouvrage un tableau indiquant la marche des prix jusqu'à la fin de la guerre.

VENDREDI 3 SEPTEMBRE

Je sais maintenant qui était M. Joseph. M. Joseph vint me voir pour la première fois il y a quelque quatre mois sur l'obligeante intervention d'un père jésuite, auquel j'avais demandé s'il ne connaissait pas quelqu'un en état de rendre certain service à un patriote plein de dévouement, qui s'occupait de faire passer des hommes au front. (Il s'agissait de M. Hautfenne, dont j'ai parlé les 29 juin et 23 juillet.)

— Oui, je connais quelqu'un, m'avait dit le révérend père, c'est un monsieur qui vient souvent ici; je vous l'enverrai.

— Et comment s'appelle-t-il, ou du moins, car je ne veux pas être indiscret, comment dois-je l'appeler ?

— Appelez-le monsieur Joseph.

Deux jours après, M. Joseph était chez moi, et nous eûmes, le lendemain, rendez-vous dans un café du centre avec le joyeux Hautfenne.

Je revis M. Joseph à plusieurs reprises. Il fit parvenir plusieurs fois, pour moi, des lettres assez compromettantes à l'étranger, et je recevais réponse par son intermédiaire. Il m'envoyait la *Libre Belgique* et d'autres prohibés par une brave femme, toujours accompagnée d'une petite fille, qui venait chercher pour lui ou apporter de sa part des commissions à mon domicile.

Quand il passait lui-même, nous grillions ensemble une cigarette et devisions un brin. Plus je le voyais, plus le mystère de sa personnalité m'intriguait. Il était évidemment un homme mêlé à toute sorte d'entreprises patriotiques clandestines, cela ressortait de ce qu'il me racontait, avec discrétion et modestie, d'ailleurs. Toutes ses allures étaient imprégnées d'une réserve de bon aloi. Quel âge avait-il? On lui aurait donné trente-cinq ans. Figure jeune et fraîche, avec une petite moustache brune frisottante, des yeux intelligents, une physionomie réfléchie et douce; il parlait d'une voix tranquille et toujours égale; jamais trace d'agitation chez lui, bien qu'il dût être souvent traqué par la police de l'ennemi.

Etait-il marié, riche ou pauvre, flamand ou wallon ? Quelle était sa profession ?

Pas moyen de le deviner. Il me raconta certaines histoires relatives au contre-espionnage belge en Belgique et, notamment, comment deux gendarmes belges « en bourgeois » qui se livraient à cette dangereuse besogne patriotique avaient fait la connaissance d'un espion allemand qui causait beaucoup de mal aux Belges et l'avaient attiré un soir sur les bords du canal pour le jeter à l'eau. Je m'étais dis alors : « M. Joseph serait-il gendarme en bourgeois? » Mais, jusqu'à la fin, cet homme demeura pour moi une énigme.

Je le croisai, un après-midi, chaussée d'Ixelles et m'arrêtai pour échanger quelques mots avec lui :

— Je vous demande pardon, me dit-il, mais permettez-moi de poursuivre tout de suite mon chemin; je crois que je suis filé; au revoir !

C'est la dernière fois que je vis M. Joseph. Je n'eus plus, depuis, de ses nouvelles d'aucune manière.

Or, ces jours-ci, ayant besoin de ses services, je retournai chez le père jésuite qui m'avait mis naguère en relations avec lui.

— Le Père Meeus est parti, me répondit-il.

— Il ne s'agit pas du Père Meeus, fis-je; je cherche M. Joseph...

— M. Joseph et le Père Meeus, du nouveau Collège Saint-Michel, c'est une seule et même personne, qui, serrée de trop près par les Allemands, a jugé nécessaire de passer la frontière.

Comment M. Joseph s'est-il éclipsé? C'est encore un mystère, tout comme l'autre jour l'évasion du P. Pirsoul (1).

Ces jésuites !

LUNDI 6 SEPTEMBRE

M. Théodor, député et bâtonnier du barreau de Bruxelles, est arrêté et envoyé en Allemagne. Il n'est pas

---

(1) Voir le 27 septembre 1915 comment le P. Pirsoul a passé la frontière avec le R. P. Meeus.

6 septembre 1915

jugé. L'autorité allemande le considère comme indésirable et l'éloigne jusqu'à la fin de la guerre. Il a osé, on le sait, élever la voix au nom de la dignité du barreau (voir 19 février 1915). C'est trop. (1)

---

(1) M. Théodor a été libéré en 1916 (sous condition de ne pas rentrer en Belgique) à la suite d'une démarche faite auprès du roi d'Espagne par les avocats du barreau de Paris. Au cours d'une cérémonie organisée par les membres de ce barreau pour honorer la mémoire des avocats parisiens tombés au champ d'honneur, solennité à laquelle assistait le Président de la République, un chaleureux hommage fut rendu au bâtonnier des avocats de Bruxelles par M° Henri Robert.

M. Théodor répondit :

« Je suis un proscrit ; on m'a interdit mon foyer et ma terre natale. On m'a séparé des miens et de mes confrères. Entre eux et moi règne un silence de mort. De ma patrie je ne sais plus rien, à peine je perçois l'écho lointain et intermittent de ses tortures et de ses douleurs.

« Dans cette solitude de l'âme, dans cette détresse du cœur, des voix amies sont venues à moi, d'ici, de la province française. Toutes m'ont dit leur noble affection. D'illustres confrères m'ont adressé des témoignages de sympathie, qui resteront parmi les grands souvenirs de ma vie professionnelle.

« L'orgueilleux Germain ne rêvait pas que de conquêtes de territoires ; ses plans étaient plus vastes. Il poursuivait l'hégémonie morale du monde. Celle-ci devait être la base durable de son hégémonie politique. Il la préparait avec le même soin, les mêmes soucis de méthode, la même ténacité. En même temps que s'organisaient ses forces militaires, se développait dans son sein un esprit public étrange, inaccessible à nos cerveaux latins et latinisés ; une culture faite de barbarie et de science, d'appétits et de rêve, mais admirablement adaptée à ses ambitions de conquêtes. Il entendait la substituer à la civilisation latine, toute de beauté morale et d'idéalité et ravir à la France qui en est l'âme le sceptre de sa royauté.

« La Belgique se leva fière, frémissante d'indignation. Sa signature était engagée. Plutôt mourir que de trahir. Elle fut châtiée. On lui marcha sur le corps, on meurtrit son âme. On décrète de haute trahison le père qui n'empêche pas son fils de rejoindre ses drapeaux, transformant en un délit infâme le plus saint, le plus sacré et le plus douloureux des devoirs. Des richesses ont été anéanties, fruit d'un labeur séculaire. Des milliers de civils sont fusillés. Cinq cent mille Belges errent de par le monde sans moyen d'existence. Sept millions d'êtres humains vivent en pays occupé sous la constante menace de la famine et des pires événements. Des

Arrêté aussi, M. l'avocat Leborne qui portait en épingle de cravate un petit coq en or. C'est un coq gaulois, dit un officier, donc un emblème de l'ennemi. M. Leborne est condamné à trois jours de prison.

* * *

Un négociant bruxellois pénètre, ce matin, dans la gare de Bruxelles-Ouest pour y prendre livraison de marchandises. Croyant avoir trouvé le wagon qui lui est destiné, il soulève la bâche. Il recule, épouvanté. Le wagon est plein de cadavres. Le train tout entier est un train de cadavres allemands ramassés devant l'Yser. On l'a garé par erreur devant Bruxelles-Ouest, alors qu'il devait poursuivre sa route vers une usine d'incinération de la Wallonie. Ce n'est pas la première fois qu'un train de cadavres arrive ici. On en a vu plus d'un faire le tour de Bruxelles par le chemin de ceinture après les luttes épiques de l'Yser, en octobre et novembre de l'an dernier. Un matin de ces jours-là, j'étais arrêté devant le passage à niveau de l'avenue Rogier,

---

hommes au cœur vaillant et fier, accoutumés de demander leur pain au travail, vivent de charité. Elles sont navrantes les files de malheureux qui attendent par centaines aux portes de distribution de secours le morceau de pain ou la maigre aumône en argent qui doit les empêcher de mourir de faim.

« Mais derrière ces visions d'horreur, une aube se lève : celle du jour grandissant des réparations et de la victoire. La victoire est à nous. Nous vaincrons, Dieu le veut.

« Déjà le monde respire. L'humanité reprend sa marche, un instant interrompue, vers de plus hauts avenirs. La France ne cessera pas de rayonner sur le monde. Les nations continueront à s'abreuver aux sources de son intellectualité si pure, si vivante, si féconde. La petite Belgique renaîtra de ses ruines plus vivante, plus glorieuse.....

« Quand notre sol sera libre, quand le palais de justice de la capitale aura cessé d'abriter des baïonnettes, quand des couleurs qui ne sont pas à nous auront cessé de flotter à son fronton pour être remplacées par les libres couleurs de la Belgique, quand débarrassé de tout contact impur, il sera redevenu le temple majestueux du droit, alors nous aussi nous célébrerons nos morts. Et alors, je vous demanderai, Monsieur le Bâtonnier, de nous faire l'honneur de nous apporter avec le prestige de votre parole, avec l'autorité de votre haute et noble personnalité, le salut de vos confrères, le salut de la France. »

considérant un convoi de wagons fermés devant lequel des hommes de la voie faisaient d'énigmatiques signaux. Un soldat allemand, debout sur le marchepied d'un wagon et accroché à la rampe de fer, me dit : « Wollen sie sehen? » (Voulez-vous voir?) Et sans attendre une réponse, il fait rouler la porte du wagon. J'aperçois nettement, dans l'intérieur, des cadavres debout, liés par trois, en bottes, — gerbes monstrueuses que la mort a fauchées là-bas, et que l'on dirige par ici vers quelque four à chaux ou usine d'incinération.

MARDI 7 SEPTEMBRE

Plusieurs administrations communales décident que nul célibataire de 16 à 20 ans ne bénéficiera du secours de chômage s'il ne fréquente régulièrement un cours, école de dessin, cours de langues, cours d'adultes, cours de sténographie, école de métiers. Un supplément de secours de 50 centimes est alloué, par quinzaine et par enfant de moins de 14 ans, sous condition, pour ceux de 6 à 14 ans, de suivre les cours primaires. A Etterbeek s'ouvre une école professionnelle d'apprentissage pour chômeurs involontaires; la fréquentation est obligatoire pour les chômeurs de 16 à 21 ans. L'école comprend des sections du bâtiment, de la mécanique, de la menuiserie, de la ferronnerie, de la serrurerie, de la carrosserie et de la peinture. Des industriels de la commune mettent à la disposition du comité leurs ateliers et leur outillage durant plusieurs heures par semaine. C'est donc à l'atelier que se forment pratiquement les élèves. Bel exemple de solidarité sociale : le corps des professeurs se compose en partie de chômeurs, que l'on pourrait appeler des chômeurs d'élite.

MERCREDI 8 SEPTEMBRE

J'ai dit, en signalant la création d'une police allemande des mœurs (1), que le gouvernement impérial mettait à charge des villes belges le fonctionnement de ce service partout où il jugerait bon l'installer, or,

---

(1) Voir 21 février 1915,

ce service a été créé dans l'intérêt de l'armée d'occupation.

On peut maintenant se faire une idée de ce que coûte à l'agglomération bruxelloise cette police spéciale. J'ai eu sous les yeux le budget provisoire pour septembre 1915. Le total s'élève (pour un seul mois donc) à 71,548 francs, dont 57,953 francs représentant le compte du nouvel et splendide hôpital communal de Saint-Gilles, qui a été réquisitionné pour servir de refuge aux victimes de cette débauche et qui est maintenant sous une direction et une administration exclusivement allemandes.

Le reste, soit 13,595 francs, comprend les traitements et frais de séjour des policiers allemands.

Par lettre du 31 août, M. Gerstein, président de l'administration civile allemande pour la province de Brabant, fait connaître au collège échevinal de Bruxelles que cette dépense de 71,548 francs pour septembre doit être répartie entre les communes de l'agglomération, proportionnellement au nombre de leurs habitants, et il rappelle que « les sommes dont il s'agit doivent être versées dans les dix premiers jours à la *Deutsche Bank,* au compte chèque : « Police des mœurs du Grand-Bruxelles ».

On n'admirera pas moins l'importance de ce budget (plus de 800,000 francs par an) que la désinvolture avec laquelle ces gens, qui sont chez nous grâce au plus inexcusable des attentats, imposent aux Belges les dépenses nécessitées surtout par la débauche de leurs troupes.

VENDREDI 10 SEPTEMBRE

Voici le temps de la chasse. Un arrêté paraît qui accorde aux officiers et aux fonctionnaires allemands ayant rang d'officier le droit de chasser. Le gibier abattu appartient au propriétaire de la chasse, mais le chasseur a le droit de le conserver moyennant paiement de 3 francs pour un lièvre, 2 fr. 50 pour le coq faisan, 2 francs pour la faisane, 1 fr. 50 pour le canard, 1 franc pour la perdrix, 1 franc le kilo pour le cerf ou le sanglier, 25 francs pour un chevreuil entier. Chaque arrondissement est divisé en districts de chasse et chaque chef allemand de district a le droit de céder, au prix fixé, aux ambulances, cuisines militaires ou mess d'officiers, le gibier que le chasseur n'a pas acheté. Bref, il reste pour le propriétaire de la chasse ce dont les Allemands ne veulent pas. Un bulletin appelé « Wildschein », indiquant l'endroit de provenance doit être attaché à chaque bête abattue. Les civils ne peuvent transporter du gibier ou le mettre en vente que si la bête porte le bulletin.

Peu de bêtes arrivent sur les marchés. Le Belge qui désire manger du lièvre le paie, cette année, 15 francs, à moins qu'il ne trouve moyen de s'en procurer par des braconniers qui demeurent nombreux en dépit des Allemands et de toutes leurs interdictions.

SAMEDI 11 SEPTEMBRE

Nous avons depuis aujourd'hui de la monnaie de zinc. Elle manquait à la collection. Les pièces sont de 5, 10 et 25 centimes. Elles portent l'inscription « Belgique-België », l'indication de la valeur, le millésime et, au revers, un lion entouré d'une guirlande. Elles sont créées, dit l'arrêté, pour « remédier à la pénurie de monnaies divisionnaires qui se fait sentir dans certaines parties du pays ». De fait, les pièces de nickel sont de jour en jour plus rares, non seulement dans certaines parties, mais dans tout le pays. Chacun se rend parfaitement compte que cette raréfaction est causée par quelque mécanisme invisible qui aspire ces pièces chez nous et les refoule automatiquement dans les fabriques allemandes de munitions de guerre, où le nickel commence à faire défaut.

J'ai déjà noté les bouleversements apportés par le grand drame dans notre circulation fiduciaire. Ce n'est pas fini. Les billets de banque belges d'avant la guerre — ceux dont la contre-partie en or est en sécurité à Londres — sont devenus rarissimes ici. Un gros paquet de ces billets a passé avec nos réfugiés (ou leur a été envoyé après coup, en secret) en Angleterre, en France, en Hollande, où ils ont conservé leur valeur. Les billets créés en Belgique sous le régime et par ordre allemand ne sont pas acceptés en paiement hors de nos frontières. Outre le mark-papier, qui circule ici au cours forcé de 1 fr. 25 et en quantités énormes, surtout en coupures d'un et deux marks, nous avons présentement des billets d'un, deux, cinq, vingt et cent francs de la Société Générale, à l'effigie de la première Reine des Belges et de Rubens; des billets de vingt et cent francs de la Banque Nationale, à l'effigie de Léopold Ier, des bons communaux, des bons du Comité national d'alimentation, que sais-je encore ? Enfin, le zinc. Quant à l'argent et l'or, ils sont dans les bas de laine et n'en sortent plus. Nul, jamais, n'en voit une pièce autrement qu'en bijou.

MARDI 14 SEPTEMBRE

Quiconque — dit un nouvel arrêté du gouverneur général — tente de nuire à d'autres personnes en ce qui concerne leur situation pécuniaire ou leurs ressources économiques, par exemple leur gagne-pain, en les inscrivant sur des listes noires, en les menaçant de certains préjudices ou en recourant à d'autres moyens du même genre parce que ces personnes sont de nationalité allemande, entretiennent des relations avec des Allemands ou font preuve de sentiments germanophiles, est passible d'une peine d'emprisonnement de deux ans au plus ou d'une amende pouvant aller jusqu'à dix mille marks.

Est passible de la même peine, « tout qui offense ou maltraite une autre personne pour une des raisons susmentionnées ou tout qui, en menaçant de certains préjudices ou en recourant à d'autres procédés analogues, tente d'empêcher une autre personne de faire montre de sentiments germanophiles. »

Si un de ces actes répréhensibles est commis en commun par plusieurs personnes qui se sont entendues à cette fin, chaque membre d'un tel groupement sera considéré comme contrevenant. Dans ce cas, le maximum de la peine à appliquer pourra être porté à cinq ans d'emprisonnement.

DIMANCHE 19 SEPTEMBRE

Depuis trois jours, sans répit, se suivent, roulant à toute allure, des trains de munitions et de troupes. Les renforts dirigés vers l'Yser semblent inépuisables. Ce midi, quarante wagons chargés de canons, gueule en l'air, entrent en gare de Schaerbeek. Au même moment, des pétarades éclatent dans l'atmosphère. Les canons que, dans leurs casemates d'Evere, d'Etterbeek, de Berchem, les Allemands tiennent constamment braqués vers le ciel, font converger au zénith de Bruxelles une grêle d'obus qui éclatent, laissant dans l'azur autant de petits nuages blancs. Très haut, semblable à un insecte dont les élytres miroitent, un monoplan ami passe au-dessus de la ville, indifférent, dirait-on, dans la grâce tranquille de ses évolutions, à l'ouragan de shrapnells qui veut le faire chavirer. L'aviateur laisse tomber des journaux français, qui s'éparpillent en toutes directions, et un drapeau belge, qui tombe dans le parc de Woluwe. Des curieux, enthousiasmés, se précipitent vers l'endroit où ils ont vu atterrir le drapeau. A qui le laisser? C'est une question que chacun voudrait résoudre à son profit; finalement on décide de le découper en une infinité de petits morceaux et chacun s'en va, heureux et fier de posséder ne fût-ce que trois centimètres carrés d'un drap considéré comme sacré...

L'avion a disparu dans le lointain, filant vers la France, sans être atteint.

LUNDI 20 SEPTEMBRE

M. Buelens, curé de la paroisse du Sacré-Cœur, est condamné à huit jours de prison pour avoir prononcé en chaire une allocution patriotique, qui fut ensuite imprimée et vendue à la porte de son église au profit des orphelins de la guerre.

DIMANCHE 26 SEPTEMBRE

Le clergé lit en chaire, dans toutes les paroisses, un « Appel à la prière » de S. E. le Cardinal.

Cette nouvelle lettre, belle et réconfortante comme toutes celles du même auteur, contient ce passage :

> Mes Frères, nos épreuves se prolongent; ne cédez pas, je vous prie, à la lassitude; ne cessons pas de prier et de faire le bien; le semeur doit attendre la moisson; à son heure elle viendra et ne nous échappera pas.
>
> Depuis un an, il y a, dans notre cher diocèse, une efflorescence magnifique de vie religieuse. Les communions, déjà fort accrues sous l'impulsion du Pape Pie X, se sont multipliées encore; dans plusieurs paroisses et, chose digne de remarque, dans celles surtout qui ont le plus souffert, elles ont quasi doublé! Que cet élan se généralise! qu'il se soutienne!
>
> Ne laissez pas fléchir vos courages. Il y a un an, vous trembliez, nous tremblions pour notre indépendance : l'assaillant avait pour lui la force, le nombre, les plans savamment concertés; humainement parlant, nous pouvions craindre, et il me souvient que, le 8 septembre 1914, du haut du sanctuaire de Notre-Dame de la Garde à Marseille, où trois cardinaux français et nous-même, venions de consacrer nos patries sœurs à la maternelle protection de la Très Sainte Vierge Marie, nous portions nos regards, non sans mélancolie, vers les plaines du nord, et avec le psalmiste, nous disions: « Ils ont leur matériel de guerre et leur cavalerie, mais nous, forts de notre droit, nous invoquerons avec foi le Seigneur notre Dieu. »
>
> Et c'est, si je ne me trompe, de ce même jour, le 8 septembre 1914, fête de la Nativité de la Sainte Vierge que date le premier bulletin de victoire de la glorieuse, mais mystérieuse encore, bataille de la Marne, point terminus de l'invasion, point de départ de la retraite, que nous supplions le Sacré-Cœur de Jésus, Notre-Dame du Rosaire et de la Médiation, l'Archange Saint-Michel, de hâter et de compléter.
>
> Il faut donc, mes Frères, que dans l'intervalle du 29 septembre au vendredi 1er octobre ou au dimanche 3 octobre, tous nos chers diocésains fassent, une fois au moins, la sainte communion. Ce sera un beau spectacle de confiance chrétienne et d'endurance patriotique.

LUNDI 27 SEPTEMBRE

J'ai raconté, le 11 août, l'amusante histoire du R. P. Pirsoul, arrêté à la résidence des Jésuites, rue Royale, gardé à vue pendant qu'on perquisitionnait et disparaissant comme par une trappe pour ne plus reparaître.

Son frère, qui fait partie du corps professoral laïc du

nouveau collège St-Michel, me raconte aujourd'hui des détails complémentaires sur l'évasion du vaillant religieux.

Ce n'est pas par une trappe que celui-ci a disparu, c'est par un escalier et une plate-forme, sur laquelle il a sauté d'une fenêtre qui était à 2 mètres 50 plus haut. Passant ensuite sur des toits, il a fini par se laisser glisser dans le jardin d'une maison dont il a traversé le corridor en coup de vent, décrochant au passage un chapeau du maître de la maison pour s'en coiffer (il était en civil). Une demi-heure après, il était en sûreté dans une maison sise en face du nouveau collège St-Michel, sa résidence. Il y est resté caché à peu près quinze jours. De sa cachette il pouvait voir les espions allemands qui surveillaient le collège.

Il est maintenant passé en Hollande. Le passage n'a pas été facile. Il n'a réussi qu'après des tentatives répétées plusieurs nuits de suite, l'entreprise étant chaque fois entravée par la survenue de patrouilles allemandes. Il a fallu traverser un canal, et le R. P. Pirsoul sait à peine nager, mais il était remorqué par un compagnon d'aventure, bon nageur lui, qui fendait l'eau, tenant entre ses dents un bout de corde dont l'autre extrémité s'enroulait à la ceinture du P. Pirsoul. Ce compagnon d'aventure, c'était... le R. P. Meeus, le mystérieux « Monsieur Joseph » auquel j'ai consacré une note le le 3 septembre. (1)

MARDI 28 SEPTEMBRE

Le railway est en fièvre. Que se passe-t-il? On dit que les Français ont pris l'offensive en Champagne. Quoiqu'il en soit, les trains se suivent, de minute en minute, sur les lignes d'Allemagne vers Bruxelles, Charleroi et Namur. A Louvain, hier, les voyageurs civils pour Bruxelles ne pouvaient entrer en gare : on ne savait leur dire sur quelle voie arriverait leur train; l'immense station était remplie de trains de munitions et de soldats. A Schaerbeek, autre spectacle. Lentement, l'un

---

(1) Le R. P. Pirsoul partit, quelque temps après son évasion de Belgique, pour le Congo belge, où il avait déjà été missionnaire.

après l'autre, arrivent des trains de blessés ; les gémissements fendent l'air ; des infirmiers s'empressent ; des autos-ambulances ronflent ; et les sentinelles hochent la tête avec mélancolie.

Durant la nuit, ces autos passent en ouragan dans le quartier Nord-Est, filant vers l'hôpital militaire. On évacue celui-ci chaque matin : il faut de la place pour de nouveaux et incessants arrivages. Quant à l'hôpital de Schaerbeek, requis, celui-là depuis longtemps, pour les besoins de l'armée allemande, on y aperçoit des blessés jusque dans les caves. Tout le long du jour, par les diverses voies qui traversent l'agglomération, passent des trains de la Croix-Rouge, des trains chargés de débris de canons, d'automobiles en morceaux, de havresacs et de harnais déchirés, jetés pêle-mêle dans des wagons ouverts.

En gare de Schaerbeek, deux trains sont arrêtés côte à côte, un train transportant des blessés vers l'Allemagne, un train amenant des troupes de renfort. Un blessé, la tête entourée de bandages, dit à un soldat du wagon en face :

« Si vous saviez ce qui se passe aux endroits d'où je viens, vous ne seriez pas si pressé d'y aller. »

Un officier entend le propos et, d'un coup de revolver, tue net celui qui l'a tenu.

Voilà du moins ce qui se raconte.

Il se raconte encore que, sur la voie ferrée de Bruxelles à Anvers, il a, ces jours derniers, coulé tant de sang à travers le plancher des voitures, que l'autorité allemande a jugé nécessaire d'en masquer la trace au moyen de chaux.

Aux premières heures du jour, ce matin, un remue-ménage inusité réveille le quartier des ministères et des rues voisines, où nombre d'officiers ont loué des appartements. Des soldats sont à leur recherche. Il y a des manquants. Se cachent-ils ? Le vacarme des autos militaires est inouï. A mesure qu'ils se remplissent d'officiers ils démarrent à triple vitesse pour le front (1).

Vers 4 heures, cet après-midi, un avion des alliés dé-

---

(1) Une nouvelle chasse aux officiers eut lieu le 1ᵉʳ octobre. Voir à cette date.

crit un grand cercle au-dessus de Bruxelles. L'artillerie allemande le canonne en vain, mais un éclat de shrapnell retombe dans la foule, près de la Bourse, à l'angle de la rue des Riches-Claires et de la rue de la Grande-Ile, et tue net un ouvrier peintre, François Uytebroeck, père de quatre enfants, qui suivait, nez en l'air, les évolutions de l'aéroplane. Le malheureux s'effondre dans une flaque de sang; l'éclat de shrapnell lui était entré dans le corps par le thorax et en était sorti près du fémur.

MERCREDI 29 SEPTEMBRE

On éprouve depuis quelques jours, dans les papeteries et librairies de la ville, un réel plaisir à répondre à l'officier allemand qui désire acheter un plan de Bruxelles :

« Nous ne pouvons plus en vendre. C'est défendu. »

Défendu? L'officier trouve la plaisanterie un peu lourde, même pour lui. Alors, on lui montre un arrêté fraîchement paru, interdisant de reproduire, de vendre, même de « céder à titre onéreux ou gracieux » toute carte géographique des pays en guerre avec l'Allemagne à une échelle de $1/100,000^e$ et au-dessous. Les libraires qui en possèdent doivent les faire mettre sous scellés par des agents de la « Kommandantur ». Les petites cartes des guides de voyage, Baedeker et autres, tombent sous le coup de l'arrêté, et même, renseignements pris, les plans de villes, puisque l'échelle en est certainement inférieure à $1/100,000^e$.

Qu'est-ce que l'Allemagne a encore découvert d'inquiétant dans tout ça, mon Dieu?

JEUDI 30 SEPTEMBRE

Encore une affiche rouge du gouvernement général... Oh! ces affiches rouges, d'un rouge indécis, comme si l'on avait, au dernier moment, hésité à leur donner tout-à-fait la teinte qui leur conviendrait, celle du sang!.. Elles annoncent des condamnations à mort et des exécutions de citoyens belges coupables du « crime de trahison ». Comme s'il pouvait y avoir trahison à l'égard d'un pouvoir auquel le devoir naturel ne lie pas, au contraire! On ne « trahit » que sa patrie, ses compatriotes, son Roi. La formule allemande est un mensonge de plus, une abominable, odieuse et grossière subtilité juridique imaginée pour déclancher la peine de mort avec une apparence de forme légale, contre d'héroïques serviteurs de la patrie belge.

Devant les habituelles affiches de la « Kommandantur », imprimées sur papier blanc (nouvelles officielles de la guerre, arrêtés, avis), la foule passe indifférente. Mais elle s'arrête, frémissante de rage, devant les affiches du « tribunal de sang ». Elle veut lire les noms des victimes, deviner à travers la sommaire indication de leurs « crimes » ce qu'elles ont fait de crâne et le mal qu'elles ont causé à l'ennemi. Si le public s'habitue un peu à tout, il ne s'habitue pas à ces affiches sinistres. Le choc qu'il en reçoit est toujours aussi vif que la première fois. Pas de bruit, pas de gestes devant les affiches rouges; tout au plus se glisse-t-on à l'oreille quelques réflexions rapides, si l'on connaît ses voisins, mais on voudrait crier sa fureur et sa haine... Aussi l'on voit, dans le groupe des lecteurs du placard officiel, plus d'un poing se serrer, plus d'une main se crisper sur un pommeau de canne.

A Verviers, un de mes amis a vu les habitants se découvrir devant une affiche rouge comme devant l'épitaphe de héros morts pour leur pays. Noble et poignante manifestation des sentiments qui nous étreignent tous !

L'affiche d'aujourd'hui fait frémir plus encore que d'autres à cause du grand nombre de condamnations à mort et aux travaux forcés qu'elle annonce. (1)

Par jugement des 14 et 17 septembre, y est-il dit, ont été condamnés à mort pour espionnage, Joseph Baeckelmans, architecte à Anvers, Alexandre Franck, commerçant dans la même ville, Alexis Thiry, commissaire de police à Saint-Ghislain, Laurent Debakker, commis-voyageur à Uccle.

Ont, en outre, été condamnés, pour participation aux mêmes affaires : MM. Léopold Lamy, chef de gare

---

(1) Il y en eut, dans la suite, de plus sinistres encore.

à Cuesmes, aux travaux forcés à perpétuité; Adolphe Willockx, imprimeur à Mons, Jean Schollaerts, machiniste à Cureghem; Louis Ducarne, serrurier-mécanicien à Ath, chacun à quinze ans de travaux forcés; François Brugmans, dessinateur à Anvers, Fidèle Jaspin, garde-barrière à Cuesmes, Louis Sandras, menuisier à Ath, Désiré et Ernest Lamy, de Cuesmes (pour avoir donné asile à un espion), Louis Stévenart, ouvrier du chemin de fer à Mons, Mme Marie Willockx, de Mons et Mme Angélique Wargny, de Tournai, chacun à dix ans de travaux forcés.

MM. Baeckelmans et Franck ont été fusillés le 23 (1). J'ai des renseignements sur leur procès. Il a été dramatique.

Franck était soldat et était rentré en Belgique pour une mission sur laquelle le tribunal de campagne réuni à Bruxelles (il tient ses audiences rue Ducale, dans un immeuble dépendant du Ministère de la justice) n'a pas donné de renseignements. Même les avocats des condamnés, MM. Braun, Dorff et Kirschen, n'ont rien pu savoir et ont dû — comme ils doivent du reste le faire dans la quasi-totalité des cas — improviser une défense.

Franck, rentré en Belgique, fut dépisté et arrêté à Gand, où il s'était rendu pour y rencontrer son ami Baeckelmans dont il ignorait l'arrestation, effectuée au lendemain d'un voyage à Lille.

Quand s'ouvrent les débats, quatorze officiers supérieurs sont présents. Les familles des accusés sont chassées de la salle des délibérations. Chaque jour — c'est aussi un détail à noter dans la vie bruxelloise du moment — des familles angoissées attendent pendant des heures devant cet immeuble où se joue la tête d'un des leurs. Les débats ont lieu en langue allemande, peu importe que les prévenus la comprennent ou non. Franck et Baeckelmans la comprennent et ils se rendent bien vite compte de la peine impitoyable qui va être leur lot. Un cri du cœur échappe à Baeckelmans : il prend la responsabilité de toute l'affaire, se charge

---

(1) Les exécutions capitales ont lieu au Tir National.

de tous les « crimes » relevés par l'enquête, va bravement au verdict de la mort.

Franck, resté impassible, s'écrie alors :

« Et moi, je suis aussi coupable que mon ami ! »

L'affaire était jugée; les plaidoiries étaient superflues; deux condamnations à mort furent prononcées. Les victimes dirent alors à leurs juges : « Nous mourrons en amis, comme nous avons vécu en amis ». Et ils se serrèrent longuement les mains.

Ils rejetèrent avec mépris la proposition d'adresser un recours en grâce à l'empereur. Ce n'est qu'après une discussion très longue avec un religieux, le frère de Baeckelmans, qu'ils consentirent à signer cette requête. Elle ne fut pas accueillie. Ordre vint de Berlin de fusiller les deux amis.

Avant de mourir, Alexandre Franck adressa à sa fiancée cette lettre :

Quand je te voyais là, tantôt, je ne croyais pas que nous nous voyions pour la dernière fois sur la terre. Ce soir, l'aumônier (allemand) vient de me dire que mon recours en grâce a été rejeté; demain matin, je serai exécuté. C'est triste, mais enfin il n'y a rien à faire : j'aurais certainement préféré continuer à vivre, mais je me résigne, comme cela je sais au moins comment je meurs.

J'ai communié ce matin (je suppose qu'alors on savait déjà ici ce qui en était) et j'espère que le bon Dieu me recevra Là-Haut. Ne sois pas malheureuse et viens me rejoindre quand ton temps sera venu. Cela vaut mieux comme cela, Dieu sait comment nous aurions souffert ici sur terre.

Ma chère enfant, j'aurais bien voulu ne pas te quitter, mais la Providence n'a pas voulu nous laisser ensemble ici-bas, nous serons plus heureux Là-Haut. Que sa sainte volonté soit faite.

Continue à prier pour moi; quand je serai au ciel, je prierai pour toi.

De son côté, Joseph Baeckelmans écrivait à sa famille:

J'apprends ce soir même que ma grâce est rejetée, ainsi que celle d'Alexandre Franck et que l'exécution aura lieu demain matin. Tranquillisez-vous tous, mes bons amis. Vous ne pourriez croire combien je pars content!

Je me dis que Dieu dans sa grande bonté a voulu me rappeler à lui dans un moment de ma vie où j'étais le mieux préparé. N'ai-je pas tout lieu de me réjouir de la faveur qu'il me fait?

30 septembre 1915

C'est à toi que j'adresse ces lignes, mes dernières, ma chère Annette. Je voudrais que tu consoles Marthe, ma fiancée; nous nous aimions tant. Dis-lui bien que je lui demande pardon de tout le chagrin que va lui causer ma mort. Elle doit se résigner puisque je meurs en brave et que j'espère que Dieu me recevra bientôt dans ses bras.

Annonce avec Gustave la chose à ma chère maman; mais de grâce, des ménagements et qu'on lui dise bien les sentiments dans lesquels je meurs. Qu'on lui demande pardon de tout le chagrin que je lui aurai fait. Embrassez-la bien pour moi.

A toi aussi, Gustave, au revoir, un jour ou l'autre. Prie pour moi et demande de prier pour moi. Tu es à la source, toi!

Fais mes adieux à mes frères et sœur et demande à Paul de me rappeler au bon souvenir de mes amis de Londres; je les embrasse tous et toi aussi. Priez tous pour moi d'ailleurs, et de grâce ne m'oubliez pas trop vite. Faites aussi prier par tous ceux qui veulent se souvenir de moi, et faites dire quelques messes pour le repos de ma pauvre âme.

Je pardonne de grand cœur à mes ennemis.

Je vous souhaite au revoir, à vous tous, mes bons amis, mais après une bonne et longue vie, pendant laquelle vous penserez quelquefois à moi, n'est-ce pas?

Si les Belges savent bien combattre, ils savent aussi bien mourir...

Octobre 1915

1ᵉʳ octobre : A la recherche d'officiers allemands qui se cachent. — Nouvelle perquisition chez les Jésuites. — **2** : La nuit de M. Xavier De Bue parmi les « marolliens » de la Kommandantur. — **11** : Des avions lancent des bombes à Berchem. — **13** : L'affaire Baucq-Cavell-Séverin. — Deux exécutions capitales. — **14** : Ce que la Belgique est devenue aux mains d'un oppresseur qui se vante de travailler à son relèvement ! — Le rétablissement de l'esclavage. — Le pillage méthodique. — La théorie allemande de la terrorisation. — A la grotte de N.-D. de Lourdes, à Jette. — **15** : L'Aide au village. — La Caissette des étudiants pour les prisonniers abandonnés. — L'œuvre du lainage pour les prisonniers nécessiteux. — Pour les épouses et parents de soldats. — Une coopérative de prêts fonciers. — **16** : Manœuvres sataniques de l'ennemi en vue de contraindre nos ouvriers à travailler pour lui. — 1,620,719 Belges secourus par l'assistance publique. — Chez MM. Madoux et Boucquéau. — **19**. Emouvants services funèbres pour Alexandre Franck et Philippe Baucq. — **20** : Instauration d'un régime de terreur. — Déportation de soldats belges réformés ou licenciés. — Menaces à la population. — Les ignominies d'Harlebeke. — **22** : Une séance du Conseil de la Fédération des Avocats en présence de trois policiers allemands. — **27** : Coup d'œil sur l'œuvre accompli par le Comité National et la « Commission for relief in Belgium ». — **29** : Une jolie anecdote. — **30** : Ce que l'on voit à la « Kommandantur » et ce que l'on entend dans la prison de Saint-Gilles. — **31** : Encore des fusillades !

VENDREDI 1ᵉʳ OCTOBRE

Fièvre de recherches et de perquisitions partout. Le but est double, paraît-il. D'abord, espoir de découvrir dans des maisons particulières, des armes, des brochures prohibées, des écrits clandestins. Ensuite — et ceci serait une conséquence de la raclée que les armées allemandes viennent de recevoir en Champagne — désir de mettre la main sur des officiers qui manquent à l'appel, qui redoutent l'ordre d'aller au combat et qui se cachent.

Ce matin, à l'aube, plusieurs rues du quartier du Cinquantenaire sont barrées par des sentinelles. Et des « polizei » vont, de maison en maison, perquisitionner de la cave au grenier. On dit que près de cent officiers allemands sont introuvables.

Une perquisition opérée dans un hôtel du quartier Louise fait découvrir quatre uniformes d'officiers abandonnés dans une chambre. De même rue du Progrès, où, avant-hier, quatre officiers avaient ensemble loué un appartement, on trouve aujourd'hui leurs uniformes, képis et sabres, qu'ils ont abandonnés pour revêtir des habits civils et s'éclipser. La rue Wéry et d'autres sont également prises d'assaut par une soldatesque qui cherche on ne sait quoi.

Et de nouveau, — c'est au moins la quatrième fois — perquisitions en la résidence des Pères Jésuites, rue Royale. Le couvent est cerné, et aussi l'église et les bâtiments annexes. On fouille tout le monde, les religieux, les fidèles qui sont à l'église et ceux qui entrent.

SAMEDI 2 OCTOBRE

Il faut entendre M. De Bue, député de Bruxelles et questeur de la Chambre des représentants, narrer, avec cet esprit de terroir qui ne le quitte jamais, l'histoire de son incarcération à la prison de Saint-Gilles et à la « Kommandantur ». C'est une jolie page d'histoire des temps présents assaisonnée, à la mode de chez nous, de vieille gaîté bruxelloise.

— D'abord, raconte M. De Bue, cinq semaines de prison préventive à Saint-Gilles. J'étais au secret. Le régime manque de charme. Un soldat me passe la « Famille Kaekebroek » de Courouble.

« Seul entre les murs d'une cellule j'ai vécu plus d'un mois, avec ma pipe et cette famille pour confidentes. On n'aperçoit une figure humaine qu'au moment où le gardien passe la pitance.

« Puis, des allées et venues, de la prison à la « polizei » de la rue Berlaimont. Interrogatoires interminables, qui ont lieu aussi bien à 6 heures du matin qu'à 10 heures du soir, selon le caprice des maîtres du jour.

« Finalement, je suis condamné à 2 mois et demi

d'incarcération. Le régime de la pistole est supprimé. Fini le bon temps où mon excellent ami le doyen d'Uccle m'envoyait une « scholle » pour me réconforter.

« Un beau jour, vers la fin de l'après-midi, une auto vient m'enlever et me conduit à la « Kommandantur », rue de la Loi, 6.

— Au quatrième, chambre 24, crie un Allemand.

« Me voilà donc à ce quatrième étage, dans les anciens bureaux du département de l'Intérieur transformés en autant de chambres pour prévenus ou prisonniers.

« Ceux-ci sont déjà au nombre de quinze dans la chambre 24. J'y suis introduit, et tandis que derrière moi se ferme un loquet de fer, des cris de joie retentissent : « Bonjour M. De Bue, crie un marollien. Quel plaisir de vous voir ici ? Je vous connais bien, M. De Bue. C'est moi qui vous ai vendu la lettre du Cardinal. Je suis ici pour cela. Je suis un client de la «Kommandantur». C'est moi le chef ici. Vous allez voir ! Allons, les amis, une bonne paillasse pour M. le représentant De Bue ! »

« — Bien, dit un autre, mais nous sommes quinze et il n'y a que quinze paillasses ! »

« Jef le Marollien — car il s'appelle Jef et son rôle va encore grandir — a vite résolu la difficulté. Il presse un bouton électrique. Une sentinelle ouvre la porte.

« — *Was wollen Sie ?*

« — Une paillasse pour M. De Bue, et une bonne, car c'est un honnête homme. Et « rap, zulle ! »

« Discussion avec ce landsturm qui veut tout remettre au lendemain. Jef fait un potin insensé, réclame, gesticule. Finalement la question paillasse est réglée.

« L'heure du repos arrive. Mais il y a un fameux ronfleur parmi la bande. Ses copains l'appellent Dikke Louis. Il fonctionne dans la nuit comme un soufflet de forge. Jef ne se possède plus. Il sonne la sentinelle et, les mains dans les poches, la casquette sur l'oreille, lui dit, avec le plus pur accent de l'impasse des Liserons : « Les Allemands ont le droit de me mettre ici. Mais moi, j'ai le droit de dormir. Mettez ce ronfleur ailleurs ! »

« Nouvelle dispute. D'autres sentinelles arrivent On referme la porte avec fracas. Les lumières s'éteignent. Essayons de fermer l'œil ! Au bout de deux minutes, nouveaux ronflements: Jef se relève et sans mot dire déverse sur la tête de Dikke Louis un plein seau d'eau. Hurlements, sonneries; les sentinelles grognent parce qu'elles pataugent dans l'eau, qui a passé sous la porte et s'est répandue dans le couloir. Cela dure ainsi jusqu'à l'aube... Déjà, dans d'autres chambres, des prisonniers fredonnent la *Brabançonne* et la *Marseillaise* !

« A ce moment, continue M. De Bue, j'aperçois, grâce à la lumière naissante du jour, un règlement d'ordre intérieur cloué à la muraille et contresigné par un « ober-leutnant ». J'écris à cet officier pour lui exprimer ma surprise d'avoir été extrait de la prison de Saint-Gilles, où je bénéficiais d'une paix relative, et transplanté sans motifs dans un milieu assurément original mais un peu bruyant pour un homme de mon âge. Le Marollien est déjà debout, à mes côtés, me regardant écrire. « Donnez-moi cette lettre, dit-il. Vous allez voir ! » Il sonne la sentinelle, lui remet la lettre avec une majesté comique et lui dit, d'un ton qui n'admet pas de réplique : « Portez ça chez le lieutenant. Et « rap, zullé ! »

« La réponse ne se fait pas attendre. Quelques minutes plus tard, on me conduisait dans une chambre voisine, où j'ai vécu plusieurs jours en la société de co-détenus charmants, MM. Corbisier et Bigwood.

« Un matin, très tôt, un officier me fait descendre et me dit :

« — Vous ne savez pas pourquoi l'on vous a transféré ici ? Je l'ignore également. Dans ces conditions, je n'ai qu'une chose à faire, vous inviter à rentrer chez vous. »

« Il était cinq heures du matin. Je me trouvais brusquement déposé comme un colis au milieu de la rue Royale. Ainsi finit mon odyssée, dans un mystère que je n'ai jamais cherché à éclaircir... »

LUNDI 11 OCTOBRE

Visite d'avions. Après avoir survolé Bruxelles, ils ont, à Grand-Bigard, vers 7 heures du matin, jeté des bombes à proximité du château de M. Pelgrims. Un des projectiles est tombé dans le fossé qui entoure le château. Un autre a fait explosion à proximité de la porte d'entrée. La loge du concierge a subi de graves dommages. Les bombes étaient probablement destinées au hangar à zeppelins, dans lequel il y a présentement plus de cent mille obus. D'après certaines rumeurs, une importante fabrique de munitions aurait, dans cette région, été installée sous terre par les Allemands. Sans doute les aéroplanes visaient-ils aussi ce but.

MERCREDI 13 OCTOBRE

La justice allemande a „fait" fusiller hier une Anglaise, miss Edith Cavell, et notre compatriote Philippe Baucq, coupables d'avoir chacun servi leur patrie en facilitant le passage en Hollande de soldats belges et anglais désireux de rejoindre le front. (J'ai raconté le 2 août l'arrestation de M. Baucq.) Le procès a duré deux jours; l'exécution de la sentence a suivi de quelques heures à peine le prononcé du jugement. Il semble que l'autorité allemande ait agi avec une précipitation voulue pour empêcher toute intervention utile en faveur des deux condamnés; ce qui tendrait à le prouver, c'est que les ministres étrangers à Bruxelles n'ont été avertis, ni de la condamnation ni de l'exécution.

Le procès s'est déroulé le premier jour dans la salle des séances du Sénat, et, le second, à la Chambre des représentants. Trente-cinq personnes étaient impliquées dans cette affaire. M. l'avocat Kirschen, remplaçant M. Thomas Braun, que l'autorité allemande a exclu de ses prétoires (1) était à la barre pour miss

---

(1) En septembre 1915, dans un procès où M. Thomas Braun intervenait comme avocat, un Belge avait déposé comme témoin. C'était un agent provocateur au service des Allemands. Cet homme s'était présenté chez un commandant

13 octobre 1915

Cavell. M⁰ Dorff défendait Philippe Baucq. M⁰ Alexandre Braun, assisté de M⁰ de Sadeleer et M⁰ Braffort défendaient les autres prévenus.

D'après le compte-rendu des débats, la police allemande a été mise, il y a trois mois, sur la trace d'une organisation ayant pour but l'espionnage et de faciliter le départ de soldats belges et anglais restés en Belgique et dans la partie occupée de la France après la bataille de Charleroi. Le chef de l'organisation était le prince Reginald de Croy, de Bellignies, qui habitait avec sa sœur, la princesse Maria de Croy, le château de Bellignies, près de Bavai. C'est là que des soldats anglais blessés au cours des premières rencontres dans le Hainaut et que l'on avait recueillis de divers côtés furent transportés en secret pendant que les troupes allemandes continuaient leur poussée. Sitôt rétablis, les soldats anglais étaient clandestinement dirigés sur Mons et Bruxelles. Ils étaient guidés par la comtesse

---

de gendarmerie nommé Havelange, en se faisant passer comme soldat belge blessé et désireux de rejoindre le front. Havelange, attendri par le récit de ses infortunes, avait accepté de l'aider à passer la frontière. La police allemande aussitôt prévenue le fit arrêter. Le misérable dénonciateur s'est présenté comme témoin au procès. Il portait pour la circonstance des gants glacés et de superbes bottines jaunes. M. Thomas Braun lui demanda qui lui avait fourni tout ce luxe extérieur. Comme l'auditeur s'opposait à ce qu'une telle question fût posée, l'avocat répliqua vivement : « Soyez tranquille, après la guerre, nous ne l'oublierons pas! »

A la suite de cet incident, M. Thomas Braun reçut une longue lettre dans laquelle on lui faisait grief de venir à l'audience avec des arrière-pensées politiques, dans le but de s'y procurer des renseignements dont il ferait usage plus tard; on lui faisait observer que, dans ces conditions, il ne pouvait plus remplir l'office d'avocat.

M. Thomas Braun répondit qu'il regrettait cette décision à cause des services qu'il aurait pu être appelé à rendre; mais qu'il ne pouvait pas promettre de ne plus se comporter de la même manière en semblable circonstance, la voix du patriotisme s'élevant parfois plus haut que ne le commande la réserve imposée à un défenseur.

Neuf mois plus tard, à la suite d'une intervention de M. Bonnevie, et sans qu'il eût pris aucune espèce d'engagement, M. Thomas Braun fut réadmis à plaider.

Jeanne de Belleville et par des ouvriers mineurs. A Mons, l'agent principal de l'organisation était l'avocat Libiez, de Wasmes; il était assisté de M. Hostelet, ingénieur aux usines Solvay, de M. Capiau, ingénieur à Wasmes, et de M. Georges Dervaux, pharmacien à Pâturages. A Bruxelles, les Anglais étaient recueillis par miss Cavell, assistée par M. Baucq et M. Séverin, pharmacien. L'agent intermédiaire, chargé de faire la navette entre la France, Mons et Bruxelles était Mlle Louise Thuliez, arrêtée dans les circonstances que l'on sait, (voir 2 août 1915), au domicile de M. Baucq.

La police allemande « filait » depuis longtemps miss Cavell. Une lettre ouverte par la censure avait donné l'éveil et elle était l'objet, depuis lors, d'une surveillance de tous les instants. Miss Cavell habitait la Belgique depuis une quinzaine d'années. Elle avait débuté comme « nurse », était devenue ensuite infirmière, et, sur la proposition du docteur Depage, de qui elle avait été l'assistante, elle avait été promue infirmière en chef de l'école des infirmières de la ville de Bruxelles.

Les déclarations des prévenus, les documents saisis, ne lui permettaient pas de décliner une responsabilité qu'elle tint d'ailleurs à revendiquer hautement. Quand les juges lui demandèrent à quel mobile elle avait obéi, elle répondit : « J'ai pensé qu'il était de mon devoir de faire cela pour ma patrie. »

Tous les prévenus eurent, comme elle, une attitude très énergique. M. Baucq expliqua le rôle qu'il avait joué, mais se défendit d'avoir pratiqué l'espionnage. Au juge qui l'interrogeait sur le mobile de ses actes, il répondit d'une voix vibrante : « J'ai fait cela parce que j'aime mon pays et que je lui suis dévoué. »

Séverin expliqua qu'il était intervenu en faveur de plusieurs soldats qu'il avait aidés à se cacher et qu'il avait ensuite dirigés vers Anvers et Turnhout sous la conduite de M. Louis Gille, ancien commis de sa pharmacie (1).

---

(1) M. Gille avait réussi à passer en Hollande. Il commit l'imprudence de rentrer en Belgique un an plus tard. Arrêté alors et jugé, il a été fusillé à la fin de l'année 1916.

Le prince de Croy échappa à la police allemande; il avait réussi à passer en Hollande.

Le ministère public — après avoir déclaré que les agissements des prévenus eurent une influence incontestable dans le succès des opérations de la Marne qui provoquèrent la retraite de l'armée allemande jusqu'à l'Aisne — réclama huit condamnations à la peine de mort : pour Edith Cavell, Baucq, Mlle Thuliez, la comtesse Jeanne de Belleville, Séverin, Libiez, Dervaux et pour une autre Anglaise, Anna Bodart, qui a également joué un rôle important, mais moins en vue que celui de miss Cavell. Le tribunal maintint la peine de mort pour les cinq premiers (1). MM. Libiez, Capiau, Dervaux et Mme Bodart furent condamnés à quinze années de travaux forcés, la princesse Maria de Croy à dix années de la même peine. Dix-sept autres inculpés furent condamnés à des peines variant entre deux et huit ans d'emprisonnement. Huit furent acquittés.

La sentence prononcée contre miss Cavell et Philippe Baucq fut exécutée le lendemain matin à 6 heures au Tir national. La veille, notre infortuné compatriote avait adressé à sa femme une carte postale lui demandant de venir à 10 heures du soir à la prison de Saint-Gilles. Il expliquait dans cette carte qu'il serait envoyé le lendemain en Allemagne et qu'il devait prendre d'urgence avec elle des dispositions avant son départ. Mme Baucq se rendit à la prison, en compagnie de sa belle-mère et de sa belle-sœur. Au cours de cette suprême entrevue, Philippe Baucq eut l'énergie de se maîtriser assez pour ne pas laisser soupçonner aux siens qu'il n'était plus qu'à quelques heures de la mort. Il les entretint dans l'idée de son départ imminent pour l'Allemagne et pria sa femme de faire encore dans la soirée, malgré l'heure tardive, deux démarches qui, disait-il, retarderaient peut-être sa déportation. « Si tu ne réussis pas dans cette mis-

---

(1) A l'intervention du Souverain Pontife, le Gouvernement allemand commua en travaux forcés à perpétuité la peine de mort prononcée contre M. Séverin, la comtesse de Belleville et Mlle Thuliez.

sion avant six heures du matin, dit-il, il sera trop tard. »

Un peu après, sentant que son émotion allait le trahir, il s'empressa de dire adieu à sa femme, à sa mère, à sa sœur. Il leur recommanda ses enfants qu'il ne verrait probablement plus «avant le grand voyage».

Après leur départ, il consacra une partie de la nuit à écrire à sa femme, à ses enfants, une lettre où il exprimait sa résignation au sort que la Providence lui réservait. Il a rempli vingt pages, d'une écriture serrée, faisant connaître avec un remarquable sang-froid ses dernières volontés quant à l'éducation de ses enfants, quant aux dispositions à prendre pour régler ses affaires.

Avant de mourir, Baucq demanda l'assistance d'un prêtre belge; cette consolation lui fut refusée; le prêtre belge fut remplacé par le Père Lyendecker, aumônier allemand de la prison.

Arrivé au Tir national, le condamné s'approcha des soldats allemands chargés de l'exécution et dit qu'il leur pardonnait. Il refusa qu'on lui bandât les yeux; il voulait voir la mort en face.

Miss Cavell, liée à un poteau, avait été frappée quelques instants avant lui.

JEUDI 14 OCTOBRE

L'ennemi reprend son thème favori : il explique dans les journaux de Cologne et de Francfort, et il fait imprimer par les feuilles censurées d'ici, qu'en Belgique rien ne laisse à désirer, et que, grâce à une organisation méthodique et puissante, il a rapidement rétabli dans un pays envahi un régime quasi-normal dont les habitants sont satisfaits. J'ai déjà relevé cette audacieuse affirmation, mais puisqu'il y tient tant, on le suivra sur ce terrain.

En réalité, quel est notre sort ? Les Allemands ont mis la main sur tous les rouages de la nation. Ils ne s'occupent pas seulement de faciliter l'action de leurs armées, ils bouleversent, au mépris des conventions de La Haye, les lois par des décrets. Nous n'avons plus ni liberté de la presse, ni liberté de circulation, ni liberté de réunion. Il est interdit de correspondre autrement que par la poste allemande, et par lettres ouvertes, et seulement dans certaines parties du pays. Le simple fait de transporter une lettre d'une localité à une autre est, pour un particulier, un délit. Les communications avec l'étranger sont pratiquement impossibles. Une nuée d'espions et de délateurs épient nos gestes, tâchent de surprendre nos paroles. Ces jours derniers, un commerçant demande un passeport pour se rendre en Hollande. La « Pass Zentrale » (qui a expulsé la Cour des Comptes de ses locaux, place Royale, pour s'y installer) le lui donne moyennant caution de 10,000 marks; arrivé en Hollande, ce commerçant file rapidement jusqu'à Folkestone, voir sa femme et ses enfants réfugiés à la côte anglaise ; un espion allemand le suit et le photographie sur le bateau. Lorsqu'au retour à Bruxelles, le négociant va remettre son passeport, on lui montre une photographie attestant qu'il s'est rendu en pays ennemi, — et la caution de 10,000 marks est confisquée.

Une parole imprudente, en rue, au café, un sourire en tram devant un officier, le port d'un discret ruban au couleurs nationales, autant de délits appelant des châtiments d'une exagération révoltante. Le plus souvent, la peine est une amende dont l'importance varie d'après les ressources de la personne incriminée. Si celle-ci possède en banque un sérieux compte-courant, son affaire est claire : pour la moindre peccadille, elle écopera à concurrence de quelques centaines ou milliers de marks. Comme il y a des commissaires allemands dans toutes les banques, le détail des comptes-courants leur est connu. Les dossiers sont à la « Kommandantur ».

Des amendes collectives écrasantes sont comminées contre des administrations communales pour des motifs futiles — sous le prétexte, par exemple, qu'un agent de police n'a pas salué avec suffisamment de respect un officier — et cela sans que les communes intéressées soient admises à faire la preuve de leur non-culpabilité. La violation de domicile, les expulsions, les perquisitions, les arrestations arbitraires, les déportations en

Allemagne de personnes jugées « indésirables » ne se comptent plus. Tel qui se croyait en sécurité est brusquement arraché à sa famille et expédié au loin. Les réquisitions et les saisies dépassent tout ce qu'il est possible d'imaginer. Les usines, les entrepôts, les magasins se vident. Et le chômage s'étend, s'étend. A Gand, par exemple, l'énorme population ouvrière occupée dans l'industrie textile est sur le pavé, les matières premières ayant été, jusqu'à la dernière balle de coton, envoyées en Allemagne. C'est par centaines de millions que se chiffre la valeur des matières brutes ou ouvrées et des machines expédiées là-bas. Au mépris de la convention frappant la Belgique d'une contribution mensuelle de 40 millions et l'exonérant de toute autre contribution de guerre, la plus grande partie de ce que l'ennemi réquisitionne n'est pas payé. Plus tard! Voici un bon! Berlin fixera la valeur des marchandises! On paiera après la guerre! Bref, le droit de propriété n'existe plus.

Ce n'est pas tout. L'ennemi menace de châtiments collectifs les administrations et les habitants des communes où les fabriques refusent de travailler pour l'ennemi. Ainsi, l'injustice et l'arbitraire vont partout crescendo, comme en témoigne un arrêté du général von Huger, publié hier dans la zone des étapes, en vertu duquel « quiconque, sans motif, refuse d'entreprendre ou de continuer un travail conforme à sa profession et dans l'exécution duquel l'administration militaire a de l'intérêt, travail ordonné par un ou des commandants militaires, sera passible d'une peine d'emprisonnement correctionnel ». Le général von Huger ajoute, foulant aux pieds de la façon la plus cynique toutes les garanties du citoyen, que « le fait d'invoquer des lois belges contraires ou même des conventions internationales, ne peut, en aucun cas, justifier le refus de travailler » et que « au sujet de la légitimité du travail exigé, le commandant militaire a seul le droit de prendre une décision ».

Ces iniquités, il faut les accepter sans murmurer. Louvain et Dinant ont été mis en cendres, dès les premiers jours de l'invasion, précisément pour inspirer une terreur salutaire à quiconque tenterait de protester (1). Tel est le régime qui arrache à la *Gazette de Cologne* un triple « hoch! » en l'honneur de la « Kultur » et du génie administratif germaniques.

Et cependant, malgré cet écrasement des corps et des cerveaux, l'espoir en une justice supérieure est indestructible dans les âmes. Cet espoir rayonne au-dessus des infamies dont nous sommes les victimes. Il est impossible que sur cette terre natale qui est notre bien, où nous ne connaissions pas d'ennemis, où nous luttons aujourd'hui simplement pour un principe, pour le caractère sacré des engagements internationaux, l'on assiste, après vingt siècles de civilisation, à un tel triomphe de la barbarie et de l'iniquité, et que celui-ci soit définitif. Non, il n'est pas définitif, personne ne le croit.

Dans les églises, devant les sanctuaires, cette foi est

---

(1) On a pu lire, en effet, dans la *Gazette de Cologne* du 10 février 1915, première édition du matin, sous la signature du capitaine Walter Bloem, écrivain très estimé en Allemagne, adjudant du général baron von Bissing, gouverneur général de Belgique :

« Ce principe (la faute de chacun doit être expiée par la communauté à laquelle il appartient) peut sembler dur et cruel; il s'est développé par l'usage, dans l'histoire de la guerre moderne comme dans l'ancienne, et — pour autant qu'on puisse le dire — est reconnu. De plus, il trouve son excuse dans la théorie de la terrorisation; on est obligé de s'en servir comme moyen d'effrayer. Les innocents doivent expier avec les coupables et, si ceux-ci ne peuvent pas être atteints, en place des coupables, non parce qu'on a commis un délit, mais pour qu'on ne récidive pas. Incendier des villages, fusiller des otages, décimer la population d'une localité dont les habitants sont pris les armes à la main, tout cela est moins un acte de vengeance qu'un signal d'alarme pour la partie du pays non encore occupée. Il ne peut être mis en doute que les incendies de Battice, de Herve, de Louvain, de Dinant, n'aient en effet agi dans ce sens. Les incendies, le sang répandu dans les premiers jours de la guerre ont sauvé les grandes villes belges de la tentation d'attaquer les faibles garnisons d'occupation que nous pouvions y laisser. Peut-on s'imaginer que la capitale de la Belgique aurait toléré que nous agissions et gouvernions dans ses murs comme si nous étions chez nous, si elle n'avait pas tremblé devant notre vengeance et si elle ne tremblait pas encore aujourd'hui? »

visible : elle illumine les visages. Depuis quelques jours, la foule se rend de tous les points de l'agglomération à Jette, où S. E. le Cardinal vient de bénir une grotte de Lourdes construite en plein air. Des milliers de gens prient là, quotidiennement, à haute voix, devant un autel que la confiance des mères a bien vite entouré de photographies de soldats. Au-dessus des têtes, dans un cadre aux couleurs tricolores, entouré de drapeaux nationaux, on lit cette inscription :

> Sancta Maria Beata Virgo de Lourdes
> Salva Populum Belgicum.
> Oramus Te pro Absentibus, Captivis,
> Defunctis et Afflictis nostris.

VENDREDI 15 OCTOBRE

Les œuvres. Inépuisable chapitre!

Voici l'« Aide au village » créée par des dames : Mlles J. Van de Putte, M. Eglem, M. Van de Putte, L. de Waegh, Mmes Huet-Kerrels et Collart van Gobelschroy. Elle a pour but de procurer des vêtements aux enfants nécessiteux des villages les plus éprouvés, et aussi des jouets, des bonbons, des coupes de tissus, outre les vêtements neufs ou usagés mais lavés et raccommodés.

Des étudiants catholiques ont fondé une œuvre de secours aux prisonniers abandonnés en Allemagne. Des correspondances avec des camps d'internement ont démontré qu'il y a beaucoup à faire sous ce rapport : des milliers de nos compatriotes enfermés là-bas ne reçoivent jamais une caissette de la mère-patrie, soit parce qu'ils n'ont pas de familles, soit parce que leurs familles sont trop pauvres pour s'imposer un sacrifice. Les étudiants catholiques décident de les prendre sous leur patronage. En apprenant leur intention, Mgr Mercier leur adresse une chaleureuse lettre d'encouragement : « Secourir dans leurs besoins ceux qui souffrent pour la Patrie, dit le Cardinal, c'est une manière de la servir qui ne manque pas de grandeur ». (1)

---

(1) Emanation de la Générale des Etudiants catholiques. cette œuvre a été fondée en mai 1915 par MM. Pierre Van

L'Œuvre du lainage pour les prisonniers nécessiteux s'est constituée avant-hier (1). Elle leur enverra en vue de l'hiver prochain, des chaussettes, des chaussons, des tricots, des plastrons, des gants, des écharpes, des chemises.

« Aide et protection aux épouses et parents des soldats schaerbeekois » (2). Je mentionne cette œuvre, parce que j'en ai la circulaire sous les yeux. La même

---

Werveke, Jean De Preter, Georges Duvignaud, Carlos Gérard, Maurice Deliens, Walthère Boland, André et Maurice Coelst, Pierre Goemaere, Joseph Goffin, Jean Lejeune et Auguste Leemans.

Un an plus tard, elle devenait une section de l'Agence belge de renseignements pour les prisonniers de guerre et les internés. Elle s'est appliquée à faire adopter des prisonniers nécessiteux par des personnes charitables, et dans cet ordre d'idées, elle a trouvé une constante et généreuse collaboration chez les élèves des écoles catholiques de Bruxelles. Sans subside officiel, elle était parvenue, fin septembre 1918, à recueillir 154,000 francs, ce qui lui avait permis d'expédier 30.000 colis.

Plusieurs de ses fondateurs ayant eu maille à partir avec l'autorité allemande, pour propagande patriotique et pour d'autres causes, l'œuvre connut des vicissitudes multiples résultant d'emprisonnements et d'évasions; elle a été menée à bon terme par MM. Jean et Robert De Preter, Robert de Foy, Armand Hallemans, Georges Dever, Gaston De Backer et Maurice Missoul.

(1) Comité : Mme la baronne de Wolf de Moorzele, Mlle G. Collet, MM. G. Beirlaen, Met den Anxet, E. Mayer, A. Carle, F. Aspendius.

(2) Comité de patronage : Président d'honneur : M. A. Reyers, bourgmestre de Schaerbeek; vice-président d'honneur : Raymond Foucart; Mmes la baronne G. de Béthune, V. Vanderhoeft, D. Borsu, Gindorff, F. Fischer, membres déléguées aux comptoirs et ouvroirs du Comité National.
Président : M. Henri Gignez; secrétaire : M. Théodore Van Nérom; trésorier : M. Alfred Semal; commissaires : MM. Guillaume Herinckx, Jacques Mertens, Hector Pouppeye, Adolphe Raout; membres : MM. Emile Bayot, Dr Armand Bauduin, Philippe Becker, Henri Coeymans, C. Cox, Edmond De Bondt, Georges De Haan, Leopold Delathouwer, Louis Gimpel, Pierre Gyselinck, Nestor Hioco, Elvire Kayser, Xavier Lowe, Albert Moens, Franç. Moortgat, Jean Ooms, François Sas, Armand Tricot, Arthur Van Brée, Pierre Vandenbak, J. Vanderhaeghe, C. Van Goidsenhoven.

initiative se fait certainement jour en d'autres communes aussi. Le but : organiser des fêtes, des collectes, des cagnottes, des concours de cabaret, etc., pour coopérer davantage au soulagement des misères qu'endurent les familles de nos héroïques défenseurs; « en l'absence du soutien naturel, dit la circulaire, nous leur devons aide, protection et le réconfort de nos encouragements fraternels; il ne faut pas qu'à son retour, nous ayons à répondre de notre égoïsme et de notre indifférence ».

A la Banque Nationale se constitue une société coopérative de prêts fonciers, qui établira des succursales en province et qui « a pour objet de faire, pendant la durée de la guerre et la période subséquente jusqu'à la reprise normale des affaires, notamment aux petits rentiers et aux classes populaires, à un taux d'intérêt de faveur, sous forme de prêts ou d'ouvertures de crédit, des avances garanties par hypothèque ou par nantissement en créance hypothécaire ou privilégiée ». (1)

SAMEDI 16 OCTOBRE

Ce n'est pas sans motif qu'il y a un an déjà (2) on se demandait si un arrêté du pouvoir occupant recommandant de ne plus secourir les chômeurs qui refusent de travailler n'était pas le lointain et timide prélude du rétablissement du travail forcé au profit de l'ennemi. Les faits n'ont que trop brutalement confirmé

---

(1) Administrateurs : MM. Pierre Capouillet, président des Compagnies belges d'Assurances générales; Albert Cattoir, docteur en droit; Léon Delacroix, avocat à la cour de cassation; Edouard Dubost, notaire; Paul-Emile Janson, membre de la Chambre des Représentants; Albert-Edouard Janssen, secrétaire de la Banque Nationale; Jean Pladet, échevin de Bruxelles; Albert Poelaert, notaire; Auguste Scheyven, notaire, et Théodore Taymans, notaire honoraire. Commissaires : MM. Pol Boël, membre de la Chambre des Représentants; Georges de Laveleye, président de la Banque de Bruxelles, et Michel Levie, ancien ministre des finances.

(2) Voir 7 novembre 1914.

cette supposition. Dès le premier jour, dès avant la déclaration de la guerre, on n'en doute plus maintenant, les dirigeants de l'Empire avaient un plan dont les détails se sont petit à petit montrés avec plus de netteté : travail forcé, exploitation de la question flamande, etc. L'histoire dira peut-être un jour depuis combien d'années tous ces détails étaient réglés.

Pour ce qui concerne le travail forcé, les simples et encore énigmatiques menaces à l'adresse des chômeurs de novembre 1914 ont fait place, on a pu le lire, dès le printemps de cette année, à la manière forte de Luttre et d'autres lieux. Les scrupules disparaissent et l'on va de l'avant; un arrêté annonce maintenant que « quiconque, sans motif suffisant, refuse d'entreprendre ou de continuer un travail d'intérêt public conforme à sa profession et ordonné par une autorité allemande sera passible d'une peine d'emprisonnement ». « Sans motif suffisant »? Qui en sera juge? De même pour « l'intérêt public »? Aux yeux des Allemands il doit nécessairement se confondre avec le leur.

Sera frappé d'une peine d'emprisonnement de cinq ans, quiconque tente d'empêcher un ouvrier d'entreprendre, non seulement un travail d'utilité publique, mais même « un travail pour compte d'une autorité allemande ou pour compte d'un entrepreneur agissant en vertu d'un mandat d'une autorité allemande ». Ceci est net et l'on ne s'embarrasse même plus de la convention de La Haye, qui interdit formellement d'obliger les habitants d'un pays occupé à travailler pour l'ennemi.

L'arrêté, il est vrai, allègue que « tout motif concernant le refus de travailler sera valable s'il est admis par le droit des gens ». Mais ce n'est qu'une promesse, et ceux qui l'ont ajoutée pour la forme sont bien décidés à la mettre au rang d'un « chiffon de papier ». La preuve, c'est qu'ils veulent contraindre à travailler dans des arsenaux du chemin de fer, dans des fabriques de fil de fer (comme à Sweveghem), etc.; il s'agit là de travaux d'une utilité militaire indéniable.

Mais il faut, pour que cette documentation soit complète, s'arrêter au détail de ces arrêtés. Le premier, dont je viens de citer des passages, porte le titre d'« Arrêté concernant les mesures destinées à assurer l'exécution des travaux d'intérêt public ». Il a pour complément (ils ont été publiés ensemble) un « arrêté concernant les chômeurs qui, par paresse, se soustraient au travail ». Admirez celui-ci : Quiconque sciemment ou par négligence fait de fausses déclarations au sujet de sa situation personnelle, lors d'une enquête destinée à établir son indigence, est passible d'une peine d'emprisonnement; quiconque est secouru par l'assistance publique ou privée et, sans motif suffisant, refuse d'entreprendre ou de continuer un travail qu'on lui a proposé et qui répond à ses capacités, sera passible d'une peine d'emprisonnement. Etc.

L'engrenage, on le voit, se perfectionne (1).

Nous en sommes déjà à ce point que le gouverneur général fait annoncer sur les murs de Bruxelles, à titre de salutaire exemple, la condamnation à des peines variant de huit semaines à cinq ans de prison, d'un ingénieur, de plusieurs employés, de 6 contre-maîtres et de 81 ouvriers du Hainaut, coupables de n'avoir pas voulu reprendre le travail dans une usine malgré les sommations du séquestre allemand.

Le procédé est inique, mais ingénieux. Les Allemands n'ignorent pas qu'ayant fait le vide dans un grand nombre de nos usines, et continuant la manœuvre, ils ont déjà mis le quart de la population belge à charge des trois autres quarts; et ils spéculent sur cette misère croissante pour canaliser la classe ouvrière vers leurs entreprises, à eux, et pour dicter leur volonté au mépris même des droits de la conscience. Il résulte, en effet, d'un relevé de la « Commission for relief in Belgium » que déjà, au 31 juillet dernier, sur les six ou six millions et demi de Belges restés au pays, 1,620,719 étaient réduits à demander les secours de l'assistance publique ou privée. Les œuvres de charité voient leur clientèle grandir sans cesse. Comme plusieurs ne suffisent plus à la tâche, des maisons privées s'ouvrent; et c'est un spec-

---

(1) Il a finalement broyé toutes les résistances par la déportation des chômeurs en Allemagne. Voir à partir du 8 octobre 1916 jusqu'en janvier 1917.

tacle bien caractéristique du temps où nous vivons que de voir, par exemple, chez M. Madoux, directeur de l'*Etoile belge*, rue Joseph II, une quarantaine de pauvres diables assis sur des bancs dans le corridor et s'y rassasiant d'une bonne soupe.

— On prépare une marmite chaque matin, me dit M. Madoux, et l'on en sert tant qu'il y en a ».

De même, chaque semaine, rue de la Loi, on voit une longue file de pauvres diables attendre à la porte de l'hôtel de MM. Boucqueau, l'hebdomadaire distribution de secours de ces généreux concitoyens.

D'autres scènes de la rue corroborent tout ceci. Des jeunes filles portant une manne circulent maintenant dans les marchés, recueillent des légumes et des fruits « pour l'« OEuvre de l'assistance discrète ». D'autres vont de porte en porte prier que l'on s'engage à donner un œuf par semaine pour les petiots de « l'OEuvre des Petites Abeilles ».

MARDI 19 OCTOBRE

L'émotion causée par les récentes fusillades dont le Tir National a été le sanglant théâtre reste intense. Tous les cœurs sont meurtris par ces abominables exécutions de civils qui n'ont commis d'autre délit que de servir leur patrie, et le peu que nous apprenons d'outre-frontière prouve que cette émotion est devenue universelle. L'Angleterre a déjà placé miss Cavell au nombre des héroïnes de son histoire. Les Belges victimes de la barbarie teutonne sont l'objet ici, et là-bas aussi sans doute, d'une vénération identique.

La semaine dernière, en l'église des Riches-Claires, un service a été célébré pour Alexandre Franck, fusillé en septembre. La foule était là, frémissante de colère et pleurant de douleur. Quand l'orgue eut laissé tomber les dernières notes de la « Brabançonne », un vieillard, M. le comte du Chastel, s'approcha du catafalque et dit à haute voix : « Honneur aux braves! »

Ce matin, en l'église Saint Albert, rue Victor Hugo, même service pour Philippe Baucq, de la part de ses amis de l'Association catholique. Des milliers de personnes se tiennent serrées dans la rue, l'œil fixé sur l'église où elles n'ont plus trouvé place. Aucune ne songe à se retirer avant la fin du service. On ne circule pas, on ne cause pas. Tous pensent à l'horrible fusillade qui, mardi dernier, a fait une veuve et des orphelins parce qu'un Belge s'est permis d'aider son pays.

Par les fenêtres entr'ouvertes du jubé sortent, lancées par la voix éclatante de M. Demarsy, du Théâtre de la Monnaie, les strophes pleines d'espérance de l'hymne de Gevaert. La foule reprend en chœur les paroles de *Vers l'Avenir*. Mêlés à des enfants, à des vieillards, à des femmes en larmes, il y a là des hommes politiques de toutes opinions, des députés, les conseillers communaux de Bruxelles et de Schaerbeek. A présent que les deuils et les tortures ont soudé les unes aux autres toutes les âmes de la Nation, ils viennent, avec le légitime orgueil que nous tirons tous de nos malheurs immérités, entonner l'hymne patriotique aux seuls endroits où on l'entende encore en public, dans les églises ou sur leur seuil.

Le père de Philippe Baucq sort le premier ; il porte avec noblesse le fardeau d'une douleur atroce. Près de lui, se tient Mme la baronne de Broqueville, femme du chef du Gouvernement belge, actuellement au front de bataille. Une *Brabançonne* fait une dernière fois se découvrir tous les fronts : elle semble venir maintenant des profondeurs de l'infini.

MERCREDI 20 OCTOBRE

Le général-major von Sauberzweig, nommé Gouverneur de Bruxelles, en remplacement du général von Kraewel, s'est chargé d'établir un régime d'épouvante. Deux coups de feu retentissent à 7 heures du soir boulevard Clovis. Qu'est-ce ? Une douzaine de gamins viennent d'y passer, fredonnant la *Brabançonne*. Voilà tout le délit. Au premier coup de feu, les gosses s'enfuient. Les sentinelles en arrêtent dix, que l'on incarcère dans la station de la chaussée de Louvain. Un chien aboie-t-il la nuit dans une rue habitée par des Allemands, son propriétaire est appelé à la « Kommandantur » et menacé d'emprisonnement. Ce matin, nous regardons par dessus la barrière du tunnel, boulevard Charlemagne: aussitôt une sentinelle hurle et braque son fusil vers nous.

Il y a foule, depuis deux heures, devant les portes de la « Kommandantur ». Sont convoquées là, « les personnes qui ont appartenu à une armée ennemie de l'Allemagne » donc, notamment, les soldats belges réformés ou licenciés depuis le début des hostilités, et les déserteurs. Ils seront punis de travaux forcés, dit l'affiche, s'ils cherchent à dissimuler leur présence à l'intérieur du pays, de même que ceux qui les logeront, les habilleront, les nourriront. A six heures du soir, 453 d'entre eux sont conduits à la gare du Nord. Première fournée que l'on embarque pour un camp de prisonniers en Allemagne.

Au mépris des conventions internationales, l'autorité allemande annonce de nouvelles peines collectives pour le cas où la culpabilité d'un seul serait établie : « Toute commune dans le territoire de laquelle on trouvera, après le 25 octobre 1915, des armes ou des munitions prohibées, se verra imposer une contribution de guerre pouvant aller jusqu'à 10.000 mark pour chaque cas ». Et le détenteur pourra être puni de mort ou de dix ans au moins de travaux forcés.

Autre menace :

Dans les derniers temps, des aviateurs ennemis ont, à diverses reprises, choisi comme but de leurs attaques des bâtiments occupés par des soldats allemands.

Il est hors de doute que l'emplacement de ces bâtiments et leur occupation par des soldats allemands ont été signalés à l'ennemi par des habitants. Toute la population est responsable d'une telle manière d'agir, car, ne fut-ce que dans leur propre intérêt, *les habitants ont l'obligation de se surveiller les uns les autres*. Si donc, des aviateurs ennemis attaquent encore des bâtiments occupés ainsi que les soldats qui les occupent, je serai obligé, afin de surveiller de plus près les habitants de l'agglomération bruxelloise et d'empêcher l'espionnage, de loger des troupes allemandes dans des maisons particulières. Dans ce cas, la promesse faite autrefois, de ne pas loger d'officiers ni de soldats allemands chez des particuliers sera annulée.

Cette promesse sera également retirée si, après le 25 octobre 1915, des armes ou des munitions prohibées sont encore trouvées en possession de certains habitants de l'agglomération bruxelloise.

D'autres affiches annoncent de nouvelles infamies. Le Gouvernement général semble prendre un satanique plaisir à retourner le fer dans la plaie. Exemple :

A Harlebeke, l'autorité militaire réquisitionne des ouvriers pour la réfection des routes. 29 habitants demandent qu'au préalable une déclaration écrite leur soit remise attestant qu'ils ne travaillent pas volontairement, ensuite qu'ils ne seront pas employés à des travaux stratégiques. Le jour fixé aucun d'eux ne se présente. La commune est rendue responsable de leur refus et les peines inouïes que voici sont édictées :

1. Il est défendu au Comité de secours et d'alimentation d'envoyer quoi que ce soit à Harlebeke;
2. Les ouvriers récalcitrants sont transportés en Allemagne jusqu'à la fin de la guerre;
3. Tous les cabarets doivent rester fermés, sauf un, à l'intention exclusive des soldats allemands;
4. A partir de 4 heures de l'après-midi jusqu'à 7 heures du matin, nul ne peut sortir de sa maison, en dehors des ecclésiastiques, des médecins, des vétérinaires et des sages-femmes;
5. Tous les passe-ports délivrés aux habitants doivent être restitués. Aucun passe-port ne sera délivré à destination d'Harlebeke. La correspondance postale est supprimée;
6. La commune est condamnée à une amende.

La ville de Lokeren est soumise à un régime analogue.

VENDREDI 22 OCTOBRE

Un avocat qui en fut, me narre les détails d'une assemblée pittoresque convoquée au domicile de M. Ed. Picard, rue Ducale. Il s'agissait d'une séance du Conseil général de la Fédération des Avocats, réuni pour arrêter les termes d'une protestation au Gouvernement allemand contre la déportation de M. Théodor, bâtonnier.

En l'absence de son président, M. Destrée, parti pour l'étranger, le Conseil avait prié son président d'honneur, M. Picard, de convoquer la réunion. M. Picard ayant juré de ne plus remettre les pieds au Palais de Justice aussi longtemps qu'on n'y pourra pénétrer qu'entre les baïonnettes de sentinelles allemandes, demanda que la séance se tînt à son domicile privé. Il est probable que la censure aura ouvert une des convocations envoyées aux membres et aura pris note du jour, de l'heure et de l'objet de la réunion.

« Toujours est-il, raconte mon informateur, qu'au moment où M. Picard et quinze de ses confrères se préparaient à ouvrir leur séance, une automobile contenant trois allemands, s'arrêtait devant l'hôtel de la rue Ducale.

M. Picard, s'adressant à celui qui paraît être le chef du trio lui dit :

— A quoi devons-nous l'honneur de votre visite?
— Vous avez chez vous une réunion d'avocats.
— Oui.
— Nous désirons y assister.
— Pouvez-vous me montrer vos pouvoirs?

Les émissaires du Gouvernement général tirent de leurs poches un carré de carton sur lequel le maître de céans jette un rapide et méprisant regard.

— Eh bien, décide-t-il, vous allez assister à la séance. Asseyez-vous là !

Et il leur désigne du doigt une bergère adossée à la muraille, sous un émouvant tableau de Laermans. Les trois gaillards obéissent comme au commandement. Ils s'installent, leur « président » au milieu.

— Messieurs, annonce M. Picard, en s'adressant aux avocats, la séance est ouverte. Nous sommes réunis, vous le savez, pour délibérer sur ce que la Fédération doit faire en ce qui concerne la déportation de M. le bâtonnier Théodor. Une question avant tout : Estimez-vous qu'il y a lieu de protester?

— Oui, oui, répondent aussitôt plusieurs voix.

M. Picard, s'adressant cette fois aux trois spectateurs :

— Etant Allemands, suivez-vous bien ce qui se fait ?

— Oui, acquiesce le chef du trio.

M. Picard reprend la parole et dit à ses confrères :

— Et maintenant, Messieurs, il s'agit de savoir dans quels termes nous protesterons. Nous avons fait un projet. Le voici.

Il donne lecture du texte, que M. Des Cressonières a

rédigé. La protestation est conçue en termes énergiques et pleins de dignité. Et, ma foi, cette lecture, devant ces Allemands qui vont peut être nous emmener tous avec eux, a quelque chose d'assez impressionnant. Quand M. Picard a terminé, il se retourne à nouveau vers les trois Teutons et leur demande, toujours un peu narquois, s'ils ont bien compris. Il n'attend pas leur réponse et prie les membres du Conseil de présenter leurs observations. Comme personne n'intervient :

— Je déclare donc la protestation adoptée, dit-il.

Un exemplaire a été placé sur une petite table voisine. Il ne nous reste plus qu'à y apposer nos signatures. Le président d'honneur donne l'exemple et nous signons tous à sa suite. Un avocat de province est si ému qu'il ne parvient pas à mettre son paraphe au bas du document. Nous devons lui tenir la main.

La séance est terminée, et nous nous attendons à voir les boches prendre congé. M. Picard leur fait, d'ailleurs, comprendre que le moment est arrivé pour eux de s'éclipser :

— Vous avez vu et entendu ce qui s'est passé, dit-il. Que désirez vous encore ?

Les trois hommes se consultent ; puis l'un d'entre eux demande un exemplaire de la protestation. On la lui remet. Ils ne sont pas encore satisfaits :

— Nous voudrions, disent-ils, que vous inscriviez au bas de cette feuille, que la réunion n'a pas eu un caractère politique.

— Vous entendez, Messieurs, dit M. Picard de sa voix mordante, la réunion n'a pas eu un caractère politique; voyez-vous un inconvénient à ce que cette constatation soit ajoutée au bas du document?

Geste unanime de dénégation. M. Picard écrit aussitôt sur le feuillet : « La réunion n'a eu aucun caractère politique. »

— Et maintenant, dit-il aux Allemands, sur le ton que l'on devine, avez vous encore quelque chose à nous demander ?

— Non.

— Dans ce cas, nous n'avons plus qu'à nous séparer. Je vous souhaite bon retour.

Les boches se lèvent et s'en vont à la file indienne... »

MERCREDI 27 OCTOBRE

L'heure est venue de noter avec quelques détails le rôle grandiose, le mot en l'occurence n'a rien de théâtral, joué par ces deux organismes qui se complètent si parfaitement et qui pourvoient à tous les besoins de la nation : la « Commission for relief in Belgium » et le Comité National de secours et d'alimentation Une année, bientôt, de leur existence, a démontré combien l'ambassadeur des Etats-Unis, à Londres, voyait juste quand il disait que ce rôle serait sans égal dans toute l'histoire de l'humanité.

Un chroniqueur qui enregistre les événements au jour le jour, pourrait à chaque page, parler de ces deux organismes centraux vers lesquels convergent depuis que les pouvoirs gouvernementaux et législatifs belges ont cessé d'exister pour nous, toutes les artères et toutes les veines où bat le sang du pays. J'en ai parlé souvent à l'occasion de faits particuliers. Voici une vue d'ensemble.

Ces Commissions jumelles fonctionnent, l'une à titre de pourvoyeuse de marchandises à importer d'outremer, l'autre à titre de réceptionnaire et distributrice. La « Commission for relief » fait venir d'Amérique par le moyen d'une flotte marchande qui navigue exclusivement pour elle, la farine, le riz, le lard, la graisse, et aussi tout ce qui se donne là-bas pour les Belges: des vêtements, des souliers, du linge, etc. Le Comité National en prend possession à l'arrivée en Belgique, répartit les marchandises entre ses comités provinciaux, d'où elles prennent le chemin des villes et des villages, et il distribue les dons aux comités et œuvres de secours.

M. Francqui, qui est l'âme du Comité National, vient de résumer comme suit, à grands traits, dans un rapport, l'action de la « Commission for relief » jusqu'à ce jour :

Comme on le sait, la commission est constituée sous le haut patronage des ambassadeurs d'Espagne, des Etats-Unis et des Pays-Bas à Londres, à Bruxelles, Berlin, Paris et La Haye.
M. Herbert Hoover, son président, qui en a la direction effective, est assisté par un nombreux personnel américain, composé presque exclusivement d'hommes généreux et dévoués

qui ont spontanément offert gratuitement leurs services à l'œuvre humanitaire et grandiose.

Les opérations sont nombreuses et complexes. Il s'agit de procurer tous les vivres de première nécessité à une population de plus de sept millions et demi d'âmes, portée à plus de dix millions par l'extension des opérations au nord de France, les recueillir ou les acheter dans les pays d'outre-mer, les transporter vers notre pays et les répartir entre les diverses régions.

A la mi-août (huit mois après sa création) la commission avait fourni en Belgique :

530 millions de kilos de froment; 530 millions de kilos de riz; 33 millions de kilos de pois et haricots; 13 millions de kilos de lard et saindoux; 100 millions de kilos de maïs; 30 millions de kilos de marchandises diverses, soit au total 756 millions de kilos, représentant une dépense de 300 millions de francs.

La commission créa des bureaux à New-York, à Londres, à Rotterdam et Bruxelles, et se mit en rapport avec les différents organismes qui s'étaient déjà formés dans divers pays pour venir en aide aux victimes de la guerre et avec des personnalités marquantes dans le monde de la politique, des sciences, des arts, de la presse, de l'industrie et du commerce, en vue de la constitution des comités régionaux chargés de recueillir des dons au profit de la Belgique. Plus de mille comités furent ainsi créés dans les différentes parties du monde. La commission recueillit des dons en argent, en vivres et en vêtements, et parvint à s'assurer de nombreux concours et avantages pour l'achat, la manutention et le transport de ses marchandises, tels que transports gratuits sur certaines lignes de chemin de fer, occupation gratuite de bâtiments pour bureaux ou magasins, fourniture gratuite du matériel de bureau et d'imprimés, exemption de certains péages dans les ports et sur les canaux, etc.

Les fonds recueillis et la valeur des vivres donnés atteignent à ce jour un montant considérable dont près de 50 p. c. viennent des Etats-Unis.

D'autre part, un bénéfice d'environ 13 millions de francs a été réalisé par la commission sur la vente des denrées, bénéfice qui est appliqué intégralement au fonds de secours.

Les dons en vêtements, qui représentent plusieurs millions de tonnes, peuvent être évalués à environ 8,500,000 francs.

Les dons qui ont contribué à constituer ces sommes énormes proviennent, en général, de souscriptions minimes, émanant de plusieurs millions de personnes. Il n'y a eu qu'une très grosse souscription, celle de la « Rockefeller Foundation », qui a donné environ 5 millions de francs. (1)

---

(1) Les rapports du Comité national n'ont été publiés que pendant quelques mois. Très rapidement, la censure allemande émit la prétention d'y pratiquer des coupures avant de don-

Pour faciliter son action, le Comité National a créé un département de l'alimentation, une section agricole et un département de secours. C'est par l'intermédiaire de ce département des secours, que, notamment, il subsidie les œuvres d'assistance aux victimes de la guerre :

Le Comité central des réfugiés (présidente, Mme la comtesse Jean de Mérode) ;
Aide et protection aux familles d'officiers et de sous-officiers (présidente, Mme la comtesse Jean de Mérode) ;
Aide et protection aux médecins et pharmaciens belges sinistrés (président, M. le docteur Dubois-Havenith) ;
Aide et protection aux artistes (président, M. J. Brunfaut) ;
Protection de l'enfance (président, M. Adolphe Prins) ;
Protection aux sinistrés ;
Aide aux sans-logis ;
Secours aux églises sinistrées (présidente, Mme la baronne Herman de Woelmont) ;
Aide et protection aux chômeurs ;
Aide aux dentellières (présidente, Mme la comtesse Elisabeth d'Oultremont) ;
Union des villes et des communes pour la construction d'abris provisoires et la reconstructon des localités détruites (président, M. Braun, bourgmestre de Gand) ;
Agence belge de renseignements pour les prisonniers de guerre et les internés (présidente, Mme la comtesse de Mérode) ;
Les restaurants économiques ;
L'œuvre du Travail (qui paie, chaque semaine, 40 francs de salaires à des ouvrières qui confectionnent à domicile des vêtements pour les sinistrés) ;
Les Petites Abeilles ;
Les Pauvres honteux, etc.

Grâce à quel argent tout cela fonctionne-t-il ? Il y a les dons, certes, et ils sont abondants, mais il faut un nombre considérable de millions chaque mois. Les dons seuls, quelle que soit leur universalité, n'y suffisent pas. Et c'est ici qu'apparaît l'ingéniosité du système. Le Gouvernement belge, provisoirement exilé, au Havre, a, pour faire face aux besoins de l'armée belge et aux

---

ner l'autorisation d'imprimer, ou elle garda des rapports dans ses cartons. Le Comité national, on le pense bien, ne s'est pas abaissé à réclamer, moins encore à passer par les exigences de cette censure. Il publiera l'exposé complet de son œuvre, après la guerre : on y jugera le régime allemand par l'effort surhumain qu'il a fallu faire pour y survivre.

nôtres, emprunté de l'argent au Gouvernement anglais. Sur les sommes ainsi empruntées, il prélève mensuellement 25 milions de francs (1) pour payer au siège de la « Commission for relief in Belgium » à Londres, les vivres que celle-ci achète et nous expédie. Ces vivres entrent en Belgique sous pavillon neutre, échappent ainsi à la réquisition allemande, sont remis au Comité National, qui les fait parvenir au consommateur de la manière qui vient d'être exposée. Les malheureux sont ravitaillés gratuitement, les autres paient leur ration de ces vivres, et l'argent ainsi perçu sert à subsidier les œuvres et à alimenter une « Société coopérative d'avances et de prêts ».

Cette société coopérative fondée le 20 janvier dernier, est administrée par MM. le baron L. Janssen, directeur à la Société Générale ; Lepreux, directeur à la Banque Nationale ; Alexandre Braun, sénateur ; Boël, député (libéral) ; Wauwermans, député (catholique) ; Bertrand, député (socialiste), et Van Elewyck, président de la Chambre de Commerce. Officiellement elle a pour objet toutes opérations d'avances ou de prêts, mais elle a surtout pour but de payer des acomptes aux créanciers de l'Etat belge ; ils peuvent, par l'intermédiaire de cette banque, toucher dès à présent 50 pour cent de leurs créances.

Inutile de dire que cette institution a eu tout de suite une forte clientèle. Il se conçoit sans peine qu'un pouvoir central brusquement expulsé de son pays, comme ce fut le cas pour le Gouvernement belge, laisse après lui un sérieux arriéré de dettes d'Etat à liquider, pour réquisitions, et pour fournitures ou travaux datant du temps de paix.

La Coopérative paie également une partie des traitements et salaires d'un grand nombre d'agents de l'Etat ceux des chemins de fer notamment, qui, sur instruction du Gouvernement belge, ont refusé de reprendre leurs fonctions.

Aussi, est-ce par douzaines de millions déjà que se chiffrent les avances consenties par la Banque. Ceux

---

(1) Somme qui a été portée à 37 millions et demi par mois à partir de janvier 1917.

qui n'en connaissent pas le mécanisme se demandent avec quelque frayeur comment cette « Coopérative d'avances et de prêts » rentrera plus tard dans ses fonds. Ils perdent de vue qu'elle ne doit pas y rentrer. Elle éteint tout simplement des dettes de l'Etat au moyen d'argent qui arrive des caisses belges du Havre par le canal de la « Commission for Relief ». Lorsque les pouvoirs belges rentreront en Belgique elle remettra au Gouvernement les quittances des sommes qu'elle aura versées pour lui, et tout sera dit.

VENDREDI 29 OCTOBRE

Une voisine qui avait mis à louer un appartement, est gratifiée de la présence d'un officier allemand, locataire indésirable mais inexpulsable. Elle reçoit, en secret, une lettre de son fils, volontaire belge, et cette missive la transporte de joie.

— Vous êtes rayonnante, dit l'officier; quel bonheur vous est donc arrivé?

Sans penser à mal, l'heureuse mère lui confie la nouvelle. L'individu fronce le sourcil et sort.

Quelques minutes plus tard une auto de la « Kommandantur » vient cueillir la « coupable ». Interrogatoire, jugement, 10 mark d'amende pour « avoir entretenu une correspondance avec l'ennemi ».

— Je n'ai rien reçu, déclare-t-elle sans broncher.

— Pourquoi nier ? Vous avez avoué à l'officier qui loge chez vous !

La criminelle ne répond plus, mais elle tient sa vengeance.

— Voici 20 marks, dit-elle, dix pour l'amende et dix que je vous abandonne parce que l'Allemagne est à bout de ressources.

— A bout de ressources ? Qui dit cela ?

— L'officier qui loge chez moi...

Le gaillard est appelé. On crie dessus comme sur un âne rétif et pour lui apprendre à être discret on l'expédie au front.

SAMEDI 30 OCTOBRE

Le Gouverneur von Sauberzweig fait afficher qu'il a donné aux sentinelles ordre de tirer sur quiconque s'approche d'une voie ferrée.

Les prisons improvisées dans les « Kommandanturs » hébergent maintenant jusque vingt personnes par chambre. On les parque, les hommes ici, les femmes là, toutes conditions sociales mêlées ; et cette détention préventive dure parfois des mois. Quant au régime : des paillasses qui ne sont jamais nettoyées ou désinfectées, du café, de la soupe apportée devant les chambres dans des seaux où chacun puise le contenu d'une tasse ou d'une écuelle. Mais nul n'a honte d'être dans cette promiscuité parce que tous s'y savent verrouillés pour des motifs hautement avouables. La baronne millionnaire, arrêtée pour avoir garni le gousset de jeunes Belges qui voulaient rejoindre le front, s'y étend sans regret ni amertume sur la paillasse égalitaire, à côté d'un même sac de paille sur lequel repose une femme du peuple qui cherchait à gagner sa vie en vendant des journaux prohibés.

Dans les prisons de l'Etat, même fraternité patriotique à l'heure de la promenade. Des prisonniers racontent à ceux qui leur font visite que, depuis quelques soirs, en la prison de Saint-Gilles, dès que les lumières sont éteintes, ils entendent une admirable voix de femme chanter, dans le silence de la nuit et d'une cellule l'hymne à la Vierge, consolatrice des affligés :

— « Sur la Belgique, étend ta main bénie.... »

Dans les couloirs résonne le pas lourd des sentinelles allemandes. Elles cherchent l'audacieuse (la comtesse de Belleville) qui ose chanter en prison. L'enquête est vaine. La voix cristalline s'est tue. Mais dans chaque cellule il y a un Belge qui, en son cœur, remercie pour ce réconfort et se réjouit d'avoir entendu vibrer ses espérances.

Le contrôle exercé sur les Belges d'âge militaire se renforce. Il visait jusqu'à ce jour les classes de 1892 à 1897 ; il sera exercé désormais sur tous les hommes belges nés de 1885 à 1898. L'avis du baron von Bissing se termine par ces mots :

> Je répète que le contrôle n'a d'autre but que de permettre de constater la présence des personnes inscrites et de les empêcher de quitter le pays.
>
> On n'a donc nullement l'intention de les incorporer dans l'armée allemande ni de les interner comme prisonniers de guerre.

DIMANCHE 31 OCTOBRE

Viennent d'être fusillés : Pierre Poels, agent de police à Bruxelles; Jean-Joseph Vandercammen, voyageur en cigares à Bruxelles; Jean Legrand, mécanicien à Liége; Joseph Gilot, vitrier à Liége; Lucien Gillet, forgeron à Braux (France); Auguste Beguin, agent de police à Liége; Henri Defécbereux, garde-barrière à Kinkempois; Henri Noirfalise, ouvrier à Chênée; Oscar Sacré, camionneur à Ougrée; Léon François, contrôleur de tramways à Laenacken; Félix Van der Snoeck, contrôleur de tramways à Glain; Orphal Simon, magasinier à Verviers; Amédée Hesse, dentiste à Spa; Constant Herck, marchand à Welkenraedt; François Paquay, machiniste à Kinkempois; André Garot, voyageur de commerce à Liége; Pierre-Joseph Claes, de Schaerbeek (celui-ci, dit l'affiche, « a avoué qu'en sa qualité de soldat belge, il était venu en Belgique, habillé en civil, dans le but d'y pratiquer l'espionnage »).

Dès le début de l'occupation, Pierre Poels s'était mis en rapport avec la direction de l'armée, qui le chargea de missions particulièrement difficiles dans le territoire envahi.

Notamment, lors de l'offensive de juillet 1915, on réclama son aide pour contrarier l'arrivée des renforts ennemis sur le front. Assisté de Jules Vandercammen, fusillé en même temps que lui, Pierre Poels fit sauter, au moyen de bombes, les voies ferrées entre Tirlemont et Louvain, près d'Alost et près de Hal.

On découvrit chez lui des explosifs. Dès lors, il ne restait à ce brave qu'à mourir courageusement; c'est ce qu'il fit avec la plus grande simplicité.

Novembre 1915

2 novembre : Lettre de Mgr Mercier sur le problème du mal et de la souffrance. — Services anniversaires. — **6** : Déclaration obligatoire des machines et moteurs. — Les nouveaux timbres-poste belges. — **11** : Perquisitions chez les chasseurs. — Déportation d'anciens officiers. — Arrestation de religieux. — **14** : Réquisition des graisses. — L'autorité allemande fait ouvrir les maisons de Belges, de Français et d'Anglais absents du pays et y installe des officiers. — La question de l'heure. — La mentalité d'un journal asservi. — **15** : La fête du Roi. — **16** : Encore des fusillés. — **17** : Les fiacres de la guerre. — **20** : Ce qu'on lit. — Bruxelles fermé aux livres français. — La vogue de l'anglais. — **23** : Une entrevue du baron von Bissing avec le Cardinal Mercier. — **27** : Cambrioleurs par amitié et par patriotisme. — Défense de déménager les meubles des maisons inoccupées. — **28** : Une lettre de M. Max à la Conférence du Jeune Barreau. — **29** : Plaisanteries bruxelloises à propos de l'armée du prince Léopold de Bavière.

MARDI 2 NOVEMBRE

Une lettre pastorale « pour les jours de la Toussaint et des Trépassés » est lue en chaire. Mgr Mercier y étudie l'angoissant problème du mal et de la souffrance. Pourquoi faut-il que nous souffrions? Pourquoi, surtout, les innocents ont-ils à souffrir? S. E. le Cardinal écrit sur ce chapitre :

Toutes les nations européennes sont, en ce moment, sous le coup de la douleur, mais ne semble-t-il pas que la Providence décerne aux plus chrétiennes d'entre elles la part la plus large dans le sacrifice.

La Pologne, dont le nom seul évoque l'idée du martyre, la Pologne, si obstinément fidèle à sa foi et à sa liberté, est ravagée, piétinée, ensanglantée. Son épiscopat adresse à la catholicité un appel de secours auquel, si éprouvés que nous soyons nous-mêmes, nous aurons à cœur de répondre par nos prières et par notre charité.

Et nous, est-il besoin de vous reparler de nos douleurs. La vie de la nation est suspendue: nos usines, nos ateliers, nos universités sont fermés; notre Roi est absent; des milliers de jeunes gens, de chefs de famille gémissent dans les prisons étrangères ou exposent, à tout instant, leur vie sur les champs de la mort; les épouses et les mères sont dans les larmes; et, selon l'expression de N. S. P. le Pape Benoît XV, l'heure est chargée de haine et de carnage.

Eh bien! oui, mes frères, les nations chrétiennes souffrent, et la tragédie sanglante de 1914-1915 dont elles sont les héroïnes prouve, une fois de plus, que la Providence n'entend pas se départir de sa loi générale qui veut que ses préférés occupent un rang d'honneur dans le cortège de la souffrance.

... Mes frères, il faut bien que nous parlions sans ambages. Ne dites pas, je vous prie : Pourquoi les nations chrétiennes souffrent-elles puisqu'elles sont chrétiennes? Dites plutôt : Notre chère Belgique est chrétienne, elle l'est notoirement, à fond, de par ses traditions séculaires; n'est-il donc pas digne d'elle de revendiquer une place de choix sur la montagne du Calvaire?

Mgr Mercier développe ces pensées avec sa maîtrise coutumière. Il demande que dans les prières qui seront dites pour les âmes des combattants trépassés « personne ne soit exclu, pas même les âmes des soldats tombés en brandissant leurs armes contre nous ».

Les services funèbres attirent, en ces jours traditionnels de deuil, une foule considérable. En l'église Sainte-Gudule, la cérémonie d'aujourd'hui est grandiose. Le drapeau tricolore étend ses plis sur le catafalque entouré des personnalités de la capitale. La messe est dite « pour les Belges tombés pour leur pays ». Combien sont-ils déjà? Près de 30,000 dit-on.

Demain et les jours suivants, dans la plupart des paroisses, des messes seront chantées à la demande de cercles, mutualités, syndicats, associations d'employés, pour leurs amis, membres, affiliés, morts en défendant le drapeau. Outre l'annonce de ces cérémonies, on voit maintenant épinglées en grand nombre, sous le portail des églises, des lettres annonçant des services anniversaires pour des soldats tombés à l'Yser. Voici un an, en effet, depuis les fameux combats qui marquèrent l'arrêt définitif de l'Allemagne devant les rives de ce petit cours d'eau flamand.

SAMEDI 6 NOVEMBRE

Après qu'ont été prises les mesures générales bloquant les matières premières et les produits ouvrés de l'industrie, interviennent maintenant des mesures particulières ou d'application suivant les besoins de l'autorité militaire ou de l'industrie allemande. Dans telle localité, ordre est donné aux fabriques, usines, commerçants et particuliers, de fournir la liste de leurs machines et accessoires, locomobiles, dynamos et électro-moteurs, accumulateurs, installations électriques, moteurs à benzine, wagons. Quiconque tente de cacher quoi que ce soit en faisant une déclaration incomplète, encourt une peine de six mois de prison, plus 8 mille marks d'amende. Quand viendra le moment, on réquisitionnera le matériel.

En tel autre endroit, à Gand, par exemple, chacun doit déclarer le cuivre et l'étain qu'il possède. L'Allemagne en fera des obus.

* * *

Les journaux hollandais annoncent que le gouvernement belge a émis, au Havre, une nouvelle série de timbres belges. Les collectionneurs sont avides de les acquérir. Mais le baron von Bissing veille. Il défend immédiatement, sous peine de 10,000 marks d'amende et d'un an de prison « d'importer des timbres-poste émis par des États en guerre avec l'Allemagne ou ses alliés, de faire le commerce de ces timbres et de les offrir ou de les exposer ».

JEUDI 11 NOVEMBRE

Perquisitions, arrestations, condamnations. Cette fois, dans le monde des chasseurs. Les demeures des contribuables inscrits comme possédant un permis de chasse sont visitées minutieusement. Et malheur à celui chez qui l'on trouve encore une arme. Les amendes et les jours de prison pleuvent, même sur les détenteurs de vieux sabres rouillés, utilisés dans des cercles d'agrément pour des représentations de comédies! Le seul fait d'avoir conservé une panoplie d'armes anciennes ou exotiques constitue un délit qui expose à des pénalités.

Cinq officiers belges pensionnés, sexagénaires, sont arrêtés et, sans autre forme de procès, amenés à la gare du Nord pour être envoyés en Allemagne. Ils demandent que, tout au moins, on les autorise à voir, un instant, leurs femmes, leurs enfants. Refus.

Le R. P. Devroye, recteur du collège Saint-Michel, est incarcéré à Saint-Gilles pour avoir, d'après l'accusation, donné quelques indications à des jeunes Belges désireux de rejoindre l'armée (1). Chez les Jésuites, chez les Rédemptoristes, chez les Missionnaires de Scheut, les irruptions répétées des policiers allemands ne surprennent plus personne. Cette semaine, les Barnabites, de l'avenue Brugmann, reçoivent leur visite à deux heures de la nuit. Plusieurs domicains, de l'avenue de la Renaissance, sont également sous les verrous : pour un sermon prêché il y a quelques jours, le R. P. Quévy est incarcéré à Dusseldorf jusqu'à la fin de la guerre.

DIMANCHE 14 NOVEMBRE

Depuis longtemps, les bouchers sont tenus de céder à l'administration allemande la peau des bêtes abattues. Sans son autorisation rien ne peut être vendu à un tanneur belge. Voici qu'on les contraint à livrer, en outre, les graisses provenant de ce bétail. La quantité ainsi réquisitionnée représente 20,000 kilos par semaine, rien que pour les abattoirs de Bruxelles.

* * *

La menace, formulée le 20 octobre, de loger des soldats chez l'habitant si des aviateurs belges, français ou anglais se permettent encore de bombarder ici des installations militaires ou aéronautiques allemandes est mise à exécution. Il n'est plus venu cependant un seul aviateur depuis cette date. Preuve que le motif allégué alors pour appliquer éventuellement pareille mesure n'était qu'un prétexte. L'affiche placardée aujourd'hui par le gouverneur von Sauberzweig explique que « des armes et des munitions ont encore été trouvées dans divers quartiers de l'agglomération et que, d'autre part, il a été constaté officiellement que les

---

(1) Le R. P. Devroye eut encore maille à partir avec les Allemands et fut de nouveau emprisonné dans la suite. Voir 26 décembre 1915, 17 mars 1916 et 6 avril 1918.

attaques d'aviateurs ennemis contre les hangars des champs d'aviation allemands ont été déterminées, facilitées et favorisées par certains habitants de l'agglomération bruxelloise ».

Du point de vue des nécessités militaires, cette mesure se justifie à Bruxelles moins qu'ailleurs, car il y a ici, abondamment, de grands locaux publics et de vastes casernes où pourraient aisément et même confortablement loger des troupes de garnison deux fois plus nombreuses que celles qui occupent la ville. Du reste, Bruxelles a, dès le début de la guerre, versé une forte contribution de guerre moyennant laquelle l'ennemi s'engageait solennellement à ne pas loger les soldats chez l'habitant. Mais un engagement allemand!

La vérité est que des centaines, des milliers de maisons ont été, à Bruxelles, simplement laissées, par le propriétaire ou le locataire, à la garde d'un ami, d'une personne de confiance ou des sujets. Il y en a plus de trois cents, me dit un agent de police, rien que dans la cinquième division (quartier Nord-Est et du Cinquantenaire). Nombre de familles d'officiers ou de fonctionnaires belges appelés à l'étranger ont quitté; nombre de familles aristocratiques ou bourgeoises ont fui ou continuent d'habiter leurs châteaux et maisons de campagne parce que ces biens isolés sont plus exposés au pillage. A chaque pas, dans les quartiers Louise et Léopold, on remarque que des hôtels de maître sont inoccupés. Les Allemands jettent leur dévolu sur tout cela. Dès que des officiers, arrivés à Bruxelles pour quelque temps ou pour les services permanents du gouvernement général, expriment le désir d'être logés gratuitement plutôt que de louer, de leurs deniers, un appartement, l'autorité militaire fait ouvrir des portes de maisons inoccupées et installe ces messieurs (1). Le chauffage et l'éclairage seront à charge de la ville.

Parfois ils conservent le personnel de la maison, parfois ils mettent les servantes ou concierges en demeure de quitter les domiciles qu'ils gardaient. Messieurs les officiers de l'Empire auront ainsi la libre

---

(1) Voir, le 27 novembre, une des conséquences de cette mesure.

disposition d'hôtels luxueux, où ils trouveront des sofas confortables et des tapis à leur goût. Si l'aménagement intérieur leur déplaît, ils bouleversent l'habitation, montent les salons, descendent les chambres à coucher, modifient des salles de bain, transforment le chauffage central, le tout aux frais de l'administration communale.

* * *

Le comte Joseph de Hemptinne, de Gand, est condamné à mort.

Le R. P. Mertens, préfet des études du collège Saint-Michel, dont le recteur a été arrêté récemment, (voir 11 novembre) vient d'être incarcéré à son tour.

* * *

La volonté de l'ennemi d'imposer en toutes choses sa réglementation ne néglige aucun détail. Les imprimeurs ne peuvent, sous aucun prétexte, mentionner sur leurs imprimés une heure autre que celle de l'Europe centrale. Défense, par exemple, d'imprimer, sur une lettre de faire part, que «le service funèbre sera célébré à 10 heures, temps belge, c'est-à-dire 11 heures, heure allemande ». L'heure allemande seule peut être mentionnée et encore ne peut-on faire remarquer, par une ajoute, quelle qu'elle soit, que c'est l'heure allemande. Les invités n'ont qu'à comprendre. Mais, généralement, ils s'abstiennent d'y réfléchir, ils se bornent à consulter leur montre qui, elle, a, mordicus, conservé l'ancienne heure belge, et ils arrivent quand tout est fini. Bien entendu, on bougonne, même contre soi. Mais ce n'est pas encore un motif d'adopter l'heure de l'ennemi!...

* * *

Il y a, on le sait, des feuilles infectes parmi les journaux qui ont provisoirement pris la place de l'ancienne presse belge. Voici, en passant, un échantillon de leur bassesse. L'administration allemande décrète que tout citoyen belge âgé de plus de quinze ans devra, à partir du 20 courant, être porteur d'un certificat d'identité, avec portrait et indications complètes d'état-civil. Cela représente 150.000 certificats pour Bruxelles seul; l'administration ne parvient, avec le concours d'un nombreux personnel, à en confectionner que quelques milliers par jour. Il semble que l'on devrait inviter l'administration occupante à accorder une prolongation de délai. Or, écoutez un de ces journaux « belges » (*Le Bruxellois*, numéro de ce matin) :

> Si j'étais le gouvernement allemand, je menacerais de rendre pécuniairement et solidairement responsables quelques bourgmestres et conseillers échevinaux. Vous verriez alors que cela ne traînerait pas.

Déjà la pleine mentalité du casque à pointe! Les patrons ont des valets dignes d'eux!

LUNDI 15 NOVEMBRE

Fête du Roi. De l'autre côté du front de bataille, où flotte toujours le drapeau national, l'anniversaire est librement et glorieusement fêté. Ici, c'est la seconde fois que nous sommes contraints de nous réfugier dans les églises pour fêter notre souverain.

La foule va, dès l'aube, aux messes de communion générale et, plus tard, aux offices solennels. Les écoliers ont congé. En mystère, circule le dernier numéro de la *Libre Belgique* orné du portrait du Roi, qu'accompagnent des articles animés du patriotisme le plus ardent. C'est tout. Il n'y a plus moyen de fêter le Roi autrement dans la Belgique occupée. Une nuée d'espions s'est répandue dans les rues, sur les places publiques, dans les églises : la moindre tentative de manifestation serait réprimée sans pitié. Il est infiniment prudent de ne pas se faire pincer avec, en poche, le numéro de la *Libre Belgique*, car c'est la prison sans phrases. A des marchands de journaux français arrêtés ces jours-ci on a encore, se raconte-t-il, rappelé qu'ils seront immédiatement libérés et que la « Kommandantur » leur versera 25,000 marks s'ils parviennent à mettre le gouvernement général sur la piste des auteurs de cette vaillante petite feuille. Mais c'est en vain.

La *Libre Belgique* en est déjà à son 52º numéro; des compatriotes qui ont des fils prisonniers en Allemagne trouvent moyen de la leur faire parvenir. Ils remettent de temps en temps un numéro à un boulanger, qui le roule au milieu de la pâte d'un pain. Et quand le pain est cuit, on l'expédie là-bas. Plus d'un prisonnier a déjà fait connaître en langage sybillin que le stratagème a parfaitement réussi (1)

MARDI 16 NOVEMBRE

Viennent d'être fusillés, nous apprend une affiche : MM. Jules Legay, cantonnier à Cuesmes; Joseph Delsaut, fabricant de chaussures, à Cuesmes; Charles Simonet, journalier, à Mons; Eugène Dhalluin, surveillant dans une fabrique de machines agricoles, à Croix; Achille Doucedame, employé pensionné des chemins de fer, à Cambrai.

Tout Belge gardera en son cœur le nom de ces martyrs !

SAMEDI 20 NOVEMBRE

C'est dans tous les domaines qu'ont disparu les facilités d'autrefois. Naguère, les Bruxellois pressés ou simplement fainéants n'avaient, pour se faire véhiculer que l'embarras du choix. Le propriétaire d'une limousine sonnait son chauffeur, et en route. Les gens moins cossus téléphonaient au loueur ou à un emplacement d'autos. D'autres arrêtaient un taxi au premier carrefour. Tout cela, c'est un passé aboli; il n'y a plus ni limousines, ni taxis, ni téléphones. Les compagnies de tramways ont dû pour toutes sortes de causes, notamment à raison du rappel sous les drapeaux de 1,063 conducteurs et receveurs, restreindre sensiblement la circulation de leurs voitures. Les réquisitions de chevaux, l'insuffisance des fourrages, la difficulté de s'en procurer, ont fait le reste. Il y a trois mois, il y avait encore 350 fiacres — traînés par quelles rossinantes ! — pour 60 emplacements. A présent, il n'y a plus même 60 fiacres. A Schaerbeek, on ne compte plus un seul emplacement occupé.

LUNDI 22 NOVEMBRE

On lit beaucoup. C'est une bonne manière de faire passer les heures et de combattre l'inaction à laquelle,

---

(1) C'est sans doute l'une des raisons pour lesquelles il fut un peu plus tard interdit d'envoyer d'ici du pain aux prisonniers.

hélas, un trop grand nombre d'entre nous sont condamnés. Les cabinets de lecture n'ont jamais eu tant de clients. Et les librairies aussi font des affaires. Mais l'interdiction de commercer avec les Alliés touche au cœur la librairie belge, qui est tributaire de Paris pour la moitié de son chiffre d'affaires. Voici quinze mois qu'il n'est plus arrivé un livre de France, ni ouvrage ancien, ni édition nouvelle. Les rayons d'auteurs français se sont vidés, et pas moyen de les remplir. Faites en ce moment le tour de Bruxelles et demandez un France, un Bourget, un Daudet, un Bloy, un Coulevain, un Veuillot, n'importe quel auteur français connu, vous n'avez qu'une chance sur mille de le trouver. Certaines œuvres auxquelles les circonstances donnent un regain d'actualité, — la *Grande Illusion* de Norman Angell, par exemple, — ou le *Siège de Paris* de Sarcey se vendent au triple de leur prix. Encore est-il très difficile d'en dénicher un exemplaire. Quant à deux ou trois nouveautés de Paris apportées en cachette, par des bateliers de Hollande sans doute, — *Le Sens de la mort* de Bourget, notamment — elles trouvent immédiatement acquéreurs à des prix de surenchère. On offre 30 francs pour l'édition originale anglaise du *King's Albert Book*, qui se vend à Londres 3 shillings.

Si la censure allemande n'élevait d'objections qu'au sujet des publications étrangères parues depuis la guerre, on subirait cet ennui sans trop rechigner. Mais l'interdiction vise toutes éditions de pays en guerre avec les puissances centrales, même les ouvrages vieux de dix ans, même les livres classiques, religieux et scientifiques.

Les Allemands veulent bien, dans une certaine mesure, remédier à cette pénurie, mais à la condition que l'on passe par leur entremise. Les affaires sont les affaires. Il y a moyen de faire venir un livre de Paris : il faut le commander à Leipzig, centre de la librairie allemande. Leipzig le commandera à Berne et Berne à Paris. Cela durera un mois, cela triplera le prix normal du volume, et une maison allemande aura réalisé un petit bénéfice sur l'opération.

Il va sans dire que cette méthode n'obtient auprès

des lecteurs belges qu'un succès infiniment restreint. Puisque Berlin nous prive de la France, nous lirons ce qui reste ici, fût-ce de vieux bouquins, et surtout nous lirons les bons auteurs belges. Ceux-ci jouissent en ce moment d'une vogue bien légitime. N'est-il pas étrange qu'il ait fallu une guerre pour cela ? Les ouvrages d'histoire surtout, ceux principalement qui visent la Belgique, les caractères de notre nationalité, les événements de 1830, les œuvres de Pirenne, de Kurth, ont un succès qui va grandissant. Des concitoyens généreux en achètent pour les répandre dans divers milieux. Je pourrais en citer un qui chaque semaine achète deux douzaines de l'ouvrage de Kurth *La Nationalité belge* et les distribue à des ouvriers dans une pensée d'éducation patriotique.

Enfin, il y a lieu de noter, comme particularité du temps présent, l'espèce de frénésie, — le mot n'est pas trop fort — avec laquelle des milliers de personnes se sont mises à l'étude de l'anglais. Ce qu'il s'est ouvert de cours d'anglais depuis l'automne 1914, ce qu'il s'offre de professeurs d'anglais, ce qu'on achète de grammaires anglaises, de dictionnaires français-anglais, de manuels de conversation anglaise, de « Boy's own book », de « Girl's own book », est inimaginable. En quelques jours, une édition du « Girl's own book » est épuisée. On la réimprime dare-dare. Des revendeurs attendent avec impatience l'édition nouvelle. Ce matin, sur les volets d'une papeterie, chaussée de Louvain, on peut lire cette inscription en grandes lettres à la craie : « Les Girl's own book » sont arrivés. » Comme s'il s'agissait d'un événement d'intérêt public.

Pour cent personnes qui apprennent l'anglais, il n'y en a pas deux qui étudient l'allemand. Dans les établissements scolaires, celui-ci est complètement délaissé au profit de l'anglais. Si quelques élèves suivent encore le cours d'allemand, ils sont montrés du doigt et traités de « boches » par leurs condisciples. Dans plus d'un collège, le cours a été supprimé faute d'élèves.

MARDI 23 NOVEMBRE

Le baron von Bissing se présente à l'archevêché et dit au primat de Belgique :

— De quoi se plaint Votre Eminence ? Je lui ai fait remettre un permis de circulation générale en automobile ; sa liberté est donc entière...

— Est-ce avoir entière liberté d'action, répond Mgr Mercier, que d'être, de la part d'espions, l'objet d'une surveillance incessante ? A Malines, on épie le moindre de mes gestes, on note le moindre de mes propos. Si je me rends à Bruxelles, j'y suis suivi partout. Si je décide d'aller ne fût-ce que quelques heures dans mon bien rural de Lhermite, je suis à peine arrivé dans ce village que je me vois suivi par des espions, parfois par des soldats à cheval qui m'accompagnent jusqu'à ma demeure, s'arrêtent près de la porte, interrogent les personnes qui viennent me voir, celles qui sortent de ma maison, demandent ce que je leur ai dit, si je ne leur ai rien remis, si elles n'ont rien apporté. Et le quoi et le pourquoi de toutes choses me concernant. Vous appelez cela : être libre ? »

Il n'est bruit, depuis deux jours, que d'un voyage que S. E. le Cardinal voudrait faire à Rome, le Pape ayant un vif désir de voir le primat de Belgique. Mais au moment de quitter Malines, Mgr Mercier a remarqué que le passeport lui remis par le gouvernement allemand était muet quant au retour... Déjà dans l'entourage du baron von Bissing et dans les bureaux de la « Politische Abteilung » on se réjouissait de ce départ. Et un journal allemand, trop pressé de parler, célébrait « la victoire diplomatique remportée à Rome », par l'éloignement de cet encombrant et trop patriote prince de l'Eglise, tout au moins jusqu'au jour où l'Allemagne lui donnerait un passeport pour revenir. Le Cardinal, qui ne tombe pas aisément dans un piège, n'est pas parti (1).

---

(1) Voir 16 janvier 1916.

SAMEDI 27 NOVEMBRE

Il y a de l'émoi dans Bruxelles depuis la décision annoncée par le gouverneur militaire (1) de faire occuper par des troupes les immeubles inoccupés. Les absents ne pouvant parer le coup, on tâche, entre parents et amis, d'agir en leur lieu et place. Je participe ce matin, dans mon quartier, à un de ces cambriolages qui s'organisent maintenant à huis-clos aux fins de rendre service. Nous pénétrons à trois dans la maison d'un ami, originaire de France et précipitamment parti pour Paris, au début d'août 1914, avec sa famille. L'immeuble, luxueusement aménagé, a été gardé depuis cette date par la servante. Mais un soldat allemand portant une liste sur laquelle cette demeure est notée, est venu hier s'enquérir du nombre des chambres disponibles, et si la maison est dotée du chauffage central, et s'il y a une salle de bains, etc. Il n'est que temps d'intervenir. Nous voici donc, ce matin, opérant, mais la conscience tranquille, comme trois malandrins professionnels. Nous emballons des vins, nous emportons des bronzes, des marbres, des tableaux, des porcelaines, nous fracturons des tiroirs dont les clefs sont introuvables et nous empilons dans de grandes enveloppes que nous scellons de nos trois cachets, les papiers personnels et d'affaires qui s'y trouvent. Le tout est mis à l'abri dans nos demeures. Notre ami de France, caché peut-être dans une tranchée de la Champagne ou des Vosges, se demande sans doute ce que devient ce qu'il possède ici. On y veille, mon brave, et tu remercieras ceux qui bouleversent ta maison...

Dans ce trio de cambrioleurs dont j'ai l'honneur d'être se trouve un important industriel de la ville, qui me trace, tout en faisant sauter la serrure d'une armoire, ce croquis de son existence présente :

— Ceci est un de mes passe-temps depuis des semaines. Je ne puis, ordre de l'autorité allemande, vendre mes marchandises. Il y en a pour 275,000 fr. Mon magasin est clos et je suis immobilisé. J'en ai

---

(1) Voir 14 novembre.

rapidement pris mon parti. Je vais le matin voir des pauvres, des familles anglaises et françaises restées ici, puis je m'occupe à mettre en lieu sûr ce qu'il y a de plus précieux dans les demeures de mes amis partis pour l'étranger. Cela s'en va, par petits paquets, çà et là, chez des personnes de confiance — car chez moi tout est bourré, la moitié de ma maison sert d'entrepôt à des meubles d'autrui. J'inventorie le tout : chacun, à son retour, retrouvera son bien. Quant à ma situation personnelle, la voici : je ne puis plus, depuis quinze mois, faire pour un centime d'affaires; je dépense mille francs par mois pour soutenir mon personnel; et de l'ensemble des immeubles dont je suis propriétaire, je ne retire plus que 6,000 francs de loyer au lieu de 28,000. »

M. X. cependant a conservé toute sa bonne humeur; il est fier d'avoir un fils au front et il est rayonnant d'espérance; il relève les courages qui faiblissent et considère comme un devoir civique de répandre autour de lui des paroles de réconfort.

Je cite ce cas, à titre d'exemple, comme peinture de l'existence actuelle d'un grand nombre d'industriels et de commerçants. Frappés de paralysie dans leurs occupations habituelles, ils passent leurs jours à rendre service et à faire le bien.

Ailleurs, des familles vident complètement les demeures de leurs parents absents et confient le tout à des garde-meubles. Il y a un va-et-vient inusité de voitures de déménagement. Les hommes du baron von Bissing remarquent qu'il se passe quelque chose d'anormal. M. Lemonnier, faisant fonctions de bourgmestre, doit aussitôt, par ordre, afficher l'avis suivant:

L'autorité allemande me signale qu'en divers endroits l'on déménage des meubles de maisons inoccupées. Elle me fait remarquer que ces agissements sont inadmissibles et exposent à des pénalités.

DIMANCHE 28 NOVEMBRE

Il y a eu vingt-cinq ans, le 3 de ce mois, que M. Max est entré dans l'ordre des avocats. A cette occasion, la Conférence du Jeune Barreau lui a envoyé une adresse revêtue de nombreuses signatures de ses confrères lui exprimant leurs sentiments de profonde et cordiale estime.

La réponse vient d'arriver. Elle est datée de la forteresse de Glatz, 12 novembre, et contient ce beau passage :

... Je vous remercie de ce témoignage de solidarité. Les liens qui unissent entre eux les membres de notre Ordre sont de ceux que la séparation ne saurait affaiblir. Ils s'expliquent autrement que par le coude à coude de l'exercice d'une même profession.

C'est dans une communauté morale qu'ils puisent leur origine et dans la fraternité qui ne peut manquer de s'établir entre des hommes voués ensemble au service du Droit.

Aussi, ces liens apparaissent-ils encore plus puissants à l'heure où se trouve en péril la grande idée directrice qui est leur raison d'être et dont l'asservissement à la force brutale serait la négation de toutes les conquêtes de l'esprit.

Pénétré de cette pensée, j'ai reçu votre message avec émotion et je vous prie, Monsieur le Président et cher Confrère, d'assurer la Conférence du Jeune Barreau de mon souvenir reconnaissant et fidèle.

Ad. Max
avocat.

LUNDI 29 NOVEMBRE

La note comique alterne constamment — on s'en est déjà rendu compte par maints exemples — avec la note tragique. Voici un mois que les avis allemands relatifs au front russe disent invariablement, chaque matin, pour ce qui concerne l'armée du prince Léopold de Bavière : « Rien de nouveau, situation inchangée ». Où est-il ce prince et que fait-il? D'aucuns racontent qu'il s'est enlisé avec ses hommes dans les marécages du Pripet et qu'il n'y a jamais rien de nouveau à son sujet parce qu'il a disparu.

Cette nuit, des farceurs ont collé sur les murs une affiche imprimée portant ces mots : « Bonne récompense à qui retrouvera le prince Léopold de Bavière et son armée. S'adresser à la « Kommandantur », 2ᵉ étage, chambre 28. »

Autre affiche du même genre, bien vite lacérée, comme l'autre, par la police allemande : « On demande de bons chiens policiers pour retrouver les soldats allemands embourbés dans les marais de la Russie. »

Décembre 1915

3 décembre : Obligation pour les Belges de se dénoncer mutuellement. — Une fusillade dans la rue. — **4** : La seconde contribution de guerre de 480 millions. — L'attitude des banques et des conseils provinciaux. — **10** : Dissolution, par ordre supérieur allemand, de l'Association contre les risques de guerre. — **13** : Débats devant la Cour d'appel et arrêt relatifs à la taxe sur les absents. — **14** : Arrestation de Mlle Renkin et de M. Lucien Solvay. — **17** : Au Collège Saint-Michel. — Le recensement des provisions de pommes de terre. — **20** : Nouveaux ordres de tous genres. — Les « Centrales » de l'huile, du cuir et du sucre. — Enlèvement systématique de toutes les ressources du pays. — **22** : Saisie des chaudières et cuves en cuivre des brasseries et distilleries. — Le rôle de la Société Pfaffenberger. — **23** : Perquisition chez M. Lemonnier. — **24** : Une visite à l'Agence des prisonniers de guerre. — **25** : Curieux récit d'un Bruxellois prisonnier à l'Ecole Militaire. — Le second Noël de la guerre. — Scènes touchantes dans les églises et dans les familles. — **26** : Condamnation du recteur du nouveau collège Saint-Michel. — **28** : Brelan de condamnations. — La prise de possession des immeubles de Belges absents du pays.

VENDREDI 3 DÉCEMBRE

Nouvelle affiche annonçant une série de condamnations, cette fois dans le Luxembourg. Elle s'accompagne de considérations que le gouvernement général « tient à porter à la connaissance de toute la population civile du pays ». Ecoutez. Une série de compatriotes ont été condamnés là-bas à des peines variant d'un à douze ans, pour avoir permis à un aviateur français, tombé dans la région, de reprendre son vol et pour avoir favorisé le départ de recrues belges. Au bas de l'affiche figurent les noms de trois personnes, condamnées à trois et six mois d'emprisonnement « pour n'avoir pas dénoncé à temps les crimes susmentionnés ».

Les Belges doivent donc se dénoncer mutuellement, et d'urgence encore, sous peine d'incarcération !

4 décembre 1915.

Hier soir, un homme est tombé mort au coin de la rue de la Banque et de la rue Montagne de l'Oratoire. Il s'était échappé de la « Kommandantur ». La sentinelle lancée à sa poursuite ne parvenant pas à le rejoindre venait de lui fracasser la tête d'une balle à cent mètres.

SAMEDI 4 DÉCEMBRE

Le dernier versement mensuel de l'impôt de guerre de 480 millions de francs n'était pas encore effectué, que déjà Berlin imaginait de répéter la fructueuse opération. Il avait pourtant été entendu que cette « kolossââle » extorsion de fonds ne serait pratiquée qu'une fois. En effet, l'« ordre » publié le 10 décembre 1914 disait expressément : « Il est imposé à la population de Belgique une contribution de guerre s'élevant à 40 millions de francs à payer mensuellement, pendant la durée d'une année. » Ce n'était, une fois de plus, qu'un « chiffon de papier »...

Donc, par nouvel « ordre », en date du 10 du mois dernier, contresigné par le commandant supérieur de la IVe armée, duc Albert de Wurtemberg, le gouverneur général de Belgique a annoncé qu'une seconde contribution de guerre, toujours de 40 millions de francs par mois, mais cette fois « payable jusqu'à nouvel ordre », est imposée à la population belge « comme quote-part aux frais d'entretien de l'armée et aux frais d'administration du territoire occupé ».

L'ordre ajoute que l'administration allemande a le droit d'exiger que les mensualités soient payées en tout ou en partie, en argent allemand, calculé au change de 80 marks pour 100 francs.

Comme la première fois, les conseils provinciaux ont été convoqués avec obligation de délibérer sur le « mode de règlement de la contribution de guerre imposée ». Mais avant leur réunion, fixée au 30 novembre, de multiples incidents se sont produits.

Le gouverneur général a invité d'abord les députations permanentes à se mettre en rapport avec les banques, pour la négociation d'un emprunt interprovincial aux mêmes conditions que le précédent. Les délégués des provinces sont donc entrés en négociations avec les banques, mais se sont heurtés tout de suite à la résistance de la Banque Nationale et de la Société Générale. La Banque Nationale a déclaré qu'elle refusait de participer à une opération quelconque. La Société Générale a répondu qu'il serait toujours temps de discuter la question quand on connaîtrait la décision des conseils provinciaux.

Grande colère rue de la Loi. Elle se traduit vis-à-vis de la Banque Nationale par une forte amende, en ce sens que la Banque voit élever son cautionnement de 2 à 5 millions.

Le commissaire impérial près des banques, M. von Lumm, convoque les députés permanents et leur dit :

« Ne vous préoccupez pas de l'insuccès de vos démarches. Le conseil général de la Banque Nationale a décidé de ne pas contribuer aux charges du nouvel emprunt. Cette décision pourrait influencer le vote des conseils provinciaux et elle est, par conséquent, contraire aux intérêts allemands. J'ai ordonné à la Banque d'annuler cette résolution. Elle la maintient. Elle en supportera les conséquences. Si les banques ne se soumettent pas, elles seront placées sous séquestre et devront, par des mesures de contrainte, céder à toutes nos exigences. Soyez assurés que cette résistance sera brisée. Je m'en charge. »

De son côté, S. Exc. M. von Sandt, gouverneur civil, dit aux députés permanents que la Belgique doit beaucoup à la bienveillance du gouverneur général (!), que celui-ci lui a fait une grande faveur en ne demandant aux provinces que 480 millions par an, que les frais d'entretien de l'armée d'occupation représentent le double, enfin — *in cauda venenum* — que si les provinces ne s'exécutaient pas de bonne grâce, ce serait ce double qui serait exigé, 80 millions par mois, et d'emblée pour tout l'exercice, c'est-à-dire un milliard à payer en une fois et d'avance. En cas de résistance, l'autorité allemande inonderait le pays d'assignats.

Huit jours plus tard, les conseils se réunissent. Les provinces s'inclinent, le couteau sur la gorge, sauf pourtant les provinces d'Anvers et de Brabant.

Le conseil provincial du Brabant se sépara, après avoir voté cet ordre du jour :

Considérant qu'en présence des arrangements antérieurs, aucune nouvelle contribution ne semblait devoir être réclamée par l'autorité occupante;

Considérant qu'actuellement le service des impôts d'Etat, sous la direction des autorités allemandes, est parfaitement organisé; qu'il serait, par suite, plus conforme aux règles de la compétence constitutionnelle et légale, comme à la convention de La Haye, que l'impôt de guerre mis à la charge de la population belge fût perçu par ce service;

Que le Conseil pourrait donc décliner sa compétence;

En tout cas, considérant que le Conseil n'est pas, à l'heure qu'il est, suffisamment éclairé sur les deux questions qui sont soumises à ses délibérations;

Que les banques, ainsi qu'il se conçoit, hésitent à prêter encore leur concours;

Que, chargé de la gestion des affaires provinciales, le Conseil ne peut purement et simplement abandonner ses pouvoirs à la députation permanente, en la chargeant de contracter des emprunts sans même lui en référer quant aux modalités de ces emprunts;

Considérant que la solution à donner à la deuxième question dépend de l'issue de négociations qui n'ont pas encore été entamées et dont le résultat doit nécessairement être communiqué au Conseil, afin qu'il puisse décider à quel moyen il y a lieu d'avoir recours pour assurer le paiement des intérêts et de l'amortissement du premier emprunt;

Que la solution de cette grave question ne peut être abandonnée à la seule appréciation de la députation permanente puisque, éventuellement, il y aurait lieu de créer des impôts;

Considérant que le Conseil provincial doit être réuni très prochainement à l'effet de voter le budget de 1916;

Il n'y a donc nul inconvénient à ajourner jusque là les décisions qu'il est appelé à prendre.

Le Conseil provincial décide d'ajourner sa décision à la session au cours de laquelle il aura à discuter et à arrêter son budget ordinaire.

Convoqués à nouveau pour ce matin, les deux conseils récalcitrants s'inclinent à leur tour, à la condition que l'amortissement et les intérêts soient imputés sur le budget général de l'Etat. Le vrai motif de la soumission des conseils provinciaux (et après eux des banques), c'est leur persuasion que leur refus de garantir et de souscrire un nouvel emprunt aboutirait, dans la pratique, aux pires excès. Si la seconde contribution de guerre n'avait pas été votée, les Allemands — ils l'ont nettement fait entendre — auraient pris l'argent partout où il se trouve, dans les comptes-courants des particuliers, peut-être même dans les domiciles privés. Il existe un avis officiel signé Gerstein qui porte textuellement : « chez toutes les personnes physiques et morales ». (1)

VENDREDI 10 DÉCEMBRE

L'Association mutuelle contre les risques de guerre, dont j'ai exposé le mécanisme (2), n'a pas tardé à porter ombrage au gouvernement général allemand. Ses adhérents furent nombreux dès les premiers jours, preuve qu'elle répondait à un vœu du public. En peu de temps, la valeur des immeubles assurés à Bruxelles atteignit le coquet total de 260 millions et, pour la province, le chiffre s'éleva à près d'un milliard de francs. Sur ces totaux, les affiliés devaient, en souscrivant, verser 1 pour mille ; la mutualité eut donc très rapidement en caisse plus d'un million de francs.

C'est à ce moment que surgit le baron von Bissing. Il mande M. Devaux, directeur de l'Association mutuelle et lui dit :

« Votre société recrute des adhérents, grâce, notamment, aux démarches d'agents qui disent à leur clientèle qu'il est prudent de s'assurer contre les risques de guerre parce qu'un refoulement de l'armée allemande est possible et que dans cette éventualité les destructions d'immeubles seront considérables.

» Sachez qu'une telle supposition est injurieuse. L'armée allemande ne recule jamais. Par conséquent le risque de guerre est inexistant dans la Belgique occupée. Pour ce motif, j'ordonne à votre société de suspendre ses opérations. Nulle affiliation nouvelle ne peut être admise. Les fonds versés resteront bloqués à la Société Générale. Quant aux polices d'assurance déjà délivrées, elles devront être déposées dans un coffre de la *Deutsche Bank* et y rester jusqu'après la guerre. »

---

(1) A la fin de 1916 la contribution de guerre fut élevée à 50 millions par mois. Voir, en ce qui concerne cette nouvelle mesure, 22 novembre et 4 décembre 1916.
(2) Voir 2 janvier 1915.

M. Devaux insiste pour qu'on ne tue pas ainsi une œuvre jugée utile par les premiers intéressés, c'est-à-dire par les propriétaires. Il signale que des aéroplanes français ou anglais peuvent survoler la Belgique, que des combats d'avions peuvent s'ensuivre, que le risque est donc indiscutable, que, d'ailleurs, des incidents de ce genre ont déjà causé à Bruxelles des dégâts qui ont été couverts par l'assurance. Vains efforts. L'ordre est formel. Son exécution immédiate entraîne pour plusieurs personnes les plus pénibles conséquences. Le petits propriétaires, désireux d'assurer leurs maisons, ont déposé en garantie leurs livrets de caisse d'épargne, se réservant de retirer de ces livrets, en cas de nécessité, les sommes excédant la prime de leur assurance. Cette nécessité s'est fait sentir depuis : or, les livrets sont bloqués avec le reste et nul n'y peut toucher.

M. Van Vollenhoven, chargé d'affaires de la légation des Pays-Bas, intervient personnellement pour demander que cette mutualité, qui ne cause préjudice à personne, puisse continuer à fonctionner. Le baron von Bissing lui répond par un refus en invoquant comme prétexte « qu'un article de la société prévoit l'hypothèse de dégâts causés aux propriétaires en temps d'émeute ou de révolution et qu'il est contraire à la vraisemblance qu'une émeute ou une révolution puisse se produire sous un régime allemand. »

LUNDI 13 DÉCEMBRE

On se souvient des incidents auxquels donna lieu, au début de l'année, l'établissement d'une taxe sur les Belges non militaires ou fonctionnaires absents du pays et redevables d'une contribution déterminée (1). Depuis, le décuple de la contribution a été perçu çà et là, mais avec lenteur. Au commencement de juillet, M. von Sandt, chef de l'administration civile allemande, s'est plaint que l'administration belge des finances n'agissait pas avec tout le zèle désirable, et le 27 juillet,

---

(1) Voir 15 janvier, 23 février, 20 mars 1915 et 12 janvier 1916.

il a ordonné de poursuivre avec une sévérité sans égards. L'administration des finances, désireuse de gagner du temps, a réussi à faire admettre que les directeurs et percepteurs pourraient accorder des délais et accepter le paiement par acomptes. En août, nouvelle intervention de M. von Sandt, qui exige, cette fois, que des instructions soient données en vue d'exécuter les récalcitrants. A ce moment, tous les rôles étaient établis : ils comportaient 3,010 absents, qui avaient à payer 4 millions 201,000 francs.

Au début de novembre, l'administration des finances a proposé à M. von Sandt de suspendre les poursuites en cas d'opposition à la forme du commandement et au besoin de mettre sous scellés une partie du mobilier pour garantir le fisc et éviter des frais de gardiennat aux redevables. En attendant la réponse du haut fonctionnaire allemand, elle a prescrit aux receveurs des contributions de ne pas passer outre à la vente avant nouvel ordre.

Réponse de M. von Sandt. Le gouverneur civil ne veut pas suspendre les poursuites; il se plaint que les recouvrements laissent à désirer et exige que l'on use de moyens de contrainte. Tout doit être recouvré au 31 décembre 1915 et les instructions en conséquence doivent être données sans délai.

Si à la date du 31 décembre, écrit M. von Sandt, il reste des taxes à payer, je vous prie de me faire parvenir au plus tard le 10 janvier 1916 un relevé indiquant nominativement les redevables, les mesures de recouvrement employées, les motifs du retard dans le recouvrement, de même que le nom du receveur des contributions et du contrôleur divisionnaire en cause.

Mais aujourd'hui, l'affaire prend une autre tournure, par suite de l'intervention de la Cour d'appel de Bruxelles. Les débats, où le rôle capital est tenu par les avocats Touchard et Van Bastelaer, sont suivis avec attention par tout le barreau et provoquent un vif intérêt. L'affaire forme d'ailleurs l'un des épisodes les plus instructifs de l'histoire de la Belgique occupée.

Le procès se plaide à la suite d'une requête adressée à la Cour d'appel par M. J. Francq, industriel et sénateur à Jumet, contre une décision du directeur des contributions du Hainaut, l'imposant au décuple, à titre d'absent.

M. Touchard, après avoir analysé la taxe imaginée par les Allemands, montre qu'elle est contraire au droit des gens et dit que les fonctionaires belges ne peuvent prêter la main à l'application d'un arrêté illégal, puisqu'ils sont les fonctionnaires du gouvernement belge et non de l'occupant; il signale que les Belges de la Belgique occupée, à qui l'administration allemande affirme témoigner tant d'intérêt. désapprouvent l'arrêté soi-disant pris en leur faveur. Et cela se comprend : nombre de non-combattants avaient le droit de considérer comme un devoir de passer la frontière, tous ceux notamment qui s'estimaient à même de rendre des services directs ou indirects, si minimes qu'ils fussent, à la cause de la Belgique et de ses alliés.

Dans la guerre actuelle, ajoute M. Touchard, un rôle extrêmement important est dévolu aux civils. Ils constituent des forces vives qui aident et soutiennent les combattants; cela se constate avec éclat en Allemagne, où des millions de particuliers apportent aux armées le concours direct ou indirect de leur activité professionnelle. De même, la présence des Belges à côté de notre gouvernement et de notre armée est précieuse. Ils peuvent, au premier appel, remplir l'une ou l'autre des mille tâches que nécessite la lutte. Les uns défendent la cause belge par la parole ou par la plume : c'est ainsi que des députés belges conférencièrent en Italie, que M. Waxweiler publia un livre sur la violation de la neutralité belge qui eut un retentissement européen, que des journalistes bruxellois continuent à faire paraître des journaux belges en Hollande, en Angleterre, en France. D'autres compatriotes, en grand nombre, travaillent dans des usines de munitions; d'autres se vouent à des œuvres de charité ou scolaires écloses au delà de nos frontières. Les empêcher de faire cela, les amener par crainte d'une lourde imposition à rentrer dans le territoire belge occupé, d'où ils ne pourront plus sortir librement, c'est affaiblir l'Etat belge, diminuer ses ressources en énergies. Or, l'arrêté allemand prescrit que ce but sera atteint, grâce au concours de fonctionnaires belges. C'est inadmissible. Les fonctionnaires belges ne peuvent combattre les intérêts nationaux belges : il appartient aux tribunaux belges de le dire dans les circonstances présentes.

Au surplus, beaucoup de Belges s'expatrièrent parce que, en principe, ils n'entendaient pas vivre sous la loi de l'occupant; ce fut le cas de bon nombre de gardes civiques qui ne voulaient pas s'engager à ne plus prendre les armes contre l'Allemagne. C'était leur droit et ils obéissaient à un sentiment d'autant plus respectable qu'ils faisaient le grand sacrifice d'aller vivre loin de leur pays, de se séparer de leurs familles et de leurs amis, de renoncer à leurs occupations professionnelles.

Et puis, 200,000 officiers et soldats sont là-bas, et toute communication avec nous est coupée. Combien de non-combattants n'ont pas quitté le pays pour se rapprocher d'un fils exposé chaque jour à la mort, ou pour le revoir, malade ou blessé, cloué sur un lit d'hôpital?

Enfin, les Belges restés ici ne s'abusent pas sur l'utilité du retour des absents. Sans doute, ils ramèneraient avec eux des capitaux ou dépenseraient ici l'argent qu'ils y ont laissé. Mais le territoire occupé compterait un nombre plus grand de consommateurs à un moment où la pénurie des vivres et de maints articles ne cesse de faire hausser les prix.

Quant à l'objection que ce n'est pas la première fois qu'on taxe les absents, que vaut-elle? Jamais on n'a vu un belligérant imposer les nationaux d'un Etat ennemi qui se soustrayaient à l'occupation.

En 1790 et 1791, les nobles qui avaient quitté la France s'efforçaient de reconquérir leurs privilèges avec le concours de l'étranger. C'est ainsi que l'on vit les émigrés de Coblence porter les armes contre leur propre patrie. L'Assemblée nationale décida alors de les soumettre à une triple imposition, mais il s'agissait d'un Etat imposant ses ressortissants et non d'un occupant imposant les nationaux d'un pays ennemi.

En 1870, la république française venait d'être proclamée et les armées allemandes s'avançaient vers Paris. Un grand nombre d'habitants prirent la fuite. Le gouvernement de la défense nationale estima qu'il n'était pas juste qu'ils fussent affranchis des charges qu'allaient subir ceux qui concouraient à la résistance. Il établit une taxe graduée selon la valeur locative des locaux occupés et payable mensuellement; encore une fois c'était une taxe établie sur les nationaux et non par l'ennemi.

Incidemment, M. Touchard signale qu'aux termes de la convention internationale de La Haye, un impôt créé par l'occupant doit être perçu en vertu d'un ordre écrit et sous la responsabilité d'un général en chef. Or, l'arrêté est signé par le gouverneur général baron von Bissing, qui a le grade de colonel général et non de général en chef.

La Cour d'appel, statuant aujourd'hui, sous la présidence de M. Lévy-Morelle, se déclare incompétente :

Attendu qu'il échet, au préalable de vérifier si la Cour a compétence pour statuer sur le présent recours, lequel est basé expressément sur les articles 6 et suivants de la loi du 6 septembre 1895;

Attendu, dit-elle, que cette loi, relative aux cotisations fiscales en matière *d'impôts directs*, attribue aux Cours d'appel la connaissance des recours formés en cette matière, du chef de surtaxe, etc., contre les décisions des directeurs provinciaux des contributions;

Attendu en conséquence qu'il faut, pour que la Cour soit compétente *ratione materiae*, que la réclamation dont elle est saisie comme juridiction fiscale soit relative à un impôt direct;

Attendu que la taxe qualifiée « Impôt additionnel extraordinaire à charge des absents » instituée par l'arrêté du 16 janvier 1915 du Gouverneur Général en Belgique ne saurait être considérée comme une contribution rentrant dans le cadre des impôts directs poprement dits, auxquels s'applique la loi du 6 septembre 1895;

Attendu que l'on se trouve en réalité en présence d'une véritable peine civile, d'une sorte d'astreinte ou d'amende administrative infligée à une catégorie de citoyens à raison d'une absence et d'un séjour à l'étranger dans certaines conditions déterminées, le gouverneur général ayant, dans la plénitude de ses pouvoirs de fait, considéré cet exercice par des Belges de leur liberté individuelle comme constituant un acte inadmissible préjudiciable à la généralité, contraire à l'intérêt du pays occupé et passible comme tel d'une pénalité pécuniaire compensatoire revêtant la forme d'un impôt direct;

Mais attendu que la taxe dont il s'agit n'a de pareil impôt que le nom et l'apparence extérieure;

Que son caractère intrinsèque réel est bien celui d'une taxe tout à la fois coercitive et punitive, comme cela résulte des trois considérations suivantes;

1° Tout d'abord sa quotité même, quotité tellement élevée qu'au lieu de constituer le prélèvement d'une portion modérée du revenu du contribuable — ce qui est un des éléments de la définition de l'impôt direct — elle risque d'en absorber la totalité, voire même d'entamer le capital, ce qui ne se concilie qu'avec la notion de pénalité;

2° Cette taxe est levée exclusivement en raison d'un fait accidentel et passager de l'existence personnelle des citoyens;

Or, pareil fait ne peut, suivant les principes de la science économique qui régissent les finances publiques, servir de base à un impôt direct proprement dit (Cass. Belge, 10 janvier et 31 janvier 1878 et les notes : Pas. 1878 — I, 74 et 106).

Mais, ici encore, rien ne s'oppose, en principe, à ce que ce fait soit considéré comme pouvant donner lieu à une pénalité;

3° Enfin le caractère *punitif* de la dite taxe trouve sa confirmation dans le texte même de l'arrêté qui l'établit : la disposition finale de l'article 2 de cet arrêté délègue, en effet, au chef de l'administration civile un droit d'exonération ou de grâce, assimilable à celui consacré par l'article 73 de la Constitution à l'égard des peines;

Or, pareil droit, s'il s'agissait d'un véritable impôt, serait inconciliable avec l'article 112, alinéa 2, de notre pacte fondamental;

Attendu, en résumé, que la taxe additionnelle extraordinaire établie par l'arrêté du Gouverneur général du 16 janvier 1915 est incompatible avec la définition de l'impôt direct et est étrangère par son essence et sa nature aux contributions qu'ont eu en vue les auteurs de la loi du 6 septembre 1895 et à raison desquelles cette loi a attribué compétence fiscale aux Cours d'appel;

Attendu, il est vrai, que l'article 6 dudit arrêté charge de son exécution le chef de l'administration civile, et que, subdélégué par celui-ci, le conseiller intime supérieur de régence Mehlhorn a pris, le 22 février 1915, un arrêté d'exécution portant entre autres mesures, que les dispositions relatives à la notification, aux *recours* et au recouvrement en matière de contributions personnelles sont déclarées applicables à l'impôt à charge des absents;

Mais, attendu que cet arrêté d'exécution est assimilable et équivaut à un arrêté pris, en temps ordinaire, par un Ministre belge ; or, il n'appartiendrait pas à un arrêté ministériel ni même à un arrêté royal belge, de modifier ou d'étendre la compétence d'un corps judiciaire telle qu'elle est déterminée par la loi en vigueur; tout au moins, les Cours et Tribunaux puisent-ils dans l'art. 107 de la Constitution le droit et le devoir de se refuser à l'application d'un arrêté d'exécution non conforme à la loi;

Attendu qu'il suit de ces diverses considérations que la loi du 6 septembre 1895, sur laquelle le recours se base, est inapplicable au litige; et que, comme la compétence *ratione materiae* est d'ordre public, la Cour excéderait ses pouvoirs si elle retenait la connaissance d'une réclamation qui ne rentre pas dans le cadre légal de ses attributions. (Voy.: art. 1ᵉʳ de la loi du 25 mars 1876, voir aussi Cass. 14 juin 1885, Pas. 1885, I 277).

Par ces motifs,

La Cour, entendu en son avis conforme Monsieur le Premier Avocat Général Jottrand,

se déclare incompétente à raison de la matière et, vu l'art. 170 du Code de procédure civile,

renvoie d'office la cause et les parties devant qui de droit :

Condamne le réclamant aux dépens.

MARDI 14 DÉCEMBRE

Mlle Renkin, sœur du ministre des colonies, est arrêtée. Elle est malade. Son médecin s'oppose à ce qu'elle soit transportée. Les Allemands passent outre, font venir des brancardiers et la transportent à l'hôpital militaire (1).

Notre confrère, Lucien Solvay, critique dramatique de l'*Etoile belge*, est assis dans le tram. Près de lui, trois sous-officiers allemands. Un temps de chien au dehors. Une dame monte sur la plate-forme du tram et y reste, ne voyant aucune place à l'intérieur. Au bout de quelques instants, M. Solvay se lève et murmure, en cédant sa place :

« Puisque les jeunes ne se dérangent pas, les vieux le feront. »

Trois mois de prison pour manque d'égards envers des Allemands en uniforme.

VENDREDI 17 DÉCEMBRE

Un père jésuite est arrêté ce matin. C'est le huitième depuis peu. La scène se passe au nouveau collège Saint-Michel, dans la chambre du professeur incriminé. Sur sa table se trouve un petit revolver qu'il a enlevé des mains d'un élève, petit revolver de bazar au moyen duquel les enfants lancent des boulettes de papier.

— Ceci est grave, n'est-ce pas? dit le père, un peu goguenard.

---

(1) Voir condamnation le 5 janvier 1916.

Un officier lui crie d'une voix de tonnerre :
— Je ne veux pas que tu te f... de moi ! »
Et il l'emmène.

* * *

La police distribue, et reprendra demain, dans toutes les maisons, une formule sur laquelle doit être déclarée, en exécution d'un arrêté du gouverneur général « toute quantité de pommes de terre dépassant 50 kilos à la date du 20 décembre 1915, sans déduction des quantités nécessaires aux besoins du ménage ». Le tout sous peine de six mois de prison ou 10,000 marks d'amende et confiscation du stock.

LUNDI 20 DÉCEMBRE

Nouveaux ordres de tous genres lancés par le gouvernement général.

Il est défendu d'exporter ou de faire passer en transit des pièces de monnaie en or, argent, nickel, zinc et cuivre du pays ou de l'étranger. En voyage (à l'intérieur du pays), on ne peut avoir sur soi que 20 marks, au maximum, en pièces d'argent, et 2 marks, au maximum, en pièces de nickel, zinc et cuivre. Quiconque passera outre à cette interdiction peut se voir infliger jusqu'à trois ans de prison.

Il est interdit aux habitants du pays de photographier quoi que ce soit dans les rues et autres endroits publics. Cette mesure est appliquée avec une rigueur spéciale dans les endroits où la « Kultur » s'est manifestée avec le plus d'éclat, à Louvain notamment et dans les localités que les compagnies d'incendiaires ont détruites.

Les oignons sont saisis.

La graisse brute provenant de l'abatage des bœufs et des moutons doit être livrée à des agents réceptionnaires de l'« Oelzentrale » allemande, et seul, alors, un Allemand, M. Joseph Weinhausen, fondeur de suif, 189, chaussée de Mons, est qualifié pour la recevoir et la payer au tarif fixé par la dite centrale des huiles.

Les stocks de carbure et de calcine existant dans le pays sont saisis.

De même, les stocks de bois d'outre-mer et tous les stocks se trouvant dans les entrepôts et ports d'Anvers.

La saisie des bandages pneumatiques d'automobiles est étendue aux bicyclettes (peu importe qu'ils soient neufs, usagés ou en fabrication), dès que plus de cinq bandages se trouvent en possession du même propriétaire ou détenteur ; les bandages saisis (enveloppes et chambres à air), doivent être déclarés à une « Kraftfahrstelle » établie à cette fin.

Les tanneries ne peuvent acheter des peaux du gros bétail, des peaux de veau, moutons et chèvres, et des matières tannantes de tout genre, y compris les écorces de chêne et de pin, qu'à la « Kriegsleder-Aktiengesellschaft ». Cet organisme aura aussi le droit d'acheter, avant tout autre acheteur, le cuir fabriqué par les tanneries ; et celles-ci ne pourront disposer des produits qu'elles possèdent, qu'avec le consentement de la section économique de la « politische Abteilung » du gouvernement général. En d'autres termes : le cuir servira d'abord à faire des bottes pour nos soldats ; s'il en reste, ce sera pour vous...

Le sucre, on le pense bien, n'échappe pas non plus à l'action de ces mécanismes destinés surtout à ravitailler l'Allemagne et ses troupes à notre détriment. Un « Bureau allemand de répartition des sucres » s'installe place Royale, dans l'*Hôtel de Flandre*. Nous recevrons encore un kilog. de sucre de temps à autre quand il plaira à cette « Centrale » d'autoriser les raffineries à en livrer aux magasins communaux. Nous connaissons maintenant le système. Il est invariable dans tous les domaines où il fonctionne.

Le plus beau de l'affaire, c'est que les frais de la « Zuckerverteilungsstelle » seront couverts non pas par l'administration allemande, mais « au moyen d'une taxe prélevée sur les quantités de sucre qui seront livrées à la consommation ». Oui, oui, on a bien raison de le dire, l'administration allemande est incomparable...

MERCREDI 22 DÉCEMBRE

Un joli document voit le jour. Il s'agit de la réquisition des cuivres. Elle va bon train, surtout dans les brasseries et distilleries où, sans égards pour les besoins et l'avenir de nos industries, des soldats enlèvent, par ordre, les chaudières, les cuves et les alambics. Dans certaines brasseries, cette glorieuse opération nécessite au préalable la démolition d'une partie des bâtiments. Certaines cuves en cuivre sont si grandes qu'elles durent être placées naguère avant la construction des murs qui les environnent. Qu'à cela ne tienne! La pioche allemande a tôt fait de pratiquer dans les murailles les ouvertures indispensables. La rafle ne cause que des dégâts en plus : c'est l'industriel belge qui supportera la casse.

Mais voici qu'intervient une « Société métallurlurgique Pfäffenberger » qui adresse, à la date du 20 de ce mois, la lettre-circulaire suivante : « à Messieurs les Brasseurs et Distillateurs dans le rayon du gouvernement général en Belgique » :

Une décision prise par M. le Gouverneur général ordonne l'acquisition du matériel de cuivre et alliage de cuivre, bronze, laiton, ainsi que le matériel en aluminium, nickel, antimoine, etc., se trouvant dans les brasseries et les distilleries.

Aucune affiche ou publication officielle ne sera faite à cet effet.

La « Section politique auprès de M. le Gouverneur général » vient de nous transmettre les dispositions ci-après :

« Suivant une ordonnance de M. le Gouverneur général
« concernant l'acquisition du matériel de cuivre, alliage
« de cuivre, aluminium, nickel, etc., se trouvant dans les
« brasseries et distilleries dans le rayon du Gouverne-
« ment, nous portons à votre connaissance que, provisoi-
« rement, cette acquisition se fera de la main à la main.

« A cet effet, et pour servir d'intermédiaire pour une li-
« quidation facile, votre firme Pfaffenberger frères a été
« nommée expert en la matière. Il vous incombe la tâche de
« procéder à ces achats en évitant le plus possible des ar-
« rêts dans l'exploitation, et de maintenir, dans la mesure
« du possible, l'industrie brassicole sur sa hauteur nor-
« male.

« Le Gouverneur général fixe les prix à payer pour le
« matériel en:
   « Cuivre rouge fr.. 3.50 le kilo (paiement comptant).
   « Bronze fr. 2.50 le kilo (paiement comptant).
   « Cuivre jaune (laiton) fr. 2.50 le kilo (paiement
« comptant).
   « Si toutefois, ce mode d'acquisition ne donnait pas
« au Gouvernement général le résultat attendu, les prix
« ci-dessus mentionnés seraient retirés, et le paiement
« sera fait au moment de la réquisition par les autorités
« militaires en « bons de réquisition ». Les prix reste-
« raient alors à fixer plus tard par le Ministère de la
« Guerre à Berlin. »

Nous avons considéré comme notre devoir d'accepter cette mission pour rendre service (sic) à l'industrie brassicole avec laquelle nous entretenons depuis trente ans des relations continues que nous pouvons qualifier de sympathiques.

Elle nous mettra à même d'appliquer dans son exécution tous les soins minutieux et tous les ménagements ordonnés par M. le Gouverneur. Nous veillerons notamment à ce que toutes les facilités possibles soient accordées pour le remplacement de votre matériel de cuivre par un matériel de fer, si ce premier n'est pas indispensable, et nous sommes prêts à vous aider de nos conseils si nous pouvons vous être utiles.

Nous devons vous faire remarquer que nul n'est autorisé à vous présenter des offres d'achats, que seuls nos agents, porteurs d'un permis avec leur photographie et munis du cachet et de la signature de la Section politique et de la Société métallurgique Pfaffenberger.

Toutes autres parts doivent être refusées, et toutes ventes à d'autres personnes et tout déplacement ou dissimulation de cuivre seraient « poursuivis par les autorités militaires ».

Nous vous prions donc de réserver bon accueil à nos agents et employés et de faciliter leur tâche dans l'intérêt d'une liquidation correcte et agréable.

Veuillez agréer, Monsieur, nos civilités empressées.

Société métallurgique PFAFFENBERGER,
Bureau : 32, rue de la Bourse

Ah ! qu'en termes galants ces choses-là sont dites !
Nous enlèverons votre matériel de fabrication, en évitant le plus possible des arrêts dans l'exploitation (!) et si vous désirez des cuves en fer pour remplacer celles que nous vous aurons prises, nous sommes là pour vous les fournir à des prix que nous vous ferons connaître, et au comptant, vraisemblablement. Les affaires sont les affaires !

JEUDI 23 DÉCEMBRE

La « polizei » fait irruption ce matin dans le cabinet de M. Lemonnier, à l'hôtel de ville.

La *Libre Belgique* ayant reproduit une lettre du baron von Bissing à M. Lemonnier relative au mauvais caractère des Bruxellois, la « Kommandantur » en a conclu que notre faisant fonctions de bourgmestre entretient des relations occultes avec le petit journal clandestin dont les argousins du gouvernement général recherchent vainement l'introuvable rédaction. Quelques sbires expérimentés ont donc été lancés sur cette nouvelle piste.

Le cabinet de M. Lemonnier est visité avec un soin minutieux. Tous les papiers sont inventoriés. Un cartonnier américain est inspecté avec une attention spéciale. Mais les visiteurs ne trouvent rien. M. Lemonnier doit alors leur remettre son trousseau de clefs.

Nantis de ce « sésame », les policiers se rendent en toute hâte au domicile particulier du faisant fonctions de bourgmestre, avenue Louise. D'autres Allemands les y ont déjà devancés. L'hôtel est visité avec zèle, puis les livres de la bibliothèque sont examinés; les meubles sont inventoriés; le linge est fouillé; les poches des vêtements sont retournées; la cuisine n'échappe pas à la vigilance des policiers; ils vont jusqu'à remuer de la farine pour voir si l'on n'y a pas dissimulé quelque pièce compromettante; dans la cave à charbon, ils retournent tout le stock de combustible. Mais toujours rien !

M. von Bissing a fait chou blanc.

VENDREDI 24 DÉCEMBRE

J'envoie des caisses de cigares à des parents prisonniers en Allemagne. Ce sera leur présent de Noël, et c'est l'occasion de voir fonctionner dans les locaux de l'Université de Bruxelles les œuvres de secours aux prisonniers de guerre. Aujourd'hui, le défilé des hommes, femmes, enfants qui viennent déposer des colis est ininterrompu. Ici aussi toutes les classes sociales sont patriotiquement confondues; la femme du peuple coudoie la grande dame, l'une apportant pour son mari un paquet de chaussettes qu'elle a tricotées en prenant sur ses nuits, l'autre quelque colis de friandises ou de cigarettes. Tout cela se passe dans un ordre parfait, sans impatience, sans heurt. Un personnel nombreux assume l'enregistrement de ces paquets. Un répertoire de fiches contient les noms de tous les prisonniers auxquels, de Bruxelles, des envois ont été faits. Ainsi, l'on vérifie aisément les dates des expéditions antérieures; car nul prisonnier ne peut recevoir plus de trois colis par mois.

— Notre répertoire contient déjà 74,000 noms, me dit une des personnes préposées au classement. Dans ce nombre, il y a des prisonniers civils, et aussi des Anglais et des Français dont les familles habitent Bruxelles.

D'autres œuvres complètent celle-ci : la « Caissette du soldat », dont j'ai parlé le 14 août dernier et dont la vogue va grandissant, l'œuvre d'assistance aux prisonniers abandonnés (sans relations ou sans famille), créée par les étudiants catholiques (voir le 15 octobre dernier), d'autres encore. C'est par centaines maintenant que chaque jour des colis partent pour l'Allemagne. Noël donne une intensité nouvelle à ce mouvement de charité et de solidarité nationale. A de nombreux étalages, même dans des magasins qui n'ont aucun rapport avec l'alimentation, chez des fourreurs, des tailleurs, des marchands d'œuvres d'art, sont exposés des échantillons de caissettes-étrennes à 3 et 5 francs contenant un assortiment de bonbons, pain d'épices, chocolat, lait condensé, cigares, cigarettes, réglisse, biscottes, etc.

SAMEDI 25 DÉCEMBRE

Il a plu jusqu'au matin et le canon n'a pas cessé de tonner. Lugubre nuit de Noël. C'est la seconde déjà, depuis que la guerre ensanglante l'Europe et rien encore ne laisse entrevoir la paix promise sur la terre aux hommes de bonne volonté.

Les églises sont bondées et les communions très nombreuses; le chant de Noël s'accompagne de la *Braban-*

çonne et de *Vers l'Avenir*. Çà et là, les prêtres ne peuvent contenir leur émotion patriotique et parfois elle déborde dans leurs paroles en accents enflammés. En l'église Saint-Josse, M. l'abbé De Myttenaere, annonçant une collecte pour des œuvres de charité termine ainsi :

« Ne déposez pas dans le plateau qui va vous être présenté la monnaie de zinc dont nous sommes affligés, monnaie grise, couleur dont nous sommes saturés; ne donnez pas les anciennes pièces de nickel belges, car elles se font rares; ne donnez pas non plus les jolis billets à l'effigie de nos anciens souverains, car ces billets vous serviront quand l'heure aura sonné; débarrassez-vous d'abord de ces billets étrangers qui nous ont été imposés et qui portent en effigie un oiseau de proie. »

Dans les rues, des essaims de jeunes filles et d'enfants vendent le petit calendrier de l'« Union patriotique des femmes belges » (1). Et l'on donne toujours, et beaucoup. Il s'agit, cette fois, d'aider une œuvre fondée le lendemain de la déclaration de guerre et qui a, jusqu'à ce jour, procuré du travail à des milliers d'ouvrières. En vue de réaliser ce but, elle a organisé des services de distribution de travail à domicile (couture, tricot,

---

(1) Présidente d'honneur de l'Union Patriotique des femmes belges, Mme la comtesse J. de Mérode; secrétaire-générale fondatrice et trésorière-générale, Mme Brigode ; secrétaire-générale, Mlle Louise Van den Plas ; membres du Comité central, Mlles Bouvier, Mmes Pol Boël, Brunard-Peltzer, Deraymacker, Despret, Melle J. Devigne, Mme Leo Errera, Mlles A. et L. Eymael, la comtesse Hélène Goblet d'Alviella, Suzanne Huwart, Mmes Landrien, la baronne de Laveleye, Mlles Adèle de Loneux, Marie de Marneffe, Marguerite Nyssens, Mme Paul Otlet, Mlle Marie Parent, Mmes Auguste Peltzer-Graux, Frans Philippson, Philippson-Wiener, Poullet, Soyer, Herbert Speyer, Stiel, la vicomtesse de Spoelberch, la comtesse de t'Serclaes de Wommersom, la baronne Wahis, de Zualart.

A l'expiration de la troisième année de guerre, l'« Union Patriotique des Femmes Belges » avait placé plus de deux mille gens de métier : distribué en salaires plus de 500,000 fr. pour travaux à domicile (couture, tricot) ; vendu des dentelles pour plus de 400.000 francs ; payé plus de 20.000 francs en salaires à l'atelier d'apprentissage pour la dentelle au filet ; et plus de 100.000 francs dans les ateliers pour la fabrication du jouet.

dentelle), un secrétariat de placement pour gens de métier, employés, gens de maison, des ateliers pour la fabrication de jouets, etc.

* * *

Une recrudescence de fureur soldatesque se remarque partout. Les prisons sont à ce point remplies, qu'il a fallu transformer en geôle une partie de l'Ecole militaire. Là sont envoyés les gardes civiques et les Français, Anglais, Italiens, Russes qui n'ont pas, à la date prescrite, fait acte de présence au « Meldeamt ». Egalement, les agents de police frappés de cinq ou dix jours d'incarcération pour n'avoir pas salué avec assez de respect des officiers allemands. Et d'autres criminels de la même espèce, par exemple, des dames condamnées à trois jours de prison parce que leur chien portait un nœud tricolore au collier ou, parce qu'en tram, il a semblé à un officier qu'elles lui tournaient le dos.

* * *

Une jolie scène, tout à fait dans la note du temps présent, a lieu ce matin, avenue de la Renaissance, à l'angle de l'Ecole militaire. Un prisonnier, condamné à dix jours, a terminé sa peine : il va sortir. Quelques amis l'attendent sur le trottoir et lui offrent, dès qu'il a passé le seuil, un grand portrait du Roi, encadré. Pas de discours, évidemment, mais un cri vigoureux : « Vive le Roi! » Après quoi, l'on va boire une pinte dans le café voisin.

Le prisonnier libéré raconte ceci :

« Les civils sont enfermés à vingt, trente, dans une chambre et de cette promiscuité est née une vermine qui envahit tout. Dans ma chambre il faisait tellement sale, que les Allemands redoutèrent une éclosion de maladie. On parqua tous les occupants durant quelques heures dans un autre local et on aspergea la chambre de créoline et de formol. En même temps, les prisonniers furent requis d'ôter leurs vêtements qui furent plongés dans une étuve, tordus, séchés près d'un poêle et rendus alors à leurs propriétaires. On devine la coupe de nos costumes après cette opération.

» La nourriture est apportée comme à des bêtes. On

se met en rang. Chacun reçoit une louche de soupe dans un bidon, puis une sentinelle, armée d'un trident, pique dans une marmite un mauvais et minuscule morceau de viande qu'il faut vivement saisir de la main, au passage.

— » Le soir, à 7 heures, la lumière s'éteint et il ne reste qu'à s'étendre sur la paillasse. Il y a du bruit dans la chambre jusqu'au matin, bruit de bottes de sentinelles, ronflements, bâillements. Dès 3 heures, en pleine nuit, des compagnons de chambrée, en lutte avec la vermine, se lèvent et commencent leur toilette. Il y a quelques chaises qu'on laisse aux prisonniers les plus âgés; le reste de la bande s'accroupit à terre et y mange. Les heures paraissent des jours et les jours des semaines. »

* * *

Noël, même malgré nos angoisses et nos deuils, ne serait point Noël sans une fête pour les enfants. J'assiste dans une maison amie à une fête de ce genre. L'enfant Jésus repose dans les langes qui sont le drapeau national. Autour de la sainte Vierge et de saint Joseph, des petites filles drapées aux couleurs italiennes, françaises, anglaises et belges juchées sur un décor fragile, figurent les anges. On chante d'abord de vieux hymnes de Noël près du sapin illuminé. On chante ensuite la *Brabançonne*, on chante *Vers l'Avenir*. Vers l'avenir?... Qu'importe une larme furtive qui perle à nos paupières? L'avenir, ce sont les enfants, et leurs yeux ici brillent de joie!

DIMANCHE 26 DÉCEMBRE

Le R. P. Devroye, recteur du nouveau collège Saint-Michel, arrêté le mois dernier, vient d'être condamné à cinq et douze mois de prison : à cinq mois, pour avoir favorisé le départ de jeunes gens qui voulaient aller faire leur devoir dans l'armée belge; à douze mois, pour avoir, prétendument, dans l'établissement qu'il dirige, excité ou laissé exciter à la haine des Allemands.

Au mois d'août, la police allemande fit une descente au collège. Elle découvrit, dans la cellule du père recteur, le programme de la distribution de prix, orné d'une vignette en couleurs représentant saint Michel, le patron du Collège écrasant le dragon; l'accusation a vu dans certains détails de la vignette l'intention de suggérer l'idée de l'Allemagne terrassée par l'Entente!

La police découvrit aussi des devoirs d'élèves des classes inférieures sur lesquels les bambins avaient dessiné et colorié des drapeaux belges et des drapeaux anglais. Enfin, elle fit une découverte plus grave encore : en examinant minutieusement, à la loupe, un papier buvard trouvé sur le bureau du père recteur, elle y lut les traces d'un billet par lequel le R P. Devroye dispensait un élève du cours d'allemand. Cela, c'était le comble! (1)

MARDI 28 DÉCEMBRE

Des Bruxellois, le baron Maurice Fallon, MM. Jacques Guiot et Théodore Wathelet, mécaniciens, ont tenté de passer la frontière sans passeport; ils sont condamnés le premier à 5 mois, les deux autres à 8 mois de prison

Des personnes qui les ont aidés dans leur tentative sont frappées également : Mme Pauline François, épouse d'un comptable de banque à Bruxelles, 8 mois; M. Herman Van Halteren, avocat à Bruxelles, 8 mois; M. Paul Van der Meesche, industriel à Bruxelles, 6 mois; M. Remy Guiot, directeur d'école à Bruxelles, 5 mois.

M. Buchet, fonctionnaire au ministère des Finances, est révoqué et envoyé en Allemagne pour un an, parce qu'il a rassemblé des renseignements sur des ignominies commises par les troupes impériales et qu'il a répandu des communiqués clandestins tirés à la machine à écrire.

M. l'abbé Torfs, vicaire à Boitsfort, coupable d'avoir indiqué à des jeunes gens le moyen d'arriver en Hollande, est expédié à la prison d'Anrath pour quinze mois.

M. Armand Thonar, marchand à Bruxelles, est condamné à 15 années de travaux forcés pour « avoir

---

(1) Le R. P. Devroye fut relâché après cinq mois, mais arrêté à nouveau quelques mois plus tard. Voir 19 mars 1916. Voir aussi 6 avril 1918.

essayé de poster des espions sur les voies ferrées et avoir renseigné l'ennemi sur des affaires relatives à la guerre ». Mme Thonard est condamnée à 3 ans pour « avoir prêté aide à ces crimes ».

M. Alexandre De Bok, ouvrier à Bruxelles, est condamné à 2 ans et demi.

* * *

Encore deux fusillades pour finir l'année: M. Alexandre Szek, sans nationalité connue, résidant en dernier lieu à Bruxelles, et M. Léon Parant, viennent d'être exécutés.

* * *

La prise de possession des immeubles des Belges absents du pays a lieu ça et là dans des conditions qui heurtent violemment le sentiment public. Evidemment, le procédé est scandaleux partout; prendre le nid familial d'autrui, s'y installer par la force au milieu des portraits et souvenirs intimes des personnes qui n'ont commis d'autre crime que d'user du droit incontestable de s'absenter, quoi de plus répugnant? Mais il semble qu'il y ait des degrés dans cette abjection et l'on s'indigne particulièrement, par exemple, de voir un médecin militaire du gouvernement général clouer sa plaque, rue Ducale, sur l'hôtel privé de M. Hymans, député de Bruxelles. M. Hymans n'est pas un de ces fuyards que les Allemands prétendent avoir le droit (!) de punir. Il est absent à raison de sa double charge de ministre d'Etat et de ministre de Belgique à Londres. De quel droit violer son domicile?

Au concierge de M. Hymans, qui est resté dans l'immeuble, l'officier boche déclare :

« — Nous nous installons ici pour punir votre maître d'avoir parlé contre nous en Amérique. »

TABLE DES MATIÈRES

1914

20 août : La dernière nuit. — Les gardes civiques. — Les départs aux gares. — L'envahisseur est là ! — Le bourgmestre Max va au-devant de l'ennemi. — Les conférences. — Le protocole. — Le défilé. — Premières affiches relatives à l'arrivée de l'ennemi. — Un coup de feu malencontreux. — Bruxelles sans journaux. — **21** : Le réveil des troupes au boulevard. — Que de soldats ! — L'état d'esprit de la population. — La question des drapeaux aux façades. — A l'hôtel de ville. — **22** : Une proclamation aux habitants des provinces occupées. — Les Allemands au Ministère de la guerre et à la Banque nationale. — **23** : Premier dimanche de l'occupation. — Un tour en ville. — Menace ignorée du public. — L'attitude de la Hollande. — Racontars. — **25** : La réglementation des réquisitions. — Incidents divers. — Une panique : les Français sont là ! — **26** : A propos de la rupture d'un fil télégraphique. — Les Allemands et les télégraphistes belges. — **27** : Un cortège de la Terreur. — L'arrivée d'incendiés et d'expulsés de Louvain. — **29** : Conflit à propos des réquisitions. — M. Max, grand bourgmestre et grand patriote. — Premières mesures en vue du ravitaillement de la population. — Une recommandation des chefs des paroisses. — **30** : L'envahisseur s'installe dans les ministères. — Où l'on retrouve de vieilles connaissances. — Un démenti de M. Max au gouverneur allemand de Liège. — Les paiements en monnaie allemande. — Sommation du bourgmestre à des officiers de l'ennemi. — **31** : Défense d'infliger des démentis à une autorité allemande. — Premières restrictions à la liberté de circulation. — Comment on s'évade de Bruxelles.

1ᵉʳ septembre : Première rencontre de fonctionnaires belges et allemands. — **2** : La Ville n'est pas cernée, mais comment en sortir ? — Les nouveaux billets de banque. — Les Allemands au Ministère des finances. — **3** : L'avènement du maréchal von der Goltz au gouvernement-général. — **5** : M. Davignon et la neutralité hollandaise. — **8** : Un ordre du jour des Chambres syndicales du bâtiment. — **9** : Journaux prohibés et journaux autorisés. — **10** : Le Palais de justice transformé en corps de garde. — Protestation de la magistrature et du barreau. — **11** : La canonnade au nord de Bruxelles. — Une abominable dépêche de Guillaume II. — **12** : Fière réponse du Gouvernement belge à une offre allemande. — **14** : Des prisonniers de Maubeuge à Cureghem; accueil enthousiaste de la foule. — **15** : Les colombophiles en émoi. — Le vicinal de Ninove. — **16** : Ordre de rentrer les drapeaux belges. — Nouvelle escarmouche entre le bourgmestre et l'autorité allemande. — **17** : Condamnations de civils. — La responsabilité collective. — **18** : Une scène arrangée pour cinéma allemand devant le Palais royal. — **20** : Rixes entre Prussiens et Bavarois dans des casernes de Bruxelles. — **22** : Le voyage de M. Woeste à Anvers. — **23** : Le nouveau « Moniteur ». — Mise sous contrôle ou sous séquestre des banques et établissements de crédit. — Le commissaire impérial von Lumm. — **24** : Nouveau conflit avec la Ville. — Suspension du paiement des bons de réquisition. — **25** : Un voyage Bruxelles-Ostende en automne 1914. — **26** : Les mésaventures de 176 Bruxellois arrêtés à Enghien. — **27** : Ce que nous voyons du siège d'Anvers. — Arrestation de M. Max. — Bruxelles en fièvre. — **28** : Les circonstances de la déportation du bourgmestre. — **29** : Le Collège échevinal décide de gérer en bloc les intérêts de la Ville. — **30** : L'agitation dans le monde des fonctionnaires belges : faut-il signer la formule de la Convention de la Haye ?

1er octobre : Les innocents seront punis avec les coupables. — **2** : Les ambulances. — Evasion de blessés. — **3** : Exploits allemands dans la Chambre des représentants. — **4** : Le bombardement d'Anvers vu de Bruxelles. — **5** : Une enquête à Lovenjoul. — **6** : Les journaux prohibés. — **7** : Une adresse de l'Université de Bruxelles à l'Université de Louvain. — Délibération des recteurs. — **8** : Défense aux militaires belges de rejoindre l'armée nationale. — Des députés socialistes allemands à la « Maison du peuple » de Bruxelles. — **9** : Une arrivée de soldats belges prisonniers. — Les armes dans les étangs d'Ixelles. — **10** : Chute d'Anvers. — Comment Bruxelles accueille cette nouvelle. — **12** : Proclamation du général von Beseler aux soldats belges. — **13** : Plus de journaux. — La chasse aux informations. — **14** : Un lâcher monstre de pigeons. — La Belgique « complice de l'Angleterre! » — **15** : L'optimisme. — Histoires fabuleuses. — **16** : Un conflit entre la Banque nationale et l'autorité allemande. — **17** : Défense d'imprimer, de réciter ou de chanter publiquement sans l'autorisation de la censure. — **18** : L'état d'esprit de la population bruxelloise après la chute d'Anvers et la jonction des armées alliées en Flandre. — Les « froussards de la mort » et ceux qui sont restés. — **19** : Le Gouvernement belge quitte le pays. — **20** : Le F∴ Charles Magnette aux grandes loges maçonniques d'Allemagne. — **21** : Réquisitions et perquisitions au Touring-Club. — **22** : Ce qu'il en coûte de ne pas témoigner assez de respect à des Allemands. — **23** : Vogue inattendue des journaux hollandais. — Apparition de journaux « belges » censurés. — **24** : Un pèlerinage aux localités détruites de la région de Vilvorde. — **25** : A la Caisse d'épargne. — **27** : Le « Comité central de secours et d'alimentation ». — Mission de MM. Francqui, Lambert et Gibson à Londres. — **28** : Une mesure contre les gardes civiques. — **29** : Pillage de bureaux de l'administration des finances. — Dévastations dans la forêt de Soignes. — Les « boches ». — **30** : La carrière de guerre d'un garde civique. — **31** : Une amende de cinq millions à la ville de Bruxelles.

2 novembre : Autour des tombes de nos soldats. — **3** : Les réfugiés. — **6** : Comment on ramène d'Angleterre une famille belge. — **7** : Les opérations de l'Yser vues de Bruxelles. — Menaces aux chômeurs. — L'heure allemande. — **8** : La soupe communale. — **9** : Dans le Parc de Bruxelles. — **10** : Nos agents de police à la guerre. — La Garde bourgeoise. — **11** : Défense d'exporter. — **12** : Dans quelle mesure les fonctionnaires belges peuvent reprendre leurs fonctions. — **13** : Les Allemands à l'administration de la province. — Discours du président de la Députation permanente belge. — **14** : Les journaux censurés. — **15** : La fête du Roi. — **16** : Dernière sommation aux gardes civiques. — **17** : On s'amuse des vains efforts de l'Allemagne devant Ypres. — **18** : Émouvant service funèbre pour des victimes du sac de Dinant. — **19** : Le désœuvrement forcé. — Les œuvres d'assistance et de secours. — **20** : Hommage de la Ville de Bruxelles à la reine Élisabeth. — Le service de la soupe communale. — L'aide des États-Unis, du Canada, de la Nouvelle Zélande, de l'Espagne, de l'Italie. — **21** : La résistance à... l'heure allemande. — **22** : Les passeports. — **23** : Les prêts sur titres. — **24** : Les mauvais Belges. — **25** : Le nouveau gouverneur de Bruxelles, général von Kraewel. — Les hangars à Zeppelins. — **26** : L'agence des prisonniers de guerre. — **27** : L'organisation du Comité national de secours et d'alimentation. — **28** : Le règlement de la contribution de guerre imposée à l'agglomération bruxelloise. — **29** : La question du lait. — **30** : Les efforts de la Députation permanente pour rétablir une vie administrative normale.

1er décembre : En l'honneur des Américains. — **2** : Le nouveau gouverneur général baron von Bissing. — **3** : Les « Petites Abeilles ». — L'Œuvre du quartier et l'Œuvre du sou. — Les « Restaurants populaires ». — **5** : Premières délibérations à propos de la contribution de guerre imposée au pays. — **6** : Saint-Nicolas parmi les belligérants. — **8** : L'Office central d'identification. — **9** : Une protestation de M. Théodor au nom du barreau de Bruxelles. — **10** : L'immixtion allemande dans les affaires provinciales. — **11** : Les quarante millions de contribution par mois. — **13** : Les Allemands au Palais des Académies. — Disparition des archives de la Commission d'histoire et des collections de la Société de numismatique. — **14** : Les services funèbres pour nos soldats. — **15** : Arrestation de la comtesse de Mérode et du sénateur Speyer. — **16** : Les vols au détriment de Mme Poullet. **17** : Le Comité d'assistance agricole. — **18** : Les moyens de transport en Belgique à la fin de l'année 1914. — **19** : Les Conseils provinciaux et la contribution de guerre. — Patriotique discours du conseiller provincial socialiste André. — **20** : Fermeture hermétique des frontières. — Suspension des lois sur la milice et la garde civique. — **21** : Première visite d'un avion des alliés. — **22** : Bamboches tudesques dans le Palais royal de Laeken. — **25** : Noël de guerre. — Du pain blanc pour un jour. — **27** : Les éclopés belges laissés pour compte à la générosité privée. — Distribution de vêtements à 1,300 enfants de soldats. — Le calendrier de la Reine. — **28** : Révocation du gouverneur et du commissaire de la Banque Nationale. — Le département d'émission de la Société Générale. — **29** : Les princes Auguste et Charles de Hohenzollern en temps de guerre. — **30** : Les cartes de visite. — **31** : Les derniers arrêtés de l'année.

Table des matières

1915

1ᵉʳ janvier : « Patriotisme et Endurance », lettre pastorale du Cardinal Mercier. — **2** : Contre les risques de guerre. — **3** : Les jouets de l'Amérique pour les enfants belges. — **4** : L'émotion causée par la lettre du Cardinal. — **5** : Espionnage, arrestations, interdictions. — Les pigeons. — **7** : Les « Conventions anglo-belges ». — Le général von Bissing et Mgr Mercier. — **8** : Saisie de stocks de marchandises. — Les sujets des Etats en guerre avec l'Allemagne. — **10** : Manœuvres gouvernementales allemandes autour de la lettre pastorale. — **11** : Lettre de Mgr Mercier à son clergé. — **12** : Le dépôt des armes. — Les chasseurs. — **15** : L'impôt sur les absents — **16** : Les arrêtés du Roi et du Gouvernement belge n'auront plus force de loi. — Modification des frontières de la France et de la Belgique. — **17** : M. Woeste et le drapeau madhiste. — **20** : Les étrangers ennemis. — Restriction de la cuisson dans les pâtisseries. — Les Restaurants économiques. — **22** : Saisie du noyer et du cuivre brut. — **23** : Une colonie de réfugiés français à Schaerbeek. — Vexations. — **24** : Les vœux de l'an de M. le curé Quirini. — **25** : Ce que les affiches allemandes omettent de dire. — **27** : Curieuses garnitures pour caisses à cigares. — Comment les Bruxellois passent la frontière. — **29** : Les Allemands et les impôts belges. — Fermeture des clubs et sociétés à tendance politique. — **30** : La « complainte des francs-filés en Angleterre ». — **31** : Nouvelles saisies de matières premières.

1ᵉʳ février : L'éparpillement des administrations ministérielles belges. — **3** : Récit d'un prisonnier civil rentré d'Allemagne. — **4** : Des nouvelles pour les familles de nos soldats. — **5** : Rationnés pour le pain. — **7** : Arrivée d'habitants de Middelkerke. — Les portraits du Roi et de la Reine. — La prière pour la paix. — **11** : Pour les artistes et les dentellières. — **15** : L'état moral du Belge enfermé dans son pays. — **16** : Mme Carton de Wiart et le conseiller de justice allemand. — Un service funèbre mouvementé à Saint-Gilles. — La Chambre des représentants pendant l'occupation ennemie. — Les suicides dans l'armée allemande. — **19** : Une organisation judiciaire contraire aux principes du droit. — Protestation de M. Théodor. — **20** : Farces de gamins de Bruxelles. — **21** : Les « avariés » dans l'armée impériale. — Une police des mœurs. — **22** : En l'honneur des Etats-Unis. — Les Zeppelins. — Les missionnaires de Scheut. — Au cimetière d'Evere. — **23** : Conflit entre les administrations belge et allemande à propos de l'impôt sur les absents. — **24** : Création de tribunaux d'exception. — Nouvelle protestation de M. Théodor au nom du barreau. — **25** : Les premières communions dans les villages dévastés. — **26** : Ordonnances, avis, prohibitions. — **27** : Comment une Bruxelloise s'est rendue en France pour voir son fils blessé. — **28** : La mise sous séquestre des établissements financiers.

1ᵉʳ mars : La Chambre de Commerce de Bruxelles et la situation économique. — **2** : Le contrôle du « Meldeamt ». — **5** : Chute d'un Zeppelin et saisissant exemple de la manière dont l'autorité allemande trompe la population allemande. — **6** : La poste sous le régime allemand. — **7** : Comités de secours pour villes détruites. — **8** : Condamnations de « criminels » qui ont conduit des recrues belges au front.

— **9** : La *Libre Belgique*; la littérature clandestine. — **10** : Le salut obligatoire des agents de police. — Perquisition chez plusieurs notabilités. — **11** : Défense de « désillusionner » un soldat allemand. — **14** : Un gala allemand au théâtre de la Monnaie. — **15** : Une suite du gala de la Monnaie : MM. P.-E. Janson et Dwelshauwers. — **16** : Perplexités du personnel de l'administration des Ponts et Chaussées. — **17** : L'entrepôt de vêtements de la Commission américaine au Cirque royal. — **18** : Les droits de l'autorité occupante discutés devant le tribunal de première instance. — **19** : Création de sociétés coopératives de ravitaillement. — Le mécanisme de la « Commission for relief » **20** : Protestation de l'administration communale contre la taxe des absents. — **21** : Au château de l'impératrice Charlotte. — **24** : Censure des conférences. — **25** : Portraits, rubans et médailles patriotiques. — **26** : Un départ de Prussiens pour l'Yser. — **27** : La fin d'une évadée de Louvain. — **28** : Emprisonnement du R. P. Van Bambeke et de M. le curé Cuylits. — **31** : Une lettre de M. Max.

3 avril : Condamnations en masse. — **4** : Pâques et la guerre. — **5** : La *Marseillaise*. — Le piano de M. Levie. — **6** : L'Œuvre des Orphelins de la guerre. — Aide et apprentissage aux invalides. — **7** : Encore les pigeons ! — **8** : Anniversaire de la naissance du Roi. — **9** : Aide et protection aux sans-logis. — La caissette du soldat belge. — **10** : Contraste — **11** : Une amende de 500,000 marcs à la ville de Bruxelles. — **12** : Service funèbre pour un soldat. — **13** : « Donnez-nous aujourd'hui notre pain quotidien ». — Le lambic des réfugiés — **17** : Pour la restauration des villes et villages détruits. — **18** : Les Allemands s'emparent de la Croix-Rouge de Belgique. — Protestation du prince de Ligne. — **20** : Les cantines bourgeoises. — **22** : Les tribunaux arbitraux pour contestations en matière de loyers. — Jugement du tribunal de première instance. — **25** : Un pays hermétiquement clos. — La traque des fonctionnaires. — Les revolvers de la police. — Les pommes de terre dans les squares publics. — **26** : Impressionnantes cérémonies religieuses. — **27** : Mise sous séquestre de sociétés. — **28** : Une « centrale » des charbons. — **29** : Nos cyclistes sous le nouveau régime.

2 mai : La restauration des foyers détruits. — **8** : L'augmentation du prix de la viande. — Agitation dans le monde des bouchers et des charcutiers. — **16** : Le premier budget de l'Etat belge dressé par un gouvernement ennemi. — **17** : La Croix Rouge de Belgique aux mains de l'ennemi. — **20** : Le Comité international de la Croix Rouge de Genève proteste auprès de tous les comités centraux du monde contre les agissements allemands en Belgique. — **22** : Condamnation et déportation de Mme Carton de Wiart, femme du ministre de la Justice. — **24** : La déclaration de guerre de l'Italie. — **29** : Canons, obus, gaz asphyxiants. — La chasse aux agents belges du chemin de fer. — **30** : Affiches en toutes langues. — Le commerce de l'or. — La question de l'avoine. — **31** : Nouvelle pastorale du Cardinal. — Les processions. — Plus de jeûne ni d'abstinence. — Hommage aux dirigeants du Comité national.

1er juin : Le baron von Bissing au château des Trois-Fontaines. — **3** : Comment des jeunes gens de Bruxelles réussissent encore à passer la frontière. — **5** : Arrestation des comtesses Hélène et Valentine de Jonghe d'Ardoye. — **6** : Pour les églises dévastées. — **7** : Un aviateur allié détruit un Zeppelin à Evere. — **8** : Condamnations à mort. — **10** : Pour recruter de la main-d'œuvre à l'arsenal, les Allemands imaginent d'isoler Malines. — Arrestation et condamnation du secrétaire du cardinal. — Le fiasco du gouverneur-général. — **11** : Condamnation de Mme Lemonnier. — **12** : Plus d'un million et demi de chômeurs. — Comment on leur vient en aide. — **14** : La question du savon et de l'huile. — **15** : Amusante perquisition chez un journaliste. — **19** : La « zwanze » bruxelloise. — **20** : Encore un fusillé. — **25** : La rafle des légumes par les Allemands au marché matinal. — **28** : Un numéro à succès de la *Libre Belgique*. — Les mouchards. — 6,000 espions. — **29** : Les entreprises patriotiques de M. Hautfenne et de ses amis.

3 juillet : Défense de porter des insignes belges. — La feuille de lierre. — **5** : Prise de possession de villas inoccupées. — Expulsion des concierges du Parlement et des ministères. — Les repas à 30 centimes. — Les orphelins de la guerre. — **6** : Manœuvres allemandes tendant à étouffer dans les écoles l'esprit national belge. — **12** : Un brevet du tribunal de Bruxelles aux journaux soumis à la censure ennemie. — **13** : Service funèbre pour 41 anciens élèves du collège Saint-Michel morts à la guerre. — **14** : Le Réfectoire Elisabeth. — **16** : Comment se font les perquisitions. — **17** : Les sacs américains. — Les bijoux patriotiques. — Une visite à l'agence des prisonniers de guerre — Autres œuvres pour les prisonniers. — **18** : Cérémonie imposante en l'église Sainte-Gudule. — Précautions allemandes en vue de la fête nationale belge. — **19** : La question des tribunaux d'exception devant la Cour d'appel. — **20** : Invitation officielle aux Belges à unir leurs efforts à ceux... du pouvoir occupant. — **21** : Une fête nationale comme on n'en a jamais vue. — **22** : Le jeu de patience du bourgmestre Max. — **24** : La collectivité est responsable d'une infraction individuelle. — **28** : Les distributions de prix pendant la guerre. — **30** : Multiples arrestations. — Narration caractéristique d'une arrestation arbitraire.

1er août : M. Vromant et le *King's Albert Book*. — La chasse aux publications prohibées. — **2** : Arrestation de Mr Philippe Baucq et de Mlle Thuliez. — **3** : Ingéniosités de commerçants patriotes. — A l'Institut des sourds-muets. — Arrestations en masse. — **4** : Scènes drolatiques à l'occasion de l'anniversaire de la déclaration de guerre. — **5** : Les mésaventures de M. le juge Ernst. — **7** : Quand porte-t-on les couleurs belges d'une façon « provocatrice » ? — **9** : Les représailles du gouvernement général contre les habitants de la rue du Dam et de la rue de l'Escalier. — **11** : La résidence des jésuites cernée. — Mystérieuse disparition du R. P. Pirsoul. — **14** : A la cantine du soldat prisonnier. — L'Œuvre des deux centimes quotidiens. — La maison de bric-à-brac. — Les cantines maternelles. — Chez les invalides de Woluwe. — **15** : A la recherche des dossiers de la succession de Léopold II. — **16** : Les dettes des Allemands. — **18** : Les moyens de transport en Belgique après un an de guerre. — **25** : Réquisitions et interdictions : le caoutchouc, la chicorée, les cerfs-volants, les boy-scouts, etc. — **28** : L'affaire de Luttre. — L'héroïsme des ouvriers belges de l'arsenal. — **30** : Scènes tragi-comiques à Tervueren

1er septembre : Le suisse et l'officier. — **2** : Comment l'ennemi vide nos centres industriels. — La hausse continue des prix. — L'avoine. — **3** : Qui était Monsieur Joseph. — **6** : Déportation de M. Théodor, bâtonnier du barreau de Bruxelles. — Le coq de l'avocat Leborne. — Trains de cadavres. — **7** : Les cours professionnels pour les chômeurs. — **8** : Ce que coûte à l'agglomération bruxelloise la police allemande des mœurs. — **10** : Les Allemands et la chasse. — A qui le gibier? — **11** : La monnaie de zinc. — Disparition complète de l'argent et de l'or. — **14** : Pour la protection des complices des Allemands. — **19** : Tableaux de guerre. — Un avion laisse tomber un drapeau belge à Woluwe. — **20** : Condamnation de M. le curé Buelens. — **26** : Nouvelle lettre de S. E. le Cardinal, « Appel à la prière ». — **27** : Comment le P. Pirsoul s'évada. — **28** : La répercussion à Bruxelles de l'offensive française en Champagne. — Les hôpitaux militaires. — Scènes tragiques. — **29** : Les cartes des pays en guerre avec l'Allemagne. — **30** : Les affiches du « tribunal de sang ». — Exécution d'Alexandre Franck et Joseph Baeckelmans. — Leurs dernières lettres.

1er octobre : A la recherche d'officiers allemands qui se cachent. — Nouvelle perquisition chez les Jésuites.— **2** : La nuit de M. Xavier De Bue parmi les « marolliens » de la Kommandantur. — **11** : Des avions lancent des bombes à Berchem. — **13** : L'affaire Baucq-Cavell-Séverin. — Deux exécutions capitales. — **14** : Ce que la Belgique est devenue aux mains d'un oppresseur qui se vante de travailler à son relèvement ! — Le rétablissement de l'esclavage. — Le pillage méthodique. — La théorie allemande de la terrorisation. — A la grotte de N.-D. de Lourdes, à Jette. — **15** : L'Aide au village. — La Caissette des étudiants pour les prisonniers abandonnés. — L'œuvre du lainage pour les prisonniers nécessiteux. — Pour les épouses et parents de soldats. — Une coopérative de prêts fonciers. — **16** : Manœuvres sataniques de l'ennemi en vue de contraindre nos ouvriers à travailler pour lui. — 1,620,719 Belges secourus par l'assistance publique. — Chez MM. Madoux et Boucquéau.— **19**. Emouvants services funèbres pour Alexandre Franck et Philippe Baucq. — **20** : Instauration d'un régime de terreur. — Déportation de soldats belges réformés ou licenciés. — Menaces à la population. — Les ignominies d'Harlebeke. — **22** : Une séance du Conseil de la Fédération des Avocats en présence de trois policiers allemands. — **27** : Coup d'œil sur l'œuvre accomplie par le Comité National et la « Commission for relief in Belgium ». — **29** : Une jolie anecdote. — **30** : Ce que l'on voit à la « Kommandantur » et ce que l'on entend dans la prison de Saint-Gilles. — **31** : Encore des fusillades !

2 novembre : Lettre de Mgr Mercier sur le problème du mal et de la souffrance. — Services anniversaires. — **6** : Déclaration obligatoire des machines et moteurs. — Les nouveaux timbres-poste belges. — **11** : Perquisitions chez les chasseurs. — Déportation d'anciens officiers. — Arrestation de religieux. — **14** : Réquisition des graisses. — L'autorité allemande fait ouvrir les maisons de Belges, de Français et d'Anglais absents du pays et y installe des officiers. — La question de l'heure. — La mentalité d'un journal asservi. — **15** : La fête du Roi. — **16** : Encore des fusillés. — **17** : Les fiacres de la guerre. — **20** : Ce qu'on lit. — Bruxelles fermé aux livres français. — La vogue de l'anglais. — **23** : Une entrevue du baron von Bissing avec le Cardinal Mercier. — **27** : Cambrioleurs par amitié et par patriotisme. — Défense de déménager les meubles des maisons inoccupées. — **28** : Une lettre de M. Max à la Conférence du Jeune Barreau. — **29** : Plaisanteries bruxelloises à propos de l'armée du prince Léopold de Bavière.

3 décembre : Obligation pour les Belges de se dénoncer mutuellement. — Une fusillade dans la rue. — **4** : La seconde contribution de guerre de 480 millions. — L'attitude des banques et des conseils provinciaux. — **10** : Dissolution, par ordre supérieur allemand, de l'Association contre les risques de guerre. — **13** : Débats devant la Cour d'appel et arrêt relatifs à la taxe sur les absents. — **14** : Arrestation de Mlle Renkin et de M. Lucien Solvay. — **17** : Au Collège Saint-Michel. — Le recensement des provisions de pommes de terre. — **20** : Nouveaux ordres de tous genres. — Les « Centrales » de l'huile, du cuir et du sucre. — Enlèvement systématique de toutes les ressources du pays. — **22** : Saisie des chaudières et cuves en cuivre des brasseries et distilleries. — Le rôle de la Société Pfaffenberger. — **23** : Perquisition chez M. Lemonnier. — **24** : Une visite à l'Agence des prisonniers de guerre. — **25** : Curieux récit d'un Bruxellois prisonnier à l'Ecole Militaire. — Le second Noël de la guerre. — Scènes touchantes dans les églises et dans les familles. — **26** : Condamnation du recteur du nouveau collège Saint-Michel. — **28** : Brelan de condamnations. — La prise de possession des immeubles de Belges absents du pays.

INDEX DES NOMS CITÉS.

Adam (E,), conseiller communal, 371.
Adam (G.), 217.
Ador, 339.
Albert (Roi), 88, 183, 196, 253, 255, 285, 300.
Alexandre, curé, 204.
Allard (Frère), 203.
André, conseiller provincial, 165, 183, 184.
Angell (Norman), 479.
Arnim (von), général, 10, 14, 18, 162.
Aspendius (F.), 454.
Assche (Comte d'), 130.
Assche (Comtesse Edouard d'), 159, 373.
Asselberghs (Edouard), 286.

Baeckelmans (Joseph), 422, 437, 438, 439.
Baets (de), 176.
Barbier (Mlle), 371.
Barthélemi (François), 353.
Baucq (Philippe), 400, 401, 403, 441, 445, 446, 447, 448, 449, 458, 459.
Baucq (Mme), 401, 403, 448.
Baudrie (Emile), 306.
Baudrie (Léon), 306.
Bauduin (Dr Armand), 454.
Bauer (Chevalier de), 116.
Baujot, 149.
Bauwens, notaire, 169.
Bayot (Emile), 454.
Becker (Philippe), 371, 454.
Beckers, 246.
Béco, gouverneur, 316, 357.
Beernaert, 377.

Bégaut (A.), 217.
Beguin (Auguste), 470.
Beirlaen (G.), 454.
Belinne, 292.
Belleville (Comtesse Jeanne de), 447, 448, 469.
Benoidt, 321, 368, 369, 375.
Benoît XV, 199, 214, 215, 238, 250, 472.
Bernardiston, 98.
Bernier, échevin, 316.
Bertrand, député, 316, 467.
Beseler (von), général, 78, 97.
Béthune (Baronne G. de), 454.
Beyens (Baron), 359, 401.
Bicknel, 166.
Bigwood, 444.
Bilande, aumônier, 204.
Bismarck, 308.
Bissing (von), 165, 168, 175, 176, 178, 185, 198, 222, 223, 225, 228, 243, 287, 291, 318, 319, 320, 329, 338, 339, 346, 352, 355, 360, 361, 389, 393, 404, 405, 452, 470, 471, 473, 481, 489, 490, 494, 501.
Bissing (von) fils. 420.
Blangy (Mme), 371.
Bloem (Walter), capitaine, 452.
Bluntschli, 387.
Bodart (Anna), 448.
Boël (Pol), 455, 467.
Boël (Mme Pol), 503.
Boland (Walthère), 454.
Bologne, député, 92.
Bonnevie, avocat, 446.
Boone (A.), curé doyen, 152.
Borchgrave d'Altena (Comte de), 195, 196.

Index des noms cités

Borel Saladin, 412.
Borsu (D), 454.
Bosquet (J.), conseiller communal, 169.
Boucqueau, 327, 441, 458.
Bourgeois (A.), 217.
Bourget, 479.
Bourseaux (Jean-Victor), 353.
Bouvier (Mlle), 503.
Braffort, avocat, 446.
Brand Whitlock, 28, 35, 117, 167, 251, 276, 345.
Brand Whitlock (Mme), 251.
Brants, professeur, 357.
Brassinne, (A.), 71, 72, 74, 75, 155, 156, 169, 173, 278.
Brassinne (Mme), 350.
Braun, bourgmestre, 466.
Braun (Alexandre), sénateur, 76, 414, 438, 446, 467.
Braun (Auguste), 155, 156, 169, 173, 320.
Braun (Mme Auguste), 350.
Braun (Thomas), 395, 445, 446.
Brigode (Mme), 503.
Broqueville (de), 63.
Broqueville (Mme de), 255, 459.
Brugmans (François), 438.
Brunard, sénateur, 169, 280.
Brunard-Peltzer (Mme), 503.
Brunfaut, architecte, 316, 317, 466.
Buchet, 506.
Buelens, curé, 422, 432.
Buelow (von), général, 7, 22, 28.
Buisseret, 42, 76.
Bulcke (Mlle), 371.
Bulow (von), 195.
Burlet (Constantin de), 418.
Bury (Germain), 361.

Cabuy (Mme), 371.
Candide (Frère), 203.
Capiau, ingénieur, 447, 448.
Capouillet (Pierre), 455.
Cappe (Mlle), 357.
Cardyn, abbé, 357.
Carette, abbé, 203.
Carle (A.), 454.

Carpentier, 381.
Carter (Mlle), 320.
Carter (Edith), 107.
Carton de Wiart, 88.
Carton de Wiart (Mme), 130, 245, 255, 334, 341.
Cattoir (Albert), 455.
Cavell (Miss), 403, 441, 445, 446, 447, 448, 449, 458.
Chabot, curé, 204.
Charlotte (Impératrice), 274.
Chastel (Comte du), 458.
Chénier (André), 254.
Cheval, docteur, 289.
Cicogna (Comte), 116, 117.
Claes (Pierre-Joseph), 470.
Cobut, 306.
Cochaux, docteur, 398.
Coelst (André), 454.
Coelst (Maurice), 454.
Coeymans (Henri), 454.
Colard (Eugène), 371.
Collart van Gobelschroy (Mme), 453.
Collet (Mlle G.), 454.
Colruyt (Modeste), 169.
Colson (François), 107.
Connerade (Mme), 152.
Coppée (Baron), 117.
Coppez (Mme H.), 320.
Corbisier, 398, 444.
Corman, 246.
Cox (C.), 454.
Crahay (J.), 326.
Croy (Prince Reginald de), 403, 446, 448.
Croy (Princesse Maria de), 446, 448.
Cuylits, curé, 274, 304.

Dalsème, 332.
Dansette (G.), 117.
Davignon, ministre, 41, 46, 63, 401.
Day-Tonino (J.), 412.
De Backer, 306.
De Backer (Gaston), 454.
Debakker (Laurent), 437.
De Bal, 278.
De Becker (Mgr), 31.

Index des noms cités

De Becker-Remy, sénateur, 111, 357.
De Bok (Alexandre), 507.
Debondt (Edmond), 371, 454.
Debonnet (Julien), 60.
de Brabander (E.), 217.
De Broe, 287.
De Bue (Xavier), 441, 442, 443, 444.
De Clerck, curé, 203.
De Cleyre, 422.
Defechereux (Henri), 470.
De Haan (Georges), 454.
Delacroix (Léon), avocat, 308, 455.
Delaet, échevin, 110.
Delarge (Oscar), 353.
Delathouwer (Léopold), 454.
Delcroix, 363.
de le Court (E.), 374.
Delehaye (R.-P.), 288.
Deliens (Maurice), 454.
della Faille (Baronne Agnès), 132, 320.
Delsaut (Joseph), 478.
Demarsy, 459.
Demeure (C.), 373, 374.
Demeuze, 373.
De Moor, général, 314.
De Moor, 90.
De Mot (Mme Paul), 393.
De Myttenaere, 503.
De Naeyer, 364.
Depage, docteur, 130, 447.
De Preter (Jean), 454.
De Preter (Robert), 454.
Deraymacker (Mme), 503.
Dergent, curé, 203.
Deridder, 294, 375.
Derscheid (Mme), 169, 171, 172, 320.
Derue, 364.
Dervaux (Georges), 447, 448.
De Ryckere, 127.
Descheutter (Jules), 353.
Des Cressonières, 462.
De Smeth, avocat, 132.
Despret, 117, 374.
Despret (Mme), 503.
Dessain, bourgmestre, 220, 316.
Destrée, 461.
De Vadder, 295.
Devaux (F.), 217, 489, 490.
Dever (Georges), 454.
Devigne (Mlle J.), 503.
Devis, 278.
De Vogel, 320.
Devroye (R.-P.), 398, 474, 505, 506.
Dhalluin, 478.
Dietrich (Ch.), 326.
Dieudonné (de), 85, 88.
Dille (Henri), 371,
Disière, échevin, 358.
Docq, abbé, 204.
Dohet (R.-P.), 374.
Dom, 173.
Donny, général, 314.
Dorff, avocat, 438, 446.
Dossogne, curé, 204.
Doucedame (Achille), 478.
Drion, 49.
Druet, curé, 204.
Dubois-Havenith, docteur, 466.
Dubost (Edouard), notaire, 455.
Ducarne (Louis), 438.
Ducarne, général, 98.
Düfer, 280.
Duménil, 49.
Dumont (A.), 217.
Dumont (Mme Herman), 132.
Dumont de Chassart (Jean), 418.
Dunlop, 332.
Dupierreux (R. P.), 30, 203.
Duplat, avocat, 308.
Dupont, avocat, 287.
Dupont (Joseph), notaire, 286.
Dupont, professeur, 81.
Dupret, conseiller, 49, 377.
Dupret, sénateur, 308.
Duray (Emile), 183.
Duvignaud (Georges), 454.
Dwelshauwers, 274, 291.

Eglem (Mlle M.), 453.
Elisabeth, 365, 370.
Ernst, 88.
Ernst (Mlle), 89.
Ernst, juge, 400, 406, 407.
Errera, bourgmestre, 412.

Index des noms cités

Errera (Mme Isabelle), 132.
Errera (Mme Leo). 503.
Evrard (Mgr), 219, 225, 422.
Eylenbosch, cons. com., 357.
Eymael (Mlle A.), 503.
Eymael (Mlle L.), 503.
Eyschen, 387.

Fallon (baron Maurice), 506.
Fauquel, 49.
Ferrier (Ch.), avocat, 412.
Fierens Gevaert, 300.
Fischer (F). 454.
Fischer, échevin, 316.—
Fischer (Mme Franz), 371.
Florent, 271, 272.
Fonson, 280.
Fontaine-Vander Straeten (L.), 217.
Foucart, conseiller communal, 169, 370, 371, 454.
Foy (Robert de), 454.
Franchimont (Ad.), 176.
Franchomme (Charles), 293.
Franck (Alexandre), 422, 437, 438, 439, 441, 458.
François (Charles), 313.
François (E.), 217.
François, curé, 79.
François-Joseph, 239, 300.
François (Léon), 470.
François (Pauline), 506.
Francq (J.), industriel, 491.
Francqui, 78, 116, 117, 118, 119, 160, 166, 167, 276, 277, 345, 464.
Frenay (Louise), 353.
French, général, 95.
Frick, bourgmestre, 10, 11.
Friedberg (von), 142, 144.
Frison, 172.

Gaiffier d'Hestroy (Baron de), 176.
Garot (André), 470.
Gaspart (E.), 327.
Gat, 287.
Georges, curé, 204.
Gérard (Carlos), 454.
Gerinroze, 412.

Gerstein, 142, 143, 429, 489.
Gerstenlens, 189.
Gessler, colonel, 282.
Gibson. 63, 78, 117, 118.
Gielen (Ch.), 176.
Gignez (Henri), 371, 454.
Gille, curé, 204.
Gille (Louis), 447.
Gillet (Lucien), 470.
Gillet (R.-P.), 204.
Gilot (Joseph), 470.
Gimpel (Louis), 454.
Gindorff, 454.
Glouden, 204.
Goblet d'Alviella (Mme la comtesse), 320, 503.
Goemaere, (J.), 327.
Goemaere (Pierre), 454.
Goffin (Joseph), 454.
Goffinet (Baron Auguste), 117, 132.
Goldschmidt (Alfred), 130, 132.
Goltz (maréchal von der), 41, 44, 45, 56, 59, 61, 62, 63, 72, 73, 75, 77, 80, 91, 98, 99, 116, 118, 121, 126, 143, 145, 147, 156, 167, 168, 232, 296.
Gombaullt, conseiller, 377.
Goris, curé, 203
Grabowsky, 24, 31, 179.
Grauwels, 361
Graux (Pierre), 294, 295, 304, 376 377.
Grégoire (G.), 176.
Greindl (Baronne Léon). 373.
Guillaume II, 41, 53, 239, 335, 359.
Guiot (Jacques). 506.
Guiot (Remy), 506.
Gyselinck (Pierre), 454.

Hachez, ingénieur, 316.
Hallemans (Armand), 454.
Hallet, 74, 154, 320, 335.
Hamaide (Fritz), avocat, 371.
Hamaide (Mme Fritz), 371.
Hammerstein-Loxten (baron von), 419.
Hanrez, sénateur, 76.
Hanssens, avocat, 289.

Hartmann (Cardinal de), 215.
Hatzfeldt-Trachenberg (Comte B. de), 317, 319, 337, 339.
Haulleville (Baron de), 419, 420.
Haulot. 306.
Haut, 306.
Hautfenne, 363, 364, 394, 395.
Havas (Agence), 332.
Havelange, 446.
Havenik, 364.
Heger (P.), 374.
Heineman (P.), 117.
Helleputte, ministre, 36.
Hemptinne (Comte Joseph de), 476.
Henning, 373.
Henrijean, 192.
Herck (Constant), 470.
Herinckx (Guillaume), 371, 454.
Hesse (Amédée), 470.
Heusers (J.), 412.
Hines Page (Walter), 345.
Hioco (Nestor), 454.
Hirsch, avocat, 256.
Hohenzollern (Prince Auguste de), 165, 195.
Hohenzollern (Prince Charles de), 165, 196.
Holvoet, procureur du Roi, 321, 376.
Hoover, 165, 166, 167, 276, 345, 464.
Hostelet, ingénieur, 447.
Hotat (Eugène), 371.
Hotlet, curé, 204.
Housiaux (Emile), 358, 359, 360.
Housiaux (Mme), 359.
Huet-Kerrels (Mme), 453.
Huger (von), général, 451.
Huisman (A.), docteur, 371.
Huisman-Vanden Nest, 277, 278.
Hulin, 357, 377.
Hulse (W.), ingénieur, 117.
Huwart (Suzanne), 503.
Huysmans (Camille), député, 76, 92.
Hymans (P.), 507.

Jacqmain, échevin, 5, 8, 35, 74, 141, 154, 160, 320.

Jacques, abbé, 204.
Jacques, 82, 83.
Jadot, 116, 167, 276, 289, 345.
Jakowsky (von), général, 10.
Jaminon, 287.
Janlet, 327.
Janson (P.-E.), 274, 291, 292, 455.
Janssen, baron, 117, 412, 467.
Janssen (Charles), 144, 160, 176, 181, 182, 183.
Janssen (Mme Charles), 374.
Janssen (E.), 116, 117, 173, 218, 276, 320, 345, 455.
Janssen, curé, 204.
Janssens, 42, 265.
Jarotzky (von), général-major, 24, 31.
Jaspin (Fidèle), 438.
Jelley (William), 251.
Jhering (R. von), 379.
Joffre (général), 98.
Jomini, baron, 387.
Jonghe d'Ardoye (comtesse Hélène de), 346, 349.
Jonghe d'Ardoye (comtesse Valentine de), 346, 349.
Joseph, 422, 424, 425, 434.
Joséphine (princesse de Belgique), 196.
Jottrand, 376, 377, 496.
Jourdain (Louis), 308.
Jourdain (Victor), 288, 308.
Julien, 306.

Kayser (Elvire), 454.
Kervyn de Mérendré, 176.
Kesserling, 105.
Khnopff (Georges), 291.
Kirschen, avocat, 438, 445.
Klompers, 246.
Kluck (von), général, 97.
Koelewe (von), 37.
Kraewel (von), général, 158, 409, 459.
Kriegsheim, capitaine, 7, 8, 9, 10, 24.
Kuhnen (J.), 327.
Kurth (Godefroid), 480.
Kutner, lieutenant, 190.

Index des noms cités

Labeye, curé, 204.
Ladeuze (Mgr), 90.
Laermans, 109, 462.
Lagasse de Locht, 316.
Lalieux (de), député, 418.
Lambeau (F.), 326.
Lambermont (Baron), 387.
Lambert (baron), 78, 117, 118, 132, 166, 345, 411.
Lambert (Baronne), 411.
Lambotte, 251.
Lamy (Désiré), 438.
Lamy (Ernest), 438.
Lamy (Léopold), 437.
Lancken (baron von der), 239.
Landrien (Mme), 503.
Langendries, 364.
Lantsheere (Vicomte de), 100, 193.
Larabry, 412.
Lathouders (Léon), 286.
Latinis (Gustave), 371.
Laveleye (Georges de), 117, 455.
Laveleye (Baronne de), 503.
Le Bœuf (Mme Henry), 132.
Lebœuf (L.), 374.
Lebon, docteur, 26.
Leborne, avocat, 427.
Leclercq, juge, 321, 368.
Lecocq (Jean), 107.
Leemans (Auguste), 454.
Leenaerts, 287.
Leening (Edgard), 258.
Lefèbvre-Peeters (J.), 217.
Legay (Jules), 478.
Legrand (A.), 320.
Legrand (Jean), 470.
Lejeune (Jean), 454.
Lekime, 364.
Lelarge (Oscar), 353.
Lemoine, 327.
Lemonnier, échevin, 35, 72, 154, 218, 264, 277, 278, 297, 298, 299, 369, 392, 483, 501.
Lemonnier (Mme), 172, 356.
Lenders (Julien), 353.
Lenoir, ingénieur, 325.
Léopold Ier, 44, 210, 431.
Léopold II, 339, 414, 415, 420.

Léopold (Prince de Bavière), 471, 484.
Lepreux, 217, 467.
Lessel (von), commandant, 79.
Leten (Henri), 287.
Leu de Cécil (de), 377.
Leval (Mme de), 371.
Levêque (F.), conseiller communal, 169, 320.
Lever (frères), 332.
Levie (Michel), 122, 307, 308, 345, 411, 455.
Lévy (Jacques), 371.
Levy-Morelle, 49, 494.
Ley (Mme), 371.
Libiez, avocat, 447, 448.
Liebknecht, député, 92.
Liénart, 377.
Ligne (Prince de), 318, 319, 338, 339, 340.
Lochow (von), général, 19.
Lombaerts, curé, 203.
Loneux (Mlle Adèle de), 503.
Loneux (Albert de), 177.
Looze (Anne-Marie), 149.
Lor (Mme), 371.
Lorent, 287.
Louis, 83.
Louise (Princesse), 415.
Lowe (Xavier), 454.
Lueder, 387.
Luettwitz (von), général, 38, 60, 66, 71, 72, 74, 75, 107, 119, 127, 156, 158, 162, 167, 258.
Lumm (von), 41, 64, 65, 273, 487.
Luzzati, 153.
Lyendecker (R. P.), 449.

Mackloski, 132.
Macquet, ingénieur, 313.
Madoux, 441, 458.
Maes, échevin, 35, 130, 154, 169, 172, 278.
Magnette (Charles), sénateur, 104, 105, 106.
Maloens, 77.
Manneback, 293.
Marbotin (Adolphe), conseiller communal, 371.

Marc de Salm, 145.
Marchant (Camille), 286.
Maréchal, séminariste, 204.
Marius, 123.
Marneffe (Marie de), 503.
Martin, 186, 187, 188, 189.
Marzozatti (Mlle), 371.
Massart (Jean), 148.
Mauckels (G.), 217, 316.
Maurissens (de), 85.
Max (Adolphe), 1, 2, 4, 5, 7, 8, 10, 13, 14, 15, 17, 18, 21, 22, 24, 27, 28, 31, 32, 33, 35, 37, 38, 41, 43, 45, 46, 47, 58, 59, 60, 71, 72, 73, 74, 75, 116, 140, 162, 274, 276, 304, 345, 365, 393, 471, 483, 484.
Maximilien d'Autriche (Archiduchesse), 300.
Maximin (R. P.), 203.
Mayer (E.), 454.
Meeus (R. P.), 425, 434.
Mehlhorn, 42, 229, 265, 495.
Mercier (Mgr), 198, 214, 216, 217, 220, 222, 223, 224, 226, 227, 256, 316, 317, 328, 341, 344, 345, 355, 453, 471, 472, 481.
Merignhac (Alexandre), 267.
Mérode (Comte Jean de), 117, 130, 160, 178.
Mérode (Comtesse Jean de), 130, 131, 159, 165, 178, 374, 414, 466, 503.
Merry del Val (Don Alfonso), 345.
Mertens (R. P.), 476.
Mertens (Constant), 364.
Mertens (Mlle Eugénie), 364.
Mertens (Jacques), 454.
Mertens (Abbé), 357.
Met den Anxct, 454.
Michelli, 327.
Missoul (Maurice), 454.
Moens (Albert), 454.
Monnoyer (L.), 217.
Montens (Em.), 176.
Moortgat (Fr.), 454.
Morel, 373.
Morelle, 49.

Mottart (Mlle), 320.
Motte, industriel, 423.
Mousset, 64.

Naeyer (de), 364.
Naulaerts, docteur, 112.
Nelissen, 306.
Neukens, 169.
Nicolas (R. P.), 204.
Noirfalise (Henri), 470.
Noske, député, 92.
Nys (Ernest), 279, 299, 318, 319, 379, 384.
Nyssens (Marguerite), 503.

Oliviers, juge, 321, 368.
Ooms (Jean), industriel, 371, 454.
Orb, 280.
Orban de Xivry, banquier, 117.
Orban-Van Volxem, 346.
Otlet (P.), 217.
Otlet (Mme Paul), 503.
Oultremont (Comtesse Elisabeth d'), 466.
Oultremont (Comte Hadelin d'), 130.
Oultremont (Comtesse John d'), 172.

Paquay (François), 470.
Paquet (R. P.), 288, 328, 369.
Parant (Léon), 507.
Parc (Vicomte du), 308.
Parent (Mlle Marie), 503.
Parmentier (Ed.), 327.
Parmentier (Mme Ernest), 373.
Pary, 357.
Pastur, 176.
Pathé (frères), 332.
Pau, général, 95.
Pauwels (Pierre), 371.
Payot, 148.
Peeters (R. P.), 288.
Pelgrims, 411, 445.
Peltzer-Graux (Mme Auguste), 503.
Peneranda (de), 196, 320.
Pfaffenberger, 499, 500.
Pfeiffer (Peter), 353.

Index des noms cités

Philippson (F. M.), banquier, 117, 280.
Philippson (Mme Frans), 503.
Philippson-Wiener (Mme), 172, 503.
Picard (Edmond), 241, 243, 461, 462, 463.
Pie X, 23, 199, 433.
Pieret, vicaire, 204.
Pirard, capitaine, 112.
Pirenne, professeur, 176, 480.
Piron (Mme), 294, 375.
Pirsoul (R. P.), 400, 410, 411, 425, 433, 434.
Pladet, 172, 455.
Pochhammer, 41, 42.
Poelaert, notaire, 169, 320, 455.
Poelaert (Mme A.), 320.
Poels (Pierre), 470.
Pollart, curé, 204.
Poskin, curé, 204.
Potiez, 412.
Potiez (fils), 412.
Poullet (Mme), 165, 179, 255, 503.
Pouppeye (Hector), 454.
Prins (Ad.), 374, 466.

Quévy (R. P.), 474.
Quirini, curé, 198, 226, 236.

Rahlenbeck, avocat, 173.
Radermecker (J.), 412.
Rampelbergh (J.), 217.
Raout (Adolphe), 454.
Renkin (Mlle), 485, 496.
Rensonnet, curé, 204.
Reyers, bourgmestre, 454.
Ribaucourt (Comte A. de), 320.
Riguelle (Henri), 286.
Robert (Henri), avocat, 426.
Robinet (T.), 374.
Rockfeller, 153, 166, 180.
Roedern (von), 143.
Rolin-Jacquemyns, 374.
Rombouts, 193.
Rosenbaum, 145.
Rommelaere, 91.
Roosen, 28.
Rose, docteur, 166.

Ryziger, 280.

Sacré (Oscar), 470.
Sadeleer (de), avocat, 446.
Saillart (Joseph), 371.
Saintenoy, architecte, 316.
Sandras (Louis), 438.
Sandt (von), 44, 122, 143, 170, 173, 267, 292, 487, 490, 491.
Sarcey, 479.
Sartini, 49.
Sas (François), 371, 454.
Sauberzweig (von), 459, 469, 474.
Sauveur, 316, 374.
Savignac (L. de), 412.
Say (Léon), 385.
Schellekens (Daniel), avocat, 286.
Scheyven (Auguste), notaire, 455.
Schleswig-Holstein (duc de), 415.
Schlobach, 140.
Schlôgel, curé, 204.
Schmitz, capitaine von, 300.
Schollaerts (Jean), 438.
Schouteete (de), 85.
Sébastien (Frère), 203.
Segers, ministre, 285.
Seghers, 127.
Semal (Alfred), 454.
Séverin, 441, 447, 448.
Shaler, 118, 166.
Sigart (Mme M.), 320.
Simon (Charles), 353.
Simon (O.), 470.
Simon, 363.
Simonet (Charles), 478.
Simons, chanoine, 308.
Sirey, 386.
Smekens (Joseph), industriel, 286.
Smits, conseiller, 377.
Snutsel (Joseph), 371.
Socquet (Louis), 371.
Soenens, 316.
Solau, conseiller communal, 357.
Solvay (Ernest), 35, 116, 117, 166, 167, 218, 276, 277, 345.
Solvay (Lucien), 485, 496.
Solvay (Mme A), 320.
Somzée, 168, 286.

Soyer (Mme), 503.
Spehl, docteur, 327.
Speyer, sénateur, 165, 178, 179.
Speyer (Mme Herbert), 503.
Spoelber h (Vte de), 196.
Spoelberch (Vtesse de), 503.
Staelens, 169.
Steenhault (Baron de), 327.
Steens, échevin, 5, 8, 35, 154, 277, 278.
Steens (Mme L.), 320.
Stevelinck (L.), 412.
Stévenart (Louis), 438.
Stiel (Mme), 503.
Stockhausen, 49.
Stoclet (Mme A.), 320.
Stocq (H.), 217.
Story (Mlle), 371.
Strachwitz (von), 393.
Suss (Wilhelm), 105.
Szek (Alexandre), 507.

Tabary, 412.
Tacci Porcelli, Mgr, 328, 391.
Tardieu (E.), 217.
Taymans, 278.
Taymans (Théodore), 308, 455.
Temmerman, 173.
Temmerman (Mlle de), 371.
Terlinden, 374.
Teurlings (Mme Eugène), 371.
Théodor, 165, 173, 174, 196, 245, 257, 267, 294, 295, 321, 329, 376, 377, 415, 422, 425, 426, 461, 462.
Thielen, curé, 204.
Thiry (Alexis), 437.
Thomas (Adolphe), 107.
Thonar (Armand), 506.
Thonard (Mme), 507.
Thuliez (Mlle), 400, 401, 402, 403, 447, 448.
Thys, général, 117.
Tibbaut, représentant, 180, 286.
Tibbaut (Mlle), 286.
Tonglet, docteur, 130.
Torfs, abbé, 506.
Touchard, avocat, 491, 492, 494.
Tournay, 373.
Tourneur, 177.

Tricot (Armand), 454.
Trimborn, député, 36.
Trooz (Madame de), 196.
't Serclaes de Wommersom (comtesse de), 503.
Tytgat (Charles), 394, 395.

Uyfebroeck (François), 436.

Vaes-Dupret, 155, 316.
Vaes-Dupret (Mme), 172, 320.
Van Aerschodt (Mme), 320.
Van Assche (Ch.), 412.
Van Bambeke (R.-P.), 274, 303, 304.
Van Bastelaer, avocat, 491.
Van Bladel, curé, 204.
Van Brée (Arthur), 454.
Van Brée, 117.
Van Cutsem, 77, 100.
Van de Kerkhove, avocat, 288.
Vandenbak, Pierre, 454.
Van den Bossche, 364.
Van den Bruggen (baron F.), 412.
Van den Plas (Mlle Louise), 503.
Van de Putte, avocat, 231.
Van de Putte (Mlle J.), 453.
Van de Putte (Mlle M.), 453.
Vandercammen (Jean-Joseph), 470.
Vanderhaeghe (J.), 454.
Vanderhaegen (J.), conseiller communal, 371.
Van der Hagen (Jean), 60.
Vanderhoeft (V.), 454.
Vanderhoeft (Mme Victor), 371.
Vanderkelen, sénateur, 8, 10.
Vanderkindere, conseiller communal, 79.
Van der Meersch (Paul), 130, 506.
Van der Rest, 20, 117.
Vandersmissen, 92, 357.
Vander Snoeck (Félix), 470.
Van der Steen (Pierre), 247.
Vander Velde (Mme Paul), 172.
Vanderwaeren, ingénieur, 327.
Van Deuren (J.), 217.
Vandevelle, 412.

Index des noms cités

Van de Vyvere, ministre, 19, 76.
Vandeweghe (Corneille), 371.
Van Doren, 288.
Van Elewyck (E.), 117, 274, 467.
Van Espen (Philippe), industriel, 371.
Van Gend, avocat, 357.
Van Goidsenhoven (Charles), 371, 454.
Van Goubergen, doyen, 235.
Van Halteren (Herman), 130, 506.
Van Ham, 418.
Van Hoeck (Jean), 255, 256.
Van Langenhove (J.), 327.
Van Nérom (Théodore), 454.
Vanniesberg, capitaine commandant, 287.
Van Overbergh, 316.
Van Parys (Jean), avocat, 371.
Van Rode, 287.
Van Vollenhoven, 490.
Van Werveke (Pierre), 454.
Varlez, 357.
Vauthier, secrétaire communal, 5, 7, 8, 35.
Vauthier (Jean), 130.
Vaxelaire (Raymond), 196.
Verheyden (Hortense), 60.
Verlant, 246.
Verspreet (Evariste), 371.
Villalobar (Marquis de), 35, 117, 167, 276, 345, 411.
Viñcent (R.-P.), 203.
Vinck, sénateur, 76, 316, 317.
Viron (Baron L. de), 412.
Voigts-Rhetz (de), général, 268, 279, 299, 387.
Vossen, abbé, 357.
Vrancken, chanoine, 355.
Vromant, 400.

Waegh (Mlle de), 453.
Wahis (Général), 314.
Wabis (Baronne), 503.
Wargny (Angélique), 438.
Warocqué, 83.
Washington, 263.
Wathelet (Th.), 506.
Waucquez (Ch.), 412.
Wauters, représentant, 357.
Wauwermans, député, 76, 467.
Waxweiler, 492.
Weinhausen (Joseph), 497.
Wellington, 130.
Wiener, 414, 415.
Winnepenninckx (Mme), 287.
Wiskemann (Otto), 294.
Willockx (Adolphe), 438.
Willockx (Marie), 438.
Wilmart, 364.
Wilson, 53, 57.
Wiltcher's, 132.
Woelmont (Baronne de), 172, 466.
Woeste, ministre, 63, 198, 232, 308.
Wolf de Metternich (Comte), 349.
Wolfers, 146.
Wolff de Moorsel (Baron de), 320.
Wolff de Moorsel (Baronne de), 320, 454.
Wouters, 203.
Wouters-Dustin, 415.
Wurtemberg (Duc Albert de), 486.
Würth, ingénieur, 313.
Wuyts (Jean), 306.
Wuyts (Joseph), 306.

Zenden, curé, 204.
Zualart (de), 503.

Librairie Albert DEWIT, 53, rue Royale, Bruxelles.

POUR PARAITRE PROCHAINEMENT :
Cinquante Mois d'Occupation Allemande

par

Louis GILLE, Alphonse OOMS et Paul DELANDSHEERE

DEUXIÈME PARTIE — 1916

Un beau vol., petit in-8°, de 600 pages, prix 6 francs.

A la même librairie, extrait du catalogue :

BELLEMANS (Alphonse). — *Victor-Jacobs 1838-1891*. Avec une préface de M. Woeste, ministre d'État. — Grand in-8° de XVI-763 pages . . . . fr. **10**

BUFFIN (Baron Camille). — *Documents inédits sur la Révolution Belge*. — In-8° de 500 pages . . . . fr. **8**

CHASTEL (Comte Adolphe du). — *Les Hollandais avant, pendant et après la Révolution*. D'après des souvenirs de Famille. — In-12 . . . . fr. **3**

KURTH (Godefroid). — *Les Origines de la Civilisation moderne*. — 6ᵉ édition, 1912 2 vol. in-8° de XL 340 et 304 pages . . fr. **10**

MARTINET (André). — *Léopold Iᵉʳ et l'Intervention française en 1831*. — Grand in-8° de 315 pages . . . . fr. **5**

— *La Seconde Intervention française et le siège d'Anvers 1832*. — Grand in-8° de 300 pages. . . . . fr. **5**

— *La Mort et les funérailles du roi Léopold II; l'avènement au trône du Roi Albert*. Quelques documents. — 1 vol. in 4° de 244 pages avec portraits hors texte. . . . . fr. **10**

POULLET (P.) — *Les Institutions françaises de 1795 à 1814*. « Essai sur les origines des Institutions belges contemporaines. » Grand in-8° de XII-976 pages. . . . . fr. **10**

ROBIANO (Comte André de). — *Le Baron Lambermont, sa vie et son œuvre*. — Grand in-8° de 246 pages, avec portrait. . fr. **5**

TERLINDEN (Ch.) — *Guillaume Iᵉʳ, roi des Pays-Bas et l'Eglise catholique en Belgique 1814-1830*. — 2 vol. in-8° de XXII-528 et 470 pages. . . . . fr. **10**

TRANNOY (Baron de), docteur en sciences politiques et commerciales. — *Jules Malou 1810-1870*. — In-8° de XVI-590 pages, avec portrait. . . . . fr. **8**

T'SERCLAES DE WOMMERSOM (Comte), général-major de l'armée belge et le colonel F. De Bas. — *La Campagne de 1815 aux Pays-Bas*, d'après les rapports officiels néerlandais. Tome I : « Quatre-Bras »; Tome II : « Waterloo »; Tome III : « Notes et plans ». — 3 vol. in-8° de 500 à 600 p. chacun, avec cartes. **25**

www.ingramcontent.com/pod-product-compliance
Lightning Source LLC
Chambersburg PA
CBHW051406230426
43669CB00011B/1783